문법	예문
동사 ます형+やすい ~하기 쉽다	このペンは書きやすい。 이 펜은 쓰기 쉽다.
동사 ます형+にくい ~하기 어렵다	このコップは持ちにくい。 이 컵은 잡기 어렵다.
동사 ます형/형용사 어간+すぎる 지나치게 ~하다	食べすぎてしまった。 지나치게 (많이) 먹어버렸다.
동사 ます형+始める ~하기 시작하다	雨が降り始めた。 비가 오기 시작했다.
동사 ます형+出す (갑자기) ~하기 시작하다	急に泣き出した。 갑자기 울기 시작했다.
동사 ます형+終わる 다 ~하다	読み終わったら、この本を返してください。 다 읽으면 이 책을 돌려주세요.
동사 ます형+続ける 계속 ~하다	雨が降り続けています。 비가 계속 내리고 있습니다.
동사 ます형+方 ~하는 방법	この漢字の読み方は何ですか。 이 한자의 읽는 방법은 무엇입니까?
동사 ます형+ながら ~하면서	音楽を聞きながら勉強する。 음악을 들으면서 공부한다.
동사 て형+ていく (지금부터 앞으로) ~해 나(아)가다	これからも英語の勉強を続けていきます。 앞으로도 영어 공부를 계속해 나아갑니다.
동사 て형+てくる (지금까지 어떤 변화가) ~해 오다, ~해지다	春になって、暖かくなってきました。 봄이 되어 따뜻해져 왔습니다.
동사 て형+ておく (미리) ~해 두다	旅行の準備をしておく。 여행 준비를 해 둔다.
동사 て형+てみる ~해보다	新しい料理を作ってみる。 새로운 요리를 만들어 보다.
동사 て형+てしまう 동사 て형+ちゃう·じゃう ~해버리다	忘れてしまった。 잊어버렸다.

동사 た형 + たり + 동사 た형 + たり	本を読んだり、音楽を聞いたりする。
~하거나 ~하거나	책을 읽거나 음악을 듣거나 한다.
동사 た형 + たまま	電気をつけたまま寝た。
~한 채	불을 켠 채 잠들었다.
동사 ない형 + ないで	朝ごはんを食べないで出かけた。
~하지 않고	아침밥을 먹지 않고 외출했다.
동사 ない형 + ずに	薬を飲まずに我慢している。
~하지 않고	약을 먹지 않고 참고 있다.

6. 이유·설명 표현

문법	예문
① 동사/い형용사 보통체 + し ② な형용사 보통체 + し (현재형은 어간 + だし) ③ 명사 보통체 + し (현재형은 명사 + だし) ~고, ~기도 하고	このレストランは美味しいし、安いです。 이 레스토랑은 맛있고, 싸요.
명사 + がする ~한 느낌·소리·냄새가 나다	いいにおいがします。 좋은 냄새가 납니다.
명사 + によると ~에 따르면	天気予報によると、明日は晴れるそうです。 일기예보에 따르면 내일은 맑을 거래요.
동사 ない형 + なくて ~하지 않아서	勉強しなくて、テストに落ちてしまった。 공부하지 않아서 시험에 떨어져 버렸다.

7. 추측·전달 표현

문법	예문
보통체 + だろう ~일 것이다	彼はもう帰っただろう。 그는 벌써 돌아갔을 것이다.
동사 원형/ない형 + ように言う ~하도록/하지 않도록 말하다	先生は静かにするように言いました。 선생님은 조용히 하라고 말했습니다.
동사 원형/ない형 + ように言われる ~하라고/하지 말라고 들었다	医者に酒をやめるように言われました。 의사에게 술을 끊으라고 들었습니다.

맛있는 스쿨 강의 할인쿠폰

할인 쿠폰 사용 안내

1. 맛있는스쿨(cyberjrc.com)에서 회원가입 및 로그인 후 사용하실 수 있습니다.
2. [쿠폰] 메뉴에서 코드를 입력하면 쿠폰이 발급됩니다.
3. [단과] 또는 [패키지 강의] 신청 시, 결제창에서 [쿠폰 적용하기] 버튼을 통해 등록된 쿠폰을 사용할 수 있습니다.

쿠폰 사용 시 유의 사항

1. 본 쿠폰은 다른 쿠폰과 중복 사용이 불가합니다.
2. 쿠폰 발급 후 60일 내로 사용이 가능합니다.
3. 각 쿠폰 코드는 1회만 사용이 가능합니다.

*쿠폰 사용 문의 : 카카오톡 채널 @맛있는스쿨

1. 비교·선택·의문 관련 표현

문법	예문
명사+は+명사+より ~는 ~보다	この店はあの店より安いです。 이 가게는 저 가게보다 저렴합니다.
명사+より+명사+の方が ~보다 ~쪽이	東京より大阪の方が暖かいです。 도쿄보다 오사카 쪽이 따뜻합니다.
명사+と+명사+と+どちらが ~와 ~ 중 어느 쪽이	犬と猫とどちらが好きですか。 개와 고양이 중 어느 쪽이 좋습니까?
보통체+かどうか ~일지 어떨지	雨が降るかどうか分かりません。 비가 올지 어떨지 모르겠습니다.

2. 의지·결심·계획 표현

문법	예문
명사+にする ~로 하다(정하다)	昼ごはんはラーメンにします。 점심은 라멘으로 하겠습니다.
동사 의지형+と思う ~하려고 생각하다	明日からダイエットしようと思います。 내일부터 다이어트하려고 생각합니다.
동사 의지형+とする ~하려고 하다	ドアを開けようとしたが、開かなかった。 문을 열려고 했지만 열리지 않았다.
동사 원형/ない형+つもりだ ~할/하지 않을 생각(예정)이다 (마음의 결심)	テストが終わったら、旅行でも行くつもりだ。 시험이 끝나면 여행이라도 갈 생각(예정)이다.
① 동사 원형/ない형+予定だ ② 명사+の+予定だ ~할/하지 않을 예정이다 (공식 일정, 변동 가능성 ↓)	来週から出張する予定です。 다음 주부터 출장 갈 예정입니다.
もし+동사 て형/형용사 연결형+ても 만약 ~해도	もし雨が降っても、出かけます。 만약 비가 와도 나갈 거예요.

3. 희망·욕구 표현

문법	예문
돈사 ます형＋たい ~하고 싶다	新しい靴を買いたいです。 새 신발을 사고 싶습니다.
돈사＋が＋ほしい ~을 갖고 싶다	もっと軽いバッグがほしいです。 더 가벼운 가방을 갖고 싶습니다.

4. 금지·허가·의무 표현

문법	예문
돈사 원형＋な ~하지 마	ここに入るな！ 여기 들어오지 마!
돈사 て형＋はいけない ~해서는 안 된다	授業中にケータイを使ってはいけません。 수업 중에 휴대폰을 사용해서는 안 됩니다.
돈사 て형＋はならない ~해서는 안 된다	勝手に触ってはならない。 마음대로 만져서는 안 된다.
돈사 ない형＋くてはいけない ~하지 않으면 안 된다	明日までにレポートを出さなくてはいけない。 내일까지 리포트를 제출하지 않으면 안 된다.
돈사 ない형＋くてはならない ~하지 않으면 안 된다	健康を守るために運動しなくてはならない。 건강을 지키기 위해 운동하지 않으면 안 된다.
돈사 ない형＋ければならない ~하지 않으면 안 된다	早く寝なければならない。 일찍 자지 않으면 안 된다.
돈사 て형＋もいい ~해도 된다	塩は入れなくてもいいです。 소금은 넣지 않아도 됩니다.
돈사 ない형＋なくてもいい ~하지 않아도 된다	お弁当は持ってこなくてもいいです。 도시락은 가지고 오지 않아도 됩니다.
돈사 て형＋もかまわない ~해도 괜찮다	ここに座ってもかまいません。 여기에 앉아도 괜찮습니다.
돈사 ない형＋なくてもかまわない ~하지 않아도 괜찮다	答えなくてもかまいません。 대답하지 않아도 괜찮습니다.
돈사 ます형＋なさい ~해라	宿題をやりなさい。 숙제를 해라.

황선아, 나카가와 쇼타 공저

맛있는 books

황선아

경력

- 인천광역시 교육청 동아시아 국제교육원 온라인 강의
- 대성마이맥 수능 일본어 온라인 강의
- 시원스쿨 일본어, 유하다요 온라인 강의
- 다락원 〈NEW JPT 한권으로 끝내기 800〉 온라인 강의
- 동양북스 〈버전업 글로벌 독학 일본어〉 온라인 강의
- 시사일본어 학원 오프라인 강의
- 다수 대학 오프라인 강의
- 삼성전자, 삼성전기, 삼성디스플레이, KDB산업은행 등
  기업 출강

저서

- 이번에 제대로 맛있는 일본어 단어장
- 진짜 한 권으로 끝내는 JLPT N5
- 진짜 한 권으로 끝내는 JLPT N4

인스타그램: @sunah.sensei
유튜브: 일본어 강사 앉으나 선아

나카가와 쇼타

경력

- 現 가톨릭대학교 일어일본문화학과 강사
- 現 한양사이버대학교 국제언어문화학부 일본어학과 강사
- 現 고려대학교 4단계 BK21 중일교육연구단
- 와세다아카데미(일본) 시간 강사
- 시사아카데미(신촌) 전임 강사
- 시사일본어학원 부평캠퍼스 EJU코스리더
- YBM어학원 강남센터 일본어 대표 강사
- 시원스쿨 일본어 대표 강사

저서

- 이번에 제대로 합격! JLPT 실전모의고사 N1/N2/N3
- 80개 쇼츠로 배우는 쇼츠 일본어 초급회화
- SJPT 기출문제집
- EJU 실전 모의고사 종합과목 외 다수

인스타그램: @shota_ssaem
유튜브: 쇼타샘 일본어연구소

이번에 제대로 합격!  

초판 1쇄 인쇄	2026년 2월 25일
초판 1쇄 발행	2026년 3월 5일

저자	황선아, 나카가와 쇼타
발행인	김효정
발행처	맛있는books
등록번호	제2006-000273호

주소	서울시 서초구 명달로 54 JRC빌딩 7층
전화	구입문의 02·567·3861
	내용문의 02·567·3860
팩스	02·567·2471
홈페이지	www.booksJRC.com

ISBN	979-11-6148-183-8 14730
	979-11-6148-182-1 (세트)
정가	27,000원

ⓒ 황선아, 나카가와 쇼타, 2026

『이번에 제대로 합격! JLPT N3』는 JLPT N3를 준비하는 학습자들이 보다 체계적이고 효율적으로 일본어 실력을 향상시킬 수 있도록 구성되었습니다. N3는 일본어 학습 과정에서 매우 중요한 단계로, 기초적인 일본어 개념을 다시 확인하고 일상생활에서 자주 사용하는 표현을 익히며, 고급 일본어를 배우기 위한 탄탄한 기반을 다지는 시기라 할 수 있습니다.

본 교재는 단순히 시험에 합격하기 위한 도구가 아니라, 학습자가 일본어를 꾸준히 공부하고 자연스럽고 생동감 있게 표현할 수 있도록 돕는 것을 목표로 하고 있습니다. 이를 위해 시험에 자주 출제되는 어휘를 엄선하고, 학습자의 입장에서 혼동하기 쉬운 부분을 체계적으로 정리하였습니다. 문법 부분에서는 각 표현이 지니는 정확한 뉘앙스와 실제 사용 댁락을 구체적으로 제시하여, 유사 문법 간의 미묘한 차이를 명확히 이해할 수 있도록 하였습니다. 또한 독해와 청해 영역에서는 최근의 출제 경향을 철저히 분석하여 문제를 구성하였으며, 출제 방향과 효과적인 풀이 방법을 함께 제시하여 실전 감각을 기를 수 있도록 하였습니다.

『이번에 제대로 합격! JLPT N3』를 통해 학습자 여러분이 일본어에 대한 이해를 한층 깊게 하고, 일본어라는 언어의 매력을 느끼며 자신 있게 활용할 수 있는 계기가 되기를 바랍니다. 본 교재가 여러분의 학습 여정 속에서 든든한 동반자가 되기를 진심으로 바랍니다.

황선아

일본어의 진짜 재미가 시작되는 곳, JLPT N3 합격의 문을 열며

이 『이번에 제대로 합격! JLPT N3』는 일본어의 기초 단계를 마치고, 본격적인 중급 실력으로 도약하려는 학습자를 위한 JLPT N3 종합 대비서입니다.

JLPT N3는 일본어 학습자에게 있어 가장 중요한 반환점입니다. 단순히 시험 합격을 넘어, 일상적인 대화가 가능해지고 일본 매체를 즐길 수 있는 '진짜 일본어'의 세계로 들어가는 관문이기 때문입니다. 『이번에 제대로 합격! JLPT N3』는 그 문턱을 누구나 쉽고 명쾌하게 넘을 수 있도록 구성되었습니다.

본 교재는 최신 출제 경향을 철저히 분석하여 반영했습니다. 실제 시험에 나오는 유형, 패턴뿐만 아니라 트렌드까지 반영하여, 가장 효과적인 문제 풀이 전략을 제시했습니다. 이를 통해 실제 시험장에서도 당황하지 않고 유연하게 대처할 수 있는 탄탄한 실전 감각을 기를 수 있을 것입니다.

일본어 중급으로 향하는 여정, 본 교재가 여러분의 가장 든든한 길잡이가 되어 드리겠습니다.

끝으로 본 교재가 세상에 나올 수 있도록 힘써 주신 맛있는북스 편집부 여러분, 그리고 제 강의를 믿고 따라와 주는 학생들과 언제나 저를 지지해 주는 사랑하는 가족에게 깊은 감사의 마음을 전합니다.

나카가와 쇼타

목차

이 책의 구성과 특징

※ 각 영역별 표지의 QR코드를 스캔하면 저자 선생님의 공략 강의를 볼 수 있어요!

문자·어휘

필수 단어 익히기+mini 연습

필수 단어를 카테고리별로 효율적으로 암기해 보세요. mini 연습으로 잘 암기했는지 바로 확인하는 것도 잊지 마세요!

STEP 1 유형 알기

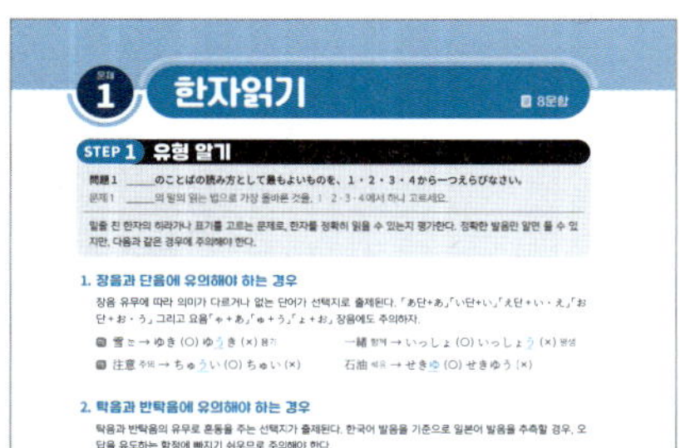

문제 유형별 출제 경향과 전략을 확인하고, 문제 예시로 확실히 익혀 보세요.

STEP 2 실전 문제

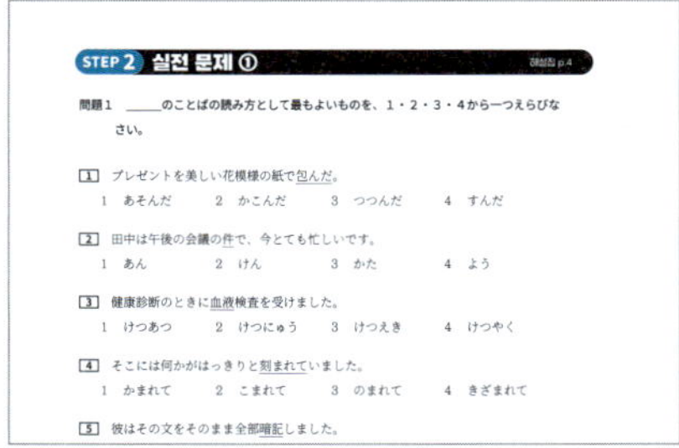

최신 출제 경향을 반영한 실전 문제로 문제 풀이 스킬을 익혀 보세요.

문법

기초 문법+필수 문법

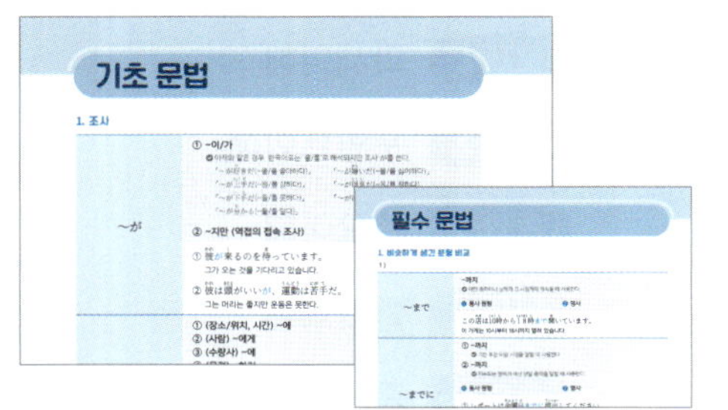

기초 문법을 학습하고, 문형을 카테고리별로 효율적으로 암기해 보세요.

STEP 1 유형 알기

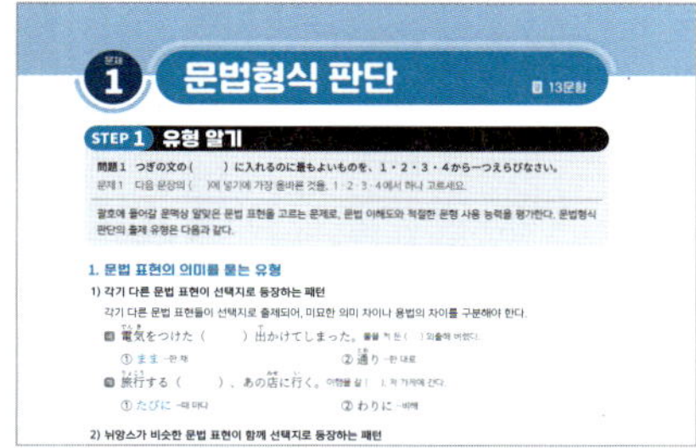

문제 유형별 출제 경향과 전략을 확인하고, 문제 예시로 확실히 익혀 보세요.

STEP 2 실전 문제

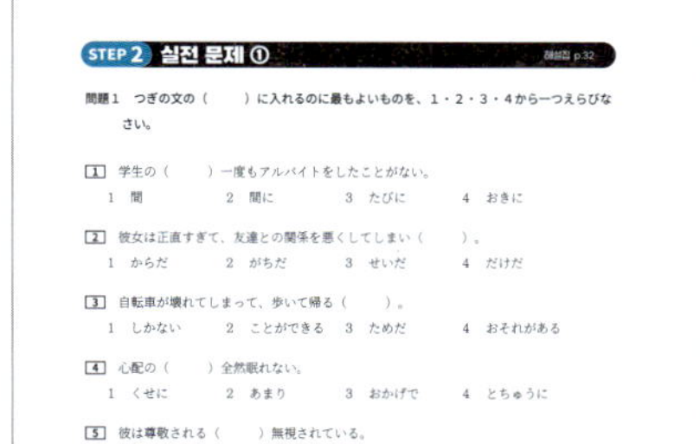

최신 출제 경향을 반영한 실전 문제로 문제 풀이 스킬을 익혀 보세요.

STEP 1 유형 알기+비법 전수

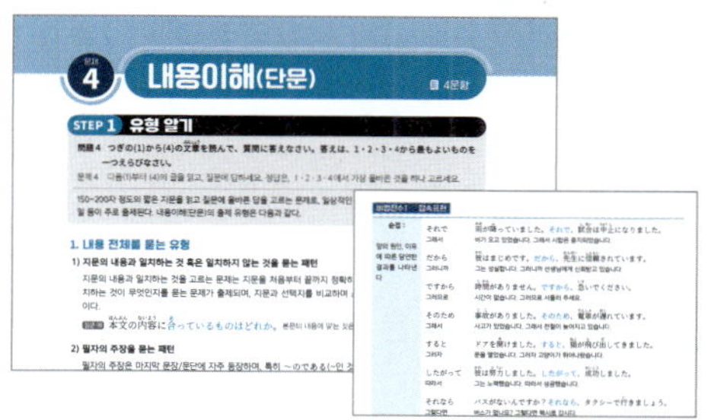

문제 유형별 출제 경향과 전략을 확인하고, 독해력/청해력 향상을 위한 비법을 확인하세요.

STEP 2 공략 문제

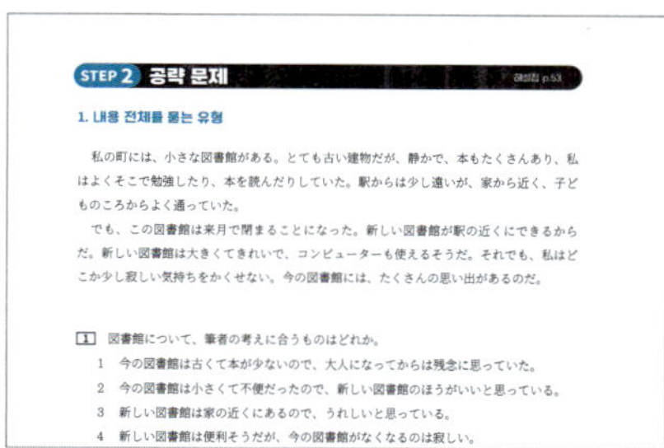

문제 유형을 가장 잘 확인할 수 있는 공략 문제로 출제 경향과 문제 풀이 감각을 익혀 보세요.

STEP 3 실전 문제

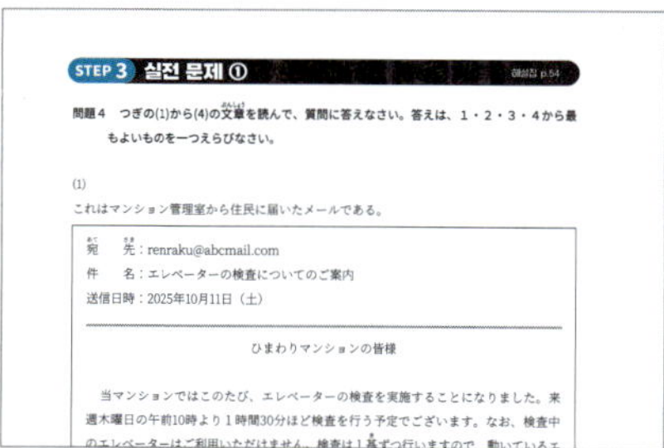

최신 출제 경향을 반영한 실전 문제로 문제 풀이 스킬을 익혀 보세요.

모의고사 2+2회분

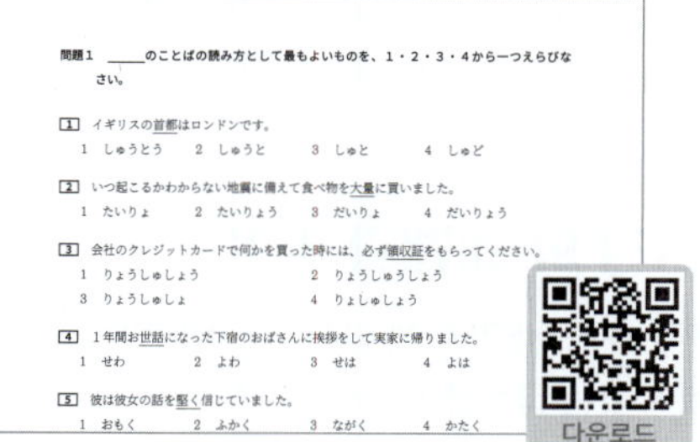

최신 출제 경향을 반영한 모의고사 2회분을 풀며 실전 감각을 키워보세요. 맛있는북스 홈페이지(www.booksJRC.com)에서 모의고사 2회분을 더 풀어볼 수 있어요.

해설집

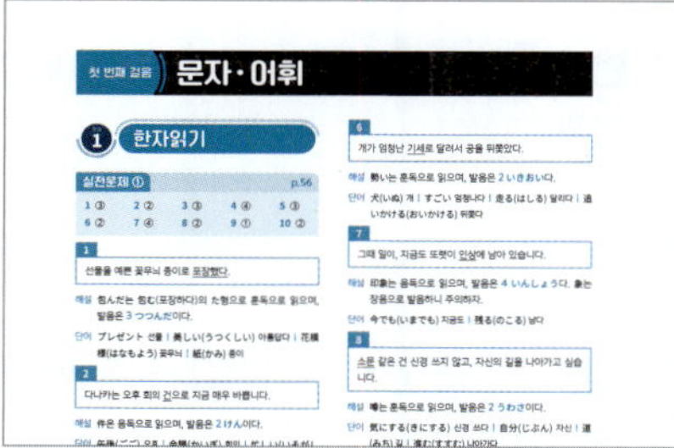

모든 문제의 해석·해설·단어를 수록하였고, 정답은 물론 오답까지 꼼꼼하게 해설했어요.

휴대용 합격! 단어·문형집

언제 어디서든 들고 다니며 JLPT N3 단어와 문형을 학습하고, 주요 문장 읽기 연습을 해 보세요. 핵심 단어만 빠르게 암기할 수 있는 동영상도 있어요.

JLPT 소개

JLPT란

JLPT(Japanese-Language Proficiency Test, 일본어능력시험)는 일본어를 모국어로 하지 않는 사람들의 일본어 능력을 평가하는 국제 공인 시험입니다. N1~N5까지 다섯 단계로 구성되며, 어휘, 문법, 독해, 청해 능력을 종합적으로 측정합니다. 학습 성취도를 넘어 유학, 취업, 이민 등에서 공식적인 일본어 능력 지표로 활용되며, 매년 7월과 12월 전 세계 주요 도시에서 시행됩니다.

JLPT의 레벨과 평가

JLPT는 N1~N5의 다섯 단계로 구성되어 있으며, N5가 가장 기초 수준, N1이 가장 높은 수준입니다. 응시자는 자신의 실력에 맞는 급수를 선택해 응시할 수 있습니다.

N1·N2는 ① 언어지식(문자·어휘·문법)·독해, ② 청해의 두 과목으로 구성되어 있으며, N3·N4·N5는 ① 언어지식(문자·어휘), ② 언어지식(문법)·독해, ③ 청해의 세 과목으로 구성되어 있습니다. 각 영역에서는 일본어 문자와 어휘의 이해, 문법 운용 능력, 독해력, 청해력 등 실제 의사소통에 필요한 능력을 종합적으로 평가합니다.

레벨	과목 구성 및 시간	주요 평가 기준 및 목표
N1	언어지식(문자·어휘·문법)·독해 110분 청해 55분	폭넓은 상황에서 사용되는 일본어를 이해할 수 있으며, 신문 사설·전문적 해설·논리적인 글을 읽고 세부 내용과 논지 전개를 정확히 파악할 수 있다. 자연스러운 속도의 강의나 토론을 듣고 핵심과 세부 정보를 따라갈 수 있다.
N2	언어지식(문자·어휘·문법)·독해 105분 청해 50분	일상 및 사회적 주제에서 사용되는 일본어를 폭넓게 이해할 수 있으며, 신문 기사·해설문·평론 등의 주제와 요점을 파악할 수 있다. 자연스러운 속도의 대화나 뉴스 내용을 듣고 화제의 전개와 논점을 이해할 수 있다.
N3	언어지식(문자·어휘) 30분 언어지식(문법)·독해 70분 청해 40분	일상적인 상황에서 사용되는 일본어를 어느 정도 이해할 수 있으며, 신문 기사·설명문 등 비교적 평이한 글을 읽고 전반적인 내용을 파악할 수 있다. 자연스러운 속도의 회화를 듣고 요지와 화제의 흐름을 이해할 수 있다.
N4	언어지식(문자·어휘) 25분 언어지식(문법)·독해 55분 청해 35분	기본적인 일본어를 이해할 수 있으며, 일상생활에서 자주 쓰이는 표현과 간단한 문장을 읽고 들을 수 있다. 비교적 느린 속도의 대화를 통해 구체적인 내용을 이해할 수 있다.
N5	언어지식(문자·어휘) 20분 언어지식(문법)·독해 40분 청해 30분	기초적인 일본어를 이해할 수 있으며, 히라가나·가타카나 및 기본 한자가 쓰인 짧은 문장을 읽고 들을 수 있다. 일상적인 표현과 간단한 대화를 이해할 수 있다.

응시 및 합격 기준

(1) 접수 및 성적 발표

시험 일정: 매년 7월·12월 첫째 주 일요일, 연 2회 시행

접수 기간: 7월 시험 → 4월 초 약 2~3주

12월 시험 → 9월 초 약 2~3주

※ 정규 접수 후 잔여 정원에 한해 추가 접수 실시(인터넷 접수만 가능, 수수료 부과)

성적 발표: 7월 시험 → 8월 말

12월 시험 → 다음 해 1월 말

※ 온라인 조회 가능, 성적증명서·인정서는 우편 발송

(2) 성적 유효기간

JLPT 성적은 유효기간 없음 (단, 일부 대학·기업은 2년 이내 성적 제출 요구)

(3) 접수 방법

인터넷 접수: 홈페이지 회원가입 → 정보 입력 → 사진 업로드 → 시험장 선택 → 결제

우편 접수: 수험 원서+사진+수험료(통상환증서) 동봉 흐 등기 발송

(4) 합격 기준

레벨	합격점	기준점		
		언어지식(문자·어후·문법)	독해	청해
N1	100점↑/180점	19점↑/60점	19점↑/60점	19점↑/60점
N2	90점↑/180점	19점↑/60점	19점↑/60점	19점↑/60점
N3	95점↑/180점	19점↑/60점	19점↑/60점	19점↑/60점
N4	90점↑/180점	38점↑/120점		19점↑/60점
N5	80점↑/180점	38점↑/120점		19점↑/60점

JLPT는 다음 세 가지 조건을 모두 충족해야 합격으로 인정됩니다.

① 모든 과목에 응시해야 한다.

② 각 영역별(언어지식·독해·청해) 종합 점수가 합격점 이상이어야 한다.

③ 각 영역별 득점이 기준점 이상이어야 한다.

※ 종합 점수가 합격점 이상이어도, 한 영역이라도 기준점 미만인 경우 불합격

문제 구성

시험 과목		대문제	N1	N2	N3	N4	N5
언어지식 · 독해	문자 · 어휘	한자읽기	○	○	○	○	○
		표기	–	○	○	○	○
		단어형성	–	○	–	–	–
		문맥구성	○	○	○	○	○
		유의표현	○	○	○	○	○
		용법	○	○	○	○	–
	문법	문장의 문법 1 (문법형식 판단)	○	○	○	○	○
		문장의 문법 2 (문장 만들기)	○	○	○	○	○
		글의 문법	○	○	○	○	○
	독해	내용이해(단문)	○	○	○	○	○
		내용이해(중문)	○	○	○	○	○
		내용이해(장문)	○	–	○	–	–
		통합이해	○	○	–	–	–
		주장이해(장문)	○	○	–	–	–
		정보검색	○	○	○	○	○
청해		과제이해	○	○	○	○	○
		포인트이해	○	○	○	○	○
		개요이해	○	○	○	–	–
		발화표현	–	–	○	○	○
		즉시응답	○	○	○	○	○
		통합이해	○	○	–	–	–

※ 시험의 난이도 관리와 새로운 유형의 문제를 평가하기 위해 득점에 가산되지 않는 문제를 포함할 수 있습니다.

JLPT는 언어지식(문자·어휘·문법), 독해, 청해 영역으로 구성되며, 각 급수에 따라 문제 구성이 조금씩 다릅니다.
아래는 영역별 문제의 주요 내용입니다.

(1) 문자·어휘: 한자와 어휘의 이해 및 활용 능력 평가

① 한자 읽기: 제시된 한자의 올바른 발음을 고르는 문제
② 표기: 제시된 단어의 올바른 한자 표기를 고르는 문제
③ 단어형성: 문장의 문맥에 맞는 단어를 올바르게 구성하는 문제
④ 문맥구성: 문장의 문맥상 가장 자연스러운 단어를 고르는 문제
⑤ 유의표현: 같은 또는 비슷한 의미의 단어를 고르는 문제
⑥ 용법: 제시된 단어가 가장 적절하게 사용된 문장을 고르는 문제

(2) 문법: 문장의 구조와 표현력 평가

① 문장의 문법 1 (문법형식 판단): 문장의 문맥상 가장 자연스러운 문법 표현을 고르는 문제
② 문장의 문법 2 (문장 만들기): 문장의 일부를 완성하는 문제
③ 글의 문법: 긴 글의 문맥상 가장 자연스러운 문법 표현을 고르는 문제

(3) 독해: 글의 내용을 파악하고 핵심 정보를 이해하는 능력 평가

① 내용이해(단문·중문·장문): 주제, 세부 내용, 문장 간 관계를 파악하고 올바른 것을 고르는 문제
② 통합이해: 두 지문의 내용을 종합해 올바른 것을 고르는 문제
③ 주장이해(장문): 글쓴이의 주장이나 의견을 파악하고 올바른 것을 고르는 문제
④ 정보검색: 안내문, 광고문 등에서 필요한 정보를 신속히 찾아 올바른 것을 고르는 문제

(4) 청해: 일상 회화부터 공식적인 상황까지 다양한 듣기 능력 평가

① 과제이해: 대화를 듣고 이어질 필요한 행동이나 판단을 고르는 문제
② 포인트이해: 대화를 듣고 핵심 내용을 고르는 문제
③ 개요이해: 대화나 설명을 듣고 전체의 흐름, 주제를 고르는 문제
④ 발화표현: 그림의 상황에 맞는 응답이나 표현을 고르는 문제
⑤ 즉시응답: 짧은 질문에 대한 적절한 응답을 고르는 문제
⑥ 통합이해: 여러 정보나 발언을 종합해 결론을 고르는 문제

30일 학습 플랜

학습 완료 후 체크해 보세요.

1일차 ☐	2일차 ☐	3일차 ☐	4일차 ☐	5일차 ☐	6일차 ☐
학습일 /	학습일 /	학습일 /	학습일 /	학습일 /	학습일 /
필수 단어					
p.18~p.23	p.24~p.29	p.30~p.35	p.36~p.41	p.42~p.47	p.48~p.53

7일차 ☐	8일차 ☐	9일차 ☐	10일차 ☐	11일차 ☐	12일차 ☐
학습일 /	학습일 /	학습일 /	학습일 /	학습일 /	학습일 /
문자·어휘					기초 문법
문제1	문제2	문제3	문제4	문제5	
필수 단어					p.96~p.109
p.18~p.25	p.26~p.33	p.34~p.39	p.40~p.47	p.48~p.53	

13일차 ☐	14일차 ☐	15일차 ☐	16일차 ☐	17일차 ☐	18일차 ☐
학습일 /	학습일 /	학습일 /	학습일 /	학습일 /	학습일 /
필수 문법				문법	
				문제1	문제2
p.110~p.119	p.120~p.129	p.130~p.137	p.138~p.145	필수 문법	
				p.110~p.121	p.122~p.133

19일차 ☐	20일차 ☐	21일차 ☐	22일차 ☐	23일차 ☐	24일차 ☐
학습일 /	학습일 /	학습일 /	학습일 /	학습일 /	학습일 /
문법	독해				청해
문제3					
필수 문법	문제4	문제5	문제6	문제7	문제1
p.134~p.145					

25일차 ☐	26일차 ☐	27일차 ☐	28일차 ☐	29일차 ☐	30일차 ☐
학습일 /	학습일 /	학습일 /	학습일 /	학습일 /	학습일 /
청해					
문제2	문제3	문제4	문제5	+모의고사1	+모의고사2

60일 학습 플랜

1일차 ☐	2일차 ☐	3일차 ☐	4일차 ☐	5일차 ☐	6일차 ☐
필수 단어					
p.18~p.19	p.20~p.21	p.22~p.23	p.24~p.25	p.26~p.27	p.28~p.29
7일차 ☐	**8일차** ☐	**9일차** ☐	**10일차** ☐	**11일차** ☐	**12일차** ☐
필수 단어					
p.30~p.31	p.32~p.33	p.34~p.35	p.36~p.37	p.38~p.39	p.40~p.41
13일차 ☐	**14일차** ☐	**15일차** ☐	**16일차** ☐	**17일차** ☐	**18일차** ☐
필수 단어					
p.42~p.43	p.44~p.45	p.46~p.47	p.48~p.49	p.50~p.51	p.52~p.53
19일차 ☐	**20일차** ☐	**21일차** ☐	**22일차** ☐	**23일차** ☐	**24일차** ☐
문자·어휘					
문제1	문제2	문제3	문제4	문제5	총 복습
필수 단어					
p.18~p.25	p.26~p.33	p.34~p.39	p.40~p.47	p.48~p.53	
25일차 ☐	**26일차** ☐	**27일차** ☐	**28일차** ☐	**29일차** ☐	**30일차** ☐
기초 문법	필수 문법				
p.96~p.109	p.110~p.111	p.112~p.113	p.114~p.115	p.116~p.117	p.118~p.119
31일차 ☐	**32일차** ☐	**33일차** ☐	**34일차** ☐	**35일차** ☐	**36일차** ☐
필수 문법					
p.120~p.121	p.122~p.123	p.124~p.125	p.126~p.127	p.128~p.129	p.130~p.131
37일차 ☐	**38일차** ☐	**39일차** ☐	**40일차** ☐	**41일차** ☐	**42일차** ☐
필수 문법					
p.132~p.133	p.134~p.135	p.136~p.137	p.138~p.139	p.140~p.141	p.142~p.143
43일차 ☐	**44일차** ☐	**45일차** ☐	**46일차** ☐	**47일차** ☐	**48일차** ☐
필수 문법	문법				독해
	문제1	문제2	문제3	총 복습	문제4
p.144~p.145	필수 문법				
	p.110~p.121	p.122~p.133	p.134~p.145		
49일차 ☐	**50일차** ☐	**51일차** ☐	**52일차** ☐	**53일차** ☐	**54일차** ☐
독해			청해		
문제5	문제6	문제7	문제1	문제2	문제3
55일차 ☐	**56일차** ☐	**57일차** ☐	**58일차** ☐	**59일차** ☐	**60일차** ☐
청해					
문제4	문제5	+모의고사1	+모의고사1 복습	+모의고사2	+모의고사2 복습

필수 동사 변형

형태	변형		내용
ます형	1그룹	う단 → い단+ます	ます형은 '합니다(정중체)'로 해석한다.
	2그룹	い단 or え단+る → る탈락+ます	[+] ～ません: ～하지 않습니다
	3그룹	する → します くる → きます	[+] ～ました: ～했습니다 [+] ～ませんでした: ～하지 않았습니다 [+] ～ましょう: ～합시다 [+] ～ましょうか: ～할까요?
ない형	1그룹	う단 → あ단+ない *う → わない	ない형은 동사의 보통체 부정형으로 '～지 않다'로 해석한다. 참고로 ません과 ない です는 동일하게 해석한다.
	2그룹	い단 or え단+る → る탈락+ない	
	3그룹	する → しない くる → こない	
て형	1그룹	う・つ・る → って ぬ・む・ぶ → んで く → いて *行く → 行って ぐ → いで す → して	て형의 역할은 다음과 같다. ① ～하고 ② ～해서 ③ ～해 (가벼운 명령체)
	2그룹	い단 or え단+る → る탈락+て	
	3그룹	する → して くる → きて	
た형 (과거형)	1그룹	う・つ・る → った ぬ・む・ぶ → んだ く → いた *行く → 行った ぐ → いだ す → した	동사의 보통체 과거형으로 '～했다'로 해석한다.
	2그룹	い단 or え단+る → る탈락+た	
	3그룹	する → した くる → きた	

형태	변형		내용
가정형	1그룹	う단 → え단+ば	동사의 보통체 가정형으로 '~하면'으로 해석한다.
	2그룹	い단 or え단+る → る탈락+れば	
	3그룹	する → すれば くる → くれば	
의지형	1그룹	う단 → お단+う	의지형의 역할은 다음과 같다. ① ~하려고 　　[+] ~と思う (~하려고 생각하다) ② ~하자
	2그룹	い단 or え단+る → る탈락+よう	
	3그룹	する → しよう くる → こよう	
가능형	1그룹	う단 → え단+る	가능형은 '~을/를 ~수 있다'로 문장을 구성하나, 「~を+가능형」이 아닌 「~が+가능형」이라고 한다.
	2그룹	い단 or え단+る → る탈락+(ら)れる	
	3그룹	する → できる くる → こられる	
수동형	1그룹	う단 → あ단+れる	수동형의 역할은 다음과 같다. ① ~당하다, ~지다 ② ~하시다(존경어)
	2그룹	い단 or え단+る → る탈락+(ら)れる	
	3그룹	する → される くる → こられる	
사역형	1그룹	う단 → あ단+せる	동사의 보통체 사역형으로 '~하게 하다'로 해석한다.
	2그룹	い단 or え단+る → る탈락+させる	
	3그룹	する → させる くる → こさせる	
사역수동형	1그룹	う단 → あ단+せられる·される(축약형)	동사의 보통체 사역수동형으로 '억지로 ~하다'로 해석한다. 어떤 동작을 하는데 있어 불편하거나 내키지 않음을 내포한다.
	2그룹	い단 or え단+る → る탈락+させられる	
	3그룹	する → させられる くる → こさせられる	

첫 번째 걸음

언어지식
문자 · 어휘

필수 단어

- **문제 1** 한자읽기
- **문제 2** 표기
- **문제 3** 문맥구성
- **문제 4** 유의표현
- **문제 5** 용법

문자 · 어휘
유형 공략 강의

필수 단어

STEP 1 명사

1. 발음상 주의해야 할 단어

1) 장단음에 주의해야 할 단어

以降	이후	行列	행렬, 줄	寿命	수명
以後	이후	距離	거리	種類	종류
影響(する)	영향	近所	근처, 가까운 곳	状態	상태
栄養	영양	空気	공기	上達(する)	숙달
演奏(する)	연주	空港	공항	消費(する)	소비
遠慮(する)	사양, 겸손	空席	공석, 빈자리	大量	대량
横断(する)	횡단	経営(する)	경영	短所	단점
大家	집 주인	化粧(する)	화장	注意(する)	주의
回収(する)	회수	研究(する)	연구	中旬	중순
加工(する)	가공	研修(する)	연수	貯金(する)	저금
完了(する)	완료	減少(する)	감소	特殊	특수
気候	기후	工場	공장	内緒	비밀
寄付(する)	기부	交流(する)	교류	拍手(する)	박수
急行	급행	呼吸(する)	호흡	発生(する)	발생
休日	휴일	故障(する)	고장	反省(する)	반성
行儀	예의	渋滞(する)	정체	包丁	식칼
競争(する)	경쟁	主人	주인, 남편	命令(する)	명령
共通(する)	공통	手段	수단	郵送(する)	우편, 우송

興味	흥미	首都	수도	夕日	석양
協力(する)	협력	邪魔(する)	방해	輸出(する)	수출
輸入(する)	수입	予約(する)	예약	理由	이유

2) 탁음, 반탁음에 주의해야 할 단어

小型	소형	税金	세금	寝坊(する)	늦잠
外科	외과	全般	전반	保存(する)	보존, 저장
血液型	혈액형	増減(する)	증감	迷子	미아
地震	지진	台所	부엌	身分	신분
若干	약간	登山(する)	등산	虫歯	충치
承諾(する)	승낙	努力(する)	노력	物事	매사
進歩(する)	진보	何事	어떤 일, 무슨 일	予防(する)	예방

3) 촉음에 주의해야 할 단어

夫	남편	発生(する)	발생	物価	물가
納得(する)	납득	発展(する)	발전	沸騰(する)	끓어 오름
発見(する)	발견	発表(する)	발표	列車	열차

mini 연습

① 大家 → (　　　)や　　　　　　⑥ 外科 → (　　　)か
② 減少 → げん(　　　)　　　　　⑦ 台所 → だい(　　　)
③ 空気 → (　　　)き　　　　　　⑧ 保存 → ほ(　　　)
④ 急行 → (　　　)こう　　　　　⑨ 発展 → (　　　)てん
⑤ 研修 → けん(　　　)　　　　　⑩ 列車 → (　　　)しゃ

정답: ① おお ② しょう ③ くう ④ きゅう ⑤ しゅう ⑥ げ ⑦ どころ ⑧ ぞん ⑨ はっ ⑩ れっ

2. 비슷한 모양의 한자

応対(する)	응대	観客	관객	意識(する)	의식
広場	광장	歓迎(する)	환영	職業	직업
夫婦	부부	複数	복수, 여러 개	制限(する)	제한
実力	실력	教師	교사	製品	제품
案内(する)	안내	楽器	악기	他人	타인
安心(する)	안심	薬	약	地球	지구
屋上	옥상	動物	동물	期待(する)	기대
握手(する)	악수	労働(する)	노동	特急	특급(열차)
支給(する)	지급	登校(する)	등교	息子	아들
枝	가지	発見(する)	발견	身分	신분
包み	포장	内緒	비밀	翌週	다음 주
泡	거품	納得(する)	납득	学習(する)	학습
肩	어깨	相談(する)	상담	改札(する)	개찰
胃	위	予想(する)	예상	礼儀	예의
健康	건강	単語	단어	期末	기말
建築(する)	건축	世話(する)	돌봄	未定	미정
延期(する)	연기	左右	좌우	反対(する)	반대
庭	마당	現在	현재	返事(する)	답장
家庭	가정	保存(する)	보존, 저장	仮定(する)	가정 (임시로 정함)
気温	기온	責任	책임	氷	얼음
湿気	습기	実績	실적	水泳(する)	수영
混雑(する)	혼잡	面積	면적	永遠	영원

穴 あな	구멍	礼儀 れい ぎ	예의	値段 ね だん	가격
空気 くう き	공기	抗議(する) こう ぎ	항의	役割 やく わり	역할
突き当り つ あた	막다른 곳	犠牲(する) ぎ せい	희생	一般 いっ ぱん	일반
復習(する) ふくしゅう	복습	専門 せん もん	전문	方針 ほう しん	방침
往復(する) おう ふく	왕복	疑問 ぎ もん	의문	放置(する) ほう ち	방치
複数 ふく すう	복수	開発(する) かい はつ	개발	防犯 ぼう はん	방범
重複(する) じゅうふく	중복	間隔 かん かく	간격	訪問(する) ほう もん	방문

mini 연습

① ( ) 習 → 復 / 複	⑥ 値 ( ) → 段 / 役
② ( ) 急 → 待 / 特	⑦ 改 ( ) → 札 / 礼
③ ( ) 見 → 登 / 発	⑧ 実 ( ) → 責 / 績
④ ( ) 品 → 制 / 製	⑨ 予 ( ) → 相 / 想
⑤ ( ) 内 → 案 / 安	⑩ 専 ( ) → 間 / 門

정답: ① 復 ② 特 ③ 発 ④ 製 ⑤ 案 ⑥ 段 ⑦ 札 ⑧ 績 ⑨ 想 ⑩ 門

3. する동사

握手(する) あくしゅ	악수	開会(する) かいかい	개회	感動(する) かんどう	감동
暗記(する) あんき	암기	解決(する) かいけつ	해결	看病(する) かんびょう	간병
安心(する) あんしん	안심	開催(する) かいさい	개최	管理(する) かんり	관리
安定(する) あんてい	안정	回収(する) かいしゅう	회수	完了(する) かんりょう	완료
案内(する) あんない	안내	外出(する) がいしゅつ	외출	記憶(する) きおく	기억
意識(する) いしき	의식	外食(する) がいしょく	외식	期待(する) きたい	기대
移転(する) いてん	이전	回転(する) かいてん	회전	帰宅(する) きたく	귀가
移動(する) いどう	이동	開発(する) かいはつ	개발	記念(する) きねん	기념
居眠り(する) いねむり	앉아서 졺	加工(する) かこう	가공	寄付(する) きふ	기부
違反(する) いはん	위반	学習(する) がくしゅう	학습	教育(する) きょういく	교육
受付(する) うけつけ	접수	確認(する) かくにん	확인	競争(する) きょうそう	경쟁
右折(する) うせつ	우회전	活動(する) かつどう	활동	協力(する) きょうりょく	협력
影響(する) えいきょう	영향	活躍(する) かつやく	활약	記録(する) きろく	기록
延期(する) えんき	연기	仮定(する) かてい	가정 (임시로 정함)	禁煙(する) きんえん	금연
演奏(する) えんそう	연주	我慢(する) がまん	참음, 견딤	緊張(する) きんちょう	긴장
遠慮(する) えんりょ	사양, 겸손	歓迎(する) かんげい	환영	勤務(する) きんむ	근무
応援(する) おうえん	응원	還元(する) かんげん	환원	区別(する) くべつ	구별
応対(する) おうたい	응대	観光(する) かんこう	관광	訓練(する) くんれん	훈련
横断(する) おうだん	횡단	観察(する) かんさつ	관찰	経営(する) けいえい	경영
往復(する) おうふく	왕복	感謝(する) かんしゃ	감사	計画(する) けいかく	계획
応募(する) おうぼ	응모	完成(する) かんせい	완성	経験(する) けいけん	경험
応用(する) おうよう	응용	乾燥(する) かんそう	건조	計算(する) けいさん	계산

けいやく 契約(する)	계약	こうりゅう 交流(する)	교류	しじ 指示(する)	지시
けいゆ 経由(する)	경유	こきゅう 呼吸(する)	호흡	したく 支度(する)	준비
けしょう 化粧(する)	화장	こしょう 故障(する)	고장	しちゃく 試着(する)	시착, 입어 봄
けってい 決定(する)	결정	こっせつ 骨折(する)	골절	しつぎょう 失業(する)	실업
けんきゅう 研究(する)	연구	こんざつ 混雑(する)	혼잡	してい 指定(する)	지정
けんしゅう 研修(する)	연수	さぎょう 作業(する)	작업	しどう 指導(する)	지도
げんしょう 減少(する)	감소	さくじょ 削除(する)	삭제	しはい 支配(する)	지배
けんちく 建築(する)	건축	さつえい 撮影(する)	촬영	じゃま 邪魔(する)	방해
けんぶつ 見物(する)	구경	さべつ 差別(する)	차별	しゅうかく 収穫(する)	수확
こうぎ 抗議(する)	항의	さゆう 左右(する)	좌우	しゅうしょく 就職(する)	취업, 취직
ごうせい 合成(する)	합성	さんか 参加(する)	참가	じゅうたい 渋滞(する)	정체
こうどう 行動(する)	행동	ざんぎょう 残業(する)	작업	しゅうちゅう 集中(する)	집중
こうふん 興奮(する)	흥분	しきゅう 支給(する)	지급	じゅうでん 充電(する)	충전

mini 연습

① 交流 → (　　　) りゅう　　　　⑥ 経由 → けい (　　　)
② 禁煙 → (　　　) えん　　　　　⑦ 支度 → し (　　　)
③ 乾燥 → (　　　) そう　　　　　⑧ 収穫 → しゅう (　　　)
④ 延期 → (　　　) き　　　　　　⑨ 寄付 → き (　　　)
⑤ 競争 → (　　　) そう　　　　　⑩ 看病 → かん (　　　)

정답: ① こう ② きん ③ かん ④ えん ⑤ きょう ⑥ ゆ ⑦ たく ⑧ かく ⑨ ふ ⑩ びょう

しゅうり 修理(する)	수리	せわ 世話(する)	돌봄	ていでん 停電(する)	정전
しゅくしょう 縮小(する)	축소	せんこう 専攻(する)	전공	てつや 徹夜(する)	철야
じゅけん 受験(する)	수험	せんたく 選択(する)	선택	でんごん 伝言(する)	전언
しゅじゅつ 手術(する)	수술	ぞうげん 増減(する)	증감	とうこう 登校(する)	등교
しゅちょう 主張(する)	주장	そうさく 創作(する)	창작	どうさ 動作(する)	동작
しゅっきん 出勤(する)	출근	そうぞう 想像(する)	상상	とうじょう 登場(する)	등장
しゅっちょう 出張(する)	출장	そうたい 早退(する)	조퇴	とうちゃく 到着(する)	도착
じょうしゃ 乗車(する)	승차	そうだん 相談(する)	상담	とうろく 登録(する)	등록
しょうだく 承諾(する)	승낙	そつぎょう 卒業(する)	졸업	どくりつ 独立(する)	독립
じょうたつ 上達(する)	숙달	そんけい 尊敬(する)	존경	どりょく 努力(する)	노력
しょうち 承知(する)	알아 들음, 승낙	たいいん 退院(する)	퇴원	なっとく 納得(する)	납득
しょうひ 消費(する)	소비	だいひょう 代表(する)	대표	ねぼう 寝坊(する)	늦잠
しょうぶ 勝負(する)	승부	たんとう 担当(する)	담당	はいたつ 配達(する)	배달
しょち 処置(する)	처치	ちこく 遅刻(する)	지각	はくしゅ 拍手(する)	박수
しんぽ 進歩(する)	진보	ちゅうい 注意(する)	주의	はっけん 発見(する)	발견
しんよう 信用(する)	신용	ちゅうし 中止(する)	중지	はっせい 発生(する)	발생
しんらい 信頼(する)	신뢰	ちょうさ 調査(する)	조사	はってん 発展(する)	발전
せいさく 製作(する)	제작	ちょうせつ 調節(する)	조절	はつばい 発売(する)	발매
せいさん 生産(する)	생산	つうきん 通勤(する)	통근	はっぴょう 発表(する)	발표
せいちょう 成長(する)	성장	つうち 通知(する)	통지, 알림	はんせい 反省(する)	반성
せいり 整理(する)	정리	ていあん 提案(する)	제안	はんたい 反対(する)	반대
せつめい 説明(する)	설명	ていし 停止(する)	정지	ひかく 比較(する)	비교
せつやく 節約(する)	절약	ていしゃ 停車(する)	정차	ひなん 避難(する)	피난

한자	뜻	한자	뜻	한자	뜻
表現(する) ひょうげん	표현	保存(する) ほぞん	보존, 저장	予想(する) よそう	예상
復習(する) ふくしゅう	복습	翻訳(する) ほんやく	번역	予防(する) よぼう	예방
分類(する) ぶんるい	분류	満足(する) まんぞく	만족	予約(する) よやく	예약
変化(する) へんか	변화	無視(する) むし	무시	理解(する) りかい	이해
変更(する) へんこう	변경	命令(する) めいれい	명령	留学(する) りゅうがく	유학
返事(する) へんじ	답장	面接(する) めんせつ	면접	流行(する) りゅうこう	유행
冒険(する) ぼうけん	모험	約束(する) やくそく	약속	両替(する) りょうがえ	환전
報告(する) ほうこく	보고	優勝(する) ゆうしょう	우승	冷凍(する) れいとう	냉동
包装(する) ほうそう	포장	郵送(する) ゆうそう	우편, 우송	練習(する) れんしゅう	연습
放置(する) ほうち	방치	輸出(する) ゆしゅつ	수출	連続(する) れんぞく	연속
訪問(する) ほうもん	방문	輸入(する) ゆにゅう	수입	録音(する) ろくおん	녹음
募集(する) ぼしゅう	모집	用意(する) ようい	준비	割引(する) わりびき	할인

mini 연습

① 選択 → (　　　) たく　　　⑥ 冷凍 → れい (　　　)
② 注意 → (　　　) い　　　　⑦ 登場 → とう (　　　)
③ 通勤 → (　　　) きん　　　⑧ 主張 → しゅ (　　　)
④ 中止 → (　　　) し　　　　⑨ 縮小 → しゅく (　　　)
⑤ 放置 → (　　　) ち　　　　⑩ 冒険 → ぼう (　　　)

정답: ① せん ② ちゅう ③ つう ④ ちゅう ⑤ ほう ⑥ とう ⑦ じょう ⑧ ちょう ⑨ しょう ⑩ けん

4. 카테고리별 단어

1) 사람

相手 (あいて)	상대	自分 (じぶん)	스스로, 본인	夫婦 (ふうふ)	부부
大家 (おおや)	집 주인	市民 (しみん)	시민	父母 (ふぼ)	부모
夫 (おっと)	남편	主人 (しゅじん)	주인, 남편	迷子 (まいご)	미아
観客 (かんきゃく)	관객	他人 (たにん)	타인	孫 (まご)	손자
個人 (こじん)	개인	妻 (つま)	아내	息子 (むすこ)	아들
自身 (じしん)	자신	母親 (ははおや)	엄마	両親 (りょうしん)	부모님

2) 신체

汗 (あせ)	땀	健康 (けんこう)	건강	体重 (たいじゅう)	체중
胃 (い)	위	声 (こえ)	목소리	年齢 (ねんれい)	연령, 나이
息 (いき)	숨	呼吸(する) (こきゅう)	호흡	歯 (は)	이, 이빨
肩 (かた)	어깨	心 (こころ)	마음	腹 (はら)	배
髪 (かみ)	머리카락	腰 (こし)	허리	骨 (ほね)	뼈
首 (くび)	목	身体 (しんたい)	신체	虫歯 (むしば)	충치
血液型 (けつえきがた)	혈액형	身長 (しんちょう)	신장, 키	指 (ゆび)	손가락

3) 자연/식물/날씨

岩 (いわ)	바위	岸 (きし)	물가, 해안	景色 (けしき)	경치
枝 (えだ)	가지	季節 (きせつ)	계절	氷 (こおり)	얼음
海岸 (かいがん)	해안	霧 (きり)	안개	坂道 (さかみち)	비탈길, 언덕길
環境 (かんきょう)	환경	空気 (くうき)	공기	自然 (しぜん)	자연
気温 (きおん)	기온	草 (くさ)	풀	湿気 (しっけ)	습기
気候 (きこう)	기후	雲 (くも)	구름	島 (しま)	섬

しょくぶつ 植物	식물	ち きゅう 地球	지구	は 葉	잎
せき ゆ 石油	석유	なみ 波	파도	ひかり 光	빛
たに 谷	계곡	ね 根	뿌리	まめ 豆	콩

4) 위치/방향

い ち 位置	위치	うちがわ 内側	안쪽	かど 角	모퉁이
う せつ 右折(する)	우회전	うら 裏	뒤, 뒷면	こう さ てん 交差点	교차로

mini 연습

① おっと → 夫 / 妻

② まめ → 豆 / 谷

③ きし → 岸 / 岩

④ は → 歯 / 胃

⑤ きせつ → 季節 / 景色

⑥ かど → 角 / 裏

⑦ ひかり → 光 / 波

⑧ むすこ → 息子 / 迷子

⑨ ねんれい → 年齢 / 健康

⑩ しっけ → 湿気 / 気温

정답: ① 夫 ② 豆 ③ 岸 ④ 歯 ⑤ 季節 ⑥ 角 ⑦ 光 ⑧ 息子 ⑨ 年齢 ⑩ 湿気

5. 한국어 한자음과 다른 단어 *음독이지만 한국어 읽기와 차이 있는 단어

会話(する) かい わ	대화	上達(する) じょうたつ	숙달	長所 ちょうしょ	장점
工夫 く ふう	궁리	承知(する) しょう ち	알아 들음, 승낙	都合 つ ごう	형편, 사정
景色 け しき	경치	正解 せいかい	정답	皮肉 ひ にく	빈정거림
見物(する) けんぶつ	구경	贅沢(する) ぜいたく	사치	方角 ほうがく	방향
交差点 こう さ てん	교차로	短所 たんしょ	단점	用意(する) よう い	준비
黒板 こくばん	칠판	昼食 ちゅうしょく	점심 식사	様子 よう す	모양, 상태

6. 발음은 같지만 뜻이 다른 단어 *동음이의어

今 いま	지금	家庭 か てい	가정	性格 せいかく	성격
居間 い ま	거실	仮定(する) か てい	가정 (임시로 정함)	正確だ せいかく	정확하다
意思 い し	의사	機械 き かい	기계	自信 じ しん	자신(감)
				自身 じ しん	자신
意志 い し	의지	機会 き かい	기회	地震 じ しん	지진
神 かみ	신	感覚 かんかく	감각	葉 は	잎
髪 かみ	머리(카락)	間隔 かんかく	간격	歯 は	이, 이빨

7. 접두어

高〜 こう (정도의 높음)	高収入 こうしゅうにゅう	고수입	不〜 ふ (부정, 부~)	不安定 ふ あんてい	불안정
	高性能 こうせいのう	고성능		不可能 ふ か のう	불가능
好〜 こう (정도의 좋음)	好景気 こうけい き	경기가 좋음		不自然 ふ し ぜん	부자연
	好成績 こうせいせき	성적이 좋음		不景気 ふ けい き	불경기

なま 生〜 (날 것의, 지금)	なまほうそう 生放送	생방송		み かんせい 未完成	미완성
	なま 生ゴミ	음식물 쓰레기	み〜 未〜 (아직, 미~)	み こうかい 未公開	미공개
ひ〜 非〜 (~가 아님)	ひ じょうしき 非常識	몰상식(비상식)		み しよう 未使用	미사용

8. 접미어

	いっぱんてき 一般的	일반적	~建て だ (~건물, ~층)	がい だ 3階建て	3층 건물
~的 てき (~적)	げんじつてき 現実的	현실적		でん き だい 電気代	전기 요금
	き ほんてき 基本的	기본적	~代 だい (~비용)	しょく じ だい 食事代	식사 비용
	だいひょうてき 代表的	대표적		タクシー代 だい	택시 요금
~先 さき (~장소)	りょこうさき 旅行先	여행지	~製 せい (~제)	に ほんせい 日本製	일본제
	ゆ・い さき 行き先	행선지		きんぞくせい 金属製	금속제
	とりひきさき 取引先	거래처	~向き む (~향)	みなみ む 南向き	남쪽 방향
~風 ふう (~풍, ~느낌)	わ ふう 和風	일본풍		ひがし む 東向き	동쪽 방향
~学 がく (~학)	けいえいがく 経営学	경영학	~詩 し (~서적)	しゅうかん し 週刊詩	주간지
	けいざいがく 経済学	경제학	~産 さん (~산)	に ほんさん 日本産	일본산
~型 (~형) がた	けつえきがた 血液型	혈액형		アメリカ産 さん	미국산

---

mini 연습

① 都合 → (뜻:)　　⑤ (   ) 収入 → 高 / 好

② 皮肉 → (뜻:)　　⑦ (   ) 安定 → 不 / 未

③ 居間 → (뜻:)　　③ 一般 (   ) → 的 / 向き

④ 機械 → (뜻:)　　③ 電気 (   ) → 代 / 産

⑤ 地震 → (뜻:)　　⑩ 血液 (   ) → 風 / 型

정답: ① 상황 ② 빈정거림 ③ 거실 ④ 기계 ⑤ 지진 ⑥ 高 ⑦ 不 ⑧ 的 ⑨ 代 ⑩ 型

1) あ행

合図(する)	신호	飲酒(する)	음주	えさ	먹이
朝寝坊(する)	늦잠	噂	소문	おしゃれ	멋
油	기름	売り切れ	품절, 매진	落とし物	분실물
以内	이내	笑顔	웃는 얼굴	思い出	추억

2) か행

絵画	그림, 회화	空	비어 있음	基本	기본
会費	회비	柄	모양	決まり	결정, 규칙
香り	향기	皮	가죽, 껍질	逆	반대
価格	가격	関係	관계	禁止(する)	금지
家具	가구	関心	관심	癖	버릇
各駅	각 역	危機	위기	経済	경제
各地	각지	危険	위험	今朝	오늘 아침
過去	과거	期限	기한	血圧	혈압
飾り	장식	記事	기사	血液	혈액
歌手	가수	技術	기술	結果	결과
下線	밑줄	傷	상처	欠点	결점
形	모양	規制(する)	규제	煙	연기
片方	한쪽	規則	규칙	玄関	현관
加熱(する)	가열	喫煙(する)	흡연	原料	원료
かび	곰팡이	切符	표	効果	효과
雷	천둥	希望(する)	희망	高価	고가, 값이 비쌈

こうかん 交換(する)	교환	こうこく 広告(する)	광고	こうほ 候補	후보
こうきょう 公共	공공	こうそく 高速	고속	こな 粉	가루

3) さ행

さ 差	차, 차이	しせい 姿勢	자세	しょうせつ 小説	소설
さいしょ 最初	최초, 처음	したが 下書き	초고	しょうひん 商品	상품
さいしん 最新	최신	じっさい 実際	실제	じょうほう 情報	정보
さいふ 財布	지갑	しつど 湿度	습도	しょくどう 食堂	식당
ざいりょう 材料	재료	じまん 自慢(する)	자랑	しょっき 食器	식기
さかや 酒屋	술집	しみ	얼룩, 기미	しりょう 資料	자료
さくもつ 作物	작물, 농작물	しき 締め切り	마감	せいじ 政治	정치
ざっし 雑誌	잡지	しゃかい 社会	사회	せいじょう 正常	정상
さんぎょう 産業	산업	じゆう 自由	자유	せき 席	자리
しお 塩	소금	しゅうかんし 週刊誌	주간지	せりふ	대사
じこ 事故	사고	じゅんばん 順番	순번, 차례	せん 線	선
じじつ 事実	사실	しょうぎょう 商業	상업	ぜんご 前後	전후
ししゅつ 支出(する)	지출	じょうきょう 状況	상황	せんしゅ 選手	선수
じしょ 辞書	사전	じょうけん 条件	조건	そうりょう 送料	운송료, 배송비
じじょう 事情	사정	じょうしき 常識	상식	そこ 底	바닥

4) た행

たいりょく 体力	체력	たび 旅	여행	だんたい 団体	단체
たしょう 多少	다소	たまご 卵	달걀	だんぼう 暖房(する)	난방
たちば 立場	입장	いき ため息	한숨	たの 楽しみ	즐거움, 기대

地域	지역	出会い	만남	道具	도구
知識	지식	手洗い	화장실	当日	당일
地図	지도	手紙	편지	都会	도시
中古	중고	手帳	수첩	特徴	특징
朝食	조식	手伝い	도움	土地	토지
直接	직접	伝統	전통	徒歩	도보
机	책상	問い合わせ	문의	取り消し	취소
梅雨	장마	答案	답안	泥	진흙

5) な행

内容	내용	流れ	흐름	荷物	짐
仲間	친구, 동료	生ごみ	음식물 쓰레기	値上がり	인상, 가격 상승
中身	속, 안, 내용물	涙	눈물	農業	농업

6) は행

葉書	엽서	表情	표정	平均	평균
箱	상자	評判	평판	平日	평일
幅	폭, 너비	表面	표면	貿易(する)	무역
針	바늘	昼間	낮	方向	방향
日当たり	볕이 듦, 양지	封筒	봉투	帽子	모자
引き出し	서랍, 꺼냄	普通	보통	豊富	풍부
避難(する)	피난	部分	부분	法律	법률
費用	비용	不満	불만	歩道	보도, 인도
秒	초	文章	문장	本物	진짜, 실물

7) ま행

毎晩 (まいばん)	매일 밤	窓 (まど)	창문	真似 (まね)	흉내
湖 (みずうみ)	호수	都 (みやこ)	수도, 드시	目的 (もくてき)	목적
見本 (みほん)	견본, 본보기	未来 (みらい)	미래	目標 (もくひょう)	목표
見舞い (みまい)	병문안	眼鏡 (めがね)	안경	物語 (ものがたり)	이야기
土産 (みやげ)	기념품	申込書 (もうしこみしょ)	신청서	模様 (もよう)	모양

8) や행

家賃 (やちん)	집세	床 (ゆか)	마루, 바닥	欲張り (よくばり)	욕심쟁이
薬局 (やっきょく)	약국	行き先 (ゆ・いさき)	행선지, 목적지	汚れ (よご)	더러움, 때
やる気 (やるき)	의욕	行方 (ゆくえ)	행방	予測(する) (よそく)	예측
遊園地 (ゆうえんち)	유원지	夢 (ゆめ)	꿈	夜中 (よなか)	한밤중
夕立 (ゆうだち)	소나기	容器 (ようき)	용기, 그릇	予報(する) (よほう)	예보
夕飯 (ゆうはん)	저녁 밥	翌年 (よくねん)	다음 해	予防(する) (よぼう)	예방

9) ら행

料金 (りょうきん)	요금	例外 (れいがい)	예외	録画(する) (ろくが)	녹화
留守 (るす)	부재중	冷房 (れいぼう)	넁방	路面 (ろめん)	노면

10) わ행

若者 (わかもの)	젊은이, 청년	割合 (わりあい)	비율	割引 (わりびき)	할인

mini 연습

① 下書き → (발음:　　　　　　　　)　　⑥ 土地 → (발음:　　　　　　　　)

② 平日 → (발음:　　　　　　　　)　　⑦ 欠点 → (발음:　　　　　　　　)

③ 候補 → (발음:　　　　　　　　)　　⑧ 湖 → (발음:　　　　　　　　)

④ 中古 → (발음:　　　　　　　　)　　⑨ 多少 → (발음:　　　　　　　　)

⑤ 今朝 → (발음:　　　　　　　　)　　⑩ 例外 → (발음:　　　　　　　　)

정답: ① したがき ② へいじつ ③ こうほ ④ ちゅうこ ⑤ けさ ⑥ とち ⑦ けってん ⑧ みずうみ ⑨ たしょう ⑩ れいがい

1. 동사

1) あ행

飽きる	질리다	表す	표현하다	産む	낳다
空く	비다	歩く	걷다	埋める	묻다
開く	열리다	荒れる	거칠어지다, 난폭하게 굴다	売り切れる	매진되다
明ける	밝다	合わせる	맞추다	描く	그리다
憧れる	동경하다	いじめる	괴롭히다	追う	쫓다
味わう	맛보다	急ぐ	서두르다	置く	두다
預ける	맡기다	痛む	아프다	送る	보내다
与える	주다, 부여하다	要る	필요하다	遅れる	늦다
当たる	맞다	植える	심다	起こる	일어나다, 발생하다
扱う	다루다, 취급하다	受ける	받다	落ち着く	진정하다
集める	모으다	動かす	움직이다	落ちる	떨어지다
浴びる	(샤워를) 하다, 끼얹다	動く	움직이다, 작동하다	落とす	떨어뜨리다
あふれる	넘치다	失う	잃다, 잃어버리다	踊る	춤추다
甘やかす	응석을 받아주다	疑う	의심하다	驚く	놀라다
余る	남다	写す	베끼다, 촬영하다	覚える	기억하다, 익히다, 외우다
編む	엮다, 뜨다	移す	옮기다	泳ぐ	헤엄치다
謝る	사과하다	映る	비치다	降りる	내리다
誤る	잘못하다	移る	옮기다	折れる	접히다
改める	고치다, 변경하다	奪う	빼앗다	終わる	끝나다

2) か행

帰る	돌아가(오)다	傾く	기울다	加える	더하다, 넣다, 늘리다
替える	바꾸다	枯れる	마르다, 시들다	消す	끄다
輝く	빛나다	渇く	목이 마르다	超える	넘다, 초과하다
限る	한하다, 한정하다	考える	생각하다	凍る	얼다
隠す	숨기다	区切る	구분하다	断る	거절하다
重ねる	겹치다	くっつける	붙이다	好む	좋아하다
貸す	빌려주다	配る	나누어 주다	困る	곤란하다
稼ぐ	(돈을) 벌다	組む	(일정을) 짜다	転ぶ	넘어지다
片付ける	정리하다	暮らす	살다	壊す	부수다

3) さ행

探す	찾다	叱る	혼내다, 다그치다	進む	나아가다, 진행하다
叫ぶ	외치다	従う	다르다	勧める	권장하다, 장려하다
避ける	피하다	支払う	지불하다	済む	끝나다
指す	가리키다	示す	나타내다, 가리키다	育つ	자라다
誘う	권하다, 유혹하다	空く	비다	育てる	기르다, 양성하다
去る	떠나다	救う	구하다, 돕다	備える	대비하다, 갖추다
触る	만지다, 손을 대다	過ごす	보내다	揃える	맞추다, 가지런히 하다

4) た행

確かめる	확인하다	訪ねる	방문하다	達する	도달하다, 이르다
助ける	돕다	戦う	싸우다	試す	시험하다

頼る	의지하다	包む	포장하다	問う	묻다
頼む	부탁하다	勤める	근무하다	通す	통하게 하다
違う	다르다	繋ぐ	연결하다	解く	풀다
縮む	줄다	積む	쌓다, 싣다	届く	닿다
使う	사용하다	釣る	낚다	届ける	보내다, 신고하다
捕まえる	잡다	手伝う	돕다	泊まる	머물다
続く	계속되다	照らす	비추다	止める	멈추다, 세우다

5) な행

眺める	바라보다	慣れる	익숙해지다	眠る	잠들다
泣く	울다	似合う	어울리다	除く	제외하다
慰める	위로하다	握る	쥐다, 집다	望む	바라다, 소망하다
投げる	던지다	抜く	뽑다, 빼내다	伸ばす	늘리다
悩む	고민하다	脱ぐ	벗다	登る	오르다
習う	배우다	願う	부탁하다	載る	실리다

6) は행

生える	자라다, 나다	晴れる	맑다, 개다	踏む	밟다
計る	재다, 세다	光る	빛나다	増やす	늘리다
図る	생각하다, 꾀하다	引く	당기다, 뽑다	触れる	접촉하다, 닿다
測る	재다, 측정하다	冷やす	차게 하다, 식히다	振れる	흔들리다
運ぶ	옮기다	拭く	닦다	減る	줄다
離れる	떨어지다	防ぐ	방지하다, 막다	吠える	짖다
払う	지불하다	ぶつかる	충돌하다	干す	말리다

7) ま행

参る（まい）	가다/오다의 겸양어	招く（まね）	초대하다, 초래하다	迎える（むか）	맞이하다, 마중하다
任せる（まか）	맡기다	守る（まも）	지키다	向く（む）	향하다
曲げる（ま）	구부리다, 굽히다	迷う（まよ）	망설이다	結ぶ（むす）	묶다
交ざる（ま）	섞이다	回す（まわ）	돌리다-	儲かる（もう）	벌이가 되다
間違える（まちが）	잘못하다, 착각하다	回る（まわ）	돌다	申し込む（もう こ）	신청하다
学ぶ（まな）	배우다	見つかる（み）	발견도다	燃える（も）	타다
間に合う（ま あ）	시간에 맞다	認める（みと）	인정하다	用いる（もち）	사용하다

8) や행

焼く（や）	굽다	辞める（や）	그만두다	汚す（よご）	더럽히다
訳す（やく）	번역하다	ゆでる	삶다	寄せる（よ）	가까이 대다
雇う（やと）	고용하다	許す（ゆる）	용서하다	寄る（よ）	들르다
破れる（やぶ）	찢어지다	酔う（よ）	술에 취하다, 멀미하다	弱まる（よわ）	약해지다

9) わ행

沸かす（わ）	끓이다	渡す（わた）	건네다	笑う（わら）	웃다
別れる（わか）	헤어지다	渡る（わた）	건너다	割れる（わ）	깨지다

---

mini 연습

① 壊す → (　　　) す   ⑥ 問う → (　　　) う

② 踏む → (　　　) む   ⑦ 追う → (　　　) う

③ 備える → (　　　) える   ⑧ 釣る → (　　　) る

④ 繋ぐ → (　　　) ぐ   ⑨ 預ける → (　　　) ける

⑤ 謝る → (　　　) る   ⑩ 引く → (　　　) く

정답: ① こわ ② ふ ③ そな ④ つな ⑤ あやま ⑥ と ⑦ お ⑧ つ ⑨ あず ⑩ ひ

2. 복합동사

～合う (서로 ~하다)	話し合う	서로 이야기하다 =대화하다	～込む (깊게 ~하다)	飲み込む	꿀꺽 삼키다, 이해하다
	励まし合う	서로 격려하다		押し込む	밀어 넣다
	知り合う	서로 알다		思い込む	깊게 믿다 =굳게 믿다
～合わせる (서로 ~하게되다)	待ち合わせる	서로 기다리다 =만나기로 하다		申し込む	신청하다
	問い合わせる	서로 묻다 =문의하다	～すぎる (지나치게 ~하다)	飲みすぎる	과음하다
～上がる (① 동작의 방향이 위 ② 완성됨)	立ち上がる	일어나다		食べすぎる	과식하다
	起き上がる	일어나다		働きすぎる	과로하다
	出来上がる	완성되다	～出す (~하기 시작하다)	降り出す	내리기 시작하다
～終わる (다 ~하다)	食べ終わる	다 먹다		走り出す	달리기 시작하다
	読み終わる	다 읽다	～直す (다시 ~하다)	見直す	다시 보다
～返す (반대로~, 다시~)	聞き返す	되묻다		かけ直す	다시 걸다
	繰り返す	반복하다		やり直す	다시 하다
～替える (바꿔~, 갈아~)	着替える	갈아 입다		考え直す	다시 생각하다
	取り替える	바꾸다	～取る (~를 취하다)	引き取る	인수하다
～かける (상대방에게 동작 을 취하다)	呼びかける	부르다, 호소하다		聞き取る	듣다
	話しかける	말을 걸다	～回る (돌며 ~하다)	走り回る	뛰어 다니다
見～ (보는 것과 관련)	見送る	배웅하다, 보류하다		見回る	돌아보다, 둘러보다
	見落とす	간과하다	受け～ (~를 받다)	受け取る	수취하다, 받다
	見下ろす	내려다보다, 깔보다		受け入れる	받아들이다

落ち〜 (마음 상태와 관련)	落<ruby>お</ruby>ち込<ruby>こ</ruby>む	낙담하다, 침울하다	言い〜 (말과 관련)	言<ruby>い</ruby>い返<ruby>かえ</ruby>す	말대꾸하다, 말대답하다
	落<ruby>お</ruby>ち着<ruby>つ</ruby>く	안정되다		言<ruby>い</ruby>い出<ruby>だ</ruby>す	말을 꺼내다, 말하기 시작하다
乗り〜 (타는 것과 관련)	乗<ruby>の</ruby>り遅<ruby>おく</ruby>れる	늦어서 못 타다	引き〜 (① 맡다 ② 본인 쪽으로 당기는 느낌)	引<ruby>ひ</ruby>き受<ruby>う</ruby>ける	일을 맡다
	乗<ruby>の</ruby>り換<ruby>か</ruby>える	환승하다		引<ruby>ひ</ruby>き出<ruby>だ</ruby>す	꺼내다, 인출하다
	乗<ruby>の</ruby>り越<ruby>こ</ruby>す	내릴 곳을 지나치다	追い〜 뒤 따라붙는 모양	追<ruby>お</ruby>いかける	뒤따라 가다
	乗<ruby>の</ruby>り過<ruby>す</ruby>ごす	내릴 곳을 지나치다		追<ruby>お</ruby>いつく	따라잡다

---

mini 연습

① 先生<ruby>せんせい</ruby>は学生<ruby>がくせい</ruby>たちに注意<ruby>ちゅうい</ruby>するように（　　　　）。→落ち着いた / 呼びかけた

② 宿題<ruby>しゅくだい</ruby>の答<ruby>こた</ruby>えが間違<ruby>まちが</ruby>っていたので、もう一度<ruby>いちど</ruby>（　　　　）。→追いかけた / やり直した

③ 外国語<ruby>がいこくご</ruby>を正<ruby>ただ</ruby>しく（　　　　）のは難<ruby>むずか</ruby>しい。→聞き取る / 引き出す

④ ケーキが（　　　　）、みんなで食<ruby>た</ruby>べましょう。→出来上がったら / 申し込んだら

⑤ 父<ruby>ちち</ruby>は（　　　　）体<ruby>からだ</ruby>を壊<ruby>こわ</ruby>してしまった。→働きすぎて / 励まし合って

정답: ① 呼びかけた ② やり直した ③ 聞き取る ④ 出来上がったら ⑤ 働きすぎて

1. い형용사

1) あ행

浅い	얕다	怪しい	수상하다	偉い	훌륭하다
暖かい	따뜻하다(날씨)	ありがたい	고맙다	多い	많다
温かい	따뜻하다(온도)	あわただしい	분주하다	おかしい	이상하다
暑い	덥다	痛い	아프다	幼い	어리다
熱い	뜨겁다	薄い	얇다	惜しい	아깝다
厚い	두껍다	美しい	아름답다	遅い	늦다
あつかましい	뻔뻔하다	うまい	맛있다, 잘하다	恐ろしい	두렵다
危ない	위험하다	うらやましい	부럽다	おとなしい	얌전하다
甘い	달다	嬉しい	기쁘다	重い	무겁다

2) か행

賢い	현명하다	きつい	(정도가) 심하다, 꽉 끼다	苦しい	괴롭다
固い	딱딱하다	厳しい	엄격하다	詳しい	자세하다
かっこいい	멋있다, 근사하다	清い	맑다, 청렴하다	険しい	험하다
悲しい	슬프다	臭い	나쁜 냄새가 나다	濃い	진하다
我慢強い	참을성이 많다	くだらない	하찮다, 시시하다	恋しい	그립다
かゆい	가렵다	悔しい	분하다	細かい	잘다, 자세하다
汚い	더럽다	暗い	어둡다	怖い	무섭다

3) さ행

寂しい	외롭다	親しい	친하다	しょうがない	어쩔 수 없다
塩辛い	짜다	しつこい	끈질기다	しょっぱい	짜다

<ruby>酸<rt>す</rt></ruby>っぱい	시다, 시큼하다	<ruby>鋭<rt>するど</rt></ruby>い	날카롭다, 예민하다	<ruby>狭<rt>せま</rt></ruby>い	좁다

4) た행

<ruby>楽<rt>たの</rt></ruby>しい	즐겁다	<ruby>近<rt>ちか</rt></ruby>い	가깝다	<ruby>辛<rt>つら</rt></ruby>い	괴롭다
だらしない	칠칠치 못하다	つまらない	하찮다, 시시하다	<ruby>遠<rt>とお</rt></ruby>い	멀다
だるい	나른하다	<ruby>冷<rt>つめ</rt></ruby>たい	차갑다	とんでもない	터무니없다

5) な행

<ruby>懐<rt>なつ</rt></ruby>かしい	그립다	<ruby>鈍<rt>にぶ</rt></ruby>い	둔하다	<ruby>眠<rt>ねむ</rt></ruby>い	졸리다
<ruby>苦<rt>にが</rt></ruby>い	(맛이) 쓰다	<ruby>温<rt>ぬる</rt></ruby>い	미지근하다	のろい	느리다

6) は행

<ruby>激<rt>はげ</rt></ruby>しい	격하다	<ruby>等<rt>ひと</rt></ruby>しい	같다, 똑같다	<ruby>太<rt>ふと</rt></ruby>い	굵다
<ruby>恥<rt>は</rt></ruby>ずかしい	부끄럽다	<ruby>広<rt>ひろ</rt></ruby>い	넓다	<ruby>細<rt>ほそ</rt></ruby>い	가늘다
<ruby>低<rt>ひく</rt></ruby>い	낮다	<ruby>深<rt>ふか</rt></ruby>い	깊다	<ruby>細長<rt>ほそなが</rt></ruby>い	길고 가느다랗다

7) ま행

<ruby>貧<rt>まず</rt></ruby>しい	가난하다	<ruby>丸<rt>まる</rt></ruby>い	둥글다	<ruby>蒸<rt>む</rt></ruby>し<ruby>暑<rt>あつ</rt></ruby>い	무덥다
<ruby>眩<rt>まぶ</rt></ruby>しい	눈부시다	<ruby>短<rt>みじか</rt></ruby>い	짧다	もったいない	아깝다, 과분하다

8) や행

<ruby>易<rt>やさ</rt></ruby>しい	쉽다	<ruby>優<rt>やさ</rt></ruby>しい	상냥하다	<ruby>柔<rt>やわ</rt></ruby>らかい	부드럽다

mini 연습

① 厳しい → (　　　　) しい　　　　⑥ 懐かしい → (　　　　) かしい

② 広い → (　　　　) い　　　　⑦ 濃い → (　　　　) い

③ 美しい → (　　　　) しい　　　　⑧ 汚い → (　　　　) い

④ 柔らかい → (　　　　) らかい　　　　⑨ 寂しい → (　　　　) しい

⑤ 嬉しい → (　　　　) しい　　　　⑩ 鋭い → (　　　　) い

정답: ① きび ② ひろ ③ うつく ④ やわ ⑤ うれ ⑥ なつ ⑦ こ ⑧ きたな ⑨ さび ⑩ するど

2. な형용사

1) あ행

あいまいだ	애매하다, 어정쩡하다	新ただ	새롭다	一般的だ	일반적이다
明らかだ	분명하다, 뚜렷하다	意外だ	의외다	おしゃれだ	멋있다

2) か행

かわいそうだ	불쌍하다	基本的だ	기본적이다	結構だ	괜찮다
感情的だ	감정적이다	気楽だ	편안하다	効果的だ	효과적이다
完全だ	완전하다	けちだ	쪼잔하다	国際的だ	국제적이다

3) さ행

幸いだ	다행이다	主要だ	주요하다	新鮮だ	신선하다
盛んだ	왕성하다	重要だ	중요하다	慎重だ	신중하다
様々だ	다양하다	純粋だ	순수하다	素敵だ	멋있다
さわやかだ	선선하다, 상쾌하다	消極的だ	소극적이다	素直だ	솔직하다, 구김없다
残念だ	유감이다	正直だ	정직하다	正確だ	정확하다
幸せだ	행복하다	丈夫だ	튼튼하다	清潔だ	청결하다
地味だ	수수하다	真剣だ	진지하다	積極的だ	적극적이다
重大だ	중대하다	人工的だ	인공적이다	そっくりだ	꼭 닮다

4) た행

退屈だ	따분하다	単純だ	단순하다	適当だ	적당하다
短気だ	성질이 급하다	丁寧だ	정중하다	得意だ	잘하다

5) な행

なだらかだ	완만하다	苦手だ	다루기 어렵다, 잘 못하다	熱心だ	열심이다
斜めだ	경사가 지다	にぎやかだ	떠들썩하다	のんきだ	태평하다, 느긋하다

6) は행

派手だ	화려하다	複雑だ	복잡하다	不親切だ	친절하지 않다
不安だ	불안하다	不思議だ	신기하다	平和だ	평화롭다

7) ま행

ましだ	낫다	無駄だ	쓸데없다	迷惑だ	민폐다
真面目だ	성실하다	夢中だ	열중하다	面倒だ	성가시다, 귀찮다

8) や행·ら행·わ행

有名だ	유명하다	楽だ	편하다	冷静だ	냉정하다
豊かだ	풍부하다	立派だ	훌륭하다	わがままだ	제멋대로다

---

mini 연습

① 派手だ → (　　　　) だ　　　　⑥ 効果的だ → (　　　　) だ

② 明らかだ → (　　　　) らかだ　　⑦ 無駄だ → (　　　　) だ

③ 素直だ → (　　　　) だ　　　　⑧ 適当だ → (　　　　) だ

④ 豊かだ → (　　　　) かだ　　　⑨ 重要だ → (　　　　) だ

⑤ 不思議だ → (　　　　) だ　　　⑩ 短気だ → (　　　　) だ

정답: ① はで ② あき ③ すなお ④ ゆた ⑤ ふしぎ ⑥ こうかてき ⑦ むだ ⑧ てきとう ⑨ じゅうよう ⑩ たんき

1. 명사

アイディア・アイデア 아이디어	案 (あん)	의견, 예상	確認 (かくにん) 확인	確 (たし) かめること	확인하는 것
	工夫 (くふう)	궁리		チェック	체크
	発想 (はっそう)	발상		証明 (しょうめい)	증명
計画 (けいかく) 계획	プラン	플랜	年中 (ねんじゅう) 일년 내내	いつでも	언제라도
	企画 (きかく)	기획		いつも	항상
	スケジュール	스케쥴		常 (つね) に	항상
	予定 (よてい)	예정		変 (か) わりなく	변함 없이
手段 (しゅだん) 수단	道具 (どうぐ)	도구	場合 (ばあい) 경우	時 (とき)	때
	やり方 (かた)	하는 방법		ケース	경우, 상황
	ツール	툴		状況 (じょうきょう)	상황
	仕方 (しかた)	방법	理解 (りかい) 이해	納得 (なっとく)	납득
	方法 (ほうほう)	방법	経験 (けいけん) 경험	体験 (たいけん)	체험
団体 (だんたい) 단체	サークル	서클	位置 (いち) 위치	立場 (たちば)	입장
	グループ	그룹		場所 (ばしょ)	장소
	組織 (そしき)	조직		地位 (ちい)	지위
練習 (れんしゅう) 연습	トレーニング	트레이닝	交際 (こうさい) 교제	付 (つ) き合 (あ) い	교제
	訓練 (くんれん)	훈련		仲間 (なかま) であること	친구 사이
理由 (りゆう) 이유	訳 (わけ)	이유	結果 (けっか) 결과	成果 (せいか)	성과

規則 규칙	ルール	룰	企業 기업	会社	회사
	決まり	규정, 규칙		ビジネス	비즈니스
注文 주문	頼む	부탁하다	共通点 공통점	似ている部分	닮은 점
	オーダー	오더, 주문		同じところ	같은 점
翌日 다음 날	明日	내일	おこづかい 용돈	お金	돈
	次の日	다음 날		生活費	생활비
情報 정보	データ	데이터	生活 생활	暮らし	삶
	ニュース	뉴스, 소식		ライフ	라이프, 삶
孫 손자	娘の息子	딸의 아들	いとこ 사촌	叔父(叔母)の子供	숙부(숙모)의 아들
めい 여자 조카	兄弟の娘	형제의 딸	おい 남자 조카	姉の息子	누나의 아들
欠点 결점	よくないところ	좋지 않은 점	おしまい 끝	終わり	끝
	悪いところ	나쁜 점		終了	종료
問題 문제	課題	과제	感情 감정	気持ち	마음
	トラブル	트러블, 문제		心	마음
機会 기회	チャンス	찬스	サイズ 사이즈	大きさ	크기
場所 장소	所	곳	キッチン 키친, 부엌	台所	부엌

mini 연습

① アイデア → 工夫 / 常に
② 機会 → ケース / チャンス
③ 生活 → 暮らし / 体験
④ 年中 → いつも / 次の日
⑤ 理由 → 成果 / 訳

⑥ おしまい → 終了 / 場所
⑦ 手段 → 納得 / 仕方
⑧ 規則 → ルール / トラブル
⑨ 共道点 → 同じところ / 悪いところ
⑩ 感情 → 案 / 心

정답: ① 工夫 ② チャンス ③ 暮らし ④ いつも ⑤ 訳 ⑥ 終了 ⑦ 仕方 ⑧ ルール ⑨ 同じところ ⑩ 心

2. 동사

諦める 포기하다	やめる	그만두다	覚える 외우다	記憶する	기억하다
	中止する	중지하다		暗記する	암기하다
	終了する	종료하다	教える 가르치다	指導する	지도하다
	止める	멈추다		育てる	키우다
慌てる 당황하다	急ぐ	서두르다		知らせる	알리다
	パニックになる	패닉이 되다	手伝う 돕다	協力する	협력하다
くたびれる 지치다	疲れる	지치다		援助する	돕다
	やる気をなくす	의욕이 없다		助ける	돕다
注意する 주의하다	気をつける	조심하다		支援する	지원하다
	忠告する	충고하다		助け合う	서로 돕다
驚く 놀라다	びっくりする	깜짝 놀라다	奪う 빼앗다	取る	취하다, 집다
安心する 안심하다	ほっとする	안심하다	集める 모으다	コレクトする	수집하다
	心が落ち着く	마음이 진정되다		回収する	회수하다
出発する 출발하다	たつ	출발하다	気に入る 마음에 들다	好きになる	좋아지다
	スタートする	스타트하다	流行する 유행하다	流行る	유행하다

3. 형용사

親しい 친하다	近い	가깝다	つまらない 재미없다	くだらない	시시하다
	仲がいい	사이가 좋다		退屈だ	따분하다
賢い 현명하다	頭がいい	머리가 좋다	うるさい 시끄럽다	騒がしい	시끄럽다
	鋭い	예리하다			

珍しい 드물다	あまりない	그다지 없다	真面目だ 성실하다	真剣だ	진지하다
				ストレートだ	올곧다
	まれだ	드물다		真っすぐだ	올곧다

4. 부사

突然 돌연, 갑자기	いきなり	갑자기	なるべく 가능한 한	できるだけ	가능한 한
	急に	갑자기		できるかぎり	가능한 한
	思いがけない	생각도 못한		できれば	가능하면
相変わらず 변함없이	いつも通り	평소대로	大変 매우	とても	매우
	前と同じく	전과 같이		実に	실로
さっき 조금 전	少し前	조금 전	必ず 반드시	きっと	분명히
	さきほど	방금 전		ぜひ	꼭
再び 두 번, 재차	また	또	およそ 개략	約	약
	二度	두번	ようやく 겨우	やっと	겨우
	もう一度	한번 더	まもなく 머지 않아	もうすぐ	이제 곧

mini 연습

① 諦める → やめる / たつ
② 覚える → 取る / 暗記する
③ くたびれる → たつ / つかれる
④ 気に入る → 好きになる / 育てる
⑤ 慌てる → コレクトする / パニックになる
⑥ 手伝う → 助ける / ほっとする
⑦ 再び → やっと / また
⑧ さっき → もうすぐ / さきほど
⑨ 必ず → 実に / ぜひ
⑩ つまらない → 騒がしい / たいくつだ
⑪ 親しい → あまりない / 仲がいい
⑫ 珍しい → まれだ / 真っすぐだ

정답: ① やめる ② 暗記する ③ つかれる ④ 好きになる ⑤ パニックになる ⑥ 助ける ⑦ また ⑧ さきほど ⑨ ぜひ ⑩ たいくつだ ⑪ 仲がいい ⑫ まれだ

相変わらず	변함없이, 여전히	必ずしも	반드시(+부정)	すっかり	완전히
あいにく	공교롭게	かなり	제법, 상당히	絶対に	절대로
改めて	새롭게, 다시	きちんと	정확히, 깔끔히	せめて	적어도, 최소한
あらゆる	모든	急に	갑자기	全然	전혀
案外	뜻밖에, 예상 외로	偶然	우연(히)	そのうち	가까운 시일 안에
いい加減に	적당히	ぐっすり	푹, 깊이 잠든 모양	それほど	그렇게
意外に	의외로	結局	결국	そろそろ	슬슬
いきなり	갑자기	結構	그런대로, 제법, 충분히	たいして	그다지
一度に	한꺼번에	さっそく	즉시	だいたい	대개, 대충, 거의
一気に	단숨에	ざっと	대충, 대강	たいてい	대개, 대부분
いつの間にか	어느새인가	さっぱり	전혀	だいぶ	상당히, 꽤
今にも	당장에라도	自然に	자연스럽게	確かに	확실히, 분명히
いらいら	안절부절, 초조, 짜증나는 모양	次第に	점차, 차츰	たぶん	아마
うっかり	깜빡, 무심코	しっかり	단단히, 똑똑히	たまたま	가끔, 우연히
お互いに	서로	じっと	꼼짝 않고	たまに	드물게, 가끔
おそらく	아마	実は	실은	ちっとも	조금도
主に	주로	しばらく	당분간, 한동안	つい	그만, 무심결에
思わず	엉겁결에, 무의식 중에	ずいぶん	대단히, 몹시	常に	항상, 언제나
およそ	대강, 대충	少なくとも	적어도	とうとう	드디어, 마침내
勝手に	멋대로	少しずつ	조금씩	どうしても	아무리 해도

どうやら	아무래도, 어쩐지	なんとなく	웬일인지	自ら	스스로
とっくに	훨씬 전에	はっきり	확실히	めったに	좀처럼
突然	돌연, 갑자기	非常に	매우, 상당히	もしかしたら	어쩌면
とにかく	어쨌든	ぴったり	딱 맞음, 꼭 알맞음	やっと	드디어, 마침내, 겨우
どんどん	척척, 술술	ひょっとすると	어쩌면, 혹시	ろくに	제대로
なるべく	가능한 한	まさか	설마	わざと	일부러
なんとか	어떻게든	まるで	마치, 전혀	わりあいに	비교적

① 彼の遅刻に（　　　　）している。→ いらいら / そっくり
② 子どもは絵本を見ながら、（　　　　）座っていました。→ まるで / じっと
③ 昨日の映画は、（　　　　）面白くなかった。→ ぴったり / ちっとも
④ 昨日は頭が痛くて、（　　　　）勉強できなかった。→ ろくに / わりあいに
⑤ （　　　　）今日はいいことが起こりそうだ。→ めったに / なんとなく

정답: ① いらいら ② じっと ③ ちっとも ④ ろくに ⑤ なんとなく

アイディア・アイデア	아이디어	コスト	비용, 원가	ノック	노크
アクセサリー	액세서리	コミュニケーション	소통	バケツ	양동이
アクセス	액세스, 접속	コメント	코멘트	バック	뒤, 후진함
アドバイス	충고	コレクション	컬렉션	バランス	밸런스, 균형
アマチュア・アマ	아마추어	コンクール	콩쿨	ヒント	힌트
アレルギー	알레르기	サイズ	사이즈, 크기	ブーム	유행
イベント	이벤트	サンプル	샘플	フォロー	도움, 보조함
イメージ	이미지	システム	시스템	ブランド	브랜드
インタビュー	인터뷰	シンプル	심플	プレゼン	프레젠테이션
ウイルス	바이러스	スケジュール	스케줄	プロ	프로
エチケット	에티켓	スタイル	스타일	ベスト	베스트, 최상, 가장 좋음
エネルギー	에너지	スピーチ	연설	マスコミ	매스컴
カーブ	커브	スピード	스피드	マナー	매너
カタログ	카탈로그	ゼミ	세미나	ミス	실수
カバー	커버	タイプ	타입	ユーモア	유머
キッチン	부엌	チャレンジ	도전	ラッシュ	러시
キャンセル	취소	チャンス	기회	リーダー	리더
グループ	그룹	データ	데이터	リサイクル	재활용
クレーム	클레임, 불만	テーマ	테마	レシート	영수증
コース	코스	トレーニング	트레이닝	レシピ	레시피, 조리법

あるいは	또는, 혹은	それから	그리고 나서	だが	그렇지만
および	및 (나열)	それで	그래서	だから	그래서
しかし	그러나	それとも	그렇지 않으면	ただし	다만
しかも	게다가	それなのに	그런데도	ところが	그렇지만
したがって	따라서	それなら	그렇다면	ところで	그건 그렇고
すると	그러자	それにしては	그것에 비해서는	なぜなら	왜냐하면
そのうえ	게다가	それにしても	그건 그렇다 해도	もしくは	혹은

mini 연습

① その事件は（　　　　）で大きく取り上げられた。→ コスト / マスコミ
② 新しい家具の（　　　　）を見て、注文することにした。→ カタログ / ウイルス
③ （　　　　）をなくしたので、商品を返品できなかった。→ レシート / クレーム
④ 今夜は家で食べる？（　　　　）外食にする？→ それとも / すると
⑤ 明日の会議は10時、（　　　　）11時に行われる予定です。→ もしくは / ところが

정답: ① マスコミ ② カタログ ③ レシート ④ それとも ⑤ もしくは

 오노마토페(의성어·의태어)

1) 감정/상태

いらいら 짜증나는 모양, 초조하게	彼の遅刻にいらいらしている。 그의 지각에 짜증이 난다.
がっかり 실망하는 모양	試験に落ちてがっかりした。 시험에 떨어져 실망했다.
すっきり 개운하게, 산뜻하게	部屋を掃除してすっきりした。 방을 청소하고 개운하다.
そっくり 꼭 닮은, 전부	母にそっくりだ。 어머니를 꼭 닮았다.
どきどき 두근두근	面接の前にどきどきした。 면접 전 두근두근했다.
にこにこ 싱글벙글, 생긋생긋	彼女はいつもにこにこしている。 그녀는 항상 싱글벙글 웃고 있다.
のんびり 느긋하게, 한가롭게	休日は家でのんびり過ごした。 휴일은 집에서 느긋하게 보냈다.
ばらばら 흩어져 있는 모양	家族はばらばらに暮らしている。 가족은 흩어져 살고 있다.
ぼんやり 멍하니, 희미하게	窓の外をぼんやり見ていた。 창밖을 멍하니 보고 있었다.
わくわく 설레는 모양, 기대되는 모양	旅行が楽しみでわくわくしている。 여행이 기대되어 설렌다.

2) 동작 묘사

うっかり 깜빡, 무심코	うっかり財布を忘れてしまった。 깜빡 지갑을 두고 왔다.
うろうろ 우왕좌왕, 어슬렁어슬렁	道に迷ってうろうろしている。 길을 잃고 우왕좌왕하고 있다.
がらがら 텅텅 비어있는 모양	電車はがらがらだった。 전철이 텅텅 비어 있었다.

きらきら 반짝반짝	星がきらきら光っている。 별이 반짝반짝 빛나고 있다.
ぎりぎり 간신히, 빠듯하게	電車にぎりぎり間に合った。 전철에 간신히 맞췄다.
ぐっすり 푹(자다)	昨夜はぐっすり眠れた。 어젯밤 푹 잤다.
こっそり 살짝, 몰래	こっそり部屋を出た。 몰래 방을 나왔다.
ざあざあ 비가 억수같이 오는 모양	外は雨がざあざあ降っている。 밖에 비가 억수같이 내리고 있다.
じっと 가만히, 똑바로	子どもがじっと絵を見ている。 아이가 가만히 그림을 보고 있다.
たっぷり 충분히, 듬뿍	水をたっぷり飲んだ。 물을 충분히 마셨다.
ちゃんと 제대로, 틀림없이	宿題をちゃんとやった。 숙제를 제대로 했다.
ぴったり 꼭 맞게, 딱	この服は私にぴったりだ。 이 옷은 나에게 꼭 맞다.
ふらふら 휘청휘청, 비틀비틀	熱でふらふら歩いている。 열이 나서 비틀비틀 걷고 있다.

mini 연습

① 長い時間歩いたので、足が（　　　　）だ。 → ふらふら / にこにこ
② 初めて海外に行くので、（　　　　）している。 → ざあざあ / わくわく
③ 赤ちゃんが（　　　　）寝ているので、静かにしてください。 → ぼんやり / ぐっすり
④ （　　　　）友達の秘密を話してしまった。 → うっかり / うろうろ
⑤ シャワーを浴びたら、気分が（　　　　）した。 → すっきり / こっそり

정답: ① ふらふら ② わくわく ③ ぐっすり ④ うっかり ⑤ すっきり

STEP 1 유형 알기

問題1 ＿＿＿のことばの読み方として最もよいものを、１・２・３・４から一つえらびなさい。
문제1 ＿＿＿의 말의 읽는 법으로 가장 올바른 것을, 1·2·3·4에서 하나 고르세요.

밑줄 친 한자의 히라가나 표기를 고르는 문제로, 한자를 정확히 읽을 수 있는지 평가한다. 정확한 발음만 알면 풀 수 있지만, 다음과 같은 경우에 주의해야 한다.

1. 장음과 단음에 유의해야 하는 경우

장음 유무에 따라 의미가 다르거나 없는 단어가 선택지로 출제된다.「あ단+あ」「い단+い」「え단+い・え」「お단+お・う」그리고 요음「ゃ+あ」「ゅ+う」「ょ+お」장음에도 주의하자.

例 雪 눈 → ゆき (○) ゆうき (×) 용기　　　　　　一緒 함께 → いっしょ (○) いっしょう (×) 평생

例 注意 주의 → ちゅうい (○) ちゅい (×)　　　　　　石油 석유 → せきゆ (○) せきゆう (×)

2. 탁음과 반탁음에 유의해야 하는 경우

탁음과 반탁음의 유무로 혼동을 주는 선택지가 출제된다. 한국어 발음을 기준으로 일본어 발음을 추측할 경우, 오답을 유도하는 함정에 빠지기 쉬우므로 주의해야 한다.

例 遅刻 지각 → ちこく (○)　　　地球 지구 → ちきゅう (○)　　　乾杯 건배 → かんぱい (○)
　　　　 ちごく (×)　　　　　　　 じきゅう (×)　　　　　　 かんはい (×)

> **Tip**
> 한국어 뜻에 ㄱ, ㄷ, ㅈ 같은 소리가 들어가는 단어는, 헷갈리기 쉬우니 특히 조심하자.

3. 촉음에 유의해야 하는 경우

촉음을 생략하거나 다른 글자로 바꾸어 혼동을 주는 선택지가 출제된다. 촉음은 1박으로 발음되므로, 처음부터 정확한 1박 발음을 익히는 연습이 필요하다.

例 楽器 악기 → がっき (○)　　　特徴 특징 → とくちょう (○)　　　切手 우표 → きって (○)
　　　　 がき (×)　　　　　　　 とっちょう (×)　　　　　　 きて (×)

4. 한자 다음의 소리가 같은 것에 유의해야 하는 경우

동사와 형용사는 한자 다음의 소리(오쿠리가나)가 같은 단어의 발음으로 혼동을 주는 선택지가 출제된다. 특히 오답이 실존하는 단어인 경우 더 혼동하기 쉬우므로 한자와 발음을 정확히 연결해 암기하는 것이 중요하다.

例 折れる 접히다 → おれる (○)　　　叱る 혼내다 → しかる (○)　　　悩む 고민하다 → なやむ (○)
　　　　 こわれる (×)　　　　　　 おこる (×)　　　　　　 こむ (×)

문제 풀이 핵심 Point!
문장을 전부 해석할 필요 없다. 밑줄의 단어만 확인하고 바로 정답을 체크하여 전체 풀이 시간을 줄이자.

1. 장음과 단음에 유의해야 하는 경우

1 試験の前にちゃんと勉強していたので、合格できたのは<u>当然</u>だと思います。

1 とうせん　　　　2 とうぜん
3 とせん　　　　　4 とぜん

1 시험 전에 제대로 공부하고 있었기 때문에, 합격할 수 있었던 것은 <u>당연</u>하다고 생각합니다.

1 とうせん　　　　2 とうぜん
3 とせん　　　　　4 とぜん

当는 とう로 발음한다. 단음 とぜん으로 발음하는 경우 잘 사용하지는 않지만 徒然(무료함)이라는 단어가 되니 주의하자.

2. 탁음과 반탁음에 유의해야 하는 경우

2 本日は<u>定休日</u>のため、お休みさせていただきます。

1 せいきゅうび　　　　2 せいきゅじつ
3 ていきゅうび　　　　4 ていきゅじつ

2 오늘은 <u>정기 휴일</u>이기 때문에, 쉬겠습니다.

1 せいきゅうび　　　　2 せいきゅじつ
3 ていきゅうび　　　　4 ていきゅじつ

定와 休는 항상 장음이며, 日는 앞에 오는 단어에 따라 ひ・び・にち・じ つ 등으로 발음이 달라지니 주의하자.

3. 촉음에 유의해야 하는 경우

3 <u>借金</u>を返すのに10年もかかってしまいました。

1 しゃきん　　　　2 しゃっきん
3 ちゃくきん　　　　4 ちゃっきん

3 <u>빚</u>을 갚는 데 10년이나 걸리고 말았습니다.

1 しゃきん　　　　2 しゃっきん
3 ちゃくきん　　　　4 ちゃっきん

借의 음독은 しゃく지만, 金와 붙어 촉음으로 발음된다.

4. 한자 다음의 소리가 같은 것에 유의해야 하는 경우

4 子どもを一人で育てたお母さんは本当に<u>偉い</u>と思います。

1 つらい　　　　2 かゆい
3 えらい　　　　4 まずい

4 아이를 혼자 키운 어머니는 정말 <u>대단</u>하다고 생각합니다.

1 つらい　　　　2 かゆい
3 えらい　　　　4 まずい

偉い는 훈독으로 えらい로 발음한다. 나머지 선택지인 つらい(괴롭다), かゆい(가렵다), まずい(맛없다)도 자주 출제되는 い형용사로, 혼동하기 쉬우므로 주의하자.

問題1　＿＿＿のことばの読み方として最もよいものを、１・２・３・４から一つえらびなさい。

1　プレゼントを美しい花模様の紙で包んだ。
　1　あそんだ　　　2　かこんだ　　　3　つつんだ　　　4　すんだ

2　田中は午後の会議の件で、今とても忙しいです。
　1　あん　　　2　けん　　　3　かた　　　4　よう

3　健康診断のときに血液検査を受けました。
　1　けつあつ　　　2　けつにゅう　　　3　けつえき　　　4　けつやく

4　そこには何かがはっきりと刻まれていました。
　1　かまれて　　　2　こまれて　　　3　のまれて　　　4　きざまれて

5　彼はその文をそのまま全部暗記しました。
　1　おんき　　　2　あんぎ　　　3　あんき　　　4　おんぎ

6　犬がすごい勢いで走ってボールを追いかけた。
　1　いさぎよい　　　2　いきおい　　　3　よい　　　4　あさましい

7　あの時のことが、今でもはっきりと印象に残っています。
　1　いんそう　　　2　いんしょ　　　3　いんそ　　　4　いんしょう

8　噂なんか気にしないで、自分の道を進みたいです。
　1　うそ　　　2　うわさ　　　3　うら　　　4　うらみ

9　100年後の世界を想像してみてください。
　1　そうぞう　　　2　そぞう　　　3　そうしょう　　　4　そしょう

10　東京に憧れて、上京する若者も少なくありません。
　1　ほれて　　　2　あこがれて　　　3　あばれて　　　4　ゆれて

問題1 ＿＿＿のことばの読み方として最もよいものを、１・２・３・４から一つえらびなさい。

[1] 包丁を使うときは、手を切らないように気をつけてください。
1　ほちょ　　　2　ほちょう　　　3　ほうちょ　　　4　ほうちょう

[2] 事態が悪化する可能性もあるので注意が必要です。
1　あか　　　2　わるか　　　3　あっか　　　4　あくか

[3] 母は昨日退院したばかりなので、まだゆっくり休んでいます。
1　にゅういん　　　2　にゅうえん　　　3　たいいん　　　4　たいえん

[4] 月が突然雲に隠れて、空が暗くなりました。
1　あらわれて　　　2　またれて　　　3　かくれて　　　4　さされて

[5] うちの犬はとても賢くて、言うことをよく聞きます。
1　かしこくて　　　2　するどくて　　　3　すばやくて　　　4　いさましくて

[6] 広告を見て、この仕事に応募しました。
1　おうほう　　　2　おぼう　　　3　おうほ　　　4　おうぼ

[7] スポーツ選手は体重を毎日測る。
1　おこる　　　2　はかる　　　3　こおる　　　4　とおる

[8] 彼の話が本当かどうか、少し疑っています。
1　うかって　　　2　うたって　　　3　うかがって　　　4　うたがって

[9] まず、針に糸を通します。
1　すそ　　　2　つばさ　　　3　たね　　　4　はり

[10] 学校でスポーツ大会が開かれるので、みんなで練習しています。
1　たいかい　　　2　たいがい　　　3　だいかい　　　4　だいがい

問題1　＿＿＿のことばの読み方として最もよいものを、1・2・3・4から一つえらびなさい。

1 わかるまで繰り返し説明することが大切です。

1　そうりがえし　　2　そりかえし　　3　くりがえし　　4　くりかえし

2 彼はとても険しい表情をしていて、何か悩んでいるようだった。

1　あやしい　　2　すずしい　　3　けわしい　　4　こわしい

3 昨日発売された新しい製品が好調である。

1　こちょう　　2　ほちょう　　3　ほうちょ　　4　こうちょう

4 多くの小包を妹と一緒に運びました。

1　しょうほ　　2　しょうほう　　3　こづつみ　　4　こつつみ

5 花見の客で駅がとても混雑しています。

1　こんなん　　2　こんさつ　　3　こんざつ　　4　こんらん

6 ラッシュを避けて移動した方がいいですよ。

1　ひけて　　2　さけて　　3　とけて　　4　こけて

7 宝物が盗まれて、大きな騒ぎになりました。

1　そうぎ　　2　かわぎ　　3　さわぎ　　4　まわぎ

8 暑くて湿気も多いので、毎日過ごすのが大変です。

1　しつき　　2　しっき　　3　しつけ　　4　しっけ

9 木村さんは学校で生徒の勉強や生活について指導しています。

1　しど　　2　ちど　　3　しどう　　4　ちどう

10 来月の上旬に重要な会議がある。

1　しょうしゅん　　2　しょうじゅん　　3　じょうしゅん　　4　じょうじゅん

問題1　＿＿＿＿のことばの読み方として最もよいものを、１・２・３・４から一つえらびな
さい。

1　母は私の彼氏をとても<u>頼もしい</u>人だと思っています。
　　1　たのもしい　　　2　たよもしい　　　3　ねがもしい　　　4　いのもしい

2　急な<u>事情</u>で、今日は会社を休まなければなりません。
　　1　しじょ　　　　　2　しじょう　　　　3　じじょ　　　　　4　じじょう

3　子供は部屋を<u>散らかした</u>まま出かけた。
　　1　さらかした　　　2　ちらかした　　　3　すらかした　　　4　とらかした

4　ベトナムの<u>物価</u>を考えれば、決して安い値段ではない。
　　1　ものか　　　　　2　ぶか　　　　　　3　ぶつか　　　　　4　ぶっか

5　ハンドルをちゃんと<u>握って</u>、安全に運転してください。
　　1　にぎって　　　　2　あくって　　　　3　おくって　　　　4　にって

6　ホテルには４時ごろに<u>到着</u>すると思います。
　　1　とちゃく　　　　2　とうつく　　　　3　とうちゃく　　　4　とつく

7　地震のせいで窓ガラスが<u>震えて</u>いて、注意が必要です。
　　1　そろえて　　　　2　はえて　　　　　3　ほえて　　　　　4　ふるえて

8　会社まで<u>片道</u>２時間もかかるので、大変だと思います。
　　1　へんどう　　　　2　へんとう　　　　3　かたみち　　　　4　がたみち

9　急いでいるので、<u>速達</u>で送ってもらえますか？
　　1　そくたつ　　　　2　はやたつ　　　　3　はやだつ　　　　4　そくだつ

10　<u>偶然</u>、街で彼に会いました。
　　1　うえん　　　　　2　うぜん　　　　　3　ぐえん　　　　　4　ぐうぜん

問題1　＿＿＿＿のことばの読み方として最もよいものを、１・２・３・４から一つえらびなさい。

1　誰にだって長所があるので、自分を大切にしてください。
　　1　ちょうしょ　　2　ちょうしょう　　3　ちょしょ　　4　ちょしょう

2　合格するために、この一年間毎日頑張って努力してきました。
　　1　のうりょく　　2　のりょく　　3　どりょく　　4　どうりょく

3　田中は不思議そうな顔をしていて、何か考えているようでした。
　　1　ぶしぎ　　2　ぶおもぎ　　3　ふしぎ　　4　ふおもぎ

4　ちゃんと自分のふとんを畳んで、部屋をきれいにしてね。
　　1　おんで　　2　たたんで　　3　かんで　　4　つんで

5　私の弟は野球部の監督をしています。
　　1　かんどく　　2　がんとく　　3　がんどく　　4　かんとく

6　地下に莫大な宝が隠されていると聞いた。
　　1　ばくたい　　2　ばくだい　　3　ぼだい　　4　ぼうたい

7　ここは社長の許可がなければ、入れません。
　　1　きょうか　　2　ひょか　　3　ひょうか　　4　きょか

8　もっとたくさんの人が入れるように、定員を増やしてください。
　　1　ふやして　　2　へらやして　　3　まやして　　4　こやして

9　天気がよかったので、みんなで楽しく丘を登り始めました。
　　1　ゆか　　2　そこ　　3　おか　　4　ふた

10　彼は立派な学者だが、人間としては尊敬できない。
　　1　たちは　　2　りょうは　　3　たちぱ　　4　りっぱ

問題1 　＿＿＿＿のことばの読み方として最もよいものを、1・2・3・4から一つえらびなさい。

1 この<u>文章</u>は少し難しいですが、ゆっくり読めば理解できます。
　　1 ふんしょ　　　2 ふんしょう　　　3 ぶんしょ　　　4 ぶんしょう

2 速度<u>制限</u>があるので、気をつけて運転してください。
　　1 せげん　　　2 せいげん　　　3 せかん　　　4 せいかん

3 今日は元気がないのか犬の動きが<u>鈍い</u>。
　　1 にぶい　　　2 まぶしい　　　3 まずしい　　　4 にくい

4 私は彼女に告白する<u>勇気</u>がなかった。
　　1 ゆうき　　　2 よき　　　3 ようき　　　4 ゆき

5 卒業はしたものの、彼を<u>雇って</u>くれるところはなかった。
　　1 こよって　　　2 まもって　　　3 とおって　　　4 やとって

6 東京は日本の重要な<u>中心地</u>として成長した。
　　1 じゅうしんじ　　2 じゅうしんち　　3 ちゅうしんじ　　4 ちゅうしんち

7 とても<u>鋭い</u>ナイフを持っていたので、怖かった。
　　1 えらい　　　2 しぶい　　　3 しつこい　　　4 するどい

8 他人の<u>迷惑</u>にならないようにしなさい。
　　1 まよまど　　　2 めいわく　　　3 めいまど　　　4 まよわく

9 <u>濃い</u>化粧をして出かけたら、お母さんに注意されました。
　　1 よい　　　2 つよい　　　3 こい　　　4 そろい

10 帽子を<u>斜め</u>にかぶっているのが私の弟です。
　　1 しゃめ　　　2 よめ　　　3 ななめ　　　4 すずめ

STEP 1 유형 알기

問題2 ＿＿＿のことばを漢字で書くとき、最もよいものを、1・2・3・4から一つえらびなさい。
문제2 ＿＿＿의 말을 한자로 쓸 때, 가장 올바른 것을, 1·2·3·4에서 하나 고르세요.

밑줄 친 히라가나의 한자 표기를 고르는 문제로, 한자를 정확히 구별할 수 있는지 평가한다. 정확한 한자만 알면 풀 수 있지만, 다음과 같은 경우에 주의해야 한다.

1. 모양이 비슷한 한자에 유의해야 하는 경우

시각적으로 비슷한 한자로 혼동을 주는 선택지가 출제된다. 비슷한 한자의 세부적인 차이를 구별하고 정확히 알고 있어야 한다.

예 かならず 반드시 → 必ず (○)　　　　かいわ 회화, 대화 → 会話 (○)　　　けんかい 견해 → 見解 (○)
　　　　　　　　　 心ず (×)　　　　　　　　　　 会語 (×)　　　　　　　　 貝解 (×)

2. 부수의 유무와 생김새에 유의해야 하는 경우

부수만 다른 한자로 혼동을 주는 선택지가 출제된다. 단어를 외울 때부터 부수의 유무와 형태를 정확히 구별하는 것이 중요하다.

예 じさん 지참 → 持参 (○)　　　　しゅじん 주인, 남편 → 主人 (○)　　　せきにん 책임 → 責任 (○)
　　　　　　　　 待参 (×)　　　　　　　　　　　　 住人 (×)　　　　　　　　　 積任 (×)

3. 비슷한 의미의 한자에 유의해야 하는 경우

의미는 비슷하지만 읽는 방법(음독/훈독)이 다른 한자로 혼동을 주는 선택지가 출제된다. 발음까지 정확히 암기하지 않으면 함정 선택지에 속을 수 있다.

예 はたらく 일하다 → 働く (○)　　　　ころぶ 굴러가다 → 転ぶ (○)　　　なぐる 때리다 → 殴る (○)
　　　　　　　　 勤く (×)　　　　　　　　　　　　 倒ぶ (×)　　　　　　　　　 蹴る (×)

4. 동음이의어에 유의해야 하는 경우

발음은 같지만 의미가 다른 단어 한자로 혼동을 주는 선택지가 출제된다. 이 경우 문맥 파악이 중요하다.

예 すむ 살다 → 住む (○)　　　　とまる 멈추다 → 止まる (○)　　　かう 사다 → 買う (○)
　　　　　　 済む (×)　　　　　　　　　　　　 泊まる (×)　　　　　　　　 飼う (×)

문제 풀이 핵심　Point!

문제1 한자 읽기와 다르게 문장을 해석해야 한다. 자칫 밑줄만 보고 문제를 풀 경우, 동음이의어의 함정에 빠지기 쉽다. 정확한 발음이 생각나지 않는 경우, 해석을 바탕으로 한자를 유추하는 것도 방법이다.

1. 모양이 비슷한 한자에 유의해야 하는 경우

> **9** たいようがまぶしくて、目を閉じました。
> 1 大陽　　　　　2 太陽
> 3 犬陽　　　　　4 汰陽

> **9** 태양이 눈부셔서 눈을 감았습니다.
> 1 大陽　　　　　2 太陽
> 3 犬陽　　　　　4 汰陽

> 大・太・犬・汰와 같이 비슷한 모양의 한자가 함께 출제되어 혼동을 준다.

2. 부수의 유무와 생김새에 유의해야 하는 경우

> **10** 最近、外国からの観光客がふえています。
> 1 贈えて　　　　2 憎えて
> 3 増えて　　　　4 層えて

> **10** 최근, 외국으로부터의 관광객이 늘고 있습니다.
> 1 贈えて　　　　2 憎えて
> 3 増えて　　　　4 層えて

> 贈・憎・増・層와 같이 부수를 제외한 나머지 부분은 동일한 선택지가 자주 출제되므로 주의하자. 소리가 동일한 경우도 있으니, 반드시 해당 한자가 다른 한자와 결합되었을 때의 소리를 알고 있어야 한다.

3. 비슷한 의미의 한자에 유의해야 하는 경우

> **11** 彼はとてもこまかいところまで気をつける人です。
> 1 詳かい　　　　2 細かい
> 3 小かい　　　　4 妙かい

> **11** 그는 아주 세세한 부분까지 신경 쓰는 사람입니다.
> 1 詳かい　　　　2 細かい
> 3 小かい　　　　4 妙かい

> 詳かい는 詳しい(くわしい, 상세하다), 小かい는 小さい(ちいさい, 작다)가 올바른 단어이고, 妙かい의 妙는 '미묘하다'의 '묘'이다. 이렇게 애초에 존재하지 않는 어휘도 선택지에 등장하니 의미만 보고 정답을 골라서는 안 된다.

4. 동음이의어에 유의해야 하는 경우

> **12** 社長は社員たちから信頼があつい。
> 1 暑い　　　　　2 熱い
> 3 厚い　　　　　4 深い

> **12** 사장은 사원들로부터 신뢰가 두텁다.
> 1 暑い　　　　　2 熱い
> 3 厚い　　　　　4 深い

> 1, 2, 3번이 모두 あつい로 발음된다. 따라서 밑줄의 발음만 보고 정답을 고르면 안되며, 문장 전체를 해석해야 한다.

問題2　＿＿＿のことばを漢字で書くとき、最もよいものを、１・２・３・４から一つえらびなさい。

1　ごちゅうもんはお決まりですか。
　１　住文　　　　２　注文　　　　３　汪文　　　　４　往文

2　二人は同じ学校のどうきゅうせいだ。
　１　同及生　　　２　同吸生　　　３　同給生　　　４　同級生

3　テストの資料をくばってください。
　１　酔って　　　２　配って　　　３　割って　　　４　渡って

4　他の人とびょうどうに分けてください。
　１　平等　　　　２　評等　　　　３　平寺　　　　４　評寺

5　この部分をもっとくわしく説明してください。
　１　話しく　　　２　詳しく　　　３　該しく　　　４　証しく

6　人が住んでいないちいきもある。
　１　池域　　　　２　地或　　　　３　他域　　　　４　地域

7　服のセンスもよくて、まぶしいほど美しい人ですね。
　１　玄しい　　　２　輝しい　　　３　眩しい　　　４　覚しい

8　このイベントには参加者がかぞえきれないほど多いです。
　１　数え　　　　２　類え　　　　３　割え　　　　４　軽え

9　面接ではえがおが重要です。
　１　失顔　　　　２　失敗　　　　３　笑顔　　　　４　笑敗

10　国によってでんとうが違う。
　１　伝統　　　　２　云統　　　　３　伝流　　　　４　云流

問題2　＿＿＿のことばを漢字で書くとき、最もよいものを、１・２・３・４から一つえらびなさい。

1　この薬はよくききますし、副作用も少ないです。
　1　効き　　　　2　聞き　　　　3　聴き　　　　4　利き

2　新しいせいふくはとても着やすくて、学生たちに人気があります。
　1　制複　　　　2　製複　　　　3　制服　　　　4　製服

3　小さい頃からどくしょする習慣をつける。
　1　話暑　　　　2　話書　　　　3　読暑　　　　4　読書

4　ころんでしまって、しばらく動けなくなりました。
　1　倒んで　　　2　崩んで　　　3　転んで　　　4　曲んで

5　今日のきおんはとても低いので、暖かい服を着たほうがいいです。
　1　気唱　　　　2　汽唱　　　　3　気温　　　　4　汽温

6　後でわかりやすくするために、みどりのペンで線を引きました。
　1　黄　　　　　2　赤　　　　　3　青　　　　　4　緑

7　このズボンは少しゆるいので、ベルトを使っています。
　1　広い　　　　2　狭い　　　　3　緩い　　　　4　硬い

8　彼はクラスのだいひょうとしてスピーチをした。
　1　代寿　　　　2　代評　　　　3　代表　　　　4　代俵

9　資格をとるのはやはり難しいですが、あきらめずに頑張りたいです。
　1　乗る　　　　2　取る　　　　3　扱る　　　　4　足る

10　プラスチックはかんきょうにやさしくありません。
　1　環鏡　　　　2　観境　　　　3　観鏡　　　　4　環境

問題2 ＿＿＿＿のことばを漢字で書くとき、最もよいものを、１・２・３・４から一つえらびなさい。

1 新しい商品についてちょうさを行い、お客様の意見を集めました。
　　1　凋査　　　　　2　頂査　　　　　3　調査　　　　　4　彫査

2 この電車はかくえき停車です。
　　1　久駅　　　　　2　名駅　　　　　3　夕駅　　　　　4　各駅

3 日本には多くのしゅるいの伝統的なお祭りがあります。
　　1　種量　　　　　2　重量　　　　　3　種類　　　　　4　重類

4 車に気をつけて、さゆうをよく確認してから渡ってください。
　　1　左右　　　　　2　在右　　　　　3　左石　　　　　4　在石

5 じょうひんな話し方をする人は、周りから尊敬されます。
　　1　上品　　　　　2　上物　　　　　3　丈品　　　　　4　丈物

6 彼は背がひくいですが、バスケットボールがとても上手です。
　　1　浅い　　　　　2　安い　　　　　3　低い　　　　　4　短い

7 同じふくそうをした二人の男性が立っています。
　　1　複壮　　　　　2　服壮　　　　　3　服装　　　　　4　複装

8 たくさんの草がはえている。
　　1　植えて　　　　2　生えて　　　　3　据えて　　　　4　捨えて

9 重い荷物を運んでいたら、こしが痛くなってしまいました。
　　1　肩　　　　　　2　鼻　　　　　　3　腰　　　　　　4　喉

10 赤ちゃんが人形を抱いてねむっています。
　　1　眠って　　　　2　寝って　　　　3　目って　　　　4　休って

問題2 ＿＿＿のことばを漢字で書くとき、最もよいものを、1・2・3・4から一つえらびなさい。

1 ダイエットのため、食べる食事の量をへらした。
  1 減らした   2 飼らした   3 下らした   4 採らした

2 ご飯がさめないうちに食べてください。
  1 暖め   2 冷め   3 寒め   4 暑め

3 新しいドラマが来週からほうそうされる。
  1 方相   2 放相   3 放送   4 報送

4 歯のいたみがひどくて、歯医者に行きました。
  1 痛み   2 疲み   3 病み   4 波み

5 こまかい字が見えにくいので、眼鏡をかけて本を読みます。
  1 狭かい   2 細かい   3 詳かい   4 少かい

6 10年ぶりにやっと試合にかちましたので、とても嬉しいです。
  1 勝ち   2 負ち   3 活ち   4 克ち

7 彼女は外見より性格をじゅうしする。
  1 重見   2 働視   3 重視   4 動礼

8 そのことを一番かなしむのは山田さんだった。
  1 涙しむ   2 悲しむ   3 泣しむ   4 寂しむ

9 かんこうバスに乗って、有名な名所をまわりました。
  1 観光   2 環光   3 感光   4 勘光

10 あなたのえんじょがなかったら、ここまでできませんでした。
  1 延助   2 遠助   3 園助   4 援助

問題2　＿＿＿のことばを漢字で書くとき、最もよいものを、1・2・3・4から一つえらびなさい。

1　会社をけいえいすることは難しいことです。
1　経営　　　　2　軽営　　　　3　経侶　　　　4　軽侶

2　弟は去年より身長がたかくなりました。
1　多く　　　　2　厚く　　　　3　高く　　　　4　大く

3　この方法はいっぱんてきですが、すべての人に合うわけではありません。
1　一没的　　　2　一船的　　　3　一搬的　　　4　一般的

4　彼とはちょくせつ話したことがありません。
1　値接　　　　2　直接　　　　3　直摂　　　　4　値摂

5　これはもえるゴミなので、火曜日に出してください。
1　焼える　　　2　燃える　　　3　灯える　　　4　然える

6　最近はあたたかい日が続いているので、散歩によく出かけます。
1　暖かい　　　2　温かい　　　3　熱かい　　　4　暑かい

7　今はアルバイトでかせいでいます。
1　得いで　　　2　稼いで　　　3　加いで　　　4　嫁いで

8　むすめは来年高校に入るので、毎日一生懸命勉強しています。
1　娘　　　　　2　妻　　　　　3　親　　　　　4　孫

9　いつかあのぶたいに立ってみたいです。
1　無意　　　　2　無台　　　　3　舞台　　　　4　舞治

10　来月から友達と一緒にくらすことになりました。
1　暮らす　　　2　住らす　　　3　草らす　　　4　莫らす

問題2　_____のことばを漢字で書くとき、最もよいものを、1・2・3・4から一つえらびな
　　　さい。

1　先生からでんごんがあったので、忘れないようにメモしました。
　　1　送言　　　　　2　伝言　　　　　3　送話　　　　　4　伝話

2　彼に負けたのはくやしいですが、これが実力です。
　　1　毒しい　　　　2　悔しい　　　　3　毎しい　　　　4　海しい

3　隣のふうふには、3歳になる娘が一人います。
　　1　丈婦　　　　　2　丈掃　　　　　3　夫婦　　　　　4　夫掃

4　卵をよくまぜてからフライパンに入れてください。
　　1　迷ぜて　　　　2　合ぜて　　　　3　雑ぜて　　　　4　混ぜて

5　この申込書は、ゆうそうでも提出できるそうです。
　　1　郵送　　　　　2　郵便　　　　　3　垂送　　　　　4　垂便

6　初対面のときに、けつえきがたを聞かれることがある。
　　1　血液方　　　　2　血液形　　　　3　血夜型　　　　4　血液型

7　このアプリを使えば、難しいたんごの意味が調べられる。
　　1　単言　　　　　2　単語　　　　　3　単吾　　　　　4　単誤

8　料理に使うあぶらの量を少なくするようにしている。
　　1　油　　　　　　2　由　　　　　　3　酉　　　　　　4　酒

9　彼は走って、前の人をおいこした。
　　1　追い趣した　　2　追い起した　　3　追い超した　　4　追い越した

10　髪をのばしているので、しばらく美容院には行かない。
　　1　甲ばして　　　2　伸ばして　　　3　長ばして　　　4　帳ばして

STEP 1 유형 알기

問題3 （　　　）に入れるのに最もよいものを、1・2・3・4から一つえらびなさい。
문제3 （　）에 넣기에 가장 올바른 것을, 1・2・3・4에서 하나 고르세요.

괄호에 들어갈 문맥상 알맞은 단어를 고르는 문제로, 단어의 의미를 정확히 알고 있는지 평가한다. 문맥구성의 출제 유형은 다음과 같다.

1. 문맥에 맞는 단어를 묻는 유형

정답과 비슷한 의미, 관련된 단어로 혼동을 준다. 단어의 대표적인 뜻만 알고 있어서는 부족하며, 앞뒤 문맥 및 표현을 파악하고 어울리는 적절한 의미의 단어를 고를 수 있어야 한다.

예 （　　　）をかいている （　）을 흘리고 있다   ① 汗 땀   ② 涙 눈물

예 （　　　）に書いてください （　）써 주세요   ① ていねい 정성껏   ② つめたく 차갑게

2. 관용표현을 묻는 유형

관용표현을 완성하는 문제가 출제된다. 단어 하나하나의 의미만 알아서는 풀 수 없으며, 관용표현 자체의 의미와 용법을 알고 있어야 정답을 고를 수 있다.

예 気が（　　　） 성미가 （　）   ① 短い 급하다   ② 早い

예 手に（　　　） 손에 （　）   ① する 넣다   ② 守る

3. 오노마토페(의성어·의태어), 부사를 묻는 유형

의미가 비슷하거나 발음이 유사한 단어로 혼동을 준다. 함께 자주 쓰이는 표현이 무엇인지 알아두자.

예 怪しい人が（　　　）している   ① うろうろ 어슬렁어슬렁   ② うとうと 꾸벅꾸벅
수상한 사람이 （　）하고 있다

예 （　　　）忘れてしまった   ① うっかり 깜빡   ② がっかり 실망하는 모양
다 （　） 잊어버렸다

4. 접두어, 접미어를 묻는 유형

접두어나 접미어를 넣어 단어를 완성하는 문제가 출제된다. 한국어와 발음이나 쓰임이 유사한 경우도 있지만 그렇지 않은 경우도 있으므로 자주 쓰이는 접두어, 접미어의 의미와 용법을 정확히 구별할 수 있어야 한다.

예 消極（　　　） 소극（　）   ① 的 적   ② 敵

예 旅行（　　　） 여행（　）   ① 先 지   ② 地

Tip
> 고득점을 위해서는 '몰상식 = 非常識(비상식)'처럼 한국어와 다른 표현을 잘 알아 두자.

문제 풀이 핵심 Point!

우선 전체 문장을 해석한 다음, 빈칸 앞뒤의 어휘를 확인하고 가장 자연스러운 선택지를 찾는다. 원형 보다는 활용된 형태로 출제되는 경우가 많으니 주의하여 정답을 고르자.

1. 문맥에 맞는 단어를 묻는 유형

15 台風のため、今日の電車は（　　　　）になりました。

1 運行　　　　　　　　2 運休

3 ダイヤ　　　　　　　4 再開

15 태풍 때문에, 오늘 전철은 (운행 중지)되었습니다.

1 운행　　　　　　　　2 운행 중지

3 열차 시각표　　　　　4 재개

運行, 運休, ダイヤ, 再開는 모두 電車와 관련된 단어이다. 따라서 정확한 해석과 함께 台風와 같은 키포인트를 파악하는 것이 중요하다.

2. 관용표현을 묻는 유형

16 計画通りに物事がうまく（　　　　）場合でも、すぐに諦めずに改善点を探す姿勢が求められる。

1 よまなかった　　　　2 いかなかった

3 とばなかった　　　　4 こまなかった

16 계획대로 일이 잘 (되지 않았던) 경우라도, 바로 포기하지 않고 개선점을 찾는 자세가 요구된다.

1 읽지 않았던　　　　　2 되지 않았던

3 날지 않았던　　　　　4 붐비지 않았던

いく는 '가다'라는 뜻이지만, うまくいく는 '일이 잘 되다'라는 뜻이다. 이러한 관용표현의 경우, 의미를 모르면 정답을 찾기 어렵다.

3. 오노마토페(의성어·의태어), 부사를 묻는 유형

17 あの人は日本語だけでなく、フランス語も（　　　　）に話せる。

1 ぺこぺこ　　　　　　2 はらはら

3 ぺらぺら　　　　　　4 からから

17 저 사람은 일본어뿐만 아니라, 프랑스어도 (술술) 말할 수 있다.

1 꼬르륵　　　　　　　2 조마조마

3 술술　　　　　　　　4 바싹바싹

발음이나 모양이 비슷한 선택지가 많아 혼동하기 쉽다. ぺらぺら가 話す와 같은 '말하다'라는 뜻의 동사와 자주 사용된다는 것을 알아 두면 문제를 풀기 쉬워진다.

4. 접두어, 접미어를 묻는 유형

18 日本では、一般（　　　　）にお正月に家族と過ごします。

1 時　　　　　　　　　2 式

3 的　　　　　　　　　4 化

18 일본에서는 일반(적)으로 정월에 가족과 보냅니다.

1 시　　　　　　　　　2 식

3 적　　　　　　　　　4 화

일반적=一般的와 같이 한국어와 비슷한 경우도 많지만, 그렇지 않은 단어도 있으니 주의하자. 참고로 실제 시험에서도 的가 자주 출제된다.

問題3　（　　　）に入れるのに最もよいものを、1・2・3・4から一つえらびなさい。

1　私が入院した時、友達が（　　　）に来てくれた。
　　1　お祝い　　　　　2　お見合い　　　3　お見舞い　　　4　集まり

2　彼はいつも（　　　）ばかり言っています。
　　1　文章　　　　　　2　文句　　　　　3　文脈　　　　　4　文化

3　あの人が（　　　）犯人だったとは、信じられない。
　　1　あまりにも　　　2　相変わらず　　3　まさか　　　　4　最も

4　子供は遊びに（　　　）になっています。
　　1　頑中　　　　　　2　真中　　　　　3　楽中　　　　　4　夢中

5　母はうどんにネギを（　　　）入れて食べる。
　　1　びっくり　　　　2　うろうろ　　　3　たっぷり　　　4　ぎりぎり

6　お姉さんは進学のことで（　　　）いる。
　　1　飾って　　　　　2　守って　　　　3　悩んで　　　　4　組んで

7　彼は私に赤いスカートがとても（　　　）と言ってくれました。
　　1　待ち合う　　　　2　話し合う　　　3　似合う　　　　4　励まし合う

8　隣の人に会ったら（　　　）と笑いながら会釈します。
　　1　きっぱり　　　　2　さっぱり　　　3　にっこり　　　4　びっくり

9　母親は子供の栄養の（　　　）を考えてご飯を作る。
　　1　バランス　　　　2　アイディア　　3　サービス　　　4　メール

10　何があったのか（　　　）話してください。
　　1　付き合って　　　2　持ち帰って　　3　落ち着いて　　4　すれちがって

11　山田さんが宝くじに（　　　）そうです。
　　1　受けた　　　　　2　当たった　　　3　持った　　　　4　拾った

問題3　（　　　）に入れるのに最もよいものを、１・２・３・４から一つえらびなさい。

1　自分が周りからどう見られているのか、少し（　　　）に考えた方がいい。
　　1　新鮮　　　　　2　冷静　　　　　3　頻繁　　　　　4　快適

2　このお金は公共の（　　　）のために使われている。
　　1　利益　　　　　2　親切　　　　　3　面接　　　　　4　復習

3　インフルエンザが（　　　）していますので、気をつけてください。
　　1　人気　　　　　2　申告　　　　　3　宣伝　　　　　4　流行

4　彼には（　　　）がありますが、努力をしません。
　　1　裁判　　　　　2　差別　　　　　3　体調　　　　　4　才能

5　他人の意見を（　　　）にするのは重要です。
　　1　参考　　　　　2　範囲　　　　　3　生物　　　　　4　成長

6　明日がテストだということを（　　　）していました。
　　1　うっかり　　　2　ぐっすり　　　3　いらいら　　　4　はらはら

7　夜が（　　　）までは少し休むことにした。
　　1　開ける　　　　2　閉ける　　　　3　明ける　　　　4　空ける

8　家では眼鏡をかけていますが、出かける時は（　　　）をします。
　　1　コインロッカー　2　コンビニ　　　3　コンタクト　　4　コンクール

9　彼はゆっくりと食べたが、それでもまだ時間が（　　　）いた。
　　1　貸して　　　　2　余って　　　　3　払って　　　　4　捨てて

10　彼女は彼のために（　　　）ミルクをもってきた。
　　1　眠った　　　　2　温めた　　　　3　許した　　　　4　履いた

11　ホテルで荷物を（　　　）、チェックインまで時間をつぶしました。
　　1　預かって　　　2　預けて　　　　3　合わせて　　　4　噛ませて

問題3　（　　　）に入れるのに最もよいものを、1・2・3・4から一つえらびなさい。

1　（　　　）戻ってきた母は、泣いている子供を抱きしめてあげた。
　1　荒れて　　　　2　慌てて　　　　3　越して　　　　4　混ぜて

2　彼はアメリカに留学し、（　　　）になりました。
　1　辞書　　　　2　弁護士　　　　3　建物　　　　4　万年筆

3　バラからとてもいい（　　　）がします。
　1　香り　　　　2　青い　　　　3　願い　　　　4　祈り

4　（　　　）会っていなかった友達と久しぶりに話しました。
　1　たぶん　　　　2　きっと　　　　3　しばらく　　　　4　何もかも

5　この（　　　）なら、誰でも簡単にケーキが作れます。
　1　レシート　　　　2　レース　　　　3　レトロ　　　　4　レシピ

6　著者（　　　）と出版社を教えてください。
　1　名　　　　2　先　　　　3　宛　　　　4　方

7　友達の素晴らしい演奏に（　　　）しました。
　1　感染　　　　2　感想　　　　3　感動　　　　4　感覚

8　この服は日本（　　　）で、とてもかわいいです。
　1　物　　　　2　用　　　　3　産　　　　4　製

9　その絵を（　　　）画家は隣の木村さんです。
　1　書いた　　　　2　欠いた　　　　3　沸かした　　　　4　描いた

10　オートバイのエンジンの音が（　　　）ので、修理をお願いした。
　1　おさない　　　　2　くだらない　　　　3　おかしい　　　　4　きびしい

11　家が狭いから、犬を（　　　）ことはできません。
　1　作る　　　　2　引く　　　　3　飼う　　　　4　渡す

問題3　（　　　）に入れるのに最もよいものを、1・2・3・4から一つえらびなさい。

1　家賃に電気代とガス代は（　　　）ないのが普通である。
　　1　覚えられて　　　2　会われて　　　3　恵まれて　　　4　含まれて

2　引っ越しするところは5階（　　　）のマンションです。
　　1　作り　　　2　上り　　　3　登り　　　4　建て

3　人口が（　　　）するのを心配しているのは、田舎だけではない。
　　1　反対　　　2　賛成　　　3　現象　　　4　減少

4　娘は（　　　）眠っていたので、みんな静かにしていました。
　　1　ぐっすり　　　2　すんなり　　　3　のんびり　　　4　やんわり

5　がんばって勉強したので、（　　　）成績を取ることができました。
　　1　高　　　2　良　　　3　好　　　4　満

6　本ばかり読んでいないで庭を（　　　）なさいと言われた。
　　1　吐き　　　2　掃き　　　3　履き　　　4　利き

7　あのガムは（　　　）の代わりに噛むことがある。
　　1　歯磨き　　　2　皿洗い　　　3　争い　　　4　思い出

8　資料は何（　　　）コピーすればいいですか。
　　1　長　　　2　帳　　　3　枚　　　4　札

9　ふとんを日に（　　　）としたら、風に飛ばされて汚れてしまった。
　　1　干そう　　　2　保とう　　　3　汚そう　　　4　洗おう

10　今回の発表の（　　　）は「環境問題」です。
　　1　チャンス　　　2　ゼミ　　　3　テーマ　　　4　プレゼン

11　（　　　）お体に気をつけてください。
　　1　とつぜん　　　2　くれぐれも　　　3　いきなり　　　4　あいにく

問題3　（　　　）に入れるのに最もよいものを、1・2・3・4から一つえらびなさい。

1　（　　　）クラスから一人ずつ代表を選んでください。
　　1　毎　　　　　　2　別　　　　　　3　各　　　　　　4　名

2　転校生と仲良くなりたくて（　　　）ました。
　　1　話し直し　　　2　話し終わり　　3　話し出し　　4　話しかけ

3　彼の発表は（　　　）に悪くなかった。
　　1　代表的　　　　2　全体的　　　　3　積極的　　　　4　消極的

4　彼と一緒なら、どこへ行こうと（　　　）なかった。
　　1　かまわ　　　　2　ならべ　　　　3　かから　　　　4　こわさ

5　車と車が（　　　）激しい音がした。
　　1　ぶつかる　　　2　とまどう　　　3　まぎれる　　　4　ゆるす

6　雨が降ったので、ピクニックは（　　　）になりました。
　　1　リサイクル　　2　キャンセル　　3　ラッシュ　　4　バック

7　ここはプロの意見に（　　　）方がいいと思います。
　　1　守った　　　　2　狙った　　　　3　従った　　　　4　解いた

8　腕が耳につくように（　　　）手をまっすぐ上げてください。
　　1　双　　　　　　2　二　　　　　　3　両　　　　　　4　全

9　試験が始まるので、机の上に置いてあるものは全部（　　　）ください。
　　1　おとして　　　2　しまって　　　3　まもって　　4　ひろって

10　彼女は（　　　）な服装が好きなので、いつも目立つ。
　　1　上手　　　　　2　派手　　　　　3　賑やか　　　　4　便利

11　基本的に船は高さの半分ぐらいは水の中に（　　　）ように作られている。
　　1　転ぶ　　　　　2　沈む　　　　　3　潜る　　　　　4　包む

問題3　（　　　）に入れるのに最もよいものを、1・2・3・4から一つえらびなさい。

1　本当にいい（　　　）かどうかは、聞いてみないことにはわからない。
　　1　アイディア　　　2　イコール　　　　3　パーセント　　　4　ストップ

2　どうしてこんな（　　　）ことに時間を無駄遣いしているのだろう。
　　1　おそろしい　　　2　くだらない　　　3　まぶしい　　　　4　ゆるい

3　年に2度（　　　）に健康診断を受けることになっています。
　　1　定期的　　　　　2　具体的　　　　　3　個性的　　　　　4　悲観的

4　山田は退屈そうに（　　　）をしている。
　　1　あくび　　　　　2　あわ　　　　　　3　あっか　　　　　4　あぶら

5　この牛乳はは賞味（　　　）がもう切れています。
　　1　期間　　　　　　2　期限　　　　　　3　時期　　　　　　4　時間

6　雨は（　　　）止んでいた。
　　1　いつか　　　　　2　いつのまにか　　3　いつでも　　　　4　いくつか

7　隣の部屋で寝ているはずの弟の名前を（　　　）。
　　1　選んだ　　　　　2　避けた　　　　　3　叫んだ　　　　　4　誘った

8　みんな感動したように大きく（　　　）をしていた。
　　1　拍手　　　　　　2　様子　　　　　　3　感覚　　　　　　4　間隔

9　（　　　）てみると、ドアも窓も、内側から閉まったままだった。
　　1　ふやして　　　　2　ふいて　　　　　3　たしかめて　　　4　ひろげて

10　この博物館は、子供は大人の半分の（　　　）で入ることができる。
　　1　貯金　　　　　　2　無料　　　　　　3　物価　　　　　　4　料金

11　意見がばらばらなので、みんなの考えを一つに（　　　）ましょう。
　　1　おしえ　　　　　2　とおり　　　　　3　さがし　　　　　4　まとめ

STEP 1　유형 알기

問題 4　＿＿＿＿に意味が最も近いものを、1・2・3・4から一つえらびなさい。
문제 4　＿＿＿＿와 의미가 가장 가까운 것을, 1·2·3·4에서 하나 고르세요.

밑줄에 해당하는 단어와 비슷한 의미의 선택지를 고르는 문제로, 다양한 단어의 정확한 의미를 알고 비교할 수 있는지 평가한다. 유의표현의 출제 유형은 다음과 같다.

1. 비슷한 의미의 어휘를 묻는 유형

밑줄의 어휘와 동의어 또는 유의어를 묻는 문제가 출제되며, 다의어가 자주 출제된다. 문맥 속 어휘의 정확한 의미를 파악하고, 하나의 단어가 지닌 다양한 뜻을 폭넓게 익혀두는 것이 중요하다.

예 素晴らしい演奏 훌륭한 연주	① 一流の 일류의	② 上達した 능숙해진
예 売り切れてしまった 매진되어버렸다	① 全部売れて 전부 팔려	② 全部切って 전부 잘라
예 さっそく連絡する 당장 연락하다	① すぐに 바로	② なるべく 가능한 한

2. 긍정 표현과 부정 표현의 의미가 같은 것을 묻는 유형

긍정문을 부정문으로 바꿨을 때 의미가 같은 것을 묻는 문제가 출제된다. 이중부정이나 간접적인 부정 표현에 주의하자.

예 スカートがゆるい 치마가 헐렁하다	① 小さくない 작지 않다	② 硬くない 딱딱하지 않다
예 欠点が多い 결점이 많다	① 良くないところ 좋지 않은 점	② ほめるところ 칭찬할 점
예 子どものことが心配だ 아이가 걱정된다	① 安心できない 안심할 수 없다	② ほっとする 안심된다

3. 외래어의 뜻을 묻는 유형

일본어와 뜻이 같은 외래어, 외래어와 뜻이 같은 일본어를 묻는 문제가 출제된다. 외래어의 정확한 의미뿐만 아니라 올바른 카타카나 표기도 알고 있어야 한다.

예 予定を決める 일정을 정하다	① スケジュール 스케줄	② タイプ 타입
예 少し後ろに下がる 조금 뒤로 물러나다	① バックする 후진하다	② パンクする 펑크나다
예 グラウンドを走る 그라운드를 달린다	① 運動場 운동장	② 舞台 무대

문제 풀이 핵심 Point!

유의표현 문제는 밑줄 부분과 선택지의 어휘를 모두 알고 있어야 풀 수 있다. 단어를 암기할 때 비슷한 의미의 단어(p.44)를 묶어서 외우는 것이 효과적이다. 최종적으로 정답이라고 생각하는 단어는 문장에 넣어 원래 문장과 의미가 같은지 확인해 보자.

1. 비슷한 의미의 어휘를 묻는 유형

26　火事のときは落ち着いて避難してください。

1 上がって　　　　　2 逃げて
3 転んで　　　　　　4 解いて

26　화재일 때에는 침착하고 피난해 주세요.

1 올라가　　　　　2 도망가
3 넘어져　　　　　4 풀어

避難(피난)=逃げる(도망가다)이므로 뜻만 알면 바로 정답을 고를 수 있는 문제도 출제되지만, 다의어도 어휘도 출제되므로 질문의 문장을 반드시 해석하자.

2. 긍정 표현과 부정 표현의 의미가 같은 것을 묻는 유형

27　一人で家にいるのは退屈だから、外に出かけよう。

1 つまらなくない　　　2 こわくない
3 おもしろくない　　　4 くらくない

27　혼자서 집에 있는 것은 따분하기 때문에, 밖으로 나가자.

1 재미없지 않기　　　2 무섭지 않기
3 재미있지 않기　　　4 어둡지 않기

退屈だ(따분하다)는 '재미있지 않다', '즐겁지 않다' 등으로 바꾸어 말할 수 있다. 따라서 긍정/부정의 일치만 따져서 선택지를 소거해서는 안 된다.

3. 외래어의 뜻을 묻는 유형

28　新しい企画の案をみんなで出し合った。

1 アドバイス　　　　2 アイデア
3 アンケート　　　　4 アナウンス

28　새로운 기획의 안을 다같이 냈다.

1 조언　　　　　　2 아이디어
3 앙케트, 조사　　　4 아나운스, 방송

N3레벨의 카타카나 어휘의 경우, 읽으면 바로 의미를 알 수 있는 쉬운 단어인 경우가 많다. 따라서 해당 카타카나 어휘와 대응하는 일본어 어휘가 어렵게 출제될 가능성이 높다. 단어의 의미를 잘 모르겠는 경우, 문장을 꼼꼼히 해석하자.

問題４　＿＿＿＿に意味が最も近いものを、１・２・３・４から一つえらびなさい。

1　彼は相変わらず痩せていた。

1　以前と同じく　　　　　2　せっかく

3　時々　　　　　　　　　4　ひさしぶりに

2　彼はまだ素人であったが、作品はとても高く評価されていた。

1　玄人　　　　　　　　　2　プロ

3　アマチュア　　　　　　4　選手

3　生徒からアンケートをとり、最も多かった観光地に行くことにした。

1　連絡　　　　　　　　　2　返事

3　調査　　　　　　　　　4　試験

4　台風の時は、安全な場所に避難することが大切です。

1　残る　　　　　　　　　2　暮らす

3　逃げる　　　　　　　　4　泊まる

5　木村は私のいとこです。

1　高校の先生　　　　　　2　おばさんの子供

3　親友　　　　　　　　　4　隣の人

問題4　＿＿＿に意味が最も近いものを、１・２・３・４から一つえらびなさい。

1　いい会社に入る<u>チャンス</u>があったのに、断ってしまった。

1　募集　　　　　　　　　　　　2　機会

3　決心　　　　　　　　　　　　4　招待

2　彼は十分なお金を<u>稼いだ</u>ので、故郷に帰ることにした。

1　儲けた　　　　　　　　　　　2　行った

3　設けた　　　　　　　　　　　4　送った

3　出張で東京へ行きましたが、<u>お目にかかる</u>時間がありませんでした。

1　おいしいものを食べる　　　　2　会いに行く

3　受け取る　　　　　　　　　　4　考え直す

4　ノーベル賞を受賞したというニュースを聞いた時、<u>思わず</u>叫んだ。

1　誰にも聞こえないように　　　2　誰でも聞けるように

3　自分でも気づかないうちに　　4　自分が考えているうちに

5　頭の中が<u>空っぽ</u>で、考える力もなくなりました。

1　たくさん入っていて　　　　　2　何も入ってなくて

3　きれいではなくて　　　　　　4　おおきくなって

問題4　______に意味が最も近いものを、1・2・3・4から一つえらびなさい。

1 先生は学生に新しい宿題を<u>与えて</u>、次の授業までに終わらせるように言いました。

1　送って　　　　　　　　　　2　あげて

3　取って　　　　　　　　　　4　もらって

2 <u>普段</u>は静かな場所ですが、今日はとてもにぎやかです。

1　いつも　　　　　　　　　　2　たまに

3　一昨日　　　　　　　　　　4　年末

3 <u>キッチン</u>からいいにおいがしてきたから、ついお腹がすいてしまった。

1　部屋　　　　　　　　　　　2　玄関

3　廊下　　　　　　　　　　　4　台所

4 私は文章をゆっくり読む<u>癖がある</u>ので、とても読み切れない。

1　長所がある　　　　　　　　2　習慣がある

3　宿題がある　　　　　　　　4　興味がある

5 私も<u>くたびれました</u>から、ここで少し休ませていただきます。

1　忙しくなりました　　　　　2　行きました

3　寂しくなりました　　　　　4　疲れました

STEP 2 실전 문제 ④

問題4　______に意味が最も近いものを、１・２・３・４から一つえらびなさい。

1 　簡単なことをすぐ忘れてしまう人が<u>案外</u>多い。

　　1　意外と　　　　　　　　　　　2　本当に

　　3　思ったとおり　　　　　　　　4　たぶん

2 　子供が<u>無事に</u>戻ってきて、親は安心しました。

　　1　何事もなく　　　　　　　　　2　何事にも

　　3　いつになっても　　　　　　　4　いつになったら

3 　バスが急に<u>カーブして</u>乗客がびっくりした。

　　1　巡って　　　　　　　　　　　2　戻って

　　3　曲がって　　　　　　　　　　4　転んで

4 　母は私が続けて絵を描くことに<u>賛成</u>してくれました。

　　1　満足　　　　　　　　　　　　2　意見

　　3　参加　　　　　　　　　　　　4　同意

5 　この作業を早く<u>完了</u>しなければならない。

　　1　終わらせるべきだ　　　　　　2　頑張らなければならない

　　3　受け取るべきだ　　　　　　　4　始まらなければならない

問題4 　＿＿＿＿に意味が最も近いものを、1・2・3・4から一つえらびなさい。

1 　クマという動物は、非常に利口で素直な動物だ。

1 　優しくて　　　　　　　　　2 　厳しくて

3 　賢くて　　　　　　　　　　4 　面白くて

2 　頭に浮かんだことをそのまま口にするな。

1 　相談する　　　　　　　　　2 　連絡する

3 　黙る　　　　　　　　　　　4 　言う

3 　危険な機械なので、絶対にふれないでください。

1 　導かないで　　　　　　　　2 　触らないで

3 　話さないで　　　　　　　　4 　教えないで

4 　どこか引っかかるものがありますが、うまく言えません。

1 　気に入る　　　　　　　　　2 　気になる

3 　気がする　　　　　　　　　4 　気を配る

5 　自分の家を買うには節約をしなければならない。

1 　お金を返さなければならない　　　2 　お金を稼がなければならない

3 　お金を使ってはいけない　　　　　4 　お金を借りなければならない

問題4 ______に意味が最も近いものを、１・２・３・４から一つえらびなさい。

1 セールで買ったスカートがちょっと<u>ゆるい</u>。

1 ちいさい　　　　　　　　　　2 おもい

3 おおきい　　　　　　　　　　4 かるい

2 あの２人はいつもお互いに<u>張り合っている</u>。

1 競争して　　　　　　　　　　2 励まして

3 頑張って　　　　　　　　　　4 応援して

3 <u>地位</u>に関係なく、みんなが協力しなければなりません。

1 リーダー　　　　　　　　　　2 レベル

3 エネルギー　　　　　　　　　4 グラウンド

4 雨の日の引っ越しは本当に<u>厄介</u>だ。

1 面倒くさい　　　　　　　　　2 経験がない

3 意味がある　　　　　　　　　4 効果がある

5 <u>礼儀正しい</u>人は周りから信頼されます。

1 性格が明るい　　　　　　　　2 マナーがいい

3 心配のない　　　　　　　　　4 人気がある

STEP 1 유형 알기

問題5 つぎのことばの使い方として最もよいものを、1・2・3・4から一つえらびなさい。
문제5 다음 단어의 사용 방법으로 가장 올바른 것을, 1·2·3·4에서 하나 고르세요.

주어진 단어가 선택지의 문장에서 올바르게 사용된 것을 고르는 문제로, 단어의 정확한 의미와 용법을 알고 있는지 평가한다. 용법의 출제 유형은 다음과 같다.

1. 단어의 뜻에 주의해야 하는 유형

1) 명사, 동사, 형용사의 의미를 묻는 패턴

비교적 난도가 높은 어휘를 제시하여 해당 어휘가 의미상 올바르게 사용된 문장을 묻는 문제가 출제된다. 다의어가 출제될 확률이 높으므로, 어휘가 갖고 있는 전체 의미를 알고 있어야 한다.

예 診察 진찰　① 内科で診察を受ける 내과에서 진찰을 받다
　　　　　　② パソコンを診察に出す 컴퓨터를 진찰에 보내다

2) 복합단어의 의미를 묻는 패턴

두 개의 어휘가 합쳐진 복합단어를 제시하고, 의미상 올바르게 사용된 문장을 묻는 문제가 출제된다. 복합단어는 각각의 어휘의 뜻만 알아서는 그 의미를 알 수 없으므로, 다양한 복합단어를 알고 있어야 한다.

예 追い越す 추월하다　① 前の車を追い越すときは注意します 앞 차를 추월할 때는 주의합니다
　　　　　　　　② 静かに追い越して本を読んでいた 조용히 추월해서 책을 읽고 있었다

2. 단어의 쓰임에 주의해야 하는 유형

1) 동음이의어에 유의해야 하는 패턴

같은 소리를 갖는 어휘를 써야 하는 문장으로 혼동을 주는 선택지가 출제된다. 문맥에 맞는 의미를 정확히 파악하지 못하면 오답을 고르기 쉽다.

예 異常だ 이상하다　① 機械が異常だ 기계가 이상하다
　　　　　　② 入れるのは15歳異常だ 들어갈 수 있는 것은 15세 이상하다

2) 관용표현에 유의해야 하는 패턴

관용표현 속 단어가 본래 갖고 있는 의미로 혼동을 주는 선택지가 출제된다. 직역하면 뜻이 통하지 않는 경우가 많아, 표현 전체의 의미와 쓰임을 익혀두는 것이 중요하다.

예 気を配る 배려하다　① 気を配って協力する 배려해서 협력하다
　　　　　　② 気を配って眠る 배려해서 잠들다

문제 풀이 핵심 Point!

제시된 단어의 뜻과 품사를 정확히 파악한 뒤, 선택지에서 품사가 맞지 않거나 의미상 어색한 것은 제외한다. 제시된 단어를 모를 경우, 선택지를 읽으며 어색한 표현을 골라내는 것도 하나의 방법이다.

1. 단어의 뜻에 주의해야 하는 유형

1) 명사, 동사, 형용사의 의미를 묻는 패턴

31 響く	**31** 울리다
1 彼の髪型がとても響いた。	1 그의 머리 스타일이 매우 울렸다.
2 朝起きてすぐにコーヒーを飲んだら、体に響いた。	2 아침에 일어나서 바로 커피를 마시니, 몸에 울렸다.
3 先生が卒業式で話した言葉が心に響いた。	3 선생님이 졸업식에서 이야기한 말이 가슴에 울렸다.
4 彼の足の長さが響いて、みんな驚いた。	4 그의 다리 길이가 울려서, 모두가 놀랐다.

響く는 心와 함께 쓰여 心に響く(마음에 울리다)로 자주 사용된다. 난도 높은 어휘는 함께 자주 쓰이는 표현을 알아두는 것이 중요하다. 밑줄 부분을 제외하고는 문장에 오류가 없으므로 모르는 단어가 제시되어도 오래 고민하지 말자.

2) 복합단어의 의미를 묻는 패턴

32 乗り遅れる	**32** 놓치다, 시간이 늦어 못 타다
1 レポートがようやく乗り遅れて、提出しました。	1 레포트가 겨우 놓쳐서, 제출했습니다.
2 募金を集めるために駅前で乗り遅れる。	2 모금을 모으기 역 앞에서 놓치다.
3 朝寝坊して、学校行きのバスに乗り遅れてしまった。	3 늦잠을 자서, 학교 가는 버스를 놓쳐 버렸다.
4 アナウンスをよく乗り遅れてから行動して。	4 안내 방송을 잘 놓치고 나서 행동해.

복합단어가 되었을 때 '乗り~'와 같이 원래의 뜻에서 확장되는 경우도 있지만, 아예 새로운 의미를 갖는 경우도 있으므로 주의하자.

2. 단어의 쓰임에 주의해야 하는 유형

1) 동음이의어에 유의해야 하는 패턴

33 離す	**33** 떼다, 떨어뜨리다
1 会議で自分の意見を離すのが怖い。	1 회의에서 자신의 의견을 떼는 것이 무섭다.
2 危ないから、手を離さないでください。	2 위험하니까, 손을 떼지 말아 주세요.
3 大きな地震が家を離した。	3 큰 지진이 집을 떼었다.
4 季節が離すと、気温も変わる。	4 계절이 떼면, 기온도 바뀐다.

1번 문장과 같이 離す의 동음이의어 話す를 사용해야 적절한 오답 문장이 함정으로 자주 출제된다.

2) 관용표현에 유의해야 하는 패턴

34 気がする	**34** 느낌이 들다
1 よく聞こえなかったので気がしました。	1 잘 안 들렸기 때문에 느낌이 들었습니다.
2 彼女はいつも他の人に気がして、優しく話かかける。	2 그녀는 항상 다른 사람에게 느낌이 들어서 상냥하게 말을 건다.
3 試験が終わった後、やっとストレスが気がした。	3 시험이 끝난 후, 드디어 스트레스가 느낌이 들었다.
4 何か大切なことを忘れた気がした。	4 무언가 중요한 것을 잊은 느낌이 들었다.

気(기운)와 する(하다)를 각각 해석해서는 안 되고, 관용표현으로 사용될 때의 뜻을 알고 있어야 한다.

問題5　つぎのことばの使い方として最もよいものを、1・2・3・4から一つえらびなさい。

1　売り切れ

1　二人はケンカしてはまた売り切れした。

2　午前中に売り切れになることもある人気店である。

3　売り切れにでも行くのかと思えるほど大きなかばんだった。

4　彼だけは売り切れに行こうとしなかった。

2　耳にする

1　親から離れないように耳にすることだ。

2　僕が耳にすることになった生徒は30名だ。

3　彼はその話を耳にして、ずっと心配していた。

4　病院に耳にすると、医者は先日の結果を教えてくれた。

3　加える

1　難しい問題だったので、先生は説明を加えた。

2　長い間、あの人と加えてきました。

3　私は昔から謎を加えるのが好きでした。

4　目立つことだけはしないように加えよう。

4　合図

1　彼は私の条件に合図してくれた。

2　休日ですが、合図のために会社に出る予定です。

3　始まった瞬間から合図が見えているような気がした。

4　木村は右手を振って出て行けという合図をした。

5　うなずく

1　早く春が来るのをうなずいています。

2　彼は下を向きながらうなずくように聞いていた。

3　どんな状況になっても、冷静に事実だけをうなずくことだ。

4　次の列車は20分ほどうなずくそうです。

問題5　つぎのことばの使い方として最もよいものを、1・2・3・4から一つえらびなさい。

1　丁寧

1　科学はいろいろと丁寧なものを私たちに提供してくれる。

2　彼には誰にも言えない丁寧な事情があるかもしれない。

3　先生になって、丁寧な言葉を使うようになった。

4　農業が丁寧な地域で、米が生産されている。

2　もてる

1　私はあなたの幸せをもてています。

2　ホテルまでは近いですから、道にもてる心配はありません。

3　家に友達をもててパーティーを開くことにした。

4　山田はとてもハンサムで、女の人にもてるタイプです。

3　親しい

1　木村君とは親しいし、どんなことでも相談し合ってきた。

2　彼女は仕事中で親しそうだったので、少しだけ話をして電話を切った。

3　太陽の光が親しくて、彼は一瞬何も見えなかった。

4　みんな頑張ってくれたことに親しく感謝する。

4　好む

1　警察としては何とか犯人を好まなければならない。

2　たいていの子供はアイスクリームを好む。

3　この件に関しては二度と彼と好むことはありません。

4　好んでいて、何日も眠っていないような顔をしていた。

5　さます

1　戦争中にあまりにも激しくさました。

2　仕事を時間内にさます能力が必要だ。

3　何かにさましているように、急いで歩くことはない。

4　隣の部屋のベルの音で目をさました。

問題5　つぎのことばの使い方として最もよいものを、1・2・3・4から一つえらびなさい。

1 常識

　1　子供の常識と共に、いろいろなお金もかかるようになる。

　2　試験の常識でクラスをわけることになりました。

　3　社会人として常識のある人間にならなければいけない。

　4　部長はすべての常識をとらなければならなかった。

2 幼い

　1　聞いても幼いころのことでしたら、忘れているかもしれません。

　2　野球は大勢で見ないと幼い。

　3　どこが痛いというのではないけれども、とても体が幼い。

　4　一番幼いお菓子を子供が最後まで残しておいた。

3 ぎっしり

　1　思ったより事件はぎっしりと終った。

　2　弟はまだぎっしりと眠っていたが、起きるのを待つ時間がない。

　3　弟の部屋にある棚は本とDVDでぎっしり詰まっている。

　4　日はぎっしり短くなり、あっという間に暗くなりました。

4 任せる

　1　後のことは警察に任せた方がいいです。

　2　食べきれないほどのりんごがありますので、みんなで任せましょう。

　3　変な夢を見たと思うのだが、どういう夢を見たかは任せない。

　4　子供のことが心配で、夜もろくに任せない。

5 経つ

　1　彼が正しい判断を経つと信じている。

　2　山田はいつもガムを経っている。

　3　ずいぶん時間が経ったような気がした。

　4　母と一緒に庭に花や木を経つことにしました。

問題5 つぎのことばの使い方として最もよいものを、1・2・3・4から一つえらびなさい。

1 諦める

1 考えてみてもどうにもならないと諦めてしまった。

2 木村は人の顔を諦めるのが得意です。

3 詳しいことは来てから諦めると言って電話を切った。

4 たくさんの人を知っていますが、あなたを他の誰よりも諦めています。

2 混ぜる

1 バスが混ぜて乗れないこともあるので、少し早く家を出ました。

2 赤と青を混ぜるとむらさきに変わります。

3 一番人気のかばんは混ぜていて、次に人気があるものにした。

4 車の免許を混ぜていても、実際に運転したことはない。

3 うろうろ

1 うろうろ約束を忘れてしまった。

2 彼はうろうろ秘密を知っていた。

3 一番上の男の子は、父親にうろうろいた。

4 誰かを探しているのか、先輩はうろうろしている。

4 およそ

1 禁煙するまでに、およそ2年かかった。

2 誰かがおよそ後ろからついてくるような気がした。

3 年に一度行われる祭りなので、およそ人が多いです。

4 母は私の友達が来るからと言って、おいしい料理をおよそ準備した。

5 たまたま

1 頭がたまたまして倒れそうになった。

2 たまたまその事件を目撃しました。

3 荷物を開けて、中身をたまたましなければならない。

4 重要な資料をたまたましてしまった。

問題5　つぎのことばの使い方として最もよいものを、１・２・３・４から一つえらびなさい。

1　だます

1　人気のスカートはもうだました。

2　信じていた先輩が、私をだました。

3　これは子供の頃の思い出がだましているアルバムです。

4　先月より５キロもだました。

2　剥く

1　母はジャガイモの皮を剥いていた。

2　自分を信じて、前を剥こうと思います。

3　彼女は剥いて部屋を飛び出した。

4　その仕事を私に剥いてください。

3　役に立つ

1　いつかは役に立つことがあるかもしれないと思った。

2　彼女は噂を役に立つと、いつも私に話す。

3　私は雑誌を見ることが役に立って、いろんなことを考えていた。

4　子供は手を洗う役に立つ習慣を持っている。

4　承知する

1　どちらの方向かはっきりしなかったが、承知しながら歩き始めた。

2　その話なら承知しています。

3　授業が面白くて誰も承知しなかった。

4　お弁当を承知して食べた方がいいです。

5　わざと

1　風邪を引いてしまって、わざと大変だった。

2　内容をわざとまとめて書いてください。

3　二人の子供はわざと知らないふりをしていた。

4　努力の結果、わざと賞を受けた。

問題5　つぎのことばの使い方として最もよいものを、１・２・３・４から一つえらびなさい。

☐1　留守

1　彼女はいろいろな留守で感動したそうです。

2　家の鍵を閉めて、留守を隣の人に頼んで旅行に行った。

3　先輩の留守のいい日にちを教えてください。

4　私は留守をもらって家に持ち帰った。

☐2　揃える

1　インターネットで注文するときは、銀行で揃えなければならない。

2　子供の頃から運動が揃えて、今もスポーツは好きじゃない。

3　準備をしたり、必要な人を揃えるのに３時間ぐらいかかるでしょう。

4　ご飯を食べたばかりなのに、もうおなかが揃えました。

☐3　やり直す

1　声が聞こえたので、やり直してみたら、誰もいなかった。

2　去年からお客さんが少なくなり、結局やり直してしまった。

3　雪のせいで観光客がやり直した。

4　諦めないで、もう一度やり直してみましょう。

☐4　ある日

1　先生の誕生日はある日ですか。

2　ある日が、ご都合よろしいでしょうか。

3　彼とはある日から付き合っていましたか。

4　ある日、男がやってきて、手紙を渡していった。

☐5　日程

1　明日の日程は以下の通りです。

2　はがきを日程に出して来ました。

3　彼女は几帳面な日程なので、仕事も丁寧です。

4　これからも人に役に立つ日程を作りたいと思います。

두 번째 걸음

언어지식
문법

기초 문법

필수 문법

문제1 문법형식 판단

문제2 문장 만들기

문제3 글의 문법

기초 문법

1. 조사

<table>
<tr><td rowspan="2">~が</td><td>

① ~이/가

☑ 아래와 같은 경우, 한국어로는 '을/를'로 해석되지만 조사 が를 쓴다.

「~が好きだ(~을/를 좋아하다)」 　　「~が嫌いだ(~을/를 싫어하다)」

「~が上手だ(~을/를 잘하다)」 　　「~が得意だ(~을/를 잘하다)」

「~が下手だ(~을/를 못하다)」 　　「~がほしい(~을/를 갖고 싶다)」

「~が分かる(~을/를 알다)」

② ~지만 (역접의 접속 조사)

① 彼が来るのを待っています。

그가 오는 것을 기다리고 있습니다.

② 彼は頭がいいが、運動は苦手だ。

그는 머리는 좋지만 운동은 못한다.

</td></tr>
</table>

<table>
<tr><td rowspan="2">~に</td><td>

① (장소/위치, 시간) ~에
② (사람) ~에게
③ (수량사) ~에
④ (목적) ~하러

☑ 아래와 같은 동사는 반드시 조사 に와 함께 사용한다.

「~に会う (~을/를 만나다)」 　　「~に乗る (~을/를 타다)」

「~に住んでいる (~에서 살다)」 　　「~に似ている (~을/를 닮았다)」

「~に曲がる (~쪽으로 돌다)」

① 駅に人がたくさんいます。

역에 사람이 많습니다.

② 先生に質問をしました。

선생님에게 질문을 했습니다.

③ 一週間に３回、ジムに行きます。

일주일에 세 번 헬스장에 갑니다.

④ 公園に遊びに行きましょう。

공원에 놀러 갑시다.

</td></tr>
</table>

~で	① (장소) ~에서
	② (수단) ~(으)로
	③ (재료) ~(으)로
	④ (원인) ~때문에
	⑤ (수와 관련된 표현) ~(해)서
	⑥ (시간) ~이면

~で

① 図書館で本を読みました。
도서관에서 책을 읽었습니 다.

② 電車で会社に行きます。
전철로 회사에 갑니다.

③ 木で机を作りました。
나무로 책상을 만들었습니다.

④ 病気で学校を休みました。
병 때문에 학교를 쉬었습니다.

⑤ 三人でケーキを食べました。
세 명이서 케이크를 먹었습니다.

⑥ 駅なら5分で行けます。
역이라면 5분이면 갈 수 있습니다.

~と

① ~와/과
② ~라고 (인용)

① 友達と映画を見に行きました。
친구와 영화를 보러 갔습니다.

② 彼は「大丈夫だ」と言いました。
그는 '괜찮다'고 말했습니다.

~や ~など

~(이)랑 ~등
◎ 대상의 전체를 열거하는 と와 달리 や는 일부만 열거한다.

京都や大阪などを旅行しました。
교토랑 오사카 등을 여행했습니다.

〜の	① 〜의 (명사 연결) ② 〜의 것 (소유격) ③ 〜야? (보통체의 질문) ④ 〜이/가 (명사를 수식하는 주격조사 が대신 사용) ① これは山田さんの英語の辞書です。 이것은 야마다씨의 영어 사전입니다. ② このコップは私のです。 이 컵은 나의 것입니다. ③ え？彼氏と別れたの？ 응? 남자 친구랑 헤어졌어? ④ 彼の書いた本はとても有名です。 그가 쓴 책은 매우 유명합니다.
〜も	① 〜도 ② 〜이나 (강조) ① コーヒーも紅茶も好きです。 커피도 홍차도 좋아해요. ② 彼は3時間もかけて宿題をした。 그는 3시간이나 걸려 숙제를 했다.
〜か	① 〜까? ② 〜인지/일지 　✅ 〜か (〜인지)는 なに, だれ, どこ, いつ와 같은 의문사와 함께 자주 사용된다. 반면 〜か どうか (〜인지 어떤지)는 의문사가 아닌 구체적인 대상/행동과 함께 쓰인다. ① 明日の会議、参加しますか？ 내일 회의, 참가합니까? ② 来週の天気が晴れかどうか分かりません。 다음 주 날씨가 맑음일지 어떨지 모르겠습니다.
〜より	① 〜보다 ② 〜로부터 ① 今日は昨日より寒いです。 오늘은 어제보다 춥습니다. ② 社長よりメッセージを預かっています。 사장님으로부터(의) 메시지를 맡고 있습니다.

～こそ	**~야 말로** 今度こそ合格したいです。 이번에야 말로 합격하고 싶습니다.
～ずつ	**~씩** 毎日少しずつ日本語を勉強しています。 매일 조금씩 일본어를 공부하고 있습니다.
～とか	**~라든가** 寿司とかラーメンをよく食べます。 스시라든가 라멘 같은 걸 자주 먹습니다.
～ほど ～ない	**~만큼 ~지 않다** 今回のテストは思ったほど難しくなかった。 이번 시험은 생각만큼 어렵지 않았다.
～ばかり	**(주구장창) ~만, ~뿐** あの人は文句ばかり言っています。 저 사람은 불평만 하고 있습니다.

2. 수수동사

1) (내가 다른 사람에게) ~(해) 주다

~(て) さしあげる	~(해) 드리다 (겸양표현)
~(て) あげる	~(해) 주다 ◐ '기꺼이 어떠한 동작을 해 주다'라는 뉘앙스이므로 사용에 주의해야 한다.
~(て) やる	~(해) 주다 ◐ 아랫사람 혹은 동식물에게 사용한다.

예 社長に資料を説明して差し上げました。 사장님께 자료를 설명해 드렸습니다.

예 赤ちゃんに本を読んであげた。 아이에게 책을 읽어 주었다.

예 弟にアイスクリームを買ってやった。 남동생에게 아이스크림을 사 주었다.

2) (제3자가 나에게) ~(해) 주다

~(て) くださる	~(해) 주시다 (존경표현) ◐ 정중체의 경우 「くださいます」로 바뀜
~(て) くれる	~(해) 주다

예 社長は私にアドバイスをくださいました。 사장님은 나에게 조언을 주셨습니다.

예 山田先生は私を待ってくださいました。 야마다 선생님은 나를 기다려 주셨습니다.

예 先輩は私にペンをくれた。 선배는 나에게 펜을 주었다.

예 彼は私を手伝ってくれた。 그는 나를 도와주었다.

3) 받다

~(て) もらう	~(해) 받다
~(て) いただく	~(해) 받다 (겸양표현)

예 父に新しい腕時計をもらいました。 아빠에게 새로운 손목시계를 받았습니다.

예 母にカバンを買ってもらいました。 [직역] 엄마에게 가방을 사 받았습니다.
[의역] 엄마가 가방을 사 주셨습니다.

예 お客様にプレゼントをいただきました。 손님께 선물을 받았습니다.

예 先生に日本語を教えていただきました。 [직역] 선생님에게 일본어를 가르침 받았습니다.
[의역] 선생님이 일본어를 가르쳐 주셨습니다.

3. 수동/사역/사역수동

1) 수동 : ~당하다, ~해지다, ~되다, ~하시다

구분	변형	예
1그룹	う단 → あ단+れる *단, う로 끝나는 경우 → われる	誘う (초대하다) → 誘われる (초대되다) 叱る (혼내다) → 叱られる (혼냄을 당하다=혼나다)
2그룹	い단 혹은 え단 + る → る탈락 + られる	褒める (칭찬하다) → 褒められる (칭찬 당하다=칭찬받다) 見る (보다) → 見られる (보는 것을 당하다=보이다)
3그룹	する → される (어떠한 행위를 당하다) 来る → 来られる (누군가가 오는 행위를 당하다)	

① 피해의 수동

피해의 수동은 어떠한 행위를 당한 주체가 감정적으로 손해를 보거나 불편을 겪는 경우에 주로 사용되며, 한국어로는 직역이 어려운 경우가 많다. 이때 문장을 이해하기 쉽게 하려면 「대상 + に + 수동태」의 형태를 「대상 + が + 원형」으로 바꾸어 해석하면 이해하기 쉽다.

예 子供に泣かれて寝られなかった。 [직역] 아이에게 우는 행위를 당해서 못 잤다.
[의역] 아이가 울어서 못 잤다. = 子供が泣いて寝られなかった。

예 妹に私のケーキを食べられた。 [직역] 여동생에게 나의 케이크를 먹음을 당했다.
[의역] 나의 케이크를 여동생이 먹어버렸다.

예 友達はお母さんに日記を読まれた。 [직역] 친구는 어머니에게 일기를 읽음을 당했다.
[의역] 어머니가 친구의 일기를 읽었다.

② 상태의 변화

'~해 지다'라는 뜻으로 어떤 성질이나 상황이 점차 변해 가는 경우를 나타낸다.

예 このビルは5年前に建てられた。 이 빌딩은 5년전에 서워졌다.

예 ドアが閉められました。 문이 닫혔습니다.

③ 감정의 자발

자발이란 의도하지 않아도 그렇게 되는 것을 말하며, 감정이 저절로 생기는 경우를 나타낸다.

예 写真を見ると家族のことが思い出される。 사진을 보면 가족이 떠오르게 된다.
(본인이 의도하지 않아도 가족이 떠오름)

예 彼女の話を聞いて、感動されました。 그녀의 이야기를 듣고 감동했습니다.
('감동'이라는 감정이 저절로 생김)

④ 존경

존경의 수동은 상대방을 높여 말할 때 쓰인다.

예 先生はその本を読まれましたか。 선생님은 그 책을 읽으셨나요?

예 社長はもう帰られました。 사장님은 벌써 (집에) 돌아가셨습니다.

2) 사역 : 시키다, ~하게 하다

구분	변형	예
1그룹	う단 → あ단+れる *단, う로 끝나는 경우 → われる	行く (가다) → 行かせる (가게 하다) 座る (앉다) → 座らせる (앉게 하다)
2그룹	い단 혹은 え단 + る → る탈락+させる	考える (생각하다) → 考えさせる (생각하게 하다) 食べる (먹다) → 食べさせる (먹게 하다)
3그룹	する → させる (하게 하다) 来る → 来させる (오게 하다)	

① 명령

예 山田を部長の代わりに行かせる。 야마다를 부장을 대신하여 가게 하다.

예 親は子供にピアノを習わせました。 부모는 아이에게 피아노를 배우게 했습니다.

② 허락

예 母は子供を外で遊ばせた。 엄마는 아이를 밖에서 놀게 했다. (밖에서 놀도록 허락했다)

예 妹に好きな服を選ばせてあげた。 여동생에게 좋아하는 옷을 고르게 해주었다. (옷을 고르도록 허락했다)

③ 사역의 응용

▷ 사역형+ください : ~하게 해주세요

예 早く帰らせてください。 빨리 돌아가게 해주세요.

예 ちょっと言わせてください。 잠깐 말하게 해주세요.

▷ 사역형＋てもらう・ていただく : ~하겠습니다

예 私が案内させていただきます。 제가 안내하겠습니다.

예 社長に説明させていただきます。 사장님께 설명 드리겠습니다.

▷ 사역형＋ておく : (누군가에게) ~하게 해 두다, 시켜 놓다

예 発表のための準備を部下にやらせておきました。 발표를 위한 준비를 부하 직원에게 시켜 놓았습니다.

예 社員にレポートを書かせておいた。 직원에게 보고서를 쓰게 해 두었다.

3) 사역수동 : 억지로~하다, 어쩔 수 없이~하다

구분	변형	예
1그룹	う단 → あ단＋せられる う단 → あ단＋される *단, う로 끝나는 경우 → わせられる・わされる	待つ (기다리다) → 待たせられる/待たされる (억지로 기다리다) 習う (바우다) → 習わせられる/習わされる (억지로 배우다)
2그룹	い단 혹은 え단＋る → る탈락＋させられる	覚える (외우다) → 覚えさせられる (억지로 외우다) 着る (상의-입다) → 着させられる (억지로 입다)
3그룹	する → させられる (억지로 하다) 来る → 来させられる (억지로 오다)	

예 友達に1時間も待たせられた。 (＝友達に1時間もまたされた。)
　[직역] 친구에게 1시간이나 기다리게 함을 당했다.
　[의역] 친구때문에 1시간이나 어쩔 수 없이 기다렸다.

예 急にやらせられて困っている。 (＝急にやらされて困っている。)
　[직역] 갑자기 시킴을 당해서 곤란해하고 있다.
　[의역] 갑자기 어쩔 수 없이 해서 곤란해하고 있다.

4. 타동사와 자동사의 활용

타동사 : 어떠한 동작을 일으키는 주체가 존재하며 조사 を를 사용해 목적어를 수반한다.

자동사 : 스스로 일어나는 동작이나 상태를 나타내어 목적어를 필요로 하지 않는다.

1) 타동사+ている (진행) : ~하고 있다

예 冷蔵庫にジュースを入れている。 냉장고에 주스를 넣고 있다.

예 ドアを開けている。 문을 열고 있다.

2) 타동사+てある (상태) : (누군가에 의해) ~해져 있다

예 冷蔵庫にジュースが入れてある。 냉장고에 주스가 (누군가에 의해) 넣어져 있다.

예 ドアが開けてある。 문이 (누군가에 의해) 열려 있다.

3) 자동사+ている (상태) : ~해져 있다

예 冷蔵庫にジュースが入っている。 냉장고에 주스가 넣어져 있다.

예 ドアが開いている。 문이 열려 있다.

❖ [타동사+てある]나 [자동사+ている] 둘다 상태를 나타내지만, 타동사는 '누군가에 의해'가 내포되어, 동작을 한 사람에 초점을 두고 있으며, 자동사의 경우 동작이 완료된 결과 그 자체에 초점이 맞춰져 있다.

※대표적인 자동사·타동사 비교

타동사 (他動詞)	뜻	자동사 (自動詞)	뜻
開ける	열다	開く	열리다
閉める	닫다	閉まる	닫히다
つける	켜다	つく	켜지다
消す	끄다	消える	꺼지다
入れる	넣다	入る	들어가다
出す	내다	出る	나가다 / 나오다
動かす	움직이다 (조작)	動く	움직이다 (스스로)
落とす	떨어뜨리다	落ちる	떨어지다
壊す	부수다	壊れる	부서지다
沸かす	끓이다	沸く	끓다
決める	정하다	決まる	정해지다
始める	시작하다	始まる	시작되다
終える	끝내다	終わる	끝나다
止める	멈추다, 세우다	止まる	멈춰지다, 서다
見つける	발견하다	見つかる	발견되다
並べる	늘어놓다, 줄 세우다	並ぶ	줄 서다, 늘어서다
集める	모으다	集まる	모이다
直す	고치다	直る	고쳐지다, 낫다
倒す	넘어뜨리다	倒れる	넘어지다
汚す	더럽히다	汚れる	더러워지다

5. 전문과 양태

1) そうだ (전문) : ~라고 한다

동사 보통체+そうだ	ニュースによれば、地震があったそうだ。 뉴스에 따르면 지진이 있었다고 한다.
い형용사 보통체+そうだ	この店のラーメンはとても美味しいそうですよ。 이 가게의 라면은 아주 맛있다고 하네요.
な형용사 보통체+そうだ	あのホテルは静かだそうです。 그 호텔은 조용하다고 합니다.
명사 보통체+そうだ	この建物は博物館だそうです。 이 건물은 박물관이라고 합니다.

2) そうだ (양태) : ~일(할) 것 같다 (직감적인 판단)

동사 ます형+そうだ	その服、似合いそうですね。 그 옷, 잘 어울릴 것 같아요.
い형용사 어간+そうだ ❷ 단, よい → よさそうだ 　　ない → なさそうだ	部長は今、忙しそうです。 부장님은 지금 바쁜 것 같습니다.
な형용사 어간+そうだ	あの道は危なそうだから、こっちに行こう。 저 길은 위험해 보이니까 이쪽으로 가자.

❷ 명사의 활용은 없으므로 주의하자.

❷ 과거의 상황에 대해서는 사용할 수 없다.

3) ようだ (양태) : ~인(한) 것 같다 (주관적인 근거에 의한 추측)

동사 보통체+ようだ	外は雨が降っているようです。 밖은 비가 오고 있는 것 같습니다.
い형용사 보통체+ようだ	彼女はプレゼントをもらってうれしいようです。 그녀는 선물을 받고 기쁜 것 같습니다.
な형용사 보통체+ようだ ❷ 단, 현재/긍정일 때는 어간 + な	田中さんは暇なようです。 다나카 씨는 한가한 것 같습니다.
명사 보통체+ようだ ❷ 단, 현재/긍정일 때는 명사+の	彼女は先生のようです。 그녀는 선생님인 것 같습니다.

❷ ようだ 대신 ような를 써서 「명사+のような」「동사 보통형+ような」처럼 말하면 '~와 같은', '~인 것 같은'이라는 뜻이 된다.

4) みたいだ (양태) : ~인(한) 것 같다 (ようだ의 회화체)

동사 보통체+みたいだ	彼は寝ているみたいだね。 그는 자고 있는 것 같네.
い형용사 보통체+みたいだ	今回のテストは難しいみたいです。 이번 시험은 어려운 것 같습니다.
な형용사 보통체+みたいだ ❷ 단, 현재/긍정일 때는 어간	山田さんは元気みたいです。 야마다 씨는 잘 지내는 것 같습니다.
명사 보통체+みたいだ ❷ 단, 현재/긍정일 때는 명사	あの人は芸能人みたいだ。 저 사람은 연예인 같다.

5) らしい : ~라고 하는 것 같다 (간접적인 정보, 이야기, 소문 전달)

동사 보통체+らしい	伊藤さんは会社を辞めたらしい。 이토 씨는 회사를 그만뒀다는 것 같다.
い형용사 보통체+らしい	彼の兄は厳しいらしい。 그의 형은 엄격하다는 것 같다.
な형용사 보통체+らしい ❷ 단, 현재/긍정일 때는 어간	あの店は有名らしいです。 저 가게는 유명하다는 것 같습니다.
명사 보통체+らしい ❷ 단, 현재/긍정일 때는 명사	彼は美容師さんらしい。 그는 미용사라는 것 같다.

❷ 단순히 「명사+らしい」라고 하면 '~답다', '~다운'이라는 뜻이 된다.

～と

~하면

- 주로 100% 성립되는 일, 자연 법칙, 반복적이거나 일반적인 사실을 말할 때 사용한다.
- 뒷 문장에 명령, 권유, 희망, 의지 표현은 오지 않는다.

❶ 동사 원형/ない형　　❷ い형용사 원형/부정형
❸ な형용사 원형/부정형　　❹ 명사 원형+だ/부정형

春になると、桜が咲きます。 봄이 되면 벚꽃이 핍니다.

ボタンを押さないと、ドアが開きません。
버튼을 누르지 않으면 문이 안 열립니다.

～たら

~면, ~하고 나면, ~했더니

- 앞 문장 완료 후, 뒷 문장이 발생하는 시간적 조건이나 가정을 말할 때 사용한다.
- 이미 발생한 일에 대해서도 사용한다.

❶ 동사 た형　　❷ い형용사 과거형
❸ な형용사 과거형　　❹ 명사 과거형

宿題が終わったら、ゲームをしようと思います。
숙제가 끝나면 게임을 하려고 생각합니다.

東京に行ったら、友達に会います。 도쿄에 가면 친구를 만날 거예요.

～ば

~하면

- 주로 어떠한 조건을 충족했을 때 수반되는 결과를 말할 때 사용한다.
- '그렇지 않으면'을 내포하며, 뒷 문장에 명령, 의지 표현이 올 수 있다.

❶ 동사 가정형　　❷ い형용사 어간+ければ
❸ な형용사 어간+なら (ば)　　❹ 명사+なら (ば)

時間があれば、映画を見に行きます。
시간이 있으면 영화를 보러 갑니다. (그렇지 않으면 보러 가지 않습니다)

勉強すれば、試験に合格できます。
공부를 하면 시험에 합격할 수 있습니다. (그렇지 않으면 합격할 수 없습니다)

～なら

~(이)라면, ~에 대해서 말하자면

- 주로 조언, 충고, 제안을 할 때 사용하며, 뒷 문장에는 화자의 의지나 판단, 생각이 온다.

❶ 동사 보통체　　❷ い형용사 보통체
❸ な형용사 보통체 (현재 긍정의 경우 어간)
❹ 명사 보통체 (현재 긍정의 경우 명사)

日本料理なら、お好み焼きが一番好きです。
일본 요리라면 오코노미야키를 가장 좋아합니다.

東京に行くなら、新幹線が便利です。 도쿄에 간다면 신칸센이 편리합니다.

7. ことにする・ことになる・ようにする・ようになる

- ことに〜 : 단순히 상황에 대한 설명을 할 때 사용한다. → 결과 중시
- ように〜 : 결과에 도달하기 위한 과정과 노력에 초점을 둔다 → 과정 중시
- する : 본인의 의사로 행동하는 경우에 사용한다. → ~하다
- なる : 타의, 혹은 외부의 상황에 의해 어떠한 행위가 이루어질 때 사용한다 → ~되다

〜ことにする	**① ~하기로 하다** 본인의 의지와 결정으로 이루어지는 행동을 말할 때 사용한다. **② ~로 치다, ~로 간주하다** ❶ 동사 원형　　　　❷ 동사 ない형 ① 明日から6時に起きることにする。 내일부터 6시에 일어나기로 한다. (단순히 6시에 일어난다는 사실을 설명) ② レポートを出すと試験を受けたことにする。 레포트를 제출하면 시험을 치른 것으로 친다.
〜ことになる・〜ことになっている	**① ~하게 되다** 타인 혹은 외부 환경에 의해 결정된 경우에 사용한다. **② ~하게 되어 있다** ❶ 동사 원형　　　　❷ 동사 ない형 ① ABC社で働くことになった。 ABC사에서 일하게 되었다. ② ニックネームで呼ぶことになっている。 닉네임으로 부르도록 되어있다.
〜ようにする	**① ~하도록 하다** 어떠한 행위를 이루기 위해 노력한 과정을 강조한다. **② ~하도록 하다** 완곡한 지시와 권유를 말할 때 사용한다. ❶ 동사 원형　　　　❷ 동사 ない형 ① 明日から6時に起きるようにする。 내일부터 6시에 일어나도록 한다. (6시에 일어나도록 노력을 하겠다는 과정 중시) ② 説明書どおりに組み立てるようにしてください。 설명서대로 조립하도록 해주세요.
〜ようになる	**① ~할 수 있게 되다** **② ~하게 되다** 주로 과거형인 なった, なりました로 활용한다. ①의 경우: ❶ 동사 가능형 ②의 경우: ❶ 동사 원형　　　❷ 동사 ない형 ① 日本語が話せるようになりました。 일본어를 말할 수 있게 되었습니다. ② 野菜を食べるようになりました。 채소를 먹게 되었습니다.

필수 문법

1. 비슷하게 생긴 문형 비교

1)

～まで	**~까지** ● 어떤 동작이나 상태가 그 시점까지 계속될 때 사용한다. **❶ 동사 원형**　　　　　　　　**❷ 명사** この店は10時から１８時まで開いています。 이 가게는 10시부터 18시까지 열려 있습니다.
～までに	**① ~까지** 　● 기한 혹은 마감 시점을 말할 때 사용한다. **② ~까지** 　● 지속되는 행위가 아닌 단발 동작을 말할 때 사용한다. **❶ 동사 원형**　　　　　　　　**❷ 명사** ① レポートは金曜日までに提出してください。 　레포트는 금요일까지 제출해주세요. ② 映画が始まるまでにトイレに行っておこう。 　영화가 시작되기까지(시작되기 전에) 화장실에 다녀와야지.

2)

～間	**~사이에, ~동안에** ● 어떤 상태나 동작이 동시에 지속될 때 사용한다. **❶ 동사 원형/진행형**　　　　**❷ い형용사 원형** **❸ な형용사 어간+な**　　　　**❹ 명사+の** 映画を見ている間、携帯はマナーモードにしてください。 영화를 보는 동안, 휴대폰은 무음 모드로 해주세요.
～間に	**~동안에** ● 그 시간 안에 단발성 사건이나 변화가 발생할 때 사용한다. **❶ 동사 원형/진행형**　　　　**❷ い형용사 원형** **❸ な 형용사 어간+な**　　　　**❹ 명사+の** 授業の間に、急に停電した。 수업 중에 갑자기 정전이 되었다.

3)

~うちに	**~하는 동안에** ⊘ 「~間に」에 비해 시작과 끝나는 시점이 명확하지 않다. ❶ 동사 원형/진행형 ❷ い형용사 원형 ❸ な형용사 어간+な ❹ 명사+の 練習しているうちに、上手になってきた。 연습하고 있는 동안에 능숙해졌다.
~ないうちに	**~하기 전에** ❶ 동사 ない형 冷めないうちにどうぞ。 식기 전에 드세요.

4)

~から ~にかけて	**~에서부터 ~에 걸쳐** ⊘ 대략적인 범위를 말할 때 사용한다. ❶ 명사+から+명사+にかけて 関東から東北にかけて、台風の影響があります。 관동지방에서부터 동북지방에 걸쳐 태풍의 영향이 있습니다.
~にわたって	**~에 걸쳐** ⊘ 정확한 범위를 알기는 어렵고, 소요되는 시간이나 양을 말할 때 사용한다. ❶ 명사 数年にわたって研究が続けられた。 수년에 걸쳐서, 연구가 계속되었다.

5)

~て初め(て)	**~나서야 비로소** ❶ 동사 て형 親になって初めて親の気持ちが分かった。 부모가 되고 나서야 비로소 부모느의 마음을 알았다.
~を始め	**~을 시작으로, ~을 비롯해** ❶ 명사 アジアを始め、世界中を旅した。 아시아를 시작으로 전세계를 여행헜다.

6)

~ごとに	**~(할 때) 마다** ❶ 동사 원형　　　　　　　　❷ 명사 この試合は3年ごとに行われる。 이 시합은 3년마다 시행된다. ✔ 시점 : ● ○ ○ ○ ● ○ ○ ● ○ ○ ● ○ ○
~おきに	**~걸러** ❶ 명사 祭りは3年おきに開催される。 축제는 3년 걸러 개최된다. ✔ 시점 : ● ○ ○ ○ ● ○ ○ ○ ● ○ ○ ○ ● ○ ○

7)

~上に	**~인 데다가, ~한 데다가** ❶ 동사 보통체　　　　　　　　❷ い형용사 보통체 ❸ な형용사 보통체 (현재 긍정의 경우 어간+な・である) ❹ 명사 보통체 (현재 긍정의 경우 명사+の・である) 彼は成績が優秀な上に、性格もいい。 그는 성적이 우수한 데다가, 성격도 좋다.
~上で	**① ~한 후에** ✔ 「〜た後で (~한 후에)」에 비해 딱딱한 표현이다. **② ~하는데 있어** ①의 경우: ❶ 동사 た형　　　　　❷ 명사+の ②의 경우: ❶ 동사 원형　　　　　❷ 명사+の ① よく考えた上で、決めました。 　잘 생각한 후에, 결정했습니다. ② 音楽は生きていく上でなくてはならない存在だ。 　음악은 살아가는데 있어 없어서는 안되는 존재이다.
~上は	**~한 이상에는** ❶ 동사 원형　　　　　　　　❷ 동사 た형 頑張って入学した上はいい成績で卒業したい。 열심히 해서 입학한 이상에는 좋은 성적으로 졸업하고 싶다.

8)

〜まま	**~한 채** ✅ 그 상태가 계속 유지되고 있는 것을 말할 때 사용한다. **①** 동사 た형/ない형 　　　　**②** い형용사 원형 **③** な형용사 어간+な 　　　　**④** 명사+の ストーブをつけた**まま**出かけてしまった。 난로를 켜 둔 채 외출해 버렸다.
〜きり	**① ~한 채** ✅ 이후 어떻게 되었는지는 갈 수 없다. **② ~만** **①** 동사 た형 　　　　**②** 명사 ① 彼とは３年前に会った**きり**だ。 그와는 3년전에 만난 채이다. ② 夫婦二人**きり**の生活をしています。 부부 둘만의 생활하고 있습니다.

9)

〜おかげで・ 〜おかげだ	**~덕분에** ✅ 좋은 결과를 수반한다. **①** 동사 보통체 　　　　**②** い형용사 보통체 **③** な형용사 보통체 (현재 긍정의 경우 어간+な) **④** 명사+の 頑張った**おかげで**試験に合格した。 열심히 한 덕분에 시험에 합격했다.
〜せいで・ 〜せいだ	**~탓에, ~때문에** ✅ 나쁜 결과를 수반한다. **①** 동사 보통체 　　　　**②** い형용사 보통체 **③** な형용사 보통체 (현재 긍정의 경우 어간+な) **④** 명사+の 寝坊した**せいで**授業に遅れた。 늦잠을 잔 탓에 수업에 늦었다.

10)

～<ruby>向<rt>む</rt></ruby>き(だ)	**~에 맞는, ~에 적합한** ✓ 대상의 성질이나 특징이 특정한 사람·사물·상황에 적합함을 나타낸다. ❶ 명사 <ruby>一人暮<rt>ひとりぐ</rt></ruby>らしの<ruby>学生<rt>がくせい</rt></ruby><ruby>向<rt>む</rt></ruby>きの<ruby>部屋<rt>へや</rt></ruby>です。 자취하는 학생에게 맞는 방입니다.
～<ruby>向<rt>む</rt></ruby>け(だ)	**~용, ~대상** ✓ 대상 독자·고객층을 겨냥하여 만들어진 것임을 나타낸다. ❶ 명사 この<ruby>英語教室<rt>えいごきょうしつ</rt></ruby>は<ruby>初心者<rt>しょしんしゃ</rt></ruby><ruby>向<rt>む</rt></ruby>けだ。 이 영어 교실은 초심자 대상이다.

11)

～<ruby>一方<rt>いっぽう</rt></ruby>で	**~하는 한편으로** ❶ 동사 보통체 ❷ い형용사 원형 ❸ な형용사 보통체 (현재 긍정의 경우 어간+な・である) ❹ 명사 보통체 (현재 긍정의 경우 명사+の・である) <ruby>田舎<rt>いなか</rt></ruby>は<ruby>人口<rt>じんこう</rt></ruby>が<ruby>減<rt>へ</rt></ruby>っている<ruby>一方<rt>いっぽう</rt></ruby>で、<ruby>都会<rt>とかい</rt></ruby>は<ruby>増<rt>ふ</rt></ruby>えている。 시골은 인구가 줄고 있는 한편으로 도시는 늘고 있다.
～<ruby>一方<rt>いっぽう</rt></ruby>だ	**~(하기)만 하다** ❶ 동사 원형 リスクは<ruby>大<rt>おお</rt></ruby>きくなる<ruby>一方<rt>いっぽう</rt></ruby>だ。 피해는 커지기만 한다.

12)

～がる	**~해 하다** ✓ 항상 제3자에만 사용한다. ❶ 형용사 어간 <ruby>妹<rt>いもうと</rt></ruby>が<ruby>怖<rt>こわ</rt></ruby>がっている。 여동생이 무서워하고 있다. <ruby>山田<rt>やまだ</rt></ruby>は<ruby>寒<rt>さむ</rt></ruby>がりです。 야마다는 추위를 잘 탑니다. ✓ 「～がる」를 ます형으로 활용하여 어떤 특성을 가진 사람을 나타낸다.

~たがる・ ~たがっている	**(제3자가) ~하고 싶어하다**
	① 동사 ます형
	<ruby>彼女<rt>かのじょ</rt></ruby>は<ruby>遊園地<rt>ゆうえんち</rt></ruby>に<ruby>行<rt>い</rt></ruby>きたがる。
	그녀는 놀이공원에 가고 싶어한다.
	<ruby>彼<rt>かれ</rt></ruby>は<ruby>新<rt>あたら</rt></ruby>しいゲームをやりたがっている。
	그는 새 게임을 하고 싶어하고 있다.
~ほしがる・ ~ほしがっている	**(제3자가) ~을 갖고 싶어하다** ◗ 조사「が」를 사용하는「ほしい」와 달리「ほしがる」는 조사「を」를 사용한다.
	① 명사＋を
	<ruby>子<rt>こ</rt></ruby>どもがおもちゃをほしがる。
	아이가 장난감을 갖고 싶어한다.
	<ruby>娘<rt>むすめ</rt></ruby>は<ruby>新<rt>あたら</rt></ruby>しいスマホをほしがっている。
	딸은 새 스마트폰을 갖고 싶어하고 있다.
~てほしい	**(상대방이) ~해주었으면 한다** ◗ 상대에게 바라는 나의 희망을 말할 때 사용한다.
	① 동사 て형
	なるべくはやく<ruby>手伝<rt>てつだ</rt></ruby>ってほしい。
	가능한 빨리 도와주었으면 해.

2. こと와 もの 문형 비교

1)

〜こと	**~할 것** ❶ 동사 원형　　　　　　　　❷ 동사 ない형 靴を脱いで入る<u>こと</u>。 신발을 벗고 들어올 것.
〜もの・〜もん	**~인 걸** ◔ 회화에서는 「〜もん」을 많이 사용한다. ❶ 동사 보통체　　　　　　　❷ い형용사 보통체 ❸ な형용사 보통체　　　　　❹ 명사 보통체 今日は行きたくない<u>もん</u>。 오늘은 가고 싶지 않은 걸.

2)

〜ことだ	**~해야 한다, ~하는 것이 좋다** ◔ 주로 조언, 충고할 때 사용한다. ❶ 동사 원형　　　　　　　　❷ 동사 ない형 風邪をひいた時は、ゆっくり休む<u>ことだ</u>。 감기에 걸렸을 때에는 푹 쉬는 것이 좋다.
〜ものだ	① **~해야 한다** ◔ 보편적이거나 마땅한 일을 말할 때 사용한다. ② **~하곤 했다** ◔ 화자, 필자가 과거 회상을 할 때 사용한다. ①의 경우: ❶ 동사 원형 ②의 경우: ❶ 동사 た형 ① ルールは守る<u>ものだ</u>。 　규칙은 지켜야 한다. ② あそこでよく遊んでいた<u>ものだ</u>。 　저기서 자주 놀곤 했다.

3)

〜ことだから	**~이기 때문에** ❶ 명사＋の 彼の<u>ことだから</u>来るよ。 그이기 때문에 올 거야. (다른 사람도 아닌 '그'이기 때문에 올 것이라 강조)

～ものだから	~(원인)이기 때문에 ~(결과)
	❶ 동사 보통체　　　　　　　　　❷ い형용사 보통체 ❸ な형용사 보통체 (현재 긍정의 경우 어간+な) ❹ 명사 보통체 (현재 긍정의 경우 명사+な)
	道が混んでいたものだから遅れてしまいました。 길이 막혔기 때문에 늦어버렸습니다.

4)

～ことなら	~라면
	❶ 명사+の　　　　　　　　　❷ 동사 원형
	数学のことなら山田先生に聞いてみて。 수학이라면 야마다 선생님께 물어 봐.
～ものなら	~할 수 있다면 ✔ 실현이 어려운 상황에 대한 가정을 말할 때 사용한다.
	❶ 동사 가능형
	旅行に行けるものなら行きたい。 여행을 갈 수 있다면 가고 싶다.

5)

～ことか	~인 것인가 ✔ 감탄, 탄식을 말할 때 사용한다.
	❶ 동사 보통체　　　　　　　　　❷ い형용사 보통체 ❸ な형용사 보통체 (현재 긍정으 경우 어간+な)
	試験に受かってどんなに嬉しいことか。 시험에 합격해 얼마나 기쁜 일인가.
～ものか	~할까 보냐 ✔ 강한 부정을 말할 때 사용한다.
	❶ 동사 보통체　　　　　　　　　❷ い형용사 보통체 ❸ な형용사 보통체 (현재 긍정의 경우 어간+な) ❹ 명사 보통체 (현재 긍정의 경우 명사+な)
	あんなまずい店、二度と行くものか。 저런 맛없는 가게 다시 갈까 보냐.

6)

<table>
<tr><td rowspan="2">〜のこと</td><td>**~에 대해, ~에 대한 것**

❶ 명사

転職のことで悩んでいます。
이직에 대해 고민하고 있습니다.</td></tr>
</table>

〜のこと	**~에 대해, ~에 대한 것** ❶ 명사 転職のことで悩んでいます。 이직에 대해 고민하고 있습니다.
〜ものの	**~이지만** ❶ 동사 보통체　　　　　　❷ い형용사 보통체 ❸ な형용사 보통체 (현재 긍정의 경우 어간+な・である) ❹ 명사 보통체 (현재 긍정의 경우 명사+である) 免許は持っているものの、運転はできません。 면허는 갖고 있지만 운전은 못합니다.

7)

〜ことがある	① **~할 때가 있다** 　✔ 반복되는 일, 습관에 대해서 말할 때 사용한다. ② **~한 적이 있다** ①의 경우: ❶ 동사 원형 ②의 경우: ❶ 동사 た형 ① たまに遅刻することがある。 　가끔 지각할 때가 있다. ② 外国人と話したことがある。 　외국인과 이야기한 적이 있다.
〜ことはない	**~할 필요는 없다** ❶ 동사 원형 熱もないし、病院に行くことはない。 열도 없고 병원에 갈 필요는 없다.
〜ということだ	① **~라고 한다** ② **~라는 뜻이다, ~인 셈이다** ❶ 동사 보통체　　　　　　❷ い형용사 보통체 ❸ な형용사 보통체　　　　　❹ 명사 보통체 ① 明日は休みだということです。 　내일은 쉬는 날이라고 합니다. ② もう会いたくないということだよね。 　더 이상 만나고 싶지 않다는 뜻이네.

〜とのことだ	**~라고 한다** ☑ 「〜ということだ」보다 딱딱한 표현이다. ① 동사 보통체　　　　② い형용사 보통체 ③ な형용사 보통체　　　④ 명사 보통체 (현재 긍정의 경우 명사) 社長はすぐに戻る**とのことでした**。 사장님은 곧 돌아온다고 했습니다.
〜ことで	**~함으로써, 하는 것으로** ① 동사 보통체 話し合う**ことで**、問題を解決できました。 대화함으로써 문제를 해결할 수 있었습니다.
〜ことから	**~것에서** ① 동사 보통체　　　　② い형용사 보통체 ③ な형용사 보통체(현재 긍정의 경우 어간+な・である) ④ 명사 보통체 声が似ている**ことから**、兄弟だとすぐに分かりました。 목소리가 비슷한 것에서 형제라는 걸 금방 알았습니다.
〜ないことはない	**~하지 않는 것은 아니다, ~할 수도 있다** ☑ 이중부정으로 일의 가능성이나 여지를 말할 때 사용한다. ① 동사 ない형　　　　② い형용사 부정형 ③ な형용사 부정형　　　④ 명사 부정형 歩いて行け**ないことはない**けど、時間がかかります。 걸어서 갈 수 없는 건 아니지만 시간이 걸립니다.

3. ところ와 ばかり 문형 비교

1) ところ

～ところ	**~한 바, ~했더니** ❶ 동사 た형 電話したところ、あいにく留守だった。 전화했더니 공교롭게 부재중이었다.
～ところで	**~해 봤자, ~한들** ❶ 동사 た형 今行ったところで間に合わない。 지금 가봤자 시간에 맞지 않는다.
～ところだ	**① 막 ~한 참이다** **② ~하고 있는 중이다** **③ 이제 막 ~하려는 참이다** ①의 경우: ❶ 동사 た형 ②, ③의 경우: ❶ 동사 진행형　　　❷ 동사 원형 ① さっき帰ったところです。 　　방금 막 돌아온 참입니다. ② ちょうど説明しているところだったのに。 　　마침 설명하고 있는 중이었는데. ③ 今から出かけるところだ。 　　지금 막 나가려던 참이다.
～ところへ	**① 막 ~하려던 찰나에, 막 ~하고 있을 때에** **② 한창 ~하는 중에** 　✅「へ」는 '방향'을 나타내므로 움직임과 함께 쓰인다. ❶ 동사 원형　　　　　　　　❷ 동사 진행형 ❸ 동사 た형 ① 出かけようとしていたところへ、友達が来た。 　　막 나가려던 찰나에 친구가 왔다. ② 勉強しているところへ、電話が鳴った。 　　한창 공부하고 있는 중에 전화가 울렸다.

～ところに	① 막 ~하려던 순간에
	② ~한 직후에
	☑ 「に」는 특정한 '시점'이나 '상태'를 강조한다.
	❶ 동사 원형　　　　　　　　❷ 동사 진행형
	❸ 동사 た형
	① 寝ようとしたところに、母が部屋に入ってきた。
	막 자려던 순간에 엄마가 방에 들어왔다.
	② 出発したところに、雨が降り出した。
	출발한 직후에 비가 내리기 시작했다.

2) ばかり

～ばかりだ	**막 ~한 참이다, ~한지 얼마 안 되다**
	☑ 주관적인 관점에서 최근에 일어난 일을 말할 때 사용한다.
	☑ 「~동사 た형+ところだ」는 어떤 동작이 바로 직전에 완료된 상태를 강조한다.
	❶ 동사 た형
	日本から帰国したばかりだ。
	일본에서 귀국한지 얼마 안 되었다.

～ばかりだ	**(계속) ~하기만 하다**
	☑ 주로 좋지 않은 변화를 수반하는 경우가 많다.
	❶ 동사 원형　　　　　　　　❷ 동사 진행형
	物価は上がるばかりだ。
	물가는 (계속) 오르기만 한다.

～ばかりに	**~한 탓에**
	☑ 비교적 좋지 않은 결과를 수반한다.
	❶ 동사 た형
	食べすぎたばかりに、お腹を壊してしまった。
	과식한 탓에 배탈이 나 버렸다.

～ばかりでなく	**~뿐만 아니라**
	☑ 「~だけではなく」, 「~に限らず」역시 '~뿐만 아니라'로 해석한다.
	❶ 동사 보통체　　　　　　　❷ い형용사 보통체
	❸ な형용사 보통체 (현재 긍정의 경우 어간+な)
	❹ 명사 보통체
	彼は英語ばかりでなく、スペイン語も上手だ。
	그는 영어뿐만 아니라 스페인어도 잘한다.

4. わけ・はず・べき 文型 比교

1) わけ

〜わけだ	**~인 셈이다, ~인 것은 당연하다** ❶ 동사 보통체　　　　　　❷ い형용사 보통체 ❸ な형용사 보통체 (현재 긍정의 경우 어간+な) ❹ 명사 보통체 (현재 긍정의 경우 명사+の) 雨が降っていたから、道がぬれていたわけだ。 비가 왔으니, 길이 젖어 있었던 건 당연하다.
〜わけがない	**~일(할) 리가 없다** ❶ 동사 보통체　　　　　　❷ い형용사 보통체 ❸ な형용사 보통체 (현재 긍정의 경우 어간+な) ❹ 명사 보통체 (현재 긍정의 경우 명사+の) 大学生にこんな易しい問題が解けないわけがない。 대학생이 이렇게 쉬운 문제를 풀지 못할 리가 없다.
〜わけではない	**꼭 ~인 것은 아니다** ❶ 동사 보통체　　　　　　❷ い형용사 보통체 ❸ な형용사 보통체 (현재 긍정의 경우 어간+な) ❹ 명사 보통체 (현재 긍정의 경우 명사+の) 行きたくないわけではないけど、今日はちょっと…。 꼭 가기 싫은 건 아니지만, 오늘은 좀….
〜わけにはいかない	**~할 수 없다** ❶ 동사 원형 明日は試験だから、遊んでいるわけにはいかない。 내일 시험이라 놀고 있을 수는 없다.

2) はず

～はずだ	**~일 것이다** 🔘 강한 추측을 말할 때 사용한다. ❶ 동사 보통체　　　　　　　　❷ い형용사 보통체 ❸ な형용사 보통체 (현재 긍정의 경우 어간+な) ❹ 명사 보통체 (현재 긍정의 경우 명사+の) 朝早く出発するといったから、もう着いているはずです。 아침 일찍 출발한다고 했기 때문에 벌써 도착했을 거예요.
～はずがない	**~일(할) 리가 없다** 🔘 강한 추측을 말할 때 사용한다. ❶ 동사 보통체　　　　　　　　❷ い형용사 보통체 ❸ な형용사 보통체 (현재 긍정의 경우 어간+な) ❹ 명사 보통체 (현재 긍정의 경우 명사+の) 都会のマンションがこんなに安いはずがない。 도시의 맨션이 이렇게 저렴할 리가 없다.

3) べき

～べきだ	**~해야 한다** 🔘 상식적으로 당연하고 마땅한 일을 말할 때 사용한다. ❶ 동사 원형 (단, すると すべきだ도 가능) どんな場合でも約束は守るべきだ。 어떤 경우라도 약속은 지켜야 한다.
～べきではない	**~해서는 안된다** ❶ 동사 원형 (단, すると すべきではない도 가능) 暴力は、どんな理由があっても許すべきではない。 폭력은 어떠한 이유가 있어도 용서해서는 안된다.

5. 동사 ます형에 접속하는 문형

~きる・きれる / ~きれない	**다 ~하다·다 ~할 수 있다 / 다 ~할 수 없다** ❷ 「동사 ます형+終わる」는 단순한 동작의 완료를 나타내는 것에 비해, 「동사 ます형+きる」는 주어진 양이나 범위의 전체를 다 해결했다는 뉘앙스이다. この本は一日で読みきれる量じゃない。 이 책은 하루 만에 다 읽을 수 있는 분량이 아니야.
~がちだ	**자주 ~하다** ❷ 부정적인 상황에서 자주 일어나는 일이나 습관 등을 말할 때 사용한다. 彼女は学校をさぼりがちだ。 그녀는 학교를 자주 땡땡이 친다.
~がたい	**(도저히) ~하기 어렵다** ❷ 도덕적, 감정적으로 받아들이기 어려운 경우에 주로 사용하며 격식 있고 딱딱한 문어체 표현이다. ❷ 일반적으로 사용하는 「동사 ます형+にくい」와 육체적, 심리적으로 괴로운 상황을 나타낼 때 사용하는 「동사 ます형+づらい」도 함께 알아두면 좋다. 突然の事故の知らせは受け入れがたいものだった。 갑작스런 사고 소식은 받아들이기 어려운 것이었다.
~かねる	**~하기 어렵다, ~할 수 없다** ❷ 주로 상대에 대한 정중한 거절, 완곡한 표현으로 사용한다. その質問にはお答えしかねます。 그 질문에는 대답하기 어렵습니다.
~かねない	**~할 법하다, (잘못하면) ~할 수도 있다, ~할 우려가 있다** ❷ 부정적인 가능성이나 나쁜 결과를 예상할 때 사용한다. このままにしておくと、問題が起こりかねない。 이대로 두면 문제가 일어날 수도 있다.
~直す	**① 다시 ~하다** **② 고쳐서 ~하다** ① 聞き直しますので、もう一度お願いします。 　다시 들을 테니 한 번 더 부탁드립니다. ② 間違えたところを書き直してください。 　틀린 부분을 고쳐 써 주세요.

かける・ かけだ・ かけの	**① ~하다 말다** **② 막 ~하려 하다, 이제 막 ~하기 시작하다** ① 食べかけのケーキが冷蔵庫に入れてある。 먹다 만 케이크가 냉장고에 넣어져 있다. ② 倒れかけたところを友達が支えてくれた。 막 쓰러지려던 찰나를 친구가 잡아 주었다.
～もしない	**(전혀) ~도 하지 않다, ~조차 하지 않는다** ✔ 어떤 행동에 대해 불만, 비판, 강조를 담아서 말할 때 사용한다. 2人は喧嘩して見向きもしない。 둘은 싸워서 쳐다보지도 않는다.
～ようがない・ ～ようもない	**~할 방법이 없다** そんなに急に言われても、対応のしようがない。 그렇게 갑자기 말을 들으면, 다응할 방법이 없다.
～っこない	**~할 리가 없다** ✔ 강한 확신을 가지고 부정하는 경우에 사용한다. あんな重い荷物、一人じゃ持てっこないよ。 저렇게 무거운 짐, 혼자서 들을 수 있을 리가 없어.
～っぱなし	**~한 채로** ✔ 부정적인 뉘앙스이다. ドアを開けっぱなしにしないで！ 문 열어둔 채로 두지 마!

～に限（かぎ）る / ～に限（かぎ）り・ ～に限（かぎ）って	**~에 한하다 / ~에 한하여** ❶ 명사 立（た）ち入（い）りできるのは大人（おとな）に限（かぎ）る。 출입할 수 있는 것은 어른에 한하다.
～に限（かぎ）らず	**~뿐만 아니라** ❶ 명사 この映画（えいが）は子供（こども）に限（かぎ）らず、大人（おとな）にも人気（にんき）があります。 이 영화는 어린이 뿐만 아니라 성인에게도 인기가 있습니다.
～にかかわらず	**~에 상관없이** ❶ 명사 年齢（ねんれい）にかかわらず誰（だれ）でも申（もう）し込（こ）めます。 연령에 상관없이 누구든지 신청할 수 있습니다.
～に代（か）わって・ ～に代（か）わり	**~을(를) 대신해** ❶ 명사 今日（きょう）は部長（ぶちょう）に代（か）わって、私（わたし）がご挨拶（あいさつ）いたします。 오늘은 부장님을 대신하여, 제가 인사드리겠습니다.
～にかけては	**~에 있어서는** ❶ 명사 数学（すうがく）にかけては誰（だれ）にも負（ま）けない。 수학에 있어서는 누구에게도 지지 않는다.
～に比（くら）べて	**~에 비해** ❶ 명사 今年（ことし）は去年（きょねん）に比（くら）べて梅雨（つゆ）が短（みじか）い。 올해는 작년에 비해 장마가 짧다.
～に反（はん）して	**~에 반하여, ~와(과) 달리, ~와(과) 반대로** ✔ 예상이나 기대와는 다른 결과, 정반대 상황을 말할 때 사용한다. ❶ 명사 期待（きたい）に反（はん）して、彼（かれ）の新作（しんさく）はあまり面白（おもしろ）くなかった。 기대와는 달리, 그의 신작은 별로 재미없었다.

~について	**~에 대해서**
	❶ 명사
	少子化について調べています。 저출산화에 대해 알아보고 있습니다.
~に関して	**~에 관해서** ❷ 「~について」보다 딱딱하고 공적인 표현이다.
	❶ 명사
	この件に関しては、後日ご連絡いたします。 이 건에 관해서는 후일 연락드리겠습니다.
~に対して	**① ~에 대해서** ❷ 조사 に로 바꾸어 쓸 수 있다. **② ~에 비해**
	❶ 명사
	① お客様に対して、そのような言葉遣いはいけない。 손님에게 그러한 말씨는 안 된다. ② 値段に対して、品質が悪い。 가격에 비해 품질이 좋지 않다.
~による・ ~によって	**① ~에 의한, ~때문에 (원인, 이유)** **② ~에 의해(서), ~을(를) 통해** **③ ~에 따라, ~에 의거해 (근거, 기준)** **④ ~마다 (차이)**
	❶ 명사
	① 不注意によって事故が起きた。 부주의로 인해 사고가 났다. ② この本は有名な作家によって書かれた。 이 책은 유명한 작가에 의해 쓰였다. ③ 年齢によって入場料が異なる。 연령에 따라 입장료가 다르다. ④ 人によって考え方が違う。 사람마다 사고방식이 다르다.

~につれて	~에 따라서 **❶** 동사 원형　　　　　　　　　**❷** 명사 経済が発展する**につれて**、人々の生活も豊かになった。 경제가 발전함에 따라서, 사람들의 생활도 풍요로워졌다.
~にしては	~치고는, ~에 비해서는 ☑ 기대되는 수준이나 일반적인 기준과는 다른 결과가 나올 때 사용한다. **❶** 명사 初心者**にしては**よく漢字を知っている。 초심자치고는 한자를 잘 알고 있다.
~において	① ~에서 ② ~에 있어서 　☑ 장소, 상황, 분야, 시간 등을 나타내는 격식 있는 표현이다. **❶** 명사 ① 東京**において**国際会議が行われた。 　도쿄에서 국제 회의가 열렸다. ② ビジネス**において**信頼は不可欠だ。 　비즈니스에 있어서 신뢰는 필수적이다.
~にとって	~에게 있어서, ~에게는 ☑ 사람이나 주체의 입장, 관점을 말할 때 사용한다. **❶** 명사 アメリカ人**にとって**、日本語の発音は難しいかもしれない。 미국인에게는 일본어 발음은 어려울지도 모른다.
~につき	① (수량) ~당 ② ~이므로, ~로 인해 　☑ 격식 있는 표현으로 주로 공지, 팻말, 포스터 등에서 많이 사용한다. **❶** 명사 ① 一人**につき**3000円の入場料をいただきます。 　한 명당 3000엔의 입장료를 받겠습니다. ② 工事中**につき**、通行できません。 　공사 중이므로 통행할 수 없습니다.

<table>
<tr><td rowspan="2">

～に従<ruby>したが</ruby>って

</td><td>

~에 따라서, ~함에 따라
✔ 순차적인 변화를 말할 때 사용한다.

</td></tr>
<tr><td>

❶ 동사 원형　　　　　　　❷ 명사

指示<ruby>し じ</ruby>に従<ruby>したが</ruby>って、日程<ruby>にってい</ruby>を変更<ruby>へんこう</ruby>しました。
지시에 따라서 일정을 변경했습니다.

</td></tr>

<tr><td rowspan="2">

～に違<ruby>ちが</ruby>いない

</td><td>

(틀림없이) ~일 것이다, ~임에 틀림없다
✔ 화자의 논리적 근거에 의한 강한 확신을 갖는 추측 표현이다.

</td></tr>
<tr><td>

❶ 동사 보통체　　　　　　❷ い형용사 보통체
❸ な형용사 보통체 (현재 긍정의 경우 어간)
❹ 명사 보통체

この店<ruby>みせ</ruby>のケーキはとてもおいしいに違<ruby>ちが</ruby>いない。
이 가게의 케이크는 정말 맛있을 것임에 틀림없다.

</td></tr>

<tr><td rowspan="2">

～に相違<ruby>そう い</ruby>ない

</td><td>

~임에 틀림없다
✔ 「～に違いない」보다 딱딱하고 공식적인 표현이다.

</td></tr>
<tr><td>

❶ 동사 보통체　　　　　　❷ い형용사 보통체
❸ な형용사 보통체 (현재 긍정의 경우 어간)
❹ 명사 보통체 (현재 긍정의 경우 명사)

この作品<ruby>さくひん</ruby>は高<ruby>たか</ruby>く評価<ruby>ひょう か</ruby>されるに相違<ruby>そう い</ruby>ない。
이 작품은 높게 평가받을 것임에 틀림없다.

</td></tr>

<tr><td rowspan="2">

～に決<ruby>きま</ruby>っている

</td><td>

당연히 ~이다, 분명 ~이다
✔ 화자의 주관적인 단정과 확신을 강하게 표현할 때 사용한다.

</td></tr>
<tr><td>

❶ 동사 보통체　　　　　　❷ い형용사 보통체
❸ な형용사 보통체 (현재 긍정의 경우 어간)
❹ 명사 보통체

嘘<ruby>うそ</ruby>に決<ruby>き</ruby>まっているよ。信<ruby>しん</ruby>じられない。
분명 거짓말이야. 믿을 수 없어.

</td></tr>
</table>

7. 진행·상태·경과와 관련된 문형

1) 진행

～最中に
さいちゅう

한창 ~하는 중에

❶ 동사 진행형　　　　　　　❷ 명사＋の

映画を見ている最中に停電した。
えいが　み　さいちゅう　ていでん

한창 영화를 보고 있는 중에 정전되었다.

～途中で
と ちゅう

~하는 도중에

◆ 행위의 중간 시점에 다른 일이 발생하는 경우에 사용한다.

❶ 동사 원형　　　　　　　❷ 동사 진행형
❸ 명사＋の

映画を見ている途中で電話がかかってきた。
えいが　み　と ちゅう　でん わ

영화를 보고 있는 도중에 전화가 걸려왔다.

～途中に
と ちゅう

① ~의 도중에

◆ 공간적인 의미, 시간적 흐름의 어느 한 지점을 말할 때 사용한다.

② ~의 중간에

◆ 어떤 장소·시간의 '중간 지점'을 명확히 말할 때 사용한다.

❶ 명사＋の

① 通学路の途中にコンビニがあります。
つうがく ろ　と ちゅう

등굣길 도중에 편의점이 있어요.

② 会議の途中に一度だけ休憩を取ります。
かい ぎ　と ちゅう　いち ど　きゅうけい　と

회의 중간에 한 번만 휴식을 취합니다.

2) 상태

～たびに

~(할 때) 마다

❶ 동사 원형　　　　　　　❷ 명사＋の

彼女は会うたびにきれいになる。
かのじょ　あ

그녀는 만날 때마다 예뻐진다.

～たとたん

~하자마자

❶ 동사 た형

窓を開けたとたん、風が入ってきた。
まど　あ　かぜ　はい

창문을 열자마자 바람이 들어왔다.

～て以来	**~한 이래로, ~한 이후로**
	☑ 동작이나 상태가 발생하고 나서 계속 유지되는 경우에 사용한다.
	❶ 동사 て형
	彼は降られて以来、ずっと落ち込んでいる。 그는 차인 이후로 계속 침울하 하고 있다.
～のを/が+지각동사	**~하는 것을 / ~하는 것이**
	☑ ～のを見る・聞く・感じる/～のが見える・聞こえる 와 같이 활용하며, の대신 こと를 사용할 수 없다.
	❶ 동사 원형　　　　　　　　　❷ 동사 진행형
	山田さんが走って来るのが見えます。 야마다 씨가 달려오는 것이 보입니다.

3) 경과

～ぶりに	**~만에**
	❶ 명사
	2年ぶりにイベントが開催されました。 2년만에 이벤트가 개최되었습니다.

1) 설명

~って	① ~래, ~라고 해, ~단다 (전달) ② ~라는 것은, ~는 말이야 ✔ 조사 '은/는'의 역할을 대신한다. ③ ~라고? ❶ 동사 보통체＋って/んだって　　❷ い형용사 보통체＋って/んだって ❸ な형용사 보통체+だって　　❹ 명사+だって ① 田中さん、結婚するって。 　 다나카씨 결혼한대. ② 恋愛って、難しいね。 　 연애라는 것은 어렵네. ③ やめるって？うそでしょ？ 　 그만둔다고? 거짓말이지?
~という	**~라고 하는, ~라고 한다** ❶ 동사 보통체　　❷ い형용사 보통체 ❸ な형용사 보통체　　❹ 명사 보통체 (현재 긍정의 경우 명사) 「努力は裏切らない」という言葉を信じている。 '노력은 배신하지 않는다'라고 하는 말을 믿고 있다.
~というより(も)	**~라기 보다(도)** ❶ 동사 보통체　　❷ い형용사 보통체 ❸ な형용사 보통체 (현재 긍정의 경우 어간) ❹ 명사 보통체 (현재 긍정의 경우 명사) 怒っているというより、がっかりした。 화났다기 보다 실망했어.
~という点で	**~라는 점에서** ❶ 동사 보통체　　❷ い형용사 보통체 ❸ な형용사 보통체 (현재 긍정의 경우 어간) ❹ 명사 보통체 (현재 긍정의 경우 명사) 環境に優しいという点で注目されている。 환경 친화적이라는 점에서 주목받고 있다.
~でしかない	**~일(할) 뿐이다** ❶ な형용사 어간　　❷ 명사 それは言い訳でしかない。 그것은 변명일 뿐이다.

~とは	① ~란, ~이라는 것은 ② ~라니, ~하다니
	①의 경우: ❶ 명사 ②의 경우: ❶ 동사 보통체 ❷ い형용사 보통체 ❸ な형용사 보통체 ❹ 명사 보통체
	① 挨拶とは人間関係の基本です。 인사란 인간관계의 기본입니다. ② まさか君が優勝するとは！ 설마 네가 우승하다니!

2) 기준

~通り(に)	~대로 ❶ 동사 원형 ❷ 동사 た형 ❸ 명사+の ❹ 명사 (이 경우에는 どおり)
	説明書通りに組み立ててください。 설명서대로 조립해 주세요.
~をもとに(して)	~을(를) 바탕으로, ~을(를) 근거로 ❶ 명사
	このデータをもとに分析を行います。 이 데이터를 바탕으로 분석을 진행합니다.
~を中心に(して) ・~を中心として	~을(를) 중심으로 ❶ 명사
	若者を中心として人気が広がっている。 젊은 층을 중심으로 인기가 퍼지고 있다.

~を通して・
~を通じて
	① ~을(를) 통해서
	  ✅ 「~を通して」는 행동이나 경험을 통한 경우에, 「~を通じて」는 사람, 조직, 수단을 통한
	      경우에 주로 사용한다.
	② ~내내
	
	❶ 명사

	① 友人を通じて彼と知り合った。 친구를 통해 그와 알게 되었다. ② この地域は一年を通して温暖な気候です。 이 지역은 1년 내내 온난한 기후입니다.

| ~ため | **~때문에**
 ◑ 주로 부정적인 이유를 말할 때 사용한다.

 ❶ 동사 보통체　　　　❷ い형용사 보통체
 ❸ な형용사 보통체 (현재 긍정의 경우 어간+な)
 ❹ 명사 보통체 (현재 긍정의 경우 명사+の)

 運動不足のため、ジムに登録した。
 운동부족 때문에 헬스장에 등록했다. |

~ため

~때문에

◑ 주로 부정적인 이유를 말할 때 사용한다.

❶ 동사 보통체　　　　❷ い형용사 보통체
❸ な형용사 보통체 (현재 긍정의 경우 어간+な)
❹ 명사 보통체 (현재 긍정의 경우 명사+の)

運動不足のため、ジムに登録した。
운동부족 때문에 헬스장에 등록했다.

~からこそ

~이기 때문에

❶ 동사 보통체　　　　❷ い형용사 보통체
❸ な형용사 보통체　　　❹ 명사 보통체

あなたの助けがあったからこそ、成功したんです。
당신의 도움이 있었기 때문에 성공한 것입니다.

~てはいけない
から

~해서는 안 되기 때문에

◑ から 대신 ので를 사용할 수도 있다.

❶ 동사 て형

忘れてはいけないから、メモしておきます。
잊어서는 안 되기 때문에 메모해 둡니다.

~といけないから

~하면 안 되기 때문에

❶ 동사 원형

先生に見られるといけないから、隠しておこう。
선생님이 보면 안 되니까 숨겨 두자.

~をきっかけに

~을(를) 계기로

❶ 명사

映画をきっかけに日本文化に興味を持った。
영화를 계기로 일본 문화에 흥미를 가졌다.

~からといって

~라고 해서

❶ 동사 보통체　　　　❷ い형용사 보통체
❸ な형용사 보통체　　　❹ 명사 보통체

若いからといって、体力があるとは限らない。
젊다고 해서 체력이 있다고는 할 수 없어.

~たって・~だって	**~라도, ~해도**
	✔ 「~ても」「~としても」「~といっても」 등의 회화체이다.
	❶ 동사 た형 ❷ い형용사 어간+く (이 경우에는 たって)
	❸ な형용사 어간 (이 경우에는 だって) ❹ 명사 (이 경우에는 だって)
	今さら謝ったって、許せない。
	지금 와서 사과해도 용서 못 해.

~といっても	**~라고 해도**
	❶ 동사 보통체 ❷ い형용사 보통체
	❸ な형용사 보통체 (현재 긍정의 경우 어간)
	❹ 명사 보통체
	高いといっても、千円ぐらいですよ。
	비싸다고 해도 천 엔 정도예요.

~としても	**~라고 해도, ~의 입장에서도**
	❶ 동사 보통체 ❷ い형용사 보통체
	❸ な형용사 보통체 ❹ 명사 보통체
	社長としても、この決定は難しかっただろう。
	사장 입장에서도 이 결정은 어려웠을 거야.

~わりに(は)	**~에 비해서(는), ~치고(는)**
	❶ 동사 보통체 ❷ い형용사 보통체
	❸ な형용사 보통체 (현재 긍정의 경우 어간+な)
	❹ 명사 보통체 (현재 긍정의 경우 명사+の)
	あの子は小学生のわりにしっかりしている。
	저 아이는 초등학생치고는 야무지다(제대로 하고 있다).

~代わり(に)	**~대신에**
	❶ 동사 보통체 ❷ い형용사 보통체
	❸ な형용사 보통체 (현재 긍정의 경우 어간+な)
	❹ 명사 보통체 (현재 긍정의 경우 명사+の)
	彼は手伝ってくれた代わりに、昼ごはんをおごってもらった。
	그는 도와준 대신에 점심을 얻어먹었다.

9. 입장·목적·의지·회화체와 관련된 문형

1) 입장

~として	**~로서** ❶ 명사 社長_{しゃちょう}としての責任_{せきにん}を果_はたすべきだ。 사장으로서의 책임을 다해야 한다.
~くせに	**~한 주제에, ~인데도** ❶ 동사 보통체 　　　　　　　　❷ い형용사 보통체 ❸ な형용사 보통체 (현재 긍정의 경우 어간+な) ❹ 명사 보통체 (현재 긍정의 경우 명사+の) 知_しっているくせに教_{おし}えてくれない。 알고 있는 주제에 가르쳐주지 않아.

2) 목적

~ため(に)	**~위해서** ❶ 동사 원형 　　　　　　　　❷ 명사+の 明日_{あした}の試験_{しけん}のために早_{はや}く寝_ねる。 내일 시험을 위해서 빨리 잔다.
~ように	**~하도록** ❶ 동사 원형 　　　　　　　　❷ 동사 ない형 ❸ 동사 가능형 みんなに聞_きこえるように大_{おお}きい声_{こえ}で話_{はな}してください。 모두에게 들리도록 큰 목소리로 말해주세요.
~には	**~하려면, ~하기 위해서는** ❶ 동사 원형 新_{あたら}しい生活_{せいかつ}に慣_なれるには時間_{じかん}が必要_{ひつよう}だ。 새로운 생활에 익숙해지려면 시간이 필요하다.

3) 의지

~(よ)うとする	**~하려고 하다** ❶ 동사 의지형 ドアを開_あけようとしたが、開_あかなかった。 문을 열려고 했지만 열리지 않았다.

～(よ)うと(も) しない	**~하려고(도) 하지 않는다** ❶ 동사 의지형 話を聞こうともしない態度に腹が立つ。 이야기를 들으려고 하지 않는 태도에 화가 난다.
～ふりをする	**~척을 하다** ❶ 동사 보통체　　　　　　　　❷ い형용사 보통체 ❸ な형용사 보통체 (현재 긍정의 경우 어간+な) ❹ 명사 보통체 (현재 긍정의 경우 명사+の) 宿題を終わらせたふりをしてテレビを見ている。 숙제를 끝낸 척을 하고 TV를 보고 있다.
～を込めて	**~을(를) 담아서** ❶ 명사 感謝の気持ちを込めてプレゼントを贈った。 감사의 마음을 담아서 선물을 보냈다.

4) 회화체

～じゃない・ ～じゃん	**① ~이지 않아?** **② ~잖아** ❶ 동사 보통체　　　　　　　　❷ い형용사 보통체 ❸ な형용사 보통체 (현재 긍정의 경우 어간) ❹ 명사 보통체 (현재 긍정의 경우 명사) ① これ、君のじゃない？ 　이거 네 것이지 않아? ② それ、昨日も言ったじゃん。 　그거 어제도 말했잖아.
～っけ	**~였지?, ~였던가?** ❶ 동사 보통체　　　　　　　　❷ い형용사 보통체 ❸ な형용사 보통체　　　　　　　❹ 명사 보통체 明日が締め切りだっけ？ 내일이 마감일이었지?

10. 조건/가정·이중과 관련된 문형

1) 조건/가정

~さえ ~ば	**~만 ~(하)면** ❶ 동사 ます형+さえ+すれば ❷ い형용사 어간+くさえあれば ❸ な형용사 어간+でさえあれば ❹ 명사+さえ+동사 가정형+ば 時間さえあればどこにでも行きたい。 시간만 있으면 어디라도 가고 싶다.
~ば ~ほど	**~(하)면 ~(할)수록** ❶ 동사 가정형+동사 원형+ほど ❷ い형용사 가정형+い형용사 원형+ほど ❸ な형용사 어간+であれば+な형용사 어간+な+ほど 日本語は勉強すればするほどおもしろくなる。 일본어는 공부하면 할수록 재미있어진다.
~ようなら	**~할 것 같으면** ❶ 동사 원형/ない형 ❷ い형용사 원형/부정형 ❸ な형용사 어간+な/부정형 ❹ 명사+の/부정형 間に合わないようなら、電話してください。 시간에 맞지 않을 것 같으면 전화해주세요.
~としたら	**~라고 한다면** ❶ 동사 보통체 ❷ い형용사 보통체 ❸ な형용사 보통체 ❹ 명사 보통체 留学するとしたら、アメリカに行きたい。 유학한다고 한다면 미국에 가고 싶어.
~というと・ ~といえば・ ~といったら	**~라고 하면, ~라고 말하자면** ❶ 명사 京都といったら、お寺がたくさんあります。 교토라고 하면 절이 많습니다.
~ぬきで	**~빼고, ~제외하고** ❶ 명사 このラーメンはにんにくぬきでお願いします。 이 라면은 마늘 빼고 부탁합니다.

~てからでないと・ ~てからでなければ	**~하고 나서가 아니면**
	❶ 동사 て형
	宿題^{しゅくだい}をしてからでないと、ゲームをしてはいけません。 숙제를 하고 나서가 아니면 게임을 하면 안 됩니다.

2) 이중

~だけでなく	**~뿐만 아니라**
	❶ 동사 보통체 ❷ い형용사 보통체
	❸ な형용사 보통체 (현재 긍정의 경우 어간+な)
	❹ 명사 보통체 (현재 긍정의 경우 명사)
	アジアだけでなく、世界中^{せかいじゅう}で人気^{にんき}があります。 아시아뿐만 아니라 전 세계에서 인기가 있어요.
~ついでに	**~하는 김에**
	❶ 동사 원형 ❷ 동사 た형
	❸ 명사+の
	散歩^{さんぽ}のついでにポストに手紙^{てがみ}を出^だした。 산책하는 김에 우체통에 편지를 넣었다.
~とともに	**~와(과) 함께, ~와(과) 동시에**
	◉ 사람이 대상인 경우 「~と一緒^{いっしょ}に (~와(과) 함께)」와 같은 의미이다.
	❶ 동사 원형 ❷ 명사
	時代^{じだい}の変化^{へんか}とともに生活^{せいかつ}も変化^{へんか}する。 시대의 변화와 함께 생활도 변화한다.

11. 조언·부탁·추측·예시와 관련된 문형

1) 조언

〜たほうがいい	**~하는 편(쪽)이 좋다** ❶ 동사 た형 早^{はや}く寝^ねたほうがいいですよ。 일찍 자는 게 좋아요.

2) 부탁

〜てもらえますか・ **〜ていただけますか**	**~해 주실 수 있습니까? (직역 : ~해 받을 수 있습니까?)** ✅ 「〜てもらう(~해 받다)」를 가능형 → 의문문으로 바꾼 형태이다. ❶ 동사 て형 この資料^{しりょう}を確認^{かくにん}していただけますか？ 이 자료 확인해 주실 수 있습니까?

3) 추측

〜恐^{おそ}れがある	**~우려가 있다** ❶ 동사 원형 　　　　　　❷ 명사+の あの会社^{かいしゃ}は倒産^{とうさん}する恐^{おそ}れがあります。 저 회사는 도산할 우려가 있습니다.
〜かのようだ / **〜かのように /** **〜かのような**	**마치 ~인 것 같다 / 마치 ~인 것 처럼 / 마치 ~인 것 같은** ❶ 동사 보통체 　　　　　　❷ い형용사 보통체 ❸ な형용사 보통체 (현재 긍정의 경우 어간+である) ❹ 명사 보통체 (현재 긍정의 경우 명사+である) 彼^{かれ}はまるで何^{なに}も知^しらないかのような顔^{かお}をしていた。 그는 마치 아무것도 모르는 것 같은 얼굴을 했다.
〜かもしれない	**~일지도 모른다** ❶ 동사 보통체 　　　　　　❷ い형용사 보통체 ❸ な형용사 보통체 (현재 긍정의 경우 어간) ❹ 명사 보통체 (현재 긍정의 경우 명사) 彼^{かれ}が来^こないかもしれないから、連絡^{れんらく}してみよう。 그가 안 올지도 모르니까 연락해보자.

<table>
<tr><td rowspan="3">〜そうに(も)ない
・〜そうもない</td><td>**~할 것 같지(도) 않다**</td></tr>
<tr><td>❶ 동사 ます형</td></tr>
<tr><td>この問題は簡単そうに見えるけど、解けそうにない。
이 문제는 쉬워 보이지만 풀 수 있을 것 같지 않다.</td></tr>
</table>

4) 예시

<table>
<tr><td rowspan="4">〜など</td><td>① ~등, ~같은
② ~같은 건
　✔ 주로 1인칭 주어에 붙어 겸손하게 말할 때 사용한다.
③ ~따위</td></tr>
<tr><td>❶ 동사 원형　　　　　　　　❷ 명사</td></tr>
<tr><td>① 寿司やラーメンなど、日本の食べ物が好きです。
　초밥이나 라면 등 일본 음식을 좋아합니다.
② 私などにできるかどうかわかりませんが、頑張ります。
　저 같은 것에게 할 수 있을지 어떨지 모르겠지만, 열심히 하겠습니다.
③ あんな人など、信用できない。
　저런 사람 따위 신용할 수 없어.</td></tr>
<tr><td></td></tr>
<tr><td rowspan="3">〜なんか</td><td>**~등, ~따위, ~같은 것**</td></tr>
<tr><td>❶ 명사</td></tr>
<tr><td>ネクタイなんかしめてどこ行くの？
넥타이 같은 것 매고 어디가?</td></tr>
<tr><td rowspan="3">〜なんて</td><td>① ~따위, ~같은 건
② ~하다니</td></tr>
<tr><td>①의 경우 : ❶ 동사 원형　　　　　❷ 명사
②의 경우 : ❶ 동사 보통체　　　　　❷ い형용사 보통체
　　　　　　❸ な형용사 보통체　　　❹ 명사 보통체</td></tr>
<tr><td>① どんな仕事でも楽な仕事なんてありません。
　어떤 일이든 편한 일 같은 건 없습니다.
② あのチームが勝ったなんて、信じられない。
　저 팀이 이겼다니 믿을 수 없어.</td></tr>
</table>

12. 강조·부정·한정과 관련된 문법

1) 강조

いくら(どんなに) ～ても	**아무리 ~해도** ❶ 동사 て형　　　❷ い형용사 연결형 ❸ な형용사 연결형　　　❹ 명사 연결형 いくら安くても要らないものだから買わない。 아무리 싸도 필요 없는 것이기 때문에 사지 않는다.
～さえ	**~조차** ❶ 명사 ✔「명사＋でさえ」로 말하면 좀 더 강조하는 표현이다. カタカナどころかひらがなさえ書けない。 카타카나는커녕 히라가나조차 쓰지 못한다.
～こそ	**~(이)야 말로** ❶ 명사 今度こそ成功する。 이번에야 말로 성공한다.

2) 부정

ちっとも ～ない	**조금도 ~않다** ❶ 동사 ない형　　　❷ い형용사 부정형 ❸ な형용사 부정형 昨日はちっとも眠れなかった。 어제는 조금도 잠을 못 잤다.
～とは限らない	**~라고는 (단정)할 수 없다** ❶ 동사 보통체　　　❷ い형용사 보통체 ❸ な형용사 보통체 (현재 긍정의 경우 어간) ❹ 명사 보통체 (현재 긍정의 경우 명사) 高いものが必ずしもいいとは限らない。 비싼 것이 반드시 좋다고는 할 수 없다.
～だらけ	**~투성이** ❶ 명사 この部屋は何年も入ってないので、ほこりだらけだ。 이 방은 몇 년이나 들어가지 않았기 때문에 먼지 투성이다.

〜のほかに	**~외에** ❶ 명사 サラダのほかに、スープもあります。 샐러드 외에 수프도 있습니다
〜ほかない	**~할 수밖에 없다** ❶ 동사 원형 全力を尽くすほかない。 전력을 다할 수밖에 없다.
〜てしかたがない・ 〜てしょうがない	**너무 ~하다, ~해서 어쩔 줄 모르다** ❶ 동사 て형 　　　　❷ い형용사 연결형 ❸ な형용사 연결형 お腹がすいてしかたがない。 배가 너무 고파.
〜ないではいられ ない・ 〜ずにはいられ ない	**~하지 않을 수 없다** ❶ 동사 ない형 ✅ する는 せずに로 활용한다. その話を聞いて、笑わずにはいられなかった。 그 이야기를 듣고 웃지 않을 수 없었다.

1) 존경어 : ~하시다 (상대를 높임)

お + ます형 + になる / ご + 한자어 + になる	**~하시다** ✅ 상대방의 행동을 높여 말하는 표현으로 조사 「に」를 사용한다. 先生はもうお帰りになりました。 선생님은 이미 (집에) 돌아가셨습니다.
수동태	**~하시다** 部長はいつもバスで通勤されます。 부장님은 항상 버스로 출퇴근하십니다.
お + ます형 + ください ご + 한자어 + ください	**~해 주세요** ✅ 「~てください (~해 주세요)」의 정중한 표현이다. こちらにおかけになってお待ちください。 이쪽에 앉아서 기다려주세요.

2) 겸양어 : ~해 드리다 (나 또한 내가 속한 그룹을 낮춤)

お + ます형 + する・いたす ご + 명사 + する・いたす	**~해 드리다** ✅ 나의 행동을 낮추어 말하는 표현으로, 「する」보다 「いたす」가 더 정중한 　표현이다. 書類は今日中にお送りいたします。 서류는 오늘 중으로 보내 드리겠습니다.
동사て형 + てもらう・ ていただく / 동사て형 + てもらえますか・ ていただけますか	**~해 주시다 / ~해 주실 수 있습니까?** ✅ 「もらう」보다 「いただく」가 더 정중한 표현이다. ✅ 부탁의 경우, 가능형을 사용한다. 席を替えていただけますか。 자리를 바꿔 주실 수 있습니까?
사역형 + もらう・いただく	**~하겠다** ✅ '~하다'의 겸양으로 사역형이 쓰이지만 상대방이 시킨 일이 아니어도, 공식 　석상이나 정중한 자리에서 허락을 구하는 표현이다. 「もらう」보다 「いた 　だく」가 더 정중한 표현이다. これから発表させていただきます。 지금부터 발표하겠습니다.

3) 정중어 : ~하다 (정중한 상황에서 사용하는 표현)

명사+でございます	**~입니다** ❷ 「〜です (~입니다)」의 정중한 표현이다. 温かいコーヒーでございます。 따뜻한 커피입니다.
명사+にございます	**~에 있습니다** ❷ 「〜にあります (~에 있습니다)」의 정중한 표현이다. カフェは3階にございます。 카페는 3층에 있습니다.
명사+でよろしいですか	**~로 괜찮습니까?** ❷ 「〜でいいですか (~로 괜찮습니까)」의 정중한 표현이다. 5時の予約でよろしいですか。 5시 예약으로 괜찮습니까?

4) 특수경어 : 규칙에서 벗어나 따로 암기 할 필요가 있는 표현

존경어		겸양어
いらっしゃる 계시다 *いらっしゃいます 계십니다	いる 있다	おる 있다
いらっしゃる 가시다, 오시다 *いらっしゃいます 가십니다, 오십니다	行く 가다 来る 오다	参る 가다, 오다
なさる 하시다 *なさいます 하십니다	する 하다	いたす 하다
おっしゃる 말씀하시다 *おっしゃいます 말씀하십니다	言う 말하다	申す/ 申し上げる 말씀드리다
ご覧になる 보시다	見る 보다	拝見する 보다
召し上がる 드시다	食べる 먹다 飲む 마시다	いただく 먹다, 마시다, 받다
ご存じだ 아시다	知る 알다	存じる 알다
×	思う 생각하다	存じる 생각하다
×	会う 만나다	お目にかかる 뵙다
×	聞く 듣다, 묻다 訪ねる 찾다, 방문하다	伺う 여쭙다, 찾아 뵙다

문법형식 판단

📋 13문항

STEP 1 유형 알기

問題1 つぎの文の（　　　）に入れるのに最もよいものを、1・2・3・4から一つえらびなさい。
문제1 다음 문장의 (　　)에 넣기에 가장 올바른 것을, 1·2·3·4에서 하나 고르세요.

괄호에 들어갈 문맥상 알맞은 문법 표현을 고르는 문제로, 문법 이해도와 적절한 문형 사용 능력을 평가한다. 문법형식 판단의 출제 유형은 다음과 같다.

1. 문법 표현의 의미를 묻는 유형

1) 각기 다른 문법 표현이 선택지로 등장하는 패턴

각기 다른 문법 표현들이 선택지로 출제되어, 미묘한 의미 차이나 용법의 차이를 구분해야 한다.

예 電気をつけた（　　　）出かけてしまった。 불을 켜 둔 (　　) 외출해 버렸다.

① まま ~한 채　　　　　　　　　　　② 通り ~한 대로

예 旅行する（　　　）、あの店に行く。 여행을 갈 (　　), 저 가게에 간다.

① たびに ~때 마다　　　　　　　　　② わりに ~비해

2) 뉘앙스가 비슷한 문법 표현이 함께 선택지로 등장하는 패턴

뉘앙스가 비슷한 문법 표현이 선택지로 출제되어, 문맥과 상황에 맞는 정확한 문법 표현을 골라야 한다. 각 문법 표현의 차이를 세밀하게 알고 있지 않으면 오답을 선택하기 쉽다.

예 明日（　　　）に提出してください。 내일 (　　) 제출해 주세요.

① までに ~까지　　　　　　　　　　② まで ~까지

예 去年、留学した（　　　）です。 작년, 유학 (　　)다.

① ばかり 막 ~하다　　　　　　　　　② ところ 막 ~한 참이다

2. 접속 형태를 묻는 유형

각 문법 표현에 올바른 접속 형태와 활용형을 고르는 문제가 출제된다. 동사, 형용사, 명사 등 품사별로 접속 형태가 다른 경우에 특히 주의해야 하며, 접속 형태에 따라 의미가 달라지는 문법 표현도 많으므로 주의하자.

예 （　　　）ところで間に合わない。 (　　) 봤자, 시간에 맞출 수 없다.

① 走った 달려　　　　　　　　　　　② 走る

예 （　　　）すぎて、お腹がいたい。 너무 (　　), 배가 아프다.

① 食べ 먹어서　　　　　　　　　　　② 食べて

문제 풀이 핵심 Point!

우선 선택지의 문법 표현을 정확하게 해석하는 것이 중요하다. 만약 선택지가 동일한 어휘의 활용형이면 접속 형태를 묻는 문제이므로 전체 문장은 읽지 말고 빈칸 뒤의 문법 표현을 우선 확인하여 풀이 시간을 단축할 수 있다.

1. 문법 표현의 의미를 묻는 유형

1) 각기 다른 문법 표현이 선택지로 등장하는 패턴

1 田舎（　　　　）、都会は物価が高いです。

1 によって　　　　　　2 にくらべて
3 について　　　　　　4 にとって

1 시골(에 비해서) 도시는 물가가 비쌉니다.

1 ~에 의해서　　　　　2 ~에 비해서
3 ~에 대해　　　　　　4 ~에게 있어서

> 田舎와 都会를 비교하는 문장이므로 '명사+にくらべて(~에 비해서)'가 적절하다. 선택지가 모두 に를 포함한 문법 표현으로 구성된 것과 같이, 유사한 형태의 문법 표현이 선택지로 자주 출제된다. 따라서 의미와 용법의 차이를 정확히 파악하는 것이 중요하다.

2) 뉘앙스가 비슷한 문법 표현이 함께 선택지로 등장하는 패턴

2 春から夏（　　　　）、この公園ではたくさんの花が咲きます。

1 にかんして　　　　　2 にかけて
3 にわたって　　　　　4 にたいして

2 봄부터 여름(에 걸쳐서), 이 공원에는 많은 꽃이 핍니다.

1 ~에 관해서　　　　　2 ~에 걸쳐서
3 ~에 걸쳐서　　　　　4 ~에 대해

> 春から夏(봄부터 여름)처럼 범위가 명확한 경우에는 양을 나타내는 ～にわたって(~에 걸쳐서)가 아닌, 범위를 나타내는 ～から ～にかけて(~부터 ~에 걸쳐서)가 적절하다. 이처럼 의미는 비슷하지만 역할이 다른 문법 표현이 함께 선택지로 출제되므로 주의가 필요하다.

2. 접속 형태를 묻는 유형

3 今から（　　　　）ところだから、後で電話してもいい？

1 出かけた　　　　　　2 出かける
3 出かけて　　　　　　4 出かけている

3 지금 막 (나가려는) 참이니까 나중에 전화해도 돼?

1 出かけた　　　　　　2 出かける
3 出かけて　　　　　　4 出かけている

> ～ところだ는 동사의 접속 형태에 따라 의미가 달라진다. た형에 접속하면 '~한 참이다', 원형에 접속하면 '~하려는 참이다', ～ている에 접속하면 '~하고 있는 중이다'로 해석된다. 접속 형태가 하나 뿐인 문법 표현은 쉽게 정답을 고를 수 있지만, ～ところだ처럼 여러 접속 형태가 있는 경우에는 접속 형태에 따라 정확한 해석을 해야 한다.

問題1　つぎの文の（　　　　）に入れるのに最もよいものを、1・2・3・4から一つえらびなさい。

1　学生の（　　　）一度もアルバイトをしたことがない。
　　1　間　　　　　　　2　間に　　　　　　3　たびに　　　　4　おきに

2　彼女は正直すぎて、友達との関係を悪くしてしまい（　　　）。
　　1　からだ　　　　　2　がちだ　　　　　3　せいだ　　　　4　だけだ

3　自転車が壊れてしまって、歩いて帰る（　　　）。
　　1　しかない　　　　2　ことができる　　3　ためだ　　　　4　おそれがある

4　心配の（　　　）全然眠れない。
　　1　くせに　　　　　2　あまり　　　　　3　おかげで　　　4　とちゅうに

5　彼は尊敬される（　　　）無視されている。
　　1　どころか　　　　2　といっても　　　3　ところで　　　4　というと

6　授業中なので、教室に（　　　）と言われました。
　　1　入るよ　　　　　2　入るね　　　　　3　入るな　　　　4　入るんだ

7　昼間でも、夜と変わらない（　　　）暗かった。
　　1　さえ　　　　　　2　ほど　　　　　　3　だけ　　　　　4　しか

8 （食堂で）

A「何にしようかな。」

B「いっぱい頼まないで、2人では（　　　）から。」

1　食べきれる　　　2　食べかけだ　　　3　食べきれない　　4　食べっぱなしだ

9　あの子は昔（　　　）ずいぶんおとなしくなりましたね。

1　において　　　　2　にとって　　　　3　について　　　　4　にくらべて

10　友達に写真を見せようとしたとき、スマートフォンを（　　　）。

1　落としておいた　　　　　　　　2　落とさせておいた

3　落としてしまった　　　　　　　4　落とさせてしまった

11　昨日は雪がたくさん降って大変だったが、今日はもう（　　　）。

1　降る　　　　　　　　　　　　　2　降らなかった

3　降っている　　　　　　　　　　4　降っていない

12　教室で宿題をしていたとき、山田さんが私の方に（　　　）見えました。

1　歩いていくのが　　　　　　　　2　歩いてくるのが

3　歩いていくことが　　　　　　　4　歩いてくることが

13　会議の準備のために、資料は明日までに（　　　）。

1　送ってあげられますか　　　　　2　お送りください

3　送られますか　　　　　　　　　4　送るわけにはいけません

問題1　つぎの文の（　　　　）に入れるのに最もよいものを、1・2・3・4から一つえらびなさい。

1　一日中何も食べてないので、お腹がすいて（　　　　）。

　　1　きれない　　　　2　かまわない　　　3　しかない　　　　4　しかたがない

2　日本人の友達ができたおかげで、前より日本語が話せる（　　　　）。

　　1　ことにした　　　2　ことになった　　3　ようにした　　　4　ようになった

3　新入社員の研修は、本社の大会議室（　　　　）明日から始まります。

　　1　について　　　　2　によって　　　　3　において　　　　4　に対して

4　夜12時が過ぎた（　　　　）、娘はまだ帰ってこない。

　　1　ので　　　　　　2　のに　　　　　　3　のは　　　　　　4　のも

5　3年間働いて、（　　　　）自分の店を開くことができた。

　　1　次第に　　　　　2　今にも　　　　　3　ついに　　　　　4　決して

6　来月のコンサートに人気のバンドが出るそうだから、私も（　　　　）。

　　1　行くのか　　　　2　行ったものか　　3　行こうか　　　　4　行かないか

7　彼が会議に出席する（　　　　）私にはわかりません。

　　1　とは　　　　　　2　かどうか　　　　3　として　　　　　4　どころか

8 （台所で）

A「塩（　　　　）あるの？」

B「たぶん棚の右にあると思うよ。」

1　しか　　　　　　　2　とか　　　　　　　3　こそ　　　　　　4　のみ

9　今朝、事故に（　　　　）遅れてしまいました。

1　あったくせに　　　　　　　　　2　あったために

3　あったところで　　　　　　　　4　あったごとに

10　早く帰りたくても、仕事で（　　　　）そうもない。

1　帰る　　　　　　2　帰れ　　　　　　3　帰れば　　　　　4　帰ろう

11　出場する選手は皆、過去に全国大会で良い成績を得たので、今回の大会は誰が

　（　　　　）。

1　優勝しようがない　　　　　　　2　優勝に違いない

3　優勝してしまう　　　　　　　　4　優勝しても不思議ではない

12　（家で）

A「映画館、午後6時から混みそうだって。」

B「じゃあ、5時半までに映画館に着けるように早めに家を（　　　　）ね。」

A「うん、そうしよう。」

1　出てはいけないらしい　　　　　2　出なくてもよさそうだ

3　出るかもしれない　　　　　　　4　出たほうがいいかもしれない

13　ちょっとお願いがあるのですが、体の調子が悪くて、今日は早く（　　　　）。

1　帰ってくださいませんか　　　　2　お帰りになりますか

3　お帰りしますか　　　　　　　　4　帰らせてもらえませんか

STEP 2 실전 문제 ③

問題1　つぎの文の（　　　）に入れるのに最もよいものを、1・2・3・4から一つえらびなさい。

1　私（　　　）とって一番大切な存在は家族です。
1　は　　　　　　2　も　　　　　　3　に　　　　　　4　と

2　時間さえ（　　　）好きな作家の新作を読みたいです。
1　あろう　　　　2　あれば　　　　3　あるかどうか　4　あって

3　部長（　　　）明日の出張に行くことになりました。
1　につれて　　　2　のかわりに　　3　のわりに　　　4　にとって

4　たとえ試験に（　　　）人生が終わったわけではない。
1　落ちると　　　2　落ちても　　　3　落ちれば　　　4　落ちたら

5　あんなまずい店に二度と行く（　　　）。
1　ものだ　　　　2　ことか　　　　3　ものか　　　　4　ものを

6　彼女は子供の頃から体が弱くて、病気し（　　　）。
1　かけだ　　　　2　がちだ　　　　3　気味だ　　　　4　だらけだ

7　こんなにぶ厚い本は一日では（　　　）。
1　読みきれません　　　　　　　2　読むかもしれません
3　読むところでした　　　　　　4　読もうとしました

8　A「最近のスマホは本当にすごいよ。写真もきれいに撮れるし、翻訳までできるんだ。」

　　B「へえ、スマホ一つで（　　　）できるね。」

　　1　なんか　　　　　2　なんて　　　　　3　なんでも　　　　4　なにも

9　この映画は（　　　）感動するけど、ちょっと長すぎると思う。

　　1　少しも　　　　　2　たしかに　　　　3　いまにも　　　　4　すぐに

10　この作品は子供のいたずら（　　　）言えない。

　　1　ところを　　　　2　としか　　　　　3　とばかり　　　　4　としても

11　A「みきちゃん、最近毎日ジムに通ってるよね。」

　　B「うん、健康のためにこれから毎朝（　　　）。」

　　1　運動することがあるよ　　　　　　2　運動しそうだよ

　　3　運動することにしたよ　　　　　　4　運動してきたよ

12　非常口の前には物を置かないようにし、避難のじゃまにならないように（　　　）。

　　1　気をつけやすいです　　　　　　　2　気を付けてない方がいいです

　　3　気を付けてはなりません　　　　　4　気を付けてください

13　（会社で）

　　A「先日は本当にありがとうございました。素敵なお土産を（　　　）。」

　　B「気に入ってもらえてうれしいよ。」

　　1　さしあげました　　　　　　　　　2　いただきました

　　3　くださいました　　　　　　　　　4　いたしました

問題1　つぎの文の（　　　）に入れるのに最もよいものを、1・2・3・4から一つえらびなさい。

1　友達が作ってくれたラーメンは、私（　　　）辛すぎだった。
1　へは　　　　　2　には　　　　　3　では　　　　　4　とは

2　このかばんは妹（　　　）間違いない。
1　のが　　　　　2　のに　　　　　3　のを　　　　　4　ので

3　今回の発表はだめだったが、次（　　　）いいところを見せてやる。
1　ところ　　　　2　こそ　　　　　3　だと　　　　　4　のみ

4　旅行に行く前には、パスポートやチケットを（　　　）もう一度確認するようにしています。
1　非常に　　　　2　全く　　　　　3　必ず　　　　　4　決して

5　終電に乗り遅れて（　　　）ようがありません。
1　帰る　　　　　2　帰ろう　　　　3　帰り　　　　　4　帰って

6　子供はどこかでけがをしたのか、傷（　　　）になって帰ってきた。
1　たび　　　　　2　だらけ　　　　3　しか　　　　　4　さえ

7　2月14日から19日（　　　）イベントが行われる。
1　にかけて　　　2　にくらべて　　3　にかかわって　4　につれて

[8] A「おいしいカレーのにおい（　　　）。」

　　B「さっさと座りなさい。」

1　がでる　　　　　　2　になる　　　　　　3　がする　　　　　4　がおこる

[9]　親友（　　　）たくさんのお金を貸すことはできない。

1　だからといって　　　　　　　　2　だけではなく

3　だって　　　　　　　　　　　　4　のために

[10]　昨日からずっと風邪（　　　）なので、今日は休むことにした。

1　機嫌　　　　　2　気分　　　　　3　気味　　　　　4　気持ち

[11]　山本　　「かばんが開いていますよ。財布がポケットから（　　　）。」

　　　佐々木「えっ、本当ですか？ありがとうございます！」

1　落ちそうです　　　　　　　　　2　落ちるそうです

3　落としそうです　　　　　　　　4　落とすそうです

[12]　キュウリは体にいいが、（　　　）。それで、毎日食べるのはおすすめしない。

1　食べておくのがいい　　　　　　2　食べなくてもいい

3　食べすぎるのもよくない　　　　4　食べてしまうのもよくない

[13]　(職場で)

先輩「この書類、山田課長に渡しておいて。」

後輩「はい。」

先輩「それと、終わったらコピーも（　　　）？」

後輩「わかりました。」

1　とってきてくれない　　　　　　2　とっていってくれない

3　とってきてもらわない　　　　　4　とっていってもらわない

問題1　つぎの文の（　　　　）に入れるのに最もよいものを、1・2・3・4から一つえらびなさい。

1　電気をつけた（　　　）出かけてしまって、母に怒られた。

1　とき　　　　　2　まま　　　　　3　ほど　　　　　4　ので

2　作家は長年（　　　）小説を書いた。

1　にかかわって　2　にかわって　　3　にかけて　　　4　にわたって

3　このスマホは、機能はいい（　　　）重いという欠点がある。

1　とともに　　　2　にしたがって　3　半面　　　　　4　ほか

4　好景気になっても、就職率は下がり（　　　）。

1　かねる　　　　2　つつある　　　3　きる　　　　　4　かけだ

5　あの俳優の映画なら、おもしろい（　　　）。

1　にすぎない　　　　　　　　　2　に決まっている

3　に対する　　　　　　　　　　4　に基づく

6　A「ねえ、週末に引っ越しを手伝ってくれない？」

　　B「（　　　）いいよ。何時に行けばいい？」

　　A「ありがとう！朝の9時ごろに来てもらえると助かるよ。」

1　あまり　　　　2　必ずしも　　　3　もちろん　　　4　なんて

7　ラーメンを作ったんですが、塩の量が間違えて味が（　　　）いました。

1　濃くしすぎて　　　　　　　　2　濃くしにくくなって

3　濃くなりすぎて　　　　　　　4　濃くなりにくくなって

8　(電話で)

A「結果が（　　　　）次第、ご連絡いたします。」

B「わかりました。」

1　わかる　　　　　2　わかり　　　　　3　わかった　　　　4　わかって

9　自分のやり方を変える（　　　）はありません。

1　ほど　　　　　2　つもり　　　　　3　よう　　　　　4　しか

10　会議があるから社長が来ない（　　　）。

1　ものはない　　　2　わけがない　　　3　がちだ　　　　4　べきではない

11　彼が勇気を出して本当のことを（　　　）許してあげるのだ。

1　言ったからすると　　　　　　　　2　言ったから見れば

3　言ったからこそ　　　　　　　　　4　言って以来

12　田中「伊藤さんは、木村さんにお会いしたことがありますか。」

伊藤「いいえ、山田さん（　　　）お目にかかったことがございませんので、とても

　　　緊張しています。」

1　にしか　　　　　2　にだけ　　　　　3　でしか　　　　　4　でだけ

13　(社内で)

佐藤「はい、経理課の佐藤です。」

山口「営業課の山口ですが、資料の件で少しお時間よろしいですか。」

佐藤「すみません、これから外出するところなんです。」

山口「そうですか。では、またあとで（　　　）。」

1　もうします　　　　　　　　　　2　ごらんになります

3　うかがいます　　　　　　　　　　4　いらっしゃいます

문장 만들기

目 5문항

STEP 1 유형 알기

問題 2　つぎの文の ___★___ に入る最もよいものを、1・2・3・4から一つえらびなさい。
문제 2　다음 문장의 ___★___ 에 들어갈 가장 올바른 것을, 1·2·3·4에서 하나 고르세요.

선택지를 문맥이 통하게 배열하여 ★의 위치에 해당하는 선택지를 고르는 문제로, 단어와 문법 표현을 이용해 올바른 문장을 만들 수 있는지 평가한다. 문장을 만들 때 다음과 같은 경우를 참고할 수 있다.

1. 접속 형태로 먼저 연결할 수 있는 경우

접속 형태를 먼저 파악해 문장 순서를 빠르게 맞출 수 있다. 특히 조사, 동사 활용형, 접속사 등을 단서로 삼아 문장 성분 간의 자연스러운 연결을 파악하는 것이 핵심이다.

예 ① に決まって ② 今日も ③ 遅れる ④ いる　　※동사 원형+に決まっている ~임에 틀림없다

⇒ ② 今日も ③ 遅れる ① に決まって ④ いる　오늘도 늦음에 틀림없다

예 ① がする ② の ③ 香り ④ コーヒー　　※감각명사+がする ~가 나다

⇒ ④ コーヒー ② の ③ 香り ① がする　커피 향이 난다

예 ① なので ② 引っ越しが ③ 終わった ④ ばかり　　※동사 た형+ばかり 막 ~한 참이다

⇒ ② 引っ越しが ③ 終わった ④ ばかり ① なので　이사가 막 끝난 참이기 때문에

2. 자주 같이 쓰는 표현으로 먼저 연결할 수 있는 경우

일본어에서 관용적으로 함께 자주 쓰이는 표현을 먼저 파악해 문장 순서를 빠르게 맞출 수 있다. 문법보다 자연스러운 어휘 조합이나 습관적 표현을 떠올리는 것이 핵심이다.

예 ① とると ② 体力が ③ 落ちる ④ 年を　　※年をとる 나이를 먹다

⇒ ④ 年を ① とると ② 体力が ③ 落ちる　나이를 먹으면 체력이 떨어진다

예 ① 部分に ② 線を ③ 重要な ④ 引いて　　※線を引く 선을 긋다

⇒ ③ 重要な ① 部分に ② 線を ④ 引いて　중요한 부분에 선을 그어서

예 ① ので ② うまく ③ 面接は ④ いった　　※うまくいく 잘 되어 가다

⇒ ③ 面接は ② うまく ④ いった ① ので　면접은 잘 되었기 때문에

결국 문법 문제이므로, 각각의 선택지와 앞뒤 어휘의 관계를 빠르게 파악하면 시간을 줄일 수 있다. 특히 ① 형용사+명사 ② 부사+동사 ③ 명사+の+명사 조합은 빠르게 묶어보자.

1. 접속 형태로 먼저 연결할 수 있는 경우

14 このクラスは、＿＿＿ ＿＿＿ ★ ＿＿＿ います
が、文法の勉強もします。

1 行われて　　　　　　　2 授業が
3 会話練習　　　　　　　4 を中心に

14 이 반은 3 회화 연습 4 을 중심으로 ★2 수업이 1
진행되고 있지만, 문법 공부도 합니다.

1 진행되고　　　　　　　2 수업이
3 회화 연습　　　　　　　4 을 중심으로

선택지에서 문형 ～を中心に(~를 중심으로)와 연결할 수 있는 것은 명사 会
話練習(회화 연습) 밖에 없기 때문에 우선 두 선탁지를 묶으면 문장을 배열
하기 쉬워진다.

2. 자주 같이 쓰는 표현으로 먼저 연결할 수 있는 경우

15 ニュースで、外国人＿＿＿ ★ ＿＿＿ ＿＿＿ する
ことが多くなりました。

1 耳に　　　　　　　　　2 増えている
3 観光客が　　　　　　　4 と

15 뉴스에서 외국인 3 관광객이 ★2 늘고 있다 4 고
1 듣는 일이 많아졌습니다.

1 듣는　　　　　　　　　2 늘고 있다
3 관광객이　　　　　　　4 ~(라)고

耳にする는 '듣다'라는 뜻의 관용표현이다. 또한, 増えている 앞에는 무엇
이 늘고 있는지에 대한 주어가 와야 하므로 観光客が와 묶으면 문장을 배열
하기 쉬워진다.

問題2　つぎの文の　★　に入る最もよいものを、1・2・3・4から一つえらびなさい。

(問題例)

この仕事は大変ですが、＿＿＿＿＿　＿＿＿＿＿　★　＿＿＿＿＿と思います。

　1　大切だと　　　　2　続けることが　　3　あきらめずに　　4　自分を信じて

(解答の仕方)

1. 正しい答えはこうなります。

> この仕事は大変ですが、＿＿＿＿＿　＿＿＿＿＿　★　＿＿＿＿＿と思います。
> 　4　自分を信じて　3　あきらめずに　2　続けることが　1　大切だと

2. 　★　に入る番号を解答用紙にマークします。

(解答用紙)　　例)　｜　① ❷ ③ ④

14　バスで一目惚れした彼女に話しかけようと思ったが、＿＿＿＿＿　＿＿＿＿＿　★　＿＿＿＿＿告白どころではなかった。

　1　聞けなかったし　　　　　　　　　2　緊張して

　3　名前さえ　　　　　　　　　　　　4　しまって

15　試合が中止され、とても残念でしたが、＿＿＿＿＿　＿＿＿＿＿　★　＿＿＿＿＿次の試合を楽しみにしています。

　1　と思い　　　　　　　　　　　　　2　のためには

　3　仕方がない　　　　　　　　　　　4　安全

16　A　「天才だから、何でも全部うまくできるんでしょう？」

　　B　「天才だからと言って、全部 ______ ______ ＿★＿ ______ 挑戦し続ける

　　　ことが大切だと思います。」

1　恐れずに　　　　　　　　　　　　2　知っている

3　失敗を　　　　　　　　　　　　　4　わけではありませんが

17　素人 ______ ＿★＿ ______ ______ 見事なものだと思うので、もっと多くの

人に知ってもらいたいです。

1　すれば　　　　　2　彼の作品は　　　3　である　　　　4　私から

18　コンサートに行けるなんて ______ ______ ＿★＿ ______ テストの前だか

ら、喜んでいるわけにもいかない。

1　けれど　　　　　　　　　　　　　2　話さずには

3　うれしくて　　　　　　　　　　　4　いられなかった

問題2　つぎの文の＿＿★＿＿に入る最もよいものを、1・2・3・4から一つえらびなさい。

(問題例)

　　この仕事は大変ですが、＿＿＿＿＿　＿＿＿＿＿　＿＿★＿＿　＿＿＿＿＿と思います。

　　　1　大切だと　　　　　2　続けることが　　3　あきらめずに　　4　自分を信じて

(解答の仕方)

1. 正しい答えはこうなります。

> この仕事は大変ですが、＿＿＿＿＿　＿＿＿＿＿　＿＿★＿＿　＿＿＿＿＿と思います。
> 　　4　自分を信じて　　3　あきらめずに　　2　続けることが　　1　大切だと

2. ＿＿★＿＿に入る番号を解答用紙にマークします。

(解答用紙)　　例)　　① ❷ ③ ④

14　このプロジェクトは8月の＿＿＿＿＿　＿＿＿＿＿　＿＿★＿＿　＿＿＿＿＿、今は毎日少しずつ準備を進めています。

　　1　ので　　　　　　　　　　　　2　なっている

　　3　中旬までに　　　　　　　　　4　終わらせることに

15　A「来週、初めての面接があるんだけど、何か気をつけたほうがいいことってある？」

　　B「うん、もちろんあるよ。面接では＿＿＿＿＿　＿＿★＿＿　＿＿＿＿＿　＿＿＿＿＿、第一印象も大切だよ。」

　　A「なるほど。」

　　1　重要であるし　　2　話し方は　　　　3　表情も　　　　4　もちろん

16　科学の発達によって、生活は便利になっているし、最近では日常生活で ＿＿＿＿＿
＿＿＿＿＿　★＿＿＿　＿＿＿＿＿きた。

1　ようになって　　　　　　　　　2　スマートフォンや

3　使われる　　　　　　　　　　　4　ロボットなども

17　もっと詳しい説明を ＿＿＿＿＿　＿＿＿＿＿　★＿＿＿　＿＿＿＿＿、簡単には賛成できません。

1　でないと　　　　2　できないので　　　3　聞いてから　　　4　納得

18　A　「彼とは最近会った？」
　　　B　「いいえ、＿＿＿＿＿　＿＿＿＿＿　★＿＿＿　＿＿＿＿＿、一度も会ったことがありませ
　　　ん。」
　　　A　「そうなんだ。」

1　会って　　　　　2　彼とは　　　　　3　以来　　　　4　3年前の卒業式で

問題2　つぎの文の　＿＿★＿＿　に入る最もよいものを、1・2・3・4から一つえらびなさい。

(問題例)

　この仕事は大変ですが、＿＿＿＿＿　＿＿＿＿＿　＿＿★＿＿　＿＿＿＿＿と思います。

　　1　大切だと　　　　2　続けることが　　3　あきらめずに　　4　自分を信じて

(解答の仕方)

1．正しい答えはこうなります。

> この仕事は大変ですが、＿＿＿＿＿　＿＿＿＿＿　＿＿★＿＿　＿＿＿＿＿と思います。
> 　　4　自分を信じて　　3　あきらめずに　　2　続けることが　　1　大切だと

2．＿＿★＿＿に入る番号を解答用紙にマークします。

(解答用紙)　　例)　　①　❷　③　④

14　去年は ＿＿＿＿＿　＿＿＿＿＿　＿＿★＿＿　＿＿＿＿＿新しい商品を発売したので、来年はまた伸びると思います。

　　1　売り上げは　　　　　　　　　2　比べて

　　3　5パーセント下がりましたが　　4　今年に

15　A 「新しい携帯を買いたいけど、どこで買うのがいいかな？」

　　B 「同じ ＿＿＿＿＿　＿＿＿＿＿　＿＿★＿＿　＿＿＿＿＿よ。だから、いくつかのお店をよく

　　　比べてみたほうがいいよ。」

　　1　方がいい　　　　2　サービスなら　　3　値段が安い　　4　に決まっている

16 田舎は人口が＿＿＿＿　★＿＿＿　＿＿＿＿　＿＿＿＿増えているため、生活の様子が大きく変わってきています。

1　人口が　　　　　　　　　　2　減っているのに

3　都会は　　　　　　　　　　4　対して

17 今まで＿＿＿＿　★＿＿＿　＿＿＿＿　＿＿＿＿役に立つと思うので、あきらめずに続けることが大切だと感じます。

1　頑張った時間は　　　　　　2　将来の

3　その経験は　　　　　　　　4　無駄ではなく

18 A「このアパートの家賃はいくらですか？」

　B「家賃は＿＿＿＿　＿＿＿＿　★＿＿＿　＿＿＿＿駅から近くてとても便利な場所にあります。」

　A「駅から近いなら通勤や買い物に便利そうで、納得できますね。」

1　ちょっと　　　2　1カ月につき　　3　6万円で　　　4　高いですが

問題2　つぎの文の＿＿★＿＿に入る最もよいものを、1・2・3・4から一つえらびなさい。

(問題例)

　　この仕事は大変ですが、＿＿＿＿　＿＿＿＿　＿★＿＿　＿＿＿＿と思います。

　　1　大切だと　　　　2　続けることが　　3　あきらめずに　　4　自分を信じて

(解答の仕方)

1.　正しい答えはこうなります。

　　この仕事は大変ですが、＿＿＿＿　＿＿＿＿　＿★＿＿　＿＿＿＿と思います。
　　　4　自分を信じて　3　あきらめずに　2　続けることが　1　大切だと

2.　＿＿★＿＿に入る番号を解答用紙にマークします。

(解答用紙)　　例)　　①　❷　③　④

[14]　田中さんは日本語の＿＿＿＿　＿＿＿＿　＿★＿＿　＿＿＿＿と言われていて、先生か
らもよくほめられています。

　　1　発音に　　　　　2　クラスで一番　　3　かけては　　　4　上手だ

[15]　A　「特急に乗るには、何が必要ですか？」
　　　B　「乗車券のほかに特急券が必要だそうです。」
　　　A　「そうなんですね。＿＿＿＿　＿★＿＿　＿＿＿＿　＿＿＿＿ね。」
　　1　気をつけないと　2　買うときに　　3　いけません　　4　切符を

16　A　「あの話、本当ですか？ちょっと気になります。」

　　B　「＿＿＿＿＿　＿＿＿＿＿　＿＿★＿＿　＿＿＿＿＿、あまり深く考えないほうがいいよ。」

　　A　「そうなんですね。じゃあ、軽く聞き流すことにします。」

　　1　過ぎないから　　2　冗談話に　　　　3　ただの　　　　　4　それは

17　留学のことが周りで騒ぎになりかねないから、今は＿＿＿＿＿　＿＿＿＿＿　＿＿★＿＿
　　＿＿＿＿＿方がいいと思います。

　　1　あまり　　　　　2　様子を見た　　3　話さずに　　　4　しばらく黙って

18　「5年も練習して上達しないんだから、もう＿＿＿＿＿　＿＿★＿＿　＿＿＿＿＿　＿＿＿＿＿
　　探したら？」と言われ続けた彼女は、30歳を過ぎてやっと画家になった。

　　1　なんて　　　　　2　やめて　　　　3　仕事を　　　　4　絵を描く

問題2　つぎの文の　＿＿★＿＿　に入る最もよいものを、1・2・3・4から一つえらびなさい。

(問題例)

　　この仕事は大変ですが、＿＿＿＿＿　＿＿＿＿＿　＿＿★＿＿　＿＿＿＿＿と思います。

　　1　大切だと　　　　2　続けることが　　3　あきらめずに　　4　自分を信じて

(解答の仕方)

1. 正しい答えはこうなります。

この仕事は大変ですが、＿＿＿＿＿　＿＿＿＿＿　＿＿★＿＿　＿＿＿＿＿と思います。 　4　自分を信じて　3　あきらめずに　2　続けることが　1　大切だと

2. ＿＿★＿＿に入る番号を解答用紙にマークします。

(解答用紙)　| 例) | ①　❷　③　④ |

14　先週、友だちと一緒に行った動物園で、＿＿＿＿＿　＿＿＿＿＿　＿＿★＿＿　＿＿＿＿＿見ることができました。

　　1　パンダの　　　　2　生まれた　　　　3　ばかりの　　　　4　赤ちゃんを

15　急いで家を出たせいで財布を家に忘れてきてしまい、＿＿＿＿＿　＿＿＿＿＿　＿＿★＿＿ ＿＿＿＿＿お金を借りるしかなかった。

　　1　買う　　　　　　2　友だちに　　　　3　昼ご飯を　　　　4　ために

16　A 「最近「隣のあり」っていう漫画にハマってるんだ。」

　　B 「へえ、それって子供向けじゃないの？」

　　A 「そう思うでしょ？＿＿＿＿　＿★＿＿　＿＿＿＿　＿＿＿＿大人にも人気があるん

　　　だよ。」

　　1　この漫画は　　　2　ばかりでなく　　3　子ども　　　　4　でも

17　人気のあの映画は、＿＿＿＿　＿＿＿＿　＿★＿＿　＿＿＿＿感動を与えただけでな

　　く、そのメッセージも広く伝わっているそうです。

　　1　作られていて　　2　多くの人に　　　3　実際の話を　　4　もとに

18　A 「＿＿＿＿　＿＿＿＿　＿★＿＿　＿＿＿＿、おかけください。ご注文が決まった

　　　ら、いつでも言ってくださいね。」

　　B 「ありがとうございます。」

　　1　ので　　　　　　2　空いています　　3　こちらの　　　4　席は

STEP 1 유형 알기

問題3　つぎの文章を読んで、文章全体の内容を考えて、 19 から 23 の中に入る最もよいものを、
　　　　1・2・3・4から一つえらびなさい。

문제3　다음 글을 읽고 글 전체의 내용을 생각하여, 19 부터 23 안에 들어 갈 가장 올바른 것을, 1・2・3・4
에서 하나 고르세요.

긴 글을 읽고 빈칸에 들어갈 알맞은 문법 표현을 고르는 문제로, 문맥을 제대로 이해할 수 있는지 평가한다. 글의 문법의
출제 유형은 다음과 같다.

1. 문맥에 맞는 문형 또는 표현을 묻는 유형

글의 흐름 속에서 자연스럽고 의미가 통하는 문형이나 표현을 고르는 문제로, 단순히 문법적으로 맞는지를 넘어
서 앞뒤 문장의 문맥에 어울리는 문법 표현을 골라야 한다.

예 車による事故が増えているので、シートベルトを＿＿＿＿。
　　자동차에 의한 사고가 증가하고 있기 때문에 안전 벨트를 ＿＿＿.

　① しめなければなりません 매지 않으면 안 됩니다　② しめだしました 매기 시작했습니다

2. 문맥에 맞는 지시어를 묻는 유형

글의 흐름 속에서 화자가 가리키는 것이 앞에서 언급된 내용인지, 혹은 눈에 보이는 대상을 나타내는 것인지 등을
파악해 '이것', '그것', '저것', '여기', '거기'와 같은 지시어(こ・そ・あ・ど 계열) 중에 정답을 골라야 한다.

예 古くて壊れた腕時計ですが、捨てることができません。＿＿＿は祖父がくれた贈り物だ
からです。
　　오래되어 고장 난 손목시계입니다만 버릴 수 없습니다. ＿＿＿은 할아버지가 주신 선물이기 때문입니다.

　① それ 그것　　　　　　　　　　　② どれ 어느 것

3. 문맥에 맞는 접속사를 묻는 유형

앞뒤 문장이 이유, 대조, 순서, 첨가, 예시 등 어떤 관계인지를 파악한 후에 빈칸에 들어가기에 적절한 접속사를 골
라야 한다.

예 重要な試験があるのに、辞書を家に忘れてしまいました。＿＿＿、友達が貸してくれま
した。
　　중요한 시험이 있는데, 사전을 집에 두고 와 버렸습니다. ＿＿＿ 친구가 빌려주었습니다.

　① それで 그래서　　　　　　　　　② そして 그리고

문제 풀이 핵심 Point!

시간이 부족할 땐 빈칸의 문장과 앞뒤 3문장만 보고 적절한 문법 표현, 접속사 등을 고르자. 긴 글이 제시되어도 결국 문법 문제이
기 때문에 전체의 해석보다 문장 간의 관계가 중요하다. 선택지의 시제를 각각 다르게 하여 함정에 빠트리는 문제도 종종 출제되
니 지문의 시제를 정확하게 파악하자.

1. 문맥에 맞는 문형 또는 표현을 묻는 유형

多くの人は桜が満開になる春を楽しみにしています。しかし、私は花粉症 [19] 春を楽しむことができません。だから、毎年春になるとマスクをつけるしかありません。

[19]

1 のおかげで	2 のせいで
3 をもとにして	4 を通して

많은 사람들은 벚꽃이 만개하는 봄을 기대하고 있습니다. 하지만 저는 꽃가루 알레르기 때문에 봄을 즐길 수 없습니다. 그래서 매년 봄이 되면 마스크를 쓸 수밖에 없습니다.

[19]

1 ~덕분에	2 ~때문에, ~탓으로
3 ~을 토대로	4 ~을 통해서

> 빈칸 뒤의 '봄을 즐길 수 없다'를 봤을 때, 꽃가루 알레르기가 부정적인 원인, 이유에 해당한다는 것을 알 수 있다.

2. 문맥에 맞는 지시어를 묻는 유형

環境が汚れているというニュースをよく聞きます。いちばん大きな問題はプラスチックだそうです。 [20] はなかなか分解されず、リサイクルするのも難しいからです。

[20]

1 その	2 これ
3 どっち	4 そっち

환경이 오염되고 있다는 뉴스를 자주 듣습니다. 가장 큰 문제는 플라스틱이라고 합니다. 이것 은 잘 분해되지 않고, 재활용하기도 어렵기 때문입니다.

[20]

1 그	2 이것
3 어느 쪽	4 저쪽

> 같은 주제를 이어갈 땐 주어 대신 지시어를 쓴다. 빈칸 앞에서 플라스틱에 대해 이야기가 나오고, 빈칸 뒤에 이어서 플라스틱에 대한 특징이 나오므로 앞에 언급된 문장, 대상을 가리키는 これ(이것)가 적절하다.

3. 문맥에 맞는 접속사를 묻는 유형

10年間育てていた犬が死んでから、何カ月もとてもつらかったです。 [21] 、ただの動物ではなく、私たちの家族だったからです。家族みんなで犬の写真を見ながら、さびしく思いました。

[21]

1 だから	2 なぜなら
3 それで	4 ところが

10년 동안 키우던 강아지가 죽고 나서 몇 달 동안 정말 힘들었습니다. 왜냐하면 단순한 동물이 아니라 우리 가족이었기 때문입니다. 가족 모두 강아지의 사진을 보며 그리워했습니다.

[21]

1 그래서	2 왜냐하면
3 그래서	4 그런데

> 빈칸을 기준으로 앞뒤 문장의 상관 관계를 살펴보면, 뒷 문장이 앞 문장의 원인이라는 것을 알 수 있다. 따라서 원인과 이유를 나타내는 なぜなら(왜냐하면)가 적절하다.

問題3　つぎの文章を読んで、文章全体の内容を考えて、　19　から　23　の中に入る最もよい
　　　　ものを、1・2・3・4から一つえらびなさい。

血液型

　人の血液型はA型、B型、O型、AB型の4つのタイプに分けられる。血液型　19　人
の性格が違うという話をよく耳にする。それが科学的に根拠がある　20　ということは
気にせず、その話を信じている人が少なくない。

　A型は何事にも慎重に考えてから行動をし、あまり本音を言わないというイメージが
ある。　21　対照的にB型は積極的で明るい性格だが、たまに何を考えているかわから
ないという印象を与える人が多いといわれている。O型というと、仲間意識が強く、人
間関係を大切にし、リーダーシップがある反面、わがままな性格の人が多いとされる。
そしてAB型は何があっても冷静で、客観的に考えるが、人との関わりを苦手とする人
が多い　22　。

　もちろん何の根拠もないので「信じない」という人もいるかもしれないが、意外と
合っている場合もあるので、説得力のある話だという意見もある。信じている人の中に
は「付き合いを始める前に自分と相性の合う性格であるかどうかを　23　先に判断した
い。」という。

（注）根拠：ある考えや意見を正しいと説明するための理由のこと。

19

1 にくらべて　　　2 によって　　　3 について　　　4 にかんして

20

1 ところ　　　2 はず　　　3 かどうか　　　4 ばかり

21

1 つまり　　　2 あるいは　　　3 それとは　　　4 すると

22

1 らしい　　　2 きりだ　　　3 だけだ　　　4 べきだ

23

1 今にも　　　2 しかし　　　3 けれども　　　4 まず

問題3　つぎの文章を読んで、文章全体の内容を考えて、　19　から　23　の中に入る最もよい
　　　ものを、1・2・3・4から一つえらびなさい。

すみません文化

　日本へ留学したばかりの頃、私は日本と韓国のいろいろな文化の違いに気づかされた。韓国に比べて、自動販売機の種類が多いことや、バスが完全に停車してから乗客が立ち上がることなどがある。日本と韓国はそんなに変わらない　19　だと思っていたので、両国の違いを知った時は本当に驚いたものだ。　20　、一番気になったことがあった。それは「すみません」という言葉だ。

　韓国で日本語を習っていた時に、「すみません」という言葉は、謝る時に使う表現だと　21　。しかし、実際に日本へ来て驚いたのは、謝る必要のない時ですら「すみません」と言っているのだ。本当に謝る時　22　、何かを注文する時や人からプレゼントを受け取る時など、一見何も悪いことなんかをしていないのに、謝罪の言葉である「すみません」を口にする日本人を見ながら「礼儀正しすぎるのでは？」と思った。

　後に日本人である友人から「すみません文化」　23　の話を聞いた。「すみません」は謝る時の言葉だけでなく、感謝の意味なども含んでいるそうだ。だから、実際に自分が悪いことをしていなくても、いろいろな場面で使われるというのだ。その話を聞いてから、私も様々な場面で、この「すみません」という言葉を使うようになった。そして周りの人の迷惑にならないようにと、さらに気をつけるようになったのである。

（注）謝罪：自分が悪いことをしたときに、相手に「ごめんなさい」と気持ちを伝えること。

[19]

| 1　きり | 2　はず | 3　ほか | 4　しか |

[20]

| 1　その中で | 2　つまり | 3　あるいは | 4　それに |

[21]

| 1　教えてあげた | | 2　教えた |
| 3　教えてもらった | | 4　教えてやった |

[22]

| 1　にくらべて | | 2　はもちろん |
| 3　ばかりで | | 4　をちゅうしんに |

[23]

| 1　にわたって | 2　にかけて | 3　について | 4　にかわって |

問題3　つぎの文章を読んで、文章全体の内容を考えて、　19　から　23　の中に入る最もよい
　　　　ものを、1・2・3・4から一つえらびなさい。

話し方―命令文

　子供を育てる時によく口にする言葉が「～しなさい」かもしれない。例えば「テレビは離れてみなさい。」、「残さないように食べなさい。」、「早く寝なさい。」などである。「～しなさい」は文法的な意味から見れば命令文であり、人に　19　を命じるときに使う表現である。

　自分が産み、愛し育てる　20　子供であるのに、どうして禁止の文ばかり使うのか。そして、このように言っている人は本当に命令するために、この文章を使っているのであろうか。私はそうではないと考えている。自分の子供をもっと立派に育てるためであり、そして正しいかどうかを考えることがまだ未熟な子供に正しいことをしっかり伝えるためなのだと思う。禁止の表現であっても、子供への思いやりが込められている　21　。

　しかし、聞き手である子供は、相手がどんな気持ちで話したのかは考えもせず、禁止の表現ばかりを聞かされると、　22　反抗したくなるかもしれない。話している人の言葉には、気持ちがそのまま表れているからだ。

　話し方　23　、話し手や聞き手の気持ちが変わることもある。子供にもっと気持ちがきちんと伝わるように、聞いている相手の気持ちを考えながら優しく話す必要もあると思う。

（注）未熟：まだうまくできなかったり、経験が足りなかったりすること。

19

1　だれか	2　どこか	3　なにか	4　いつか

20

1　だけ	2　べき	3　まま	4　だらけ

21

1　わけではない　　　　　　2　ばかりでない
3　に違いない　　　　　　　4　しかない

22

1　けれど	2　こうして	3　だが	4　逆に

23

1　によって	2　にとって	3　にしたがって	4　にたいして

問題3　つぎの文章を読んで、文章全体の内容を考えて、　19　から　23　の中に入る最もよい
　　　　ものを、１・２・３・４から一つえらびなさい。

歩く

　車は人が便利に移動するために作られたものである。私は車の免許を取ってからというものあまり歩かなくなった。近いところも　19　車に乗っていってしまい、待ち合わせの場所も駐車場があるかどうかをまず先に確認してしまう。もちろん、仕事に行くときは時間の節約にもなるうえに、早く着いた時にはほかの人の目を気にせず車の中で休む　20　。

　しかし、車だけに頼って移動するのは、現代人の問題となっている運動不足になり　21　。もちろん運動もしっかりしながら車を利用しているのならいいのだが、一歩も歩こうとしない人には自身の健康のために時間を作って歩く必要がある。

　そこでおすすめの方法が、車に乗るルールを自分で決めておくことだ。20分以内の距離は歩いていくとか、待ち合わせの時間まで余裕がある時には歩くとか。このようにルールを作っておけば、ただ単に「たくさん歩くようにしよう」と思うよりも、ずっと　22　と思う。

　車だけでなく人が作ったものには、それを作った目的が必ずあるはずだ。その目的をきちんと理解した　23　、利用してほしい。

19

  1 いきなり   2 なかなか   3 つい   4 いつか

20

  1 べきだ   2 わけだ   3 ことができる   4 はずがない

21

  1 なおす   2 すぎる   3 きれる   4 がちだ

22

  1 歩くようになる   2 歩くわけがない

  3 歩くところだ   4 歩くばかりだ

23

  1 うえに   2 うえで   3 うえは   4 うちに

問題3　つぎの文章を読んで、文章全体の内容を考えて、 19 から 23 の中に入る最もよい
　　　ものを、1・2・3・4から一つえらびなさい。

趣味

　「趣味とは何か」について考えたことがありますか。初めて会った人に「趣味は何
ですか」という質問をする 19 。知り合ったばかりの人についての情報がないからで
しょう。趣味を尋ね、 20 また新しい話題を作るというのが会話の流れだと思いま
す。

　そこで、皆さんはその質問をされた時、 21 趣味のことを話しますか。読書や音
楽、運動など、いろいろあると思います。では、趣味とはどういうものだと思います
か。自分がしたいと思うことや自分ができること、自分が楽しんでいることなど、もち
ろん人によって違うと思いますが、結局は好きなことを話すのだと思います。興味を持
って楽しめないと続けられないし、趣味とは言えません。

　好きなことがあるというのは、とても大切なことだと思います。人は毎日同じこと
を繰り返して生きています。朝起きて、学校や会社に行き、そこで勉強や仕事をし、
疲れて帰ってきて寝る。1年365日同じ日々が続くと、人は飽きてしまいがちです。
　 22 、趣味が必要なのです。趣味でストレスの発散や気晴らしができるのなら、勉強
や仕事の能率も上がるでしょう。趣味というのは、ただ楽しむだけのものではなく、人
生を豊かにしてくれるものだと思います。皆さんにも自分が好きな何かを見つけて人生
を 23 。

19

   1 ほどがあります   2 はずがあります

   3 ことがあります   4 ものがあります

20

   1 それなのに   2 そこから   3 そうしたら   4 それにしては

21

   1 こんな   2 そんな   3 あんな   4 どんな

22

   1 しかし   2 それで   3 つい   4 ただし

23

   1 楽しむはずです   2 楽しむらしいです

   3 楽しむに違いないです   4 楽しんでほしいです

세 번째 걸음

독해

독해
유형 공략 강의

STEP 1　유형 알기

問題4　つぎの(1)から(4)の文章を読んで、質問に答えなさい。答えは、1・2・3・4から最もよいものを 一つえらびなさい。

문제 4　다음(1)부터 (4)의 글을 읽고, 질문에 답하세요. 정답은, 1・2・3・4에서 가장 올바른 것을 하나 고르세요.

150~200자 정도의 짧은 지문을 읽고 질문에 올바른 답을 고르는 문제로, 일상적인 내용의 수필, 안내문, 업무에 관한 메일 등이 주로 출제된다. 내용이해(단문)의 출제 유형은 다음과 같다.

1. 내용 전체를 묻는 유형

1) 지문의 내용과 일치하는 것 혹은 일치하지 않는 것을 묻는 패턴

지문의 내용과 일치하는 것을 고르는 문제는 지문을 처음부터 끝까지 정확히 해석하는 것이 중요하다. 대체로 일치하는 것이 무엇인지를 묻는 문제가 출제되며, 지문과 선택지를 비교하며 소거하는 방식으로 푸는 것이 효과적이다.

질문 예 本文の内容に合っているものはどれか。 본문의 내용에 맞는 것은 어느 것인가?

2) 필자의 주장을 묻는 패턴

필자의 주장은 마지막 문장/문단에 자주 등장하며, 특히 ～のである(~인 것이다), ～と思います(~라고 생각합니다), ～ではないでしょうか(~이지 않을까요) 같은 표현에 정답의 힌트가 있는 경우가 많다. 편지글은 지문 중간에 힌트가 있을 가능성이 높다.

질문 예 オンライン授業について、「私」はどのように考えているか。
온라인 수업에 대해 '나'는 어떻게 생각하고 있는가?

2. 밑줄이 가리키는 것을 묻는 유형

밑줄 문제는 앞뒤 문장에 정답의 힌트가 있을 확률이 높다. 특히 지시어로 시작하면 앞 문장, しかし(그러나), ところが(그런데), ～が(~지만), でも(하지만) 등의 역접 표현으로 시작하면 뒤에 정답의 힌트가 있을 가능성이 높다.

질문 예 ロボット掃除機が作られることになったのは、どうしてか。
로봇청소기가 만들어지게 된 것은, 어째서인가?

문제 풀이 핵심　Point!

① 시간, 장소, 숫자 등의 정보에 체크한다.
② 지문에 있는 단어와 선택지의 단어가 동일한 경우, 오답일 확률이 높다.
③ 극단적인 표현인 必ず(반드시), 絶対(절대로), ～べきだ(~해야 한다)가 포함된 선택지는 오답일 확률이 높다.

バラの花言葉を知っていますか。色によってもさまざまな意味がありますが、バラには「美しい」という花言葉があります。花言葉は、トルコで始まり、イギリスを通って日本に伝わりました。花言葉は昔話や花の特徴、国や民族のイメージからつけられ、1つの花にいくつかの花言葉があることもめずらしくありません。日本では、新しい花を作ると会社がその花に花言葉をつけたり、一般の人に決めてもらったりすることもあるそうです。花言葉を知ることで、その国の文化や考え方を知ることができます。

24　1つの花にいろいろな花言葉があるのは、どうしてか。

1　ヨーロッパとアジアで花言葉に対する考え方が違うから

2　日本だけが花に花言葉をつける文化を持っているから

3　国によって花のイメージが様々だから

4　会社の代表によって花言葉が決められることになっているから

밑줄 문제의 경우, 앞뒤 문장을 꼼꼼하게 살펴봐야 한다. 질문에서 여러 꽃말이 있는 이유를 묻고 있고, 해당 내용은 밑줄 앞에 있다.

장미의 꽃말을 알고 있습니까? 색깔에 따라서도 다양한 의미가 있습니다만, 장미에는 '아름답다'는 꽃말이 있습니다. 꽃말은, 터키에서 시작되어 영국을 거쳐 일본에 전해졌습니다. 꽃말은 옛이야기나 꽃의 특징, 나라나 민족의 이미지에서 붙여지며, 하나의 꽃에 여러 개의 꽃말이 있는 경우도 드물지 않습니다. 일본에서는 새로운 꽃을 만들면 회사가 그 꽃에 꽃말을 붙이거나 일반 사람들에게 정하게 하는 경우도 있다고 합니다. 꽃말을 알게 돼면, 그 나라의 문화나 사고방식을 알 수 있습니다.

24　하나의 꽃에 여러 가지 꽃말이 있는 것은 어째서인가?

1　유럽과 아시아에서 꽃말에 대한 생각이 다르기 때문에

2　일본만이 꽃에 꽃말을 붙이는 문화를 가지고 있기 때문에

3　나라에 따라 꽃의 이미지가 다양하기 때문에

4　회사의 대표에 의해서 꽃말이 정해지도록 되어 있기 때문에

순접 :	それで 그래서	雨が降っていました。それで、試合は中止になりました。 비가 오고 있었습니다. 그래서 시합은 중지되었습니다.
앞의 원인, 이유에 따른 당연한 결과를 나타낸다	だから 그러니까	彼はまじめです。だから、先生に信頼されています。 그는 성실합니다. 그러니까 선생님에게 신뢰받고 있습니다.
	ですから 그러므로	時間がありません。ですから、急いでください。 시간이 없습니다. 그러므로 서둘러 주세요.
	そのため 그래서	事故がありました。そのため、電車が遅れています。 사고가 있었습니다. 그래서 전철이 늦어지고 있습니다.
	すると 그러자	ドアを開けました。すると、猫が飛び出してきました。 문을 열었습니다. 그러자 고양이가 튀어나왔습니다.
	したがって 따라서	彼は努力しました。したがって、成功しました。 그는 노력했습니다. 따라서 성공했습니다.
	それなら 그렇다면	バスがないんですか？それなら、タクシーで行きましょう。 버스가 없나요? 그렇다면 택시로 갑시다.
역접 :	～が ~지만	この店は安いが、あまりおいしくない。 이 가게는 싸지만 별로 맛있지 않다.
앞의 원인, 이유와 반대되는 결과를 나타낸다.	でも 하지만	疲れました。でも、宿題をやらなければなりません。 피곤합니다. 하지만 숙제를 해야 합니다.
	しかし 그러나	彼は来ると言った。しかし、来なかった。 그는 온다고 했다. 그러나 오지 않았다.
	～けど ~지만	行きたいけど、お金がありません。 가고 싶지만 돈이 없습니다.
	それなのに 그런데도, 그럼에도 불구하고	病気だった。それなのに、仕事を休まなかった。 병이 났었다. 그런데도 일을 쉬지 않았다.
	それでも 그래도, 그럼에도	失敗しました。それでも、あきらめたくありません。 실패했습니다. 그래도 포기하고 싶지 않습니다.
	けれども 하지만	忙しいけれども、毎日運動しています。 바쁘지만 매일 운동하고 있습니다.
	ところが 그런데(예상과는 달리)	信じていた。ところが、裏切られた。 믿고 있었다. 그런데 배신당했다.

첨가 : 여러 내용 및 특징을 덧붙인다	そして 그리고	本を読みました。そして、感動しました。 책을 읽었습니다. 그리고 감동했습니다.
	それから 그리고 나서	ご飯を食べました。それから、デザートを食べました。 밥을 먹었습니다. 그리고 나서 디저트를 먹었습니다.
	それに 게다가	彼は頭がいいです。それに、運動もできます。 그는 머리가 좋습니다. 게다가 운동도 잘합니다.
	そのうえ 게다가, 더욱이	この薬はよく効きます。そのうえ、安全です。 이 약은 효과가 좋습니다. 게다가 안전합니다.
선택 : 반대/대립되는 두 가지를 제시한다	それとも 아니면	コーヒーにしますか。それとも紅茶にしますか。 커피로 하시겠습니까? 아니면 홍차로 하시겠습니까?
	または 또는	郵便で送るか、または手渡ししてください。 우편으로 보내거나 또는 직접 건네 주세요.
전환 : 이야기를 돌리거나 마무리한다	ところで 그런데	ところで、この問題についてどう思いますか？ 그런데, 이 문제에 대해 어떻게 생각합니까?
	では 그럼	では、また明日会いましょう。 그럼, 내일 다시 만납시다
	それでは 그럼(정중)	それでは、失礼します。 그럼 실례하겠습니다.
설명 : 내용을 풀이하거나 보완한다	なぜなら 왜냐하면	勉強しませんでした。なぜなら、病気だったからです。 공부하지 않았어요. 왜냐하면 아팠기 때문입니다.
보충 : 앞에 내용에 조건을 붙인다	ただし 단, 다만	入場は無料です。ただし、予約が必要です。 입장은 무료입니다. 단, 예약이 필요합니다.
환언 : 앞의 내용을 요약하거나 결론을 내린다	つまり 즉, 다시 말하면	この店はいつも混んでいる。つまり、人気があるということだ。 이 가게는 항상 붐빈다. 즉, 인기가 있다는 것이다.
	要するに 요컨대	要するに、彼の話は言い訳ばかりだった。 요컨대, 그의 이야기는 변명뿐이었다.

～のです。 ~인 것입니다.	彼は忙しいのです。だから、来られなかったのです。 그는 바쁜 것입니다. 그래서 올 수 없었던 것입니다.
～というわけです。 ~라는 것입니다.	交通事故が減ったのは、安全教育をした結果というわけです。 교통사고가 줄어든 것은 안전 교육을 한 결과라는 것입니다.
～にほかならないです。 ~임에 틀림없습니다.	彼の成功は、努力の結果にほかならないです。 그의 성공은 노력의 결과임에 틀림없습니다.
～ではないでしょうか。 ~이 아닐까요?	この問題はもっと簡単に考えるべきではないでしょうか。 이 문제는 좀 더 쉽게 생각해야 할 것이 아닐까요?
～じゃないか。 ~은 아닐까?, ~지 않을까?	そろそろ出発したほうがいいんじゃないか。 슬슬 출발하는 편이 좋지 않을까?
～んじゃないでしょうか。 ~은 아닐까요?	もっと早く行ったほうがいいんじゃないでしょうか。 좀 더 빨리 가는 편이 좋지 않을까요?
～ではないだろうか。 ~지 않을까?	このままでは間に合わないのではないだろうか。 이대로는 시간이 안 맞지 않을까?
～と思われる。 ~라고 생각되다	この計画は、来年から本格的に始まると思われます。 이 계획은 내년부터 본격적으로 시작될 것으로 생각됩니다.
～と考えられる。 ~라고 생각되다.	インターネットの普及は、生活を大きく変えたと考えられる。 인터넷의 보급은 생활을 크게 바꿨다고 생각된다.
～と言われている。 ~라고 여겨지고 있다.	日本のアニメは世界中で人気があると言われている。 일본 애니메이션은 전 세계에서 인기가 있다고 여겨지고 있다.
～可能性がある。 ~할 가능성이 있다.	この薬には副作用が出る可能性があります。 이 약에는 부작용이 나타날 가능성이 있습니다.
～ということだ。 ~라고 한다., ~라는 것이다.	ニュースによると、来週から気温が下がるということです。 뉴스에 따르면 다음주부터 기온이 내려간다고 합니다.
～ざるを得ない。 ~하지 않을 수 없다.	みんなが反対しているので、計画を見直さざるを得ません。 모두가 반대하고 있어서 계획을 재검토할 수밖에 없습니다.
～までもない。 ~할 것까지도 없다.	こんな簡単な問題は、わざわざ説明するまでもありません。 이런 간단한 문제는 굳이 설명할 것까지도 없습니다.

午前中は中止とさせていただきます。
[직역] 오전 중은 중지로 시켜서 받겠습니다.
[의역] 오전 중에는 중지하겠습니다.

➡ させて(사역형:시키다)와 もらう(받다)의 겸양표현인 いただく가 결합된 형태인 させていただく는 '시킴을 받다'가 아닌 '하다(겸양 표현)'로 해석한다. させていただけますか는 させていただく를 가능형 「させていただける」로 변형하여 정중형으로 표현한 것이다. 따라서 '~할 수 있을까요'의 의미를 가진다.

10分ほど待ってもらえれば、担当者が戻ってきます。
[직역] 10분 정도 기다려 받을 수 있다면, 담당자가 돌아옵니다.
[의역] 10분 정도 기다려 주시면, 담당자가 돌아옵니다.

➡ ～てもらう는 '상대방이 나를 위해 어떤 행동을 해 주는 것'을 의미한다. 따라서 화자가 청자에게 어떠한 행동을 요청할 때 사용한다. 이 표현이 가정형으로 바뀌면 '~해 준다면'이라고 해석한다. 회화에서는 주로 정중하게 부탁하거나 조건을 제시하는 역할을 한다.

修理には1週間ほどいただいておりますので、ご了承ください。
[직역] 수리에는 1주일 정도 받고 있기 때문에 양해해 주세요.
[의역] 수리는 약 일주일 정도 소요되오니 양해 부탁드립니다.

➡ いただく(받다:もらう의 겸양표현)과 ～ておる(~하고 있다:～ている의 겸양표현)이 결합된 형태인 いただいておる는 기본적으로 '받고 있다'로 해석한다. 하지만, 앞에 오는 대상이 눈에 보이거나 실체가 있는 대상이 아닌 경우, 해석이 어색해진다. 시간이 오는 경우, 해당 시간이 '소요된다'라고 의역할 수 있다.

公園のベンチがゴミだらけにされていて、座れない状態だった。
[직역] 공원의 벤치가 쓰레기투성이로 되어 있어서, 앉을 수 없는 상태였다.
[의역] 공원의 벤치가 쓰레기투성이라서 앉을 수 없는 상태였다.

➡ 「～にされる」는 무언가가 방치되거나 손상된 상태, 또는 타인의 행동으로 인해 바람직하지 않은 상태가 되어있을 때 사용한다.

今のまま努力を続ければ、結果は見えていくはずです。
[직역] 지금대로 노력을 계속하면 결과는 보이게 갈 것입니다.
[의역] 지금처럼 노력을 계속하면 결과는 보이기 시작할 것입니다.

➡ 「～ていく」는 '지금부터 미래를 향해 어떤 동작이 계속되거나 상태가 변해 나가는 것'을 나타낸다. 주로 자기계발, 날씨 변화, 사회적 트렌드 등과 함께 사용한다.

1. 내용 전체를 묻는 유형

　私の町には、小さな図書館がある。とても古い建物だが、静かで、本もたくさんあり、私はよくそこで勉強したり、本を読んだりしていた。駅からは少し遠いが、家から近く、子どものころからよく通っていた。

　でも、この図書館は来月で閉まることになった。新しい図書館が駅の近くにできるからだ。新しい図書館は大きくてきれいで、コンピューターも使えるそうだ。それでも、私はどこか少し寂しい気持ちをかくせない。今の図書館には、たくさんの思い出があるのだ。

1　図書館について、筆者の考えに合うものはどれか。

　1　今の図書館は古くて本が少ないので、大人になってからは残念に思っていた。

　2　今の図書館は小さくて不便だったので、新しい図書館のほうがいいと思っている。

　3　新しい図書館は家の近くにあるので、うれしいと思っている。

　4　新しい図書館は便利そうだが、今の図書館がなくなるのは寂しい。

　1月10日の朝、佐藤さんが会社に出勤すると、デスクの上に田中部長からのメモが置いてあった。

佐藤さんへ

　昨日の「業務改善に関するアンケート」のまとめ、ありがとうございました。とても見やすく、ポイントも整理されていて助かりました。

　明日の部内ミーティングでこのアンケート結果をもとに話し合いをする予定です。

　そのときに使いたいので、アンケートに答えた社員の人数を追加して、明日の午前中までにメールで送ってください。

　私は明日、午前中は外での打ち合わせがあり、会社に戻るのは昼すぎになる予定です。よろしくお願いします。

1月9日（火）18:00

田中

2　このメモを読んで、佐藤さんがしなければならないことは何か。

1　アンケートの内容を新しく作り直し、ミーティングで発表する。

2　部内ミーティングの前に、社員全員にアンケート結果を配る。

3　アンケートに関する内容を追加してメールで送る。

4　部長の代わりに、午前中の外での打ち合わせに出席する。

　小学校で、子どもたちに野菜をもっと食べてもらうために、学校の庭で野菜を育てることにした。トマトやピーマン、なすなど、いろいろな野菜を育てている。先生たちは、子どもたちが自分で育てた野菜なら、もっと食べたくなるだろうと考えたのだ。

　初めは土をさわるのをいやがっていた子どもたちも、水をあげたり、葉っぱの形を見たりするうちに、だんだん楽しそうになっていった。そして、夏休みの前に、みんなで作った野菜をカレーに入れて食べた。ある子は「ピーマンは嫌いだったけど、自分で作ったのはおいしい」と話していた。来年度も引き続き野菜作りをしていきたいと考えている。

3　この学校で行っているものとして、合っているものはどれか。

1　子どもたちに自分でいろいろな野菜を育てさせている。

2　子どもたちに野菜をたくさん食べさせるようにしている。

3　毎日子どもたちに野菜の水やりをさせるようにしている。

4　毎年夏休みの前にカレー作りをするようにしている。

2. 밑줄이 가리키는 것을 묻는 유형

　最近、あるスーパーでエコバッグを使う人が多くなっている。エコバッグとは、何回も使える買い物袋のことで、プラスチックごみをへらすために使われている。レジ袋は、使った後すぐに捨てる人が多く、海や川をよごす原因にもなっている。

　実はこのスーパーでは、5年前からお金を出さないともらえないようにしたところ、レジ袋を使う人が少なくなった。そして、今では買い物に来る人の80パーセント以上が、自分のエコバッグを持って来るようになったそうだ。最近ではおしゃれなエコバッグも増えてきているという。

4　あるスーパーでエコバッグを使う人が多くなっているのはなぜか。

　1　エコバッグは何回も使えて、環境にやさしいから

　2　レジ袋を使うと、一回しか使えないから

　3　レジ袋が無料でもらえなくなったから

　4　おしゃれなエコバッグを使いたがる人が増えたから

問題4　つぎの(1)から(4)の文章を読んで、質問に答えなさい。答えは、１・２・３・４から最もよいものを一つえらびなさい。

(1)

これはマンション管理室から住民に届いたメールである。

宛　　先：renraku@abcmail.com

件　　名：エレベーターの検査についてのご案内

送信日時：2025年10月11日（土）

ひまわりマンションの皆様

　当マンションではこのたび、エレベーターの検査を実施することになりました。来週木曜日の午前10時より１時間30分ほど検査を行う予定でございます。なお、検査中のエレベーターはご利用いただけません。検査は１基ずつ行いますので、動いているエレベーターをご利用いただきますようお願いいたします。

　皆様にはご不便とご迷惑をおかけいたしますが、ご理解ご協力のほど、よろしくお願いいたします。

マンション管理室

24　このメールからわかることは何か。

1　来週木曜日の午前10時から午後１時30分までエレベーターの点検がある。

2　ひまわりマンションのエレベーターは１基だけだ。

3　検査中、移動したいときはマンションの管理室へ連絡をすればいい。

4　エレベーターの検査は１時間半程度かかる予定だ。

(2)

　「娘を高校に行かせていません。」というと、みんな決まって驚く。「高校は義務ではありませんか？」とか、「高校を卒業してないと、就職が難しくはありませんか。」とか、みんな心配の話しかしない。もちろん学校から学ぶことは多いし、学校が悪いと思って行かせていないわけではない。

　娘が高校1年の夏休みの時に将来何になりたいのかと聞いたら、「わからない。まあ、高校の成績によって決まるから。」と言われたとき、私はショックだった。一瞬、好きなことも得意なこともない娘に腹が立った。でも、娘がこう言ったのは、家族や学校、社会、どこでも成績を基準に判断されがちだからだと思った。何かに興味を持てるようになる機会がなかったからだとも考えた。それで私は、学校の代わりに娘がいろいろな体験をできるようにサポートしているのだ。

（注）腹が立った：すごくおこった

25　こうとは、何をさしているか。

1　高校に通う意味がなくて学校を辞める。

2　高校を卒業しないと就職は難しい。

3　趣味や特技もなく、学校の成績で進路を決める。

4　興味を持てるようになる機会がない。

(3)

　日本に初めて旅行した外国人の多くが驚くのは、タクシーのドアだ。海外であれば、乗客がドアを開けたり閉めたりするのが当然である。しかし、日本では運転手がボタンをおすだけでドアが自動で開いたり閉まったりするのだ。

　日本で自動ドアが普及したのは、1964年に行われた東京オリンピックがきっかけであったという。当時、タクシーを利用する乗客は、日本人のみならず外国人客も増えていった。そのため、タクシー会社ではお客様へのサービスの一環として、乗客がタクシーを乗り降りする際には、運転手が車から降りてドアの開け閉めを行ったという。サービスとは言っても、それは大変な苦労であったに違いない。そこで自動ドアが開発されたというのである。

26　自動ドアが開発されたのは、なぜか。

1　1964年に行われた東京オリンピックの広報で、自動ドアサービスが義務化されたから

2　東京オリンピックのために来日した外国人客からの要求が多かったから

3　乗客のために運転手が車から降りてドアを開け閉めをするのが大変だったから

4　毎回、車から降りてサービスを行う運転手が自動ドアの開発を要求したから

(4)

これは木村さんから山田さんに届いたメッセージである。

山田さんへ

　いよいよ明日は３ヵ月間準備したプロジェクトの発表の日ですね。大変なこともありましたが、山田さんと一緒に仕事ができたこと、何よりいい結果を出せそうで嬉しいです。
　プレゼンテーションの準備は一通り終わりましたが、明日使う資料の件で連絡しました。参加人数は50人と聞いていますが、配る資料が足りないことになるといけませんので、余分に10枚ほど事前に準備をお願いします。また飲み物はこちらで用意しますので、山田さんには資料の件だけお願いしたいと思います。
　お手数をおかけしますが、どうぞよろしくお願いいたします。

木村

27　このメッセージを読んで、山田さんがしなければならないことは何か。

1　３ヵ月間のプロジェクトを始めるために発表をすること
2　３ヵ月間準備したプロジェクトの発表の準備をすること
3　プロジェクトの発表の時に使う資料を50枚準備すること
4　プロジェクトの発表の時に使う資料を、参加する人数分より多く準備すること問題4　つぎの(1)から(4)の文章を読んで、質問に答えなさい。答えは、１・２・３・４から最もよいものを一つえらびなさい。

(1)

　「てるてるぼうず」は、日本の文化のひとつである。「てるてるぼうず」とは、白い布や紙で作った人形だ。明日は晴れるようにという願いを込めて、窓にかけておく。

　もちろん、この人形を作ってかけるからと言って晴れるわけではない。しかし、天気の変化による被害が多い日本では、このような文化が多く見られる。自然の前で人間は無力であるので、こうして雨が降らないようにとお祈りをする文化ができたのだと思う。私も日本に留学した時、「てるてるぼうず」を作ってかけた思い出がある。次の日は遠足に行く予定だったのに、雨が降ると遠足がなくなってしまうからだ。そんなはずはないと思いながらも、いい天気を願う気持ちで作ってしまうのが「てるてるぼうず」だと思う。

24　そんなはずはないとあるが、それはどういうことか。
　　１　「てるてるぼうず」を作って窓にかけておくと、雨が降らないということ
　　２　天気の変化による被害が多い日本で、このような文化があるわけがないということ
　　３　「てるてるぼうず」を作るからといって、必ずしも晴れるわけではないということ
　　４　天気の変化による被害が多い日本で、このような文化は多いということ

(2)

これは、会社の総務部から社員に送られたメールである。

差出人： soumu@tsurugaisha.co.jp
件　名： 停電による業務変更のお知らせ
送信日時： 2025年9月15日（月）7:30

社員のみなさんへ

　本日、会社のある地域で朝から大きな停電が起きています。そのため、午前中の出社は見合わせてください。
　電気が直った後、安全を確認してから、午後の業務を再開する予定です。状況については、11時までにメールでお知らせしますので、確認をお願いします。
　なお、本日の午前中に予定されていた全体ミーティングは中止とします。

株式会社つるがい社
総務部

（注）見合わせる：一時的にやめる

25　このメールからわかることは何か。

1　午前中のうちに会社へ行き、全体ミーティングに参加する必要がある。
2　午前中は出社せず、午後からの業務についてはメールで確認する。
3　午後の業務は中止であり、今日は自宅待機となる。
4　11時までに自分で会社に連絡し、停電の状況を確認する。

　江戸時代、日本には「参勤交代」という仕組みがあった。これは、大名と呼ばれる地方のリーダーたちが、一年おきに江戸と自分の国を行き来しなければならないというきまりである。

　この仕組みにはいくつかの目的があった。ひとつは、大名が勝手に力をつけて国に反抗しないようにすること。もうひとつは、大名がたくさんのお金を使うことで、戦うための力を持ちすぎないようにすることだった。このように、参勤交代は国を安定させるために作られたのだ。

26 参勤交代を行った理由は何か。

1　大名に長い旅行を楽しませるため

2　江戸の町を経済的に安定させるため

3　大名がお金を使いすぎないようにするため

4　大名の力が強くなりすぎないようにするため

(4)

これは教授の先生から学生に届いたメッセージである。

内山さんへ

　論文の発表会、ついに明日ですね。卒業まで一歩一歩前進していること、指導教員としても嬉しく思います。

　さて、発表会が終わったら研究室のみんなと一緒に簡単な食事会をしたいと思います。食事会の場所は田中くんに予約を頼んでおきましたので、後で連絡が行くと思います。返信してあげてください。それから、研究室の先輩たちも明日の発表会に来るそうなので、参考にしてください。

　最後まで気を抜かず、しっかり準備して明日に臨みましょう。がんばってください。

木村

27 このメッセージで先生が学生に頼んでいることは何か。

1　論文を事前に印刷しておくこと

2　食事会の場所を予約すること

3　別の学生からの連絡に返信すること

4　明日の発表会に先輩たちを招待すること

問題４　つぎの(1)から(4)の文章を読んで、質問に答えなさい。答えは、１・２・３・４から最もよいものを一つえらびなさい。

(1)

　日本では昔から、おくりものを大切にする文化がある。たとえば、お世話になった人にお中元やお歳暮として品物をおくる習慣は、今でも残っている。
　こういったものは昔ほど多くは見られなくなってきたが、完全になくなったわけではない。最近では、デジタルギフトやインターネットでのおくりものサービスが人気になってきている。スマートフォンで簡単に送れるため、若い人の間でも使われている。

（注）お中元やお歳暮：それぞれ夏と年末に感謝の気持ちを伝えるおくりもの

24　この文章を読んで、わかることは何か。

　　１　日本では、昔のおくりものの習慣はすべてなくなってしまった。

　　２　今の若い人はおくりものをしないので、習慣は少しずつ消えている。

　　３　おくりものの方法は変わっても、気持ちを伝える文化は続いている。

　　４　デジタルギフトは便利だが、年配の人には使われていない。

(2)

　私は毎朝、家から会社まで電車で通っています。電車の中では多くの人がスマートフォンを見ていますが、本を読んでいる人は少なくなったと感じます。私自身も、以前は通勤中に本を読むことが習慣でしたが、最近はスマートフォンでニュースや動画を見ることが多くなりました。

　しかし、スマートフォンばかりを見ていると、情報が短く、表面的なものばかりで、深く考える時間が少なくなるように思います。本を読むと、一つのテーマについてじっくり考えることができ、自分の考えを広げたり深めたりすることができます。そのため、私はできるだけ本を読む時間を取り戻したいと思っています。

25　「私」が言いたいことはどれか。

　1　スマートフォンは便利なので、これからも使い続けたい。

　2　本を読む人が多くなったのは社会にとって良いことだ。

　3　スマートフォンだけでは、深く考える力が育ちにくい。

　4　本を読むことは楽しいが、あまり役には立たない。

(3)

　日本のコンビニは、外国人旅行者にとっても驚きの場所だ。24時間営業で、食べ物や飲み物だけでなく、日用品や化粧品も売っているし、公共料金の支払い、宅配便の受付など、さまざまなサービスを利用することができるからである。

　コンビニがこれほど多機能（たきのう）になった背景には、地域住民の生活をより便利にするという目的がある。特に忙しい人々にとって、短い時間で必要なものやサービスを手に入れられることは大きな魅力である。そのため、日本のコンビニは「小さな生活拠点」として、なくてはならない存在となっているのだ。

26　日本のコンビニが多機能（たきのう）になったのは、なぜか。

　1　外国人旅行者のために新しいサービスを導入したから

　2　地域住民の生活を便利にするために工夫されたから

　3　24時間営業を続けるために商品を増やしたから

　4　地域社会の小さな生活拠点として指定されたから

(4)

これは佐藤課長が鈴木さんに書き残したメモである。

鈴木さんへ

　来週の月曜日に予定している取引先との会議についてお知らせします。会議は午後2時から本社の会議室で行います。参加人数はおよそ20名になる見込みです。
　会議で使用するプロジェクターやマイクの準備は私が確認しますので、鈴木さんには会議資料のアップデートをお願いしたいと思います。資料は去年のデータを反映したものをメールで送っておきましたので、今年のデータを追加して仕上げてください。印刷して配布したいのですが、それはインターンの田中くんにお願いしてください。
　お忙しいところ申し訳ありませんが、どうぞよろしくお願いします。

佐藤

27　このメモを読んで、鈴木さんがしなければならないことは何か。

1　会議で使うプロジェクターやマイクを準備すること
2　会議で配布する資料を事前に印刷しておくこと
3　最新のデータを入れた会議資料を完成させること
4　インターンが担当している作業を手伝うこと

STEP 1 유형 알기

問題5 つぎの(1)と(2)の文章を読んで、質問に答えなさい。答えは、1・2・3・4から最もよいものを一つ
　　　　えらびなさい。

문제 5　다음 (1)과 (2)의 글을 읽고, 질문에 답하세요. 정답은, 1·2·3·4에서 가장 올바른 것을 하나 고르세요..

350자 정도의 지문을 읽고 질문에 올바른 답을 고르는 문제이다. 수필과 설명문이 골고루 출제되며, 1개의 지문에 3개의
문제가 출제된다. 내용이해(중문)의 출제 유형은 다음과 같다.

1. 내용 전체를 묻는 유형

1) 지문의 내용과 일치하는 것 혹은 일치하지 않는 것을 묻는 패턴

지문 전체를 확인해야 하는 문제로, 주로 合っているもの(맞는 것)를 고르는 문제가 출제된다. 대체로 지문의 흐
름과 선택지의 순서가 같으므로, 지문과 선택지를 비교하며 소거하는 방식으로 푸는 것이 효과적이다. 문장이 긍
정인지 부정인지도 정확히 확인하자.

질문 예 この文の内容について、正しいのはどれか。 이 글의 내용에 대해 올바른 것은 어느 것인가?

2) 필자의 주장을 묻는 패턴

필자의 주장은 마지막 문단에 자주 등장하며, 특히 つまり(즉), 要するに(요컨대) 뒤에 정답의 힌트가 있을 확률
이 높다.

질문 예 筆者はこれからどうすべきだと言っているか。 필자는 앞으로 어떻게 해야 한다고 말하고 있는가?

2. 특정 키워드의 내용에 대해 묻는 유형

질문에서 특정 키워드가 언급된 경우, 해당 어휘 혹은 동의어가 등장한 문단을 집중해서 확인해야 한다.

질문 예 ネクタイを選ぶときに重要な点は、どれか。 넥타이를 고를 때 중요한 점은, 어느 것인가?

3. 밑줄이 가리키는 것을 묻는 유형

밑줄 문제는 앞뒤 문장에 정답의 힌트가 있을 확률이 높다. 특히 지시어로 시작하면 앞 문장, 역접 표현(しかし,
ところが, でも 등)으로 시작하면 뒤에 정답의 힌트가 있을 가능성이 높다.

질문 예 その意見とは何か。 그 의견이란 무엇인가?

문제 풀이 핵심 Point!

① 질문에 どうして(왜), なぜ(왜)가 포함된 경우, ～から(~때문에), ～ので(~때문에), ～のです(~인 것입니다)와 같은 원
　 인과 이유를 나타내는 문장을 확인하자.
② 지문의 たとえば(예를 들면)와 같이 예시를 나타내는 문장이 선택지로 등장하는 경우가 많다.
③ 지문과 동일한 어휘보다는 교체유의어가 쓰인 선택지가 정답일 확률이 높다.

　私は昔から、物を捨てるのが苦手です。使わなくなったものでも、「もしかしたら、また使うかもしれない」と思って、つい取っておいてしまうのです。そのため、家の中には、何年も使っていない物がたくさんあります。

　しかし　先日引っ越しをすることになり、本当に困りました。荷物をまとめようとしたら、どれもこれも捨てられなかった物ばかりで、部屋の中が物であふれていたのです。引っ越すところは今よりも小さい家だったので、全部持っていくことはできませんでした。

　仕方なく、私は一つ一つの物を見ながら、必要ない物を少しずつ捨てました。でも、その作業はとても時間がかかって疲れてしまいました。

　今になって思うと、もっと早くからいらない物を整理しておけばよかったと後悔しています。これからは、今の自分に本当に必要かどうかを考えて、物を大切に管理していきたいと思います。

28번

29번

30번

28　筆者はなぜ困ったのか。
1 使いたい物が見つからなかったから
2 新しい家に全部の物を持っていけなかったから
3 引っ越しの日に荷物をまとめる時間がなかったから
4 家族が手伝ってくれなかったから

> 필자가 곤란했던 이유를 찾아야 한다. 곤란했습니다(곤란했습니다) 앞에 역접의 접속사 しかし(하지만)가 있으므로 정답의 힌트는 뒤에 있을 가능성이 높다. 또한, から(때문에), ので(때문에) 등과 같이 이유를 나타내는 표현이 포함된 문장에서 정답의 힌트를 찾을 수 있다.

29　その作業とは、何か。
1 物を箱に入れて運ぶこと
2 家の中を掃除すること
3 必要ない物を少しずつ捨てること
4 新しい家を探すこと

> 지시어가 포함된 밑줄 문제는 앞 문장에서 정답의 힌트를 찾을 수 있다.

30　筆者はこれから物についてどうしたいと言っているか。
1 できるだけ物を取っておきたい
2 物を集めて、思い出を大切にしたい
3 必要かどうかを考えて、物を整理したい
4 新しい家に合わせて物を買い直したい

> 필자의 생각이나 주장은 주로 마지막 문단에서 찾을 수 있다.

독해

저는 예전부터 물건을 버리는 것이 서툴렀습니다. 사용하지 않게 된 것이라도 '혹시 다시 사용할지도 몰라'하고 생각해, 그만 보관해 두는 것입니다. 그래서, 집 안에는 몇 년이나 사용하지 않은 물건들이 많이 있습니다.

하지만 며칠 전 이사를 하게 되어 정말 곤란했습니다. 짐을 정리하려고 했더니, 이것도 저것도 버리지 못한 물건들뿐이라, 방 안은 물건들로 넘쳐났던 것입니다. 이사할 곳은 지금보다도 작은 집이었기 때문에, 전부 가져갈 수는 없었습니다.

어쩔 수 없이, 저는 하나하나의 물건을 보면서 필요 없는 물건을 조금씩 버렸습니다. 그러나 <u>그 작업</u>은 정말 시간이 걸려서 지치고 말았습니다.

지금 생각해보면, 더 일찍부터 필요 없는 물건을 정리해 두었으면 좋았을 걸하고 후회하고 있습니다. 앞으로는 지금의 저에게 정말 필요한지 생각해서, 물건을 소중히 관리해 나가고 싶다고 생각합니다.

28 필자는 왜 곤란했는가?
1 사용하고 싶은 물건을 찾을 수 없었기 때문에
2 새 집에 모든 물건을 가져갈 수 없었기 때문에
3 이사 날에 짐을 정리할 시간이 없었기 때문에
4 가족이 도와주지 않았기 때문에

29 그 작업이란 무엇인가?
1 물건을 상자에 넣어 나르는 것
2 집 안을 청소하는 것
3 필요 없는 물건을 조금씩 버리는 것
4 새 집을 찾는 것

30 필자는 앞으로 물건에 대해 어떻게 하고 싶다고 말하고 있는가?
1 가능한 한 물건을 보관해 두고 싶다
2 물건을 모아 추억을 소중히 하고 싶다
3 필요한지 아닌지를 생각해서 물건을 정리하고 싶다
4 새 집에 맞게 물건을 다시 사고 싶다

1. 내용 전체를 묻는 유형

　田舎と都会の暮らしはずいぶん違います。田舎は自然が多くて、静かなところです。空気もきれいで、人が少ないので、精神的にもゆっくり過ごせることが多いです。夜には星がよく見えて、季節の変化も肌で感じやすいでしょう。一方で不便な点もあります。店が限られていたり、交通機関の本数が少なかったりして、買い物や移動が少し不便なことがあります。

　それに対して都会はとても便利です。電車やバスがたくさん走っていて、どこへでも簡単に行くことができます。買い物も便利で、スーパーやレストランが多く、生活するうえで困ることはあまりないでしょう。しかし、都会は人が多くて、騒がしいです。空気もあまりきれいではありません。どちらがいいかは、自分がどんな生活を送りたいかによって違うということですね。

독
해

1　「田舎での暮らし」についての説明で、合っているものはどれか。
　1　自然が豊かで、精神的にも余裕を持って過ごすことができる。
　2　夜には星を見ることができるので、毎日観察しなければいけない。
　3　最近、交通機関の本数が増えてきているので、どこでも簡単に行ける。
　4　買い物や移動する時に不便なので、住まないほうがいい。

2　田舎と都会の暮らしについて、筆者はどう思っているか。
　1　田舎よりも都会で住んだほうが便利に生活することができる。
　2　どちらもいい点があるので、よく考えてから引っ越したほうがいい。
　3　都会は空気がきれいではないので、田舎に移住したほうがいい。
　4　自分が送りたい暮らしのスタイルによって、いいか悪いかが変わる。

　勉強や仕事をしているとき、ある程度の時間までは集中できるのに、一定時間を過ぎると、集中力が切れてしまうことはありませんか。

　そんな時は、ポモドーロ・テクニックという手法<ruby>（しゅほう）</ruby>があります。これは勉強や仕事を効率よくするための方法です。このテクニックでは、まず25分間集中して勉強します。そのあと５分休みます。この25分と５分を１セットとして、４回くり返したら、少し長い休みを取ります。

　この方法を使うと、短い時間でもしっかり集中できます。また、休み時間があるので、疲れすぎることもありません。私は外国語を勉強するときに、この方法を使っています。25分だけだと思うと、がんばろうという気持ちになるのです。ポモドーロ・テクニックは、集中力を高めたい人やすぐに疲れてしまう人におすすめです。

3　ポモドーロ・テクニックという手法<ruby>（しゅほう）</ruby>は、どのような方法であるか。

　1　勉強を25分だけ集中して行う方法
　2　集中する時間25分と休憩時間５分をセットとして集中する方法
　3　休み時間をできるだけ短くするために５分だけ休む方法
　4　集中時間を４回繰り返してから５分間休む方法

4　ポモドーロ・テクニックが向いている人は、どんな人か。

　1　集中力を上げたいと思っている人
　2　長時間集中しなくてもいい人
　3　短い時間だけ仕事したい人
　4　普段から疲れがたまっている人

　日本の新幹線はとても速いことで知られています。例えば、東京から大阪までの長距離を約2時間30分で行くことができます。車や普通の電車よりもずっと速いので、<u>多くの人が利用</u>しています。
①

　しかし、新幹線のいい点はそれだけではありません。新幹線は、走る前にしっかりとチェックされていて、走っている間も安全に見守られています。そして、乗客が快適（かいてき）に過ごせるように、車内もきれいに掃除されています。

　新幹線は時刻表のとおりに正確に走ることで有名です。出発や到着の時間がほとんど変わりません。天気が悪い日でも、ほとんど時間どおりに着きます。このように、日本の新幹線は速さだけでなく、時刻表の精度（せいど）も世界中で高く評価されています。<u>このような利点</u>があるため、旅行や仕事で時間を大切にしたい人にはとても便利です。
②

5　①<u>多くの人が利用</u>するのは、なぜか。

1　車よりも安く行くことができるから
2　普通の電車よりも混雑していないから
3　他の交通機関（きかん）よりも早く移動できるから
4　他の電車と比べてきれいだから

6　②<u>このような利点</u>とは、どのような利点か。

1　車内清掃が1日に複数回行われる点
2　他の交通機関（きかん）よりも早く到着することができる点
3　天気が悪い日でも快適（かいてき）に移動できる点
4　時刻表とほぼ同じ時間で運行されている点

問題5　つぎの(1)と(2)の文章を読んで、質問に答えなさい。答えは、1・2・3・4から最も
　　　　よいものを一つえらびなさい。

(1)

　晩婚化①とは、最初の結婚の年齢が以前より高くなる傾向で、高年齢で結婚することである。結婚する年齢は、時代とともに全体的に遅くなってきているのだ。結婚が以前より遅くなった理由はさまざまであるが、経済的な問題や私生活の重視などが挙げられる。皆、自分の人生のための理由を言いながら、結婚を遅らせているように見える。これは国の立場から見ると、かなり深刻な問題②なのだ。晩婚化すると、当然子供を産む人口が減ってしまう。なぜなら、出産するには体力も時間も経済的な余裕も必要だからである。それゆえ結婚はしても、子供をもたないという人が増えつつあるのが現状だ。少子化は将来的な人手不足につながるので、国は国民の結婚と出産を勧めている。

　しかし、現代の若者は単に自分の人生だけを重視して結婚が遅くなっているのではない。経済が悪化している今の状況では、自分自身の生活にさえ不安を覚えている若者が増えているのだ。高齢化が進み、就職先が決まらない若者は経済活動ができず、お金を貯めるどころか稼ぐことさえ思いどおりにならないのが現実である。つまり、子供を産んで豊かに育てられないのである。国は他の社会問題を考えることも大切だが、もっと国民一人一人の立場を考えて、早く対策をとる必要がある。

28　①晩婚化とあるが、どのようなことか。

　1　高校を卒業してから、すぐに結婚の準備をして30代になる前に結婚すること
　2　自分の理想のタイプがあって、そのタイプを見つけるまでは結婚しないこと
　3　お金をたくさん貯めて、豊かな生活ができる時に結婚すること
　4　世間一般的な結婚年齢を過ぎて遅くに結婚すること

29　②深刻な問題とあるが、それはなぜか。

1　結婚が遅くなればなるほど、体力がなくなって子供と一緒に遊べないから

2　自分の生活だけを重視すると、さらに結婚がしたくなくなるから

3　結婚が遅くなることで少子化につながり、長期的に見て人手不足になるから

4　仕事をしない人が増えて、人手が足りなくなってしまうから

30　この問題について、「私」はどう考えているか。

1　結婚したくなくても、子供のために早く結婚するべきだ

2　国は、個人の責任として考えずに、いろいろな対策を立てるべきだ

3　子供を育てるには体力があった方がいいので運動をするべきだ

4　一人一人がお金を貯めて、経済的に安定した生活を送るべきだ

(2)

　昨日、息子は学校から帰ると、挨拶もせずにすぐに自分の部屋に引っ込んでしまった。どうしたのかと聞かれるのは嫌がるかもしれないと思い、何も聞かずに黙っていた。夕飯の時間になり、息子の部屋へ行ったが、「食べない」という短い答えが返ってきただけだった。

　そっとしておこうかと思ったが、やはり気になり「ちょっと入るよ。」と声をかけてから息子の部屋に入った。息子はベッドの上で布団をかぶり、こちらを見向きもしなかった。きっと何かあったのだろうと思った私は、息子に話しかけた。「学校で何かあったの？お母①さんでもいいなら聞くよ。」少しの間があいてから、息子が顔を見せた。涙でボロボロになった息子の顔を見ると胸が痛んだ。「実はね。山田君が学校のみんなの前で、お前は背が②低いって言ったんだ。」と息子は話してくれた。大人の立場からすると大したことでもないのだが、小学生の息子にとっては、とても恥ずかしい思いがしたのであろう。私は少し考えてから息子に「きっと山田君は、健二は頭がいいからうらやましくてそんなこと言っちゃったのよ。健二はまだ小学生だから、これから大きくなる時間は、まだまだたくさんあるんだよ。」と言ってあげた。すると、健二は笑顔で「そうだよね。まだ大きくなれるよね」と言い、やっと元気を取り戻してくれたのだ。

31　①きっと何かあったのだろうとあるが、それはなぜか。

　1　普段より早く布団をかぶって寝ているから

　2　お母さんの話を聞こうともしなかったから

　3　夕飯を食べている間、何も話さなかったから

　4　学校から帰ってきて、挨拶もせずに部屋に入ってしまったから

32 ②<ruby>胸<rt>むね</rt></ruby>が<ruby>痛<rt>いた</rt></ruby>んだとあるが、それはなぜか。

1　一日中何も食べてない息子が夕飯も食べないと言ったから

2　学校の友達とけんかをして顔にけがをしたから

3　何かあったらしい息子が、泣きながら布団をかぶっていたから

4　大したことでもないのに、息子が夕飯を食べないと言ったから

33　本文の内容に合っているのは、何か。

1　お母さんは息子が心配になったので何も言わずに息子の部屋に入った

2　息子は普段も学校から帰ってくると挨拶もせずに、部屋に引っ込む

3　息子は学校の友達から、身長のことを言われて泣いていた

4　お母さんは息子の悩みを聞いて、大したことないことだと教えてあげた

問題5　つぎの(1)と(2)の文章を読んで、質問に答えなさい。答えは、１・２・３・４から最も
　　　よいものを一つえらびなさい。

(1)

　仲のいい友達だからこそ、正直に話せないという人がいる。理由は、気まずいことを言っ
て人間関係を悪くしてしまうのが嫌だというのだ。だが、私の考えは違う。仲がいい人には
もっと正直になって言うべきだと思う。逆に仲の良くない人に、その人のためを思ってわざ
わざアドバイスをするはずがないのだ。もちろん、相手の気分が悪くなるようなことをその
まま言うのではない。何かを言う時には内容はもちろん重要だと思うが、話し方も大事だと
思う。

　親しい友人に正直な気持ちを伝えることには多くのメリットがある。まず、自分の考え
や感じたことを率直に言うことで、お互いの信頼関係はより強くなる。相手は「本当に自分
のことを思ってくれている」と感じ、安心して心を開けるようになるだろう。また、正直な
意見を伝えることで、相手が自分では気づかなかったことに気づくきっかけになることもあ
る。

　例えば、友達と一緒にショッピングに行った時、友達があまり似合わない服を選んだとす
ると、仲の良い友達には「〇〇は顔が白いから、こっちの服の方がもっとかわいく見えると
思うよ。」と柔らかく言うように心がけている。勇気を持って本音を伝えることで、友達自
身が気づかなかった部分を伝えることができるのだ。また話し方に気をつけることで、相手
との関係が悪化することもなく、逆にいいアドバイスができるだろう。

28　正直に話せないとあるが、それはなぜか。
　１　正直に言うと、相手が親しくない関係だと思ってしまうかもしれないから
　２　子供の時から、友達に正直に言うのは相手に失礼なことだと教えられたから
　３　相手も知っているのに、あえて言うのは迷惑なことだから
　４　正直に言うと、逆に仲が悪くなるかもしれないと思っているから

29 正直に話すことのメリットは、何か。

1 自分の話し方の技術を高めることができる。

2 自分と相手との信頼関係を高めることができる。

3 自分が心を開いているということを相手にアピールできる。

4 正直に話すことで、自分の短所に気づくことができる。

30 仲のいい人に正直に言うことについて、「私」はどう思っているか。

1 どんなことであっても相手には正直に自分の感情を伝えた方がいい。

2 相手の気持ちを考えて、話したいことは手紙で書いた方がいい。

3 相手には正直に言うが、相手の気持ちを考えながら話し方に気をつけた方がいい。

4 正直に言うと相手の気分を悪くするので、事実ではないことも混ぜて話した方が
いい。

(2)

　私は昔から旅行が好きだった。今までは国内より海外旅行をする方だった。しかしある時、雑誌で「おばあさんだけが住んでいる村」という記事を読んだことがあった。①その村は山奥にあり、若者は一人もおらず、おばあさんばかりが集まって住んでいる村だった。村も大きくなく、住んでいるおばあさんも30人ほどであった。都会からの交通の便もよくないこともあり、観光客も少ない場所である。

　しかし、3年前にある作家が、この村のために「おばあさんたちとの田舎体験」ということを始めたという。その体験とは、おばあさんの家で1泊しながら、農作業体験や収穫した作物でご飯を作って食べることだった。これが都会の生活に疲れた人たちに人気が出て、村は次第に観光客でにぎわうようになったそうだ。おばあさんたちも、誰も訪ねてこなくなり寂しくなっていた村が、にぎやかになって②嬉しいと語った。

　私も今年の夏休みに、この村に行ってみた。交通は確かに少し不便ではあったものの、きれいな景色やおいしくて新鮮な食べ物で、体が健康になる感じがした。興味を持たなければ存在すら知られなかったはずの村に興味を持ち、村の活性化へのきっかけを作ってくれた作家に感謝するようになった。

31　①その村とあるが、どのような村か。

1　都会にあって、若者は住んでいないおばあさんだけの静かな村

2　静かな都会にあって、作家やおばあさんが住んでいる村

3　都会からの交通が不便な田舎にあって若者は住んでいない村

4　都会からの交通は不便ではないが、若者が住んでいない村

[32]　②嬉しいとあるが、それはなぜか。

1　田舎を活性化しようとする政策のおかげで、この村に訪れる若者が増えたから

2　ある作家のおかげで、都会の体験ができるようになったから

3　若者が訪れ始め、静かだった村がにぎわうようになったから

4　農作業を手伝うために、たくさんの若者が訪れるから

[33]　この文章を書いた人は、この村についてどのように考えているか。

1　交通の便もよくないので、人口が減るのは仕方がないことだ。

2　景色や食べ物のおかげで、体も健康になるようだ。

3　観光客が減ってしまい、寂しい感じがする。

4　村の活性化に取り組んでくれた作家に感謝している。

問題5　つぎの(1)と(2)の文章を読んで、質問に答えなさい。答えは、1・2・3・4から最も
　　　よいものを一つえらびなさい。

(1)

　私の家の近くにある駅には駅の中に図書館がある。この図書館は、無人図書館で本を自由
に借りたり返したりできるのだ。もちろん、それにはルールがある。借りた本は1週間以内
に返すこと、みんなで見る本なのでらくがきや書き込みなどはしてはいけないということで
ある。無料で本が読めるうえに、駅の中にあるのでわざわざ図書館まで行く必要もない。だ
から私も普段は、その図書館をよく利用している。

　しかし昨日、本を借りてびっくりすると同時に腹が立った。本を読んでいる最中にらくが
きを発見したのである。そのらくがきの内容は本のあらすじだった。誰かがいたずらをしよ
うと思って、本のあらすじを書いたようだ。こんなにありがたいサービスを利用しているの
にもかかわらず、感謝の気持ちどころかルールを破り、いたずらをするなんてありえないこ
とだと思った。

　みんなに与えられている無料のサービスだからと言って、それを当然のものと思ってはい
けない。感謝の気持ちを忘れずに、物は大事にすべきだと思った。

28　①ルールとあるが、それは何か。
　1　借りた本は、駅の中でしか読むことができないこと
　2　借りた本に線を引いてはいけないこと
　3　借りた本は、3日以内に返却すること
　4　借りた本は、近くの図書館に返却すること

29 ②腹が立ったとあるが、それはなぜか。

1　図書館に自分が読みたかった本がなかったから

2　他の人が返却期間内に本を返していなかったから

3　自分が借りて読んでいる本に、誰かがわざとあらすじを書いていたから

4　自分が借りて読んでいる本のあらすじを、友達がしゃべってしまったから

30 無人図書館の利用について、「私」はどう思っているか。

1　本を借りることができる期間が短いと思っている。

2　駅の中ではなく、家の近くの図書館で返すことができたらいいと思っている。

3　駅の中にあって便利なうえに、無料で借りることができていいと思っている。

4　他の人と一緒に読むのは嫌だが、無料だから仕方がないと思っている。

(2)

　最近、健康のために運動を始める人が増えていますが、私が特におすすめしたいのが早朝ランニングです。私もかれこれ３年ほど続けている習慣です。

　朝の空気はきれいで気持ちがよく、走ることで心も体もリフレッシュできます。朝日を浴びながら走ると、ビタミンＤやセロトニンが体内で分泌されることで、体内時計が整い、一日のスタートをスムーズに切ることができます。

　また、早朝ランニングは生活のリズムを整える効果もあります。夜遅くまで起きていると、つい朝寝坊してしまいがちですが、走る習慣を持つと自然に早起きができるようになります。その結果、勉強や仕事にも集中しやすくなり、効率も上がります。朝に体を動かすことで気分が前向きになり、ストレスをへらすにもつながると言われています。

　さらに、走ることで血の流れがよくなり、脳へ行く酸素の量が増えるため、頭がすっきりして考えがまとまりやすくなります。もちろん、無理をせず自分の体調に合わせて続けることが大切です。短い距離でも習慣にすることで、大きな健康効果を得ることができるでしょう。

（注）分泌：体の中で作られたものを、体の外や内に出すこと。

31 早朝ランニングの効果として、合っているものはどれか。

1　夜遅くまで起きていても朝寝坊しなくなる。

2　走ることで体内時計が整い、一日の始まりがよくなる。

3　３年ほど続けることで、楽に早起きができるようになる。

4　長い距離を走らなければ、あまり効果がない。

[32]　早朝ランニングを続けるために大切なことは何か。

1　太陽を浴びるために天気がいい日に走ること

2　日中は仕事や勉強に集中すること

3　自分の体調に合わせて無理なく続けること

4　前の日に夜ふかししたとしても走ること

[33]　この文章全体で「私」が伝えたいことは何か。

1　早朝ランニングは健康や生活のリズムに良い影響を与える。

2　早朝ランニングは毎日一定の距離を走らなければ意味がない。

3　夜遅く走ることは健康によくないので、避けたほうがよい。

4　早朝ランニングをすることで体内のビタミンがたくさん消費される。

STEP 1 유형 알기

問題6 つぎの文章を読んで、質問に答えなさい。答えは、1・2・3・4から最もよいものを一つえらびなさい。

문제6   다음 글을 읽고, 질문에 답하세요. 정답은, 1・2・3・4에서 가장 올바른 것을 하나 고르세요.

550자 정도의 지문을 읽고 질문에 올바른 답을 고르는 문제이다. 수필과 설명문이 골고루 출제되며, 1개의 지문에 4개의 문제가 출제된다. 내용이해(장문)의 출제 유형은 다음과 같다.

1. 내용 전체를 묻는 유형

1) 지문의 내용과 일치하는 것 혹은 일치하지 않는 것을 묻는 패턴

대체로 지문의 흐름과 선택지의 순서가 같고, 정답은 교체유의어로 출제되는 경우가 많다. 지문이 긍정이고 선택지가 부정이어도 표현만 다르고 의미가 같다면 정답이 될 수 있으므로, 긍정/부정만 보고 판단하지 말자.

질문 예 この文の内容について、正しくないのはどれか。 이 글의 내용에 대해 올바르지 않은 것은 무엇인가?

2) 필자의 주장을 묻는 패턴

필자의 설명과 주장을 잘 구분해야 한다. 문단은 같은 주제의 문장이 모인 덩어리이므로, 각 문단이 설명인지 주장인지 구분하면 필자의 주장을 빠르게 찾을 수 있다.

질문 예 この文章で筆者が言いたいことは何か。 이 문장에서 필자가 말하고 싶은 것은 무엇인가?

2. 특정 키워드의 내용에 대해 묻는 유형

질문에 나온 핵심 단어나 유의어가 포함된 문단을 중심으로 확인하자. 시간이 부족할 때는 지문 전체보다 해당 어휘가 등장한 부분에 집중하는 것이 효과적이다.

질문 예 栄養ドリンクの問題点ではないものは、どれか。 영양 음료의 문제점이 아닌 것은 어느 것인가?

3. 밑줄이 가리키는 것을 묻는 유형

장문에서는 특정 키워드나 밑줄의 이유·원인을 묻는 문제가 자주 출제된다. 밑줄 앞뒤 문장에 집중해 읽는 것이 중요하며, 하나의 지문에 밑줄이 여러 개 있을 경우 지문을 읽기 전에 밑줄의 위치를 확인해두자.

질문 예 こういった行動とは、何か。 이러한 행동이란 무엇인가?

문제 풀이 핵심 Point!

① 지문이 긴 만큼 접속사의 역할이 중요하다. 순접, 역접, 결론, 예시를 나타내는 접속사를 정확히 체크하자.
② 문장의 시제와 ～ようになる(~하게 되다), ～ことになる(~하기로 되다), ～になる(~가 되다)와 같은 변화를 나타내는 문형에 주의하자. 과거인지 현재인지 정확히 파악해야 오답을 골라낼 수 있다.
③ 시간이 충분하다면 처음과 마지막 문장을 먼저 훑어보자. 대략적인 내용을 예측할 수 있다.
④ 지문에 없는 내용을 예상해서 문제를 푸는 것은 위험하다. 상상으로 답을 고르지 말자.

　最近では、レストランやカフェなどで、店員に直接注文するのではなく、タブレットや機械を使って注文するスタイルが増えてきた。自分のペースで注文できるため、忙しい時でも待たずに済み、多くの人にとっては便利でありがたいと感じられている。

34번　しかし、すべての人がそのシステムをスムーズに利用できるわけではない。特に、年配の人や機械に慣れていない人にとっては、画面の操作が難しく、注文するだけで疲れてしまうこともある。結局、店員を呼んで説明を求める場面も少なくない。

　そこで、あるカフェでは「お手伝いベル」を設置することにした。タブレットの操作が難しいと感じた場合、このベルを押すと、店員がすぐに席まで来て、直接注文を聞いてくれる仕組みだ。ベルを押すことは恥ずかしいことではなく、誰でも気軽に使えるよう工夫されている。

35번　この取り組みは「誰にでも優しいサービスだ」として、口コミで広がった。便利なだけでなく、誰もが安心して利用できる場所だと感じた客が、友人や家族に紹介するようになり、36번　結果的にそのカフェの人気も高まったという。

37번　便利な技術を取り入れるだけではなく、それを使いにくいと感じる人への配慮も忘れないことが、これからのサービスにはますます大切になるだろう。

독해

34 このカフェが「お手伝いベル」を設置した理由は何か。
1 タブレットでの注文を禁止するため
2 すべての客にベルを使わせるため
3 注文システムを使えない人を助けるため
4 店員の仕事を減らすため

> そこで(그래서)는 앞 문장의 상황이나 배경을 받아 결과나 대응을 나타내는 접속사이므로, '도움 벨을 설치한 이유'는 앞 문장에 제시됐을 가능성이 높다.

35 口コミで広がったとあるが、それはなぜか。
1 タブレットを使わなくても注文できるようになったから
2 誰にでも利用しやすいサービスだと感じられたから
3 タブレットの台数を増やしたから
4 料理のメニューを増やしたから

> 밑줄 앞뒤의 이유를 나타내는 문장에 집중하자. 특히 바로 앞의 ～として(~로써)는 입장, 자격, 역할, 이유를 나타내므로, 힌트가 되는 핵심 문장이다.

36 このカフェでは、どのようにして人気が高まったのか。
1 安いメニューをたくさん出したから
2 お手伝いベルを使った客が店を紹介してくれたから
3 店員の数を増やしたから
4 新しい機械をたくさん導入したから

> 질문의 특정 키워드가 포함된 문장을 찾는 것이 우선이다. '인기가 높아진' 이유를 묻고 있으므로, 이유와 결과가 서술된 부분을 확인하자.

37 筆者は、サービスについてどのように考えているか。
1 便利なサービスだけでは十分ではないと考えている
2 できるだけすべてのサービスを自動化すべきだと考えている
3 年配の人だけにサービスを変えるべきだと考えている
4 新しいシステムに慣れる努力が必要だと考えている

> 필자의 주장이나 생각은 일반적으로 글의 마지막 문단에 제시된다. 특히 ～だろう(~일 것이다) 같은 추측이나 의견 표현이 담긴 문장은 필자의 관점을 파악하는 핵심 힌트가 된다.

　요즘에는 레스토랑이나 카페 등에서 점원에게 직접 주문하는 것이 아니라 태블릿이나 기계를 이용해 주문하는 방식이 늘고 있다. 자신의 페이스로 주문할 수 있어서 바쁜 때에도 기다리지 않아도 되서, 많은 사람에게 있어서는 편리하고 고맙게 느껴지고 있다.

　하지만 모든 사람이 그 시스템을 원활하게 이용할 수 있는 것은 아니다. 특히 어르신이나 기계에 익숙하지 않은 사람들에게 있어서는 화면 조작이 어렵고, 주문하는 것만으로도 지쳐버리는 일도 있다. 결국 점원을 불러 설명을 요청하는 장면도 적지 않다.

　그래서 한 카페에서는 '도움 벨'을 설치하기로 했다. 태블릿 조작이 어렵다고 느끼는 경우, 이 벨을 누르면, 점원이 바로 자리로 와서 직접 주문을 받는 시스템이다. 벨을 누르는 것은 부끄러운 일이 아니며, 누구나 부담 없이 사용할 수 있도록 궁리되어 있다.

　이러한 노력은 '모두에게 친절한 서비스다'라고 <u>입소문이 퍼졌다</u>. 편리할 뿐만 아니라 누구나 안심하고 이용할 수 있는 장소라고 느낀 고객들이 친구나 가족에게 소개하게 되어, 결과적으로 그 카페의 인기도 높아졌다고 한다.

　편리한 기술을 도입하는 것뿐만 아니라, 그것을 사용하기 어렵다고 느끼는 사람들에 대한 배려도 잊지 않는 것이 앞으로의 서비스에서는 더욱 중요해질 것이다.

34 이 카페가 '도움 벨'을 설치한 이유는 무엇인가?
1 태블릿 주문을 금지하기 위해
2 모든 고객에게 벨을 사용하게 하기 위해
3 주문 시스템을 사용하지 못하는 사람을 돕기 위해
4 점원의 일을 줄이기 위해

35 입소문이 퍼졌다고 했는데, 그것은 어째서인가?
1 태블릿을 사용하지 않고도 주문할 수 있게 되었기 때문에
2 누구에게나 이용하기 쉬운 서비스라고 느껴졌기 때문에
3 태블릿의 수를 늘렸기 때문에
4 요리 메뉴를 늘렸기 때문에

36 이 카페에서는 어떻게 해서 인기가 높아졌는가?
1 저렴한 메뉴를 많이 내놓았기 때문에
2 도움 벨을 사용한 고객이 가게를 소개해 주었기 때문에
3 점원의 수를 늘렸기 때문에
4 새로운 기계를 많이 도입했기 때문에

37 필자는 서비스에 대해 어떻게 생각하고 있는가?
1 편리한 서비스만으로는 충분하지 않다고 생각하고 있다
2 가능한 모든 서비스를 자동화해야 한다고 생각하고 있다
3 어르신들에게만 서비스를 바꿔야 한다고 생각하고 있다
4 새로운 시스템에 익숙해질 노력이 필요하다고 생각하고 있다

STEP 2　공략 문제

1. 내용 전체를 묻는 유형

　最近、日本では地震や台風などの自然災害がよく起こります。そのため、町や市では、防災訓練が行われたり、避難場所や避難経路がわかりやすいように地図が配られたりしています。防災訓練には地域の住民だけでなく、消防署や警察などの関係機関も参加し、実際の災害を想定した本格的な訓練が行われることもあります。学校や会社でも、災害が起きたときのためのマニュアルを作ったり、避難訓練をしたりすることが増えています。こうした訓練や準備を通して、地域の人々が協力し合いながら防災について学ぶ機会も多くなっています。

　また、家でも防災グッズを準備する人が多くなりました。たとえば、水や食べ物、懐中電灯、ラジオ、乾電池、救急セット、非常用トイレなどをリュックサックに入れて、防災カバンとしてすぐに持ち出せるようにしている家庭が増えています。特に小さい子どもやお年寄りがいる家庭では、必要な薬や健康用品なども忘れずに入れることが大切です。家族で災害が起きたとき、どこに集まるか、どのように連絡を取り合うかを事前に話し合っている人たちも多いです。最近は、スマートフォンの防災アプリを使って、災害情報や避難情報をすぐに知ることができるようになりました。

　このように、地域全体で防災意識が高まることで、もしもの時にみんなが安全に行動できるようになります。災害はいつ起きるかわからないため、一人ひとりができることを考え、しっかり準備することが大切です。

1　最近、日本では自然災害がよく起こるようになった結果、どのようになったのか。

1　学校や会社では防災マニュアルが義務化された。
2　防災グッズをいつも持ち歩くようになった。
3　スマートフォンを使った訓練が実施されるようになった。
4　地震や台風などに備える防災意識が高まるようになった。

　SNSは、今では多くの人が使っている便利なツールです。SNSを使うことで、友だちや家族と簡単に連絡を取ったり、世界中の人々とつながったりできます。遠くに住んでいる友だちの写真や日記を見たり、自分の考えや気持ちをすぐに発信したりできるのは、とても楽しいことです。また、ニュースやいろいろな情報をすぐに知ることができるのも、SNSのいい点です。自分の興味のある話題やグループに参加したり、共通の趣味を持つ人と知り合うこともできます。仕事や勉強の情報交換にも役立つことがあり、SNSがあることで生活がより豊かになったと感じる人も多いでしょう。

　しかし、SNSには問題点もあります。たとえば、うそや間違った情報がすぐに広がってしまうことがあります。また、SNSで悪口を書かれたり、トラブルになることも少なくありません。長い時間SNSを使いすぎて、勉強や仕事に集中できなくなる人もいます。SNSの使い方を間違えると、人間関係が悪くなったり、自分が傷ついたりすることもあります。

　このように、SNSにはいい点もあれば問題点もあります。便利だからといって、なんでも信じたり、長時間使いすぎたりしないように注意が必要です。自分や周りの人が気持ちよく使えるように、ルールやマナーを守ってSNSを利用することが大切だと思います。また、困ったときやトラブルが起きたときには、一人で悩まず家族や先生、信頼できる大人に相談することも忘れないようにしましょう。SNSを正しく使えば、生活がもっと便利で楽しいものになるでしょう。

☐2　筆者が言っているSNSの問題点は、何か。

　1　うそばかりが書かれてしまうこと

　2　悪口を書いてトラブルになることがあること

　3　仕事中にもSNSばかりしてしまうこと

　4　すぐに人を傷つけてしまうこと

3. 밑줄이 가리키는 것을 묻는 유형

　人間とペットの関係は、とても長い歴史があります。昔は、人間が食べ物を探すために犬や猫を飼い始めました。犬は人間の狩りを手伝ったり、家を守ったりする役目がありました。猫はねずみを捕るために飼われていました。このように、ペットは人間の生活を助ける大切な存在でした。犬や猫がいなければ、家畜や作物を守ることが難しくなり、安心して生活することもできなかったでしょう。人間はペットに助けられ、共に生きることで社会を発展させてきたのです。

　最近では、ペットと人間の関係はもっと深くなっています。ペットは家族の一員のようになっていきました。今では、犬や猫だけでなく、うさぎや小鳥、ハムスター、さらにはカメやトカゲなどの爬虫類まで、いろいろな動物がペットとして飼われています。ペットはただの動物ではなく、一緒に遊んだり、話しかけたり、さみしい時にそばにいてくれる友だちのような存在です。ペットがいることで、毎日が楽しくなり、心も穏やかになります。

　そして、ペット用のご飯や服、おもちゃなど、さまざまな商品が売られています。犬や猫のための美容室やホテルなどのサービスも登場しています。また、病気になったときのために、ペットの病院や保険も増えています。SNSで自分のペットの写真や動画を投稿し、多くの人とそのかわいさを共有する人も増えています。人間とペットは、これからも助け合いながら、仲良く暮らしていくことでしょう。ペットと過ごす時間は、私たちにとってかけがえのないものとなっていくはずです。

　3　最近のペットと人間の関係は、具体的にどのようになってきたのか。

1　人間の食べ物を探してきてくれるようになってきた。

2　人間の狩りを手伝ったり、家を守ってくれるようになってきた。

3　人間のじゃまになる動物をすべて捕まえてくれるようになってきた。

4　人間の心を楽にしてくれるようになってきた。

問題6　つぎの文章を読んで、質問に答えなさい。答えは、１・２・３・４から最もよいものを
　　　一つえらびなさい。

　時代が変われば職業も様々になる。人気があった職業が消えたり、思いもしなかった職業
が出てきたりもする。今日は珍しい職業の中でも「文句を聞く仕事」について話してみたい
と思う。仕事内容はその名前のとおりである。最近では、代わりに不満を言ってあげたり、
解決策を提示したりする追加サービスまで登場してきているらしい。昔はこんな仕事が出て
くるとは想像もしなかった。文句の聞き方はいろいろある。直接会って話を聞いてくれる場
合もあれば、今はネット時代なので、チャットやボイストークを通じて話を聞いてくれたり
もする。確かに、現代社会に生きる人々の中には耐えられないストレスのせいで、精神的な
病気になる人もいる。誰かに聞いてもらわないと心の中にたまってしまうので、こういうサ
ービスができたのであろう。

　初めは、話を聞いてあげるだけでお金がもらえるなんて、そんな話はありえないことだと
思った人が多かったという。しかし、時々、忙しすぎて自分の気持ちに余裕のない時は、家
族や友人の文句を聞いてあげるのは大変なものである。ただ、聞いているだけなのに、聞い
ているうちに自分もストレスがたまるという人が多い。それで「話を聞いてあげるのは思っ
たほど簡単ではない」ということで、逆に肉体労働より精神的な労働として認めるべきだと
思われ始めたそうだ。実際にこのサービスを利用している人は「お金を払ってでも誰かに話
を聞いてもらいたい」、「知り合いには言いたくない話だが、知らない人には全て話せるし
聞いてほしい」などの理由で好評である。

　私は自分のことを誰かに話すのが苦手な人である。ほかの人に心配をさせたくない気持ち
や、世の中にストレスを受けない人なんていないのだから我慢しようという気持ちから、あ
まり自分のことを話さなくなった。しかし、このようにただ聞いてくれるだけのサービスな
ら、ストレスは病の原因だということをよく知っているので利用してみたいと思った。

34 ①文句を聞く仕事とは、何か。

1　お客さんが嫌いな相手に代わりに文句を言ってあげる仕事

2　お客さんの話を聞いてから、解決策を一緒に考える仕事

3　お客さんの悩みや文句を聞いてあげる仕事

4　お客さんのストレスの原因を聞いて、精神的な病気を予防する仕事

35　初めにこのサービスが行われた時の反応はどうだったか。

1　人のストレスを考えてくれた優しいサービスだ。

2　ただ話を聞くだけで、お客さんからお金をとろうとするサービスだ。

3　とても安い値段で話を聞いてくれるのでいいサービスだ。

4　自分で考えて解決する時間がなくなるので、よくないサービスだ。

36　②利用してみたいとあるが、それはどうしてか。

1　相手に心配をかけるのを気にせずストレスが解消できるサービスだと思ったから

2　ストレスがたまっていて、誰かに解決策を立ててほしいと思ったから

3　自分の代わりに文句を言ってくれるなんて本当にいいサービスだと思ったから

4　普段から新しい仕事を探しているが、ユニークな仕事内容だと思ったから

37　本文の内容に合っているのは、何か。

1　昔から人気があったサービスの一つで、今も人気があるサービスだ。

2　新しくできたサービスだが、人気があまりなくてすぐになくなりそうだ。

3　初めは評判がよくなかったが、今は仕事として認められている。

4　精神的な労働というよりは肉体的な労働に近い仕事だ。

問題6　つぎの文章を読んで、質問に答えなさい。答えは、1・2・3・4から最もよいものを
　　　　一つえらびなさい。

　　関西を中心とした「たこ焼き」は基本的な材料は同じでも、中に入れるものが様々で、い
ろんな味のバリエーションがある。最近では、イカやキムチ、チーズ、ソーセージといった
多様な具材が用いられるとのことだ。

　　ところで、たこ焼きはなぜタコなのだろうか？兵庫県の明石市に「明石焼き」というもの
があった。この明石焼きはたこ焼きとよく似ているのだが、こちらは卵をたくさん使ってい
る。また、明石ではタコがたくさんとれたため、明石焼きにはタコが入っていた。これを知
った大阪のある店が「ちょぼ焼き」という今のお好み焼きに似た食べ物の中に入る肉をタコ
にかえてみたところ大ヒットしたという。これが今のたこ焼きの始まりだと言われている。

　　さて、一家に1台たこ焼き器を持っているといううわさがあるくらいたこ焼きを愛する大
阪人は、家でももちろんたこ焼きを作る。我が家も例外ではない。家でたこ焼きを焼くのは
好きなだけ食べられることのほかに自分で焼く楽しみがある。私も串を使ってくるっくるっ
と回しながら焼く動作は子供の頃からやってみたかったものだ。

　　我が家のたこ焼きは、天かすやねぎ、タコを入れて焼くシンプルなものである。家によっ
ては好きな食材を小さく切ってタコの代わりにすることもある。

　　数年前に韓国でも日本のたこ焼きの屋台ができて人気を集めたということを聞いたことが
ある。東アジアに広がるたこ焼き。韓国のほか中国や台湾にも屋台が出現しているそうで、
2002年4月に日本人が発見した小惑星6562号にもTAKOYAKIという名前がつけられるほど、
たこ焼きは愛されている日本の食べ物の一つだ。

　　大阪に来るときには、ぜひ大阪を代表する本場のたこ焼きを食べてみてほしい。

34 「たこ焼き」の説明として合っていないのは、どれか。

1　たこ焼きは中に入る食材によって種類はさまざまだ。

2　たこ焼きはちょぼ焼きを開発した人が作った食べ物である。

3　たこ焼きという名前はちょぼ焼きの肉の代わりに入れたタコから名付けられた。

4　たこ焼きは関西を中心に人気がある食べ物である。

35　①大ヒットとあるが、何が大ヒットしたのか。

1　イカやチーズなどを入れて作ったたこ焼き

2　卵とタコをたくさん使った明石焼き

3　肉とタコを一緒に入れて作ったちょぼ焼き

4　ちょぼ焼きの具材をタコに変えたたこ焼き

36　②例外ではないとあるが、それは何か。

1　家でたこ焼き器を使って、自分でたこ焼きを焼いて食べること

2　その日の気分によって違う材料を入れてたこ焼きを焼くこと

3　家の帰りにはたこ焼き屋によって、たこ焼きを買って帰ること

4　人気のたこ焼きを屋台で売ること

37　近年のたこ焼きについて、「私」が説明している内容は、何か。

1　大阪の人はたこ焼きを店では買わずに自分で作る文化がある。

2　たこ焼きは自分の好みに合わせて色々な食材を入れることができる。

3　韓国をはじめとする東アジアの国々でたこ焼きを作る人々が増えている。

4　大阪の人のようにくるっくるっと回しながら焼くのが流行っている。

問題6　つぎの文章を読んで、質問に答えなさい。答えは、1・2・3・4から最もよいものを
　　　　一つえらびなさい。

　日本では犬や猫のペット数が年々増加しつつある。ペットを家族として選ぶ独身者が増え
ている。ペットフード工業会の調査によると、人間の子供(15歳未満)の人口より犬や猫の数
のほうが多くなったという。私もそうだが、最近のペットの犬に関しては、昔の犬としての
役割と違い家族の一員と考えている飼い主が多い。

　我が家も2頭の犬を飼っている。毎日のお散歩はもちろん、家の中で生活をともにし、け
がをしたり具合が悪くなると動物病院へ連れて行き、車に乗せて遊びにも連れて行く。食べ
る物こそ異なるが、その他のほぼ全てのことを家族としてともに行動しているのだ。時には
ドッグカフェで一緒に食事もし、旅行にまでも連れて行く。まさに家族になったのである。
これだけ人と一緒に行動する機会も増えると飼い主のマナーはもちろん、犬に対する教育や
責任が大切になってくる。犬の命や健康を守るため、治療費といった経済力はもちろんのこ
と、他人に迷惑をかけない、最後まで面倒をみる覚悟も飼い主の責任といえる。

　犬は見た目の可愛さだけでなく、心も個性も持った生き物だ。人の思いどおりにいかない
のが当然なので、マナーやルールを教えるのも時間がかかる。飼い主であれば、それを待っ
てあげなければならない。また、他の人にも迷惑にならないようにする必要がある。人がた
くさん集まるところに連れて行く時は、カートに乗せたりカバンに入れたりして、動物が苦
手な人にも配慮する。犬も入れる店に連れて行く時は、入る前にトイレをさせ、座席では飼
い主の足元でじっとさせる。犬に服を着せることに疑問を持つ人もいるかもしれないが、犬
の毛が少しでも散らないように服を着せるのもマナーのひとつとなっている。家庭内の教育
のみならず、犬が人間社会に適応するための社会性を身につけることで、世間から受け入れ
られる存在になるのである。

（注1）配慮：他の人の気持ちをよく考えて、行動すること。
（注2）適応：まわりの環境や状況にうまく合うようにすること。

34 ①家族になったのであるとあるが、それは具体的にどういう意味か。

1 毎朝、健康維持のために飼い主と一緒に散歩に出かけること

2 食事もできるだけ家族と同じ材料を使ったものを食べること

3 一緒に旅行に行ったり、犬の具合が悪い時は病院に連れて行ったりすること

4 長年行動をともにすることで、飼い主も犬もお互いの気持ちがわかること

35 飼い主の役割として、「私」が説明しているのは、何か。

1 犬嫌いの人にも配慮するために犬の顔は見せないようにすること

2 他の人に迷惑をかけないように、道での散歩はやめること

3 犬も入れる店があれば、犬のために積極的に利用するようにすること

4 人が大勢いる場所では、カート等を利用して他の人に迷惑をかけないこと

36 ②犬に服を着せることとあるが、それはなぜか。

1 家族である犬をもっと可愛く見せるため

2 散歩をするときに、他の犬と勘違いして忘れたりしないため

3 人の食べ物や飲み物に犬の毛が入らないようにするため

4 朝と夜の気温差があるので、風邪をひかさないようにするため

37 犬をペットとして飼うことについて、「私」が伝えたい内容は、何か。

1 犬の治療費などを払える経済力がなければ犬を飼うべきではない。

2 自分は犬が好きでも、犬が嫌いな人の考え方も理解するべきだ。

3 犬と一緒に何かをするたびに、犬に意見を聞いてみなければならない。

4 犬を人が多い場所に何度も連れていき、人間社会に適応させる必要がある。

정보검색

目 2문항

STEP 1 유형 알기

問題 7 右のページは、温泉の利用案内である。これを読んで、下の質問に答えなさい。答えは、1・2・3・4から最もよいものを一つえらびなさい。

문제 7　오른쪽 페이지는 온천의 이용 안내이다. 이것을 읽고, 아래 질문에 답하세요. 정답은, 1·2·3·4에서 가장 올바른 것을 하나 고르세요.

600자 내외의 광고, 시간표, 가격표 등의 정보문에서 조건에 맞는 올바른 답을 고르는 문제이다. 1개의 지문에 2개의 문제가 출제되며, 정보검색의 출제 유형은 다음과 같다.

1. 요금 등의 합계를 묻는 유형

어렵거나 복잡한 계산은 아니지만, 실수할 수 있으므로 반드시 재확인하자. 주로 '요금×인원수' 또는 '가격×개수'를 묻는 문제가 출제된다. 이때, 지문에 할인 조건 등이 있는 경우가 많으므로 꼼꼼히 확인하자.

질문 예 何番の受付でいくら払うか。 몇 번 접수처에서 얼마를 지불하는가?

2. 질문의 조건에 모두 해당하는 것을 묻는 유형

질문에 제시된 여러 조건들을 놓치지 않도록 요약 정리하는 것이 매우 중요하다.

질문 예 田中さんは冬休みに、家族と一緒に北海道へスキー旅行に行く予定である。旅行は2泊3日で、スキー用具は家族全員がレンタルしたいと思っている。次のツアーの中で、田中さんが選ぶのに最も適しているものはどれか。

다나카 씨는 겨울방학에 가족과 함께 홋카이도로 스키 여행을 갈 예정이다. 여행은 2박 3일이며, 스키 용품은 가족 전원이 대여하고 싶다고 생각하고 있다. 다음 투어들 중에서, 다나카 씨가 선택하기에 가장 적절한 것은 어느 것인가?

3. 지문의 내용과 일치하는 것을 묻는 유형

지문의 한 부분만 읽고 판단하지 말자. 대부분의 문제는 전체 내용을 확인한 뒤 선택지와 정확히 비교해야 정답을 고를 수 있게 출제된다. 시간이 걸리더라도 정확히 비교하기만 하면 정답을 찾을 수 있다.

질문 예 予約する前にしなければならないことはどれか。 예약하기 전에 하지 않으면 안되는 것은 무엇인가?

문제 풀이 핵심 Point!

① 지문에 ※, *, ★, 다만, 주의 등의 표시 기호가 붙은 '예외 조건'이 문제 해결의 힌트가 되는 경우가 많으므로 주의 깊게 보자.

② 시간이 부족한 경우 질문의 내용을 요약하여, 필요한 정보만 지문에서 확인하도록 하자.

38 水曜日に、大人２人と小学生２人がサウナも利用した場合、いくら払うか。

1　1,380円

2　1,520円

3　1,600円

4　1,720円

39 お風呂を利用するときに守らなければならないことはどれか。

1　お風呂にタオルを入れてもよい

2　お酒を飲んだ後でも入れる

3　お風呂に入る前にシャワーを浴びる

4　大声で話してもかまわない

독해

温泉ご利用案内

お客様へ

いつも当温泉をご利用いただき、誠にありがとうございます。

当店では、以下の料金でご利用いただけます。

【料金表】

区分	料金
大人（中学生以上）	480円
子供（小学生以下）	200円
幼児（3歳未満）	無料
サウナ利用追加料金 ※ 大人のみ、子供は無料	220円

【サービスデーのお知らせ】

毎週水曜日は「子供デー」です。小学生以下のお子様は入場料が100円になります。

また、毎月第1月曜日は「シニアデー」として、65歳以上のお客様は300円でご利用いただけます。

【ご利用にあたってのお願い】

・お風呂に入る前に体を洗ってください。

・タオルはお風呂に入れないでください。

・室内では静かにしてください。

・お酒を飲んだ後のサウナはご遠慮ください。

皆様が気持ちよく利用できるよう、ご協力をお願いいたします。

38 수요일에, 어른 2명과 초등학생 2명이 사우나도 이용한 경우, 얼마를 지불하는가?

1 1,380엔

2 1,520엔

3 1,600엔

4 1,720엔

39 목욕탕을 이용할 때 지켜야 할 사항은 어느 것인가?

1 욕조에 수건을 넣어도 된다

2 술을 마신 후에도 들어갈 수 있다

3 목욕탕에 들어가기 전에 샤워를 한다

4 큰 소리로 이야기해도 상관없다

온천 이용 안내

고객 여러분께

항상 저희 온천을 이용해 주셔서 진심으로 감사드립니다.

저희 가게에서는 아래의 요금으로 이용하실 수 있습니다.

【요금표】

구분	요금
어른 (중학생 이상)	480엔
어린이 (초등학생 이하)	200엔
유아 (3세 미만)	무료
사우나 이용 추가요금 ※어른만, 어린이는 무료	220엔

【서비스 데이 안내】

매주 수요일은 「어린이 데이」입니다. 초등학생 이하의 어린이는 입장료가 100엔입니다.

또한 매월 제1월요일은 「시니어 데이」로, 65세 이상의 고객은 300엔에 이용하실 수 있습니다.

【이용 시의 부탁】

·목욕탕에 들어가기 전에 몸을 씻어 주세요.

·수건은 목욕탕 안에 넣지 말아 주세요.

·실내에서는 조용히 해 주세요.

·술을 드신 후의 사우나는 삼가주세요.

모두가 쾌적하게 이용하실 수 있도록 협조 부탁드립니다.

STEP 2 공략 문제

1. 요금 등의 합계를 묻는 유형

1 橋本さんには、7歳の息子と4歳の娘がいる。息子は簡単な英会話はできるようになったので、少し難しい内容まで学習させたいと考えている。娘はまだアルファベットもわからないので、基礎からゆっくり学んでほしいと考えている。クラスを1つずつ受講させる場合、レッスン料はいくら払うことになるか。

1　14,000円

2　16,000円

3　18,000円

4　20,000円

Tanoshi-英会話教室

こんなお悩みはありませんか？

・まだ子どもが小さいから、英会話教室に通わせるか迷っている。

・やっぱりネイティブの先生と学んでほしい！

　そんな方には、Tanoshi-英会話教室がおすすめです。初めての方でも体験レッスンから始められるので、ぜひ一度お試しください。

【コース内容・料金表】

コース名	価格	特徴
ビギナーコース	6,000円	アルファベットからしっかり覚えさせたい方におすすめの初心者クラス。
ベーシックコース	8,000円	あいさつから簡単な会話まで基本的な表現を身につけさせたい方におすすめのクラス。
チャレンジコース	10,000円	基本的な会話は一通りできるようになったお子様のための応用クラス。

*レッスン料には教材費は含まれません。

*各コースとも週1回の授業です。時間割は受付前にある掲示板をご確認ください。

*各コース曜日による授業内容の差はございません。

*レッスンを休んだ場合には、授業内容と宿題の案内をメールでお送りいたします。

2 田中さんは夏休みに、家族で国内旅行に行くつもりである。旅行は３泊４日で、できるだけ涼しい場所に行って、観光する時はパッケージに含まれるレンタカーで移動したいと思っている。次のパッケージの中で、田中さんが選ぶのに最も適しているものはどれか。

1　Aパッケージ

2　Bパッケージ

3　Cパッケージ

4　Dパッケージ

―夏休みにおすすめの国内旅行パッケージ―

パッケージ名	価格（１人あたり）	特徴
Aパッケージ	8,000円	夏でも涼しい北海道を旅しませんか。 札幌市内ビジネスホテルに宿泊。 （※レンタカーは申し込み要）
Bパッケージ	12,000円	海を満喫しよう！南紀白浜３泊４日の旅。 海が見えるホテルに宿泊していただきます。 貸し切りバスで移動します。
Cパッケージ	20,000円	夏はやっぱり涼しい富士山がある軽井沢。 レンタカー込みのお得なパッケージ♪
Dパッケージ	25,000円	大阪でおいしいグルメを満喫。 市内高級ホテルを準備しました。 電車バスで観光していただきます。

【注意事項】

・お申し込みは旅行社窓口、電話、メールで、出発希望日の２週間前までにお願いします。

・料金のお支払いは、銀行またはコンビニの場合、出発の１週間前までにお願いします。

・インターネットでお支払いされる場合、出発の２日前までにお願いします。

・お申し込みのキャンセルには、所定のキャンセル料がかかります。キャンセル料を除いて返金させていただきます。

3. 지문의 내용과 일치하는 것을 묻는 유형

3 山下さんが記念イベントに申し込むにはどのようにすればいいか。

1 公式ホームページから名前と電話番号、住所を入力して送信する。

2 イベント当日に受付に電話して参加を申し込む。

3 イベント当日、受付に直接行って参加を申し込む。

4 入場予定のペットも含めて、公式ホームページから申し込む。

山田植物園 開園10周年記念イベントのご案内

山田植物園は、開園10周年を記念して、特別イベントを開催いたします。

　　日付：3月15日（土）10:00〜16:00

　　場所：山田植物園

【日程】

時間	内容	場所
午前10時〜11時	開会記念ステージ（バンド演奏）	特設ステージ
午前11時〜12時	ロックガーデンの植物を知ろう （園長による講演）	特設ステージ
午後1時〜4時	春の植物園を歩こう（1時間ごとに出発）	広場（集合）
終日	体験コーナー（様々な花を植えることができるコーナー）	フラワー館入口 （受付）
終日	記念品プレゼント （来場者全員にプレゼント）	チケット売り場前

【申込み方法と注意事項】

・公式ホームページから申込み可能です。お名前と参加人数を入力し、お申込みください。

・お電話による申込みは、平日午前9時から午後6時までとさせていただいております。

・当日参加は受付で先着順で入場チケットをお配りします。

※野生動植物保護のため、ペットを連れての入場はできません。

※駐車場には限りがございますので、できるだけ公共交通機関をご利用ください。

※雨天の場合、本館の講堂で午前中の日程のみ行う予定です。（小雨決行）

問題7　右のページはバスツアーの案内文である。これを読んで、下の質問に答えなさい。答え
　　　は、1・2・3・4から最もよいものを一つえらびなさい。

38　山田さんは他の友達3人と一緒に紅葉ツアーに参加しようとしている。山田さんと友
　　　達は木曜日か金曜日なら参加できる。また、おしゃれな店でコーヒーを飲みたいと思
　　　っている。山田さんと友達はどのツアーを選び、料金は4人全員でいくら払わなけれ
　　　ばならないか。

1　③・12,000円

2　③・14,000円

3　④・14,000円

4　④・16,000円

39　バスツアーの申込みや料金について、合っているものはどれか。

1　雨が降れば、ツアーは自動的にキャンセルになる。

2　クレジットカードでツアー代金を払うことができる。

3　当日のツアーを、ネットで予約することができる。

4　グルメやカフェツアーの場合、飲食費が別途必要である。

紅葉バスツアー

期間	2025年10月11日（土）〜11月19日（日）
定員	20名様 （最少人数２名様より　＊毎日ガイドが同行します。）
時間	９時15分　受付 ９時30分　出発 15時00分　到着予定 ＊到着時間は天候により変わることがあります。

コース	出発日	内容	料金
① グルメ	毎週金曜日・日曜日	地域のおいしいものを食べながら紅葉を楽しんでいただきます。	4,000円 ＊飲食代金は別途かかります。
② 写真	毎週火曜日・土曜日	写真を撮るのが好きな方向けで、絶好の撮影場所をご紹介いたします。	4,500円
③ 山登り	毎週水曜日・金曜日	山の上から眺める紅葉を楽しんでいただきます。	3,500円
④ カフェ	毎週木曜日・金曜日・日曜日	紅葉を楽しんだ後、おしゃれなカフェにご案内いたします。	4,000円 ＊飲み物代は料金に含まれておりません。

＊当日は電話受付のみで、メールやネットでのお申し込みは受付けておりません。

＊料金のお支払いは口座のみです。前日までにお支払いをお願いします。

＊団体旅行（10名以上）に関しては旅行会社へお問い合わせください。

＊雨天でも実施しますが、到着の時間が遅れる場合があります。

＊４名以上の場合は1人当たり500円の割引となります。

お申し込み・お問い合わせ

青空旅行社　田中健司

電話　03-1234-5678　　E-mail　tanaka@aozora.ac.jp

問題7　右のページはあさひ動物園の利用案内である。これを読んで、下の質問に答えなさい。
答えは、1・2・3・4から最もよいものを一つえらびなさい。

38　市内にある山田高校の2年3組の生徒全員が11月3日にあさひ動物園に行く予定である。クラスの人数は20名である。全部でいくら払わなければならないか。

1　8,000円

2　10,000円

3　14,000円

4　16,000円

39　健二は週末に家族と一緒に動物園に行く予定だ。健二の家族は、両親と小学生の妹と中学生である健二の4人家族である。健二は市内ではなく、隣にある市に住んでいる。健二が注意しなければならないことはどれか。

1　週末に休園することもあるので、事前に休園日を確認しなければならない。

2　年間パスポートを作っても、11月から3月の間は自由に入場できない。

3　隣にある市に住んでいる場合は、入場時に身分証を提示しなければならない。

4　学生証を提示すれば特別料金で入園できるので持参しなければならない。

あさひ動物園 利用案内

- 利用時間 -

区分	期間	時間
春夏期	4月～10月	午前9時半～午後5時
秋冬期	11月～3月	午前10時半～午後3時

※休園日：4月8日(火)～4月20日(日), 11月5日(水)～11月18日(火), 12月31日(水)～2026
　　年1月3日(土)

※休園日を除き、定休日はありません。

- 入園料・券売所について -

区分	通常料金	市民特別料金
大人（高校生以上）	800円	500円
小人（中学生以下）	無料	無料
団体	700円	400円
年間パスポート ※入園回数に関係なく、 期間中の利用ができる※	1,050円	1,050円

※団体料金は、25名様以上の場合に適用されます。

※年間パスポートは初回入園日から1年間有効です。

※団体料金及び市民特別料金は、入園券を購入する際に動物園券売所の窓口でお申し出
　ください。

※市内在住の方は特別料金となりますので、入園券購入の際には運転免許証や健康保険
　証などの住所や年齢を証明できるものをお持ちください。

※市内にある高等学校に通学する生徒は、学生証を提示することにより市民特別料金で
　入園できます。

問題7　右のページはある映画館の料金表と利用案内である。これを読んで、下の質問に答えな
さい。答えは、1・2・3・4から最もよいものを一つえらびなさい。

38　花子は学校が終わってから母と一緒に映画を見るつもりだ。学校は午後1時に終わ
る。午後6時までには家に帰りたい。3D映画を見ると頭が痛くなるので、3Dでは
ない映画を見たい。花子と母が見ることができる映画は何か。

1　①

2　②

3　①と③

4　②と④

39　田中さんと木村さんは女子大の学生である。2人は水曜日の授業が終わった後「クリ
スのキャンディー工場」を見に行くつもりだ。2人合わせていくら払わなければなら
ないか。

1　2,400円

2　3,000円

3　3,600円

4　3,800円

志木　シネマックス

上映スケジュール		
映画名	時間帯	上映時間
① 母と娘の１週間	11：00 / 17：00 / 21：00	90分
② クリスのキャンディー工場	9：50 / 15：10 / 20：30	120分
③ ８月の卒業式	12：00 / 17：50	135分
④ 宇宙旅行（３D）	9：50 / 12：30 / 15：10 / 17：50 / 20：30	150分

・午後11時から翌日の午前４時までの深夜は、18歳未満の入場をお断りしております。
　身分証明書を提示していただく場合もございますので、あらかじめご了承ください。

通常料金	
大人	1,800円
大学生	1,500円
高校生・中学生・小学生・幼児(3歳〜6歳)	1,000円
シニア（60歳以上）	1,200円
3D追加料金	
3D上映作品	通常料金＋400円
割引料金	
レイトショー（20時以降の作品）	1,400円
レディースデー（毎週水曜日・女性のお客様）	1,200円
ファーストデー（12月を除く毎月１日）	1,200円

・割引は１回のみ適用されます。

・幼児（３歳未満のお子様）の入場はお断りしております。

・料金はすべて税込みです。

네 번째 걸음

청해

청해
유형 공략 강의

STEP 1 유형 알기

問題1では、まず質問を聞いてください。それから話を聞いて、問題用紙の１から４の中から、最もよいものを一つえらんでください。

문제1에서는, 우선 질문을 들어 주세요. 그리고 나서 이야기를 듣고, 문제용지의 1부터 4 중에서, 가장 올바른 것을 하나 골라 주세요.

주로 남녀 대화 형식으로 출제되며, 앞으로 할 행동이나 계획을 묻는 문제이다. 선택지는 글 또는 그림으로 제시되며, 과제이해의 출제 유형은 다음과 같다.

흐름 상황과 질문을 듣는다 → 대화를 듣는다 → 질문을 한 번 더 듣는다 → 문제를 푼다

1. 앞으로 무엇을 할 것인지를 묻는 유형

남녀의 대화 형식으로 출제되며, 다음에 해야 할 행동, 가장 먼저 해야 할 행동을 묻는다. 가장 먼저 해야 할 행동을 묻는 문제가 자주 출제되는데, 말하는 사람의 행동 순서를 정확히 파악하는 것이 핵심이다.

질문 예 女の学生はまず何をしなければなりませんか。

여학생은 우선 무엇을 하지 않으면 안됩니까?

Tip

~前に(~하기 전에), ~てから(~하고 나서), ~た後で(~한 후에), まず(우선), 先に(먼저), これから(앞으로), 後で(이따가) 등 순서를 나타내는 표현에 주의해야 한다.

2. 대화 속 과제에 대해 묻는 유형

대화를 듣고 과제나 해야 할 일을 묻는다. '언제까지 리포트를 제출해야 합니까?'처럼 구체적인 행동을 묻는 문제가 자주 출제되며, 선택지가 그림일 때는 모양, 특징 등을 꼼꼼히 확인하고 정답을 고르자.

질문 예 女の人はどの映画のチケットを予約しますか。

여학생은 어느 영화 티켓을 예약합니까?

Tip

どうする？(어떻게 할래?), ~してくれる？(~해줄래?), ~ことになっている(~하기로 되어 있다), ~なければならない(~해야 한다) 등 과제나 역할 분담을 나타내는 표현을 중심으로 듣는 것이 중요하다.

문제 풀이 핵심 **Point!**

① 明日・来週 등의 때와 시점을 말하는 정보는 정확하게 메모하자.
② 주로 상사-부하직원, 선배-후배, 부모님-자식 간의 대화가 출제되는데, 상하 관계에서의 대화에서는 윗사람의 지시 문장에 정답의 힌트가 있을 확률이 높다.
③ 놓친 문제는 과감히 포기하자.

母親と息子が話しています。息子はこの後、どうしますか。

F：あれ？もうすぐ遠足なのに、まだお弁当の準備してなかった！

M：え、どうするの？

F：うーん、材料を買いに行かなきゃ。でも時間がなくて…。

M：じゃあ、ぼくが行ってこようか？

F：えっ、いいの？助かるわ！じゃあね、チーズ１個と牛乳１本買ってきて。

M：うん、チーズと牛乳ね。

F：あっ、それからバナナもお願い。デザートに入れたいから。

M：バナナもね。

F：あっ、待って、バナナはうちにまだあったわ。バナナは買わなくていいよ。

M：わかった！

息子はこの後、どうしますか。

1 チーズと牛乳とバナナを買いに行く
2 チーズだけを買いに行く
3 チーズと牛乳を買いに行く
4 バナナだけを買いに行く

아들이 엄마의 심부름을 하는 상황이므로, 엄마의 말에 집중할 필요가 있다.

처음에는 '치즈 1개와 우유 1병'을 사 오라고 했고 이어서 '바나나'도 부탁한다. 하지만 마지막에 바나나는 살 필요 없다고 번복한다. 이러한 대화의 흐름이 가장 많이 등장하는 함정이므로 주의하자.

엄마와 아들이 이야기하고 있습니다. 아들은 이후 어떻게 합니까?

F : 어라? 곧 소풍인데, 아직 도시락 준비를 안 했네!

M : 어, 어떻게 할 거야?

F : 음, 재료를 사러 가야 해. 그런데 시간이 없어서….

M : 그럼, 내가 다녀올까?

F : 뭐, 괜찮아? 고마워! 그럼 말이야, 치즈 1개랑 우유 1병 사 와.

M : 응, 치즈랑 우유지.

F : 아, 그리고 바나나도 부탁해. 디저트로 넣고 싶거든.

M : 바나나도.

F : 아, 기다려, 바나나는 집에 아직 있었어. 바나나는 안 사도 돼.

M : 알았어!

아들은 이후 어떻게 합니까?

1 치즈와 우유와 바나나를 사러 간다
2 치즈만을 사러 간다
3 치즈와 우유를 사러 간다
4 바나나만을 사러 간다

1) 축약표현

～ている → ～てる ~하고 있다	雨が降っているから、傘を持っていってね。 → 雨が降ってるから、傘を持っていってね。 비 오고 있으니까, 우산 가져가.
～ておく → ～とく ~해 두다	明日の朝早いから、アラームをセットしておく。 → 明日の朝早いから、アラームセットしとく。 내일 아침 일찍이니까, 알람 맞춰 둘게.
～てしまう → ～ちゃう・～じゃう ~해 버리다	大事な書類をうっかり電車に忘れてしまった。 → 大事な書類をうっかり電車に忘れちゃった。 중요한 서류를 깜빡하고 전철에 두고 와버렸다.
～なければならない → ～なきゃ ~하지 않으면 안된다, ~해야 한다	日本語のレポートを明日までに提出しなければならない。 → 日本語のレポートを明日までに提出しなきゃ。 일본어 리포트 내일까지 제출해야 해.
～なくてはいけない → ～なくちゃ ~하지 않으면 안된다, ~해야 한다	宿題をやらなくてはいけないけど、時間がない。 → 宿題をやらなくちゃだけど、時間がない。 숙제를 해야 하는데, 시간이 없어.
～という → ～って ~라고 하다, ~라고 하는, ~라는	彼は来週東京に行くという。 → 彼は来週東京に行くって。 그는 다음 주에 도쿄에 간대.

2) 응답, 맞장구 표현

うん 응(긍정)	A：明日のパーティー、来れる？ 내일 파티, 올 수 있어? B：うん、行くよ。 응, 갈게.
ううん 아니(부정)	A：コーヒー飲む？ 커피 마실래? B：ううん、いい。 아니, 괜찮아.

なるほど 그렇구나, 아하 (납득, 이해)	A：売上が伸びた理由は、オンライン販売の強化が大きいんだ。 매출이 늘어난 이유는 온라인 판매 강화가 커. B：なるほど、それでここ数か月で伸びているんですね。 그렇구나, 그래서 지난 몇 개월 동안 늘어난 거구나. A：新しいシステムはこうやって操作するんですよ。 새로운 시스템은 이렇게 조작하는 거예요. B：なるほど、これなら簡単そうだね。 아하, 이러면 간단하겠네.
まさか 설마 (의외)	まさか彼があんな嘘をつくなんて思わなかった。 설마 그가 그런 거짓말을 할 줄은 몰랐어.
さすが 역시, 과연 (칭찬)	さすがプロのシェフ、味付けが完璧だね。 역시 프로 셰프, 간이 완벽해.
確かに 확실히, 맞아, 하긴 (동의)	確かに、スープが他とは全然違う。 확실히, 국물이 다른 데랑 완전히 달라.
まあまあ 그럭저럭, 그저 그럼 (불충분)	テストの結果はまあまあだったけど、もっと勉強しないと。 시험 결과는 그럭저럭이었는데, 더 공부해야 해.
うーん 음… (고민, 망설임, 부정)	A：この映画、面白かったね！ 이 영화 재미있었지! B：うーん、ちょっとストーリーが分かりにくかったな。 음…, 스토리가 좀 이해하기 어려웠어.

비법전수2 │ 자주 출제되는 표현

この前の 지난 번의, 얼마 전의	この前の会議で話し合った内容、もう一度確認しておいて。 지난번 회의에서 논의한 내용 다시 한 번 확인해 둬.
そのままに 그대로	資料はまだ使うから、そのままにしておいてくれる？ 자료는 아직 쓸 거니까, 그대로 놔둘래?
それじゃ、 그렇다면, 그럼	それじゃ、今日はこのへんで終わりにしようか。 그럼 오늘은 이쯤에서 끝낼까요.
～だし ~이기도 하고, ~니까	今日は雨だし、家で映画でも見ようか。 오늘은 비도 오니까, 집에서 영화나 볼까?
～じゃん ~잖아 (친근한 표현, 확인 또는 강조)	それ、昨日なくしたって言ってたイヤホンじゃん！ 그거, 어제 잃어버렸다고 했던 이어폰이잖아!

〜かな ~일까, ~하려나 (자신 없을 때, 생각 중일 때)	明日までに終わる**かな**…。ちょっと心配だな。 내일까지 끝나려나…. 좀 걱정되네.
〜だっけ ~였지? (기억을 되짚을 때)	あの店って、日曜日は休み**だっけ**？ 저 가게, 일요일은 쉬는 날이었지?
〜だよね ~지, 그렇지? (상대의 동의를 구함)	この映画、すごく感動的**だったよね**。 이 영화, 정말 감동적이었지?
〜てたよ ~하고 있었어, ~했다고 (과거 진행이나 전언)	さっき田中さん、会議室で電話し**てたよ**。 아까 타나카 씨, 회의실에서 전화하고 있었어.
〜けど ~지만 (대조나 전환)	行きたい**けど**、今日はちょっと無理かも。 가고 싶지만, 오늘은 좀 힘들지도 몰라.
〜たら？ ~하는 게 어때? (제안)	そんなに悩んでないで、友だちに相談し**たら**？ 그렇게 고민하지 말고, 친구에게 상담해 보는 게 어때?
〜とかどう？ ~같은 건 어때? (예시를 들어 제안)	週末に映画を見る**とかどう**？気分転換になるよ。 주말에 영화 보기 같은 건 어때? 기분 전환이 될 거야.
〜にしない？ ~로 하지 않을래? (제안)	今日は外食**にしない**？作るの面倒だし。 오늘은 외식하지 않을래? 만들기 귀찮고.
〜てもらっていい？ ~해줄래? (정중한 부탁)	この資料、明日までに確認し**てもらっていい**？ 이 자료, 내일까지 확인해줄래?

ご無沙汰しております。 (오랫동안 보지 못했을 때) 오랜간만입니다	A : **ご無沙汰しております。** 오래간만입니다. B : 本当にお久しぶりです。お元気でしたか？ 정말 오랜만입니다. 잘 지내셨어요?
ご苦労様でした (상급자가 하급자에게) 수고하셨습니다	A : 今日の会議の資料、全部まとめておきました。 오늘 회의 자료, 전부 정리해두었습니다. B : **ご苦労様でした。**あとは私が確認しておきます。 수고했습니다. 나머지는 내가 확인해두겠습니다.

おじゃまします (남의 공간에 들어갈 때) 실례하겠습니다	A : こんにちは。佐藤と申します。おじゃまします。 안녕하세요. 사토라고 합니다. 실례하겠습니다. B : どうぞ、お入りください。こちらへどうぞ。 들어오세요. 이쪽으로 오세요.
席におかけください (정중하게 자리를 권할 때) 자리에 앉으세요	A : すみません、急にお伺いしてしまって。 죄송해요, 갑자기 찾아와서. B : いえいえ、どうぞ席におかけください。 아니에요, 자리에 앉으세요.
おかげさまで (감사의 뜻을 담은 응답을 할 때) 덕분에	A : 最近体調はいかがですか？ 요즘 건강은 어떠세요? B : おかげさまで、すっかり元気になりました。 덕분에 완전히 좋아졌어요.
お大事に (상대방이 아플 때) 몸조리 잘하세요	A : 風邪がひどくて、今日は早退しようと思います。 감기가 심해서 오늘은 조퇴하려고 생각합니다. B : それは大変ですね。無理せず、お大事に。 그거 큰일이네요. 무리하지 말고 몸조리 잘하세요.
どうなさいましたか (정중하게 상황을 물을 때) 무슨 일이 있으셨나요?	A : 今日はどうなさいましたか。 오늘은 무슨 일이 있으셨나요? B : 昨日からお腹が痛くて、食欲もありません。 어제부터 배가 아프고, 식욕도 없습니다.
ごめんください (다른 사람 집에 방문할 때) 누구 계세요?	A : ごめんください。山田ですけど…。 실례합니다. 야마다인데요…. B : あっ、山田さん。お待ちしていました。 아, 야마다 씨. 기다리고 있었습니다.
またいらしてください (정중하게 작별인사 할 때) 또 오세요	A : 今日は本当に楽しい時間をありがとうございました。 오늘 정말 즐거운 시간이었어요. 감사합니다. B : こちらこそ。またいらしてくださいね、お待ちしています。 저야말로요. 또 오세요, 기다리고 있겠습니다.
どういたしまして 천만에요, 별말씀을요	A : 先日は引っ越しを手伝ってくれて、本当に助かりました。 지난번에 이사 도와줘서 정말 큰 도움이 됐어. B : どういたしまして。困ったときはお互いさまですよ。 별말씀을요. 곤란할 때는 서로 마찬가지예요(서로 도와야지요).

1. 앞으로 무엇을 할 것인지를 묻는 유형

1ばん

1　会議の資料をコピーする

2　コンビニにコピー用紙を買いに行く

3　ホームセンターにコピー用紙を買いに行く

4　スーパーにコピー用紙とお茶を買いに行く

2ばん

1　家に行ってくる

2　追加料金を払う

3　図書館へ行く

4　ポスターを貼り替える

3ばん

1　今週の金曜日

2　来週の月曜日

3　来週の火曜日

4　来週の水曜日

4ばん

1　650円

2　750円

3　850円

4　950円

<ruby>問題<rt>もんだい</rt></ruby>1

問題1では、まず<ruby>質問<rt>しつもん</rt></ruby>を<ruby>聞<rt>き</rt></ruby>いてください。それから<ruby>話<rt>はなし</rt></ruby>を<ruby>聞<rt>き</rt></ruby>いて、<ruby>問題用紙<rt>もんだいようし</rt></ruby>の１から４の<ruby>中<rt>なか</rt></ruby>から、<ruby>最<rt>もっと</rt></ruby>もよいものを<ruby>一<rt>ひと</rt></ruby>つえらんでください。

れい

1　１<ruby>時<rt>じ</rt></ruby>15<ruby>分<rt>ふん</rt></ruby>

2　１<ruby>時<rt>じ</rt></ruby>30<ruby>分<rt>ぷん</rt></ruby>

3　１<ruby>時<rt>じ</rt></ruby>45<ruby>分<rt>ふん</rt></ruby>

4　２<ruby>時<rt>じ</rt></ruby>

1ばん

2ばん

1 ユリを起こして、ご飯を食べさせる

2 家族のお弁当の用意をする

3 運動会の朝、娘の世話をする

4 見る場所をとって、ゲームに参加する

3ばん

1　25,000円

2　35,000円

3　40,000円

4　50,000円

4ばん

1　速達料金を払う

2　書類を作成する

3　ペンを持ってくる

4　荷物のサイズをはかる

5ばん

1　銀行へ行く

2　クレジットカードを使用する

3　コンビニへ行く

4　ペイのアプリをダウンロードする

6ばん

1　航空機のチケットを購入する

2　出張の詳しいスケジュールを決める

3　営業チームの田村さんに電話する

4　宿泊するホテルをさがす

もんだい
問題 1

問題 1 では、まず質問を聞いてください。それから話を聞いて、問題用紙の 1 から 4 の中から、最もよいものを一つえらんでください。

れい

1　1 時 15 分

2　1 時 30 分

3　1 時 45 分

4　2 時

1ばん

1 

2 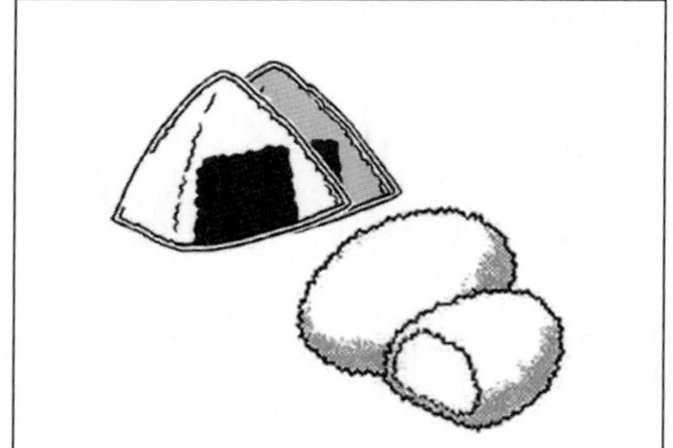

3 

4 

2ばん

1　宿題をする

2　テレビを見る

3　夕ごはんを食べる

4　プリントをわたす

3ばん

1　1番ホームに行く

2　2番ホームに行く

3　改札のとなりにある窓口に行く

4　アプリを使って購入する

4ばん

1　課長に相談する

2　会議の資料を作る

3　会議室を予約する

4　資料を印刷する

5ばん

1　2週間待つ

2　会員証を作る

3　身分証明書を提示する

4　係員に尋ねる

6ばん

1　データを整理する

2　バイトに行く

3　先輩を手伝う

4　レポートを書く

問題1
もんだい

問題1では、まず質問を聞いてください。それから話を聞いて、問題用紙の1から4の中から、最もよいものを一つえらんでください。

れい

1　1時15分

2　1時30分

3　1時45分

4　2時

1ばん

1　病院に行く

2　涼しい場所に移動する

3　水をたくさん飲む

4　睡眠をしっかり取る

2ばん

1　レシートを見せてもらう

2　レジでもう一度会計をする

3　クレジットカードでみかんの分だけ取り消ししてもらう

4　現金でみかん1箱分を返してもらう

3ばん

1 「断水のお知らせ」を確認しに行く

2 断水が始まる前までに水をためておく

3 午前中に洗濯をしてから、お風呂に入る

4 他の人にも断水のことを知らせてあげる

4ばん

1 身分証明書を見せる

2 書類を作成する

3 家に財布を取りに行く

4 区役所に行く

5ばん

1 会社に戻る

2 資料を配りに行く

3 1階の倉庫に行く

4 ノートパソコンをとりに行く

6ばん

1 レポートを書く

2 病院に行く

3 図書館に本を返す

4 本を借りる

STEP 1 유형 알기

問題2では、まず質問を聞いてください。そのあと、問題用紙を見てください。読む時間があります。それから話を聞いて、問題用紙の1から4の中から、最もよいものを一つえらんでください。

문제2에서는, 우선 질문을 들어 주세요. 그 후, 문제용지를 봐 주세요. 읽는 시간이 있습니다. 그리고 나서 이야기를 듣고, 문제용지의 1부터 4 중에서 가장 올바른 것을 하나 골라 주세요.

주로 남녀 대화 형식으로 출제되며, 대화의 내용을 바탕으로 질문에 맞는 답을 고르는 문제이다. 포인트이해의 출제 유형은 다음과 같다.

흐름　상황과 질문을 듣는다 → 선택지를 확인한다 → 대화를 듣는다 → 질문을 한 번 더 듣는다 → 문제를 푼다

1. どうして(어째서)·なぜ(왜)를 사용해 이유나 원인을 묻는 유형

どうして, なぜ와 같은 의문사를 사용해 어떤 행동이나 상황의 이유를 묻는다. 보통 화자의 설명 중간이나 끝에 이유가 자연스럽게 나오므로 흐름을 놓치지 않고 끝까지 집중해서 들어야 한다. 핵심은 '어떤 결과가 왜 일어났는지'를 파악하고, 원인과 결과의 관계를 중심으로 정답을 고르는 것이다.

질문 예 女の人はなぜ仕事を辞めると言っていますか。
여자는 왜 일을 그만둔다고 말하고 있습니까?

Tip
~から(~니까), ~ので(~라서), ~ために(~위해), ~だったから(~였기 때문에) 등 이유를 나타내는 표현을 중심으로 듣는 것이 중요하다.

2. 그 밖의 의문사를 사용해 묻는 유형

誰(누구), どこ(어디), いつ(언제), どんな(어떤), 何(무엇)와 같은 의문사를 사용해 인물, 장소, 시간, 사물의 특징을 묻는다. 대화의 흐름을 따라가며 의문사에 해당하는 정보를 놓치지 말자. 복수의 장소나 시간이 나올 경우 선택지와 정확히 비교해 정답을 고르자.

질문 예 女の人は会議のために何を準備しなければなりませんか。
여자는 회의를 위해 무엇을 준비하지 않으면 안됩니까?

문제 풀이 핵심　Point!

① 날짜와 시간 등의 정보는 정확하게 메모하자.
② 관계 파악이 핵심이다. 상사-부하 간의 대화나 선배-후배 간의 대화, 의사-환자 간의 대화 등 상하 관계가 존재하는 경우 주로 '상'에 위치하는 사람의 말에서 정답을 찾을 수 있다.
③ 일의 순서가 번복되는 경우가 있으므로 끝까지 집중하자.

うちで夫と妻が話しています。妻はどうして昨日新しいテレビを買いませんでしたか。

M：昨日、新しいテレビを買いに行くって言ってたけど、結局どうしたの？

F：あのね、今まで使ってたテレビ、調子悪いと思ってたけど、
　　まだ映るんだよね。

M：えっ、本当？でも前より画面が暗くなってなかった？

F：そうなんだけど、修理したらまだ使えそうだから、急いで買わなくてもいいかなって思っ
　　て。

M：そっか。でも壊れたら困るよね。

F：うん、もし本当に壊れたら、そのとき一緒に見に行こうよ。

M：わかった。じゃあ、明日休みだから、一緒に買い物でも行こう。

F：そうしよう。

妻はどうして昨日新しいテレビを買いませんでしたか。

1　一人では買いに行けないから
2　デザインが気に入ってるから
3　調子は悪いけど直せなくないから
4　テレビをあまり見ないので困ってないから

> 아내가 왜 새로운 TV를 사지 않았는지 묻는 문제이므로, 아내의 말에 주목할 필요가 있다.

> 남편이 '어떻게 된 거냐'고 묻자, 아내는 먼저 TV 상태가 좋지 않다고 말하지만, 그 말만 듣고 정답을 고르면 안 된다. 아내는 '수리를 하면 아직 사용할 수 있을 것 같아서 서둘러 사지 않았다'고 이어 설명한다. 보통 정답이 대화의 마지막 부분에 등장한다고 생각해, '함께 사러 간다'는 오답을 고르는 경우가 있지만, 정답의 핵심 정보는 마지막이 아니라 중간에도 나올 수 있으므로, 흐름 전체를 잘 파악해야 한다.

청해

집에서 남편과 아내가 이야기하고 있습니다. 아내는 어째서 어제 새 텔레비전을 사지 않았습니까?

M : 어제 새 텔레비전을 사러 간다고 했는데, 결국 어떻게 된 거야?

F : 있잖아, 지금까지 쓰고 있던 텔레비전, 상태가 안 좋다고 생각했는데, 아직도 화면이 나오거든.

M : 어? 정말? 근데 전보다 화면이 어두워지지 않았어?

F : 그렇긴 한데, 수리하면 아직 쓸 수 있을 것 같아서, 서둘러 사지 않아도 되지 않을까 생각해서.

M : 그렇구나. 그래도 고장 나면 곤란하지.

F : 응, 만약 진짜 고장 나면 그때 같이 보러 가자.

M : 알았어. 그럼 내일 쉬니까 같이 쇼핑하러 가자.

F : 그러자.

아내는 어째서 어제 새 텔레비전을 사지 않았습니까?

1　혼자서는 사러 갈 수 없기 때문에
2　디자인이 마음에 들기 때문에
3　상태가 나쁘지만 고칠 수 없지 않기 때문에
4　텔레비전을 별로 보지 않아서 불편하지 않기 때문에

1. どうして(어째서)·なぜ(왜)를 사용해 이유나 원인을 묻는 유형

1ばん

1　前の日に残って仕上げたから

2　家族の体調が悪くなったから

3　無理なスケジュールだったから

4　上司の配慮が足りなかったから

2ばん

1　時間がなかったから

2　作り方が難しかったから

3　身分証明書がなかったから

4　財布を家に置いてきたから

3ばん

1　スマホのアプリで勉強する

2　会社帰りに語学学校に通う

3　オンラインで先生に個人レッスンを受ける

4　同僚に直接教えてもらう

4ばん

1　駅の近くのレストラン

2　公園の中のレストラン

3　駅前のホテル内のレストラン

4　隣町の新しいレストラン

もんだい
問題2

問題2では、まず質問を聞いてください。そのあと、問題用紙を見てください。読む時間があります。それから話を聞いて、問題用紙の1から4の中から、最もよいものを一つえらんでください。

れい

1　さいきん　いそがしいから

2　いっしょに　行く人が　いないから

3　うどんが　にがてだから

4　ねだんが　高いから

1ばん

1　注文した商品が送られてこなかったから

2　家で試着してみたら、気に入らなかったから

3　もっと大きいサイズがなかったから

4　結婚式が中止になったから

2ばん

1　犬の散歩をしていたから

2　車が印象的だったから

3　若い男性だったから

4　自分が見られたから

3ばん

1　黄色い傘

2　ビニール傘

3　花の絵が入っている傘

4　ストライプの傘

4ばん

1　時間は分からない

2　15時30分

3　10分後

4　30分後

5ばん

1 以前より食欲がないから

2 頭痛がひどくて眠れないから

3 今やっている仕事が大変で、失敗も多いから

4 最近気分転換する時間がないから

6ばん

1 ゴミ捨てをしてないから

2 お酒を飲みすぎたから

3 一人でテレビを見ているから

4 やるべきことを後回しにしているから

もんだい
問題 2

　問題2では、まず質問を聞いてください。そのあと、問題用紙を見てください。読む時間があります。それから話を聞いて、問題用紙の1から4の中から、最もよいものを一つえらんでください。

れい

1　さいきん　いそがしいから

2　いっしょに　行く人が　いないから

3　うどんが　にがてだから

4　ねだんが　高いから

1ばん

1 夜働くのがつらかったから

2 給料が低かったから

3 店長とうまくいかなかったから

4 接客が大変だったから

2ばん

1 窓側の席

2 喫煙席

3 テラス席

4 ピアノ付近の席

3ばん

1　店員の操作が遅かったから

2　レジの機械が故障していたから

3　男の人のカードに傷があったから

4　男の人のお金が足りなかったから

4ばん

1　交換には時間がかかるから

2　同じ型の商品が店にないから

3　別の型は気に入らなかったから

4　料金が高くなってしまうから

5ばん

1　お金を間違えて入れていたから

2　券売機がこわれていたから

3　駅員がいなかったから

4　おつりが切れていたから

6ばん

1　打ち合わせが長引いたから

2　朝から会議があったから

3　資料の内容が消えてしまったから

4　資料の調査が難しかったから

もんだい
問題 2

問題2では、まず質問を聞いてください。そのあと、問題用紙を見てください。読む時間があります。それから話を聞いて、問題用紙の1から4の中から、最もよいものを一つえらんでください。

れい

1　さいきん　いそがしいから

2　いっしょに　行く人が　いないから

3　うどんが　にがてだから

4　ねだんが　高いから

1ばん

1　引っ越しのあいさつがしたかったから

2　ゴミの分別方法がわからなかったから

3　ゴミを捨てる日を教えてほしかったから

4　ゴミを捨てる日を教えてあげたかったから

2ばん

1　コーヒーの味が苦手だから

2　よく寝られなくなるから

3　何度もトイレに行きたくなるから

4　飲んでも効果がないから

3ばん

1　今日

2　明日の午後2時から4時の間

3　明日の午後3時

4　明日の午後4時以降

4ばん

1　体調が良くなかったから

2　手首の手術をして書けなかったから

3　家に置いてきてしまったから

4　提出期限をかん違いしていたから

5ばん

1　サーモンが食べられないから

2　アレルギーがある食材が入っていたから

3　料理の値段が高かったから

4　肉料理のほうが食べたかったから

6ばん

1　予約を間違えてしてしまったから

2　仕事のスケジュールが入ってしまったから

3　予定がどうなるかわからなくなったから

4　家族の予定が合わなかったから

STEP 1 유형 알기

問題3では、問題用紙に何もいんさつされていません。この問題は、ぜんたいとしてどんなないようかを聞く問題です。話の前に質問はありません。まず話を聞いてください。それから、質問とせんたくしを聞いて、1から4の中から、最もよいものを一つえらんでください。

문제3에서는, 문제용지에 아무것도 인쇄되어 있지 않습니다. 이 문제는, 전체적으로 어떤 내용인지를 묻는 문제입니다. 이야기 전에 질문은 없습니다. 우선 이야기를 들어주세요. 그리고 나서 질문과 선택지를 듣고, 1부터 4 중에서 가장 올바른 것을 하나 골라 주세요.

문제지에는 아무 내용도 인쇄되어 있지 않고, 질문도 먼저 나오지 않는다. 한 사람의 말 또는 두 사람의 대화를 듣고 핵심 내용을 고르는 문제이다. 개요이해의 출제 유형은 다음과 같다.

흐름 상황을 듣는다 → 말 또는 대화를 듣는다 → 질문을 듣는다 → 4개의 선택지를 듣고 문제를 푼다

1. 주로 무엇에 대해 이야기하고 있는지 묻는 유형

말이나 대화의 주제나 중심 내용을 묻는 문제가 출제되며, 전체 흐름과 주요 메시지를 이해하는 것이 핵심이다. 대화를 들을 때 세부 표현에 집착하기보다, 화자가 무슨 주제로 말하고 있는지 큰 틀에서 파악하자.

질문 예 大学の先生は主に何について話していますか。 교수님은 주로 무엇에 대해 이야기하고 있습니까?

2. 가장 전하고 싶은 것이 무엇인지 묻는 유형

인터뷰 형식에서 많이 출제되는 유형으로, 화자가 가장 강조하는 내용을 파악하는 것이 핵심이다. 화자가 언급하는 다양한 내용 중 특히 강조하는 내용을 잘 들어야 하며, 보통 마지막에 나오지만 중간에 등장할 수도 있으니 흐름을 놓치지 말자.

질문 예 女の人が一番伝えたいことは何ですか。 여자가 가장 전하고 싶은 것은 무엇입니까?

문제 풀이 핵심 Point!

① 모든 내용을 받아 적기보다 큰 틀을 파악하자. 세부 내용이나 예시는 정답일 확률이 낮다.

② 종이에 아무것도 적혀 있지 않아서 두렵겠지만, 음성에서 반복되는 핵심 어휘만 잘 메모하면 핵심 키워드를 알 수 있다. 예를 들어, 상영 중인 영화에 대해 설명하는 경우 上映, 映画, 映画館, 今 등의 어휘가 반복해서 등장할 것이다.

③ 선택지는 반드시 메모하고, 전체를 적기 어렵다면 핵심 키워드만이라도 적어두자.

インタビューで音楽家が話しています。

M：最近、新しいアルバムの制作が思うように進まず、しばらく休むことにしました。音楽家としての活動を続けるかどうか迷いましたが、やはり音楽が好きでやめたくない気持ちが強くなりました。応援してくれるファンのためにも、今は無理せず自分のペースで頑張りたいと思っています。

この音楽家が伝えたいことは何ですか。
1 新しいアルバムが出ること
2 音楽家としての活動をやめること
3 もう一度音楽活動に取り組むこと
4 ファンミーティングを予定していること

> 개요 이해에서는 문제가 먼저 나오지 않으며, 세부 내용이나 구체적인 정보를 묻는 문제가 아니므로 전체 흐름을 파악하는 것이 중요하다.

> 중간에 '활동을 계속할지 고민했다'는 내용만 듣고 답을 고르면 안 된다. 마지막에 '열심히 하고 싶다'는 의사 표현까지 확인한 후에 문제를 풀어야 한다.

인터뷰에서 음악가가 이야기하고 있습니다.

M: 최근 새로운 앨범 제작이 뜻대로 진행되지 않아, 잠시 쉬기로 했습니다. 음악가로서의 활동을 계속할지 말지 고민했지만, 역시 음악을 좋아해서 그만두고 싶지 않은 마음이 강해졌습니다. 응원해 주는 팬들을 위해서도, 지금은 무리하지 않고 제 페이스대로 열심히 하고 싶다고 생각하고 있습니다.

이 음악가가 전하고 싶은 것은 무엇입니까?
1 새로운 앨범이 나오는 것
2 음악가로서의 활동을 그만두는 것
3 다시 한 번 음악 활동에 몰두하는 것
4 팬 미팅을 예정하고 있는 것

1. 주로 무엇에 대해 이야기하고 있는지 묻는 유형

1ばん

2ばん

2. 가장 전하고 싶은 것이 무엇인지 묻는 유형

3ばん

4ばん

もんだい
問題3

　問題3では、問題用紙に何もいんさつされていません。この問題は、ぜんたいとしてどんなないようかを聞く問題です。話の前に質問はありません。まず話を聞いてください。それから質問とせんたくしを聞いて、1から4の中から、最もよいものを一つえらんでください。

―メモ―

もんだい
問題3

　問題3では、問題用紙に何もいんさつされていません。この問題は、ぜんたいとしてどんなないようかを聞く問題です。話の前に質問はありません。まず話を聞いてください。それから質問とせんたくしを聞いて、1から4の中から、最もよいものを一つえらんでください。

―メモ―

もんだい
問題3

　問題3では、問題用紙に何もいんさつされていません。この問題は、ぜんたいとしてどんなないようかを聞く問題です。話の前に質問はありません。まず話を聞いてください。それから質問とせんたくしを聞いて、1から4の中から、最もよいものを一つえらんでください。

—メモ—

문제 4 발화표현

目 4문항

STEP 1 유형 알기

問題4では、えを見ながら質問を聞いてください。やじるし（➡）の人は何と言いますか。1から3の中から、最もよいものを一つえらんでください。

문제4에서는, 그림을 보면서 질문을 들어주세요. 화살표（➡）의 사람은 뭐라고 말합니까? 1부터 3 중에서 가장 올바른 것을 하나 골라 주세요.

그림 속 화살표로 표시된 인물이 할 말을 고르는 문제이다. 집, 회사, 학교 등 다양한 장면이 등장하며, 선택지는 음성으로만 제시된다. 발화표현의 출제 유형은 다음과 같다.

흐름 상황과 질문을 듣는다 ➡ 3개의 선택지를 듣고 문제를 푼다

1. 주어진 상황에 적절한 말이 무엇인지 묻는 유형

주어진 그림과 상황 설명을 조합해 화살표로 표시된 인물이 할 말을 골라야 한다. 집, 회사, 학교 등 다양한 장소가 등장하며, 동음이의어나 비슷한 발음으로 혼동을 주는 경우가 많다. 따라서 어휘의 발음(촉음·장음·발음 등)에 주의하며 듣는 것이 중요하다.

질문 예 会議に遅れてしまいました。何と言いますか。 회의에 늦어 버렸습니다. 뭐라고 말합니까?

문제 풀이 핵심 Point!

① 화살표가 가리키는 인물이 존경어와 겸양어 중 어느 쪽을 사용해야 하는지 정확히 확인하자.

② ～ですが(~이지만), ～ですけど(~인데요) 같은 역접 표현은 끝까지 들어야 정확히 해석할 수 있다.

③ 해석이 어려운 단어가 있어도, ええ(네), ええと(저…)와 같은 감동사나 うん(응), ううん(아니), いや(아니/아니요), いえ(아니/아니요) 같은 대답을 통해 긍정/부정을 판단할 수 있다.

観光の案内をしています。建物を紹介したいです。何と言いますか。

F ： 1 こちらにお越しください。
　　　 2 こちらをご覧ください。
　　　 3 こちらをお持ちします。

건물을 소개할 때 적절한 표현을 고르는 문제이다. こちらをご覧ください는 '이쪽을 봐 주세요'라는 의미로 가장 자연스럽다.

관광 안내를 하고 있습니다. 건물을 소개하고 싶습니다. 뭐라고 말합니까?

F ： 1 이쪽으로 오세요.
　　　 2 이쪽을 봐 주세요.
　　　 3 이것을 가져다 드리겠습니다.

1. 주어진 상황에 적절한 말이 무엇인지 묻는 유형

1ばん

2ばん

もんだい
問題 4

問題 4 では、えを見ながら質問を聞いてください。やじるし（➡）の人は何と言いますか。1 から 3 の中から、最もよいものを一つえらんでください。

れい

1ばん

2ばん

3ばん

4ばん

もんだい
問題 4

問題 4 では、えを見ながら質問を聞いてください。やじるし（➡）の人は何と言いますか。1 から 3 の中から、最もよいものを一つえらんでください。

れい

1ばん

2ばん

3ばん

4ばん

もんだい
問題 4

問題 4 では、えを見ながら質問を聞いてください。やじるし（➡）の人は何と言います

か。1から3の中から、最もよいものを一つえらんでください。

れい

1ばん

2ばん

3ばん

4ばん

STEP 1 유형 알기

問題5では、問題用紙に何もいんさつされていません。まず文を聞いてください。それから、そのへんじを聞いて、1から3の中から、最もよいものを一つえらんでください。

문제5에서는, 문제용지에 아무것도 인쇄되어 있지 않습니다. 우선 문장을 들어주세요. 그리고 나서, 그 대답을 듣고, 1부터 3 중에서 가장 올바른 것을 하나 골라 주세요.

주고받는 대화에서 자연스러운 응답을 고르는 문제이다. 문제와 선택지는 음성으로만 제시되며, 즉시응답의 출제 유형은 다음과 같다.

흐름   문장을 듣는다   →   3개의 선택지를 듣고 문제를 푼다

1. 상대방의 발언에 대해 적절한 대답이 무엇인지 묻는 유형

인사, 사과, 감사, 제안, 부탁 등의 간단한 대화에서 자연스럽고 상황에 맞는 대답을 골라야 한다. 비슷한 표현이나 단어가 들려 혼동될 수 있으므로, 문맥에 맞는 말투와 어감에 주의하자.

질문 예 ちょっと手伝ってもらえる？ 잠깐 도와줄 수 있어?

2. 올바른 경어표현, 인사표현이 무엇인지 묻는 유형

상황에 맞는 정중한 표현(경어)이나 자연스러운 인사 표현을 골라야 한다. 손님 응대, 전화 통화, 방문 인사 등 공식적인 장면이 자주 등장한다. 상대방과의 관계나 말하는 장소를 고려해 가장 적절한 표현을 선택해야 한다.

질문 예 どうぞお入りください。 자 들어오세요.

답변 예 ごめんください。 실례합니다.

> **Tip**
> 헷갈리기 쉬운 ごめんなさい(죄송합니다)와 ごめんください(실례합니다, 아무도 안 계세요?) 같은 표현은 함께 정리하자.

3. 혼동을 주는 발음이나 동음이의어의 함정이 있는 유형

동음이의어나 비슷한 발음으로 혼동을 주는 문제가 많이 출제된다. 따라서 발음(촉음·장음·발음 등)에 유의하며 듣자.

질문/답변 예 A: 8日までお願いします。 8일까지 부탁합니다.

B: はい、4日までですね。 네, 4일까지죠. (×) ➡ (ようか와 よっか의 혼동)

문제 풀이 핵심 **Point!**

① 수수표현 もらう, あげる, くれる는 주고받는 대상을 정확히 확인하자.
② はい(네)·いいえ(아니요)만 듣고 정답을 체크해서는 안 된다. 뒷문장까지 끝까지 듣자.

M : 佐藤さん、先週の会議の準備、本当に助かりました。

F : 1 お役に立ててうれしいです。
　　2 いいえ、まだ準備していません。
　　3 会議の準備、まだですか。

상대방의 감사 표현에 대한 적절한 응답을 골라야 한다. 助かる(도움이 되다)와 役に立つ(도움이 되다)는 같은 뜻이므로, 교체 유의어를 바로 캐치할 수 있어야 한다. 참고로, 질문의 단어가 그대로 활용된 경우 함정일 가능성이 높다.

M : 사토 씨, 지난주의 회의 준비, 정말 도움이 되었어요.

F : 1 도움이 되어서 기쁩니다.
　　2 아니요, 아직 준비하지 않았습니다.
　　3 회의 준비, 아직인가요?

1. 상대방의 발언에 대해 적절한 대답이 무엇인지 묻는 유형

1 ばん

2 ばん

2. 올바른 경어표현, 인사표현이 무엇인지 묻는 유형

3 ばん

4 ばん

3. 혼동을 주는 발음이나 동음이의어의 함정이 있는 유형

5 ばん

6 ばん

もんだい
問題 5

問題5では、問題用紙に何もいんさつされていません。まず文を聞いてください。それから、そのへんじを聞いて、1から3の中から、最もよいものを一つえらんでください。

―メモ―

もんだい
問題 5

問題 5 では、問題用紙に何もいんさつされていません。まず文を聞いてください。それから、そのへんじを聞いて、１から３の中から、最もよいものを一つえらんでください。

―メモ―

もんだい
問題 5

問題 5 では、問題用紙に何もいんさつされていません。まず文を聞いてください。それから、そのへんじを聞いて、1 から 3 の中から、最もよいものを一つえらんでください。

―メモ―

마지막 걸음

모의고사

모의고사 1회
모의고사 2회

준비 다 되셨나요?

1. HB연필 또는 샤프, 지우개를 준비하셨나요?

2. 답안용지는 본책 p.405에 수록되어 있습니다. 두 장을 잘라 각 영역에 맞게 답을 기입하세요.

3. 청해 영역을 풀 때는 QR코드를 스캔해서 듣기 파일을 준비해 주세요.
   (청해 파일은 맛있는북스 홈페이지(www.booksJRC.com)에서도 무료로 다운로드 할 수 있습니다.)

もんだいようし

N3

げんごちしき（もじ・ごい）

（30ぷん）

ちゅうい
Notes

1. しけんが　はじまるまで、この　もんだいようしを　あけないでください。
   Do not open this question booklet until the test begins.

2. この　もんだいようしを　もって　かえる　ことは　できません。
   Do not take this question booklet with you after the test.

3. じゅけんばんごうと　なまえを　したの　らんに、じゅけんひょうと
   おなじように　かいて　ください。
   Write your examinee registration number and name clearly in each box below as written on
   your test voucher.

4. この　もんだいようしは、ぜんぶで　5ページ　あります。
   This question booklet has 5 pages.

5. もんだいには　かいとうばんごうの　1、2、3…が　ついて　います。かいとうは、かいとうようしに　ある　おなじ　ばんごうの　ところに　マークしてください。
   One of the row numbers 1, 2, 3 … is given for each question. Mark your answer in the
   same row of the answer sheet.

じゅけんばんごう　Examinee Registration Number	
なまえ　Name	

問題1 _____のことばの読み方として最もよいものを、1・2・3・4から一つえらびなさい。

1 イギリスの首都はロンドンです。
　1　しゅうとう　　　2　しゅうと　　　　3　しゅと　　　　4　しゅど

2 いつ起こるかわからない地震に備えて食べ物を大量に買いました。
　1　たいりょ　　　　2　たいりょう　　　3　だいりょ　　　4　だいりょう

3 会社のクレジットカードで何かを買った時には、必ず領収証をもらってください。
　1　りょうしゅしょう　　　　　　　2　りょうしゅうしょう
　3　りょうしゅしょ　　　　　　　　4　りょしゅしょう

4 1年間お世話になった下宿のおばさんに挨拶をして実家に帰りました。
　1　せわ　　　　　　2　よわ　　　　　　3　せは　　　　　4　よは

5 彼は彼女の話を堅く信じていました。
　1　おもく　　　　　2　ふかく　　　　　3　ながく　　　　4　かたく

6 とんでもないことを頼まれて困っています。
　1　まもって　　　　2　くるって　　　　3　こまって　　　4　おごって

7 プロジェクトチームの研究は完成に近いです。
　1　かんせい　　　　2　かんしょう　　　3　がんせい　　　4　がんしょう

8 大学から入学許可の通知が届いた。
　1　とうち　　　　　2　つうち　　　　　3　つうぢ　　　　4　とうぢ

問題2　＿＿＿＿のことばを漢字で書くとき、最もよいものを、１・２・３・４から一つえらびなさい。

9　外は寒いので、セーターの上にカーディガンをかさねて着た。

1　動ねて　　　　2　複ねて　　　　3　重ねて　　　　4　数ねて

10　プラスチックのようきは環境のためにやめましょう。

1　容器　　　　2　容品　　　　3　谷器　　　　4　谷品

11　先週は、ざんぎょうで３日も帰れませんでした。

1　夜勤　　　　2　産業　　　　3　漁業　　　　4　残業

12　ストレッチをしたら、かたが軽くなりました。

1　肩　　　　2　腰　　　　3　胸　　　　4　額

13　洗濯物をしっかりほさないと変なにおいがします。

1　補さない　　　2　刺さない　　　3　干さない　　　4　保さない

14　子供がなげたボールが隣のガラスを割ってしまった。

1　拾げた　　　　2　遂げた　　　　3　逃げた　　　　4　投げた

問題3 （　　　　）に入れるのに最もよいものを、１・２・３・４から一つえらびなさい。

15 多くの人が並んで（　　　　）を待っています。

  1　順番　　　　　　2　集中　　　　　　3　翻訳　　　　　　4　お集まり

16 私の大切な人形を弟がどこかに（　　　　）ちゃった。

  1　探し　　　　　　2　隠し　　　　　　3　捜し　　　　　　4　生かし

17 ２人は双子だから（　　　　）です。

  1　たまたま　　　　2　そっくり　　　　3　ぐっすり　　　　4　ぎりぎり

18 彼の仕事に対する（　　　　）なところをみんな褒めています。

  1　一般的　　　　　2　部分的　　　　　3　積極的　　　　　4　効果的

19 甘いものが好きでチョコレートとかを見ると（　　　　）できません。

  1　満足　　　　　　2　我慢　　　　　　3　休憩　　　　　　4　工夫

20 Wi-Fiの１日の使用（　　　　）はいくらですか。

  1　金　　　　　　　2　代　　　　　　　3　料　　　　　　　4　賃

21 ベッドを替えようと思って、帰りに家具の（　　　　）をとってきました。

  1　パンフレット　　2　メッセージ　　　3　ノコール　　　　4　イメージ

22 元カレが私の高校の同級生と結婚するという（　　　　）を聞きました。

  1　もんだい　　　　2　もんく　　　　　3　うわさ　　　　　4　うら

23 １人で留学していたから何カ月かは知り合いがいなくて（　　　　）だった。

  1　退屈　　　　　　2　退院　　　　　　3　早退　　　　　　4　退職

24 目を（　　　　）空を飛んでいるところを想像してみてください。

  1　とまって　　　　2　とけて　　　　　3　とって　　　　　4　とじて

25 自分の布団は自分で（　　　　）ください。

  1　たもって　　　　2　たたんで　　　　3　たって　　　　　4　たして

問題4　＿＿＿＿に意味が最も近いものを、1・2・3・4から一つえらびなさい。

26　彼女が怒った<u>わけ</u>がわからなくて、手紙でも書こうかなと思っています。

1　意識　　　　　　　　　　　　2　理解

3　意思　　　　　　　　　　　　4　理由

27　あの映画を見た人たちはみんな<u>おそろしい</u>顔をして映画館を出てきた。

1　こわい　　　　　　　　　　　2　おもしろい

3　わずらわしい　　　　　　　　4　みずみずしい

28　明日までのレポートの内容が気に入らなくて<u>やりなおした</u>。

1　捨てた　　　　　　　　　　　2　送ってもらった

3　もう一度やった　　　　　　　4　延期した

29　毎日混んでいる<u>通勤</u>電車ではイライラしてしまいます。

1　人が多い　　　　　　　　　　2　仕事に行く

3　座るところがない　　　　　　4　別のチケットを買う

30　健康のことを考えると、運動を始めるのが<u>最もいい</u>と医者に言われました。

1　プロだ　　　　　　　　　　　2　ベストだ

3　ブームだ　　　　　　　　　　4　アイデアだ

問題5　つぎのことばの使い方として最もよいものを、1・2・3・4から一つえらびなさい。

31　見送る

1　気に入るスカートを見送ってみた。

2　名前を呼ばれた人は、隣の部屋に見送ってください。

3　彼女は駅まで父親を見送りに行きました。

4　見たかった映画が公開されてすぐ見送りに行った。

32　植える

1　母親は庭にひまわりやバラなどきれいな花を植えています。

2　仲のいい2人は喧嘩をしてもすぐ植える。

3　彼へのプレゼントを何にするか植えています。

4　コップが植えてけがをしました。

33　だるい

1　今回のテストはとてもだるくて合格できないかもしれない。

2　あの店のうどんはとてもだるくていつも客でにぎやかだ。

3　熱のせいか昨日から体がだるいです。

4　明日新しいスマホをだるくて楽しみです。

34　落ち着く

1　財布が穴に落ち着いた。

2　火事の時落ち着いて行動するのが重要だ。

3　電車が駅に落ち着いたら連絡してください。

4　このデザインは売れてなくて、棚にずっと落ち着いている。

35　ユーモア

1　まだ小さい子供だから車には必ず子供用のユーモアが必要です。

2　私の理想のタイプはユーモアのある人です。

3　お客さんのユーモアによって新しい商品を開発します。

4　先生とユーモアしたうえで大学を決めました。

N3

言語知識（文法）・読解

（70分）

注　意
Notes

1. 試験が始まるまで、この問題用紙を開けないでください。
   Do not open this question booklet until the test begins.

2. この問題用紙を持って帰ることはできません。
   Do not take this question booklet with you after the test.

3. 受験番号と名前を下の欄に、受験票と同じように書いてください。
   Write your examinee registration number and name clearly in each box below as written on your test voucher.

4. この問題用紙は、全部で19ページあります。
   This question booklet has 19 pages.

5. 問題には解答番号の 1 、 2 、 3 … が付いています。
   解答は、解答用紙にある同じ番号のところにマークしてください。
   One of the row numbers 1 , 2 , 3 … is given for each question. Mark your answer in the same row of the answer sheet.

受験番号 Examinee Registration Number	
名　前　Name	

問題1　つぎの文の（　　　　）に入れるのに最もよいものを、1・2・3・4から一つえらびなさい。

1　新しくできた本屋には、本（　　　　）、CDやDVDなども売っている。

1　のくせに　　　　2　のほかに　　　　3　に対して　　　4　につれて

2　親になって初めて、子を育てるのがどれだけ（　　　）わかった。

1　大変なのが　　　2　大変が　　　　3　大変か　　　　4　大変かどうか

3　(電話で)

A「もしもし。今、駅に着いたんだけど、どこにいる？」

B「（　　　）ドラッグストア、知ってる？」

A「あ！ここから見える！」

B「は〜い。そこだよ。」

1　「スミレ」など　　　　　　　　2　「スミレ」とか

3　「スミレ」って　　　　　　　　4　「スミレ」と

4　先生に「明日まで宿題は（　　　　）。」と言われたので、やるしかない。

1　忘れないことに　　　　　　　　2　忘れないように

3　忘れないだけに　　　　　　　　4　忘れないものに

5　欲しいものをたくさん買ってしまって、財布には300円（　　　　）残っていない。

1　までに　　　　2　ころ　　　　3　ぐらいしか　　4　では

6　このスマホの操作はとても簡単なので、（　　　）使える。

1　誰かにでも　　　2　誰にでも　　　3　誰かも　　　　4　誰からも

7　明日は重要な発表があるので、（　　　）と思う。

1　準備をしなくてもいけない　　　　2　準備をしなくてはいい

3　準備をしなければいい　　　　　　4　準備をしなければいけない

8 A「うわ！びっくりしたでしょ！」

　B「え〜そんな。（　　　　）。」

1　驚かないでください　　　　　　　　2　驚いてください

3　驚かせないでください　　　　　　　4　驚かしてください

9 留学して１年が経つと、ある程度の日本語が話せる（　　　　）生活がしやすくなりました。

1　ことにして　　　　　　　　　　　　2　ことになって

3　ようにして　　　　　　　　　　　　4　ようになって

10 先生は急用ができたようで、もう（　　　　）。

1　お帰りしました　　　　　　　　　　2　帰りになりました

3　お帰りにしました　　　　　　　　　4　お帰りになりました

11 私の夢は（　　　　）自分のレストランを開くことです。

1　いつでも　　　　　　　　　　　　　2　いつか

3　いつのまにか　　　　　　　　　　　4　いつ

12 夫「なんか空、すごく暗くなったね。」

　妻「うん。今夜から（　　　　）。」

1　雨のそうだよ　　　　　　　　　　　2　雨ようだよ

3　雨だそうだよ　　　　　　　　　　　4　雨そうだよ

13 患者「階段で（　　　　）。」

医者「レントゲンを撮らないといけませんね。」

1　転んではいけませんね　　　　　2　転んでしまったんです

3　転ぶようになりました　　　　　4　転んでも仕方ないです

(問題例)

この仕事は大変ですが、＿＿＿＿＿　＿＿＿＿＿　＿＿★＿＿　＿＿＿＿＿と思います。

1　大切だと　　　　2　続けることが　3　あきらめずに　4　自分を信じて

(解答の仕方)

1. 正しい答えはこうなります。

> この仕事は大変ですが、＿＿＿＿＿　＿＿＿＿＿　＿＿★＿＿　＿＿＿＿＿と思います。
>
> 　4　自分を信じて　3　あきらめずに　2　続けることが　1　大切だと

2. ＿＿★＿＿に入る番号を解答用紙にマークします。

(解答用紙)　　| 例) | ① ❷ ③ ④ |

14　料理を作る ＿＿＿＿＿ ＿＿★＿＿ ＿＿＿＿＿ ＿＿＿＿＿ 自慢できる。

1　どんぶりだけは　　　　　　　　2　あまり得意ではない

3　のが　　　　　　　　　　　　　4　私でも

15　あのレストランは ＿＿＿＿＿ ＿＿＿＿＿ ＿＿★＿＿ ＿＿＿＿＿ と評判だ。

1　野菜が新鮮だ　　　　　　　　　2　だけあって

3　農作業をしている　　　　　　　4　主人が

16　日本語教室にはさまざまなコースがあります。初心者コースは ＿＿＿＿＿ ＿＿＿＿＿ ＿＿★＿＿ ＿＿＿＿＿ おすすめします。

1　ようになるための　　　　　　　2　初めて習う方に

3　簡単な会話ができる　　　　　　4　授業で

[17] （会社で）

部長「悪いね。僕が ______ ★ ______ ______ ことになって。」

社員「いいえ、大丈夫です。」

1　残業してもらう　　　　　　　2　ミスをした

3　君にまで　　　　　　　　　　4　ばかりに

[18] 日本人の ______ ______ ★ ______ 興味を持つようになりました。

1　友だちと会う　　　　　　　　2　話せば話すほど

3　機会が増えて　　　　　　　　4　日本の文化に

問題3　つぎの文章を読んで、文章全体の内容を考えて、 19 から 23 の中に入る最もよい
　　　　ものを、1・2・3・4から一つえらびなさい。

ゴミネット

　日本に留学した時にびっくりしたことが 19 ある。タクシーの自動ドアや後ろから
乗るバス、数えきれない種類の自動販売機、その中に「ゴミネット」がある。日本に来
てしばらくは寮生活をしていたから、ゴミ捨ては寮の管理人にして 20 。寮の中にあ
るゴミ箱にちゃんと分けて捨てればそれでおしまいで、実際にはどこにどのように捨て
られているのか知らなかった。

　寮生活が 21 マンションで一人暮らしをすることになった。寮とは違って自分で
ゴミ捨てをしなければならなかった。マンションの管理人からゴミの分別などいろいろ
なことについて教えてもらったが、不思議だったのはゴミ捨て場の網だった。私は「ど
うして網があるのだろう？ゴミを誰かが盗むわけでもないのに。」と思ったのだ。

　気になった私は管理人に「どうして網をかけておくんですか？」と聞いた。 22
「理由はいろいろありますが、一番の理由はカラスですね。網がないとカラスがゴミ袋
を破ってしまいます。だから、キムさんもご協力をお願いします。」と管理人さんが
話した。韓国よりカラスの多い日本では網でごみを 23 。カラスに悪いことをするこ
となく、カラスも環境も守っている日本人のアイデアに感動した。

（注）カラス：黒くて頭のいい鳥

19

  1　どこか　　　　　　2　いくつか　　　3　どれか　　　　4　いくらか

20

  1　さしあげた　　　2　もらっていた　　3　あげた　　　　4　くれた

21

  1　終わるかどうか　　　　　　　2　終わることにたいして
  3　終わることについて　　　　　4　終わってから

22

  1　すると　　　　　　2　そのうえ　　　3　つまり　　　　4　けれども

23

  1　守ってしまう　　　　　　　　2　守るはずがない
  3　守ってはいけない　　　　　　4　守っているのだ

(1)

これは、黒田先生の授業の学生に届いたメールである。

あて先　　：　2008siraishi@heiwa.ac.jp

件名　：　ミュージカル見学について

送信日時　：　2026年　12月　3日　11：00

___

ミュージカル見学について、詳しいことが決まりましたので、お知らせします。

12月7日（木）までに参加するかどうかを返信してください。

日時：12月18日（月）　午後7時〜9時

場所：青鳥ホール

チケット代：5,000円

バス代：500円（学校に集合後、バスに乗って行きます。事前にバスは予約しますので、参加しない人にも払っていただきます。）

チケットの代金とバス代は公演会場で集めます。

参加できない人は、バス代のみ12月15日までにお支払いください。

黒田

24　このメールを見て、参加しない人は、どうしなければならないか。

１　返信をする必要はないが、12月18日にバス代を払う。

２　返信をする必要はないが、12月15日までにバス代を払う。

３　12月7日までに返信して、12月18日にバス代を払う。

４　12月7日までに返信して、12月15日までにバス代を払う。

(2)

　爪が私たちの指先を守っていることはよく知られている。しかし、爪の役割はほかにも
ある。

　まず、物をつかむときに落とさないように爪がしっかりとつかんでいる。もちろん指だけ
で取ったりもするが、細いものや小さいものを取る時には爪が必要だ。また指先が何かを感
じた時にもっとはっきりと分かるようにしてくれるのである。普通はひふだけで何かを感じ
ていると思うが、厚さや薄さ、熱い、冷たいなどを感じ取るには爪の役割が重要なのだ。な
ぜなら、爪がないと指のひふが厚くなって感じ取れないからだ。

25　ほかにもあるとあるが、それはどんなことか。

　　1　指先を傷つけないようにすること
　　2　糸のようなものをつまむ時に必要であること
　　3　爪があると冷たいものも簡単につかめること
　　4　本のような厚いものを軽く持つことができること

(3)

　私の母はホテルですべてのことを管理する仕事をしている。ホテルは１年間休むことなく、仕事をしなければならない。母は10年以上同じホテルで働いているが、今までに一度も旅行に行ったことがない。もちろん休暇は取れるのだが、そうすると他の人の迷惑になると言って今まで行ったことがないのだ。お金のために働いているはずなのに、どうしてそこまでするのかと何度も疑問に思ったことがある。

　そこで母に「どうして休まないの？休んでもいいんじゃない？」と聞いてみた。すると、母は「ホテルに泊まるお客さんにはいい思い出を残してほしい。私がホテルのすべてを管理しているんだから、私がいない時に何かあったら困るでしょう。」と話した。母の話を聞いて仕事への責任感について改めて考えるようになった。

26　旅行に行ったことがないとあるが、それはなぜか。

1　母はホテルに泊まるのがあまり好きではないから

2　母が働いているホテルは１年間休みがないので、働かなければならないから

3　母はホテルのすべてを管理している立場なので、母がいないとホテルの営業ができないから

4　母はホテルのすべてを管理している立場なので、母がいない時に何か起きてはいけないと思っているから

(4)

下記のメールは、上村さんが伊藤さんに送ったものである。

ミライ社

営業部　伊藤様

いつもお世話になっております。

先日、送っていただきました「ワンちゃんのベッド」のカタログを拝見しました。

ぜひ一度、お目にかかってお話をうかがいたいのですが、ご都合のよい日をお知らせいただけますでしょうか。

では、ご連絡お待ちしております。

よろしくお願いいたします。

上村

27 上村が伊藤さんにこのメールを送った目的は何か。

1　「ワンちゃんのベッド」のカタログをもらいたいから

2　「ワンちゃんのベッド」のカタログにあるベッドが買いたいから

3　直接伊藤さんに会って仕事に関する話がしたいから

4　直接会うよりメールで話したいから

問題5　つぎの(1)と(2)の文章を読んで、質問に答えなさい。答えは、1・2・3・4から最も
よいものを一つえらびなさい。

(1)

　皆さんは「美容体重」という言葉を聞いたことがありますか。「美容体重」とは身長と体
重のバランスがいい「平均体重」とは違って言葉のとおりきれいに見える、つまり美容上の
体重のことを言います。美容体重は平均体重より約8kg少なくなっています。きれいに見え
るためには、医学上の健康だと判断される体重より約8kgも減らさなければならないという
ことです。これについて皆さんはどう思いますか。

　私も今まで数えきれないほどいろいろな方法のダイエットを経験しています。1週間1種
類の果物だけを食べるダイエット、一日に一食だけをとるダイエット、ダイエット薬に頼っ
て生活するなど主に食べないダイエットをしてきました。もちろん成功して痩せたこともあ
りますし、全く効果がなくて逆にストレスがたまったこともあります。でも、どちらにして
も運動をしない方法だったので、体には悪影響しかなかったと思います。ダイエットをして
いる最中はめまいがする時もありましたし、よくイライラもしていました。もちろん、きれ
いに見えるためならこれぐらいは我慢しようと思って続けていましたが、今になって考えて
みると誰のためにそうしていたのかと思います。きれいに見えるために努力するのはいいこ
とだと思いますが、その基準が「体重」にあることは見直す必要があると思います。

28　①美容体重とあるが、どのようなことか。
　　1　医者が認めたきれいに見える体重のこと
　　2　平均体重より約8kgぐらい太っている体重のこと
　　3　外見を気にせず、体のバランスがいい体重のこと
　　4　きれいに見えるための、平均体重より少ない体重のこと

[29]　②いろいろな方法のダイエットとあるが、それとは違うものはどれか。

1　１週間他の食べ物は食べないでバナナだけを食べるダイエット

2　一日に一回だけ食事をするダイエット

3　食べる量より多く運動するダイエット

4　ダイエットに役に立つ薬に頼るダイエット

[30]　ダイエットについて、「私」はどう思っているか。

1　きれいだと思う基準が「体重（たいじゅう）」であることをもう一度考え直してほしい。

2　医者の話にしたがって、平均体重（へいきんたいじゅう）になってほしい。

3　健康な生活も重要だが、きれいに見える基準が「体重（たいじゅう）」だから努力してほしい。

4　健康な生活のために美容体重（びようたいじゅう）になってほしい。

(2)

挨拶

　私は子供の頃から親に挨拶の大切さを教えてもらっていた。特に、目上の人には必ず自分から先に挨拶をすべきだと言われていたものだ。同じマンションに住んでいる人が自分の知らない人であっても、エレベーターや家の前で会えば挨拶をし、そこから知り合いになることもあった。しかし、最近はこれをやめようという声が上がっている。大人や中学生以上の判断力のある人なら問題ないが、小学生のような未熟な子供に知り合い以外の人には挨拶をさせないようにというのだ。では、どうして挨拶を禁止しているのか。

　最近は子供が被害者になる事件が多い。判断力のない子供に近づいて挨拶をし、話しながらいつの間にか誘拐するという。周りから見れば、子供が普通に挨拶をして話もしているので、その子供の知り合いだと思って勘違いをしてしまう。こうした理由から、子供には知り合い以外の人に挨拶をさせないようにと注意をしているらしい。初めは挨拶をしないなんて冷たい世界だと思ったのだが、理由を聞いてみて納得した。その反面、寂しい気もした。私が考えている挨拶は町の暖かさを作るものだ。しかし、世の中が変わり、挨拶の意味も変わっていく。だんだん危険になる世の中から暖かさを守るのは本当に無理なことか。挨拶をさせないことが本当に子供を守るための方法になるのか真剣に考えるようになった。

（注１）未熟な：経験などが不足している状態
（注２）誘拐：他人を騙して連れ去ること

31　①これとあるが、それは何か。

1　高校生に同じマンションに住んでいる人に挨拶をさせないようにすること

2　大人が同じ年代の人にしか挨拶しないこと

3　小学生に知り合いの人以外は挨拶をさせないように注意すること

4　小学生が知り合いでない人に会っても挨拶をすること

32　②<u>納得した</u>とあるが、それはなぜか。

1　家に帰って休みたい人に挨拶をしながら話しかけるのは迷惑だから

2　相手の人は挨拶をしたくないかもしれないから

3　相手がどのような人か判断できない子供に危ないことが起こるかもしれないから

4　子供だといっても、自分が挨拶をするかどうかの判断はできるから

33　挨拶をさせないことについて「私」はどう思っているか。

1　世の中が危険になっても挨拶はさせた方がいい。

2　世の中が危険になっても挨拶はさせない方がいい。

3　挨拶をさせない方法以外に、子供を守れる方法はないか考えたほうがいい。

4　挨拶をさせない方法以外に、子供を守れる方法はないから挨拶はさせない方がいい。

問題6　つぎの文章を読んで、質問に答えなさい。答えは、1・2・3・4から最もよいものを
　　　　一つえらびなさい。

　さまざまな理由で海外移住を夢見る人が増えている。移住する人は単に外国に住んでみた
いとの理由ではなく、もっと真剣な理由で海外へ足を運ぶらしい。家族や友達のいる生まれ
育った国を離れてまでも移住を希望する人は今より良い生活ができると思い込んでいるに違
いない。しかし、実際に海外で生活をすることになっても自分が描いた夢のような毎日では
ないはずだ。では、なぜ言葉も通じない海外で暮らそうとするのだろうか。そこにはいくつ
かの理由がある。

　まず就職のことが挙げられる。母国ではない海外では外国人として就職することになる。
その国の言葉以外にも母国語ができて2か国語が話せるというわけだ。グローバル世界であ
る現在、より多くの外国語が話せたら、母国語しか話せない人より就職に有利だという。ま
た国によって同じ仕事をしても条件や給料が違うので、もっと条件の良いところや高い給料
がもらえる国へ移住するのだ。昔は自国内のみで仕事を探し求めたことに対し、今はいろい
ろなことを比べながら自分に向いている国の仕事を選んでいる。

　次は子供の教育である。外国語が重要になりつつある現在社会では、ネイティブレベルの
発音や会話力を必要とする。もちろん自国で暮らしながらでも外国語を習得できるのであろ
うが、実際にその国に住めば文化も自然と身につくし、24時間外国語を使うので必要に迫ら
れて言葉が上手になるというのだ。外国での生活と経験は受験や就職に影響を及ぼすことは
事実である。そういったことから、たとえ短期間であっても若いうちに海外で暮らしてみた
いと思っているのだ。

　昔は自分が生まれた国を離れることはあまりなかったし、移住しようと考える人も少なか
った。しかし今は世界が変わり、自分が暮らしやすい国と条件を探して移住するということ
は驚くことでもなくなった。私は、自分の将来のために良い条件の国へ移住することについ
ては賛成だが、海外に行けば何でも自分の願いが叶うと考えるのは危険なことだと思う。結
局、条件や場所より自分の意志が大事なのだ。

34 就職のために海外移住をする人の理由として合っていないのは、何か。

1 外国人の立場でいると、2か国語が話せてより就職に有利だから

2 母国だけで仕事を探すことに比べ、世界中の仕事を比較して自分に合う国を選べる
から

3 母国より給料が高くなくても、やり甲斐が感じられるから

4 同じ仕事をしても、国によって給料が違い、もっと高い給料をもらいたいから

35 子供の教育のために海外移住をする人の理由として合っているのは、何か。

1 外国での生活は母国とは違って余裕があるから

2 その国で言葉を習得すると言葉だけではなく文化も身につくから

3 他の国の友達と付き合ってみないと成長できないから

4 海外での経験がないと就職ができないから

36 海外移住について「私」はどう思っているのか。

1 自分の将来だから、高いお金を払ってでも行く。

2 海外移住さえすれば、受験も就職もうまくいくから行く。

3 海外での経験も重要だが、結局は自分の意志が一番大事である。

4 海外での経験が一番大事だから、行きたくなくても移住する。

37 本文の内容に合っているのは、何か。

1 昔より海外移住を希望する人は少なくなってきた。

2 経済が悪くなれば、海外移住を希望する人は増える。

3 子供の教育のために海外移住を決心する人も少なくない。

4 母国より良い条件の国があっても、家族がいるから実際に移住する人はいない。

問題7　右のページは、バス会社の乗り放題チケットの案内である。これを読んで、下の質問に
　　　　答えなさい。答えは、１・２・３・４から最もよいものを一つえらびなさい。

38　木村さんは、今度の土曜日に８歳の息子１人と３歳の娘１人を連れて出かける。乗り
　　　放題チケットを利用したいが、最も安く利用するためには、どのチケットを何枚買わ
　　　なければならないか。

　　1　大人料金の「１日巡りチケット」１枚と、子供料金の「１日巡りチケット」１枚

　　2　大人料金の「１日巡りチケット」１枚と、子供料金の「１日巡りチケット」２枚

　　3　「親子チケット」１枚と、子供料金の「１日巡りチケット」１枚

　　4　「親子チケット」１枚だけ

39　教師の伊藤さんは指導するクラブの高校生10人と高校の野球クラブの試合に行く。最
　　　も安く利用したいが、どのチケットを買い、全員でいくら払わなければならないか。

　　1　大人料金の「１日巡りチケット」を11枚・8,800円

　　2　「親子チケット」１枚と子供料金の「１日巡りチケット」９枚・5,050円

　　3　大人料金の「１日巡りチケット」1枚と「学生チケット」10枚・7,800円

　　4　「学生チケット」を11枚・7,700円

青山（あおやま）バス乗り放題チケットのご紹介

＊青山（あおやま）バスの乗り放題チケットを使えば、始発の「水原（みずはら）」から終点の「中村動物園前（なかむら）」

　までのすべてのバス停で、1日に何回でも乗り降りできます。

＊青山（あおやま）バスでは、以下の3種類の乗り放題チケットをご用意しております。

	一日巡りチケット	親子チケット	学生チケット
内容	どなたでも使える乗り放題チケットです。	大人一人と子供一人の料金がセットになったチケットです。	小学生・中学生・高校生・大学生＊①が、学校にかかわる活動＊②のために、10人以上で乗車する場合にご利用になれます。
利用可能曜日	週末のみ	週末のみ	毎日
大人料金（12歳以上）	800円	1,000円（大人1人と子供1人）	700円
子供料金（6歳〜11歳）	450円		350円
購入について	ご利用当日、チケット売り場で買うことができます。	ご利用当日、チケット売り場で買うことができます。	前日までにチケット売り場で申込書を出し、チケットを買ってください。

＊① 学生と一緒の場合は、引率（いんそつ）の方もご利用になれます。

＊② 学校の活動や遠足などにもご利用になれます。ただし、通学には利用できません。

＊③ 5歳以下のお子様は、大人と一緒の場合、2人まで無料になります。3人目から

　　は、子供料金が必要になります。

青山（あおやま）バス会社

お問い合わせ先：03−2309−5948

N3

ちょうかい
聴解

（40分）

注　意
Notes

1. 試験が始まるまで、この問題用紙を開けないでください。
   Do not open this question booklet until the test begins.

2. この問題用紙を持って帰ることはできません。
   Do not take this question booklet with you after the test.

3. 受験番号（じゅけんばんごう）と名前を下（らん）の欄に、受験票（じゅけんひょう）と同じように書いてください。
   Write your examinee registration number and name clearly in each box below as
   written on your test voucher.

4. この問題用紙は、全部（ぜんぶ）で13ページあります。
   This question booklet has 13 pages.

5. この問題用紙にメモをとってもいいです。
   You may make notes in this question booklet.

受験番号（じゅけんばんごう）　Examinee Registration Number	
名　前　Name	

問題1

問題1では、まず質問を聞いてください。それから話を聞いて、問題用紙の1から4の中から、最もよいものを一つえらんでください。

れい

1　1時15分

2　1時30分

3　1時45分

4　2時

1ばん

1　9時5分

2　9時10分

3　9時15分

4　9時20分

2ばん

1　部長にメールを送ったのか今井に連絡する

2　お客さんにメールを送ったのか今井に連絡する

3　お客さんに資料をメールで送る

4　部長に資料をメールで送る

3ばん

1 　水曜日
2 　木曜日
3 　金曜日
4 　土曜日

4ばん

1 

2 

3 

4 

5ばん

1　全部水曜日までに出す

2　全部金曜日までに出す

3　申込書だけ水曜日までに出す

4　申込書だけ金曜日までに出す

6ばん

1　仕事を辞める

2　長時間働く必要のない仕事をする

3　視力のために眼鏡をかける

4　目を守る眼鏡をかける

問題 2

問題2では、まず質問を聞いてください。そのあと、問題用紙を見てください。読む時間があります。それから話を聞いて、問題用紙の1から4の中から、最もよいものを一つえらんでください。

れい

1 さいきん　いそがしいから

2 いっしょに　行く人が　いないから

3 うどんが　にがてだから

4 ねだんが　高いから

1ばん

1　仕事に集中できないから

2　オレンジジュースを勧められたから

3　オレンジジュースが好きになったから

4　カフェインをやめるようにといわれたから

2ばん

1　男の人が結婚するから

2　友達が結婚するから

3　海外での一人暮らしが寂しいから

4　久しぶりに友達に会いたいから

3ばん

1　来週テストがあるから

2　両親のためにバイトをするから

3　生活のためにバイトをするから

4　歓迎会に行くお金がないから

4ばん

1　電車の時間に合わせるのが大変だから

2　ほかの人と話したかったから

3　満員なのに人が乗ってくるから

4　満員だと乗れないように注意されるから

5ばん

1　木村が代わりに出席するから

2　営業部と会議するから

3　大事なお客さんが来るから

4　社長の代わりに働くから

6ばん

1　男の人が名前を間違えて書いたから

2　女の人が名前を間違えて書いたから

3　花子さんが名刺に名前を間違えて書いたから

4　男の人が名刺に名前を間違えて書いたから

　問題3では、問題用紙に何もいんさつされていません。この問題は、ぜんたいとしてどんなないようかを聞く問題です。話の前に質問はありません。まず話を聞いてください。それから質問とせんたくしを聞いて、1から4の中から、最もよいものを一つえらんでください。

―メモ―

問題４では、えを見ながら質問を聞いてください。やじるし（➡）の人は何と言いますか。１から３の中から、最もよいものを一つえらんでください。

れい

1ばん

2ばん

3ばん

4ばん

問題5

問題5では、問題用紙に何もいんさつされていません。まず文を聞いてください。それから、

そのへんじを聞いて、1から3の中から、最もよいものを一つえらんでください。

―メモ―

해설집 p.140

준비 다 되셨나요?

1. HB연필 또는 샤프, 지우개를 준비하셨나요?

2. 답안용지는 본책 p.405에 수록되어 있습니다. 두 장을 잘라 각 영역에 맞게 답을 기입하세요.

3. 청해 영역을 풀 때는 QR코드를 스캔해서 듣기 파일을 준비해 주세요.
   (청해 파일은 맛있는북스 홈페이지(www.booksJRC.com)에서도 무료로 다운로드 할 수 있습니다.)

もんだいようし

N3

げんごちしき（もじ・ごい）

（30ぷん）

ちゅうい
Notes

1. しけんが　はじまるまで、この　もんだいようしを　あけないでください。
　　Do not open this question booklet until the test begins.

2. この　もんだいようしを　もって　かえる　ことは　できません。
　　Do not take this question booklet with you after the test.

3. じゅけんばんごうと　なまえを　したの　らんに、じゅけんひょうと　おなじように　かいて　ください。
　　Write your examinee registration number and name clearly in each box below as written on your test voucher.

4. この　もんだいようしは、ぜんぶで　5ページ　あります。
　　This question booklet has 5 pages.

5. もんだいには　かいとうばんごうの　1、2、3 … が　ついて　います。かいとうは、かいとうようしに　ある　おなじ　ばんごうの　ところに　マークしてください。
　　One of the row numbers 1, 2, 3 … is given for each question. Mark your answer in the same row of the answer sheet.

じゅけんばんごう　Examinee Registration Number	
なまえ　Name	

問題1 　　＿＿＿＿のことばの読み方として最もよいものを、１・２・３・４から一つえらびなさい。

1 私は英語よりフランス語の方が<u>得意</u>です。
　1　とくい　　　　2　とくぎ　　　　3　どくい　　　　4　どくぎ

2 あの山は大きな<u>岩</u>があることでとても有名です。
　1　いし　　　　2　いわ　　　　3　かわ　　　　4　はり

3 このまま努力を続ければ、明るい<u>未来</u>が待っていると思います。
　1　まいれい　　　　2　まいらい　　　　3　みれい　　　　4　みらい

4 靴のひもを<u>緩く</u>結ぶと転びます。
　1　やわらかく　　　　2　おそく　　　　3　ゆるく　　　　4　あさく

5 万が一のために、旅行<u>保険</u>に入っておきました。
　1　ぼけん　　　　2　ほけん　　　　3　ぼうけん　　　　4　ほうけん

6 私にとって家族は何より<u>大切</u>な存在である。
　1　たいせつ　　　　2　だいせつ　　　　3　たいじ　　　　4　だいじ

7 天気<u>予報</u>によると今日から梅雨入りだそうです。
　1　ようぼ　　　　2　よぼ　　　　3　ようほ　　　　4　よほう

8 <u>名刺</u>に書いてある電話番号に連絡してください。
　1　めいさつ　　　　2　めいさ　　　　3　めいかん　　　　4　めいし

問題2 ______のことばを漢字で書くとき、最もよいものを、1・2・3・4から一つえらびな
さい。

9 年を取るとあまいものが苦手になります。
　　1　甘い　　　　　　2　辛い　　　　　　3　厚い　　　　　　4　薄い

10 兄弟が財産をめぐってあらそっています。
　　1　被って　　　　　2　戦って　　　　　3　殴って　　　　　4　争って

11 小さい頃からははきちんと磨かないといけません。
　　1　派　　　　　　　2　葉　　　　　　　3　歯　　　　　　　4　破

12 服はじみなものより派手なものが好きです。
　　1　他味　　　　　　2　他末　　　　　　3　地味　　　　　　4　地末

13 たまには流れをおっていくのもいいと思います。
　　1　過って　　　　　2　追って　　　　　3　連って　　　　　4　送って

14 英語が下手なのでつうやくをしてもらうしかありませんでした。
　　1　通疫　　　　　　2　通約　　　　　　3　通役　　　　　　4　通訳

[15]　彼の予想が（　　　）あのチームが全国大会で優勝した。

　1　勝って　　　　　2　当たって　　　　3　入れて　　　　4　会って

[16]　いい夢を見ていたのに、急に（　　　）しまって残念だった。

　1　覚えて　　　　　2　覚めて　　　　　3　見せて　　　　4　見えて

[17]　ご注文のテーブルは（　　　）お届けいたします。

　1　さっそく　　　　2　がっかり　　　　3　うっかり　　　　4　たっぷり

[18]　試合で1点（　　　）で勝てるなんて、とてもうれしくて涙が出そうだった。

　1　違　　　　　　　2　数　　　　　　　3　差　　　　　　　4　成

[19]　最近朝寝坊ばかりしていたので、目覚まし時計を（　　　）して寝ることにした。

　1　アンテナ　　　　2　クーラー　　　　3　クリーニング　　4　セット

[20]　急用ができて（　　　）の時間を変えてもらいました。

　1　待ち合わせ　　　2　乗り越え　　　　3　成り立ち　　　　4　思い出し

[21]　新聞を重ねてひもで（　　　）捨ててください。

　1　拾って　　　　　2　配って　　　　　3　塗って　　　　　4　縛って

[22]　このクラスの男子生徒と女子生徒の（　　　）は同じです。

　1　割引　　　　　　2　割合　　　　　　3　集合　　　　　　4　合計

[23]　天気が良かったので町を歩いて（　　　）した。

　1　感覚　　　　　　2　見解　　　　　　3　物価　　　　　　4　見物

[24]　この甘くて真っ赤なりんごは日本（　　　）です。

　1　産　　　　　　　2　用　　　　　　　3　地　　　　　　　4　製

[25]　この中に何か入っているのか（　　　）と音がする。

　1　ぞくぞく　　　　2　からから　　　　3　うろうろ　　　　4　ぴかぴか

問題4　　　＿＿＿＿に意味が最も近いものを、１・２・３・４から一つえらびなさい。

26　旅行に行く国の<u>マナー</u>を知っておく必要がある。

1　地理	2　交通
3　心理	4　礼儀

27　彼の病気が<u>次第に</u>良くなっていって安心しました。

1　だんだん	2　こっそり
3　おおいに	4　すこしも

28　彼と付き合うことは<u>ないしょにして</u>ください。

1　仲がいい人にだけ話して	2　手紙で送って
3　誰にも話さないで	4　代わりに話して

29　<u>気に入っていた</u>かばんを誕生日のプレゼントに買ってもらいました。

1　欲しかった	2　誰にでも知っていた
3　値段が高かった	4　流行していた

30　このスポーツのルールは<u>単純で</u>初心者にも楽しめます。

1　どこにでもできるので	2　参加費が安くて
3　すぐ習えるので	4　準備するものがなくて

問題5 つぎのことばの使い方として最もよいものを、1・2・3・4から一つえらびなさい。

31 通り過ぎる

1 彼とは何年前に通り過ぎただけです。
2 もっと広いところに引っ越しするために通り過ぎています。
3 明日からあそこで通り過ぎることになりました。
4 心配していた大型の台風が通り過ぎた。

32 預ける

1 重要な話は先に預けてください。
2 早く着きそうなので、ホテルに荷物だけ預けましょう。
3 何度も預けてみましたが、雑誌はどこにもありませんでした。
4 悩みがあるときは先生に預けてみた方がいいです。

33 発生

1 赤ちゃんは10カ月経つと発生します。
2 沖縄の東の海上で地震が発生しました。
3 あの科学者はいろいろなものを発生しました。
4 彼はいつも良いアイデアを発生します。

34 渡す

1 いつかあの舞台で渡してみるのが私の夢です。
2 一週間に渡して出来上がった作品です。
3 私の代わりに彼女に書類を渡してくれませんか。
4 彼は患者を渡す仕事をしています。

35 カバー

1 パソコンがウイルスにカバーして動かなくなった。
2 きずができないようにカバーをかけてください。
3 この道はカバーが多いので、運転に気をつけてください。
4 重要な会議があるので、夜遅くまでカバーしています。

N3

言語知識（文法）・読解

げんご ちしき　ぶんぽう　　　どっかい

（70分）

注　意
Notes

1. 試験が始まるまで、この問題用紙を開けないでください。
   Do not open this question booklet until the test begins.

2. この問題用紙を持って帰ることはできません。
   Do not take this question booklet with you after the test.

3. 受験番号と名前を下の欄に、受験票と同じように書いてください。
   じゅけんばんごう　　　　　　　　らん　　　じゅけんひょう
   Write your examinee registration number and name clearly in each box below as
   written on your test voucher.

4. この問題用紙は、全部で19ページあります。
   ぜんぶ
   This question booklet has 19 pages.

5. 問題には解答番号の 1 、 2 、 3 … が付いています。
   かいとうばんごう　　　　　　　　　　　　　　　　　　　つ
   解答は、解答用紙にある同じ番号のところにマークしてください。
   かいとう　　かいとう　　　　　　　　ばんごう
   One of the row numbers 1 , 2 , 3 … is given for each question. Mark your answer
   in the same row of the answer sheet.

受験番号　Examinee Registration Number	
名　前　Name	

じゅけんばんごう

모의고사

問題1　つぎの文の（　　　　）に入れるのに最もよいものを、1・2・3・4から一つえらびなさい。

[1]　仕事が終わってから駅前で友達と（　　　　）ことになっているので、そろそろ出ます。
　　1　会おう　　　　　　2　会えて　　　　　3　会える　　　　4　会う

[2]　A「田中さんは今日も残業でしょうかね。」
　　　B「今日はない（　　　　）言っていました。」
　　1　だ　　　　　　　　2　のを　　　　　　3　のに　　　　　4　って

[3]　週末は朝寝坊をするが、夜（　　　　）困るので、昼までには起きる。
　　1　寝なくて　　　　　2　寝ないで　　　　3　寝られないと　4　寝るかどうか

[4]　コンサートは3時間（　　　　）行われた。
　　1　にわたって　　　2　にしたがって　　3　につれて　　　4　について

[5]　（　　　　）東京まで来たんだからスカイツリーでも見て行こうよ。
　　1　そろそろ　　　　2　必ず　　　　　　3　せっかく　　　4　どうにか

[6]　昔、木村の家でよく遊んでいた（　　　　）。
　　1　ものだ　　　　　2　ことだ　　　　　3　ところだ　　　4　ためだ

[7]　山田「もしもし。私、山田と（　　　　）が、白石さんをお願いします。」
　　　木村「申し訳ございません。白石はただいま席を外しております。」
　　1　いらっしゃいます　　　　　　　　2　まいります
　　3　おっしゃいます　　　　　　　　　4　申します

8 夫「もう30分も待ってるのに、（　　　）来ないね。」

　　妻「本当だね。連絡もないし、何かあったのかな。」

　　夫「ちょっと電話してみようか。」

　　1　ようやく　　　　2　ちっとも　　　　3　すっかり　　　　4　やっと

9 昨日の飲み会で（　　　）二日酔いでつらいです。

　　1　飲みすぎなくて　　　　　　　　2　飲みにくくなって

　　3　飲みすぎてしまって　　　　　　4　飲みやすくなったことで

10 ある学校では制服だけでなく靴下まで学校のマークが入っているものを（　　　）。

　　1　買えるばかりになっている　　　2　買うばかりになっている

　　3　買うことになっている　　　　　4　買えるところになっている

11 先生（　　　）そんな言い方をしてはいけない。

　　1　に比べて　　　　2　に対して　　　　3　にとって　　　　4　によって

12 プロ（　　　）できないことをアマチュアの人ができるなんて。

　　1　として　　　　　2　だけあって　　　3　でさえ　　　　　4　だけに

13 これから発表を（　　　　）。よろしくお願いいたします。

1　させてくれます　　　　　　　2　してあげます

3　させていただきます　　　　　4　してくださいます

問題2　つぎの文の　__★__　に入る最もよいものを、1・2・3・4から一つえらびなさい。

(問題例)

　　この仕事は大変ですが、________ ________ __★__ ________ と思います。

　　　1　大切だと　　　　　2　続けることが　3　あきらめずに　4　自分を信じて

(解答の仕方)

1. 正しい答えはこうなります。

この仕事は大変ですが、________ ________ __★__ ________ と思います。 　4　自分を信じて　3　あきらめずに　2　続けることが　1　大切だと

2. __★__に入る番号を解答用紙にマークします。

(解答用紙)　　例)　　①　❷　③　④

14　朝出かける時に晴れていたので雨が ________ __★__ ________ ________ なかった。

　　　1　思わ　　　　　　2　とは　　　　　　3　降る　　　　　4　まったく

15　日本に来た ________ ________ __★__ ________ 大変だった。

　　　1　ばかりの頃は　　　　　　　　2　日本語で挨拶する
　　　3　できなくて　　　　　　　　　4　ことも

16　クーラーが壊れた ________ ________ __★__ ________ 泊まることにしました。

　　　1　友達の家に　　　2　もの　　　　　3　数日間　　　　4　だから

17 デートをするのも楽しいがデートの ＿＿＿＿ ＿★＿ ＿＿＿＿ ＿＿＿＿ 楽しい。

  1　何をするか　　　2　時に　　　　　3　考える　　　4　時間も

18 ゼニ「この『イチゴ』という言葉はどういう意味ですか。」

  花子「果物の ＿＿＿＿ ＿＿＿＿ ＿★＿ ＿＿＿＿ ですね。

  1　ひとつで　　　　2　英語　　　　　3　ストロベリー　4　にすると

焼きそば

　私が一番好きな日本の料理は「焼きそば」である。焼きそばは 19 黒いソースを混ぜて作る甘い味のめん料理で、その味は本当に最高だった。塩辛い味と甘い味が好きな私には焼きそばほど口に合う食べ物はなかった。 20 、学校の休み時間にはいつも焼きそばや焼きそばパンを買って食べた。時々韓国の実家へ小包を送る時があったが、その時も家族にこの味を味あわせてみたいと思って送っていた。もちろん、家族も 21 。

　それで、自分で作ってみることにした。焼きそばのソースを作るのはやはり思ったほど簡単ではなかった。日本ならではの味を、自分の国にある材料で作るには無理があったのだ。できるだけ似ている材料で作ってみた。見た目は焼きそばみたいに出来上がったのだが、 22 全く違う味がした。しかし、なぜか楽しくなってきた。自分で作ったものは全く違う味がしたが、留学した頃を思い出して懐かしかったのだ。焼きそばを食べながら友達とおしゃべりしたことやお腹がすいたらいつものコンビニによって買って食べたことなどの日本で生活していた頃を思い出した。自分が好きな食べ物というのは、ただ味のこと 23 食べ物とかかわっているストーリーも含んでいるのではないのかと思った。自分が期待した味ではなかったが、昔のことを思い出した時間は懐かしくて楽しかった。

19

   1　ジャージャーメンのような　　　　2　ジャージャーメンのほかに

   3　ジャージャーメンのことで　　　　4　ジャージャーメンばかりに

20

   1　しかし　　　　2　それで　　　　3　つい　　　　4　ところで

21

   1　おいしいはずがなかった　　　　2　おいしいと言ってくれた

   3　おいしいと言ってあげた　　　　4　おいしそうもない

22

   1　食べたころ　　　　2　食べた瞬間

   3　食べたとしても　　　　4　食べる通り

23

   1　最中に　　　　2　の間に　　　　3　だけではなく　　4　に比べて

問題４　つぎの(1)から(4)の文章を読んで、質問に答えなさい。答えは、１・２・３・４から最もよいものを一つえらびなさい。

(1)

これは原田さんが人事部の社員に送ったメールである。

2026年3月3日（月）

人事部の皆さま

いつもお世話になっております。

　ご存じの方もいらっしゃると思いますが、木村さんが来週で退職されます。そこで、木村さんにお花と記念の品をお渡ししたいと考えております。

　つきましては、木村さんのお好みをご存じの方がいらっしゃいましたら、教えていただけますと幸いです。お手数をおかけしますが、明日の午後6時までにご連絡いただけますでしょうか。

　どうぞよろしくお願いいたします。

原田

24　このメールの内容として合っているものは、何か。

1　原田さんが会社を辞めることになって、送別会をしようと思う。

2　原田さんは新入社員である木村さんのために花束をプレゼントしようと思う。

3　木村さんは会社を辞めることになって、全員に記念品をプレゼントした。

4　木村さんが好きなものを知っている人は3月4日までに原田さんへメールを送ればいい。

(2)

　皆さんは「LCC」という言葉を聞いたことがありますか。LCCとはLow-cost carrierの略字で効率化によって低い運航費用を実現し、低価格とサービスの簡素化を実現した航空輸送サービスを提供する航空会社のことを言います。LCCがまだなかった頃は近くの海外であっても航空運賃が高かったため、なかなか行けませんでした。家族で海外旅行をするとなると、飛行機代だけでかなりの金額になったものです。

　しかし、旅行産業が発達して航空会社も価格競争を始めました。価格を抑えれば抑えるほどサービスの質は以前より悪くなりましたが、多くの旅行者の目的は飛行機に乗ることではなく、旅行先で楽しむことなので、同じお金をかけるのなら高いチケットを選ぶより旅行先でその分のお金を使う方がいいという人が増えてきました。

（注）簡素化：本質的な部分だけを残して分かりやすくすること

25 本文の内容に合っているものは、何か。

　1　家族旅行で海外に行く乗客には飛行機代を安くする。

　2　決まっている価格より少ないお金を出すとサービスの提供ができない。

　3　以前よりサービスの質は落ちたが、その分交通費は安くなった。

　4　旅行先で楽しめるお金がもらえる。

(3)

　インターネットが発達し普及するにつれてさまざまな問題が生じている。その中で、一番深刻だと思われる問題は「匿名性によるコメント」である。もちろん匿名でコメントを書くからといって悪い話ばかりではない。自分の言いたいことを自由に話せるからと匿名性に賛成する人が多いのも事実である。

　しかし、自分が誰であるかを隠してコメントを書くので、普段では言えないような悪質なコメントを書きやすくなるという意見もある。インターネットの記事に載る芸能人や政治家などは会ったことのない誰とも分からない人から言葉による攻撃を受け、心を病んでしまうことさえある。匿名でインターネットを利用しているすべての人が、このようなことをするわけではないが、明らかにひどいコメントなどはやめさせる必要があると思う。

(注) 匿名：自分の名前や情報を隠すこと

26　このようなこととあるが、それは何か。
　1　もっと自由に自分の意見が話せるので、匿名性に賛成すること
　2　自分が誰であるかを隠さないで、悪いコメントを書くこと
　3　自分が誰であるかを隠して、悪いコメントを書くこと
　4　ひどいコメントで、心を病んでしまうこと

　近頃、「無人店舗」のお店が増えている。「無人店舗」とは店の中に売る人がおらず商品だけが並んでいる店で、客が自由に商品を見て会計も自分で済ませてしまうシステムのことである。一見不便そうだが、これが意外と人気があり、いろいろな分野に広がっている。人気である主な理由は、店の人の目を気にせず自由に商品を見て回れるということだ。物を買う時にゆっくりと見てから買いたいという客に対してのサービスの一環で「何か必要なものはございますか」「こちらはいかがですか」などと店の人が次々と声をかけてくると、逆にうるさくなって客は購買意欲をなくすという。

　その反面問題もある。商品の支払いも客の良心に任せているが、いくつかのものを買ったらその中の何個かの代金をわざと支払わない客がいるという。もちろん盗難に関しても防犯カメラをつけてあって対処できるが、客は「自分が故意にやったことではない」と主張し、逆に「この店は客を犯人扱いする店だ」という。サービスの向上とともに利用する客のマナーの意識も高める必要があると思う。

(注) 故意に：わざと

27　店の人のサービスがお客さんの購買意欲をなくすというが、それはなぜか。

1　お客さんは自分で支払うシステムの方が好きだから

2　お客さんが盗まないか店の人が監視している気がするから

3　お客さんは一人でゆっくり見たいのに、店員の声かけがうるさいから

4　お客さんが質問したいのに、店員がいなくて不便だから

(1)

手土産

　手土産とは、訪問する時に持っていくちょっとした品物で、挨拶代わりの簡単な土産のことである。手土産は受け取る側からすればありがたいものであるが、渡し方や場所、タイミングを間違えると逆に迷惑になったり失礼なものになったりしてしまう。では相手から迷惑や失礼だと思われないためには、どういうタイミングがいいのか話してみたいと思う。

　手土産を渡す時の適切なタイミングとして、まず「どこで渡すのか」である。例えば、仕事で企業を訪問した際、いきなり手土産を渡すのは好ましくない。応接室や会議室などで一言でも言葉を添えてから渡すのが良い。また、日常生活では相手の玄関先で挨拶をした後に渡すのが良い。次は、「いつ渡すのか」である。先ほど紹介したように企業を訪問した時には名刺を交換した後に手土産を渡すのが良い。名刺を交換することで、相手にあなたが何者であるのかを知ってもらえる。そこで手土産を渡すと相手は違和感なく受け取ることができる。また複数の人がいる場合は「誰に渡すのか」と悩むかもしれないが、名刺に書いてある「部長」や「課長」などを見て、その中で一番上の上司の人に渡す。間違って上司より下の方の人に渡してしまうと、その上司を無視したと思われてしまうので気をつけなければならない。では複数の人で大勢の人のいるところを訪問した際に「誰が渡すのか」と考えると、同じくその中で一番上の上司の人が複数の人を代表して渡すことになる。

　相手との良好な関係を築くために持っていく手土産なので、適切なタイミングと渡し方を知ったうえで行動をすればもっといい印象を与えられると思う。

28　手土産とは、何か。

　　1　自分の会社がある地域の有名な食べ物。

　　2　個人の家や相手の企業を訪問する時に渡すプレゼント。

　　3　訪問先の企業がある地域では売っていない食べ物。

　　4　自分が買うには高くてなかなか買えないもの。

29 手土産の渡し方として<u>合っていない</u>ものに、何か。

1　仕事で手土産を渡す時は応接室や会議室で渡した方がいい。

2　自分の会社の地位の低い人が相手の会社の地位の上の人に渡した方がいい。

3　日常生活では玄関で挨拶をした後に手土産を渡した方がいい。

4　何も言わずに手土産を渡すよりは一言でも言葉を添えながら渡した方がいい。

30 名刺を交換した後、手土産を渡すというが、それはなぜか。

1　手土産は高いものなので、自分が渡したということを相手が忘れないようにするため。

2　日本人の名前の漢字は読みにくいので、読み方を確認してから渡すため。

3　誰が訪問して持ってきたのかを知ってもらったうえで、相手に安心して受け取ってもらうため。

4　自分が手土産を渡すと相手も手土産をくれるので、自分の住所を教えるため。

(2)

　日本人の礼儀正しさは、海外でも有名だ。人に対して優しくて親切なのが日本人だと思っ
ているからこそ、疑問に思うことがあった。それは「席を譲らない」ということだ。私の国
では地下鉄やバスにお年寄りが乗ってくると、当たり前のように席を譲る。子供の頃から教
えてもらったり、周りの人が当たり前のようにそうするのを見たりしていたのでいつの間に
か自分も席を譲っている。

　私が日本に留学していた頃、地下鉄に乗るたびに「どうしてこんなにもマナーに厳しい日
本人が、電車でお年寄りに席を譲らないのだろう？」と不思議に思っていた。自分の国をは
じめアジアでは、電車の中でお年寄りに席を譲ることは驚くことではない。しかし、日本で
外国人の立場である私は席を譲らない日本人を見て、礼儀正しく親切な日本人のイメージが
崩れたのだ。

　そのことが気になっていた私は、日本人にその理由を尋ねてみた。すると「高齢者の中に
は、あなたのその親切を嫌がる人もいるし、高齢化が急速に進む日本で自分が年寄り扱いを
されたくない人もいるし、他人の迷惑になりたくないと思っている人も多い。だから、他の
人が席を譲ると言うと年寄り扱いをされていると思って逆に気分を悪くするかもしれないか
ら。」と話してくれた。友達の話を聞いた私は、日本人は他の人が気づかないようなところ
にまで気を配っているのだと思った。そして外国人である私の考えや価値観だけで良くない
と判断した自分を反省するようにもなった。

31　外国人が考える日本に来る前の日本人のイメージはどれか。

　1　日本人は礼儀正しくないが、電車やバスなどの車内でのマナーはとてもいい。

　2　日本人は他の国に比べて、電車やバスなどの車内でお年寄りに席を譲らない。

　3　日本人は他の国よりも礼儀正しくて、優しく親切な人が多い。

　4　日本人は礼儀正しくなく、電車やバスなどの車内でお年寄りに席を譲らない。

[32]　日本人が席を譲らない理由として合っているものは、何か。

1　まだ若くて健康なのに、席を譲ってもらうことでそれを否定されていると思うかも
　　しれないから

2　自分はお年寄りではないと思っているのに、席を譲られることで自分が迷惑をかけ
　　ていると思うかもしれないから

3　日本では席を譲ることがマナーではないから

4　日本では主にお年寄りに席を譲るので、譲られた相手がお年寄り扱いをされている
　　と思うかもしれないから

[33]　日本人が席を譲らない理由を聞いて、「私」はどう思うようになったのか。

1　どんな理由であれ、席を譲らないことはマナーではないと思った。

2　日本人は礼儀正しいと思っていた自分が間違っていたと思った。

3　理由も聞かずに自分の判断で、よくないことだと考えた自分を反省しようと思った。

4　お年寄りに席を譲るのは当然のことなので、日本人にも譲ってほしいと思った。

　匂いは、過去の経験をその時の気持ちとともに思い出させてくれる。食べ物を食べたり、
服を着たりした時も同じようなことがあるが、匂いの方がもっと強い。匂いには、何の匂い
だったかと考える前に、体や心が先に動いてしまう不思議な力があるようだ。
　このような匂いの特徴をうまく利用しているものは、いろいろな場所で見られる。例え
ば、勉強に集中できるようにしたり、よく眠れるようにしたりする時は、心が落ち着く効果
のあるラベンダーの匂いをさせるのだ。今までは、個人の好みや自己満足のためだけに匂い
を利用していることが多かった。しかし、最近はもっと幅広く使われるようになったのであ
る。例えば、あるスーパーの売り場で、人工的に作られたおいしい食べ物の匂いをさせた
ら、その食べ物の材料がいつもより多く売れたそうだ。匂いが、その味や食べた時の満足感
を思い出させてくれるので、また食べたいという食欲につながるというわけだ。また、洋服
を売っている店の場合は、わざと花の香りをさせている店もあるという。服と花は関連して
いないが、その匂いによって商品のイメージが変わることもあるので花の香りをさせている
のである。
　このような話を聞いて、匂いにそんな使い方があるのかと驚いた。販売目的のために作ら
れた匂いは、実在する物の本来の匂いよりも効果的だという。人工的に作られたバナナの匂
いが、自然のバナナの匂いより人の感覚を刺激するというのだ。もちろん利益を出す目的で
人工的な匂いを利用するのはいいが、その一方で、作られた匂いに慣れてしまい本来の匂い
を忘れてしまうのではないかと心配になる。

34　① このような匂いの特徴とあるが、それは何か。
　　1　何の匂いか気になるようにすること
　　2　買いたいという欲求が出てくるようにすること
　　3　他の感覚より強く反応していること
　　4　人工的なものであるか本来のものであるか考えさせること

[35]　昔に比べると、最近は匂いのどのような利用の仕方が増えているか。

1　昔の思い出を思い出させるために利用する。

2　何かに集中できるように利用する。

3　体や心が休めるように利用する。

4　商品を売るために利用する。

[36]　②そんな使い方とあるが、それは、例えばどのような方法か。

1　服を売っている店に花の写真や本物の花を飾る。

2　服に花の匂いがするように服を作る。

3　食品売り場に人工的なピザの匂いを流す。

4　食品売り場で実際においしそうなピザを作る。

[37]　匂いについて、「私」はどう思っているのか。

1　人工的な匂いを利用するのもいいが、本来の匂いも大切にした方がいい。

2　人工的な匂いは体にあまりよくないので、注意した方がいい。

3　匂いによって、商品がたくさん売れることもあるので、これからもたくさん利用した方がいい。

4　人工的な匂いはなるべく使わないようにして、本来の匂いに慣れた方がいい。

問題7　右のページは、「赤リンゴ旅行社1月の旅行」の案内である。これを読んで、下の質問
に答えなさい。答えは、1・2・3・4から最もよいものを一つえらびなさい。

38　山田さんは、スキーをしたいと思っている。スキーの道具を持っていないので、お金
がかかっても道具を借りられる旅行がいい。また、新幹線に乗ったことがないので、
新幹線に乗ってみたいと思う。山田さんの希望に合うのは、どの旅行か。

1　①

2　②

3　③

4　④

39　ユリコさんは、「韓国旅行5日間」の2月5日出発の旅行に参加する。旅行代金を銀
行で支払う場合、いつまでに払わなければならないか。ただし、1月は31日まである。

1　1月26日

2　1月29日

3　1月31日

4　2月2日

赤リンゴ旅行社　1月の旅行（東京<ruby>出発<rt>とうきょう</rt></ruby>）案内

1．スキー旅行

	旅行名	出発日	料金(円)	内容
①	札幌スキー旅 4日間	8日・18日 ・28日	53,000円	＊飛行機を利用します。 ＊スキー道具の貸出しは有料です。
②	岡山スキー旅 3日間	5日・15日 ・28日	31,000円	＊新幹線を利用します。 ＊お泊りは温泉旅館です。 ＊スキー道具を無料で貸出します。
③	花丸スキー旅 3日間	2日・6日 ・18日	28,000円	＊バスを利用します。 ＊お泊りはホテル・旅館から自由にお選びできます。 ＊スキー道具の貸出しは有料となります。
④	野反湖 観光の一日	15日・25日 ・28日	11,000円	＊バスを利用します。 ＊日帰り旅行で夜8時に出発地へ戻ってきます。

2．海外旅行

	旅行名	出発日	料金(円)	内容
①	韓国旅行 5日間	5日・20日	72,000円	＊飛行機を利用します。 ＊お泊りは明洞にあるホテルです。 ＊ソウルを中心に観光します。
②	中国旅行 5日間	10日	69,000円	＊飛行機を利用します。 ＊お泊りは伝統旅館です。 ＊北京を中心に観光します。
③	台湾旅行 5日間	18日	68,000円	＊飛行機を利用します。 ＊お泊りはビジネスホテルです。 ＊台北を中心に観光します。

＊お申し込みは旅行社窓口、電話、メールで、出発日の10日前までにお願いします。

＊旅行代金は、銀行またはコンビニでお支払いの場合、出発日の1週間前までにお願いします。旅行社窓口で直接お支払いをされる場合は、出発日の5日前までにお願いします。

＊お申し込みのキャンセルには、キャンセル料がかかります。

N3

ちょうかい
聴解

（40分）

注　意
Notes

1. 試験が始まるまで、この問題用紙を開けないでください。
   Do not open this question booklet until the test begins.

2. この問題用紙を持って帰ることはできません。
   Do not take this question booklet with you after the test.

3. 受験番号（じゅけんばんごう）と名前を下の欄（らん）に、受験票（じゅけんひょう）と同じように書いてください。
   Write your examinee registration number and name clearly in each box below as written on your test voucher.

4. この問題用紙は、全部（ぜんぶ）で13ページあります。
   This question booklet has 13 pages.

5. この問題用紙にメモをとってもいいです。
   You may make notes in this question booklet.

受験番号（じゅけんばんごう）　Examinee Registration Number	
名　前　Name	

問題1

問題1では、まず質問を聞いてください。それから話を聞いて、問題用紙の1から4の中から、最もよいものを一つえらんでください。

れい

1　1時15分

2　1時30分

3　1時45分

4　2時

1ばん

1 レジで会計をすることを覚える

2 注文の取り方を覚える

3 メニューを覚える

4 ランチを作る

2ばん

1 ライオン作家の子供の頃を見に行く

2 ライオン作家の最初の作品を見に行く

3 ライオン作家の一番有名な作品を見に行く

4 ライオン作家の最後の作品を見に行く

3ばん

1 たこ焼きを作る

2 ラーメンを作る

3 注文を取る

4 何もしない

4ばん

1 レポートを書く

2 先輩に連絡をする

3 先輩に質問をする

4 資料や自分の意見をまとめる

5ばん

1　ストレスに気を付ける

2　会議を減らす

3　のどを温めるようにする

4　一日何も話さないようにする

6ばん

1　キーボードで社員番号を入力して入る

2　キーボードで暗証番号を入力して入る

3　機械に社員番号と暗証番号を入力して入る

4　機械にカードを入れて入る

問題2

問題2では、まず質問を聞いてください。そのあと、問題用紙を見てください。読む時間があります。それから話を聞いて、問題用紙の1から4の中から、最もよいものを一つえらんでください。

れい

1　さいきん　いそがしいから

2　いっしょに　行く人が　いないから

3　うどんが　にがてだから

4　ねだんが　高いから

1ばん

1　今年人気のデザインだから

2　久しぶりにぴったりのサイズがあったから

3　色が気に入ったから

4　気晴らしに買い物したかったから

2ばん

1　インターネットでしか申し込みができない

2　電話でしか申し込みができない

3　当日の窓口でも申し込みができる

4　インターネットと電話で申し込みができる

3ばん

1 先生（せんせい）

2 医者（いしゃ）

3 弁護士（べんごし）

4 作家（さっか）

4ばん

1 毎日同じ時間に帰れること（まいにちおなじじかんにかえれること）

2 大手企業で給料が高いこと（おおてきぎょうできゅうりょうがたかいこと）

3 毎年健康診断を受けること（まいとしけんこうしんだんをうけること）

4 転職が自由なこと（てんしょくがじゆうなこと）

5ばん

1 知らない人と付き合うこと

2 外国語ができないこと

3 道に迷いやすいこと

4 旅行の荷物を準備すること

6ばん

1 去年参加したから

2 来月帰国するから

3 日本に来て1年経っていないから

4 日本に来て1年が経ったから

問題3

　問題3では、問題用紙に何もいんさつされていません。この問題は、ぜんたいとしてどんなないようかを聞く問題です。話の前に質問はありません。まず話を聞いてください。それから質問とせんたくしを聞いて、1から4の中から、最もよいものを一つえらんでください。

―メモ―

問題 4 では、えを見ながら質問を聞いてください。やじるし（➡）の人は何と言いますか。1 から 3 の中から、最もよいものを一つえらんでください。

れい

1ばん

2ばん

3ばん

4ばん

問題 5

問題5では、問題用紙に何もいんさつされていません。まず文を聞いてください。それから、

そのへんじを聞いて、1から3の中から、最もよいものを一つえらんでください。

―メモ―

N3

げんごちしき （もじ・ごい）

じゅけんばっごうをかいて、そのしたの
マークらんにマークしてください。

Fill in your examinee registration number in this box, and then mark the circle for each digit of the number.

じゅけんばんごう
(Examinee Registration Number)

2 5 A 1 2 3 4 5 6 7 - 8 9 1 2 3

せいねんがっぴをかいてください。
Fill in your date og Birth in the box.

せいねんがっぴ(Date of Birth)

ねん Year		つき Month	ひ Day

あなたのなまえをローマじでかいてください。　　　please print in block letters.

なまえ Name	

〈ちゅうい〉
1. くろいえんぴつ(HB、No2)でかいてください。
   Use a black medium soft (HB or No.2) pencil.
   (ペンやボールペンではかかないでください。)
   (Do not use any kind of pen.)
2. かきなおすときは、けしゴムできれいにけしてください。
   Erase any unintended marks completely.
3. きたなくしたり、おったりしないでください。
   Do not soil or bend this sheet.
4. マークれい Marking Examples

よいれい Correct Example	わるいれい Incorrect Example
●	⊘ ⊙ ◯ ◐ ⊗ ◍ ◓

問　題　1

1	① ② ③ ④
2	① ② ③ ④
3	① ② ③ ④
4	① ② ③ ④
5	① ② ③ ④
6	① ② ③ ④
7	① ② ③ ④
8	① ② ③ ④

問　題　2

9	① ② ③ ④
10	① ② ③ ④
11	① ② ③ ④
12	① ② ③ ④
13	① ② ③ ④
14	① ② ③ ④

問　題　3

15	① ② ③ ④
16	① ② ③ ④
17	① ② ③ ④
18	① ② ③ ④
19	① ② ③ ④
20	① ② ③ ④
21	① ② ③ ④
22	① ② ③ ④
23	① ② ③ ④
24	① ② ③ ④
25	① ② ③ ④

問　題　4

26	① ② ③ ④
27	① ② ③ ④
28	① ② ③ ④
29	① ② ③ ④
30	① ② ③ ④

問　題　5

31	① ② ③ ④
32	① ② ③ ④
33	① ② ③ ④
34	① ② ③ ④
35	① ② ③ ④

N3

げんごちしき（ぶんぽう）・どっかい

じゅけんばんごう
(Examinee Registration Number)

2 5 A 1 2 3 4 5 6 7 - 8 9 1 2 3

せいねんがっぴをかいてください。
Fill in your date og Birth in the box.

せいねんがっぴ(Date of Birth)

ねん Year	つき Month	ひ Day

あなたのなまえをローマじでかいてください。　　please print in block letters.

なまえ
Name

問 題 1

	①	②	③	④
1	①	②	③	④
2	①	②	③	④
3	①	②	③	④
4	①	②	③	④
5	①	②	③	④
6	①	②	③	④
7	①	②	③	④
8	①	②	③	④
9	①	②	③	④
10	①	②	③	④
11	①	②	③	④
12	①	②	③	④
13	①	②	③	④

問 題 2

	①	②	③	④
14	①	②	③	④
15	①	②	③	④
16	①	②	③	④
17	①	②	③	④
18	①	②	③	④

問 題 3

	①	②	③	④
19	①	②	③	④
20	①	②	③	④
21	①	②	③	④
22	①	②	③	④
23	①	②	③	④

問 題 4

	①	②	③	④
24	①	②	③	④
25	①	②	③	④
26	①	②	③	④
27	①	②	③	④

問 題 5

	①	②	③	④
28	①	②	③	④
29	①	②	③	④
30	①	②	③	④
31	①	②	③	④
32	①	②	③	④
33	①	②	③	④

問 題 6

	①	②	③	④
34	①	②	③	④
35	①	②	③	④
36	①	②	③	④
37	①	②	③	④

問 題 7

	①	②	③	④
38	①	②	③	④
39	①	②	③	④

N3
ちょうかい

じゅけんばっごうをかいて、そのしたの
マークらんにマークしてください。

Fill in your examinee registration number in
this box, and then mark the circle for each
digit of the number.

じゅけんばんごう
(Examinee Registration Number)

2 5 A 1 2 3 4 5 6 7 - 8 9 1 2 3

せいねんがっぴをかいてください。
Fill in your date og Birth in the box.

せいねんがっぴ(Date of Birth)

ねん Year	つき Month	ひ Day

あなたのなまえをローマじでかいてください。　　please print in block letters.

なまえ Name	

<ちゅうい>
1. くろいえんぴつ(HB、No2)でかいてく
ださい。
Use a black medium soft (HB or No.2) pencil.
(ペンやボールペンではかかないでくだ
さい。)
(Do not use any kind of pen.)
2. かきなおすときは、けしゴムできれい
にけしてください。
Erase any unintended marks completely.
3. きたなくしたり、おったりしないでく
ださい。
Do not soil or bend this sheet.
4. マークれい Marking Examples

よいれい Correct Example	わるいれい Incorrect Example
●	

問 題 1

れい	①	②	●	④
1	①	②	③	④
2	①	②	③	④
3	①	②	③	④
4	①	②	③	④
5	①	②	③	④
6	①	②	③	④

問 題 2

れい	①	②	●	④
1	①	②	③	④
2	①	②	③	④
3	①	②	③	④
4	①	②	③	④
5	①	②	③	④
6	①	②	③	④

問 題 3

れい	①	②	●	④
1	①	②	③	④
2	①	②	③	④
3	①	②	③	④

問 題 4

れい	①	②	●
1	①	②	③
2	①	②	③
3	①	②	③
4	①	②	③

問 題 5

れい	①	②	●
1	①	②	③
2	①	②	③
3	①	②	③
4	①	②	③
5	①	②	③
6	①	②	③
7	①	②	③
8	①	②	③
9	①	②	③

N3

げんごちしき （もじ・ごい）

じゅけんばっごうをかいて、そのしたの
マークらんにマークしてください。

Fill in your examinee registration number in this box, and then mark the circle for each digit of the number.

じゅけんばんごう
(Examinee Registration Number)

25A1234567 - 89123

せいねんがっぴをかいてください。
Fill in your date og Birth in the box.

せいねんがっぴ(Date of Birth)

ねん Year	つき Month	ひ Day

あなたのなまえをローマじでかいてください。　　　please print in block letters.

なまえ Name	

〈ちゅうい〉
1. くろいえんぴつ(HB、No2)でかいてください。
Use a black medium soft (HB or No.2) pencil.
(ペンやボールペンではかかないでください。)
(Do not use any kind of pen.)
2. かきなおすときは、けしゴムできれいにけしてください。
Erase any unintended marks completely.
3. きたなくしたり、おったりしないでください。
Do not soil or bend this sheet.
4. マークれい Marking Examples

よいれい Correct Example	わるいれい Incorrect Example
●	

問　題　1

1	①	②	③	④
2	①	②	③	④
3	①	②	③	④
4	①	②	③	④
5	①	②	③	④
6	①	②	③	④
7	①	②	③	④
8	①	②	③	④

問　題　2

9	①	②	③	④
10	①	②	③	④
11	①	②	③	④
12	①	②	③	④
13	①	②	③	④
14	①	②	③	④

問　題　3

15	①	②	③	④
16	①	②	③	④
17	①	②	③	④
18	①	②	③	④
19	①	②	③	④
20	①	②	③	④
21	①	②	③	④
22	①	②	③	④
23	①	②	③	④
24	①	②	③	④
25	①	②	③	④

問　題　4

26	①	②	③	④
27	①	②	③	④
28	①	②	③	④
29	①	②	③	④
30	①	②	③	④

問　題　5

31	①	②	③	④
32	①	②	③	④
33	①	②	③	④
34	①	②	③	④
35	①	②	③	④

N3

げんごちしき（ぶんぽう）・どっかい

じゅけんばっごうをかいて、そのしたの
マークらんにマークしてください。

Fill in your examinee registration number in
this box, and then mark the circle for each
digit of the number.

じゅけんばんごう
(Examinee Registration Number)

25A1234567 - 89123

せいねんがっぴをかいてください。
Fill in your date og Birth in the box.

せいねんがっぴ(Date of Birth)

ねん Year	つき Month	ひ Day

あなたのなまえをローマじでかいてください。　　please print in block letters.

なまえ
Name

〈ちゅうい〉
1. くろいえんぴつ(HB、No2)でかいてく
ださい。
Use a black medium soft (HB or No.2) pencil.
（ペンやボールペンではかかないでくだ
さい。）
(Do not use any kind of pen.)
2. かきなおすときは、けしゴムできれい
にけしてください。
Erase any unintended marks completely.
3. きたなくしたり、おったりしないでく
ださい。
Do not soil or bend this sheet.
4. マークれい Marking Examples

よいれい Correct Example	わるいれい Incorrect Example
●	

問 題 1

1	① ② ③ ④
2	① ② ③ ④
3	① ② ③ ④
4	① ② ③ ④
5	① ② ③ ④
6	① ② ③ ④
7	① ② ③ ④
8	① ② ③ ④
9	① ② ③ ④
10	① ② ③ ④
11	① ② ③ ④
12	① ② ③ ④
13	① ② ③ ④

問 題 2

14	① ② ③ ④
15	① ② ③ ④
16	① ② ③ ④
17	① ② ③ ④
18	① ② ③ ④

問 題 3

19	① ② ③ ④
20	① ② ③ ④
21	① ② ③ ④
22	① ② ③ ④
23	① ② ③ ④

問 題 4

24	① ② ③ ④
25	① ② ③ ④
26	① ② ③ ④
27	① ② ③ ④

問 題 5

28	① ② ③ ④
29	① ② ③ ④
30	① ② ③ ④
31	① ② ③ ④
32	① ② ③ ④
33	① ② ③ ④

問 題 6

34	① ② ③ ④
35	① ② ③ ④
36	① ② ③ ④
37	① ② ③ ④

問 題 7

| 38 | ① ② ③ ④ |
| 39 | ① ② ③ ④ |

N3
ちょうかい

じゅけんばっごうをかいて、そのしたの
マークらんにマークしてください。

Fill in your examinee registration number in this box, and then mark the circle for each digit of the number.

じゅけんばんごう
(Examinee Registration Number)

2	5	A	1	2	3	4	5	6	7	-	8	9	1	2	3

せいねんがっぴをかいてください。
Fill in your date og Birth in the box.

せいねんがっぴ(Date of Birth)

ねん Year		つき Month		ひ Day	

あなたのなまえをローマじでかいてください。　　　please print in block letters.

なまえ Name	

問　題　1

れい	①	②	●	④
1	①	②	③	④
2	①	②	③	④
3	①	②	③	④
4	①	②	③	④
5	①	②	③	④
6	①	②	③	④

問　題　2

れい	①	②	●	④
1	①	②	③	④
2	①	②	③	④
3	①	②	③	④
4	①	②	③	④
5	①	②	③	④
6	①	②	③	④

問　題　3

れい	①	②	●	④
1	①	②	③	④
2	①	②	③	④
3	①	②	③	④

問　題　4

れい	①	②	●
1	①	②	③
2	①	②	③
3	①	②	③
4	①	②	③

問　題　5

れい	①	②	●
1	①	②	③
2	①	②	③
3	①	②	③
4	①	②	③
5	①	②	③
6	①	②	③
7	①	②	③
8	①	②	③
9	①	②	③

휴대용 합격! 단어·문형집

황선아, 나카가와 쇼타 공저

맛있는 books

合図(する)	신호
相手	상대
握手(する)	악수
朝寝坊(する)	늦잠
明日	내일
汗	땀
穴	구멍
油	기름
泡	거품
案	의견, 예상
暗記(する)	암기
安心(する)	안심
安定(する)	안정
案内(する)	안내
胃	위
息	숨
以後	이후
以降	이후
意思	의사
意志	의지
意識(する)	의식
位置	위치
一般	일반
一般的	일반적
移転(する)	이전

移動(する)	이동
いとこ	사촌
以内	이내
居眠り(する)	앉아서 졺
違反(する)	위반
居間	거실
今	지금
岩	바위
飲酒(する)	음주
受付(する)	접수
右折(する)	우회전
内側	안쪽
裏	뒤, 뒷면
売り切れ	품절, 매진
噂	소문
永遠	영원
影響(する)	영향
栄養	영양
笑顔	웃는 얼굴
えさ	먹이
枝	가지
延期(する)	연기
演奏(する)	연주
遠慮(する)	사양, 겸손
おい	남자 조카

	日本語	한국어			日本語	한국어
☐	応援(する)	응원		☐	外出(する)	외출
☐	応対(する)	응대		☐	外食(する)	외식
☐	横断(する)	횡단		☐	回転(する)	회전
☐	往復(する)	왕복		☐	開発(する)	개발
☐	応募(する)	응모		☐	会費	회비
☐	応用(する)	응용		☐	会話(する)	대화
☐	大きさ	크기		☐	香り	향기
☐	大家	집 주인		☐	価格	가격
☐	お金	돈		☐	家具	가구
☐	屋上	옥상		☐	各駅	각 역
☐	おこづかい	용돈		☐	学習(する)	학습
☐	おしまい	끝		☐	各地	각지
☐	おしゃれ	멋		☐	確認(する)	확인
☐	夫	남편		☐	過去	과거
☐	落とし物	분실물		☐	加工(する)	가공
☐	思い出	추억		☐	飾り	장식
☐	終わり	끝		☐	歌手	가수
☐	絵画	그림, 회화		☐	下線	밑줄
☐	開会(する)	개회		☐	肩	어깨
☐	海岸	해안		☐	課題	과제
☐	解決(する)	해결		☐	形	모양
☐	開催(する)	개최		☐	片方	한쪽
☐	改札(する)	개찰		☐	楽器	악기
☐	会社	회사		☐	活動(する)	활동
☐	回収(する)	회수		☐	活躍(する)	활약

☐ 家庭 (かてい)	가정		☐ 乾燥 (かんそう)(する)	건조
☐ 仮定 (かてい)(する)	가정(임시로 정함)		☐ 感動 (かんどう)(する)	감동
☐ 角 (かど)	모퉁이		☐ 看病 (かんびょう)(する)	간병
☐ 加熱 (かねつ)(する)	가열		☐ 管理 (かんり)(する)	관리
☐ かび	곰팡이		☐ 完了 (かんりょう)(する)	완료
☐ 我慢 (がまん)(する)	참음, 견딤		☐ 記憶 (きおく)(する)	기억
☐ 髪 (かみ)	머리(카락)		☐ 気温 (きおん)	기온
☐ 神 (かみ)	신		☐ 機械 (きかい)	기계
☐ 雷 (かみなり)	천둥		☐ 機会 (きかい)	기회
☐ 空 (から)	비어 있음		☐ 企画 (きかく)(する)	기획
☐ 柄 (がら)	모양		☐ 危機 (きき)	위기
☐ 皮 (かわ)	가죽, 껍질		☐ 企業 (きぎょう)	기업
☐ 間隔 (かんかく)	간격		☐ 危険 (きけん)	위험
☐ 感覚 (かんかく)	감각		☐ 期限 (きげん)	기한
☐ 観客 (かんきゃく)	관객		☐ 気候 (きこう)	기후
☐ 環境 (かんきょう)	환경		☐ 岸 (きし)	물가, 해안
☐ 関係 (かんけい)	관계		☐ 記事 (きじ)	기사
☐ 歓迎 (かんげい)(する)	환영		☐ 技術 (ぎじゅつ)	기술
☐ 還元 (かんげん)(する)	환원		☐ 傷 (きず)	상처
☐ 観光 (かんこう)(する)	관광		☐ 犠牲 (ぎせい)(する)	희생
☐ 観察 (かんさつ)(する)	관찰		☐ 規制 (きせい)(する)	규제
☐ 感謝 (かんしゃ)(する)	감사		☐ 季節 (きせつ)	계절
☐ 感情 (かんじょう)	감정		☐ 規則 (きそく)	규칙
☐ 関心 (かんしん)	관심		☐ 期待 (きたい)(する)	기대
☐ 完成 (かんせい)(する)	완성		☐ 帰宅 (きたく)(する)	귀가

☐	喫煙(する) きつえん	흡연	☐	記録(する) きろく	기록
☐	切符 きっぷ	표	☐	禁煙(する) きんえん	금연
☐	記念(する) きねん	기념	☐	禁止(する) きんし	금지
☐	寄付(する) きふ	기부	☐	近所 きんじょ	근처, 가까운 곳
☐	希望(する) きぼう	희망	☐	金属製 きんぞくせい	금속제
☐	基本 きほん	기본	☐	緊張(する) きんちょう	긴장
☐	基本的 きほんてき	기본적	☐	勤務(する) きんむ	근무
☐	基末 きまつ	기말	☐	空気 くうき	공기
☐	決まり き	규정, 규칙	☐	空港 くうこう	공항
☐	気持ち きも	마음	☐	空席 くうせき	공석, 빈자리
☐	疑問 ぎもん	의문	☐	草 くさ	풀
☐	逆 ぎゃく	반대	☐	薬 くすり	약
☐	急行 きゅうこう	급행	☐	癖 くせ	버릇
☐	休日 きゅうじつ	휴일	☐	首 くび	목
☐	教育(する) きょういく	교육	☐	工夫 くふう	궁리
☐	行儀 ぎょうぎ	예의	☐	区別(する) くべつ	구별
☐	教師 きょうし	교사	☐	雲 くも	구름
☐	競争(する) きょうそう	경쟁	☐	暮らし く	삶
☐	共通(する) きょうつう	공통	☐	訓練(する) くんれん	훈련
☐	共通点 きょうつうてん	공통점	☐	経営(する) けいえい	경영
☐	興味 きょうみ	흥미	☐	経営学 けいえいがく	경영학
☐	協力(する) きょうりょく	협력	☐	計画(する) けいかく	계획
☐	行列 ぎょうれつ	행렬, 줄	☐	経験(する) けいけん	경험
☐	距離 きょり	거리	☐	経済 けいざい	경제
☐	霧 きり	안개	☐	経済学 けいざいがく	경제학

☐	けいさん 計算(する)	계산	☐	こう か 効果	효과
☐	けいやく 契約(する)	계약	☐	こうかん 交換(する)	교환
☐	けい ゆ 経由(する)	경유	☐	こう ぎ 抗議(する)	항의
☐	げ か 外科	외과	☐	こうきょう 公共	공공
☐	け さ 今朝	오늘 아침	☐	こうけい き 好景気	경기가 좋음
☐	け しき 景色	경치	☐	こうこく 広告(する)	광고
☐	け しょう 化粧(する)	화장	☐	こうさい 交際	교제
☐	けつあつ 血圧	혈압	☐	こう さ てん 交差点	교차로
☐	けつえき 血液	혈액	☐	こうしゅうにゅう 高収入	고수입
☐	けつえきがた 血液型	혈액형	☐	こうじょう 工場	공장
☐	けっ か 結果	결과	☐	ごうせい 合成(する)	합성
☐	けってい 決定(する)	결정	☐	こうせいせき 好成績	성적이 좋음
☐	けってん 欠点	결점	☐	こうせいのう 高性能	고성능
☐	けむり 煙	연기	☐	こうそく 高速	고속
☐	げんかん 玄関	현관	☐	こうどう 行動(する)	행동
☐	けんきゅう 研究(する)	연구	☐	こうふん 興奮(する)	흥분
☐	けんこう 健康	건강	☐	こう ほ 候補	후보
☐	げんざい 現在	현재	☐	こうりゅう 交流(する)	교류
☐	げんじつてき 現実的	현실적	☐	こえ 声	목소리
☐	けんしゅう 研修(する)	연수	☐	こおり 氷	얼음
☐	げんしょう 減少(する)	감소	☐	こ がた 小型	소형
☐	けんちく 建築(する)	건축	☐	こきゅう 呼吸(する)	호흡
☐	けんぶつ 見物(する)	구경	☐	こくばん 黒板	칠판
☐	げんりょう 原料	원료	☐	こころ 心	마음
☐	こう か 高価	고가, 값이 비쌈	☐	こし 腰	허리

	일본어	한국어		일본어	한국어
☐	故障(する)	고장	☐	事故	사고
☐	個人	개인	☐	指示(する)	지시
☐	骨折(する)	골절	☐	事実	사실
☐	粉	가루	☐	支出(する)	지출
☐	混雑(する)	혼잡	☐	辞書	사전
☐	差	차, 차이	☐	事情	사정
☐	最初	최초, 처음	☐	自信	자신(감)
☐	最新	최신	☐	自身	자신
☐	財布	지갑	☐	地震	지진
☐	材料	재료	☐	姿勢	자세
☐	坂道	비탈길, 언덕길	☐	自然	자연
☐	酒屋	술집	☐	下書き	초고
☐	作業(する)	작업	☐	支度(する)	준비
☐	削除(する)	삭제	☐	試着(する)	시착, 입어 봄
☐	作物	작물, 농작물	☐	失業(する)	실업
☐	撮影(する)	촬영	☐	湿気	습기
☐	雑誌	잡지	☐	実際	실제
☐	差別(する)	차별	☐	実績	실적
☐	左右	좌우	☐	湿度	습도
☐	参加(する)	참가	☐	実力	실력
☐	産業	산업	☐	指定(する)	지정
☐	残業(する)	잔업	☐	指導(する)	지도
☐	塩	소금	☐	支配(する)	지배
☐	仕方	방법	☐	自分	스스로, 본인
☐	支給(する)	지급	☐	島	섬

☐ 自慢(する)	자랑		☐ 邪魔(する)	방해
☐ しみ	얼룩, 기미		☐ 寿命	수명
☐ 市民	시민		☐ 種類	종류
☐ 締め切り	마감		☐ 順番	순번, 차례
☐ 社会	사회		☐ 商業	상업
☐ 若干	약간		☐ 状況	상황
☐ 自由	자유		☐ 条件	조건
☐ 収穫(する)	수확		☐ 常識	상식
☐ 週刊誌	주간지		☐ 乗車(する)	승차
☐ 就職(する)	취업, 취직		☐ 小説	소설
☐ 渋滞(する)	정체		☐ 状態	상태
☐ 集中(する)	집중		☐ 承諾(する)	승낙
☐ 充電(する)	충전		☐ 上達(する)	숙달
☐ 重複(する)	중복		☐ 承知(する)	알아 들음, 승낙
☐ 修理(する)	수리		☐ 消費(する)	소비
☐ 終了(する)	종료		☐ 商品	상품
☐ 縮小(する)	축소		☐ 勝負(する)	승부
☐ 受験(する)	수험		☐ 情報	정보
☐ 手術(する)	수술		☐ 証明(する)	증명
☐ 主人	주인, 남편		☐ 職業	직업
☐ 手段	수단		☐ 食事代	식사 비용
☐ 主張(する)	주장		☐ 食堂	식당
☐ 出勤(する)	출근		☐ 植物	식물
☐ 出張(する)	출장		☐ 処置(する)	처치
☐ 首都	수도		☐ 食器	식기

	日本語	한국어			日本語	한국어
☐	資料（しりょう）	자료		☐	説明（せつめい）(する)	설명
☐	身体（しんたい）	신체		☐	節約（せつやく）(する)	절약
☐	身長（しんちょう）	신장, 키		☐	せりふ	대사
☐	進歩（しんぽ）(する)	진보		☐	世話（せわ）(する)	돌봄
☐	信用（しんよう）(する)	신용		☐	線（せん）	선
☐	信頼（しんらい）(する)	신뢰		☐	前後（ぜんご）	전후
☐	水泳（すいえい）(する)	수영		☐	専攻（せんこう）(する)	전공
☐	成果（せいか）	성과		☐	選手（せんしゅ）	선수
☐	正解（せいかい）	정답		☐	選択（せんたく）(する)	선택
☐	性格（せいかく）	성격		☐	全般（ぜんぱん）	전반
☐	生活（せいかつ）(する)	생활		☐	専門（せんもん）	전문
☐	生活費（せいかつひ）	생활비		☐	増減（ぞうげん）(する)	증감
☐	税金（ぜいきん）	세금		☐	創作（そうさく）(する)	창작
☐	制限（せいげん）(する)	제한		☐	想像（そうぞう）(する)	상상
☐	製作（せいさく）(する)	제작		☐	早退（そうたい）(する)	조퇴
☐	生産（せいさん）(する)	생산		☐	相談（そうだん）(する)	상담
☐	政治（せいじ）	정치		☐	送料（そうりょう）	운송료, 배송비
☐	正常（せいじょう）	정상		☐	底（そこ）	바닥
☐	贅沢（ぜいたく）(する)	사치		☐	組織（そしき）	조직
☐	成長（せいちょう）(する)	성장		☐	卒業（そつぎょう）(する)	졸업
☐	製品（せいひん）	제품		☐	尊敬（そんけい）(する)	존경
☐	整理（せいり）(する)	정리		☐	退院（たいいん）(する)	퇴원
☐	席（せき）	자리		☐	体験（たいけん）(する)	체험
☐	責任（せきにん）	책임		☐	体重（たいじゅう）	체중
☐	石油（せきゆ）	석유		☐	台所（だいどころ）	부엌

だいひょう 代表(する)	대표		ちゅうし 中止(する)	중지
だいひょうてき 代表的	대표적		ちゅうじゅん 中旬	중순
たいりょう 大量	대량		ちゅうしょく 昼食	점심 식사
たいりょく 体力	체력		ちゅうもん 注文(する)	주문
たしょう 多少	다소		ちょうさ 調査(する)	조사
たちば 立場	입장		ちょうしょ 長所	장점
たに 谷	계곡		ちょうしょく 朝食	조식
たにん 他人	타인		ちょうせつ 調節(する)	조절
たの 楽しみ	즐거움, 기대		ちょきん 貯金(する)	저금
たび 旅	여행		ちょくせつ 直接	직접
たまご 卵	달걀		つうきん 通勤(する)	통근
いき ため息	한숨		つうち 通知(する)	통지, 알림
たんご 単語	단어		つ あ 付き合い	교제
たんしょ 短所	단점		つ あた 突き当り	막다른 곳
だんたい 団体	단체		つくえ 机	책상
たんとう 担当(する)	담당		つごう 都合	형편, 사정
だんぼう 暖房(する)	난방		つつ 包み	포장
ちい 地位	지위		つま 妻	아내
ちいき 地域	지역		つゆ 梅雨	장마
ちきゅう 地球	지구		で あ 出会い	만남
ちこく 遅刻(する)	지각		て あら 手洗い	화장실
ちしき 知識	지식		ていあん 提案(する)	제안
ちず 地図	지도		ていし 停止(する)	정지
ちゅうい 注意(する)	주의		ていしゃ 停車(する)	정차
ちゅうこ 中古	중고		ていでん 停電(する)	정전

□	手紙 (てがみ)	편지	□	特急 (とっきゅう)	특급(열차)
□	手帳 (てちょう)	수첩	□	徒歩 (とほ)	도보
□	手伝い (てつだい)	도움	□	取り消し (とけし)	취소
□	徹夜(する) (てつや)	철야	□	取引先 (とりひきさき)	거래처
□	電気代 (でんきだい)	전기 요금	□	努力(する) (どりょく)	노력
□	伝言(する) (でんごん)	전언	□	泥 (どろ)	진흙
□	伝統 (でんとう)	전통	□	内緒 (ないしょ)	비밀
□	問い合わせ (といあわせ)	문의	□	内容 (ないよう)	내용
□	答案 (とうあん)	답안	□	仲間 (なかま)	친구, 동료
□	道具 (どうぐ)	도구	□	中身 (なかみ)	속, 안, 내용물
□	登校(する) (とうこう)	등교	□	流れ (ながれ)	흐름
□	動作(する) (どうさ)	동작	□	納得(する) (なっとく)	납득
□	当日 (とうじつ)	당일	□	何事 (なにごと)	어떤 일, 무슨 일
□	登場(する) (とうじょう)	등장	□	生ごみ (なま)	음식물 쓰레기
□	到着(する) (とうちゃく)	도착	□	生放送 (なまほうそう)	생방송
□	動物 (どうぶつ)	동물	□	波 (なみ)	파도
□	登録(する) (とうろく)	등록	□	涙 (なみだ)	눈물
□	都会 (とかい)	도시	□	日本産 (にほんさん)	일본산
□	時 (とき)	때	□	日本製 (にほんせい)	일본제
□	特殊 (とくしゅ)	특수	□	荷物 (にもつ)	짐
□	特徴 (とくちょう)	특징	□	庭 (にわ)	마당
□	独立(する) (どくりつ)	독립	□	根 (ね)	뿌리
□	所 (ところ)	곳	□	値上がり (ねあがり)	인상, 가격 상승
□	登山(する) (とざん)	등산	□	値段 (ねだん)	가격
□	土地 (とち)	토지	□	寝坊(する) (ねぼう)	늦잠

단어 듣기

☐	ねんじゅう 年中	일년 내내	☐	ひがし む 東向き	동쪽 방향
☐	ねんれい 年齢	연령, 나이	☐	ひかり 光	빛
☐	のうぎょう 農業	농업	☐	ひ だ 引き出し	서랍, 꺼냄
☐	は 葉	잎	☐	ひ じょうしき 非常識	몰상식(비상식)
☐	は 歯	이, 이빨	☐	ひ なん 避難(する)	피난
☐	ば あい 場合	경우	☐	ひ にく 皮肉	빈정거림
☐	はいたつ 配達(する)	배달	☐	ひ よう 費用	비용
☐	は がき 葉書	엽서	☐	びょう 秒	초
☐	はくしゅ 拍手(する)	박수	☐	ひょうげん 表現(する)	표현
☐	はこ 箱	상자	☐	ひょうじょう 表情	표정
☐	ば しょ 場所	장소	☐	ひょうばん 評判	평판
☐	はっけん 発見(する)	발견	☐	ひょうめん 表面	표면
☐	はっせい 発生(する)	발생	☐	ひる ま 昼間	낮
☐	はっそう 発想	발상	☐	ひろ ば 広場	광장
☐	はってん 発展(する)	발전	☐	ふ あんてい 不安定	불안정
☐	はっばい 発売(する)	발매	☐	ふうとう 封筒	봉투
☐	はっぴょう 発表(する)	발표	☐	ふう ふ 夫婦	부부
☐	はば 幅	폭, 너비	☐	ふ か のう 不可能	불가능
☐	ははおや 母親	엄마	☐	ふくしゅう 復習(する)	복습
☐	はら 腹	배	☐	ふくすう 復数	복수, 여러 개
☐	はり 針	바늘	☐	ふ けい き 不景気	불경기
☐	はんせい 反省(する)	반성	☐	ふ し ぜん 不自然	부자연
☐	はんたい 反対(する)	반대	☐	ふ つう 普通	보통
☐	ひ あ 日当たり	볕이 듦, 양지	☐	ぶっ か 物価	물가
☐	ひ かく 比較(する)	비교	☐	ふっとう 沸騰(する)	끓어 오름

☐	部分（ぶぶん）	부분
☐	父母（ふぼ）	부모
☐	不満（ふまん）	불만
☐	文章（ぶんしょう）	문장
☐	分類（ぶんるい）(する)	분류
☐	平均（へいきん）	평균
☐	平日（へいじつ）	평일
☐	変化（へんか）(する)	변화
☐	変更（へんこう）(する)	변경
☐	返事（へんじ）(する)	답장
☐	貿易（ぼうえき）(する)	무역
☐	方角（ほうがく）	방향
☐	冒険（ぼうけん）(する)	모험
☐	方向（ほうこう）	방향
☐	報告（ほうこく）(する)	보고
☐	帽子（ぼうし）	모자
☐	方針（ほうしん）	방침
☐	包装（ほうそう）(する)	포장
☐	放置（ほうち）(する)	방치
☐	包丁（ほうちょう）	식칼
☐	防犯（ぼうはん）	방범
☐	豊富（ほうふ）	풍부
☐	方法（ほうほう）	방법
☐	訪問（ほうもん）(する)	방문
☐	法律（ほうりつ）	법률

☐	募集（ぼしゅう）(する)	모집
☐	保存（ほぞん）(する)	보존, 저장
☐	歩道（ほどう）	보도, 인도
☐	骨（ほね）	뼈
☐	本物（ほんもの）	진짜, 실물
☐	翻訳（ほんやく）(する)	번역
☐	迷子（まいご）	미아
☐	毎晩（まいばん）	매일 밤
☐	孫（まご）	손자
☐	窓（まど）	창문
☐	真似（まね）	흉내
☐	豆（まめ）	콩
☐	満足（まんぞく）(する)	만족
☐	未完成（みかんせい）	미완성
☐	未公開（みこうかい）	미공개
☐	未使用（みしよう）	미사용
☐	湖（みずうみ）	호수
☐	未定（みてい）	미정
☐	南向（みなみむ）き	남쪽 방향
☐	身分（みぶん）	신분
☐	見本（みほん）	견본, 본보기
☐	見舞（みま）い	병문안
☐	土産（みやげ）	기념품
☐	都（みやこ）	수도, 도시
☐	未来（みらい）	미래

☐ 無視^{むし}(する)	무시	☐ 夕立^{ゆうだち}	소나기

日本語	뜻	日本語	뜻
☐ 無視(する) むし	무시	☐ 夕立 ゆうだち	소나기
☐ 虫歯 むしば	충치	☐ 夕飯 ゆうはん	저녁 밥
☐ 息子 むすこ	아들	☐ 夕日 ゆうひ	석양
☐ めい	여자 조카	☐ 床 ゆか	마루, 바닥
☐ 命令(する) めいれい	명령	☐ 行方 ゆくえ	행방
☐ 眼鏡 めがね	안경	☐ 輸出(する) ゆしゅつ	수출
☐ 面積 めんせき	면적	☐ 輸入(する) ゆにゅう	수입
☐ 面接(する) めんせつ	면접	☐ 指 ゆび	손가락
☐ 申込書 もうしこみしょ	신청서	☐ 夢 ゆめ	꿈
☐ 目的 もくてき	목적	☐ 用意(する) ようい	준비
☐ 目標 もくひょう	목표	☐ 容器 ようき	용기, 그릇
☐ 物語 ものがたり	이야기	☐ 様子 ようす	모양, 상태
☐ 物事 ものごと	매사	☐ 翌日 よくじつ	다음 날
☐ 模様 もよう	모양	☐ 翌週 よくしゅう	다음 주
☐ 問題 もんだい	문제	☐ 翌年 よくねん	다음 해
☐ 約束(する) やくそく	약속	☐ 欲張り よくばり	욕심쟁이
☐ 役割 やくわり	역할	☐ 汚れ よご	더러움, 때
☐ 家賃 やちん	집세	☐ 予想(する) よそう	예상
☐ 薬局 やっきょく	약국	☐ 予測(する) よそく	예측
☐ やり方 かた	하는 방법	☐ 予定(する) よてい	예정
☐ やる気 き	의욕	☐ 夜中 よなか	한밤중
☐ 行き先 ゆ・い さき	행선지	☐ 予報(する) よほう	예보
☐ 遊園地 ゆうえんち	유원지	☐ 予防(する) よぼう	예방
☐ 優勝(する) ゆうしょう	우승	☐ 予約(する) よやく	예약
☐ 郵送(する) ゆうそう	우편, 우송	☐ 理解(する) りかい	이해

☐	理由（りゆう）	이유
☐	留学（りゅうがく）(する)	유학
☐	流行（りゅうこう）(する)	유행
☐	両替（りょうがえ）(する)	환전
☐	料金（りょうきん）	요금
☐	両親（りょうしん）	부모님
☐	旅行先（りょこうさき）	여행지
☐	留守（るす）	부재중
☐	例外（れいがい）	예외
☐	礼儀（れいぎ）	예의
☐	冷凍（れいとう）(する)	냉동
☐	冷房（れいぼう）	냉방
☐	列車（れっしゃ）	열차
☐	練習（れんしゅう）(する)	연습
☐	連続（れんぞく）(する)	연속
☐	労働（ろうどう）(する)	노동
☐	録音（ろくおん）(する)	녹음
☐	録画（ろくが）(する)	녹화
☐	路面（ろめん）	노면
☐	若者（わかもの）	젊은이, 청년
☐	訳（わけ）	이유
☐	和風（わふう）	일본풍
☐	割合（わりあい）	비율
☐	割引（わりびき）(する)	할인

諦める	포기하다	
飽きる	질리다	
開く	열리다	
空く	비다	
明ける	밝다	
憧れる	동경하다	
味わう	맛보다	
預ける	맡기다	
与える	주다, 부여하다	
当たる	맞다	
扱う	다루다, 취급하다	
集める	모으다	
浴びる	(샤워를) 하다, 끼얹다	
あふれる	넘치다	
甘やかす	응석을 받아주다	
余る	남다	
編む	엮다, 뜨다	
謝る	사과하다	
誤る	잘못하다	
改める	고치다, 변경하다	
表す	표현하다	
歩く	걷다	
荒れる	거칠어지다, 난폭하게 굴다	
合わせる	맞추다	
慌てる	당황하다	

言い返す	말대꾸하다, 말대답하다	
言い出す	말을 꺼내다, 말하기 시작하다	
いじめる	괴롭히다	
急ぐ	서두르다	
痛む	아프다	
要る	필요하다	
植える	심다	
受け入れる	받아들이다	
受け取る	수취하다, 받다	
受ける	받다	
動かす	움직이다	
動く	움직이다, 작동하다	
失う	잃다, 잃어버리다	
疑う	의심하다	
写す	베끼다, 촬영하다	
移す	옮기다	
映る	비치다	
移る	옮기다	
奪う	빼앗다	
産む	낳다	
埋める	묻다	
売り切れる	매진되다	
描く	그리다	
追いかける	뒤따라 가다	
追いつく	따라잡다	

	단어	뜻			단어	뜻
☐	追う	쫓다		☐	重ねる	겹치다
☐	起き上がる	일어나다		☐	貸す	빌려주다
☐	置く	두다		☐	稼ぐ	(돈을) 벌다
☐	送る	보내다		☐	片付ける	정리하다
☐	遅れる	늦다		☐	傾く	기울다
☐	起こる	일어나다, 발생하다		☐	枯れる	마르다, 시들다
☐	教える	가르치다		☐	渇く	목이 마르다
☐	押し込む	밀어 넣다		☐	考える	생각하다
☐	落ち込む	낙담하다, 침울하다		☐	着替える	갈아 입다
☐	落ち着く	안정되다		☐	聞き返す	되묻다
☐	落ちる	떨어지다		☐	聞き取る	듣다
☐	落とす	떨어뜨리다		☐	気に入る	마음에 들다
☐	踊る	춤추다		☐	気をつける	조심하다
☐	驚く	놀라다		☐	区切る	구분하다
☐	覚える	외우다		☐	くたびれる	지치다
☐	思い込む	깊게 믿다 =굳게 믿다		☐	くっつける	붙이다
☐	泳ぐ	헤엄치다		☐	配る	나누어 주다
☐	降りる	내리다		☐	組む	(일정을) 짜다
☐	折れる	접히다		☐	暮らす	살다
☐	終わる	끝나다		☐	繰り返す	반복하다
☐	帰る	돌아가(오)다		☐	加える	더하다, 넣다, 늘리다
☐	替える	바꾸다		☐	消す	끄다
☐	輝く	빛나다		☐	超える	넘다, 초과하다
☐	限る	한하다, 한정하다		☐	凍る	얼다
☐	隠す	숨기다		☐	断る	거절하다

この好む	좋아하다	そろ揃える	맞추다, 가지런히 하다
こま困る	곤란하다	たし確かめる	확인하다
ころ転ぶ	넘어지다	たす助け合う	서로 돕다
こわ壊す	부수다	たす助ける	돕다
さが探す	찾다	たず訪ねる	방문하다
さけ叫ぶ	외치다	たたか戦う	싸우다
さ避ける	피하다	た立ち上がる	일어나다
さ指す	가리키다	たつ	출발하다
さそ誘う	권하다, 유혹하다	たっ達する	도달하다, 이르다
さ去る	떠나다	たの頼む	부탁하다
さわ触る	만지다, 손을 대다	ため試す	시험하다
しか叱る	혼내다, 다그치다	たよ頼る	의지하다
したが従う	따르다	ちが違う	다르다
し はら支払う	지불하다	ちぢ縮む	줄다
しめ示す	나타내다, 가리키다	つか使う	사용하다
し知らせる	알리다	つか捕まえる	잡다
し あ知り合う	서로 알다	つか疲れる	지치다
すく救う	구하다, 돕다	つづ続く	계속되다
す過ごす	보내다	つつ包む	포장하다
すす進む	나아가다, 진행하다	つと勤める	근무하다
すす勧める	권장하다, 장려하다	つな繋ぐ	연결하다
す済む	끝나다	つ積む	쌓다, 싣다
そだ育つ	자라다	つ釣る	낚다
そだ育てる	키우다	で き あ出来上がる	완성되다
そな備える	대비하다, 갖추다	て つだ手伝う	돕다

	일본어	뜻		일본어	뜻
☐	照らす	비추다	☐	望む	바라다, 소망하다
☐	問い合わせる	서로 묻다=문의하다	☐	伸ばす	늘리다
☐	問う	묻다	☐	登る	오르다
☐	通す	통하게 하다	☐	飲み込む	꿀꺽 삼키다, 이해하다
☐	解く	풀다	☐	乗り遅れる	늦어서 못 타다
☐	届く	닿다	☐	乗り換える	환승하다
☐	届ける	보내다, 신고하다	☐	乗り越す	내릴 곳을 지나치다
☐	泊まる	머물다	☐	乗り過ごす	내릴 곳을 지나치다
☐	止める	멈추다	☐	載る	실리다
☐	取り替える	바꾸다	☐	生える	자라다, 나다
☐	取る	집다, 취하다	☐	計る	재다, 세다
☐	眺める	바라보다	☐	図る	생각하다, 꾀하다
☐	泣く	울다	☐	測る	재다, 측정하다
☐	慰める	위로하다	☐	励まし合う	서로 격려하다
☐	投げる	던지다	☐	運ぶ	옮기다
☐	悩む	고민하다	☐	走り出す	달리기 시작하다
☐	習う	배우다	☐	走り回る	뛰어 다니다
☐	慣れる	익숙해지다	☐	話し合う	서로 이야기하다 =대화하다
☐	似合う	어울리다	☐	話しかける	말을 걸다
☐	握る	쥐다, 집다	☐	離れる	떨어지다
☐	抜く	뽑다, 빼내다	☐	流行る	유행하다
☐	脱ぐ	벗다	☐	払う	지불하다
☐	願う	부탁하다	☐	晴れる	맑다, 개다
☐	眠る	잠들다	☐	光る	빛나다
☐	除く	제외하다	☐	引き受ける	일을 맡다

☐ 引き出す	꺼내다, 인출하다		☐ 迷う	망설이다
☐ 引き取る	인수하다		☐ 回す	돌리다
☐ 引く	당기다, 뽑다		☐ 回る	돌다
☐ 冷やす	차게 하다, 식히다		☐ 見送る	배웅하다, 보류하다
☐ 拭く	닦다		☐ 見落とす	간과하다
☐ 防ぐ	방지하다, 막다		☐ 見下ろす	내려다보다, 깔보다
☐ ぶつかる	충돌하다		☐ 見つかる	발견되다
☐ 踏む	밟다		☐ 認める	인정하다
☐ 増やす	늘리다		☐ 見直す	다시 보다
☐ 降り出す	내리기 시작하다		☐ 見回る	돌아보다, 둘러보다
☐ 振れる	흔들리다		☐ 迎える	맞이하다, 마중하다
☐ 触れる	접촉하다, 닿다		☐ 向く	향하다
☐ 減る	줄다		☐ 結ぶ	묶다
☐ 吠える	짖다		☐ 儲かる	벌이가 되다
☐ 干す	말리다		☐ 申し込む	신청하다
☐ 参る	가다/오다의 겸양어		☐ 燃える	타다
☐ 任せる	맡기다		☐ 用いる	사용하다
☐ 曲げる	구부리다, 굽히다		☐ 焼く	굽다
☐ 交ざる	섞이다		☐ 訳す	번역하다
☐ 待ち合わせる	만나기로 하다		☐ 雇う	고용하다
☐ 間違える	잘못하다, 착각하다		☐ 破れる	찢어지다
☐ 学ぶ	배우다		☐ 辞める	그만두다
☐ 間に合う	시간에 맞다		☐ ゆでる	삶다
☐ 招く	초대하다, 초래하다		☐ 許す	용서하다
☐ 守る	지키다		☐ 酔う	술에 취하다, 멀미하다

☐	汚^{よご}す	더럽히다
☐	寄^よせる	가까이 대다
☐	呼^よびかける	부르다, 호소하다
☐	寄^よる	들르다
☐	弱^{よわ}まる	약해지다
☐	沸^わかす	끓이다
☐	別^{わか}れる	헤어지다
☐	渡^{わた}す	건네다
☐	渡^{わた}る	건너다
☐	笑^{わら}う	웃다
☐	割^われる	깨지다

あいまいだ	애매하다, 어정쩡하다	偉い	훌륭하다
明らかだ	분명하다, 뚜렷하다	多い	많다
浅い	얕다	おかしい	이상하다
暖かい	따뜻하다(날씨)	幼い	어리다
温かい	따뜻하다(온도)	惜しい	아깝다
暑い	덥다	おしゃれだ	멋있다
熱い	뜨겁다	遅い	늦다
厚い	두껍다	恐ろしい	두렵다
あつかましい	뻔뻔하다	おとなしい	얌전하다
危ない	위험하다	重い	무겁다
甘い	달다	賢い	현명하다
あまりない	그다지 없다	固い	딱딱하다
怪しい	수상하다	かっこいい	멋있다, 근사하다
新ただ	새롭다	悲しい	슬프다
ありがたい	고맙다	我慢強い	참을성이 많다
あわただしい	분주하다	かゆい	가렵다
意外だ	의외다	かわいそうだ	불쌍하다
痛い	아프다	感情的だ	감정적이다
一般的だ	일반적이다	完全だ	완전하다
薄い	얇다	汚い	더럽다
美しい	아름답다	きつい	(정도가) 심하다, 꽉 끼다
うまい	맛있다, 잘하다	厳しい	엄격하다
うらやましい	부럽다	基本的だ	기본적이다
うるさい	시끄럽다	清い	맑다, 청렴하다
嬉しい	기쁘다	気楽だ	편안하다

☐	臭<ruby>くさ</ruby>い	나쁜 냄새가 나다	☐	しつこい	끈질기다
☐	くだらない	하찮다, 시시하다	☐	地味<ruby>じみ</ruby>だ	수수하다
☐	悔<ruby>くや</ruby>しい	분하다	☐	重大<ruby>じゅうだい</ruby>だ	중대하다
☐	暗<ruby>くら</ruby>い	어둡다	☐	重要<ruby>じゅうよう</ruby>だ	중요하다
☐	苦<ruby>くる</ruby>しい	괴롭다	☐	主要<ruby>しゅよう</ruby>だ	주요하다
☐	詳<ruby>くわ</ruby>しい	자세하다	☐	純粋<ruby>じゅんすい</ruby>だ	순수하다
☐	けちだ	쪼잔하다	☐	消極的<ruby>しょうきょくてき</ruby>だ	소극적이다
☐	結構<ruby>けっこう</ruby>だ	괜찮다	☐	正直<ruby>しょうじき</ruby>だ	정직하다
☐	険<ruby>けわ</ruby>しい	험하다	☐	丈夫<ruby>じょうぶ</ruby>だ	튼튼하다
☐	濃<ruby>こ</ruby>い	진하다	☐	しょっぱい	짜다
☐	恋<ruby>こい</ruby>しい	그립다	☐	真剣<ruby>しんけん</ruby>だ	진지하다
☐	効果的<ruby>こうかてき</ruby>だ	효과적이다	☐	人工的<ruby>じんこうてき</ruby>だ	인공적이다
☐	国際的<ruby>こくさいてき</ruby>だ	국제적이다	☐	新鮮<ruby>しんせん</ruby>だ	신선하다
☐	細<ruby>こま</ruby>かい	잘다, 자세하다	☐	慎重<ruby>しんちょう</ruby>だ	신중하다
☐	怖<ruby>こわ</ruby>い	무섭다	☐	酸<ruby>す</ruby>っぱい	시다, 시큼하다
☐	幸<ruby>さいわ</ruby>いだ	다행이다	☐	素敵<ruby>すてき</ruby>だ	멋있다
☐	盛<ruby>さか</ruby>んだ	왕성하다	☐	素直<ruby>すなお</ruby>だ	솔직하다, 구김없다
☐	寂<ruby>さび</ruby>しい	외롭다	☐	鋭<ruby>するど</ruby>い	예리하다
☐	様々<ruby>さまざま</ruby>だ	다양하다	☐	正確<ruby>せいかく</ruby>だ	정확하다
☐	騒<ruby>さわ</ruby>がしい	시끄럽다	☐	清潔<ruby>せいけつ</ruby>だ	청결하다
☐	さわやかだ	선선하다, 상쾌하다	☐	積極的<ruby>せっきょくてき</ruby>だ	적극적이다
☐	残念<ruby>ざんねん</ruby>だ	유감이다	☐	狭<ruby>せま</ruby>い	좁다
☐	幸<ruby>しあわ</ruby>せだ	행복하다	☐	そっくりだ	꼭 닮다
☐	塩辛<ruby>しおから</ruby>い	짜다	☐	退屈<ruby>たいくつ</ruby>だ	따분하다
☐	親<ruby>した</ruby>しい	친하다	☐	楽<ruby>たの</ruby>しい	즐겁다

☐ だらしない	칠칠치 못하다	☐ のんきだ	태평하다, 느긋하다
☐ だるい	나른하다	☐ 激_{はげ}しい	격하다
☐ 短気_{たんき}だ	성질이 급하다	☐ 恥_はずかしい	부끄럽다
☐ 単純_{たんじゅん}だ	단순하다	☐ 派手_{はで}だ	화려하다
☐ 近_{ちか}い	가깝다	☐ 低_{ひく}い	낮다
☐ つまらない	하찮다, 시시하다	☐ 等_{ひと}しい	같다, 똑같다
☐ 冷_{つめ}たい	차갑다	☐ 広_{ひろ}い	넓다
☐ 辛_{つら}い	괴롭다	☐ 不安_{ふあん}だ	불안하다
☐ 丁寧_{ていねい}だ	정중하다	☐ 深_{ふか}い	깊다
☐ 適当_{てきとう}だ	적당하다	☐ 複雑_{ふくざつ}だ	복잡하다
☐ 遠_{とお}い	멀다	☐ 不思議_{ふしぎ}だ	신기하다
☐ 得意_{とくい}だ	잘하다	☐ 不親切_{ふしんせつ}だ	친절하지 않다
☐ とんでもない	터무니없다	☐ 太_{ふと}い	굵다
☐ 仲_{なか}がいい	사이가 좋다	☐ 平和_{へいわ}だ	평화롭다
☐ なだらかだ	완만하다	☐ 細_{ほそ}い	가늘다
☐ 懐_{なつ}かしい	그립다	☐ 細長_{ほそなが}い	길고 가느다랗다
☐ 斜_{なな}めだ	경사가 지다	☐ ましだ	낫다
☐ 苦_{にが}い	(맛이) 쓰다	☐ 真面目_{まじめ}だ	성실하다
☐ 苦手_{にがて}だ	다루기 어렵다, 잘 못하다	☐ 貧_{まず}しい	가난하다
☐ にぎやかだ	떠들썩하다	☐ 真_まっすぐだ	올곧다
☐ 鈍_{にぶ}い	둔하다	☐ 眩_{まぶ}しい	눈부시다
☐ 温_{ぬる}い	미지근하다	☐ 丸_{まる}い	둥글다
☐ 熱心_{ねっしん}だ	열심이다	☐ まれだ	드물다
☐ 眠_{ねむ}い	졸리다	☐ 短_{みじか}い	짧다
☐ のろい	느리다	☐ 蒸_むし暑_{あつ}い	무덥다

☐	無駄_{むだ}だ	쓸데없다
☐	夢中_{むちゅう}だ	열중하다
☐	迷惑_{めいわく}だ	민폐다
☐	珍_{めずら}しい	드물다
☐	面倒_{めんどう}だ	성가시다, 귀찮다
☐	易_{やさ}しい	쉽다
☐	優_{やさ}しい	상냥하다
☐	柔_{やわ}らかい	부드럽다
☐	有名_{ゆうめい}だ	유명하다
☐	豊_{ゆた}かだ	풍부하다
☐	楽_{らく}だ	편하다
☐	立派_{りっぱ}だ	훌륭하다
☐	冷静_{れいせい}だ	냉정하다
☐	わがままだ	제멋대로다

☐	相変わらず (あいか)	변함없이, 여전히	☐	ぎりぎり	간신히. 빠듯하게
☐	あいにく	공교롭게	☐	偶然 (ぐうぜん)	우연(히)
☐	改めて (あらた)	새롭게, 다시	☐	ぐっすり	푹, 깊이 잠든 모양
☐	あらゆる	모든	☐	結局 (けっきょく)	결국
☐	意外に (いがい)	의외로	☐	結構 (けっこう)	그런대로, 제법, 충분히
☐	いきなり	갑자기	☐	こっそり	살짝, 몰래
☐	いつでも	언제라도	☐	さきほど	방금 전
☐	いつの間にか (ま)	어느새인가	☐	さっき	조금 전
☐	いつも	항상	☐	さっそく	즉시
☐	今にも (いま)	당장에라도	☐	ざっと	대충, 대강
☐	いらいら	짜증나는 모양, 초조하게	☐	さっぱり	전혀
☐	うっかり	깜빡, 무심코	☐	次第に (しだい)	점차, 차츰
☐	うろうろ	우왕좌왕, 어슬렁어슬렁	☐	しっかり	단단히, 똑똑히
☐	おそらく	아마	☐	じっと	가만히, 똑바로
☐	主に (おも)	주로	☐	実は (じつ)	실은
☐	がっかり	실망하는 모양	☐	しばらく	당분간, 한동안
☐	勝手に (かって)	멋대로	☐	ずいぶん	대단히, 몹시
☐	必ず (かなら)	반드시(+부정)	☐	少なくとも (すく)	적어도
☐	必ずしも (かなら)	반드시	☐	すっかり	완전히
☐	かなり	제법, 상당히	☐	すっきり	개운하게, 산뜻하게
☐	がらがら	텅텅 비어있는 모양	☐	絶対に (ぜったい)	절대로
☐	きちんと	정확히, 깔끔히	☐	ぜひ	꼭
☐	きっと	분명히	☐	せめて	적어도, 최소한
☐	急に (きゅう)	갑자기	☐	全然 (ぜんぜん)	전혀
☐	きらきら	반짝반짝	☐	そっくり	꼭 닮은, 전부

☐	それほど	그렇게	☐	どんどん	척척, 술술
☐	そろそろ	슬슬	☐	なるべく	가능한 한
☐	たいして	그다지	☐	なんとか	어떻게든
☐	だいたい	대개, 대충, 거의	☐	にこにこ	싱글벙글, 생긋생긋
☐	たいてい	대개, 대부분	☐	のんびり	느긋하게, 한가롭게
☐	だいぶ	상당히, 꽤	☐	はっきり	확실히
☐	大変	매우	☐	ばらばら	흩어져 있는 모양
☐	確かに	확실히, 분명히	☐	ぴったり	딱 맞음, 꼭 알맞음
☐	たっぷり	충분히, 듬뿍	☐	再び	두 번, 재차
☐	たぶん	아마	☐	ふらふら	휘청휘청, 비틀비틀
☐	たまたま	가끔, 우연히	☐	ぼんやり	멍하니, 희미하게
☐	たまに	드물게, 가끔	☐	まさか	설마
☐	ちっとも	조금도	☐	また	또
☐	ちゃんと	제대로, 틀림없이	☐	まもなく	머지 않아
☐	つい	그만, 무심결에	☐	まるで	마치, 전혀
☐	常に	항상, 언제나	☐	めったに	좀처럼
☐	できるだけ	가능한 한	☐	もう一度	한번 더
☐	とうとう	드디어, 마침내	☐	もうすぐ	이제 곧
☐	どうしても	아무리 해도	☐	もしかしたら	어쩌면
☐	どうやら	아무래도, 어쩐지	☐	約	약
☐	どきどき	두근두근	☐	やっと	드디어, 마침내, 겨우
☐	とっくに	훨씬 전에	☐	ようやく	겨우
☐	突然	돌연, 갑자기	☐	ろくに	제대로
☐	とても	매우	☐	わくわく	설레는 모양, 기대되는 모양
☐	とにかく	어쨌든	☐	わざと	일부러

☐	アイディア	아이디어	☐	コメント	코멘트
☐	アクセサリー	액세서리	☐	コレクション	컬렉션
☐	アクセス	액세스, 접속	☐	コレクト	수집
☐	アドバイス	충고	☐	コンクール	콩쿨
☐	アマチュア	아마추어	☐	サークル	서클
☐	アメリカ	미국	☐	サイズ	사이즈, 크기
☐	アレルギー	알레르기	☐	サンプル	샘플
☐	イベント	이벤트	☐	システム	시스템
☐	イメージ	이미지	☐	シンプル	심플
☐	インタビュー	인터뷰	☐	スケジュール	스케줄
☐	ウイルス	바이러스	☐	スタート	스타트
☐	エチケット	에티켓	☐	スタイル	스타일
☐	エネルギー	에너지	☐	スピーチ	연설
☐	オーダー	오더, 주문	☐	スピード	스피드
☐	カーブ	커브	☐	ゼミ	세미나
☐	カタログ	카탈로그	☐	タイプ	타입
☐	カバー	커버	☐	タクシー	택시
☐	キッチン	부엌	☐	チェック	체크
☐	キャンセル	취소	☐	チャレンジ	도전
☐	グループ	그룹	☐	チャンス	찬스
☐	クレーム	클레임, 불만	☐	ツール	툴
☐	ケース	경우, 상황	☐	データ	데이터
☐	コース	코스	☐	テーマ	테마
☐	コスト	비용, 원가	☐	トラブル	트러블, 문제
☐	コミュニケーション	소통	☐	トレーニング	트레이닝

☐	ニュース	뉴스, 소식	☐	レシピ	레시피, 조리법
☐	ノック	노크	☐	ストレート	스트레이트
☐	バケツ	양동이			
☐	バック	뒤, 후진함			
☐	パニック	패닉			
☐	バランス	밸런스, 균형			
☐	ビジネス	비즈니스			
☐	ヒント	힌트			
☐	ブーム	유행			
☐	フォロー	도움, 보조함			
☐	プラン	플랜			
☐	ブランド	브랜드			
☐	プレゼン	프레젠테이션			
☐	プロ	프로			
☐	ベスト	베스트, 최상, 가장 좋음			
☐	マスコミ	매스컴			
☐	マナー	매너			
☐	ミス	실수			
☐	ユーモア	유머			
☐	ライフ	라이프, 삶			
☐	ラッシュ	러시			
☐	リーダー	리더			
☐	リサイクル	재활용			
☐	ルール	룰			
☐	レシート	영수증			

~が

① ~이/가
② ~지만 (접속 조사)

① 雨が降っています。
비가 내리고 있습니다.

② 雪が降っていますが、道はあまり混んでいません。
눈이 내리고 있지만, 길은 그다지 붐비지 않습니다.

~に

① (장소/위치, 시간) ~에
② (사람) ~에게
③ (수량사) ~에
④ (목적) ~하러

① 学校に行きます。
학교에 갑니다.

② 先生に質問しました。
선생님께 질문했습니다.

③ 一人に一冊ずつ本を配りました。
한 사람에 한 권씩 책을 나눠주었습니다.

④ 本を借りに図書館に行きます。
책을 빌리러 도서관에 갑니다.

~と

① ~와/과
② ~라고 (인용)

① 友達と映画を見ました。
친구와 영화를 봤습니다.

② 彼は「大丈夫」と言いました。
그는 "괜찮아"라고 말했습니다.

~や ~など

~(이)랑 ~등

ケーキやクッキーなどがテーブルにあります。
케이크랑 쿠키 등이 테이블에 있습니다.

~も

① ~도
② ~이나 (강조)

① パーティーには私も行きます。
파티에는 저도 갑니다.

② 千円もかかりました。
천 엔이나 들었습니다.

<table>
<tr><td rowspan="2">~で</td><td>
① (장소) ~에서
② (수단) ~으로
③ (재료) ~(으)로
④ (원인) ~때문에
⑤ (수와 관련된 표현) ~(해)서
⑥ (시간) ~이면
</td></tr>
<tr><td>
① レストランで食事をします。
레스토랑에서 식사를 합니다.
② 駅まではバスで行きます。
역까지는 버스로 갑니다.
③ 米で作ったピザです。
쌀로 만든 피자입니다.
④ 病気で会社を休みました。
병 때문에 회사를 쉬었습니다.
⑤ 3つで300円です。
3개해서 300엔입니다.
⑥ 5分で終わります。
5분이면 끝납니다.
</td></tr>
<tr><td rowspan="2">~の</td><td>
① ~의 (명사 연결)
② ~의 것 (소유격)
③ ~야? (보통체의 질문)
④ ~이/가 (명사를 수식하는 주격조사 が대신 사용)
</td></tr>
<tr><td>
① 山田さんの話は面白いです。
야마다 씨의 이야기는 재미있습니다.
② あの青いのが私のです。
저 파란 것이 저의 것입니다.
③ もう卒業したの？
벌써 졸업했어?
④ バラのない花屋って珍しいね。
장미가 없는 꽃집이라니 이상하네.
</td></tr>
</table>

～か	① ～까? ② ～인지/일지
	① あの箱には何が入っていますか。 저 상자에는 무엇이 들어 있습니까? ② 行くか行かないか、まだ決めていません。 갈지 안 갈지 아직 정하지 않았습니다.

～より	① ～보다 ② ～로부터
	① 私より妹の方が背が高いです。 나보다 여동생 쪽이 키가 큽니다. ② 山田さんより伝言があります。 야마다씨로부터 전언이 있습니다.

～こそ	～야 말로
	これこそ探していた本です。 이것이야말로 찾고 있던 책입니다.

～ずつ	～씩
	毎日少しずつ勉強します。 매일 조금씩 공부합니다.

～とか	～라든가
	昨日は映画を見るとか、買い物をするとかしました。 어제는 영화를 본다든가 쇼핑을 했다든가 했습니다.

～ほど ～ない	～만큼 ～지 않다
	札幌は思ったほど寒くないです。 삿포로는 생각만큼 춥지 않습니다.

～ばかり	(주구장창) ～만, ～뿐
	甘いものばかり食べています。 단 것만 먹고 있습니다.

～と

~하면

1 동사 원형/ない형　　2 い형용사 원형/부정형
3 な형용사 원형/부정형　　4 명사 원형+だ/부정형

このボタンを押すと、音が出ます。
이 버튼을 누르면 소리가 납니다.

～ば

~하면

1 동사 가정형　　2 い형용사 어간+ければ
3 な형용사 어간+なら(ば)　　4 명사+なら(ば)

バナナがあれば、買って帰りますね。
바나나가 있으면 사서 돌아 갈게요.

～たら

~면, ~하고 나면, ~했더니

1 동사 た형　　2 い형용사 과거형
3 な형용사 과거형　　4 명사 과거형

晴れたら、ピクニックに行きましょう。
날씨가 개면 소풍 갑시다.

～なら

~(이)라면, ~에 대해서 말하자면

1 동사 보통체　　2 い형용사 보통체
3 な형용사 보통체 (현재 긍정의 경우 어간)
4 명사 보통체 (현재 긍정의 경우 명사)

日本に行くなら、京都をおすすめします。
일본에 간다면 교토를 추천합니다.

~から ~にかけて	**~에서부터 ~에 걸쳐** ❶ 명사＋から＋명사＋にかけて 昨日から今日にかけて雨が降りました。 어제부터 오늘에 걸쳐 비가 내렸습니다.
~にわたって	**~에 걸쳐** ❶ 명사 長年にわたって研究が続けられています。 오랜 세월에 걸쳐 연구가 계속되고 있습니다.
~を始め	**~을 시작으로, ~을 비롯해** ❶ 명사 社長を始め、多くの社員が参加しました。 사장님을 비롯해 많은 직원이 참가했습니다.
~おきに	**~걸러** ❶ 명사 バスは15分おきに来ます。 버스는 15분 걸러 옵니다.
~向き(だ)	**~에 맞는, ~에 적합한** ❶ 명사 夏向きの服を買いました。 여름에 맞는 옷을 샀습니다.
~向け(だ)	**~용, ~대상** ❶ 명사 外国人向けのパンフレットがあります。 외국인용 안내 책자가 있습니다.
~ほしがる・ ~ほしがっている	**(제3자가) ~을 갖고 싶어하다** ❶ 명사 木村は新しいイヤホンをほしがっています。 기무라는 새로운 이어폰을 갖고 싶어 합니다.

～ことだから	~이기 때문에
	❶ 명사＋の
	真面目な彼のことだから、きっと成功するでしょう。 성실한 그이기 때문에 분명 성공할 겁니다.
～ことなら	~라면
	❶ 명사＋の
	日本語のことなら、私に聞いてください。 일본어라면 저에게 물어보세요.
～のこと	~에 대해, ~에 대한 것
	❶ 명사
	私は彼のことが好きです。 나는 그를 좋아합니다.
～に限る / ～に限り・ ～限って	~에 한하다 / ~에 한하여
	❶ 명사
	今回に限り、入場無料です。 이번에 한해 입장 무료입니다.
～に限らず	~뿐만 아니라
	❶ 명사
	日本に限らず、世界中で人気です。 일본뿐만 아니라 전 세계에서 인기입니다.
～にかかわらず	~에 상관없이
	❶ 명사
	国籍にかかわらず応募できます。 국적에 상관없이 지원할 수 있습니다.
～に代わって・ ～に代わり	~을(를) 대신해
	❶ 명사
	店長に代わり、挨拶を申し上げます。 점장을 대신해 인사드립니다.

~にかけては	**~에 있어서는** ❶ 명사 スポーツにかけては、誰にも負けません。 스포츠에 있어서는 누구에게도 지지 않습니다.
~に比べ(て)	**~에 비해** ❶ 명사 昨年に比べて売上が伸びました。 작년에 비해 매출이 늘었습니다.
~に反して	**~에 반하여, ~와(과) 달리, ~와(과) 반대로** ❶ 명사 予想に反してテストは簡単でした。 예상과 달리 시험은 간단했습니다.
~について	**~에 대해서** ❶ 명사 先生に進学について相談しました。 선생님께 진학에 대해 상담했습니다.
~に対して	**① ~에 대해서** **② ~에 비해** ❶ 명사 ① 学生に対して注意をしました。 학생에게 주의를 주었습니다. ② 北に対して南は暖かいです。 북쪽에 비해 남쪽은 따뜻합니다.
~に関して	**~에 관해서** ❶ 명사 事故に関して調査が行われています。 사고에 관해서 조사가 이루어지고 있습니다.

～にしては	~치고는, ~에 비해서는
	① 명사
	<ruby>初心者<rt>しょしんしゃ</rt></ruby>にしてはよく<ruby>知<rt>し</rt></ruby>っています。 초심자치고는 잘 알고 있습니다.

～において	① ~에서 ② ~에 있어서
	① 명사
	① <ruby>国際会議<rt>こくさいかいぎ</rt></ruby>において<ruby>重要<rt>じゅうよう</rt></ruby>な<ruby>発表<rt>はっぴょう</rt></ruby>がありました。 국제 회의에서 중요한 발표가 있었습니다. ② <ruby>人生<rt>じんせい</rt></ruby>において<ruby>友達<rt>ともだち</rt></ruby>は<ruby>大切<rt>たいせつ</rt></ruby>です。 인생에 있어서 친구는 소중합니다.

～による・ ～によって	① ~에 의한, ~때문에 (원인, 이유) ② ~에 의해(서), ~을(를) 통해 ③ ~에 따라, ~에 의거해 (근거, 기준) ④ ~마다 (차이)
	① 명사
	① <ruby>台風<rt>たいふう</rt></ruby>による<ruby>被害<rt>ひがい</rt></ruby>が<ruby>大<rt>おお</rt></ruby>きいです。 태풍에 의한 피해가 큽니다. ② インターネットによって<ruby>世界中<rt>せかいじゅう</rt></ruby>の<ruby>情報<rt>じょうほう</rt></ruby>が<ruby>得<rt>え</rt></ruby>られます。 인터넷을 통해 전 세계 정보를 얻을 수 있습니다. ③ <ruby>年齢<rt>ねんれい</rt></ruby>によって<ruby>料金<rt>りょうきん</rt></ruby>が<ruby>違<rt>ちが</rt></ruby>います。 나이에 따라 요금이 다릅니다. ④ <ruby>時間<rt>じかん</rt></ruby>によって<ruby>景色<rt>けしき</rt></ruby>が<ruby>変<rt>か</rt></ruby>わります。 시간마다 경치가 달라집니다.

～にとって	~에게 있어서, ~에게는
	① 명사
	<ruby>留学生<rt>りゅうがくせい</rt></ruby>にとって<ruby>日本<rt>にほん</rt></ruby>の<ruby>生活<rt>せいかつ</rt></ruby>は<ruby>新鮮<rt>しんせん</rt></ruby>です。 유학생에게 있어서 일본 생활은 새롭습니다.

～につき	① (수량) ~당 ② ~이므로, ~로 인해
	❶ 명사
	① 入場料は一人につき千円です。 입장료는 1인당 천 엔입니다. ② 工事中につき通行禁止です。 공사 중이므로 통행 금지입니다.
～途中に	① ~의 도중에 ② ~의 중간에
	❶ 명사+の
	① 道の途中にコンビニがあります。 길 도중에 편의점이 있습니다. ② 会議の途中に休憩をしました。 회의 중간에 휴식을 했습니다.
～ぶりに	~만에
	❶ 명사
	5年ぶりに日本に帰りました。 5년 만에 일본에 돌아왔습니다.
～をもとに （して）	~을(를) 바탕으로, ~을(를) 근거로
	❶ 명사
	この小説は経験をもとに書かれました。 이 소설은 경험을 바탕으로 쓰였습니다.
～を中心に （して）・ ～を中心として	~을(를) 중심으로
	❶ 명사
	ソウルを中心に流行が広がりました。 서울을 중심으로 유행이 퍼졌습니다.

~を通して・ ~を通じて	① ~을(를) 통해서 ② ~내내
	❶ 명사
	① このプロジェクトを通じて、リーダーシップの大切さを学びました。 이 프로젝트를 통해서 리더십의 중요성을 배웠습니다. ② 一年を通して寒い地域です。 1년 내내 추운 지역입니다.

~をきっかけに	~을(를) 계기로
	❶ 명사
	手術をきっかけに健康に気をつけるようになりました。 수술을 계기로 건강을 신경 쓰게 되었습니다.

~として	~로서
	❶ 명사
	医者として多くの患者を助けました。 의사로서 많은 환자를 도왔습니다.

~を込めて	~을(를) 담아서
	❶ 명사
	愛を込めて作った料理です。 사랑을 담아 만든 요리입니다.

~というと・ ~といえば・ ~といったら	~라고 하면, ~라고 말하자면
	❶ 명사
	日本というと、富士山を思い出します。 일본이라고 하면 후지 산이 떠오릅니다.

~ぬきで	~빼고, ~제외하고
	❶ 명사
	マヨネーズぬきでハンバーガーを注文しました。 마요네즈 빼고 햄버거를 주문했습니다.

~なんか	**~등, ~따위, ~같은 것**	
	❶ 명사	
	仕事なんかやめたいです。 일 따위 그만두고 싶습니다.	
~さえ	**~조차**	
	❶ 명사	
	子供でさえ知っています。 아이조차 알고 있습니다.	
~こそ	**~(이)야 말로**	
	❶ 명사	
	これこそ探していた答えです。 이것이야 말로 찾고 있던 답입니다.	
~だらけ	**~투성이**	
	❶ 명사	
	彼のノートは間違いだらけだ。 그의 노트는 실수투성이다.	
~のほかに	**~외에**	
	❶ 명사	
	勉強のほかにスポーツも大事です。 공부 외에 스포츠도 중요합니다.	

동사에 접속하는 문형

～ないうちに

～하기 전에

❶ 동사 ない형

暗くなら**ないうちに**帰りましょう。
어두워지기 전에 돌아갑시다.

～て初め(て)

～나서야 비로소

❶ 동사 て형

失っ**て初めて**大切さに気づく。
잃고 나서야 비로소 소중함을 깨닫는다.

～上は

～한 이상에는

❶ 동사 원형　　　　　　❷ 동사 た형

引き受けた**上は**最後までやります。
맡은 이상에는 끝까지 합니다.

～一方だ

～(하기)만 하다

❶ 동사 원형

物価は上がる**一方だ**。
물가는 오르기만 한다.

～たがる・
～たがっている

(제3자가) ～하고 싶어하다

❶ 동사 ます형

子供は外で遊び**たがっています**。
아이는 밖에서 놀고 싶어합니다.

～てほしい

(상대방이) ～해 주었으면 한다

❶ 동사 て형

静かにし**てほしい**です。
조용히 해 주었으면 합니다.

～こと

～할 것

❶ 동사 원형　　　　　　❷ 동사 ない형

部屋を出るときは電気を消す**こと**。
방을 나갈 때는 불을 끌 것.

~ことだ	**~해야 한다, ~하는 것이 좋다** ❶ 동사 원형　　　　　　❷ 동사 ない형 疲れたときは早く寝ることだ。 피곤할 때는 빨리 자는 것이 좋다.
~ものだ	**① ~해야 한다** **② ~하곤 했다** ①의 경우: ❶ 동사 원형 ②의 경우: ❶ 동사 た형 ① 約束は守るものだ。 　약속은 지켜야 한다. ② 若いころは何にでも挑戦したものだ。 　젊을 때는 뭐든지 도전하곤 했다.
~ものなら	**~할 수 있다면** ❶ 동사 가능형 できるものなら、世界一周旅行をしたい。 할 수 있다면 세계 일주 여행을 하고 싶다.
~ことがある	**① ~할 때가 있다** **② ~한 적이 있다** ①의 경우: ❶ 동사 원형 ②의 경우: ❶ 동사 た형 ① 彼は人前で話すと緊張することがある。 　그는 사람들 앞에서 말하면 긴장할 때가 있다. ② ベトナムに行ったことがあります。 　베트남에 간 적이 있습니다.
~ことはない	**~할 필요는 없다** ❶ 동사 원형 急ぐことはありません。 서두를 필요는 없습니다.

～ことで	**~함으로써, 하는 것으로**
	① 동사 보통체
	友達に相談する<u>ことで</u>安心できました。
	친구에게 상담함으로써 안심할 수 있었습니다.

～ところ	**~한 바, ~했더니**
	① 동사 た형
	友達の家に行った<u>ところ</u>、留守でした。
	친구 집에 갔더니 부재중이었습니다.

～ところで	**~해 봤자, ~한들**
	① 동사 た형
	高いカメラを買った<u>ところで</u>上手に撮れるとは限らない。
	비싼 카메라를 샀다 한들 잘 찍을 수 있는 것은 아니다.

～ところだ	**① 막 ~한 참이다**
	② ~하고 있는 중이다
	③ 이제 막 ~하려는 참이다
	①의 경우: ① 동사 た형
	②, ③의 경우: ① 동사 진행형 ② 동사 원형
	① 会議が終わった<u>ところでした</u>。
	회의가 막 끝난 참이었습니다.
	② 彼は今、本を読んでいる<u>ところです</u>。
	그는 지금 책을 읽고 있는 중입니다.
	③ 出かける<u>ところだから</u>、急いでください。
	이제 막 나가려는 참이니까 서둘러 주세요.

～ところへ	**① 막 ~하려던 찰나에, 막 ~하고 있을 때에**
	② 한창 ~하는 중에
	① 동사 원형 　　② 동사 진행형
	③ 동사 た형
	寝ようとする<u>ところへ</u>地震が来ました。
	막 자려던 순간어 지진이 있었습니다.

～ばかりだ	**막 ~한 참이다, ~한지 얼마 안 되다**
	❶ 동사 た형
	彼は社会人になったばかりです。
	그는 사회인이 된 지 얼마 안 됐습니다.

～ばかりだ	**(계속) ~하기만 하다**
	❶ 동사 원형 ❷ 동사 진행형
	雨は強くなるばかりです。
	비는 점점 세지기만 합니다.

～ばかりに	**~한 탓에**
	❶ 동사 た형
	道を間違えたばかりに遅刻しました。
	길을 잘못 든 탓에 지각했습니다.

～べきだ	**~해야 한다**
	❶ 동사 원형 (단, する는 すべきだ도 가능)
	環境を守るために、私たちは協力すべきだ。
	환경을 지키기 위해 우리는 협력해야 한다.

～べきではない	**~해서는 안 된다**
	❶ 동사 원형 (단, する는 すべきではない도 가능)
	他人を傷つけることを言うべきではない。
	남을 상처 주는 말을 해서는 안 된다.

～きる・きれる／～きれない	**다 ~하다·다 ~할 수 있다 / 다 ~할 수 없다**
	❶ 동사 ます형
	料理が多すぎて食べきれません。
	음식이 너무 많아서 다 먹을 수 없습니다.

～がちだ	**자주 ~하다, ~하기 쉽다**
	❶ 동사 ます형
	年をとると病気になりがちだ。
	나이를 먹으면 병이 들기 쉽다.

~がたい	(도저히) ~하기 어렵다
	❶ 동사 ます형
	信じがたい話ですが、本当です。 믿기 어려운 이야기지만 사실입니다.
~かねる	~하기 어렵다, ~할 수 없다
	❶ 동사 ます형
	個人情報なのでお答えしかねます。 개인 정보라서 답해드릴 수 없습니다.
~かねない	~할 법하다, (잘못하면) ~할 수도 있다, ~할 우려가 있다
	❶ 동사 ます형
	不注意な発言は誤解を招きかねません。 부주의한 발언은 오해를 불러일으킬 수 있습니다.
~直す	① 다시 ~하다 ② 고쳐서 ~하다
	❶ 동사 ます형
	① 失敗したので、もう一度やり直します。 실패했기 때문에 다시 하겠습니다. ② この文は書き直した方がいいと思います。 이 문장은 고쳐 쓰는 편이 좋다고 생각합니다.
かける・かけだ・かけの	① ~하다 말다 ② 막 ~하려 하다, 이제 막 ~하기 시작하다
	❶ 동사 ます형
	① 食べかけのパンがテーブルにあります。 먹다 만 빵이 테이블에 있습니다. ② 咲きかけの花がとてもきれいです。 이제 막 피기 시작한 꽃이 매우 아름답습니다.
~もしない	(전혀) ~도 하지 않다, ~조차 하지 않는다
	❶ 동사 ます형
	話を聞きもしないで反対した。 이야기를 듣지도 않고 반대했다.

～ようがない・ ～ようもない	**~할 방법이 없다** ❶ 동사 ます형 携帯を失くして連絡しようもない。 휴대폰을 잃어버려서 연락할 방법이 없다.
～っこない	**~할 리가 없다** ❶ 동사 ます형 あの人が人を騙したなんて、そんなことはありっこない。 저 사람이 사람을 속였다니 그런 일은 있을 리가 없다.
～っぱなし	**~한 채로** ❶ 동사 ます형 水を出しっぱなしにするともったいない。 물을 틀어 놓은 채로 두면 아깝다.
～たとたん	**~하자마자** ❶ 동사 た형 立ち上がったとたん、めまいがしました。 일어서자마자 어지러웠습니다.
～て以来	**~한 이래로, ~한 이후로** ❶ 동사 て형 病気になって以来、お酒を飲んでいません。 병이 생긴 이래로 술을 마시지 않습니다.
～のを/が +지각동사	**~하는 것을 / ~하는 것이** ❶ 동사 원형　　❷ 동사 진행형 誰かがドアを開けるのを感じました。 누군가가 문을 여는 것을 느꼈습니다.
～てはいけない から	**~해서는 안 되기 때문에** ❶ 동사 て형 風邪をひいてはいけないから、マフラーをして出かけました。 감기 걸리면 안 되니까 목도리를 하고 나갔어요.

〜といけない から	**〜하면 안 되기 때문어**
	❶ 동사 원형
	道に迷<ruby>う<rt></rt></ruby>といけないから、地図を持って行こう。 길을 잃으면 안 되기 때믄에 지도를 가져가자.
〜(よ)うとする	**〜하려고 하다**
	❶ 동사 의지형
	子供が泣こうとしている。 아이가 울려고 하고 있다.
〜(よ)うと(も) しない	**〜하려고(도) 하지 않는다**
	❶ 동사 의지형
	手伝おうとしないで見ているだけだ。 도와주려고 하지 않고 보기만 할 뿐이다.
〜ように	**〜하도록**
	❶ 동사 원형　　　　　❷ 동사 ない형 ❸ 동사 가능형
	忘れないようにメモしてください。 잊지 않도록 메모해 주세요.
〜には	**〜하려면, 〜하기 위해서는**
	❶ 동사 원형
	健康を保つにはバランスの取れた食事が必要だ。 건강을 유지하려면 균형 잡힌 식사가 필요하다.
〜ように	**〜하도록**
	❶ 동사 원형　　　　　❷ 동사 ない형 ❸ 동사 가능형
	痩せるように、歩いて出勤します。 살이 빠지도록 걸어서 출근합니다.

～てからでないと・～てからでなければ	**～하고 나서가 아니면** ❶ 동사 て형 許可をもらってからでなければ入れません。 허가를 받고 나서가 아니면 들어갈 수 없습니다.
～たほうがいい	**～하는 편(쪽)이 좋다** ❶ 동사 た형 寒いから、コートでも着たほうがいいよ。 추우니까 코트라도 입는 편이 좋아.
～てもらえますか・～ていただけますか	**～해 주실 수 있습니까? (직역 : ～해 받을 수 있습니까?)** ❶ 동사 て형 この荷物を運んでいただけますか。 이 짐을 옮겨 주시겠습니까?
～そうに(も)ない・～そうもない	**～할 것 같지(도) 않다** ❶ 동사 ます형 雨はやみそうにない。 비는 그칠 것 같지 않다.
～ほかない	**～할 수밖에 없다** ❶ 동사 원형 バスがないから歩いて行くほかない。 버스가 없으니 걸어갈 수밖에 없다.
～ないではいられない・～ずにはいられない	**～하지 않을 수 없다** ❶ 동사 ない형 悲しい映画を見て泣かずにはいられなかった。 슬픈 영화를 보고 울지 않을 수 없었다.

〜まで	**~까지** ❶ 동사 원형　　❷ 명사 駅まで歩きました。 역까지 걸었습니다.
〜までに	**~까지** ❶ 동사 원형　　❷ 명사 金曜日までに本を返さなければなりません。 금요일까지 책을 돌려줘야 합니다.
〜ごとに	**~(할 때) 마다** ❶ 동사 원형　　❷ 명사 一時間ごとに休憩します。 1시간마다 휴식합니다.
〜上で	① **~한 후에** ② **~하는 데 있어** ①의 경우: ❶ 동사-た형　　❷ 명사+の ②의 경우: ❶ 동사 원형　　❷ 명사+の ① 説明を聞いた上で申し込みます。 　설명을 들은 후어 신청합니다. ② 仕事をする上で健康は欠かせません。 　일을 하는 데 있어 건강은 빠트릴 수 없습니다.
〜につれて	**~에 따라서** ❶ 동사 원형　　❷ 명사 年をとるにつれて体力が弱くなる。 나이를 먹음에 따라 체력이 약해진다.
〜に従って	**~에 따라서, ~함에 따라** ❶ 동사 원형　　❷ 명사 指示に従って行動してください。 지시에 따라서 행동하세요.

～まま	**~한 채**
	❶ 동사 た형　　　　　　　❷ い형용사 원형 ❸ な형용사 어간+な　　　❹ 명사+の
	窓を開けたまま出かけました。 창문을 연 채 외출했습니다.

～きり	① **~한 채** ② **~만**
	❶ 동사 た형　　　　　　　❷ 명사
	① 彼とは一度会ったきり、連絡をとっていない。 　그와는 한 번 만난 채, 연락을 안 하고 있다. ② 二人きりで話したいです。 　둘이서만 이야기하고 싶습니다.

～最中に	**한창 ~하는 중에**
	❶ 동사 진행형　　　　　　❷ 명사+の
	会議の最中に大声で話すのは失礼です。 회의 중에 큰 소리로 말하는 것은 실례입니다.

～途中で	**~하는 도중에**
	❶ 동사 원형　　　　　　　❷ 동사 진행형 ❸ 명사+の
	映画を見ている途中で寝てしまった。 영화를 보는 도중에 잠들어 버렸다.

～たびに	**~(할 때) 마다**
	❶ 동사 원형　　　　　　　❷ 명사+の
	会うたびに彼は新しい話をしてくれる。 만날 때마다 그는 새로운 이야기를 해 준다.

～通り(に)	**~대로**
	❶ 동사 원형　　　　　　　❷ 동사 た형 ❸ 명사+の　　　　　　　　❹ 명사 (이 경우에는 どおり)
	予報の通りに雨が降った。 예보대로 비가 내렸다.

～ため(に)	**~위해서**
	❶ 동사 원형 ❷ 명사+の
	合格するために毎日勉強します。 합격하기 위하 매일 공부합니다.

～ついでに	**~하는 김에**
	❶ 동사 원형 ❷ 동사 た형 ❸ 명사+の
	買い物のついでに郵便局へ行きました。 장보는 김에 우체국에 갔습니다.

～とともに	**~와(과) 함께, ~와(과) 동시에**
	❶ 동사 원형 ❷ 명사
	成長するとともに責任も重くなる。 성장함과 동시에 척임도 무거워진다.

～恐れがある	**~우려가 있다**
	❶ 동사 원형 ❷ 명사+の
	火事になる恐れがあるので注意してください。 화재가 날 우려가 있으니 주의하세요.

～など	① ~등, ~같은 ② ~같은 건 ③ ~따위
	❶ 동사 원형 ❷ 명사
	① 野菜や果物などを買いました。 야채나 과일 등을 샀습니다. ② 戦争などあってはならない。 전쟁 같은 건 있어서는 안 된다. ③ 彼など信用できない。 그 따위는 신용할 수 없어.

다양한 품사에 접속하는 문형

〜間
(あいだ)

~사이에, ~동안

❶ 동사 원형/진행형　　❷ い형용사 원형
❸ な형용사 어간+な　　❹ 명사+の

夏休みの間、アルバイトをしました。
(なつやす／あいだ)
여름방학 동안 아르바이트를 했습니다.

〜間に
(あいだ)

~동안에

❶ 동사 원형/진행형　　❷ い형용사 원형
❸ な형용사 어간+な　　❹ 명사+の

子供が遊んでいる間に料理を作った。
(こども／あそ／あいだ／りょうり／つく)
아이가 노는 동안에 요리를 만들었다.

〜うちに

~하는 동안에

❶ 동사 원형/진행형　　❷ い형용사 원형
❸ な형용사 어간+な　　❹ 명사+の

熱いうちに食べてください。
(あつ／た)
뜨거울 때 드세요.

〜上に
(うえ)

~인 데다가, ~한 데다가

❶ 동사 보통체　　　　　❷ い형용사 보통체
❸ な형용사 보통체 (현재 긍정의 경우 어간+な・である)
❹ 명사 보통체 (현재 긍정의 경우 명사+の・である)

この本は内容が難しい上に字も小さいです。
(ほん／ないよう／むずか／うえ／じ／ちい)
이 책은 내용이 어려운 데다가 글씨도 작습니다.

〜おかげで・
〜おかげだ

~덕분에

❶ 동사 보통체　　　　　❷ い형용사 보통체
❸ な형용사 보통체 (현재 긍정의 경우 어간+な)
❹ 명사+の

天気がよかったおかげで楽しい旅行になりました。
(てんき／たの／りょこう)
날씨가 좋았던 덕분에 즐거운 여행이 되었습니다.

<table>
<tr><td rowspan="2">〜せいで・
〜せいだ</td><td>**~탓에, ~때문에**</td></tr>
<tr><td>❶ 동사 보통체 　　　　　　❷ い형용사 보통체
❸ な형용사 보통체 (현재/긍정인 경우 어간+な)
❹ 명사+の</td></tr>
<tr><td colspan="2">雨のせいで試合が中止になった。
비 때문에 시합이 중지되었다.</td></tr>

<tr><td rowspan="2">〜一方で</td><td>**~하는 한편으로**</td></tr>
<tr><td>❶ 동사 보통체 　　　　　　❷ い형용사 원형
❸ な형용사 보통체 (현재 긍정의 경우 어간+な)
❹ 명사 보통체 (현재 긍정의 경우 명사+である)</td></tr>
<tr><td colspan="2">彼は仕事に厳しい一方で優しい父です。
그는 일에 엄격한 한편 다정한 아버지입니다.</td></tr>

<tr><td rowspan="2">〜がる</td><td>**~해 하다**</td></tr>
<tr><td>❶ 형용사 어간</td></tr>
<tr><td colspan="2">寂しがる犬を抱きました。
외로워 보이는 개를 안아 주었습니다.</td></tr>

<tr><td rowspan="2">〜もの・〜もん</td><td>**~인 걸**</td></tr>
<tr><td>❶ 동사 보통체 　　　　　　❷ い형용사 보통체
❸ な형용사 보통체 　　　　　❹ 명사 보통체</td></tr>
<tr><td colspan="2">だって疲れたんだもん。
그치만 지쳤는걸.</td></tr>

<tr><td rowspan="2">〜ものだから</td><td>**~(원인)이기 때문에 ~(결과)**</td></tr>
<tr><td>❶ 동사 보통체 　　　　　　❷ い형용사 보통체
❸ な형용사 보통체 (현재 긍정의 경우 어간+な)
❹ 명사 보통체 (현재 긍정의 경우 명사+な)</td></tr>
<tr><td colspan="2">急いでいたものだから忘れました。
서둘렀기 때문에 잊어버렸습니다.</td></tr>
</table>

～ことか	**~인 것인가**
	❶ 동사 보통체　　❷ い형용사 보통체
	❸ な형용사 보통체 (현재 긍정의 경우 어간+な)
	この景色はどんなに美しいことか。
	이 경치가 얼마나 아름다운가.
～ものか	**~할까 보냐**
	❶ 동사 보통체　　❷ い형용사 보통체
	❸ な형용사 보통체 (현재 긍정의 경우 어간+な)
	❹ 명사 보통체 (현재 긍정의 경우 명사+な)
	あんな人に負けるものか。
	그런 사람에게 질까 보냐.
～ものの	**~이지만**
	❶ 동사 보통체　　❷ い형용사 보통체
	❸ な형용사 보통체 (현재 긍정의 경우 어간+な・である)
	❹ 명사 보통체 (현재 긍정의 경우 명사+である)
	元気だと言うものの、顔色が悪い。
	건강하다고 말하지만 안색이 좋지 않다.
～ということだ	① **~라고 한다** ② **~라는 뜻이다, ~인 셈이다**
	❶ 동사 보통체　　❷ い형용사 보통체
	❸ な형용사 보통체　　❹ 명사 보통체
	① 明日は休みだということです。
	내일은 쉰다고 합니다.
	② 財布を忘れた？お金が払えないということだね。
	지갑을 두고 왔어? 돈을 낼 수 없다는 뜻이네.
～とのことだ	**~라고 한다**
	❶ 동사 보통체　　❷ い형용사 보통체
	❸ な형용사 보통체
	❹ 명사 보통체 (현재 긍정의 경우 명사)
	天気予報では、明日は晴れるとのことだ。
	일기예보에 따르면 내일은 맑을 거라고 합니다.

〜ことから	**~것에서** ❶ 동사 보통체　　❷ い형용사 보통체 ❸ な형용사 코통체　　❹ 명사 보통체 顔色が悪いことから病気だとわかった。 안색이 안 좋은 것에서 병이라는 걸 알았다.
〜ないことはない	**~하지 않는 것은 아니다, ~할 수도 있다** ❶ 동사 ない형　　❷ い형용사 부정형 ❸ な형용사 부정형　　❹ 명사 부정형 行けないことはないが、ちょっと忙しい。 못 가는 건 아니지만 조금 바쁘다.
〜ばかりでなく	**~뿐만 아니라** ❶ 동사 보통체　　❷ い형용사 보통체 ❸ な형용사 보통체 (현재 긍정인 경우 어간+な) ❹ 명사 보통체 彼は歌ばかりでなくダンスも上手です。 그는 노래뿐만 아니라 춤도 잘합니다.
〜わけだ	**~인 셈이다, ~인 것은 당연하다** ❶ 동사 보통체　　❷ い형용사 보통체 ❸ な형용사 보통체 (현재 긍정의 경우 어간+な) ❹ 명사 보통체 (현재 긍정의 경우 명사+の) 日本に10年住んだから日本語が上手なわけだ。 일본에 10년 살았으니 일본어를 잘하는 것은 당연하다.
〜わけがない	**~일(할) 리가 없다** ❶ 동사 보통체　　❷ い형용사 보통체 ❸ な형용사 보통체 (현재 긍정의 경우 어간+な) ❹ 명사 보통체 (현재 긍정의 경우 명사+の) あんな簡単な問題が彼に解けないわけがない。 저런 간단한 문제를 그가 풀지 못할 리 없다.

～わけではない	꼭 ~인 것은 아니다
	❶ 동사 보통체　　❷ い형용사 보통체
	❸ な형용사 보통체 (현재 긍정의 경우 어간+な)
	❹ 명사 보통체 (현재 긍정의 경우 명사+の)
	日本人がみんな寿司を食べるわけではない。
	일본인이 모두 스시를 먹는 것은 아니다.

～はずだ	~일 것이다
	❶ 동사 보통체　　❷ い형용사 보통체
	❸ な형용사 보통체 (현재 긍정의 경우 어간+な)
	❹ 명사 보통체 (현재 긍정의 경우 명사+の)
	彼はこのプロジェクトの担当者だから、来るはずだ。
	그는 이 프로젝트의 담당자이기 때문에 올 것이다.

～はずがない	~일(할) 리가 없다
	❶ 동사 보통체　　❷ い형용사 보통체
	❸ な형용사 보통체 (현재 긍정의 경우 어간+な)
	❹ 명사 보통체 (현재 긍정의 경우 명사+の)
	鍵をかけたから、盗まれるはずがない。
	열쇠를 잠갔으니 도둑맞을 리가 없다.

～に違いない	(틀림없이) ~일 것이다, ~임에 틀림없다
	❶ 동사 보통체　　❷ い형용사 보통체
	❸ な형용사 보통체 (현재 긍정의 경우 어간)
	❹ 명사 보통체
	電気がついている。誰かいるに違いない。
	불이 켜져 있다. 틀림없이 누군가 있을 것이다.

～に相違ない	~임에 틀림없다
	❶ 동사 보통체　　❷ い형용사 보통체
	❸ な형용사 보통체 (현재 긍정의 경우 어간)
	❹ 명사 보통체 (현재 긍정의 경우 명사)
	彼がこの仕事に最もふさわしい人に相違ない。
	그가 이 일에 가장 적합한 사람임에 틀림없다.

~に決まっている	**당연히 ~이다, 분명 ~이다**
	❶ 동사 보통체 　　　❷ い형용사 보통체 ❸ な형용사 보통체 (현재 긍정의 경우 어간) ❹ 명사 보통체
	あんな安いものは偽物に決まっている。 저렇게 싼 것은 분명 가짜이다.

~って	① ~래, ~라고 해, ~단다 (전달) ② ~라는 것은, ~는 말이야 ③ ~라고?
	❶ 동사 보통체＋って/んだって　　❷ い형용사 보통체＋って/んだって ❸ な형용사 보통체+だって　　❹ 명사+だって
	① 二人は別れたんだって。 둘은 헤어졌다고 해. ② 人生って思い通りにならない。 인생이라는 건 뜻대로 되지 않는다. ③ 彼が結婚するって？ 그가 결혼한다고?

~という	**~라고 하는, ~라고 한다**
	❶ 동사 보통체　　　❷ い형용사 보통체 ❸ な형용사 보통체　　　❹ 명사 보통체 (현재 긍정의 경우 명사)
	「さくら」という歌が好きです。 「사쿠라」라는 노래를 좋아합니다.

~というより (も)	**~라기 보다(도)**
	❶ 동사 보통체　　　❷ い형용사 보통체 ❸ な형용사 보통체 (현재 긍정의 경우 어간) ❹ 명사 보통체 (현재 긍정의 경우 명사)
	この映画はホラーというよりコメディです。 이 영화는 공포라기보다 코미디입니다.

～という点<ruby>点<rt>てん</rt></ruby>で	~라는 점에서
	❶ 동사 보통체　　❷ い형용사 보통체
	❸ な형용사 보통체 (현재 긍정의 경우 어간)
	❹ 명사 보통체 (현재 긍정의 경우 명사)
	日本語と韓国語は文法が似ているという点で学びやすい。
	일본어와 한국어는 문법이 비슷하다는 점에서 배우기 쉽다.
～でしかない	~일(할) 뿐이다
	❶ な형용사 어간　　❷ 명사
	私の意見は一つの考えでしかない。
	내 의견은 하나의 생각일 뿐이다.
～とは	① ~란, ~이라는 것은
	② ~라니, ~하다니
	①의 경우: ❶ 명사
	②의 경우: ❶ 동사 보통체　　❷ い형용사 보통체
	❸ な형용사 보통체　　❹ 명사 보통체
	① 友情とはお互いを信じることだ。
	우정이란 서로를 믿는 것이다.
	② あの俳優に息子がいたとはびっくりだ。
	저 배우에게 아들이 있었다니 놀랍다.
～ため	~때문에
	❶ 동사 보통체　　❷ い형용사 보통체
	❸ な형용사 보통체 (현재 긍정의 경우 어간+な)
	❹ 명사 보통체 (현재 긍정의 경우 명사+の)
	道路工事のため渋滞しています。
	도로 공사 때문에 정체되고 있습니다.
～からこそ	~이기 때문에
	❶ 동사 보통체　　❷ い형용사 보통체
	❸ な형용사 보통체　　❹ 명사 보통체
	苦しい時に助けてくれたからこそ、彼を信じています。
	힘들 때 도와줬기 때문에 그를 믿고 있습니다.

~からといって	**~라고 해서**
	① 동사 보통체　　② い형용사 보통체 ③ な형용사 보통체　　④ 명사 보통체
	社長だからといって何でも買えるわけではない。 사장이라고 하서 무엇이든 살 수 있는 것은 아니다.

~たって・ ~だって	**~라도, ~해도**
	① 동사 た형 ② い형용사 어간+く (이 경우에는 たって) ③ な형용사 어간 (이 경우에는 だって) ④ 명사 (이 경우에는 だって)
	いくら説明したってあの人にはわからない。 아무리 설명해도 저 사람은 이해하지 못한다.

~といっても	**~라고 해도**
	① 동사 보통체　　② い형용사 보통체 ③ な형용사 보통체 (현재 긍정의 경우 어간) ④ 명사 보통체
	旅行といっても近くの温泉です。 여행이라고 해도 가까운 온천입니다.

~としても	**~라고 해도, ~의 입장이라도**
	① 동사 보통체　　② い형용사 보통체 ③ な형용사 보통체　　④ 명사 보통체
	負けるとしても全力で戦います。 진다고 해도 전력으로 싸웁니다.

~わりに(は)	**~에 비해서(는), ~치고(는)**
	① 동사 보통체　　② い형용사 보통체 ③ な형용사 보통체 (현재 긍정의 경우 어간+な) ④ 명사 보통체 (현자 긍정의 경우 명사+の)
	小さいわりに力が強い。 작은 것치고는 힘이 세다.

～代<ruby>か</ruby>わり(に)	**~대신에** ❶ 동사 보통체 ❷ い형용사 보통체 ❸ な형용사 보통체 (현재 긍정의 경우 어간+な) ❹ 명사 보통체 (현재 긍정의 경우 명사+の) 砂糖の代わりに蜂蜜を入れました。 설탕 대신 꿀을 넣었습니다.
～くせに	**~한 주제에, ~인데도** ❶ 동사 보통체 ❷ い형용사 보통체 ❸ な형용사 보통체 (현재 긍정의 경우 어간+な) ❹ 명사 보통체 (현재 긍정의 경우 명사+の) 知っているくせに教えてくれない。 알고 있는데도 가르쳐 주지 않는다.
～じゃない・ ～じゃん	**① ~이지 않아?** **② ~잖아** ❶ 동사 보통체 ❷ い형용사 보통체 ❸ な형용사 보통체 (현재 긍정의 경우 어간) ❹ 명사 보통체 (현재 긍정의 경우 명사) ① これ、おいしいじゃない？ 이거 맛있지 않아? ② そこに書いてあるじゃん。 거기에 적혀 있잖아.
～っけ	**~였지?, ~였던가?** ❶ 동사 보통체 ❷ い형용사 보통체 ❸ な형용사 보통체 ❹ 명사 보통체 彼はどこのチームだったっけ。 그는 어느 팀이었지?
～さえ ～ば	**~만 ~(하)면** ❶ 동사 ます형+さえ+すれば ❷ い형용사 어간+くさえあれば ❸ な형용사 어간+でさえあれば ❹ 명사+さえ+동사 가정형+ば 会場に来さえすれば参加できます。 장소에 오기만 하면 참가할 수 있습니다.

~ば ~ほど	**~(하)면 ~(할)수록**
	❶ 동사 가정형+동사 원형+ほど
	❷ い형용사 가정형+い형용사 원형+ほど
	❸ な형용사 어간+であれば+な형용사 어간+な+ほど
	見れば見るほど感動してしまう映画です。 보면 볼수록 감동해 버리는 영화입니다.
~ようなら	**~할 것 같으면**
	❶ 동사 원형/ない형 　　❷ い형용사 원형/부정형
	❸ な형용사 어간+な/부정형 　❹ 명사+の/부정형
	都合が悪いようなら日を変えましょう。 사정이 나쁠 것 같으면 날을 바꿉시다.
~としたら	**~라고 한다면**
	❶ 동사 보통체 　　❷ い형용사 보통체
	❸ な형용사 보통체 　❹ 명사 보통체
	留学できるとしたらアメリカに行きたい。 유학할 수 있다고 한다면 미국에 가고 싶다.
~だけでなく	**~뿐만 아니라**
	❶ 동사 보통체 　　❷ い형용사 보통체
	❸ な형용사 보통체 (현재 긍정의 경우 어간+な)
	❹ 명사 보통체 (현재 긍정의 경우 명사)
	中国は韓国から近いだけでなくおいしい食べ物も多い。 중국은 한국에서 가까울 뿐만 아니라 맛있는 음식도 많다.
~かのようだ / ~かのように / ~かのような	**마치 ~인 것 같다 / 마치 ~인 것처럼 / 마치 ~인 것 같은**
	❶ 동사 보통체 　　❷ い형용사 보통체
	❸ な형용사 보통체 (현재 긍정의 경우 어간+である)
	❹ 명사 보통체 (현저 긍정의 경우 명사+である)
	雲の上を歩いているかのような気分です。 마치 구름 위를 걷고 있는 것 같은 기분입니다.

～かもしれない	**~일지도 모른다**
	❶ 동사 보통체 　　　　　　　　❷ い형용사 보통체
	❸ な형용사 보통체 (현재 긍정의 경우 어간)
	❹ 명사 보통체 (현재 긍정의 경우 명사)
	この資料は役に立つかもしれません。
	이 자료는 도움이 될지도 모릅니다.

～なんて	**① ~따위, ~같은 건** **② ~하다니**
	①의 경우: ❶ 동사 원형 　　　　❷ 명사
	②의 경우: ❶ 동사 보통체 　　　❷ い형용사 보통체
	❸ な형용사 보통체 　❹ 명사 보통체
	① 私なんてまだまだです。
	저 따위는 아직 멀었습니다.
	② あんなに優しい人が怒るなんて。
	저렇게 다정한 사람이 화내다니.

いくら(どんなに) ～ても	**아무리 ~해도**
	❶ 동사 て형 　　　　　　　　❷ い형용사 연결형
	❸ な형용사 연결형 　　　　　❹ 명사 연결형
	いくら走っても間に合わないと思います。
	아무리 달려도 시간에 맞지 않을 거라고 생각합니다.

ちっとも ～ない	**조금도 ~않다**
	❶ 동사 ない형 　　　　　　　❷ い형용사 부정형
	❸ な형용사 부정형
	あの上司は、いつもちっとも面白くない冗談ばかり言う。
	저 상사는 항상 조금도 재미있지 않은 농담만 말한다.

～とは限らない	**~라고는 (단정)할 수 없다**
	❶ 동사 보통체 　　　　　　　　❷ い형용사 보통체
	❸ な형용사 보통체 (현재 긍정의 경우 어간)
	❹ 명사 보통체 (현재 긍정의 경우 명사)
	科学の進歩が必ずしもいいとは限らない。
	과학의 진보가 반드시 좋다고는 단정할 수 없다.

～てしかたが ない・ ～てしょうが ない	**너무 ~하다, ~해서 어쩔 줄 모르다**
	❶ 동사 て형 　　　　　❷ い형용사 연결형 ❸ な형용사 연결형
	今年の夏は暑くてしかたがない。 올해 여름은 너무 덥다.

1　留学していたおかげで、今では専門的な話題についても日本語で話せる。

2　ダイヤが乱れたせいで、友達との約束に遅れてしまった。

3　インターネットが普及したことで、どこにいても最新の情報が得られる。

4　工場が休みの間に、新しい機械を導入する準備が進められていた。

5　努力すれば必ず成功するわけではないが、挑戦しなければ何も始まらない。

6　渋滞に巻き込まれたせいで、会議に遅刻して、重要な発表を聞き逃した。

7　元気なうちに運動しておかないと、年を取ってから後悔することになる。

8　観光客が増えたため、この地域ではホテルの建設が相次いでいる。

9　無理に全部覚えるより、重要な部分から理解したほうが効率的だ。

10　海外に住んで初めて、異文化で生活する大変さと面白さを実感できた。

11　留守中に泥棒に入られたら困るので、隣の人に見回りをお願いした。

12　天気予報では、明日は大雨になるそうだ。

13　この薬は医者の指示どおりに飲まなければならない。

14　環境問題について真剣に考えなければならない時期に来ている。

15　学生時代によく通った喫茶店が閉店してしまって寂しい。

16　パーティーに参加したいけれど、仕事が忙しくて行けそうにない。

17　日本語を学び始めたころは難しかったが、今では新聞も読める。

18　途中でやめてしまったら、これまでの努力が無駄になってしまう。

19　上司に相談したら、すぐに解決策を提案してくれた。

20　学校に通っている間に、友人との思い出をたくさん作るべきだ。

21　結果が悪かったのは、努力しなかったからにほかならない。

22　人前で話すことに慣れるには、経験を積むしかない。

23　子どものころ、夏休みにはよく川で遊んだものだ。

24　彼を信じたばかりに、大きな損をしてしまって、とても後悔している。

25　試験の結果が良ければ、海外研修に参加できることになっている。

26 予想に反して、試合は最後まで接戦になった。

27 都会に比べて田舎は生活費が安いが、不便な点も多い。

28 外国に住んでいるからといって、日本語を忘れるわけではない。

29 無理をすればできないことはないが、体を壊す可能性がある。

30 予約しておいたおかげで、人気のレストランにすぐ入れた。

31 両親に反対されたけれど、自分の夢を諦める気にはなれなかった。

32 会社の方針が変わったため、今後の計画を見直さなければならない。

33 途中で倒れそうになったが、友達に助けられて最後まで走りきった。

34 彼は新しいことに挑戦するたびに、大きく成長しているように見える。

35 明日の会議に備えて、資料をまとめておくことにした。

36 忘れがたい思い出がたくさんあって、今でもよく思い出す。

37 一度失敗したからといって、諦める必要はない。

38 疲れると、集中力が落ちてミスをしがちだ。

39 社長の代わりに、部長が会議に出席することになった。

40 学生のうちに海外へ行って、いろいろな経験を積んでおいたほうがいい。

41 努力したのに、思うような結果が出なかった。

42 道が混んでいたので、約束の時間に間に合わなかった。

43 重要なことだから、よく考えてから判断する必要がある。

44 外国語を学ぶうえで大切なのは、間違いを恐れずに話すことだ。

45 電車の中では携帯電話をマナーモードにしなければならない。

46 道に迷ったときは、人に聞くのが一番だ。

47 その映画は若者だけでなく、大人にも人気がある。

48 健康のために、毎日30分は歩くようにしている。

49 明日の試合に勝てば、決勝に進める。

50 調査の結果、この地域の経済が改善していることが分かった。

51 両親と相談してから、進学先を決めることにした。

52 子どもが熱を出したので、仕事を休まざるを得なかった。

53 会議の資料を読んでみたけれど、専門的すぎて理解できなかった。

54 先生に言われたとおり勉強したら、成績が上がった。

55 どんなに忙しくても、家族との時間は大切にするべきだ。

56 約束した以上、最後まで責任を持ってやり遂げなければならない。

57 社会人になって初めて、両親のありがたさがよく分かった。

58 緊張しすぎて、スピーチの内容を全部忘れてしまった。

59 健康のために、野菜を食べるようにしている。

60 その計画は実現が難しいに違いない。

61 ルールを守らないことは許されない。

62 成功できるかどうかは、最後まで諦めないかどうかにかかっている。

63 友だちに誘われたからといって、必ず行くことはない。

64 事故のニュースを聞いて、驚かずにはいられなかった。

65 準備運動をしないで運動すると、けがをしかねない。

66 今年の冬は例年より寒さが厳しい。

67 無駄遣いをしないように、毎月の支出をノートに書いている。

68 記憶力に自信があるといっても、大事なことを忘れることもある。

69 調査の結果、この地域の人口が年々減っていることが分かった。

70 子どものころは、よく山に登ったものだ。

71 就職のために、専門学校で技術を学ぶことにした。

72 急いで出かけたせいで、家の鍵を忘れてしまった。

73 この商品は値段のわりに品質が良い。

74 失敗しても、それを経験として次に活かせばいい。

75 この資料は会議で使うので、コピーしておいてください。

76 社長の話では、新しい工場を建てるそうだ。

77 交通事故の影響で、電車が1時間も遅れてしまった。

78 締め切りまでにレポートを出さなければならない。

79 どんなに説明しても、彼は理解しようとしなかった。

80 先生に注意されてからは、遅刻しないように気をつけている。

81 この町では、春になると花祭りが開かれる。

82 体調が悪ければ、無理せず休んだほうがいい。

83 このイベントは子どもにとって良い経験になるに違いない。

84 会議での発言は必ず記録されることになっている。

85 健康診断の結果によっては、再検査が必要になることもある。

86 いくら頼まれても、できないことはできない。

87 この映画は日本だけでなく、海外でも人気がある。

88 学生のころは、友達と夜遅くまで語り合ったものだ。

89 計画を立てるとき、多くの専門家の意見が参考にされた。

90 留学するなら、なるべく早く準備を始めたほうがいい。

91 急に雨が降り出したと思ったら、すぐ止んだ。

92 先生にどうしても聞きたくなる疑問がある。

93 山田さんがこのプロジェクトの責任者であるのは間違いない。

94 人生は思い通りにならないことも多いものだ。

95 遅刻したうえに、資料まで忘れてしまった。

96 環境を守るために、ゴミを分別するようにしている。

97 たとえ給料が高くても、やりたくない仕事は続けられない。

98 彼女が怒るのも無理はない。

99 途中でやめてから、二度と再開しなかった。

100 日本に来てからずっと、毎日新しい発見がある。

101 大学を卒業してからというもの、毎日が不安でいっぱいだ。

102 彼の話し方は自信にあふれている一方で、強引に聞こえることもある。

103 夜遅くまで勉強したせいで、翌日の授業中に眠くて仕方なかった。

104 この薬は子どもにとって危険なので、手の届かないところに置くべきだ。

105 部屋を片づけようと思っていたところに、友達が突然訪ねてきた。

106 電車の中で大声を出すのは、他の人に迷惑をかけることになる。

107 成功するためには、努力するだけでなく工夫も必要だ。

108 調査の結果から、若者の考え方が変わってきたことが分かった。

109 留学生活では、言葉の壁に苦しむ一方で、多くの友達と出会った。

110 説明を聞いたものの、まだ完全には理解できていない。

111 地震が起きた際には、エレベーターは使わないことになっている。

112 運転中に携帯電話を使うのは危険にほかならない。

113 新しい環境に慣れるにつれて、不安よりも楽しみのほうが大きくなった。

114 先生に質問したところ、丁寧に答えてくれた。

115 その計画は現実的ではないと言わざるを得ない。

116 初めて一人暮らしをしてみて、親のありがたさが身にしみた。

117 このプロジェクトは、学生にとって貴重な経験となるに違いない。

118 約束の時間に遅れたことについて、きちんと謝るべきだ。

119 途中で雨に降られたけれど、最後まで山登りをやり遂げた。

120 会議中に電話がかかってきたので、部屋を出ざるを得なかった。

121 すぐに返事することはできかねますから、少しお時間をください。

122 観客の応援があったおかげで、選手たちは最後まで頑張れた。

123 経済が発展する一方で、環境問題も深刻になっている。

124 彼は真面目なうえに、周りへの気配りもできる人だ。

125 何度も確認したにもかかわらず、やはりミスが見つかった。

126 飲みかけのジュースをテーブルに置いたまま、外に出てしまった。

127 家に帰ったところで、誰もいなくて寂しかった。

128 電話番号が分からなくて、どうしても連絡のしようがない。

129 彼の意見は理想的ではあるものの、実現は難しい。

130 体調が良くないので、今日は早く帰らせていただきます。

131 勉強しているうちに、だんだん面白くなってきた。

132 あんなに下手じゃ、どんなに練習しても勝てっこない。

133 地域の人々の協力のおかげで、祭りは大成功に終わった。

134 彼は知識が豊富なだけでなく、説明の仕方も分かりやすい。

135 子どものころは、よく川で魚を釣ったものだ。

136 会議の準備をしているところに、急な来客があった。

137 無理をすればできないことはないが、あまりおすすめできない。

138 練習を重ねた結果、スピーチが上手にできるようになった。

139 就職してからというもの、忙しくて趣味の時間がほとんどない。

140 途中であきらめてしまったら、今までの努力が水の泡になる。

141 約束を破るようなことはすべきではない。

142 健康のために、できるだけ階段を使うようにしている。

143 彼はスポーツにおいては誰にも負けない。

144 バスが来るまで、ここで待っていてください。

145 体験して初めて、その大変さが分かるものだ。

146 成績が悪かったのは、勉強不足のせいだ。

147 大雨によって、川が氾濫するおそれがある。

148 窓を開けっぱなしにして外出したら、雨が入ってきた。

149 部屋を片づけたつもりだったが、まだ散らかっている。

150 地図を見ながら歩いたのに、道に迷ってしまった。

151 会議の途中で席を立つわけにはいかない。

152 努力したおかげで、希望の会社に就職できた。

153 このビルは3年前に建てられて、この地域の有名な観光地になった。

154 道に迷ったときは、地図を見るより人に聞いたほうが早い。

155 留学して以来、日本文化への理解が深まった。

156 事故が起きないように、安全確認を徹底すべきだ。

157 子どものころ、祖父母の家で夏を過ごしたものだ。

158 環境に優しい商品が売れるようになってきた。

159 疲れているんだもん、少し休ませて。

160 無駄遣いをしたせいで、給料日前にお金がなくなった。

161 試験の前はとても不安だったが、合格できて、どんなにうれしいことか。

162 たとえ失敗しても、その経験は無駄にはならない。

163 試合に勝つために、毎日厳しい練習をしている。

164 成績が上がったのは、先生の指導のおかげだ。

165 どんなに頑張っても、結果が出ないこともある。

166 大雨によって、交通機関に大きな影響が出た。

167 この計画は実現不可能というわけではない。

168 家に帰ったら、まず手を洗うようにしている。

169 約束を守ることは、人間関係を築く上でとても大切だ。

170 子どもが熱を出したものだから、会社を休むことにした。

171 そんな話、うそに決まっているから信じないほうがいい。

172 留学中にさまざまな国の友達と知り合うことができた。

173 この本は初心者向けに書かれているので、分かりやすい。

174 社長に代わって、秘書が説明を行った。

175 日本に来て初めて、本物の桜を見た。

176 緊張のあまり、名前さえ言えなかった。

177 フランス語がちっとも分からなくて、授業についていけない。

178 先生に注意されたにもかかわらず、彼女はまたサボっちゃった。

179 彼の意見は正しいとは言えないが、無視するわけにもいかない。

180 無理に続けることはない、やめたいならやめてもいい。

181 環境問題に関して、多くの研究が行われている。

182 木が5メートルおきに植えられています。

183 努力したにもかかわらず、合格できなかった。

184 約束だから、どうしても守るほかないだろう。

185 道を歩いていたところに、急に雨が降り出した。

186 成績が悪かったのは、自分の怠けたせいだ。

187 人生は思い通りにならないことも多いものだ。

188 初めて来たもので、道に迷っています。詳しく教えていただけますか。

189 家に帰ると、犬が嬉しそうに迎えてくれた。

190 この問題は一人で解決できるものではない。

191 社会に出て初めて、勉強の大切さに気づいた。

192 失敗を恐れるあまり、新しいことに挑戦できなかった。

193 すみません、もう一度ゆっくり説明してもらえますか。

194 この町は自然が豊かな一方で、交通の便が悪い。

195 約束を守らない人とは、信頼関係を築けない。

196 成功するためには、知識だけでなく経験も必要だ。

197 突然の地震に驚いて、声を出さずにはいられなかった。

198 明日は重要な会議があるので、早く来てほしいです。

199 友達の支えがあったからこそ、困難を乗り越えられた。

200 ドアを開けたとたん、犬が飛び出して走っていった。

1 유학하고 있던 덕분에, 지금은 전문적인 화제에 대해서도 일본어로 말할 수 있다.

2 열차 운행 시각표가 어긋난 탓에, 친구와의 약속에 늦어 버렸다.

3 인터넷이 보급된 것으로, 어디에 있어도 최신 정보를 얻을 수 있다.

4 공장이 쉬고 있는 동안에, 새로운 기계를 도입할 준비가 진행되고 있었다.

5 노력하면 반드시 성공하는 것은 아니지만, 도전하지 않으면 아무것도 시작되지 않는다.

6 교통 체증에 말려든 탓에, 회의에 지각해서 중요한 발표를 못 들었다.

7 건강할 때 운동해 두지 않으면, 나이를 먹고 나서 후회하게 된다.

8 관광객이 늘어났기 때문에, 이 지역에서는 호텔 건설이 잇따르고 있다.

9 무리해서 전부 외우는 것보다, 중요한 부분부터 이해하는 편이 효율적이다.

10 해외에 살고 나서야 비로소, 이문화에서 생활하는 어려움과 재미를 실감할 수 있었다.

11 집을 비운 동안에 도둑이 들면 곤란하므로, 옆집 사람에게 순찰을 부탁했다.

12 일기예보에서는, 내일은 큰비가 된다고 한다.

13 이 약은 의사의 지시대로 먹지 않으면 안 된다.

14 환경문제에 대해 진지하게 생각하지 않으면 안 되는 시기에 와 있다.

15 학생 시절에 자주 다녔던 찻집이 폐점해 버려서 쓸쓸하다.

16 파티에 참가하고 싶지만, 일이 바빠서 갈 수 있을 것 같지 않다.

17 일본어를 배우기 시작했을 때는 어려웠지만, 지금은 신문도 읽을 수 있다.

18 도중에 그만두어 버리면, 지금까지의 노력이 헛되게 되어 버린다.

19 상사에게 상담했더니, 곧바로 해결책을 제안해 주었다.

20 학교에 다니고 있는 동안에, 친구와의 추억을 많이 만들어야 한다.

21 결과가 나빴던 것은, 노력하지 않았기 때문임에 틀림없다.

22 사람들 앞에서 말하는 것에 익숙해지려면, 경험을 쌓는 수밖에 없다.

23 어렸을 적, 여름방학에는 자주 강에서 놀곤 했다.

24 그를 믿는 바람에 큰 손해를 봐서 매우 후회하고 있다.

25 시험 결과가 좋으면, 해외 연수에 참가할 수 있게 되어 있다.

26 예상에 반해서, 시합은 끝까지 접전이 되었다.

27 도시에 비해 시골은 생활비가 싸지만, 불편한 점도 많다.

28 외국에 살고 있다고 해서, 일본어를 잊는 것은 아니다.

29 무리하면 못할 것은 아니지만, 몸을 해칠 가능성이 있다.

30 예약해 두었던 덕분에, 인기 있는 레스토랑에 바로 들어갈 수 있었다.

31 부모님께 반대당했지만, 자신의 꿈을 포기할 마음은 들지 않았다.

32 회사의 방침이 바뀐 탓에, 앞으로의 계획을 다시 보지 않으면 안 된다.

33 도중에 쓰러질 것 같았지만, 친구에게 도움을 받아 끝까지 달렸다.

34 그는 새로운 것에 도전할 때마다, 크게 성장하고 있는 것처럼 보인다.

35 내일 회의에 대비해서, 자료를 정리해 두기로 했다.

36 잊기 어려운 추억이 많아서 지금도 자주 떠올린다.

37 한 번 실패했다고 해서, 포기할 필요는 없다.

38 피곤하면 집중력이 떨어져 실수를 하기 쉽다.

39 사장 대신에, 부장이 회의에 출석하게 되었다.

40 학생일 때 해외에 가서, 여러 가지 경험을 쌓아 두는 편이 좋다.

41 노력했는데도, 원하는 결과가 나오지 않았다.

42 길이 막혀 있었기 때문에, 약속한 시간에 맞출 수 없었다.

43 중요한 일이기 때문에, 잘 생각한 후에 판단할 필요가 있다.

44 외국어를 배우는 데 있어서 중요한 것은, 실수를 두려워하지 않고 말하는 것이다.

45 전철 안에서는 휴대전화를 매너 모드로 해 두지 않으면 안 된다.

46 길을 잃었을 때는, 사람에게 묻는 것이 제일이다.

47 그 영화는 젊은 사람뿐만 아니라, 어른에게도 인기가 있다.

48 건강을 위해서, 매일 30분은 걷도록 하고 있다.

49 내일 경기에서 이기면, 결승에 진출한다.

50 조사 결과, 이 지역의 경제가 개선되고 있다는 것이 밝혀졌다.

51 부모님과 상의한 뒤에, 진학할 곳을 정하기로 했다.

52 아이가 열이 나서, 일을 쉴 수밖에 없었다.

53 회의 자료를 읽어 보았지만, 너무 전문적이라 이해할 수 없었다.

54 선생님이 말한 대로 공부했더니, 성적이 올랐다.

55 아무리 바빠도, 가족과의 시간은 소중히 해야 한다.

56 약속한 이상, 끝까지 책임을 지고 완수하지 않으면 안 된다.

57 사회인이 되고 나서 처음으로, 부모님의 고마움을 잘 알게 되었다.

58 너무 긴장해서, 스피치 내용을 전부 잊어버리고 말았다.

59 건강을 위해서, 채소를 먹도록 하고 있다.

60 그 계획은 실현이 어려움에 틀림없다.

61 규칙을 지키지 않는 것은 용서받을 수 없다.

62 성공할 수 있을지 어떨지는, 끝까지 포기하지 않는지에 달려 있다.

63 친구에게 초대받았다고 해서, 반드시 갈 필요는 없다.

64 사고 소식을 듣고, 놀라지 않을 수 없었다.

65 준비 운동을 하지 않고 운동하면, 다칠 수도 있다.

66 올해 겨울은 예년보다 추위가 심하다.

67 낭비하지 않도록, 매달의 지출을 노트에 적고 있다.

68 기억력에 자신 있다고 해도, 중요한 것을 잊을 때도 있다.

69 조사 결과, 이 지역의 인구가 해마다 줄고 있는 것이 밝혀졌다.

70 어렸을 때는, 자주 산에 오르곤 했다.

71 취직을 위해, 전문학교에서 기술을 배우기로 했다.

72 서둘러 외출한 탓에, 집 열쇠를 잊어버리고 말았다.

73 이 상품은 값에 비해 품질이 좋다.

74 실패해도, 그것을 경험으로 다음에 살리면 된다.

75 이 자료는 회의에서 쓰므로, 복사해 두세요.

76 사장님의 말에 따르면, 새로운 공장을 짓는다고 한다.

77 교통사고의 영향으로, 전철이 한 시간이나 늦어 버렸다.

78 마감일까지 리포트를 내지 않으면 안 된다.

79 아무리 설명해도, 그는 이해하려고 하지 않았다.

80 선생님께 주의를 받은 뒤로는, 지각하지 않도록 조심하고 있다.

81 이 마을에서는, 봄이 되면 꽃 축제가 열린다.

82 몸 상태가 좋지 않으면, 무리하지 말고 쉬는 편이 좋다.

83 이 이벤트는 아이들에게 있어 좋은 경험이 될 것이 틀림없다.

84 회의에서의 발언은 반드시 기록되게 되어 있다.

85 건강검진 결과에 따라서는, 재검사가 필요해질 때도 있다.

86 아무리 부탁받아도, 할 수 없는 것은 할 수 없다.

87 이 영화는 일본뿐만 아니라, 해외에서도 인기가 있다.

88 학생 시절에는, 친구와 밤늦게까지 이야기를 나누곤 했다.

89 계획을 세울 때, 많은 전문가의 의견이 참고되었다.

90 유학을 할 거라면, 가능한 한 빨리 준비를 시작하는 편이 좋다.

91 갑자기 비가 내리기 시작했다고 생각했더니, 금방 그쳤다.

92 선생님께 무슨 일이 있어도 묻고 싶은 의문이 있다.

93 야마다 씨가 이 프로젝트의 책임자인 것은 틀림없다.

94 인생은 뜻대로 되지 않는 일이 많은 법이다.

95 지각한 데다가, 자료까지 잊어버리고 말았다.

96 환경을 지키기 위해, 쓰레기를 분리하도록 하고 있다.

97 설령 월급이 높더라도, 하고 싶지 않은 일은 계속할 수 없다.

98 그녀가 화내는 것도 무리는 아니다.

99 도중에 그만두고 나서, 두 번 다시 재개하지 않았다.

100 일본에 온 이후 줄곧, 매일 새로운 발견이 있다.

101 대학을 졸업한 후로, 매일이 불안하다.

102 그의 말투는 자신감에 넘쳐 있는 한편, 강압적으로 들릴 때도 있다.

103 밤늦게까지 공부한 탓에, 다음 날 수업 중에 졸려서 견딜 수가 없었다.

104 이 약은 아이에게 위험하므로, 손이 닿지 않는 곳에 두어야 한다.

105 방을 치우려고 생각하던 참에, 친구가 갑자기 찾아왔다.

106 전철 안에서 큰 소리를 내는 것은, 다른 사람에게 폐를 끼치는 일이 된다.

107 성공하기 위해서는, 노력할 뿐만 아니라 궁리도 필요하다.

108 조사 결과로부터, 젊은이들의 사고방식이 변해 왔다는 것이 밝혀졌다.

109 유학생활에서는, 언어의 벽에 고생하는 한편, 많은 친구들을 만났다.

110 설명을 듣기는 했지만, 아직 완전히 이해하지는 못하고 있다.

111 지진이 일어났을 때에는, 엘리베이터는 사용하지 않게 되어 있다.

112 운전 중에 휴대전화를 사용하는 것은 위험한 일임에 틀림없다.

113 새로운 환경에 익숙해짐에 따라, 불안보다 즐거움이 커졌다.

114 선생님께 질문했더니, 정성스럽게 대답해 주었다.

115 그 계획은 현실적이지 않다고 말하지 않을 수 없다.

116 처음으로 혼자 살아 보고, 부모님의 고마움이 절실히 느껴졌다.

117 이 프로젝트는, 학생들에게 있어 귀중한 경험이 될 것이 틀림없다.

118 약속 시간에 늦은 것에 대해, 제대로 사과해야 한다.

119 도중에 비를 맞았지만, 끝까지 등산을 완수했다.

120 회의 중에 전화가 걸려 와서, 방을 나가지 않을 수 없었다.

121 곧바로 답변 드리기는 어렵기 때문에 잠시 시간을 좀 주십시오.

122 관객의 응원이 있었던 덕분에, 선수들은 끝까지 힘낼 수 있었다.

123 경제가 발전하는 한편, 환경문제도 심각해지고 있다.

124 그는 성실할 뿐만 아니라, 주위에 대한 배려도 할 수 있는 사람이다.

125 몇 번이나 확인했음에도 불구하고, 역시 실수가 발견되었다.

126 마시다 만 주스를 테이블에 둔 채로 밖에 나가 버렸다.

127 집에 돌아왔지만, 아무도 없어서 쓸쓸했다.

128 전화번호를 몰라서 도저히 연락할 방법이 없다.

129 그의 의견은 이상적이기는 하지만 실현은 어렵다.

130 몸 상태가 좋지 않아서, 오늘은 일찍 돌아가겠습니다.

131 공부하는 동안에, 점점 재미있어졌다.

132 저렇게 못해서는 아무리 연습해도 이길 리 없다.

133 지역 사람들의 협력 덕분에, 축제는 대성공으로 끝났다.

134 그는 지식이 풍부할 뿐만 아니라, 설명 방법도 알기 쉽다.

135 어렸을 적에는, 자주 강에서 물고기를 잡곤 했다.

136 회의 준비를 하고 있는 참에, 갑작스러운 손님이 왔다.

137 무리하면 못할 것은 아니지만, 그다지 추천할 수는 없다.

138 연습을 거듭한 결과, 스피치를 잘할 수 있게 되었다.

139 취직하고 나서부터, 바빠서 취미 시간이 거의 없다.

140 도중에 포기해 버리면, 지금까지의 노력이 물거품이 된다.

141 약속을 어기는 것과 같은 일은 해서는 안 된다.

142 건강을 위해, 될 수 있으면 계단을 이용하도록 하고 있다.

143 그는 스포츠에 있어서는 누구에게도 지지 않는다.

144 버스가 올 때까지, 여기서 기다려 주세요.

145 체험해 보고서야, 그 어려움을 아는 법이다.

146 성적이 나빴던 것은, 공부 부족 때문이다.

147 큰비로 인해, 강이 범람할 우려가 있다.

148 창문을 열어 둔 채로 외출했더니 비가 들어왔다.

149 방을 치웠다고 생각했는데, 아직 어질러져 있다.

150 지도를 보면서 걸었는데, 길을 잃어버렸다.

151 회의 도중에 자리를 뜨는 것은 있을 수 없다.

152 노력한 덕분에, 희망하던 회사에 취직할 수 있었다.

153 이 빌딩은 3년 전에 세워져서, 이 지역의 유명한 관광지가 되었다.

154 길을 잃었을 때는, 지도를 보는 것보다 사람에게 묻는 편이 빠르다.

155 유학한 이후, 일본 문화에 대한 이해가 깊어졌다.

156 사고가 일어나지 않도록, 안전 확인을 철저히 해야 한다.

157 어렸을 적, 조부모 댁에서 여름을 지내곤 했다.

158 환경에 좋은 상품이 팔리게 되었다.

159 피곤한걸, 조금 쉬게 해 줘.

160 낭비를 한 탓에, 월급날 전에 돈이 없어졌다.

161 시험 전에는 매우 불안했지만, 합격해서 얼마나 기쁜 일인가.

162 설령 실패하더라도, 그 경험은 헛되지 않는다.

163 시합에서 이기기 위해, 매일 혹독한 연습을 하고 있다.

164 성적이 오른 것은, 선생님의 지도 덕분이다.

165 아무리 열심히 해도, 결과가 나오지 않는 일도 있다.

166 큰비로 인해, 교통기관에 큰 영향이 생겼다.

167 이 계획은 실현 불가능인 것은 아니다.

168 집에 돌아오면, 먼저 손을 씻도록 하고 있다.

169 약속을 지키는 것은, 인간관계를 쌓는 데 있어 매우 중요하다.

170 아이가 열이 나는 바람에, 회사를 쉬기로 했다.

171 그런 이야기, 거짓말임에 틀림없으니까 믿지 않는 편이 좋아.

172 유학 중에 다양한 나라의 친구들과 사귈 수 있었다.

173 이 책은 초보자용으로 쓰여 있어서, 이해하기 쉽다.

174 사장을 대신해서, 비서가 설명을 했다.

175 일본에 와서 처음으로, 진짜 벚꽃을 보았다.

176 긴장한 나머지, 이름조차 말할 수 없었다.

177 프랑스어를 조금도 몰라서, 수업어 따라갈 수 없다.

178 선생님에게 주의를 받았음에도 불구하고, 그녀는 또 땡땡이쳤다.

179 그의 의견은 옳다고는 말할 수 없지만, 무시할 수도 없다.

180 억지로 계속할 필요는 없다, 그만두고 싶다면 그만둬도 된다.

181 환경문제에 관해서, 많은 연구가 이루어지고 있다.

182 나무가 5미터 간격으로 심어져 있습니다.

183 노력했음에도 불구하고, 합격하지 못했다.

184 약속이니까 어떻게든 지킬 수밖에 없지.

185 길을 걷고 있던 참에, 갑자기 비가 내리기 시작했다.

186 성적이 나빴던 것은, 자신의 게으름 탓이다.

187 인생은 뜻대로 되지 않는 일도 많은 법이다.

188 처음 와서 길을 잃었습니다. 자세히 알려 주실 수 있을까요?

189 집에 돌아오니, 개가 기쁜 듯이 맞아 주었다.

190 이 문제는 혼자서 해결할 수 있는 것이 아니다.

191 사회에 나와서 처음으로, 공부의 소중함을 깨달았다.

192 실패를 두려워한 나머지, 새로운 것에 도전하지 못했다.

193 죄송합니다. 한 번 더 천천히 설명해 주실 수 있습니까?

194 이 마을은 자연이 풍부한 한편, 교통편이 나쁘다.

195 약속을 지키지 않는 사람과는 신뢰 관계를 쌓을 수 없다.

196 성공하기 위해서는, 지식뿐만 아니라 경험도 필요하다.

197 갑작스러운 지진에 놀라서, 소리를 내지 않을 수 없었다.

198 내일은 중요한 회의가 있기 때문에 일찍 와 주었으면 합니다.

199 친구의 지지가 있었기 때문에야말로, 어려움을 극복할 수 있었다.

200 문을 연 순간, 개가 뛰쳐나와 달려갔다.

해설집

황선아, 나카가와 쇼타 공저

이번에 제대로 합격! (JLPT) N3 해설집

저자	황선아, 나카가와 쇼타
발행인	김효정
발행처	맛있는books
등록번호	제2006-000273호

주소	서울시 서초구 명달로 54 JRC빌딩 7층
전화	구입문의 02·567·3861
	내용문의 02·567·3860
팩스	02·567·2471
홈페이지	www.booksJRC.com

목차

문제 1 한자읽기

실전문제 ① p.56

1 ③	2 ②	3 ③	4 ④	5 ③
6 ②	7 ④	8 ②	9 ①	10 ②

1

선물을 예쁜 꽃무늬 종이로 포장했다.

해설 包んだ는 包む(포장하다)의 た형으로 훈독으로 읽으며, 발음은 **3 つつんだ**이다.

단어 プレゼント 선물 | 美しい(うつくしい) 아름답다 | 花模様(はなもよう) 꽃무늬 | 紙(かみ) 종이

2

다나카는 오후 회의 건으로 지금 매우 바쁩니다.

해설 件은 음독으로 읽으며, 발음은 **2 けん**이다.

단어 午後(ごご) 오후 | 会議(かいぎ) 회의 | 忙しい(いそがしい) 바쁘다

3

건강검진 때 혈액 검사를 받았습니다.

해설 血液는 음독으로 읽으며, 발음은 **3 けつえき**다.

단어 健康診断(けんこうしんだん) 건강검진 | 検査(けんさ) 검사 | 受ける(うける) 받다

4

그곳에는 무언가가 선명하게 새겨져 있었습니다.

해설 刻まれて는 刻む(새기다)의 수동형의 て형으로 훈독으로 읽으며, 발음은 **4 きざまれて**이다.

단어 何か(なにか) 무언가 | はっきり 선명하게 | 刻む(きざむ) 새기다, 각인하다

5

그는 그 문장을 그대로 전부 암기했습니다.

해설 暗記는 음독으로 읽으며, 발음은 **3 あんき**이다. き에 탁음이 붙지 않으니 주의하자.

단어 文(ぶん) 문장 | そのまま 그대로 | 全部(ぜんぶ) 전부

6

개가 엄청난 기세로 달려서 공을 뒤쫓았다.

해설 勢い는 훈독으로 읽으며, 발음은 **2 いきおい**다.

단어 犬(いぬ) 개 | すごい 엄청나다 | 走る(はしる) 달리다 | 追いかける(おいかける) 뒤쫓다

7

그때 일이, 지금도 또렷이 인상에 남아 있습니다.

해설 印象는 음독으로 읽으며, 발음은 **4 いんしょう**다. 象는 장음으로 발음하니 주의하자.

단어 今でも(いまでも) 지금도 | 残る(のこる) 남다

8

소문 같은 건 신경 쓰지 않고, 자신의 길을 나아가고 싶습니다.

해설 噂는 훈독으로 읽으며, 발음은 **2 うわさ**이다.

단어 気にする(きにする) 신경 쓰다 | 自分(じぶん) 자신 | 道(みち) 길 | 進む(すすむ) 나아가다

9

100년 후의 세계를 상상해 보세요.

해설 想像는 음독으로 읽으며, 발음은 **1 そうぞう**이다. 像에 탁음이 붙으니 주의하자.

단어 ～年後(ねんご) ~년 후 | 世界(せかい) 세계

10

도쿄를 동경해서 상경하는 젊은이도 적지 않습니다.

해설 憧れて는 憧れる(동경하다)의 て형으로 훈독으로 읽으며, 발음은 **2 あこがれて**이다.

단어 東京(とうきょう) 도쿄 | 上京(じょうきょう) 상경 | 若者(わかもの) 젊은이 | 少ない(すくない) 적다

실전문제 ② p.57

1 ④	2 ③	3 ③	4 ③	5 ①
6 ④	7 ②	8 ④	9 ④	10 ①

1

식칼을 사용할 때는 손을 베지 않도록 조심해주세요.

해설 包丁는 음독으로 읽으며, 발음은 **4 ほうちょう**이다. 두 한자 모두 장음으로 발음된다.

단어 使う(つかう) 사용하다 ┃ 手(て) 손 ┃ 切る(きる) 베다, 자르다 ┃ 気をつける(きをつける) 조심하다

2

사태가 <u>악화</u>할 가능성도 있기 때문에 주의가 필요합니다.

해설 悪化는 음독으로 읽으며, 발음은 **3 あっか**이다. あくか 가 아닌 あっか로 발음되는 것에 주의하자.

단어 事態(じたい) 사태 ┃ 可能性(かのうせい) 가능성 ┃ 注意(ちゅうい) 주의 ┃ 必要だ(ひつようだ) 필요하다

3

어머니는 어제 <u>퇴원</u>한 참이어서, 아직 푹 쉬고 계십니다.

해설 退院은 음독으로 읽으며, 발음은 **3 たいいん**이다.

단어 母(はは) 어머니 ┃ 昨日(きのう) 어제 ┃ 休む(やすむ) 쉬다

4

달이 갑자기 구름에 <u>가려서</u> 하늘이 어두워졌습니다.

해설 隠れて는 隠れる(숨다, 가려져 보이지 않게 되다)의 て형으로 훈독으로 읽으며, 발음은 **3 かくれて**이다.

단어 月(つき) 달 ┃ 突然(とつぜん) 갑자기 ┃ 雲(くも) 구름 ┃ 空(そら) 하늘 ┃ 暗い(くらい) 어둡다

5

우리 개는 매우 <u>영리해서</u> 말을 잘 듣습니다.

해설 賢くて는 賢い(영리하다)의 て형으로 훈독으로 읽으며, 발음은 **1 かしこくて**이다.

단어 犬(いぬ) 개 ┃ 聞く(きく) 듣다, 묻다

6

광고를 보고 이 일에 <u>지원(응모)</u>했습니다.

해설 応募는 음독으로 읽으며, 발음은 **4 おうぼ**이다.

단어 広告(こうこく) 광고 ┃ 仕事(しごと) 일, 업무

7

스포츠 선수는 체중을 매일 <u>잰다</u>.

해설 測る는 훈독으로 읽으며, 발음은 **2 はかる**이다.

단어 スポーツ 스포츠, 운동 ┃ 選手(せんしゅ) 선수 ┃ 体重(たいじゅう) 체중 ┃ 毎日(まいにち) 매일

8

그의 이야기가 진실인지 아닌지 조금 <u>의심</u>하고 있습니다.

해설 疑っては 疑う(의심하다)의 て형으로 훈독으로 읽으며, 발음은 **4 うたがって**이다.

단어 本当(ほんとう) 진실 ┃ 少し(すこし) 조금

9

우선 <u>바늘</u>에 실을 통과시킵니다.

해설 針는 훈독으로 읽으며, 발음은 **4 はり**이다.

단어 まず 우선 ┃ 糸(いと) 실 ┃ 通す(とおす) 통과시키다

10

학교에서 스포츠 <u>대회</u>가 열리기 때문에 모두 함께 연습하고 있습니다.

해설 大会는 음독으로 읽으며, 발음은 **1 たいかい**이다.

단어 スポーツ 스포츠 ┃ 開かれる(ひらかれる) 열리다 ┃ 練習(れんしゅう) 연습

실전문제 ③　　　　p.58

1 ④	**2** ③	**3** ④	**4** ③	**5** ③
6 ②	**7** ③	**8** ④	**9** ③	**10** ④

1

알 때까지 <u>반복해</u> 설명하는 것이 중요합니다.

해설 繰り返し는 훈독으로 읽으며, 발음은 **4 くりかえし**이다.

단어 説明(せつめい) 설명 ┃ 大切だ(たいせつだ) 중요하다

2

그는 아주 <u>험악한</u> 표정을 짓고 있었고, 뭔가 고민하고 있는 듯했다.

해설 険しい는 훈독으로 읽으며, 발음은 **3 けわしい**이다.

단어 表情(ひょうじょう) 표정 ┃ 悩む(なやむ) 고민하다

3

어제 발매된 새로운 제품이 <u>순조롭다</u>.

해설 好調는 음독으로 읽으며, 발음은 **4 こうちょう**이다. 둘 다 장음으로 발음한다.

단어 昨日(きのう) 어제 ┃ 発売(はつばい) 발매 ┃ 新しい(あたらしい) 새롭다 ┃ 製品(せいひん) 제품

4

많은 <u>소포</u>를 여동생과 함께 옮겼습니다.

해설 小包는 훈독으로 읽으며, 발음은 **3 こづつみ**이다. 음독이 아닌 훈독으로 읽으며 包는 탁음으로 발음하니 주의하자.

단어 多く(おおく) 많음 | 一緒に(いっしょに) 함께 | 運ぶ(は
こぶ) 옮기다

5

꽃구경 손님으로 역이 매우 <u>혼잡</u>합니다.

해설 混雑는 음독으로 읽으며, 발음은 **3 こんざつ**이다.

단어 花見(はなみ) 꽃구경 | 客(きゃく) 손님 | 駅(えき) 역

6

혼잡 시간을 <u>피해서</u> 이동하는 편이 좋아요.

해설 避けて는 避ける(피하다)의 て형으로 훈독으로 읽으며,
발음은 **2 さけて**이다.

단어 ラッシュ 혼잡 시간 | 移動(いどう) 이동

7

보물이 도둑맞아 큰 <u>소동</u>이 되었습니다.

해설 騒ぎ는 훈독으로 읽으며, 발음은 **3 さわぎ**이다.

단어 宝物(たからもの) 보물 | 盗む(ぬすむ) 훔치다

8

덥고 <u>습기</u>도 많아서 매일 지내기가 힘듭니다.

해설 湿気는 음독으로 읽으며, 발음은 **4 しっけ**이다. しつけ
가 아닌 しっけ로 발음하는 것에 주의하자.

단어 暑い(あつい) 덥다 | 過ごす(すごす) 지내다 | 大変だ(た
いへんだ) 힘들다

9

기무라 씨는 학교에서 학생의 공부와 생활에 대해 <u>지도하</u>
고 있습니다.

해설 指導는 음독으로 읽으며, 발음은 **3 しどう**다.

단어 生徒(せいと) 학생 | 勉強(べんきょう) 공부 | 生活(せい
かつ) 생활

10

다음 달 <u>초순</u>에 중요한 회의가 있다.

해설 上旬은 음독으로 읽으며, 발음은 **4 じょうじゅん**이다.
上는 장음으로 발음하니 주의하자.

단어 来月(らいげつ) 다음 달 | 重要だ(じゅうようだ) 중요하다
| 会議(かいぎ) 회의

실전문제 ④ p.59

1 ①	2 ④	3 ②	4 ④	5 ①
6 ③	7 ④	8 ③	9 ①	10 ④

1

어머니는 내 남자친구를 매우 <u>믿음직한</u> 사람이라고 생각
하고 있습니다.

해설 頼もしい는 훈독으로 읽으며, 발음은 **1 たのもしい**이다.

단어 彼氏(かれし) 남자친구

2

급한 <u>사정</u>으로 오늘은 회사를 쉬지 않으면 안 됩니다.

해설 事情는 음독으로 읽으며, 발음은 **4 じじょう**다. 情는 장
음으로 발음하니 주의하자.

단어 急だ(きゅうだ) 급하다 | 会社(かいしゃ) 회사

3

아이는 방을 <u>어지럽힌</u> 채로 외출했다.

해설 散らかした는 散らかす(어지럽히다)의 た형으로 훈독으
로 읽으며, 발음은 **2 ちらかした**이다.

단어 子供(こども) 아이 | 部屋(へや) 방 | 出かける(でかける)
외출하다

4

베트남의 <u>물가</u>를 생각하면 결코 싼 가격이 아니다.

해설 物価는 음독으로 읽으며, 발음은 **4 ぶっか**이다. ぶつか
가 아닌 ぶっか로 발음하는 것에 주의하자.

단어 考える(かんがえる) 생각하다 | 決して(けっして) 결코 |
値段(ねだん) 가격

5

핸들을 제대로 <u>잡고</u> 안전하게 운전해 주세요.

해설 握って는 握る(잡다, 쥐다)의 て형으로 훈독으로 읽으며,
발음은 **1 にぎって**이다.

단어 ちゃんと 제대로 | 安全だ(あんぜんだ) 안전하다 | 運転
(うんてん) 운전

6

호텔에는 4시경 <u>도착</u>할 거라고 생각합니다.

해설 到着는 음독으로 읽으며, 발음은 **3 とうちゃく**이다.

단어 ホテル 호텔 | 4時(よじ) 4시

지진 탓으로 유리창이 떨리고 있어 주의가 필요합니다.

해설 震えては 震える(떨리다, 진동하다)의 て형으로 훈독으로 읽으며, 발음은 4 ふるえて이다.

단어 地震(じしん) 지진 | 窓ガラス(まどガラス) 유리창 | 注意(ちゅうい) 주의

8

회사까지 편도 2시간이나 걸려서 힘들다고 생각합니다.

해설 片道는 훈독으로 읽으며, 발음은 3 かたみち이다. 음독이 아닌 훈독으로 발음하니 주의하자.

단어 時間(じかん) 시간 | 大変だ(たいへんだ) 힘들다

9

서두르고 있기 때문에 속달로 보내 주실 수 있나요?

해설 速達은 음독으로 읽으며, 발음은 1 そくたつ이다.

단어 急ぐ(いそぐ) 서두르다 | 送る(おくる) 보내다

10

우연히 거리에서 그를 만났습니다.

해설 偶然은 음독으로 읽으며, 발음은 4 ぐうぜん이다.

단어 街(まち) 거리

실전문제 ⑤　　　　　　　　　　　p.60

| 1 ① | 2 ③ | 3 ③ | 4 ② | 5 ④ |
| 6 ② | 7 ④ | 8 ① | 9 ③ | 10 ④ |

1

누구에게나 장점이 있으니 자신을 소중히 하세요.

해설 長所는 음독으로 읽으며, 발음은 1 ちょうしょ이다. 長는 장음, 所는 단음으로 발음하니 주의하자.

단어 誰(だれ) 누구 | 自分(じぶん) 자신 | 大切だ(たいせつだ) 소중하다

2

합격하기 위해 이 1년간 매일 분발하며 노력해 왔습니다.

해설 努力는 음독으로 읽으며, 발음은 3 どりょく이다. 努는 단음이며, 탁음이 붙으니 주의하자.

단어 合格(ごうかく) 합격 | 一年間(いちねんかん) 1년간 | 毎日(まいにち) 매일 | 頑張る(がんばる) 분발하다

3

다나카는 신기한듯한 얼굴을 하고 무언가 생각하는 것 같았습니다.

해설 不思議는 모두 음독으로 읽으며, 발음은 3 ふしぎ이다.

단어 顔(かお) 얼굴 | 何か(なにか) 무언가 | 考える(かんがえる) 생각하다

4

제대로 자신의 이불을 개어서 방을 깨끗이 해.

해설 畳んでは 畳む(개다)의 て형으로 훈독으로 읽으며, 발음은 2 たたんで이다.

단어 自分(じぶん) 자신 | 布団(ふとん) 이불 | 部屋(へや) 방

5

내 남동생은 야구부 감독을 하고 있습니다.

해설 監督는 음독으로 읽으며, 발음은 4 かんとく이다.

단어 野球部(やきゅうぶ) 야구부

6

지하에 막대한 보물이 숨겨져 있다고 들었다.

해설 莫大는 음독으로 읽으며, 발음은 2 ばくだい이다. 둘 다 탁음이 붙으니 주의하자.

단어 地下(ちか) 지하 | 宝(たから) 보물 | 隠す(かくす) 숨기다

7

여기는 사장의 허가가 없으면 들어갈 수 없습니다.

해설 許可는 음독으로 읽으며, 발음은 4 きょか이다. 둘 다 단음으로 발음하니 주의하자.

단어 社長(しゃちょう) 사장 | 入る(はいる) 들어가다

8

더 많은 사람이 들어갈 수 있도록 정원을 늘려 주세요.

해설 増やしては 増やす(늘리다)의 て형으로 훈독으로 읽으며, 발음은 1 ふやして이다.

단어 入る(はいる) 들어가다 | 定員(ていいん) 정원

9

날씨가 좋아서 다 같이 즐겁게 언덕을 오르기 시작했습니다.

해설 丘는 훈독으로 읽으며, 발음은 3 おか이다.

단어 天気(てんき) 날씨 | 楽しい(たのしい) 즐겁다 | 登る(のぼる) 오르다

10

그는 훌륭한 학자이지만 인간으로서는 존경할 수 없다.

해설 りっぱ는 음독으로 읽으며, 발음은 **4 りっぱ**이다. りつ
は가 아닌 りっぱ로 발음하는 것에 주의하자.

단어 学者(がくしゃ) 학자 ┃ 人間(にんげん) 인간 ┃ 尊敬(そん
けい) 존경

실전문제 ⑥ p.61

1 ④	**2** ②	**3** ①	**4** ①	**5** ④
6 ④	**7** ④	**8** ②	**9** ③	**10** ③

1

이 글은 조금 어렵지만, 천천히 읽으면 이해할 수 있습
니다.

해설 文章는 음독으로 읽으며, 발음은 **4 ぶんしょう**다.

단어 難しい(むずかしい) 어렵다 ┃ 理解(りかい) 이해

2

속도 제한이 있으니, 조심해서 운전해 주세요.

해설 制限은 음독으로 읽으며, 발음은 **2 せいげん**이다.

단어 速度(そくど) 속도 ┃ 運転(うんてん) 운전

3

오늘은 기운이 없는지 개의 움직임이 둔하다.

해설 鈍い는 훈독으로 읽으며, 발음은 **1 にぶい**이다.

단어 元気(げんき) 기운

4

나는 그녀에게 고백할 용기가 없었다.

해설 勇気는 음독으로 읽으며, 발음은 **1 ゆうき**이다. 勇는 장
음으로 발음하니 주의하자.

단어 告白(こくはく) 고백

5

졸업은 했지만, 그를 고용해 줄 곳은 없었다.

해설 雇って는 雇う(고용하다)의 て형으로 훈독으로 읽으며,
발음은 **4 やとって**이다.

단어 卒業(そつぎょう) 졸업

6

도쿄는 일본의 중요한 중심지로서 성장했다.

해설 中心地는 음독으로 읽으며, 발음은 **4 ちゅうしんち**이

다. 中는 ちゅう로 발음하며, 地는 ち로 발음하는 것에
주의하자.

단어 重要だ(じゅうようだ) 중요하다 ┃ 成長(せいちょう) 성장

7

매우 날카로운 칼을 들고 있었기 때문에 무서웠다.

해설 鋭い는 훈독으로 읽으며, 발음은 **4 するどい**이다.

단어 ナイフ 칼 ┃ 怖い(こわい) 무섭다

8

타인에게 폐가 되지 않도록 하세요.

해설 迷惑는 음독으로 읽으며, 발음은 **2 めいわく**이다.

단어 他人(たにん) 타인

9

진한 화장을 하고 외출했더니, 어머니에게 주의를 받았습
니다.

해설 濃い는 훈독으로 읽으며, 발음은 **3 こい**이다.

단어 化粧(けしょう) 화장 ┃ 注意(ちゅうい) 주의

10

모자를 비스듬하게 쓰고 있는 사람이 제 남동생입니다.

해설 斜め는 훈독으로 읽으며, 발음은 **3 ななめ**이다.

단어 帽子(ぼうし) 모자

문제 2 표기

실전문제 ① p.64

1 ②	**2** ④	**3** ②	**4** ①	**5** ②
6 ④	**7** ③	**8** ①	**9** ③	**10** ①

1

주문은 정하셨나요?

해설 ちゅうもん의 올바른 표기는 **2 注文**이다. 主(しゅ)・住
(じゅう)・注(ちゅう)는 모양뿐 아니라 소리도 비슷하므
로 주의하자.

단어 決まる(きまる) 정해지다

2

두 사람은 같은 학교의 동급생이다.

해설 どうきゅうせい의 올바른 표기는 **4 同級生**이다.

단어 同じ(おなじ) 같은

3

시험 자료를 <u>나눠</u> 주세요.

해설 くばって의 올바른 표기는 **2 配って**이다.

단어 資料(しりょう) 자료 ┃ 酔う(よう) 취하다 ┃ 割る(わる) 나누다 ┃ 渡る(わたる) 건너다

4

다른 사람과 <u>평등</u>하게 나눠 주세요.

해설 びょうどう의 올바른 표기는 **1 平等**다.

단어 他の(ほかの) 다른 ┃ 分ける(わける) 나누다

5

이 부분을 더 <u>자세히</u> 설명해 주세요.

해설 くわしく의 올바른 표기는 **2 詳しく**이다.

단어 部分(ぶぶん) 부분 ┃ 説明(せつめい) 설명 ┃ 話す(はなす) 이야기하다

6

사람이 살지 않는 <u>지역</u>도 있다.

해설 ちいき의 올바른 표기는 **4 地域**이다. 池(연못)·他(다른 것)와 모양을 혼동하기 쉬우니 주의하자.

단어 住む(すむ) 살다

7

옷 센스도 좋고, <u>눈부실</u> 정도로 아름다운 분이네요.

해설 まぶしい의 올바른 표기는 **3 眩しい**이다.

단어 服(ふく) 옷 ┃ 美しい(うつくしい) 아름답다 ┃ 輝く(かがやく) 빛나다 ┃ 覚える(おぼえる) 느끼다, 기억하다

8

이 이벤트에는 참가자가 <u>셀</u> 수 없을 정도로 많습니다.

해설 かぞえ의 올바른 표기는 **1 数え**이다.

단어 参加者(さんかしゃ) 참가자 ┃ 割る(わる) 나누다 ┃ 軽い(かるい) 가볍다

9

면접에서는 <u>웃는 얼굴</u>이 중요합니다.

해설 えがお의 올바른 표기는 **3 笑顔**이다.

단어 面接(めんせつ) 면접 ┃ 重要だ(じゅうようだ) 중요하다 ┃ 失敗(しっぱい) 실패

10

나라마다 <u>전통</u>이 다르다.

해설 でんとう의 올바른 표기는 **1 伝統**이다.

단어 国(くに) 나라 ┃ 違う(ちがう) 다르다

<table>
<tr><td colspan="6">실전문제 ②</td><td align="right">p.65</td></tr>
<tr><td>1 ①</td><td>2 ③</td><td>3 ④</td><td>4 ③</td><td>5 ③</td></tr>
<tr><td>6 ④</td><td>7 ③</td><td>8 ③</td><td>9 ②</td><td>10 ④</td></tr>
</table>

1

이 약은 (약의 효능이) 잘 <u>듣고</u>, 부작용도 적습니다.

해설 きき의 올바른 표기는 **1 効き**이다.

단어 薬(くすり) 약 ┃ 副作用(ふくさよう) 부작용 ┃ 少ない(すくない) 적다 ┃ 聞く(きく) 듣다, 묻다 ┃ 聴く(きく) 듣다 ┃ 利く(きく) 잘 움직이다

2

새로운 <u>교복</u>은 매우 입기 편해서 학생들에게 인기가 있습니다.

해설 せいふく의 올바른 표기는 **3 制服**이다. 製는 소리도 같고 모양도 비슷하기 때문에 주의하자.

단어 新しい(あたらしい) 새롭다 ┃ 着る(きる) 입다 ┃ 人気(にんき) 인기

3

어릴 때부터 <u>독서</u>하는 습관을 들인다.

해설 どくしょ의 올바른 표기는 **4 読書**이다.

단어 小さい(ちいさい) 어리다, 작다 ┃ 頃(ころ) 무렵 ┃ 習慣(しゅうかん) 습관

4

<u>넘어져</u> 버려서 한동안 움직일 수 없게 되었습니다.

해설 ころんで의 올바른 표기는 **3 転んで**이다.

단어 しばらく 한동안 ┃ 動く(うごく) 움직이다 ┃ 倒れる(たおれる) 쓰러지다 ┃ 崩れる(くずれる) 무너지다 ┃ 曲がる(まがる) 돌다

5

오늘 <u>기온</u>이 매우 낮기 때문에, 따뜻한 옷을 입는 편이 좋아요.

해설 きおん의 올바른 표기는 **3 気温**이다.

단어 今日(きょう) 오늘 ┃ 低い(ひくい) 낮다 ┃ 暖かい(あたたかい) 따뜻하다

6

나중에 알기 쉽게 하기 위해 <u>초록색</u> 펜으로 선을 그었습니다.

해설 みどり의 올바른 표기는 **4 緑**이다. 1번 黄(き, 노랑), 2번 赤(あか, 빨강), 3번 青(あお, 파랑) 모두 색을 나타내므로 주의하자

단어 後で(あとで) 나중에, 이따가 ┃ 線(せん) 선 ┃ 引く(ひく) 긋다

7

이 바지는 조금 <u>헐렁</u>해서, 벨트를 사용하고 있습니다.

해설 ゆるい의 올바른 표기는 **3 緩い**이다.

단어 少し(すこし) 조금 ┃ ベルト 벨트 ┃ 使う(つかう) 사용하다 ┃ 広い(ひろい) 넓다 ┃ 狭い(せまい) 좁다 ┃ 硬い(かたい) 단단하다

8

그는 반 <u>대표</u>로서 연설을 했다.

해설 だいひょう의 올바른 표기는 **3 代表**이다.

단어 スピーチ 연설

9

자격을 <u>얻는</u> 것은 역시 어렵습니다만, 포기하지 않고 노력하고 싶습니다.

해설 とる의 올바른 표기는 **2 取る**이다.

단어 資格(しかく) 자격 ┃ 難しい(むずかしい) 어렵다 ┃ 頑張る(がんばる) 노력하다

10

플라스틱은 <u>환경</u>에 좋지 않습니다.

해설 かんきょう의 올바른 표기는 **4 環境**다.

단어 プラスチック 플라스틱 ┃ ～に優しい(～にやさしい) ~에 좋다, ~에 친화적이다

실전문제 ③ p.66

1 ③	2 ④	3 ③	4 ①	5 ①
6 ③	7 ③	8 ②	9 ③	10 ①

1

새로운 상품에 대해 <u>조사</u>를 실시하고, 고객의 의견을 모았습니다.

해설 ちょうさ의 올바른 표기는 **3 調査**이다.

단어 行う(おこなう) 실시하다 ┃ 意見(いけん) 의견 ┃ 集める(あつめる) 모으다

2

이 전차는 <u>각 역</u> 정차입니다.

해설 かくえき의 올바른 표기는 **4 各駅**이다.

단어 停車(ていしゃ) 정차

3

일본에는 많은 <u>종류</u>의 전통적인 축제가 있습니다.

해설 しゅるい의 올바른 표기는 **3 種類**이다. 量는 양을 나타내며 りょう로 발음하니 주의하자.

단어 伝統的(でんとうてき) 전통적 ┃ 祭り(まつり) 축제

4

차를 조심하고, <u>좌우</u>를 잘 확인한 후에 건너세요.

해설 さゆう의 올바른 표기는 **1 左右**이다. 右와 石는 모양이 비슷하니 주의하자.

단어 気をつける(きをつける) 조심하다, 주의하다 ┃ 確認(かくにん) 확인 ┃ 渡る(わたる) 건너다

5

<u>품위 있는</u> 말투를 쓰는 사람은 주변으로부터 존경받습니다.

해설 じょうひん의 올바른 표기는 **1 上品**이다.

단어 周り(まわり) 주변 ┃ 尊敬(そんけい) 존경

6

그는 키가 <u>작지</u>만, 농구를 매우 잘합니다.

해설 ひくい의 올바른 표기는 **3 低い**이다.

단어 背(せ) 키 ┃ 上手だ(じょうずだ) 잘하다 ┃ 浅い(あさい) 얕다 ┃ 安い(やすい) 저렴하다 ┃ 短い(みじかい) 짧다

7

같은 <u>복장</u>을 한 두 명의 남성이 서 있습니다.

해설 ふくそう의 올바른 표기는 **3 服装**이다.

단어 同じだ(おなじだ) 같다 ┃ 男性(だんせい) 남성

8

많은 풀이 <u>자라나</u> 있다.

해설 はえて의 올바른 표기는 **2 生えて**이다.

단어 たくさん 많이 ┃ 草(くさ) 풀 ┃ 植える(うえる) 심다

9

무거운 짐을 옮기고 있었더니 <u>허리</u>가 아프게 되어버렸습니다.

해설 こし의 올바른 표기는 3 腰이다. 1번 肩(かた, 어깨), 2번 鼻(はな, 코), 4번 喉(のど, 목, 목구멍) 모두 신체 부위를 나타내므로 주의하자.

단어 重い(おもい) 무겁다 ㅣ 荷物(にもつ) 짐 ㅣ 運ぶ(はこぶ) 옮기다 ㅣ 痛い(いたい) 아프다

10

아기가 인형을 안고 <u>잠들어</u> 있습니다.

해설 ねむって의 올바른 표기는 1 眠って이다.

단어 赤ちゃん(あかちゃん) 아기 ㅣ 人形(にんぎょう) 인형 ㅣ 抱く(だく) 안다 ㅣ 寝る(ねる) 자다

실전문제 ④ p.67

1 ①	2 ②	3 ③	4 ①	5 ②
6 ①	7 ③	8 ②	9 ①	10 ④

1

다이어트를 위해 먹는 식사의 양을 <u>줄였다</u>.

해설 へらした의 올바른 표기는 1 減らした이다.

단어 ダイエット 다이어트 ㅣ 食事(しょくじ) 식사 ㅣ 量(りょう) 양 ㅣ 飼う(かう) 기르다 ㅣ 下す(くだす) 내리다

2

밥이 <u>식기</u> 전에 먹어 주세요.

해설 さめ의 올바른 표기는 2 冷め이다.

단어 ご飯(ごはん) 밥 ㅣ 冷める(さめる) 식다 ㅣ 暖かい(あたたかい) 따뜻하다 ㅣ 寒い(さむい) 춥다 ㅣ 暑い(あつい) 덥다

3

새 드라마가 다음 주부터 <u>방송</u>된다.

해설 ほうそう의 올바른 표기는 3 放送다.

단어 新しい(あたらしい) 새롭다 ㅣ 来週(らいしゅう) 다음 주

4

이의 <u>통증</u>이 심해서 치과에 갔습니다.

해설 いたみ의 올바른 표기는 1 痛み이다. 疲와 病의 모양이 비슷하고, 의미도 착각하기 쉬우므로 주의하자.

단어 歯(は) 이 ㅣ 痛み(いたみ) 통증 ㅣ 歯医者(はいしゃ) 치과, 치과 의사

5

<u>작은</u> 글씨가 잘 안 보이기 때문에 안경을 쓰고 책을 읽습니다.

해설 こまかい의 올바른 표기는 2 細かい이다.

단어 字(じ) 글자 ㅣ 眼鏡(めがね) 안경 ㅣ かける (안경을) 쓰다, 걸치다 ㅣ 狭い(せまい) 좁다 ㅣ 少ない(すくない) 적다

6

10년 만에 드디어 시합에 <u>이겼기</u> 때문에, 정말 기쁩니다.

해설 かち의 올바른 표기는 1 勝ち이다.

단어 ~ぶりに ~만에 ㅣ 試合(しあい) 시합 ㅣ 嬉しい(うれしい) 기쁘다 ㅣ 負ける(まける) 지다

7

그녀는 외모보다 성격을 <u>중시</u>한다.

해설 じゅうし의 올바른 표기는 3 重視이다.

단어 外見(がいけん) 외모 ㅣ 性格(せいかく) 성격

8

그 일을 가장 <u>슬퍼한</u> 것은 야마다 씨였다.

해설 かなしむ의 올바른 표기는 2 悲しむ이다.

단어 一番(いちばん) 가장 ㅣ 涙(なみだ) 눈물 ㅣ 泣く(なく) 울다 ㅣ 寂しい(さびしい) 외롭다, 쓸쓸하다

9

관광버스를 타고 유명한 명소를 돌았습니다.

해설 かんこう의 올바른 표기는 1 観光이다.

단어 名所(めいしょ) 명소 ㅣ 回る(まわる) 돌다

10

당신의 <u>도움</u>이 없었다면, 여기까지 가능하지 못했습니다.

해설 えんじょ의 올바른 표기는 4 援助이다.

단어 できる 가능하다

실전문제 ⑤ p.68

1 ①	2 ③	3 ④	4 ②	5 ②
6 ①	7 ②	8 ①	9 ③	10 ①

1

회사를 <u>경영</u>하는 것은 어려운 일입니다.

해설 けいえい의 올바른 표기는 1 経営이다.

단어 会社(かいしゃ) 회사 ㅣ 難しい(むずかしい) 어렵다

2

남동생은 작년보다 키가 <u>커졌</u>습니다.

해설 たかく의 올바른 표기는 **3 高く**이다.

단어 去年(きょねん) 작년 ┃ 身長(しんちょう) 키 ┃ 厚い(あつい) 두껍다 ┃ 太い(ふとい) 굵다

3

이 방법은 일반적이지만, 모든 사람에게 맞는 것은 아닙니다.

해설 いっぱんてき의 올바른 표기는 **4 一般的**이다.

단어 方法(ほうほう) 방법 ┃ 合う(あう) 맞다

4

그와는 <u>직접</u> 이야기한 적이 없습니다.

해설 ちょくせつ의 올바른 표기는 **2 直接**이다. 値와 모양을 헷갈리기 쉬우니 주의하자.

단어 話す(はなす) 이야기하다, 말하다

5

이것은 <u>타는</u> 쓰레기이므로 화요일에 내 주세요.

해설 もえる의 올바른 표기는 **2 燃える**이다.

단어 ゴミ 쓰레기 ┃ 火曜日(かようび) 화요일 ┃ 焼く(やく) 굽다

6

최근에는 <u>따뜻한</u> 날이 계속되어서 산책을 자주 나갑니다.

해설 あたたかい의 올바른 표기는 **1 暖かい**이다. 2번의 温かい는 물건이나 사람의 온도를 나타내므로 주의하자.

단어 最近(さいきん) 최근 ┃ 散歩(さんぽ) 산책 ┃ 続く(つづく) 계속되다

7

지금은 아르바이트로 <u>벌고</u> 있습니다.

해설 かせいで의 올바른 표기는 **2 稼いで**이다.

단어 アルバイト 아르바이트 ┃ 得る(える) 얻다 ┃ 加える(くわえる) 가하다, 더하다

8

딸은 내년에 고등학교에 입학하기 때문에 매일 열심히 공부하고 있습니다.

해설 むすめ의 올바른 표기는 **1 娘**이다. 2번 妻(つま, 아내), 3번 親(おや, 부모), 4번 孫(まご, 손자) 모두 가족 구성원을 나타내므로 주의하자.

단어 来年(らいねん) 내년 ┃ 高校(こうこう) 고등학교 ┃ 勉強(べんきょう) 공부

9

언젠가 저 <u>무대</u>에 서 보고 싶습니다.

해설 ぶたい의 올바른 표기는 **3 舞台**이다.

단어 いつか 언젠가 ┃ 立つ(たつ) 서다

10

다음 달부터 친구와 함께 <u>살게</u> 되었습니다.

해설 くらす의 올바른 표기는 **1 暮らす**이다.

단어 来月(らいげつ) 다음 달 ┃ 友達(ともだち) 친구 ┃ 一緒に(いっしょに) 함께 ┃ 住む(すむ) 살다

실전문제 ⑥　　　　　　　　p.69

1 ②	2 ②	3 ③	4 ④	5 ①
6 ④	7 ②	8 ①	9 ④	10 ②

1

선생님으로부터 <u>전언</u>이 있어서, 잊지 않도록 메모했습니다.

해설 でんごん의 올바른 표기는 **2 伝言**이다.

단어 忘れる(わすれる) 잊다 ┃ メモ 메모

2

그에게 진 것은 <u>분하</u>지만, 이것이 실력입니다.

해설 くやしい의 올바른 표기는 **2 悔しい**이다.

단어 負ける(まける) 지다 ┃ 実力(じつりょく) 실력

3

이웃 집 <u>부부</u>에게는 3살이 되는 딸이 한 명 있습니다.

해설 ふうふ의 올바른 표기는 **3 夫婦**이다.

단어 隣(となり) 이웃(집), 옆 ┃ ～歳(さい) ~살 ┃ 娘(むすめ) 딸 ┃ 一人(ひとり) 한 명

4

달걀을 잘 <u>섞은</u> 후 프라이팬에 넣어 주세요.

해설 まぜて의 올바른 표기는 **4 混ぜて**이다.

단어 卵(たまご) 달걀 ┃ 入れる(いれる) 넣다 ┃ 迷う(まよう) 헤매다

5

이 신청서는 <u>우편 발송</u>으로도 제출할 수 있다고 합니다.

해설 ゆうそう의 올바른 표기는 **1 郵送**다.

단어 申込書(もうしこみしょ) 신청서 ❘ 提出(ていしゅつ) 제출
❘ 郵便(ゆうびん) 우편

6

첫 대면 때 <u>혈액형</u>을 물어보는 일이 있다.

해설 けつえきがた의 올바른 표기는 **4 血液型**이다.

단어 初対面(しょたいめん) 첫 대면 ❘ 聞く(きく) 묻다, 듣다

7

이 앱을 사용하면 어려운 <u>단어</u>의 의미를 조사할 수 있다.

해설 たんご의 올바른 표기는 **2 単語**이다.

단어 使う(つかう) 사용하다 ❘ 難しい(むずかしい) 어렵다 ❘ 意
味(いみ) 의미

8

요리에 사용하는 <u>기름</u>의 양을 적게 하도록 하고 있다.

해설 あぶら의 올바른 표기는 **1 油**이다.

단어 料理(りょうり) 요리 ❘ 使う(つかう) 사용하다 ❘ 量(りょ
う) 양 ❘ 酒(さけ) 술

9

그는 달려서 앞 사람을 <u>앞질렀</u>다.

해설 おいこした의 올바른 표기는 **4 追い越した**이다.

단어 走る(はしる) 달리다 ❘ 前(まえ) 앞

10

머리를 <u>기르고</u> 있어서, 당분간 미용실에 가지 않는다.

해설 のばして의 올바른 표기는 **2 伸ばして**이다.

단어 髪(かみ) 머리 ❘ 美容院(びよういん) 미용실

문제 3 문맥구성

실전문제 ①　　　　　　　　　　p.72

1 ③	2 ②	3 ③	4 ④	5 ③
6 ③	7 ③	8 ③	9 ①	10 ③
11 ②				

1

내가 입원했을 때, 친구가 (문병)을 와 주었다.

　1 축하　　　　　　　　2 맞선
　3 문병　　　　　　　　4 모임

해설 문장에서 힌트는 入院(입원)과 来てくれた(와 주었다)
이다. 입원한 사람을 찾아가는 것은 **3 お見舞い(문병)**
이다.

단어 入院(にゅういん) 입원 ❘ 友達(ともだち) 친구 ❘ お祝い
(おいわい) 축하 ❘ お見合い(おみあい) 맞선 ❘ 集まり(あ
つまり) 모임

2

그는 항상 (불평)만 말하고 있습니다.

　1 글　　　　　　　　　2 불평, 불만
　3 문맥　　　　　　　　4 문화

해설 문장에서 힌트는 言っている(말하고 있다)이다. 言って
いる와 가장 잘 어울리는 말은 **2 文句(불평, 불만)**이다.

단어 ～ばかり ~만 ❘ 言う(いう) 말하다 ❘ 文章(ぶんしょう) 글
❘ 文脈(ぶんみゃく) 문맥 ❘ 文化(ぶんか) 문화

3

저 사람이 (설마) 범인이었다니, 믿을 수 없다.

　1 너무나도　　　　　　2 변함없이
　3 설마　　　　　　　　4 가장

해설 문장에서 힌트는 犯人(범인)과 信じられない(믿을 수 없
다)이다. 범인이라는 것을 믿을 수 없다는 믿기 어려운 상
황을 표현하는 말은 **3 まさか(설마)**이다.

단어 犯人(はんにん) 범인 ❘ 信じる(しんじる) 믿다 ❘ あまり
にも 너무나도 ❘ 相変わらず(あいかわらず) 변함없이 ❘ 最
も(もっとも) 가장

4

아이들은 놀이에 (몰두)하고 있습니다.

　1 ×　　　　　　　　　2 한가운데
　3 ×　　　　　　　　　4 몰두

해설 문장에서 힌트는 子供(아이들)와 遊び(놀이)이다. 아이
들이 놀이에 임하는 행위로 가장 잘 어울리는 말은 **4 夢
中(몰두)**이다.

단어 遊び(あそび) 놀이

5

엄마는 우동에 파를 (듬뿍) 넣어서 먹는다.

1 깜짝 놀람　　　　　2 어슬렁 어슬렁
3 듬뿍　　　　　　　4 아슬아슬

해설 문장에서 힌트는 ネギ(파), 入れる(넣다)이다. 파를 넣는 모습을 나타내는 것은 **3 たっぷり(듬뿍)**가 적절하다.

단어 ネギ 파 | 入れる(いれる) 넣다 | 食べる(たべる) 먹다 | びっくり 깜짝 놀람 | うろうろ 어슬렁어슬렁 | ぎりぎり 아슬아슬

6

언니는 진학 문제로 (고민하고) 있다.

1 장식하고　　　　　2 지키고
3 고민하고　　　　　4 짜고

해설 문장에서 힌트는 進学(진학)이다. 진학 때문에 할 수 있는 것은 **3 悩んで(고민하고)**이다.

단어 進学(しんがく) 진학 | 飾る(かざる) 장식하다 | 守る(まもる) 지키다 | 組む(くむ) 짜다

7

그는 내게 빨간 치마가 매우 (어울린다)고 말해 주었습니다.

1 서로 기다리다　　　2 서로 이야기하다
3 어울리다　　　　　4 서로 격려하다

해설 문장에서 힌트는 スカート(치마)이다. スカート와 가장 잘 어울리는 말은 **3 似合う(어울리다)**이다.

단어 赤い(あかい) 빨갛다 | スカート 치마 | 待ち合う(まちあう) 서로 기다리다 | 話し合う(はなしあう) 서로 이야기하다 | 励まし合う(はげましあう) 서로 격려하다

8

이웃 집 사람을 만나면 (생긋)하고 웃으면서 인사합니다.

1 딱 잘라, 단호히　　2 산뜻
3 생긋　　　　　　　4 깜짝 놀람

해설 문장에서 힌트는 笑いながら(웃으면서)이다. 笑いながら와 가장 잘 어울리는 말은 **3 にっこり(생긋)**이다.

단어 隣(となり) 이웃(집), 옆 | 会う(あう) 만나다 | 笑う(わらう) 웃다 | 会釈(えしゃく) 인사 | きっぱり 딱 잘라, 단호히 | さっぱり 산뜻한 모양 | びっくり 깜짝 놀람

9

어머니는 아이의 영양 (밸런스)를 생각하며 밥을 만든다.

1 밸런스, 균형　　　2 아이디어
3 서비스　　　　　　4 메일

해설 문장에서 힌트는 栄養(영양)와 考えて(생각하며)이다. 영양에 대해서 생각할 수 있는 요소로 가장 잘 어울리는 말은 **1 バランス(밸런스, 균형)**이다.

단어 母親(ははおや) 어머니 | 子供(こども) 아이 | 栄養(えいよう) 영양 | 考える(かんがえる) 생각하다 | アイディア 아이디어 | サービス 서비스 | メール 메일

10

무슨 일이 있었는지, (진정하고) 이야기해 주세요.

1 사귀어　　　　　　2 갖고 돌아가서
3 진정하고　　　　　4 엇갈려서

해설 문장에서 힌트는 何が(무슨 일이)와 話して(이야기해)이다. 어떤 일에 대해 이야기하는 상황에서 가장 어울리는 행동은 **3 落ち着いて(진정하고)**이다.

단어 話す(はなす) 이야기하다 | 付き合う(つきあう) 사귀다, 교제하다 | 持ち帰る(もちかえる) 갖고 돌아가다 | すれ違う(すれちがう) 엇갈리다

11

야마다 씨가 복권에 (당첨되었다)고 합니다.

1 받았다　　　　　　2 당첨되었다
3 가졌다　　　　　　4 주웠다

해설 문장에서 힌트는 宝くじに(복권에)이다. 가장 잘 어울리는 말은 **2 当たった(당첨되었다)**이다.

단어 宝くじ(たからくじ) 복권 | 受ける(うける) 받다 | 持つ(もつ) 가지다, 들다 | 拾う(ひろう) 줍다

실전문제 ②　　　　　　　　　　　p.73

1 ②	2 ①	3 ④	4 ④	5 ①
6 ①	7 ③	8 ③	9 ②	10 ②
11 ②				

1

자신이 주위에서 어떻게 보이는지, 조금 (냉정)하게 생각하는 편이 좋다.

1 신선　　　　　　　2 냉정
3 빈번　　　　　　　4 쾌적

해설 문장에서 힌트는 考えた方がいい(생각하는 편이 좋다)이다. 사고하는 것과 가장 어울리는 말은 **2 冷静(냉정)**다.

단어 周り(まわり) 주위 | 見られる(みられる) 보이다 | 新鮮だ(しんせんだ) 신선하다 | 頻繁だ(ひんぱんだ) 빈번하다 | 快適だ(かいてきだ) 쾌적하다

문자·어휘

2

이 돈은 공공의 (이익)을 위해 사용되고 있다.

1 이익 2 친절
3 면접 4 복습

해설 문장에서 힌트는 お金(돈)와 公共(공공), 使われている (사용되고 있다)이다. 공공의 목적을 위한 돈과 가장 잘 어울리는 말은 **1 利益(이익)**이다.

단어 公共(こうきょう) 공공 | 使う(つかう) 사용하다 | 親切 (しんせつ) 친절 | 面接(めんせつ) 면접 | 復習(ふくしゅ う) 복습

3

인플루엔자가 (유행)하고 있기 때문에, 주의해 주세요.

1 인기 2 신고
3 선전 4 유행

해설 문장에서 힌트는 インフルエンザ(인플루엔자)이다. 인플 루엔자와 관련해 주의해야 할 것은 **4 流行(유행)**이다.

단어 インフルエンザ 인플루엔자 | 人気(にんき) 인기 | 申告 (しんこく) 신고 | 宣伝(せんでん) 선전

4

그에게는 (재능)이 있지만, 노력을 하지 않습니다.

1 재판 2 차별
3 몸의 상태 4 재능

해설 문장에서 힌트는 努力(노력)이다. 노력과 관련 지을 수 있는 것은 **4 才能(재능)**다.

단어 努力(どりょく) 노력 | 裁判(さいばん) 재판 | 差別(さべ つ) 차별 | 体調(たいちょう) 몸의 상태

5

타인의 의견을 (참고)로 하는 것은 중요합니다.

1 참고 2 범위
3 생물 4 성장

해설 문장에서 힌트는 他人の意見(타인의 의견)이다. 타인의 의견을 **1 参考(참고)**하는 것이 가장 적절하다.

단어 他人(たにん) 타인 | 意見(いけん) 의견 | 範囲(はんい) 범 위 | 生物(せいぶつ) 생물 | 成長(せいちょう) 성장

6

내일이 시험이라는 것을 (깜빡)하고 있었습니다.

1 깜빡 2 푹
3 안달복달하는 모양 4 조마조마

해설 문장에서 힌트는 テストだということを(시험이라는 것

을)이다. 시험이라는 상황에 대한 인지를 나타내는 **1 う っかり(깜빡)**가 가장 적절하다.

단어 テスト 시험 | ぐっすり 푹 | いらいら 안달복달하는 모양 | はらはら 조마조마

7

밤이 (밝기) 전까지는 잠시 쉬기로 했다.

1 열기 2 ×
3 밝기 4 비우기

해설 문장에서 힌트는 夜(밤)이다. 날이 새는 것을 夜が明ける 라고 하므로 정답은 **3 明ける(밝기)**이다.

단어 夜(よる) 밤 | 開ける(あける) 열다 | 閉める(しめる) 닫다 | 空ける(あける) 비우다

8

집에서는 안경을 쓰고 있습니다만, 외출할 때는 (콘택트렌 즈)를 낍니다.

1 코인 로커 2 편의점
3 콘택트렌즈 4 콩쿠르

해설 문장에서 힌트는 眼鏡(안경)이다. 안경을 대신해서 착용 할 수 있는 것은 **3 コンタクト(콘택트렌즈)**이다.

단어 眼鏡(めがね) 안경 | 出かける(でかける) 외출하다 | コイ ンロッカー 코인 로커 | コンビニ 편의점 | コンクール 콩 쿠르

9

그는 천천히 먹었지만, 그래도 아직 시간이 (남아) 있었다.

1 빌려 2 남아
3 지불해 4 버려

해설 문장에서 힌트는 まだ(아직)와 時間(시간)이다. '아직 시 간이'와 가장 잘 어울리는 것은 **2 余って(남아)**이다.

단어 ゆっくり 천천히 | 時間(じかん) 시간 | 貸す(かす) 빌려주 다 | 払う(はらう) 지불하다 | 捨てる(すてる) 버리다

10

그녀는 그를 위해 (따뜻하게 한) 우유를 가져왔다.

1 잠든 2 따뜻하게 한
3 용서한 4 신은, 입은

해설 문장에서 힌트는 ミルク(우유)이다. 우유의 상태와 관련 있는 것은 **2 温めた(따뜻하게 한)**이다.

단어 ミルク 우유 | 眠る(ねむる) 잠들다 | 許す(ゆるす) 용서하 다 | 履く(はく) 신다, (하의를) 입다

11

호텔에서 짐을 (맡기고), 체크인까지 시간을 때웠습니다.

| 1 맡고 | 2 맡기고 |
| 3 맞추고 | 4 씹게 하고 |

해설 문장에서 힌트는 ホテル(호텔)와 荷物(짐)이다. 호텔에서 짐과 관련한 행위로 가장 적절한 것은 **2 預けて(맡기고)**이다.

단어 ホテル 호텔 | 荷物(にもつ) 짐 | 時間をつぶす(じかんをつぶす) 시간을 때우다 | 預かる(あずかる) 맡다 | 合わせる(あわせる) 맞추다 | 噛む(かむ) 씹다

실전문제 ③　　　　　　　　　　p.74

1 ②	2 ②	3 ①	4 ③	5 ④
6 ①	7 ③	8 ④	9 ④	10 ③
11 ③				

1

(허둥대며) 돌아온 엄마는 울고 있는 아이를 꼭 안아주었다.

| 1 거칠어지며 | 2 허둥대며 |
| 3 넘어서 | 4 섞어서 |

해설 문장에서 힌트는 母(엄마)와 泣いている子供(울고 있는 아이)이다. 아이가 우는 상황과 어울리는 엄마의 행동은 **2 慌てて(허둥대며)**이다.

단어 戻る(もどる) 돌아오다 | 抱きしめる(だきしめる) 꼭 안다 | 荒れる(あれる) 거칠어지다 | 越す(こす) 넘다 | 混ぜる(まぜる) 섞다

2

그는 미국에 유학하여 (변호사)가 되었습니다.

| 1 사전 | 2 변호사 |
| 3 건물 | 4 만년필 |

해설 문장에서 힌트는 彼(그)와 ～になりました(~이/가 되었습니다)이다. 주어인 그가 될 수 있는 것은 **2 弁護士(변호사)**이다.

단어 留学(りゅうがく) 유학 | 辞書(じしょ) 사전 | 建物(たてもの) 건물 | 万年筆(まんねんひつ) 만년필

3

장미에서 아주 좋은 (향기)가 납니다.

| 1 향기 | 2 파랗다 |
| 3 소원 | 4 기도 |

해설 문장에서 힌트는 バラ(장미)이다. 장미에서 날 수 있는 것은 **1 香り(향기)**이다.

단어 バラ 장미 | 青い(あおい) 파랗다 | 願い(ねがい) 소원 | 祈り(いのり) 기도

4

(한동안) 만나지 않았던 친구와 오랜만에 이야기했습니다.

| 1 아마 | 2 분명 |
| 3 한동안 | 4 무엇이든 |

해설 문장에서 힌트는 会っていなかった(만나지 않았던)이다. 시간의 공백을 나타내는 표현은 **3 しばらく(한동안)**이다.

단어 久しぶりだ(ひさしぶりだ) 오랜만이다 | たぶん 아마 | きっと 분명 | 何もかも(なにもかも) 무엇이든

5

이 (레시피)라면 누구라도 간단하게 케이크를 만들 수 있습니다.

| 1 영수증 | 2 레이스, 경주 |
| 3 레트로, 복고풍 | 4 레시피 |

해설 문장에서 힌트는 ケーキ(케이크)와 作れます(만들 수 있습니다)이다. 케이크를 만드는 것과 가장 관련 있는 것은 **4 レシピ(레시피)**이다.

단어 簡単だ(かんたんだ) 간단하다 | レシート 영수증 | レース 레이스, 경주 | レトロ 레트로, 복고풍

6

저자(명)과 출판사를 알려 주세요.

| 1 명 | 2 ~처, ~지 |
| 3 ~앞 | 4 ~분 |

해설 문장에서 힌트는 著者(저자)이다. 著者(저자)와 결합되어 이름을 나타내는 것은 **1 名(명)**이다.

단어 著者(ちょしゃ) 저자 | 出版社(しゅっぱんしゃ) 출판사

7

친구의 훌륭한 연주에 (감동)했습니다.

| 1 감염 | 2 감상 |
| 3 감동 | 4 감각 |

해설 문장에서 힌트는 演奏(연주)다. 연주에 대한 반응으로 적절한 것은 **3 感動(감동)**다.

단어 素晴らしい(すばらしい) 훌륭하다 | 演奏(えんそう) 연주 | 感染(かんせん) 감염 | 感想(かんそう) 감상 | 感覚(かんかく) 감각

8

이 옷은 일본(제)로, 매우 귀엽습니다.

1 물
2 용
3 산
4 제

해설 문장에서 힌트는 服(옷)와 日本(일본)이다. 국가/지역과 붙어 제품의 제조국/지역을 나타내는 것은 **4 製(제)** 이다.

단어 服(ふく) 옷 | ～産(さん) ~산

9

그 그림을 (그린) 화가는 옆집의 기무라 씨입니다.

1 쓴
2 빠뜨린
3 끓인
4 그린

해설 문장에서 힌트는 絵(그림)이다. 그림과 가장 어울리는 동작은 **4 描いた(그린)**이다.

단어 絵(え) 그림 | 画家(がか) 화가 | 隣(となり) 옆(집), 이웃 | 欠く(かく) 빠뜨리다 | 沸かす(わかす) 끓이다

10

오토바이 엔진 소리가 (이상하기) 때문에, 수리를 부탁했다.

1 어리기
2 하찮기
3 이상하기
4 엄격하기

해설 문장에서 힌트는 音(소리)와 修理(수리)이다. 수리를 받아야 하는 소리의 상태로 가장 적절한 것은 **3 おかしい(이상하기)**이다.

단어 オートバイ 오토바이 | エンジン 엔진 | 音(おと) 소리 | 修理(しゅうり) 수리 | お願い(おねがい) 부탁 | おさない 어리다 | くだらない 하찮다 | きびしい 엄격하다

11

집이 좁기 때문에 개를 (기르는) 것은 할 수 없습니다.

1 만드는
2 당기는
3 기르는
4 건네는

해설 문장에서 힌트는 家(집)와 犬(개)이다. 집은 개를 키우는 장소에 해당하므로 **3 飼う(기르는)**가 적절하다.

단어 狭い(せまい) 좁다 | 引く(ひく) 당기다 | 渡す(わたす) 건네다

실전문제 ④   p.75

1 ④	2 ④	3 ④	4 ①	5 ③
6 ②	7 ①	8 ③	9 ①	10 ③
11 ②				

1

집세에 전기료와 가스비는 (포함되지) 않는 것이 보통이다.

1 기억되지
2 만나게 되지
3 혜택 받지
4 포함되지

해설 문장에서 힌트는 家賃(집세), 電気代(전기료), ガス代(가스비)이다. 집세와 전기료/가스비의 상관 관계는 포함, 불포함으로 볼 수 있기 때문에 가장 적절한 것은 **4 含まれて(포함되지)**이다.

단어 家賃(やちん) 집세 | 電気代(でんきだい) 전기료 | ガス代(がすだい) 가스비 | 覚える(おぼえる) 외우다 | 恵まれる(めぐまれる) 혜택 받다

2

이사할 곳은 5층 (건물)인 맨션입니다.

1 만듦
2 ×
3 ×
4 (~층) 건물

해설 문장에서 힌트는 5階(5층)이다. 몇 층 건물인지를 나타내는 말은 **4 建て(건물)**이다.

단어 引っ越し(ひっこし) 이사 | ～作り(づくり) ~만듦

3

인구가 (감소)하는 것을 걱정하고 있는 것은 시골만이 아니다.

1 반대
2 찬성
3 현상
4 감소

해설 문장에서 힌트는 人口(인구)와 心配(걱정)이다. 인구 문제로 걱정되는 요소로 가장 적절한 것은 **4 減少(감소)**다.

단어 人口(じんこう) 인구 | 心配(しんぱい) 걱정 | 田舎(いなか) 시골 | 賛成(さんせい) 찬성 | 現象(げんしょう) 현상

4

딸이 (푹) 잠들어 있었기 때문에 모두 조용히 하고 있었습니다.

1 푹
2 척척
3 한가로이
4 부드럽게

해설 문장에서 힌트는 眠っていた(잠들어 있었기)이다. 잠들어 있는 행위와 가장 잘 어울리는 부사는 **1 ぐっすり(푹)**이다.

단어 眠る(ねむる) 잠들다 | 静かだ(しずかだ) 조용하다 | すんなり 척척 | のんびり 한가로이 | やんわり 부드럽게

5

분발해서 공부했기 때문에 (좋은) 성적을 얻을 수가 있었습니다.

1 고, 높은　　　　　　　2 양, 두
3 호, 좋은　　　　　　　4 만, 가득 찬

해설　문장에서 힌트는 成績(성적)이다. 成績와 결합되어 성적의 정도/상태를 나타내는 것은 **3 好(호, 좋은)**다.

단어　頑張る(がんばる) 분발하다 | 勉強(べんきょう) 공부 | 成績(せいせき) 성적 | 得る(える) 얻다

6

책만 읽고 있지 말고 마당을 (쓸)라고 말을 들었다.

1 토하　　　　　　　　　2 쓸
3 신으　　　　　　　　　4 잘 움직이

해설　문장에서 힌트는 庭(마당)이다. 마당과 가장 어울리는 행위는 **2 掃き(쓸)**이다.

단어　庭(にわ) 마당 | 吐く(はく) 토하다 | 履く(はく) 신다, (하의를)입다 | 利く(きく) 잘 움직이다

7

저 껌은 (양치질) 대신 씹을 때가 있다.

1 양치질　　　　　　　　2 설거지
3 다툼　　　　　　　　　4 추억

해설　문장에서 힌트는 ガム(껌)와 噛む(씹을)이다. 껌을 씹는 것과 비슷한 역할을 할 가능성이 있는 것은 **1 歯磨き(양치질)**이다.

단어　代わりに(かわりに) 대신 | 噛む(かむ) 씹다, 물다 | 皿洗い(さらあらい) 설거지 | 争い(あらそい) 다툼 | 思い出(おもいで) 추억

8

자료는 몇 (장) 복사하면 되나요?

1 ×　　　　　　　　　　2 ×
3 장, 매　　　　　　　　4 장

해설　문장에서 힌트는 資料(자료)와 何(몇)이다. 종이의 장수를 나타내는 것은 **3 枚(장)**이다. 札는 지폐를 세는 단위이다.

단어　資料(しりょう) 자료 | コピー 복사

9

이불을 햇볕에 (말리려고) 했더니 바람에 날려가서 더러워져 버렸다.

1 말리려고　　　　　　　2 유지하려고
3 더럽히려고　　　　　　4 씻으려고

해설　문장에서 힌트는 ふとん(이불)과 日(햇볕)이다. 이불을 햇볕에 할 수 있는 행위로 가장 적절한 것은 **1 干そう(말리려고)**이다.

단어　ふとん 이불 | 日(ひ) 햇볕 | 風(かぜ) 바람 | 飛ばす(とばす) 날리다 | 洗う(あらう) 씻다

10

이번 발표의 (테마)는 '환경 문제'입니다.

1 찬스, 기회　　　　　　2 세미나
3 테마, 주제　　　　　　4 프레젠테이션

해설　문장에서 힌트는 発表(발표)와 環境問題(환경 문제)이다. 환경 문제는 발표의 **3 テーマ(테마)**이다.

단어　今回(こんかい) 이번 | 発表(はっぴょう) 발표 | 環境(かんきょう) 환경 | 問題(もんだい) 문제 | チャンス 찬스, 기회 | ゼミ 세미나 | プレゼン 프레젠테이션

11

(부디) 몸조심하세요.

1 돌연　　　　　　　　　2 부디
3 갑자기　　　　　　　　4 공교롭게

해설　문장에서 힌트는 お体に気をつけてください(몸조심하세요)이다. 상대방에게 조심을 당부할 때 가장 적절한 표현은 **2 くれぐれも(부디)**이다.

단어　体(からだ) 몸 | 気をつける(きをつける) 조심하다 | とつぜん 돌연 | いきなり 갑자기 | あいにく 공교롭게

실전문제 ⑤　　　　　　　　　p.76

1 ③	2 ④	3 ②	4 ①	5 ①
6 ②	7 ③	8 ③	9 ②	10 ②
11 ②				

1

(각) 반에서 한 사람씩 대표를 뽑아 주세요.

1 매　　　　　　　　　　2 별
3 각　　　　　　　　　　4 명

해설　문장에서 힌트는 クラス(반)와 一人ずつ(한 사람씩)이다. 다수의 반에서 한 사람 씩 뽑는 것이므로 クラス와 결합해서 반 하나하나를 나타내는 표현은 **3 各(각)**이다.

단어　代表(だいひょう) 대표 | 一人(ひとり) 한 명 | ずつ 씩 | 選ぶ(えらぶ) 뽑다, 고르다

2

전학생과 사이가 좋아지고 싶어서 (말을 걸었)습니다.

1 다시 말했　　　　　　　2 다 말했
3 갑자기 말하기 시작했　　4 말을 걸었

해설 문장에서 힌트는 仲良くなりたくて(사이가 좋아지고 싶어서)이다. 누군가와 친해지고 싶을 때의 적절한 행동은 **4 話しかけ(말을 걸었)**이다.

단어 転校生(てんこうせい) 전학생 | 仲(なか) 사이 | ます형+直す(なおす) 다시 ~하다 | ます형+終わる(おわる) 다 ~하다 | ます형+出す(だす) 갑자기 ~하기 시작하다

3

그의 발표는 (전체적)으로 나쁘지 않았다.

1 대표적　　　　　　　2 전체적
3 적극적　　　　　　　4 소극적

해설 문장에서 힌트는 発表(발표)와 悪くなかった(나쁘지 않았다)이다. 발표가 나쁘지 않았다는 것을 나타낼 때 가장 적절한 것은 **2 全体的(전체적)**이다.

단어 発表(はっぴょう) 발표 | 悪い(わるい) 나쁘다 | 代表的(だいひょうてき) 대표적 | 積極的(せっきょくてき) 적극적 | 消極的(しょうきょくてき) 소극적

4

그와 함께라면 어디를 가든 (상관) 없었다.

1 상관　　　　　　　　2 늘어놓지
3 걸리지　　　　　　　4 부수지

해설 문장에서 힌트는 一緒なら(함께라면)이다. 함께라면 어떤 일이든 개의치 않음을 나타낸다는 뉘앙스가 잘 어울리므로 가장 적절한 것은 **1 かまわ(상관)**이다.

단어 一緒(いっしょ) 함께 | 並べる(ならべる) 늘어놓다 | かかる 걸리다 | 壊す(こわす) 부수다

5

자동차와 자동차가 (부딪히는) 심한 소리가 났다.

1 부딪히는　　　　　　2 망설이는
3 헷갈리는　　　　　　4 용서하는

해설 문장에서 힌트는 車(자동차), 激しい音(심한 소리)이다. 자동차가 심한 소리를 내는 상황으로 가장 적절한 것은 **1 ぶつかる(부딪히는)**이다.

단어 激しい(はげしい) 심하다 | とまどう 망설이다 | まぎれる 헷갈리다 | 許す(ゆるす) 용서하다

6

비가 오기 때문에, 소풍은 (취소)되었습니다.

1 재활용　　　　　　　2 취소
3 러시　　　　　　　　4 뒤로 이동함

해설 문장에서 힌트는 雨(비)와 ピクニック(소풍)이다. 비가 내릴 경우 소풍은 **2 キャンセル(취소)** 되는 것이 자연스럽다.

단어 ピクニック 소풍 | リサイクル 재활용 | ラッシュ 러시 | バック 뒤로 이동함

7

여기는 프로의 의견을 (따르는) 것이 좋다고 생각합니다.

1 지키는　　　　　　　2 노리는
3 따르는　　　　　　　4 푸는

해설 문장에서 힌트는 プロ(프로)와 意見(의견)이다. 프로의 의견에 대해 가장 어울리는 행동은 **3 従った(따르는)**이다.

단어 プロ 프로, 전문가 | 意見(いけん) 의견 | 守る(まもる) 지키다 | 狙う(ねらう) 노리다 | 解く(とく) 풀다

8

팔이 귀에 닿도록 (양) 손을 곧게 들어주세요.

1 쌍　　　　　　　　　2 둘, 이
3 양　　　　　　　　　4 전

해설 문장에서 힌트는 手(손)이다. 手와 결합되어 두 손을 나타내는 것은 **3 両(양)**이다.

단어 腕(うで) 팔 | 耳(みみ) 귀 | つく 닿다 | まっすぐ 곧게 | 上げる(あげる) 들다, 올리다

9

시험이 시작되기 때문에, 책상 위에 놓여 있는 것은 전부 (넣어)주세요.

1 떨어뜨려　　　　　　2 넣어
3 지켜　　　　　　　　4 주워

해설 문장에서 힌트는 試験(시험), 机(책상), 置いてあるもの(놓여 있는 것)이다. 시험이 시작될 때 책상에 놓여 있는 것과 관련된 행동은 **2 しまって(넣어)**이다.

단어 試験(しけん) 시험 | 始まる(はじまる) 시작되다 | 机(つくえ) 책상 | 置く(おく) 놓다 | 全部(ぜんぶ) 전부 | 落とす(おとす) 떨어뜨리다 | 守る(まもる) 지키다 | 拾う(ひろう) 줍다

10

그녀는 (화려)한 옷차림을 좋아하기 때문에, 늘 눈에 띈다.

1 능숙　　　　　　　　2 화려
3 번화　　　　　　　　4 편리

해설 문장에서 힌트는 服装(옷차림)와 目立つ(눈에 띄다)이다. 옷차림이 눈에 띄는 이유로 가장 적절한 것은 **2 派手(화려)**이다.

단어 彼女(かのじょ) 그녀 | 服装(ふくそう) 옷차림, 복장 | 目

立つ(めだつ) 눈에 띄다 | 上手だ(じょうずだ) 능숙하다, 잘하다 | 賑やかだ(にぎやかだ) 번화하다 | 便利だ(べんりだ) 편리하다

11

기본적으로 배는 높이의 절반 정도는 물속에 (잠기)도록 만들어져 있다.

| 1 넘어지 | 2 잠기 |
| 3 잠수하 | 4 포장하 |

해설 문장에서 힌트는 水の中(물속)이다. 물속과 가장 어울리는 말은 2 沈む(잠기)이다.

단어 基本的(きほんてき) 기본적 | 船(ふね) 배 | 高さ(たかさ) 높이 | 半分(はんぶん) 절반 | 作る(つくる) 만들다 | 転ぶ(ころぶ) 넘어지다 | 潜る(もぐる) 잠수하다 | 包む(つつむ) 포장하다

실전문제 ⑥   p.77

| 1 ① | 2 ② | 3 ① | 4 ① | 5 ② |
| 6 ② | 7 ③ | 8 ① | 9 ③ | 10 ④ |
| 11 ④ |

1

정말 좋은 (아이디어)인지 어떤지는 들어보지 않고서는 모른다.

| 1 아이디어 | 2 같음, 등호 |
| 3 퍼센트 | 4 스톱, 정지 |

해설 문장에서 힌트는 聞いて(들어)이다. 들어서 좋은지 어떤지 판단할 수 있는 것은 1 アイディア(아이디어)이다.

단어 本当に(ほんとうに) 정말 | 聞く(きく) 듣다, 묻다 | イコール 같음, 등호 | パーセント 퍼센트 | ストップ 스톱, 정지

2

왜 이런 (시시한) 일에 시간을 낭비하고 있는 걸까?

| 1 두려운 | 2 시시한, 하찮은 |
| 3 눈부신 | 4 느슨한 |

해설 문장에서 힌트는 無駄遣い(낭비)이다. 어떤 행동을 낭비라고 판단하기에 가장 잘 어울리는 말은 2 くだらない(시시한)이다.

단어 時間(じかん) 시간 | 無駄遣い(むだづかい) 낭비 | おそろしい 두렵다 | 眩しい(まぶしい) 눈부시다 | 緩い(ゆるい) 느슨하다

3

1년에 두 번 (정기적)으로 건강검진을 받게 되어 있습니다.

| 1 정기적 | 2 구체적 |
| 3 개성적 | 4 비관적 |

해설 문장에서 힌트는 年に２度(1년에 두 번)이다. 일정한 간격으로 반복되는 행동을 나타내는 것은 1 定期的(정기적)이다.

단어 年に２度(ねんにいにど) 1년에 두 번 | 健康診断(けんこうしんだん) 건강검진 | 受ける(うける) 받다 | 具体的(ぐたいてき) 구체적 | 悲観的(ひかんてき) 비관적

4

야마다는 지루한 듯이 (하품)을 하고 있다.

| 1 하품 | 2 거품 |
| 3 악화 | 4 기름 |

해설 문장에서 힌트는 退屈そうに(지루한 듯이)이다. 지루한 상황에서 발생할 수 있는 행동으로 가장 적절한 것은 1 あくび(하품)이다.

단어 退屈だ(たいくつだ) 지루하다 | 泡(あわ) 거품 | 悪化(あっか) 악화 | 油(あぶら) 기름

5

이 우유는 유통 (기한)이 이미 지났습니다.

| 1 기간 | 2 기한 |
| 3 시기 | 4 시간 |

해설 문장에서 힌트는 賞味(상미)이다. 賞味와 결합되어 식품의 맛과 품질이 최상으로 유지되는 기간을 나타내는 것은 2 期限(기한)이다.

단어 牛乳(ぎゅうにゅう) 우유 | 賞味期間(しょうみきかん) 유통기한, 상미기한 | 時期(じき) 시기 | 時間(じかん) 시간

6

비는 (어느새) 그쳐 있었다.

| 1 언젠가 | 2 어느새 |
| 3 언제든 | 4 몇 개인가 |

해설 문장에서 힌트는 止んでいた(그쳐 있었다)이다. 눈치채지 못한 사이에 비가 그쳤다는 의미로 2 いつのまにか(어느새)가 가장 적절하다.

단어 止む(やむ) 그치다 | いつか 언젠가

7

> 옆방에서 자고 있을 터인 동생의 이름을 (외쳤다).
>
> 1 골랐다　　　　　　　2 피했다
> 3 외쳤다　　　　　　　4 권했다

해설　문장에서 힌트는 名前(이름)이다. 이름과 관련된 적절한
　　　행동은 **3 叫んだ(외쳤다)**이다.

단어　隣(となり) 옆 ｜ 部屋(へや) 방 ｜ 寝る(ねる) 자다 ｜ 名前
　　　(なまえ) 이름 ｜ 選ぶ(えらぶ) 고르다 ｜ 避ける(さける) 피
　　　하다 ｜ 誘う(さそう) 권하다

8

> 모두 감동한 듯 크게 (박수)를 치고 있었다.
>
> 1 박수　　　　　　　　2 모양, 모습
> 3 감각　　　　　　　　4 간격

해설　문장에서 힌트는 感動(감동)다. 감동한 상황에서 가장 적
　　　절한 행동은 **1 拍手(박수)**이다.

단어　みんな 모두 ｜ 感動(かんどう) 감동 ｜ 様子(ようす) 모양,
　　　모습 ｜ 感覚(かんかく) 감각 ｜ 間隔(かんかく) 간격

9

> (확인해)보니, 문도 창문도 안쪽에서 닫힌 채였다.
>
> 1 늘려　　　　　　　　2 불어
> 3 확인해　　　　　　　4 넓혀

해설　문장에서 힌트는 てみると(보니)이다. 시험 삼아 어떤 동
　　　작을 하는 것과 가장 잘 어울리는 것은 **3 たしかめて(확
　　　인해)**가 적절하다.

단어　ドア 문 ｜ 窓(まど) 창문 ｜ 内側(うちがわ) 안쪽 ｜ 閉まる
　　　(しまる) 닫히다 ｜ ふやす 늘리다 ｜ ふく 불다 ｜ ひろげる
　　　넓히다

10

> 이 박물관은, 아이는 어른의 절반 (요금)으로 들어갈 수
> 있다.
>
> 1 저금　　　　　　　　2 무료
> 3 물가　　　　　　　　4 요금

해설　문장에서 힌트는 博物館(박물관)과 入る(들어가다)이다.
　　　박물관에 들어가는 것과 관련 있는 것은 **4 料金(요금)**
　　　이다.

단어　博物館(はくぶつかん) 박물관 ｜ 子供(こども) 아이 ｜ 大人
　　　(おとな) 어른, 성인 ｜ 入る(はいる) 들어가다 ｜ 貯金(ちょ
　　　きん) 저금 ｜ 無料(むりょう) 무료 ｜ 物価(ぶっか) 물가 ｜
　　　料金(りょうきん) 요금

11

> 의견이 제각기이므로 모두의 생각을 하나로 (정리합)
> 시다.
>
> 1 가르칩　　　　　　　2 지나갑
> 3 찾읍　　　　　　　　4 정리합

해설　문장에서 힌트는 ばらばら(제각기)와 一つ(ひとつ)이다.
　　　제각기인 것을 하나로 만드는 것은 **4 まとめ(정리합)**
　　　이다.

단어　意見(いけん) 의견 ｜ ばらばら 제각기 ｜ みんな 모두 ｜ 考
　　　え(かんがえ) 생각 ｜ 通る(とおる) 지나가다 ｜ 探す(さが
　　　す) 찾다

문제 4 유의표현

실전문제 ①　　　　　　　　　　　p.80

1 ①	**2** ③	**3** ③	**4** ③	**5** ②

1

> 그는 <u>여전히</u> 말라있었다.
>
> 1 이전과 같이　　　　　2 모처럼
> 3 가끔, 때때로　　　　　4 오랜만에

해설　相変わらず(여전히)와 가장 비슷한 의미는 **1 以前と同
　　　じく (이전과 같이)**이다.

단어　痩せる(やせる) 마르다 ｜ せっかく 모처럼 ｜ 時々(ときど
　　　き) 가끔, 때때로 ｜ 久しぶりに(ひさしぶりに) 오랜만에

2

> 그는 아직 <u>초보자</u>였지만, 작품은 매우 높이 평가되고 있었
> 다.
>
> 1 전문가　　　　　　　2 프로
> 3 아마추어　　　　　　4 선수

해설　素人(초보자)와 가장 비슷한 의미는 **3 アマチュア(아마
　　　추어)**이다.

단어　作品(さくひん) 작품 ｜ 評価(ひょうか) 평가 ｜ 玄人(くろ
　　　うと) 전문가 ｜ プロ 프로 ｜ 選手(せんしゅ) 선수

3

> 학생들에게 <u>앙케트</u>를 받아, 가장 많았던 관광지에 가기로
> 했다.
>
> 1 연락　　　　　　　　2 대답, 답신
> 3 조사　　　　　　　　4 시험

해설 アンケート(앙케트)와 가장 비슷한 의미는 **3 調査(조사)**이다.

단어 生徒(せいと) 학생 | 観光地(かんこうち) 관광지 | 連絡(れんらく) 연락 | 返事(へんじ) 대답, 답신 | 試験(しけん) 시험

4

태풍 때는, 안전한 장소로 <u>피난하는</u> 것이 중요합니다.

1 남는　　　　　　　　2 지내는
3 도망가는　　　　　　4 숙박하는

해설 避難する(피난하는)와 가장 비슷한 의미는 **3 逃げる(도망가는)**이다.

단어 台風(たいふう) 태풍 | 安全だ(あんぜんだ) 안전하다 | 場所(ばしょ) 장소 | 避難(ひなん) 피난 | 残る(のこる) 남다 | 暮らす(くらす) 지내다 | 泊まる(とまる) 숙박하다

5

기무라는 나의 <u>사촌</u>입니다.

1 고등학교 선생님　　　2 이모/고모의 아이
3 친한 친구　　　　　　4 옆집 사람

해설 いとこ(사촌)와 가장 비슷한 의미는 **2 おばさんの子供(이모/고모의 아이)**이다.

단어 高校(こうこう) 고등학교 | おばさん 이모, 고모 | 親友(しんゆう) 친한 친구 | 隣(となり) 옆 (집)

1

좋은 회사에 들어갈 <u>찬스</u>가 있었는데, 거절해 버렸다.

1 모집　　　　　　　　2 기회
3 결심　　　　　　　　4 초대

해설 チャンス(찬스)와 가장 비슷한 의미는 **2 機会(기회)**이다.

단어 会社(かいしゃ) 회사 | 入る(はいる) 들어가다 | 断る(ことわる) 거절하다 | 募集(ぼしゅう) 모집 | 決心(けっしん) 결심 | 招待(しょうたい) 초대

2

그는 충분한 돈을 <u>벌었기</u> 때문에 고향에 돌아가기로 했다.

1 벌었기　　　　　　　2 행했기
3 마련했기　　　　　　4 보냈기

해설 稼いだ(벌었기)와 가장 비슷한 의미는 **1 儲けた(벌었기)**이다.

단어 十分だ(じゅうぶんだ) 충분하다 | 故郷(こきょう) 고향 | 帰る(かえる) 돌아가(오)다 | 行う(おこなう) 행하다 | 設ける(もうける) 마련하다 | 送る(おくる) 보내다

3

출장으로 도쿄에 갔지만, <u>만나 뵐</u> 시간이 없었습니다.

1 맛있는 것을 먹을　　　2 만나러 갈
3 받을　　　　　　　　4 다시 생각할

해설 겸양 표현인 お目にかかる(만나 뵐)와 가장 비슷한 의미는 **2 会いに行く(만나러 갈)**이다.

단어 出張(しゅっちょう) 출장 | 東京(とうきょう) 도쿄 | 時間(じかん) 시간 | 受け取る(うけとる) 받다 | 考え直す(かんがえなおす) 다시 생각하다

4

노벨상을 수상했다는 뉴스를 들었을 때, <u>무심코</u> 소리쳤다.

1 누구에게도 들리지 않도록
2 누구라도 들을 수 있도록
3 자신도 깨닫기 전에
4 자신이 생각하고 있는 동안에

해설 思わず(무심코)와 가장 비슷한 의미는 **3 自分でも気づかないうちに(자신도 깨닫기 전에)**이다. ～ないうちに는 '~하게 전에'로 해석한다.

단어 ノーベル賞(ノーベルしょう) 노벨상 | 受賞(じゅしょう) 수상 | ニュース 뉴스 | 聞く(きく) 듣다, 묻다 | 思わず(おもわず) 무심코, 나도 모르게 | 叫ぶ(さけぶ) 소리치다 | 聞こえる(きこえる) 들리다 | 自分(じぶん) 자신, 스스로

5

머릿속이 <u>텅 비어서</u>, 생각할 힘도 없어졌습니다.

1 많이 들어가 있어서　　2 아무것도 들어 있지 않아서
3 깨끗하지 않아서　　　4 커져서

해설 空っぽで(텅 비어서)와 가장 비슷한 의미는 **2 何も入ってなくて(아무것도 들어 있지 않아서)**이다.

단어 頭(あたま) 머리 | 考える(かんがえる) 생각하다 | 力(ちから) 힘 | 入る(はいる) 들어가다 | きれいだ 깨끗하다, 예쁘다

1

선생님은 학생에게 새로운 숙제를 <u>내주고</u>, 다음 수업까지 끝내도록 말했습니다.

1 보내고
2 주고
3 집고
4 받고

해설 　与えて(내주고)와 가장 비슷한 의미는 **2 あげて(주고)** 이다.

단어 　先生(せんせい) 선생님｜学生(がくせい) 학생｜宿題(しゅくだい) 숙제｜授業(じゅぎょう) 수업｜終わらせる (おわらせる) 끝내다(おわる의 사역형)

2

평소에는 조용한 장소이지만, 오늘은 매우 떠들썩합니다.

1 항상
2 가끔
3 그저께
4 연말

해설 　普段(평소)과 가장 비슷한 의미는 **1 いつも(항상)**이다.

단어 　静かだ(しずかだ) 조용하다｜場所(ばしょ) 장소｜にぎやかだ 떠들썩하다｜たまに 가끔｜一昨日(おととい) 그저께｜年末(ねんまつ) 연말

3

<u>주방</u>에서 좋은 냄새가 났기 때문에, 그만 배가 고파져 버렸다.

1 방
2 현관
3 복도
4 부엌

해설 　キッチン(주방)과 가장 비슷한 의미는 **4 台所(부엌)** 이다.

단어 　におい 냄새｜お腹がすく(おなかがすく) 배가 고프다｜部屋(へや) 방｜玄関(げんかん) 현관｜廊下(ろうか) 복도

4

나는 글을 천천히 읽는 <u>버릇이 있기</u> 때문에, 도저히 다 읽을 수 없다.

1 장점이 있기
2 습관이 있기
3 숙제가 있기
4 흥미가 있기

해설 　癖がある(버릇이 있다)와 가장 비슷한 의미는 **2 習慣がある(습관이 있다)**이다.

단어 　文章(ぶんしょう) 글｜ゆっくり 천천히｜読む(よむ) 읽다｜癖(くせ) 버릇｜読み切る(よみきる) 다 읽다｜長所(ちょうしょ) 장점｜宿題(しゅくだい) 숙제｜興味(きょうみ) 흥미

5

저도 <u>지쳤기</u> 때문에, 여기서 조금 쉬겠습니다.

1 바빠졌기
2 갔기
3 외로워졌기
4 지쳤기

해설 　くたびれました(지쳤기)와 가장 비슷한 의미는 **4 疲れました(지쳤기)**이다.

단어 　少し(すこし) 조금｜休む(やすむ) 쉬다｜忙しい(いそがしい) 바쁘다｜行く(いく) 가다｜寂しい(さびしい) 외롭다

실전문제 ④　　　　　　　　p.83

1 ①　　**2** ①　　**3** ③　　**4** ④　　**5** ①

1

간단한 일을 금방 잊어버리는 사람이 <u>의외로</u> 많다.

1 의외로
2 정말
3 생각한 대로
4 아마

해설 　案外(의외로)와 가장 비슷한 의미는 **1 意外と(의외로)** 이다.

단어 　簡単だ(かんたんだ) 간단하다｜忘れる(わすれる) 잊다｜本当に(ほんとうに) 정말｜たぶん 아마

2

아이가 <u>무사히</u> 돌아와서 부모는 안심했습니다.

1 아무 일 없이
2 어떤 일에도
3 언제가 되어도
4 언제쯤이면

해설 　無事に(무사히)와 가장 비슷한 의미는 **1 何事もなく(아무 일 없이)**이다.

단어 　子供(こども) 아이｜戻る(もどる) 돌아오다｜親(おや) 부모

3

버스가 갑자기 <u>커브해서</u> 승객이 깜짝 놀랐다.

1 돌아서, 순환해서
2 되돌아가서
3 돌아서
4 넘어져서

해설 　カーブして(커브해서)와 가장 비슷한 의미는 **3 曲がって(돌아서)**이다.

단어 　急に(きゅうに) 갑자기｜乗客(じょうきゃく) 승객｜びっくりする 깜짝 놀라다｜巡る(めぐる) 돌다, 순환하다｜戻る(もどる) 돌아가다｜曲がる(まがる) 돌다｜転ぶ(ころぶ) 넘어지다

4

어머니는 내가 계속해서 그림을 그리는 것에 <u>찬성</u>해 주셨습니다.

1 만족
2 의견
3 참가
4 동의

해설 賛成(찬성)와 가장 비슷한 의미는 **4 同意(동의)**이다.

단어 続ける(つづける) 계속하다 ㅣ 絵(え) 그림 ㅣ 描く(かく) 그리다 ㅣ 満足(まんぞく) 만족 ㅣ 意見(いけん) 의견 ㅣ 参加(さんか) 참가

5

이 작업을 빨리 <u>완료하지 않으면 안 된다</u>.

1 끝내야 한다
2 분발하지 않으면 안 된다
3 받아야 한다
4 시작하지 않으면 안 된다

해설 完了(완료)+しなければならない(하지 않으면 안 된다)와 가장 비슷한 의미는 **1 終わらせるべきだ(끝내야 한다)**이다. 終わらせる는 終わる의 사역형으로 '끝내다'로 해석한다.

단어 作業(さぎょう) 작업 ㅣ 早く(はやく) 빨리 ㅣ 頑張る(がんばる) 분발하다 ㅣ 受け取る(うけとる) 받다, 수취하다 ㅣ 始める(はじめる) 시작하다

실전문제 ⑤　　　　　　　　　　p.84

1 ③　　**2** ④　　**3** ②　　**4** ②　　**5** ③

1

곰이라는 동물은 매우 <u>영리하고</u> 고분고분한 동물이다.

1 상냥하고
2 엄격하고
3 현명하고
4 재미있고

해설 利口で(영리하고)와 가장 비슷한 의미는 **3 賢くて(현명하고)**이다.

단어 クマ 곰 ㅣ 動物(どうぶつ) 동물 ㅣ 非常に(ひじょうに) 매우 ㅣ 素直だ(すなおだ) 고분고분하다 ㅣ 優しい(やさしい) 상냥하다 ㅣ 厳しい(きびしい) 엄격하다 ㅣ 賢い(かしこい) 현명하다 ㅣ 面白い(おもしろい) 재미있다

2

머리에 떠오른 것을 그대로 <u>입에 담지 마</u>.

1 상담하지
2 연락하지
3 가만히 있지
4 말하지

해설 口にする(입에 담지)와 가장 비슷한 의미는 **4 言う(말하지)**이다.

단어 頭(あたま) 머리 ㅣ 浮かぶ(うかぶ) 떠오르다 ㅣ そのまま 그

대로 ㅣ 相談(そうだん) 상담 ㅣ 連絡(れんらく) 연락 ㅣ 黙る(だまる) 가만히 있다

3

위험한 기계이므로 절대로 <u>닿지 마세요</u>.

1 인도하지 마
2 만지지 마
3 말하지 마
4 가르치지 마

해설 ふれないでは ふれる(닿다)+ないで(ください)가 결합된 표현으로 '닿지 마'로 해석한다. 이와 가장 비슷한 의미는 **2 触らないで(만지지 마)**이다.

단어 危険だ(きけんだ) 위험하다 ㅣ 機械(きかい) 기계 ㅣ 絶対に(ぜったいに) 절대로 ㅣ 導く(みちびく) 인도하다 ㅣ 話す(はなす) 이야기하다 ㅣ 教える(おしえる) 가르치다

4

어딘가 <u>마음에 걸리는</u> 것이 있지만, 잘 말할 수 없습니다.

1 마음에 드는
2 신경 쓰이는
3 느낌이 드는
4 배려하는

해설 引っかかる(마음에 걸리는)와 가장 비슷한 의미는 **2 気になる(신경 쓰이는)**이다.

단어 どこか 어딘가 ㅣ うまく 잘 ㅣ 気に入る(きにいる) 마음에 들다 ㅣ 気がする(きがする) 느낌이 들다 ㅣ 気を配る(きをくばる) 배려하다

5

자신의 집을 사기 위해서는 <u>절약을 하지 않으면 안 된다</u>.

1 돈을 돌려주지 않으면 안 된다
2 돈을 벌지 않으면 안 된다
3 돈을 사용해서는 안 된다
4 돈을 빌리지 않으면 안 된다

해설 節約(절약)+しなければならない(~하지 않으면 안된다)와 가장 비슷한 의미는 **3 お金を使ってはいけない(돈을 사용해서는 안 된다)**이다.

단어 自分(じぶん) 자신 ㅣ 家(いえ) 집 ㅣ 買う(かう) 사다 ㅣ 返す(かえす) 돌려주다 ㅣ 稼ぐ(かせぐ) 벌다 ㅣ 使う(つかう) 사용하다 ㅣ 借りる(かりる) 빌리다

실전문제 ⑥　　　　　　　　　　p.85

1 ③　　**2** ①　　**3** ②　　**4** ①　　**5** ②

1

세일해서 산 치마가 조금 <u>헐렁하다</u>.

1 작다
2 무겁다
3 크다
4 가볍다

해설 ゆるい(헐렁하다)와 가장 비슷한 의미는 3 おおきい(크다)이다.

단어 セール 세일 ┃ 買う(かう) 사다 ┃ スカート 치마 ┃ ちいさい 작다 ┃ おもい 무겁다 ┃ おおきい 크다 ┃ かるい 가볍다

2

> 저 두 사람은 항상 서로 <u>겨루고</u> 있다.
>
> 1 경쟁하고 2 격려하고
> 3 분발하고 4 응원하고

해설 張り合って(겨루고)와 가장 비슷한 의미는 1 競争して(はげます)(경쟁하고)이다.

단어 いつも 항상 ┃ お互いに(おたがいに) 서로 ┃ 励ます(はげます) 격려하다 ┃ 頑張る(がんばる) 분발하다 ┃ 応援する(おうえんする) 응원하다

3

> 지위에 관계없이 모두가 협력하지 않으면 안 됩니다.
>
> 1 리더 2 레벨
> 3 에너지 4 운동장

해설 地位(지위)와 가장 비슷한 의미는 2 レベル(레벨)이다.

단어 関係(かんけい) 관계 ┃ みんな 모두 ┃ 協力(きょうりょく) 협력 ┃ リーダー 리더 ┃ レベル 레벨 ┃ エネルギー 에너지 ┃ グラウンド 운동장

4

> 비 오는 날의 이사는 정말로 <u>성가시다</u>.
>
> 1 귀찮다 2 경험이 없다
> 3 의미가 있다 4 효과가 있다

해설 厄介だ(성가시다)와 가장 비슷한 의미는 1 面倒くさい(귀찮다)이다.

단어 引っ越し(ひっこし) 이사 ┃ 経験(けいけん) 경험 ┃ 意味(いみ) 의미 ┃ 効果(こうか) 효과

5

> <u>예의 바른</u> 사람은 주변으로부터 신뢰받습니다.
>
> 1 성격이 밝은 2 매너가 좋은
> 3 걱정이 없는 4 인기가 있는

해설 礼儀正しい(예의 바른)와 가장 비슷한 의미는 2 マナーがいい(매너가 좋은)이다.

단어 周り(まわり) 주변 ┃ 信頼(しんらい) 신뢰 ┃ 性格(せいかく) 성격 ┃ 明るい(あかるい) 밝다 ┃ 心配(しんぱい) 걱정 ┃ 人気(にんき) 인기

문제 5 용법

1 ② 2 ③ 3 ① 4 ④ 5 ②

1

> 売り切れ 품절
>
> 1 두 사람은 싸웠다가 다시 <u>품절</u>했다.
> 2 오전 중에 <u>품절</u>되는 경우도 있는 인기 가게이다.
> 3 <u>품절</u>에라도 가는 건가 생각할 정도로 큰 가방이었다.
> 4 그 사람만은 <u>품절</u>에 가려고 하지 않았다.

해설 売り切れ는 '품절'이라는 뜻이므로, 人気店(인기 가게)과 함께 쓰인 2 午前中に売り切れになることもある人気店である(오전 중에 품절되는 경우도 있는 인기 가게이다)가 가장 적절하다. 1번의 적절한 단어는 仲直り(화해), 3번의 적절한 단어는 旅行(여행), 4번의 적절한 단어는 パーティー(파티)이다.

단어 ケンカする 싸우다 ┃ 午前中(ごぜんちゅう) 오전 중 ┃ 人気店(にんきてん) 인기 가게 ┃ 大きい(おおきい) 크다

2

> 耳にする 듣다
>
> 1 부모에게서 떨어지지 않도록 <u>듣는</u> 것이다.
> 2 내가 <u>듣게</u> 된 학생은 30명이다.
> 3 그는 그 이야기를 <u>듣고</u>, 계속 걱정하고 있었다.
> 4 병원에 <u>듣자</u>, 의사는 요전의 결과를 알려주었다.

해설 耳にする는 '듣다'라는 뜻이므로, 話(이야기)와 함께 쓰인 3 彼はその話を耳にして、ずっと心配していた(그는 그 이야기를 듣고, 계속 걱정하고 있었다)가 가장 적절하다. 1번의 적절한 단어는 注意する(주의하는), 2번의 적절한 단어는 教える(가르치게), 4번의 적절한 단어는 訪ねる(방문하)이다.

단어 親(おや) 부모 ┃ 離れる(はなれる) 떨어지다 ┃ 生徒(せいと) 학생 ┃ 話(はなし) 이야기 ┃ ずっと 계속 ┃ 心配(しんぱい) 걱정 ┃ 病院(びょういん) 병원 ┃ 医者(いしゃ) 의사 ┃ 先日(せんじつ) 요전, 일전 ┃ 結果(けっか) 결과 ┃ 教える(おしえる) 알리다, 가르치다

3

加える 더하다

1 어려운 문제여서 선생님은 설명을 <u>더했다</u>.
2 오랫동안 저 사람과 <u>더해</u>왔습니다.
3 나는 옛날부터 수수께끼를 <u>더하는</u> 걸 좋아했습니다.
4 눈에 띄는 것만은 하지 않도록 <u>더하자</u>.

해설 加える는 '더하다'라는 뜻이므로, 難しい問題(어려운 문제), 説明(설명)와 함께 쓰인 **1 難しい問題だったので、先生は説明を加えた(어려운 문제여서 선생님은 설명을 더했다)**가 가장 적절하다. 2번의 적절한 단어는 働いて(일해), 3번의 적절한 단어는 解く(푸는), 4번의 적절한 단어는 ひかえよう(삼가자)이다.

단어 難しい(むずかしい) 어렵다 | 問題(もんだい) 문제 | 先生(せんせい) 선생님 | 説明(せつめい) 설명 | 長い間(ながいあいだ) 오랫동안 | 昔(むかし) 옛날 | 謎(なぞ) 수수께끼 | 目立つ(めだつ) 눈에 띄다

4

合図 신호

1 그는 내 조건에 <u>신호</u>해 주었다.
2 휴일입니다만, <u>신호</u>를 위해 회사에 나올 예정입니다.
3 시작된 순간부터 <u>신호</u>가 보이는 것 같은 느낌이 들었다.
4 기무라는 오른손을 흔들어 나가라는 <u>신호</u>를 보냈다.

해설 合図는 '신호'라는 뜻이므로, 右手を振って(오른손을 흔들며)와 함께 쓰인 **4 木村は右手を振って出て行けという合図をした(기무라는 오른손을 흔들어 나가라는 신호를 보냈다)**가 가장 적절하다. 1번의 적절한 단어는 同意(동의), 2번의 적절한 단어는 会議(회의), 3번의 적절한 단어는 結果(결과)이다.

단어 条件(じょうけん) 조건 | 休日(きゅうじつ) 휴일 | 予定(よてい) 예정 | 始まる(はじまる) 시작되다 | 瞬間(しゅんかん) 순간 | 気がする(きがする) 느낌이 들다 | 右手(みぎて) 오른손 | 振る(ふる) 흔들다

5

うなずく 수긍하다, (고개를) 끄덕이다

1 빨리 봄이 오기를 <u>수긍하고</u> 있습니다.
2 그는 아래를 보면서 <u>수긍하듯</u> 듣고 있었다.
3 어떤 상황이 되어도 냉정하게 사실만을 <u>수긍하는</u> 것이다.
4 다음 열차는 20분 정도 <u>수긍한다</u>고 합니다.

해설 うなずく는 '수긍하다, (고개를) 끄덕이다'라는 뜻이므로, 下を向きながら(아래를 보면서), 聞いていた(듣고 있었다)와 함께 쓰인 **2 彼は下を向きながらうなずく**

ように聞いていた(그는 아래를 보면서 수긍하듯 듣고 있었다)가 가장 적절하다. 1번의 적절한 단어는 願って(바라고), 3번의 적절한 단어는 受け入れる(받아 들이는), 4번의 적절한 단어는 到着する(도착한다)이다.

단어 向く(むく) 향하다 | 聞く(きく) 듣다, 묻다 | どんな 어떤 | 状況(じょうきょう) 상황 | 冷静だ(れいせいだ) 냉정하다 | 事実(じじつ) 사실 | 次(つぎ) 다음 | 列車(れっしゃ) 열차

실전문제 ②　　　　　　　　　　p.89

1 ③　　　2 ④　　　3 ①　　　4 ②　　　5 ④

1

丁寧 정중, 공손

1 과학은 여러 가지 <u>정중</u>한 것을 우리에게 제공해 준다.
2 그에게는 누구에게도 말할 수 없는 <u>정중</u>한 사정이 있을지도 모른다.
3 선생님이 되고, <u>정중</u>한 말을 쓰게 되었다.
4 농업이 <u>정중</u>한 지역에서 쌀이 생산되고 있다.

해설 丁寧는 '정중, 공손'이라는 뜻이므로, 先生(선생님), 言葉(말)와 함께 쓰인 **3 先生になって、丁寧な言葉を使うようになった(선생님이 되고, 정중한 말을 쓰게 되었다)**가 가장 적절하다. 1번의 적절한 단어는 便利(편리), 2번의 적절한 단어는 複雑(복잡), 4번의 적절한 단어는 盛ん(활발)이다.

단어 科学(かがく) 과학 | いろいろと 여러 가지 | 提供(ていきょう) 제공 | 事情(じじょう) 사정 | 言葉(ことば) 말, 언어 | 農業(のうぎょう) 농업 | 地域(ちいき) 지역 | 米(こめ) 쌀 | 生産(せいさん) 생산

2

もてる 인기가 있다

1 나는 당신의 행복을 <u>인기가 있고</u> 있습니다.
2 호텔까지는 가깝기 때문에, 길에 <u>인기가 있을</u> 걱정은 없습니다.
3 집에 친구를 <u>인기가 있어서</u> 파티를 열기로 했다.
4 야마다는 아주 잘생겨서 여자들에게 <u>인기가 있는</u> 타입입니다.

해설 もてる는 '인기가 있다'라는 뜻이므로, ハンサムで(잘생겨서), 女の人(여자)와 함께 쓰인 **4 山田はとてもハンサムで、女の人にもてるタイプです(야마다는 아주 잘생겨서 여자들에게 인기가 있는 타입입니다)**가 가장 적절하다. 1번의 적절한 단어는 願って(바라고), 2번의 적절한 단어는 迷う(헤맬), 3번의 적절한 단어는 招待して(초대해서)이다.

단어 幸せ(しあわせ) 행복 | ホテル 호텔 | 近い(ちかい) 가깝다
| 道(みち) 길 | 心配(しんぱい) 걱정 | パーティー 파티
| ハンサムだ 잘생기다 | タイプ 타입

3

> 親しい 친하다
>
> 1 기무라 군과는 <u>친하고</u>, 어떤 일이라도 서로 상담해
>   왔다.
> 2 그녀는 일하는 중이라 <u>친한</u> 것 같았기 때문에, 조금만
>   이야기를 하고 전화를 끊었다.
> 3 태양 빛이 <u>친해서</u>, 그는 한순간 아무것도 보이지 않
>   았다.
> 4 모두 분발해 준 것에 <u>친하게</u> 감사한다.

해설 親しい는 '친하다'라는 뜻이므로, 木村君(기무라 군)과
함께 쓰인 **1 木村君とは親しいし、どんなことでも相
談し合ってきた(기무라 군과는 친하고, 어떤 일이라
도 서로 상담해 왔다)**가 가장 적절하다. 2번의 적절한 단
어는 忙しそう(바쁜 것 같), 3번의 적절한 단어는 まぶし
くて(눈부셔서), 4번의 적절한 단어는 深く(깊이)이다.

단어 どんな 어떤 | 相談し合う(そうだんしあう) 서로 상담하다
| 仕事中(しごとちゅう) 일하는 중 | 少しだけ(すこしだ
け) 조금만 | 電話を切る(でんわをきる) 전화를 끊다 | 太
陽(たいよう) 태양 | 光(ひかり) 빛 | 一瞬(いっしゅん) 한
순간 | 頑張る(がんばる) 분발하다 | 感謝する(かんしゃ
する) 감사하다

4

> 好む 선호하다
>
> 1 경찰로서는 어떻게든 범인을 <u>선호하지</u> 않으면 안된다.
> 2 대부분의 아이는 아이스크림을 <u>선호한다</u>.
> 3 이 건에 관해서는 두 번 다시 그와 <u>선호하는</u> 일은 없습
>   니다.
> 4 <u>선호하고</u> 있어서 며칠이나 자지 못한 듯한 얼굴을 하고
>   있었다.

해설 好む는 '선호하다'라는 뜻이므로, 子供(아이), アイスク
リーム(아이스크림)와 함께 쓰인 **2 たいていの子供は
アイスクリームを好む(대부분의 아이는 아이스크림
을 선호한다)**가 가장 적절하다. 1번의 적절한 단어는 つ
かまなければ(잡지 않으면), 3번의 적절한 단어는 話す
(이야기하는), 4번의 적절한 단어는 悩んで(고민하고)이
다.

단어 警察(けいさつ) 경찰 | 何とか(なんとか) 어떻게든 | たい
てい 대부분 | 子供(こども) 아이 | アイスクリーム 아이스
크림 | 件(けん) 건 | 二度と(にどと) 두 번 다시 | 何日(な
んにち) 며칠 | 眠る(ねむる) 잠들다 | 顔(かお) 얼굴

5

> さます 깨다
>
> 1 전쟁 중에 너무나도 격하게 깼<u>다</u>.
> 2 일을 시간내에 <u>깨는</u> 능력이 필요하다.
> 3 무언가에 <u>깨고</u> 있는 듯, 서둘러 걸을 필요는 없다.
> 4 옆 방 벨소리 때문에 눈을 깼<u>다</u>.

해설 覚ます는 '깨다'라는 뜻이지만, 目와 결합해 目を覚ます
(めをさます)로 활용하는 경우, '눈 뜨다, (잠에서) 깨다'
로 해석되므로, 目(눈)와 함께 쓰인 **4 隣の部屋のベル
の音で目をさました(옆 방 벨소리 때문에 눈을 깼다)**
가 가장 적절하다. 1번의 적절한 단어는 戦った(싸웠다),
2번의 적절한 단어는 終わらせる(끝내는), 3번의 적절한
단어는 追われて(쫓기고)이다.

단어 戦争中(せんそうちゅう) 전쟁 중 | 激しい(はげしい) 격하
다 | 仕事(しごと) 일 | 時間(じかん) 시간 | ～内(ない) ~
내 | 急ぐ(いそぐ) 서두르다 | 歩く(あるく) 걷다 | 隣(とな
り) 옆 | 部屋(へや) 방 | ベル 벨 | 音(おと) 소리 | 目(め)
눈

실전문제 ③   p.90

1 ③   **2** ①   **3** ③   **4** ①   **5** ③

1

> 常識 상식
>
> 1 아이의 <u>상식</u>과 함께, 여러모로 돈도 들게 됩니다.
> 2 시험의 <u>상식</u>으로 반을 나누게 되었습니다.
> 3 사회인으로서 <u>상식</u>이 있는 인간이 되지 않으면 안 된다.
> 4 부장은 모든 <u>상식</u>을 지지 않으면 안 됐다.

해설 常識는 '상식'이라는 뜻이므로, 社会人(사회인), 人間(인
간)과 함께 쓰인 **3 社会人として常識のある人間にな
らなければいけない(사회인으로서 상식이 있는 인간
이 되지 않으면 안 된다)**가 가장 적절하다. 1번의 적절한
단어는 成長(성장), 2번의 적절한 단어는 成績(성적), 4
번의 적절한 단어는 責任(책임)이다.

단어 子供(こども) 아이 | いろいろ 여러 | かかる 들다, 소요되
다 | 試験(しけん) 시험 | クラス 반 | わける 나누다 | 社
会人(しゃかいじん) 사회인 | 人間(にんげん) 인간 | 部長
(ぶちょう) 부장

2

幼い 어리다

1 들어도 <u>어린</u> 시절의 일이라면, 잊고 있을지도 모릅니다.

2 야구는 여럿이서 보지 않으면 <u>어리다</u>.

3 어디가 아프다는 건 아니지만, 몸이 너무 <u>어리다</u>.

4 가장 <u>어린</u> 과자를 아이가 마지막까지 남겨두었다.

해설 幼い는 '어리다'라는 뜻이므로, ころ(시절)와 함께 쓰인 **1 聞いても幼いころのことでしたら、忘れているかもしれません(들어도 어린 시절의 일이라면, 잊고 있을지도 모릅니다)**가 가장 적절하다. 2번의 적절한 단어는 つまらない(재미없다), 3번의 적절한 단어는 だるい(나른하다), 4번의 적절한 단어는 好きな(좋아하는)이다.

단어 聞く(きく) 듣다, 묻다 | ころ 시절, 무렵 | 忘れる(わすれる) 잊다 | 野球(やきゅう) 야구 | 大勢(おおぜい) 여럿, 많은 사람 | 痛い(いたい) 아프다 | 体(からだ) 몸 | 一番(いちばん) 가장 | お菓子(おかし) 과자 | 子供(こども) 아이 | 残す(のこす) 남기다

3

ぎっしり 가득, 잔뜩, 가득 찬 모양

1 생각했던 것 보다 사건은 <u>가득</u>히 끝났습니다.

2 동생은 아직도 <u>가득</u>히 잠들어 있었지만, 일어나는 것을 기다릴 시간이 없다.

3 동생 방에 있는 선반은 책과 DVD로 <u>가득</u> 차 있다.

4 날이 <u>가득</u> 짧아져 순식간에 어두워졌습니다.

해설 ぎっしり는 '가득, 잔뜩, 가득 찬 모양'이라는 뜻이므로, 詰まっている(차 있다)와 함께 쓰인 **3 弟の部屋にある棚は本とDVDでぎっしり詰まっている(동생 방에 있는 선반은 책과 DVD로 가득 차 있다)**가 가장 적절하다. 1번의 적절한 단어는 すっきり(깔끔), 2번의 적절한 단어는 ぐっすり(푹), 4번의 적절한 단어는 すっかり(완전히)이다.

단어 思う(おもう) 생각하다 | 事件(じけん) 사건 | 眠る(ねむる) 잠들다 | 起きる(おきる) 일어나다 | 部屋(へや) 방 | 棚(たな) 선반 | 詰まる(つまる) 가득 차다 | 短い(みじかい) 짧다 | あっという間に(あっというまに) 순식간에 | 暗い(くらい) 어둡다

4

任せる 맡기다

1 이후의 일은 경찰에 <u>맡기는</u> 편이 좋습니다.

2 다 먹을 수 없을 만큼의 사과가 있기 때문에, 다같이 <u>맡깁시다</u>.

3 이상한 꿈을 꿨다고 생각되지만, 어떤 꿈이었는지는 <u>맡기지 않는다</u>.

4 아이가 걱정이라 밤에도 제대로 <u>맡기지 않는다</u>.

해설 任せる는 '맡기다'라는 뜻이므로, 警察(경찰)와 함께 쓰인 **1 後のことは警察に任せた方がいいです(이후의 일은 경찰에 맡기는 편이 좋습니다)**가 가장 적절하다. 2번의 적절한 단어는 分けましょう(나눕시다), 3번의 적절한 단어는 思い出せない(떠오르지 않는다), 4번의 적절한 단어는 眠れない(잠들 수 없다)이다.

단어 後(あと) 이후, 나중 | 警察(けいさつ) 경찰 | 食べきれない(たべきれない) 다 먹을 수 없다 | 夢(ゆめ) 꿈 | 心配(しんぱい) 걱정 | ろくに 제대로

5

経つ (시간이) 지나다, 경과하다

1 그가 올바른 판단을 <u>경과한다</u>고 믿고 있다.

2 야마다 씨는 항상 껌을 <u>경과하고</u> 있다.

3 꽤 시간이 <u>경과한</u> 듯한 느낌이 들었다.

4 엄마와 함께 정원에 꽃과 나무를 <u>경과하기</u>로 했습니다.

해설 経つ는 '(시간이) 지나다, 경과하다'라는 뜻이므로, 時間(시간)과 함께 쓰인 **3 ずいぶん時間が経ったような気がした(꽤 시간이 경과한 듯한 느낌이 들었다)**가 가장 적절하다. 1번의 적절한 단어는 下す(내린다), 2번의 적절한 단어는 噛んで(씹고), 4번의 적절한 단어는 植える(심기)이다.

단어 正しい(ただしい) 올바르다 | 判断(はんだん) 판단 | 信じる(しんじる) 믿다 | ガム 껌 | ずいぶん 꽤 | 時間(じかん) 시간 | 気がする(きがする) 느낌이 들다 | 庭(にわ) 정원 | 花(はな) 꽃 | 木(き) 나무

실전문제 ④   p.91

1 ①   **2** ②   **3** ④   **4** ①   **5** ②

1

諦める 포기하다

1 생각해봐도 어쩔 수 없다고 <u>포기해</u> 버렸다.

2 기무라는 사람의 얼굴을 <u>포기하는</u> 것을 잘합니다.

3 자세한 이야기는 와서 <u>포기한다</u>고 말하고 전화를 끊었다.

4 많은 사람을 알고 있지만, 당신을 다른 누구보다도 <u>포기하고</u> 있습니다.

해설 諦める는 '포기하다'라는 뜻이므로, どうにもならない(어쩔 수 없다)와 함께 쓰인 **1 考えてみてもどうにもならないと諦めてしまった(생각해 봐도 어쩔 수 없다고 포기해 버렸다)**가 가장 적절하다. 2번의 적절한 단어는 覚える(외우는), 3번의 적절한 단어는 話す(말한다), 4번의 적절한 단어는 信頼している(신뢰하고)이다.

단어 考える(かんがえる) 생각하다 | どうにもならない 어쩔 수 없다 | 顔(かお) 얼굴 | 得意だ(とくいだ) 잘하다, 자신이 있다 | 詳しい(くわしい) 자세하다 | 電話(でんわ) 전화 | 切る(きる) 끊다 | 他の(ほかの) 다른 | 誰(だれ) 누구

2

混ぜる 섞다

1 버스가 <u>섞여서</u> 탈 수 없는 경우도 있기 때문에, 조금 일찍 집을 나왔습니다.

2 빨강과 파랑을 <u>섞으면</u> 보라로 바뀝니다.

3 가장 인기인 가방은 <u>섞여</u> 있어서, 다음으로 인기 있는 것으로 했다.

4 자동차 면허를 <u>섞고</u> 있어도 실제로 운전한 적은 없다.

해설 混ぜる는 '섞다'라는 뜻이므로, 赤(빨강), 青(파랑), むらさき(보라)와 함께 쓰인 **2 赤と青を混ぜるとむらさきに変わります(빨강과 파랑을 섞으면 보라로 바뀝니다)**가 가장 적절하다. 1번의 적절한 단어는 混んで(혼잡해서), 3번의 적절한 단어는 売り切れて(품절돼), 4번의 적절한 단어는 持って(가지고)이다.

단어 赤(あか) 빨강 | 青(あお) 파랑 | むらさき 보라 | 一番(いちばん) 가장 | 人気(にんき) 인기 | 免許(めんきょ) 면허 | 実際に(じっさいに) 실제로 | 運転(うんてん) 운전

3

うろうろ 어슬렁, 우왕좌왕하는 모양

1 <u>어슬렁</u> 약속을 잊어버렸다.

2 그는 <u>어슬렁</u> 비밀을 알고 있다.

3 가장 큰 아들은 아버지와 <u>어슬렁</u>하다.

4 누군가를 찾고 있는지, 선배는 <u>어슬렁</u>거리고 있다.

해설 うろうろ는 '어슬렁, 우왕좌왕하는 모양'이라는 뜻이므로, 探す(찾다), 先輩(선배)와 함께 쓰인 **4 誰かを探し**

ているのか、先輩はうろうろしている(누군가를 찾고 있는지, 선배는 어슬렁거리고 있다)가 가장 적절하다. 1번의 적절한 단어는 うっかり(깜빡), 2번의 적절한 단어는 実は(사실은), 3번의 적절한 단어는 似て(닮았)이다.

단어 約束(やくそく) 약속 | 忘れる(わすれる) 잊다 | 秘密(ひみつ) 비밀 | 知る(しる) 알다 | 一番(いちばん) 가장 | 父親(ちちおや) 아버지 | 探す(さがす) 찾다 | 先輩(せんぱい) 선배

4

およそ 대략, 대강, 대개

1 금연하기까지 <u>대략</u> 2년 걸렸다.

2 누군가가 <u>대략</u> 뒤에서 따라오는 것 같은 느낌이 들었다.

3 1년에 한 번 개최되는 축제라서 <u>대략</u> 사람이 많습니다.

4 엄마는 나의 친구가 온다고 하며, 맛있는 요리를 <u>대략</u> 준비했다.

해설 およそ는 '대략, 대강, 대개'라는 뜻이므로, 2年(2년)과 함께 쓰인 **1 禁煙するまでに、およそ2年かかった(금연하기까지 대략 2년 걸렸다)**가 가장 적절하다. 2번의 적절한 단어는 なんとなく(어쩐지), 3번의 적절한 단어는 やはり(역시), 4번의 적절한 단어는 ちゃんと(제대로)이다.

단어 禁煙(きんえん) 금연 | かかる 걸리다, 소요되다 | 誰か(だれか) 누군가 | 後ろ(うしろ) 뒤 | 気がする(きがする) 느낌이 들다 | 行う(おこなう) 개최하다, 시행되다 | 祭り(まつり) 축제 | 友達(ともだち) 친구 | おいしい 맛있다 | 料理(りょうり) 요리 | 準備(じゅんび) 준비

5

たまたま 우연히, 마침

1 머리가 <u>우연히</u> 해서 쓰러질 뻔했다.

2 <u>우연히</u> 그 사건을 목격했습니다.

3 짐을 열고, 내용물을 <u>우연히</u> 해야만 한다.

4 중요한 자료를 <u>우연히</u> 해버렸다.

해설 たまたま는 '우연히, 마침'이라는 뜻이므로, 目撃しました(목격했습니다)와 함께 쓰인 **2 たまたまその事件を目撃しました(우연히 그 사건을 목격했습니다)**가 가장 적절하다. 1번의 적절한 단어는 ふらふら(어질어질), 3번의 적절한 단어는 確認(확인), 4번의 적절한 단어는 うっかり(깜빡)이다.

단어 頭(あたま) 머리 | 倒れる(たおれる) 쓰러지다 | 事件(じけん) 사건 | 目撃する(もくげきする) 목격하다 | 荷物(にもつ) 짐 | 開ける(あける) 열다 | 中身(なかみ) 내용물 | 重要だ(じゅうようだ) 중요하다 | 資料(しりょう) 자료

1 ②　　**2** ①　　**3** ①　　**4** ②　　**5** ③

1

> だます 속이다
>
> 1 인기인 치마는 이미 속였다.
> 2 믿고 있던 선배가 나를 속였다.
> 3 이것은 어린 시절의 추억이 속이고 있는 앨범입니다.
> 4 지난달보다 5킬로나 속였다.

해설　だます는 '속이다'라는 뜻이므로, 信じていた(믿고 있던)와 함께 쓰인 **2 信じていた先輩が、私をだました(믿고 있던 선배가 나를 속였다)**가 가장 적절하다. 1번의 적절한 단어는 売り切れた(품절되었다), 3번의 적절한 단어는 詰まって(담겨), 4번의 적절한 단어는 減った(줄었다)이다.

단어　人気(にんき) 인기 | スカート 치마 | 信じる(しんじる) 믿다 | 先輩(せんぱい) 선배 | 思い出(おもいで) 추억 | アルバム 앨범 | 先月(せんげつ) 지난달 | 〜キロ ~킬로(그램)

2

> 剥く (껍질을) 벗기다, 까다
>
> 1 엄마는 감자의 껍질을 벗기고 있었다.
> 2 자신을 믿고, 앞을 벗기려고 합니다.
> 3 그녀는 벗기고 방을 뛰쳐나갔다.
> 4 그 일을 제게 벗겨주세요.

해설　剥く는 '(껍질을) 벗기다, 까다'라는 뜻이므로, ジャガイモの皮(감자의 껍질)와 함께 쓰인 **1 母はジャガイモの皮を剥いていた(엄마는 감자의 껍질을 벗기고 있었다)**가 가장 적절하다. 2번의 적절한 단어는 進もう(나아가려고), 3번의 적절한 단어는 怒って(화내고), 4번의 적절한 단어는 任せて(맡겨)이다.

단어　ジャガイモ 감자 | 皮(かわ) 껍질 | 自分(じぶん) 자신 | 信じる(しんじる) 믿다 | 前(まえ) 앞 | 部屋(へや) 방 | 飛び出す(とびだす) 뛰쳐나가다 | 仕事(しごと) 일

3

> 役に立つ 도움이 되다
>
> 1 언젠가는 도움이 될 일이 있을지도 모른다고 생각했다.
> 2 그녀는 소문을 도움이 된다며 늘 내게 말한다.
> 3 나는 잡지를 보는 것이 도움이 되어 여러 가지를 생각했다.
> 4 아이는 손을 씻는 도움이 되는 습관을 갖고 있다.

해설　役に立つ는 '도움이 되다'라는 뜻이므로, いつか(언젠가), こと(일)와 함께 쓰인 **1 いつかは役に立つことが**

あるかもしれないと思った(언젠가는 도움이 될 일이 있을지도 모른다고 생각했다)가 가장 적절하다. 2번의 적절한 단어는 信じない(믿지 않는다), 3번의 적절한 단어는 参考になって(참고가 되어), 4번의 적절한 단어는 良い(좋은)이다.

단어　いつか 언젠가 | 噂(うわさ) 소문 | 雑誌(ざっし) 잡지 | 洗う(あらう) 씻다 | 習慣(しゅうかん) 습관 | 持つ(もつ) 가지다, 들다

4

> 承知する 알다 (겸양어)
>
> 1 어느 쪽 방향인지 확실하지 않았지만, 알면서 걷기 시작했다.
> 2 그 이야기라면 알고 있습니다.
> 3 수업이 재미있어서 아무도 알지 않았다.
> 4 도시락을 알고 먹는 것이 좋습니다.

해설　承知する는 '알다'라는 뜻의 겸양어이므로, 話(이야기)와 함께 쓰인 **2 その話なら承知しています(그 이야기라면 알고 있습니다)**가 가장 적절하다. 1번의 적절한 단어는 一応(일단), 3번의 적절한 단어는 寝なかった(자지 않았다), 4번의 적절한 단어는 準備して(준비해서)이다.

단어　方向(ほうこう) 방향 | 歩き始める(あるきはじめる) 걷기 시작하다 | 話(はなし) 이야기 | 授業(じゅぎょう) 수업 | 面白い(おもしろい) 재미있다 | 誰も(だれも) 아무도 | 弁当(べんとう) 도시락

5

> わざと 일부러, 고의로
>
> 1 감기에 걸려버려서 일부러 힘들었다.
> 2 내용을 일부러 정리해서 써 주세요.
> 3 두 아이는 일부러 모르는 척하고 있었다.
> 4 노력의 결과 일부러 상을 받았다.

해설　わざと는 '일부러, 고의로'라는 뜻이므로, 知らないふり(모르는 척)와 함께 쓰인 **3 二人の子供はわざと知らないふりをしていた(두 아이는 일부러 모르는 척하고 있었다)**가 가장 적절하다. 1번의 적절한 단어는 とても(매우), 2번의 적절한 단어는 簡潔に(간결하게), 4번의 적절한 단어는 見事に(훌륭히)이다.

단어　風邪を引く(かぜをひく) 감기에 걸리다 | 内容(ないよう) 내용 | まとめる 정리하다 | 子供(こども) 아이 | 〜ふり ~하는 척 | 努力(どりょく) 노력 | 賞(しょう) 상

1 ②　　**2** ③　　**3** ④　　**4** ④　　**5** ①

1

留守 부재중, 집을 비움

1 그녀는 여러 부재중으로 감동했다고 합니다.
2 집 열쇠를 잠그고, 부재중을 이웃에게 부탁하고 여행을 갔다.
3 선배의 부재중이 좋은 날짜를 알려 주세요.
4 나는 부재중을 받아서 집으로 갖고 돌아갔다.

해설 留守는 '부재중, 집을 비움'이라는 뜻이므로, 家の鍵を閉めて(집 열쇠를 잠그고)와 함께 쓰인 **2 家の鍵を閉めて、留守を隣の人に頼んで旅行に行った(집 열쇠를 잠그고, 부재중을 이웃에게 부탁하고 여행을 갔다)**가 가장 적절하다. 1번의 적절한 단어는 出来事(사건), 3번의 적절한 단어는 都合(상황), 4번의 적절한 단어는 プレゼント(선물)이다

단어 いろいろ 여러 | 感動(かんどう) 감동 | 鍵(かぎ) 열쇠 | 隣(となり) 이웃 | 旅行(りょこう) 여행 | 先輩(せんぱい) 선배 | 教える(おしえる) 알리다, 가르치다 | 持ち帰る(もちかえる) 갖고 돌아가다

2

揃える 갖추다

1 인터넷으로 주문할 때는 은행에서 갖추지 않으면 안 된다.
2 어린 시절부터 운동이 갖추어져서 지금도 스포츠는 좋아하지 않는다.
3 준비를 하거나 필요한 사람을 갖추는 데 3시간 정도 걸리겠죠.
4 밥을 먹은 지 얼마 안 됐는데 벌써 배가 갖추어졌습니다.

해설 揃える는 '갖추다'라는 뜻이므로, 必要な人(필요한 사람)와 함께 쓰인 **3 準備をしたり、必要な人を揃えるのに3時間ぐらいかかるでしょう(준비를 하거나 필요한 사람을 갖추는 데 3시간 정도 걸리겠죠)**가 가장 적절하다. 1번의 적절한 단어는 振り込まなければ(입금하지 않으면), 2번의 적절한 단어는 苦手で(서툴러서), 4번의 적절한 단어는 すいた(고프다)이다.

단어 インターネット 인터넷 | 注文(ちゅうもん) 주문 | 銀行(ぎんこう) 은행 | 頃(ころ) 시절, 무렵 | スポーツ 스포츠 | 準備(じゅんび) 준비 | 必要だ(ひつようだ) 필요하다 | 時間(じかん) 시간 | ご飯(ごはん) 밥 | もう 이미, 이제, 벌써 | おなかがすく 배가 고프다

3

やり直す 다시 하다

1 목소리가 들려서 다시 해 봤더니, 아무도 없었다.
2 작년부터 손님이 줄어 결국 다시 해 버렸다.
3 눈 때문에 관광객이 다시 했다.
4 포기하지 말고, 한 번 더 다시 해 봅시다.

해설 やり直す는 '다시 하다'라는 뜻이므로, もう一度(한 번 더)와 함께 쓰인 **4 諦めないで、もう一度やり直してみましょう(포기하지 말고, 한 번 더 다시 해 봅시다)**가 가장 적절하다. 1번의 적절한 단어는 後ろを見て(뒤를 봐), 2번의 적절한 단어는 やめて(그만두어), 3번의 적절한 단어는 来られなかった(오지 못했다)이다.

단어 声(こえ) 목소리 | 聞こえる(きこえる) 들리다 | 去年(きょねん) 작년 | お客さん(おきゃくさん) 손님 | 結局(けっきょく) 결국 | 雪(ゆき) 눈 | 観光客(かんこうきゃく) 관광객 | 諦める(あきらめる) 포기하다 | もう一度(もういちど) 한 번 더

4

ある日 어느 날

1 선생님의 생일은 어느 날입니까?
2 어느 날이 상황이 괜찮으신가요?
3 그와는 어느 날부터 사귀고 있었나요?
4 어느 날, 남자가 찾아와 편지를 건넸다.

해설 ある日는 불특정한 시점의 '어느 날'이라는 뜻이므로, **4 ある日、男がやってきて、手紙を渡していった(어느 날, 남자가 찾아와 편지를 건넸다)**가 가장 적절하다. 1번, 2번, 3번의 적절한 단어는 특정 시점을 나타내는 いつ(언제)이다.

단어 誕生日(たんじょうび) 생일 | 都合(つごう) 상황 | よろしい 괜찮다(존경어) | 付き合う(つきあう) 사귀다 | 手紙(てがみ) 편지 | 渡す(わたす) 건네다

5

日程 일정

1 내일 일정은 아래 대로입니다.
2 엽서를 일정에 내고 왔습니다.
3 그녀는 꼼꼼한 일정이기 때문에 일도 정성스럽게 합니다.
4 앞으로도 사람들에게 도움이 되는 일정을 만들고 싶습니다.

해설 日程는 '일정'이라는 뜻이므로, 明日(내일), 以下の通り(아래 대로)와 함께 쓰인 **1 明日の日程は以下の通りです(내일 일정은 아래 대로입니다)**가 가장 적절하다. 2번의 적절한 단어는 郵便局(우체국), 3번의 적절한 단어는 性格(성격), 4번의 적절한 단어는 活動(활동)이다.

단어 明日(あした) 내일 | 以下(いか) 이하 | ～通り(どおり) ~대로 | はがき 엽서 | 出す(だす) 내다 | 几帳面だ(きちょうめんだ) 꼼꼼하다 | 仕事(しごと) 일 | 丁寧だ(ていねいだ) 정성스럽다, 정중하다 | 役に立つ(やくにたつ) 도움이 되다

문제 1 문법형식 판단

실전문제 ①   p.148

1 ②	2 ②	3 ①	4 ②	5 ①
6 ③	7 ②	8 ③	9 ④	10 ③
11 ④	12 ②	13 ②		

1

학생인 (동안에) 한 번도 아르바이트를 한 적이 없다.

1 間 동안　　　　　 2 間に 동안에
3 たびに 때마다　　 4 おきに 걸러

해설 한 번도 아르바이트를 해 본 적이 없는 상황이다. '학생인'과 '한 번도'를 자연스럽게 연결할 수 있는 표현이 필요하므로 시간의 범위를 나타내는 **2 間に(동안에)**가 정답이다.

단어 **学生(がくせい)** 학생 ｜ **一度(いちど)** 한 번 ｜ **アルバイト** 아르바이트

2

그녀는 너무 솔직해서, 친구와의 관계를 나쁘게 해 버리기 (쉽다).

1 からだ 때문이다　　 2 がちだ 쉽다
3 せいだ 탓이다　　　 4 だけだ 뿐이다

해설 솔직한 것과 친구 관계를 이야기하는 상황이다. '나쁘게 해 버리기'와 자연스럽게 연결할 수 있는 표현이 필요하므로 부정적인 경향이나 자주 일어나는 버릇을 나타내는 **2 がちだ(쉽다)**가 정답이다.

단어 **彼女(かのじょ)** 그녀 ｜ **正直だ(しょうじきだ)** 솔직하다 ｜ **関係(かんけい)** 관계 ｜ **悪くする(わるくする)** 나쁘게 하다

3

자전거가 고장나 버려서, 걸어서 돌아갈 (수밖에 없다).

1 しかない 수밖에 없다
2 ことができる 수 있다
3 НためだН 위해서다
4 おそれがある 우려가 있다

해설 자전거가 고장난 상황이다. '돌아갈'과 자연스럽게 연결할 수 있는 표현이 필요하므로 달리 선택지가 없음을 나타내는 **1 しかない(수밖에 없다)**가 정답이다.

단어 **自転車(じてんしゃ)** 자전거 ｜ **歩く(あるく)** 걷다 ｜ **帰る(かえる)** 돌아가(오)다

4

걱정인 (나머지) 전혀 잘 수 없었다.

1 くせに 주제에　　　 2 あまり 나머지
3 おかげで 덕분에　　 4 とちゅうに 도중에

해설 걱정 때문에 잘 수 없는 상황이다. '걱정인'과 '전혀'를 자연스럽게 연결할 수 있는 표현이 필요하므로 감정, 상황, 정도의 강함을 나타내는 **2 あまり(나머지)**가 정답이다.

단어 **心配(しんぱい)** 걱정 ｜ **全然(ぜんぜん)** 전혀 ｜ **眠る(ねむる)** 잠들다

5

그녀는 존중받(기는커녕) 무시당하고 있다.

1 どころか 기는커녕　　 2 といっても 는다고 해도
3 ところで 는 점에서　　 4 というと 는다고 하면

해설 '존경받'과 '무시당하고 있다'를 자연스럽게 연결할 수 있는 표현이 필요하므로 예상과 전혀 다른 결과나 정도의 차이를 강조하는 **1 どころか(기는 커녕)**가 정답이다.

단어 **彼女(かのじょ)** 그녀 ｜ **尊重(そんちょう)** 존중 ｜ **無視(むし)** 무시

6

수업 중이기 때문에, 교실에 (들어가지 마)라고 들었습니다.

1 入るよ 들어갈게　　 2 入るね 들어가네
3 入るな 들어가지 마　 4 入るんだ 들어가는구나

해설 수업 중인 상황이다. '교실에'와 '라고 들었습니다'를 자연스럽게 연결할 수 있는 표현이 필요하므로 **3 入るな (들어가지 마)**가 정답이다.

단어 **授業中(じゅぎょうちゅう)** 수업 중 ｜ **教室(きょうしつ)** 교실

7

낮이어도 밤과 다르지 않을 (정도로) 어두웠다.

1 さえ 조차　　　　 2 ほど 정도로
3 だけ 뿐, 만　　　 4 しか 밖에

해설 낮을 밤과 비교하는 상황이다. '밤과 다르지 않을'과 자연스럽게 연결할 수 있는 표현이 필요하므로 정도를 나타내는 **2 ほど(정도로)**가 정답이다.

단어 昼間(ひるま) 낮, 점심 | 夜(よる) 밤, 저녁 | 変わる(かわ
る) 바뀌다, 다른 상태가 되다 | 暗い(くらい) 어둡다

8

(식당에서)
A「뭘로 할까?」
B「많이 주문하지 마, 둘이서는 (다 먹지 못하)니까.」

1 食べきれる 다 먹을 수 있으
2 食べかけだ 먹다 마
3 食べきれない 다 먹지 못하
4 食べっぱなしだ 먹다 만 채

해설 B가 음식을 많이 주문하지 말라고 요청하는 상황이다.
'둘이서는'과 자연스럽게 연결할 수 있는 표현이 필요하
므로 **3 食べきれない(다 먹지 못하)**가 정답이다.

단어 食堂(しょくどう) 식당 | いっぱい 가득, 많이 | 頼む(たの
む) 부탁하다, 주문하다

9

저 아이는 옛날(에 비해서) 꽤 얌전해졌네요.

1 において 에 있어   2 にとって 에 있어서
3 について 에 대해서   4 にくらべて 에 비해서

해설 '옛날'과 '꽤 얌전해졌네요'를 자연스럽게 연결할 수 있는
표현이 필요하므로 비교를 나타내는 **4 にくらべて(에
비해서)**가 정답이다.

단어 昔(むかし) 옛날 | ずいぶん 꽤 | おとなしい 얌전하다

10

친구에게 사진을 보여주려고 했을 때, 스마트폰을 (떨어뜨
려 버렸다).

1 落としておいた 떨어뜨려 두었다
2 落とさせておいた 떨어뜨리게 해 두었다
3 落としてしまった 떨어뜨려 버렸다
4 落とさせてしまった (다른 사람에게) 떨어뜨리게 해
  버렸다

해설 사진을 보여주려는 상황이다. '스마트폰을'과 자연스럽게
연결할 수 있는 표현이 필요하므로 **3 落としてしまった
(떨어뜨려 버렸다)**가 정답이다.

단어 写真(しゃしん) 사진 | 見せる(みせる) 보여주다 | スマー
トフォン 스마트폰

11

어제는 눈이 많이 내려서 힘들었지만, 오늘은 더 이상 (내
리지 않는다).

1 降る 내린다
2 降らなかった 내리지 않았다
3 降っている 내리고 있다
4 降っていない 내리지 않는다

해설 어제 눈이 많이 내린 상황이다. '오늘은 더 이상'과 자연
스럽게 연결할 수 있는 표현이 필요하므로 **4 降ってい
ない(내리지 않는다)**가 정답이다.

단어 雪(ゆき) 눈 | たくさん 많이 | 降る(ふる) 내리다 | 大変
だ(たいへんだ) 힘들다

12

교실에서 숙제를 하고 있었을 때, 야마다 씨가 내 쪽으로
(걸어오는 것이) 보였습니다.

1 歩いていくのが 걸어가는 것이
2 歩いてくるのが 걸어오는 것이
3 歩いていくことが 걸어가는 것이
4 歩いてくることが 걸어오는 것이

해설 '내 쪽으로'와 자연스럽게 연결할 수 있는 표현이 필요하
다. 해석으로는 2 歩いてくるのが와 4 歩いてくること
가 둘 다 가능하지만, 見える(보이다) 앞에는 の만 가능
하므로 **2 歩いてくるのが(걸어오는 것이)**가 정답이다.

단어 教室(きょうしつ) 교실 | 宿題(しゅくだい) 숙제 | 方(ほ
う) 방향, 쪽 | 見える(みえる) 보이다

13

회의 준비를 위해서, 자료는 내일까지 (보내주세요).

1 送ってあげられますか (내가) 보내 드릴 수 있을까요?
2 お送りください 보내 주세요
3 送られますか 보내지십니까?
4 送るわけにはいきません 보낼 수는 없습니다

해설 회의 준비를 하는 상황이다. '자료는 내일까지'와 자연스
럽게 연결할 수 있는 표현이 필요하다. お + 동사 ます형 +
ください는 ~てください(~해 주세요)의 정중 표현이므
로 **2 お送りください(보내 주세요)**가 정답이다.

단어 会議(かいぎ) 회의 | 準備(じゅんび) 준비 | 資料(しりょ
う) 자료 | 明日(あした) 내일

1 ④	**2** ④	**3** ③	**4** ②	**5** ③
6 ③	**7** ②	**8** ②	**9** ②	**10** ②
11 ④	**12** ④	**13** ④		

1

하루 종일 아무것도 먹지 않았기 때문에, 배가 고파서 (어쩔 수 없다).

1 きれない 다 ~할 수 없다
2 かまわない 상관없다
3 しかない 밖에 없다
4 しかたがない 어쩔 수 없다, 방법이 없다

해설 하루 종일 아무것도 먹지 않은 상황이다. '배가 고파서'와 자연스럽게 연결할 수 있는 표현이 필요하므로 불가피함을 나타내는 **4 しかたがない(어쩔 수 없다)**가 정답이다.

단어 一日中(いちにちじゅう) 하루 종일 | 何も(なにも) 아무것도 | お腹(おなか) 배 | お腹がすく(おなかがすく) 배가 고프다

2

일본인 친구가 생긴 덕분에, 전보다 일본어를 말할 수 있(게 되었다).

1 ことにした 기로 했다　2 ことになった 게 되었다
3 ようにした 도록 했다　4 ようになった 게 되었다

해설 일본어를 말하지 못했으나, 말할 수 있게 된 상황으로, 가능해진 것을 나타내는 **4 ようになった(게 되었다)**가 정답이다. ことになった는 스스로 정한 결정이 아니라 상황, 규칙, 타인의 결정에 의한 것을 나타내므로 정답이 될 수 없다.

단어 日本人(にほんじん) 일본인 | 前(まえ) 전, 이전 | 話す(はなす) 말하다, 이야기하다

3

신입사원의 연수는, 본사의 대회의실(에서) 내일부터 시작됩니다.

1 について 에 대해서　　2 によって 에 의해서
3 において 에서　　　　4 に対して 에 대해

해설 신입사원 연수에 대해 알리는 상황이다. '대회의실'과 자연스럽게 연결할 수 있는 표현이 필요하므로 장소를 나타내는 표현이자 격식을 차린 표현인 **3 において(에서)**가 정답이다.

단어 新入社員(しんにゅうしゃいん) 신입사원 | 研修(けんしゅう) 연수 | 大会議室(だいかいぎしつ) 대회의실 | 始まる(はじまる) 시작되다

4

밤 12시가 지났는(데도), 딸은 아직 돌아오지 않는다.

1 ので 때문에　　　　2 のに 데도
3 のは 것은　　　　　4 のも 것도

해설 시간이 늦었으나 딸이 돌아오지 않은 상황이다. '지났는'과 '돌아오지 않는다'를 자연스럽게 연결할 수 있는 표현이 필요하므로 **2 のに(데도)**가 정답이다.

단어 夜(よる) 밤 | 過ぎる(すぎる) 지나다 | 娘(むすめ) 딸 | 帰る(かえる) 돌아오(가)다

5

3년간 일해서, (마침내) 자신의 가게를 열 수 있었다.

1 次第に 점차　　　　2 今にも 금방이라도
3 ついに 마침내　　　4 決して 결코

해설 3년 일해서 가게를 연 상황이다. 오랜 시간이나 과정을 거쳐서 최종적으로 어떤 일이 일어나는 것을 나타내는 **3 ついに(마침내)**가 정답이다.

단어 働く(はたらく) 일하다 | 自分(じぶん) 자신, 자기 | 店(みせ) 가게

6

다음 달 콘서트에 인기 밴드가 나온다니까, 나도 (갈까)?

1 行くのか 가는 것인가　　2 行ったものか 갔던 것인가
3 行こうか 갈까　　　　　4 行かないか 가지 않을까

해설 콘서트에 인기 밴드가 나오는 상황이다. '나도'와 자연스럽게 연결할 수 있는 표현이 필요하므로 **3 行こうか(갈까)**가 정답이다.

단어 来月(らいげつ) 다음 달 | コンサート 콘서트 | 人気(にんき) 인기 | バンド 밴드 | 出る(でる) 나오다

7

그가 회의에 참석(할지 어떨지) 저는 모릅니다.

1 とは 하다니　　　　2 かどうか 할지 어떨지
3 として 한다고　　　4 どころか 하기는커녕

해설 '참석할'과 '모릅니다'를 자연스럽게 연결하는 표현이 필요하므로 의문을 나타내는 **2 かどうか(할지 어떨지)**가 정답이다.

단어 彼(かれ) 그 | 会議(かいぎ) 회의 | 出席(しゅっせき) 출석, 참석 | わかる 알다

8

(부엌에서)
A 「소금 (같은 거) 있어?」
B 「아마 선반 오른쪽에 있을 거라고 생각해.」

1 しか 밖에　　　　2 とか 같은 거
3 こそ 이야말로　　4 のみ 만, 뿐

해설　부엌에서 조미료의 여부에 대해 묻는 상황이다. '소금'과 '있어'를 자연스럽게 연결할 수 있는 표현이 필요하므로 **2 とか(같은 거)**가 정답이다.

단어　塩(しお) 소금 | たぶん 아마 | 棚(たな) 선반 | 右(みぎ) 오른쪽

9

오늘 아침 사고를 (당했기 때문에) 늦어버렸습니다.

1 あったくせに 당했던 주제에
2 あったために 당했기 때문에
3 あったところで 당해 봤자
4 あったごとに 당할 때마다

해설　'사고를'과 '늦어버렸습니다'를 자연스럽게 연결하는 표현이 필요하다. ～ために는 주로 부정의 이유를 나타낼 때 사용하므로 **2 あったために(당했기 때문에)**가 정답이다.

단어　今朝(けさ) 오늘 아침 | 事故(じこ) 사고 | 遅れる(おくれる) 늦다

10

빨리 돌아가고 싶어도, 일 때문에 (돌아갈 수) 있을 것 같지 않다.

1 帰る ×　　　　　2 帰れ 돌아갈 수
3 帰れば ×　　　　4 帰ろう ×

해설　～そうもない는 현실적으로 불가능함을 나타내는 문형으로, 동사 ます형에 접속한다. 따라서 **2 帰れ(돌아갈 수)**가 정답이다.

단어　早く(はやく) 빨리 | 帰る(かえる) 돌아가(오)다 | 仕事(しごと) 일

11

출전하는 선수는 모두, 과거에 전국 대회에서 좋은 성적을 얻었기 때문에, 이번 대회는 누가 (우승해도 이상하지 않다).

1 優勝しようがない 우승할 방법이 없다
2 優勝に違いない 우승임에 틀림없다
3 優勝してしまう 우승해 버린다
4 優勝しても不思議ではない 우승해도 이상하지 않다

해설　출전하는 모든 선수가 우수한 상황이다. '누가'와 자연스럽게 연결할 수 있는 표현이 필요하므로 **4 優勝しても不思議ではない(우승해도 이상하지 않다)**가 정답이다.

단어　出場(しゅつじょう) 출전 | 選手(せんしゅ) 선수 | 過去(かこ) 과거 | 全国(ぜんこく) 전국 | 大会(たいかい) 대회 | 成績(せいせき) 성적 | 得る(える) 얻다

12

(집에서)
A 「영화관, 오후 6시부터 붐빌 것 같대.」
B 「그럼 5시 반까지 영화관에 도착할 수 있도록 일찍 집을 (나가는 편이 좋을지도 모르겠)네.」
A 「응, 그러자.」

1 出てはいけないらしい 나가서는 안 된다는 것 같
2 出なくてもよさそうだ 나가지 않아도 괜찮을 것 같
3 出るかもしれない 나갈지도 모르겠
4 出たほうがいいかもしれない 나가는 편이 좋을지도 모르겠

해설　오후 6시부터 영화관이 붐비므로, '일찍 집을'과 자연스럽게 연결할 수 있는 **4 出たほうがいいかもしれない(나가는 편이 좋을지도 모르겠)**가 정답이다.

단어　映画館(えいがかん) 영화관 | 混む(こむ) 붐비다 | 着く(つく) 도착하다 | 出る(でる) 나가다

13

조금 부탁이 있습니다만, 몸 상태가 좋지 않아서, 오늘은 좀 일찍 (돌아가도 될까요?)

1 帰ってくださいませんか 돌아가 주시지 않겠습니까?
2 お帰りになりますか 돌아가시겠습니까?
3 お帰りしますか ×
4 帰らせてもらえませんか 돌아갈 수 있을까요?

해설　몸 상태가 좋지 않은 상황으로, '일찍'과 자연스럽게 연결할 수 있는 표현이 필요하다. 사역형+もらえませんか는 상대에게 내가 어떤 행동을 하는 데 있어 허락을 구하는 정중한 표현이므로 **4 帰らせてもらえませんか(돌아가도 될까요?)**가 정답이다.

단어　お願い(おねがい) 부탁 | 体(からだ) 몸 | 調子(ちょうし) 상태, 컨디션 | 帰る(かえる) 돌아가(오)다

실전문제 ③　　　　　　　p.152

1 ③	2 ②	3 ②	4 ②	5 ③
6 ②	7 ①	8 ③	9 ②	10 ②
11 ③	12 ④	13 ②		

1

나(에게) 있어 가장 소중한 존재는 가족입니다.

1 は 은/는 2 も 도, 씩이나

3 に 에게 4 と 와/과

해설 '나'와 '있어'를 자연스럽게 연결할 수 있는 조사가 필요하다. ~にとって는 어떤 대상이나 주제에 대해 말하거나 생각하는 것을 나타내는 표현이므로 **3 に(에게)**가 정답이다.

단어 私(わたし) 나 | ~にとって ~에게 있어 | 一番(いちばん) 가장 | 大切だ(たいせつだ) 소중하다 | 存在(そんざい) 존재 | 家族(かぞく) 가족

2

시간만 (있으면), 좋아하는 작가의 신작을 읽고 싶습니다.

1 あろう 있자

2 あれば 있으면

3 あるかどうか 있을지 어떨지

4 あって 있어서

해설 좋아하는 작가의 책을 읽고 싶다고 말하는 상황이다. さえに 이어 조건을 나타내는 표현인 **2 あれば(있으면)**가 정답이다.

단어 時間(じかん) 시간 | 好きだ(すきだ) 좋아하다 | 作家(さっか) 작가 | 新作(しんさく) 신작 | 読む(よむ) 읽다

3

부장님(을 대신해서) 내일 출장에 가게 되었습니다.

1 につれて 을 따라서 2 のかわりに 을 대신해서

3 のわりに 에 비해서 4 にとって 에게 있어서

해설 내일 출장을 가는 상황이다. '부장님'과 '내일 출장에 가게'를 자연스럽게 연결할 수 있는 표현이 필요하므로 대신을 나타내는 **2 のかわりに(을 대신해서)**가 정답이다.

단어 部長(ぶちょう) 부장 | 明日(あした) 내일 | 出張(しゅっちょう) 출장 | 行く(いく) 가다

4

설령 시험에 (떨어져도) 인생이 끝난 것은 아니다.

1 落ちると 떨어지면 2 落ちても 떨어져도

3 落ちれば 떨어지면 4 落ちたら 떨어지면

해설 '시험에'와 '인생이 끝난 것은 아니다'를 자연스럽게 연결할 수 있는 표현이 필요하므로 **2 落ちても(떨어져도)**가 정답이다.

단어 たとえ 설령 | 試験(しけん) 시험 | 人生(じんせい) 인생 | 終わる(おわる) 끝나다

5

저런 맛없는 가게에 두 번 다시 갈까 (보냐).

1 ものだ 것이다 2 ことか 것인가

3 ものか 보냐 4 ものを 것을

해설 맛없는 가게에 대한 본인의 생각을 말하고 있는 상황이다. '갈까'와 자연스럽게 연결할 수 있는 표현이 필요하므로 다시는 하지 않겠다는 의미를 나타내는 **3 ものか(보냐)**가 정답이다.

단어 まずい 맛없다 | 二度と(にどと) 두 번 다시 | 行く(いく) 가다

6

그녀는 어릴 때부터 몸이 약해서 (자주) 병에 걸리기 (쉽다).

1 かけだ 하다 말았다 2 がちだ 자주 ~(하기)쉽다

3 気味だ 기미가 있다 4 だらけだ 투성이다

해설 몸이 약한 여자에 대해 이야기하는 상황이다. '병에 걸리기'와 자연스럽게 연결할 수 있는 표현이 필요하므로 부정적인 경향이나 자주 일어나는 버릇을 나타내는 **2 がちだ(자주 ~쉽다)**가 정답이다.

단어 彼女(かのじょ) 그녀 | 子供(こども) 아이 | 体(からだ) 몸 | 弱い(よわい) 약하다 | 病気(びょうき) 병

7

이렇게 두꺼운 책은 하루로는 (다 읽을 수 없습니다).

1 読みきれません 다 읽을 수 없습니다

2 読むかもしれません 읽을지도 모릅니다

3 読むところでした 읽으려던 참이었습니다

4 読もうとしました 읽으려고 했습니다

해설 '하루로는'과 자연스럽게 연결할 수 있는 표현이 필요하므로 **1 読みきれません(다 읽을 수 없습니다)**이 정답이다.

단어 ぶ厚い(ぶあつい) 두껍다 | 本(ほん) 책 | 一日(いちにち) 하루 | 読む(よむ) 읽다

8

A 「최근 스마트폰은 정말로 대단해. 사진도 예쁘게 찍을 수 있고, 번역까지 가능해.」

B 「와, 스마트폰 하나로 (무엇이든) 가능하네.」

1 なんか 무언가 2 なんて 라니

3 なんでも 무엇이든 4 なにも 아무것도

해설 A가 스마트폰의 다양한 기능을 말하고 있고, 이에 B가 놀라는 상황이다. '하나로'와 '가능하네'를 자연스럽게 연결할 수 있는 표현이 필요하므로 **3 なんでも(무엇이든)**가

정답이다.

단어 最近(さいきん) 최근 | スマホ 스마트폰 | 写真(しゃしん) 사진 | きれいだ 예쁘다, 깨끗하다 | 撮る(とる) 찍다 | 翻訳(ほんやく) 번역

9

이 영화는 (분명) 감동하겠지만, 조금 너무 길다고 생각한다.

1 少しも 조금도　　　　2 たしかに 분명
3 いまにも 금방이라도　　4 すぐに 바로

해설 '감동하겠지만'과 자연스럽게 연결할 수 있는 표현이 필요하므로 **2 たしかに(분명)**가 정답이다.

단어 映画(えいが) 영화 | 感動(かんどう) 감동 | 長い(ながい) 길다

10

이 작품은 아이의 장난(이라고밖에) 말할 수 없다.

1 ところを 인 것을　　　2 としか 이라고밖에
3 とばかり 이라는 듯　　4 としても 이라고 해도

해설 작품에 대한 평가를 하는 상황이다. '장난'과 '말할 수 없다'를 자연스럽게 연결할 수 있는 표현이 필요하므로 앞의 말에 대한 한정을 나타내는 **2 としか(이라고밖에)**가 정답이다.

단어 作品(さくひん) 작품 | 子供(こども) 아이 | いたずら 장난 | 言う(いう) 말하다

11

A「미키야, 최근 매일 헬스장에 다니고 있지.」
B「응, 건강을 위해서 앞으로 매일 아침 (운동하기로 했어).」

1 運動することがあるよ 운동할 때가 있어
2 運動しそうだよ 운동할 것 같아
3 運動することにしたよ 운동하기로 했어
4 運動してきたよ 운동해 왔어

해설 앞으로의 B의 결심을 이야기하는 상황이다. ～ことにする는 어떤 행동을 하기로 결정할 때 사용하므로 **3 運動することにしたよ(운동하기로 했어)**가 정답이다.

단어 最近(さいきん) 최근 | ジム 헬스장 | 通う(かよう) 다니다 | 健康(けんこう) 건강 | 毎朝(まいあさ) 매일 아침 | 運動(うんどう) 운동

12

비상구 앞에는 물건을 놓지 않도록 하고, 피난에 방해되지 않도록 (주의해 주세요).

1 気をつけやすいです 주의하기 쉽습니다
2 気を付けてない方がいいです 주의하지 않는 편이 좋습니다
3 気を付けてはなりません 주의해서는 안 됩니다
4 気を付けてください 주의해 주세요

해설 주의를 주는 상황이다. '방해되지 않도록'과 자연스럽게 연결할 수 있는 표현이 필요하므로 **4 気を付けてください(주의해 주세요)**가 정답이다.

단어 非常口(ひじょうぐち) 비상구 | 物(もの) 물건 | 置く(おく) 놓다 | 避難(ひなん) 피난 | じゃま 방해

13

(회사에서)
A「지난번에는 정말 감사했습니다. 근사한 선물을 (받았습니다).」
B「마음에 들어 해 줘서 기뻐요.」

1 さしあげました 드렸습니다
2 いただきました 받았습니다
3 くださいました 주셨습니다
4 いたしました 했습니다

해설 A가 감사를 말하는 상황으로 '선물을'과 자연스럽게 연결할 수 있는 표현이 필요하다. いただく는 もらう(받다)의 겸양 표현이므로 **2 いただきました(받았습니다)**가 정답이다.

단어 先日(せんじつ) 지난번 | 素敵だ(すてきだ) 근사하다 | お土産(おみやげ) 선물 | 気に入る(きにいる) 마음에 들다 | うれしい 기쁘다

실전문제 ④　　　　　　　p.154

1 ②	2 ②	3 ②	4 ③	5 ③
6 ②	7 ①	8 ③	9 ①	10 ③
11 ①	12 ③	13 ①		

1

친구가 만들어 준 라멘은 나(에게는) 너무 매웠다.

1 へは (장소) 에는　　　2 には 에게는
3 では 에서는　　　　　4 とは 와는

해설 라멘을 먹고 난 후의 나의 감상을 말하는 상황이다. '나'와 '너무 매웠다'를 자연스럽게 연결할 수 있는 표현이 필요하므로 **2 には(에게는)**가 정답이다.

단어 友達(ともだち) 친구 | 作る(つくる) 만들다 | くれる (다른 사람이 나에게) 주다 | ラーメン 라멘 | 辛い(からい) 맵다

2

이 가방은 여동생 (것임에) 틀림없다.

1 のが 것이　　　　　　2 のに 것임에
3 のを 것을　　　　　　4 ので 것이기 때문에

해설 '여동생'과 '틀림없다'를 자연스럽게 연결할 수 있는 표현이 필요하다. ～に間違いない는 무언가를 확신할 때 사용하고 の는 소유를 나타내므로 **2 のに(것임에)**가 정답이다.

단어 かばん 가방 | 妹(いもうと) 여동생 | 間違いない(まちがいない) 틀림없다

3

이번 발표는 틀려먹었지만, 다음(이야말로) 좋은 모습을 보여주겠다.

1 ところ 것　　　　　　2 こそ 이야말로
3 だと 이라면　　　　　4 のみ 만, 뿐

해설 이번 발표는 좋지 않았던 상황이다. '다음'과 '좋은 모습'을 자연스럽게 연결할 수 있는 표현이 필요하므로 때를 강조하는 **2 こそ(이야말로)**가 정답이다.

단어 今回(こんかい) 이번 | 発表(はっぴょう) 발표 | だめだ 틀려먹다 | 次(つぎ) 다음 | いいところ 좋은 모습, 좋은 곳 | 見せる(みせる) 보여주다

4

여행을 가기 전에는, 여권과 티켓을 (반드시) 한 번 더 확인하도록 하고 있습니다.

1 非常に 꽤　　　　　　2 全く 전혀
3 必ず 반드시　　　　　4 決して 결코

해설 '여권과 티켓'과 '한 번 더 확인'을 자연스럽게 연결할 수 있는 표현이 필요하므로 **3 必ず(반드시)**가 정답이다.

단어 旅行(りょこう) 여행 | パスポート 여권 | チケット 티켓 | もう一度(もういちど) 한 번 더 | 確認(かくにん) 확인

5

막차를 놓쳐서 (돌아갈) 방법이 없습니다.

1 帰る 돌아가는　　　　2 帰ろう 돌아가려는
3 帰り 돌아갈　　　　　4 帰って 돌아가서

해설 ～ようがない는 방법이 없음을 나타낼 때 사용하는 문형으로, 동사 ます형에 접속한다. 따라서 **3 帰り(돌아갈)**가 정답이다.

단어 終電(しゅうでん) 막차 | 乗り遅れる(のりおくれる) (타는 것을) 놓치다, 늦다

6

아이는 어딘가에서 다쳤는지, 상처(투성이)가 되어 돌아왔다.

1 たび 마다　　　　　　2 だらけ 투성이
3 しか 밖에　　　　　　4 さえ 조차

해설 아이가 다친 상황이다. '상처'와 '가 되어'를 자연스럽게 연결할 수 있는 표현이 필요하므로 **2 だらけ(투성이)**가 정답이다.

단어 子供(こども) 아이 | どこか 어딘가 | けがをする 다치다 | 傷(きず) 상처 | 帰る(かえる) 돌아가(오)다

7

2월 14일부터 19일(에 걸쳐) 이벤트가 실시된다.

1 にかけて 에 걸쳐서
2 にくらべて 에 비해서
3 にかかわって 에 관해서
4 につれて 에 따라서

해설 '2월 14일부터 19일'은 이벤트가 실시되는 기간을 나타내므로, 기간의 범위를 나타내는 **1 にかけて(에 걸쳐서)**가 정답이다.

단어 イベント 이벤트 | 行う(おこなう) 실시하다, 행하다

8

A 「맛있는 카레 냄새(가 난다)」
B 「얼른 앉아라.」

1 がでる 이/가 나오다　　2 になる 이/가 되다
3 がする 이/가 나다　　　4 がおこる 이/가 일어나다

해설 '냄새가'와 자연스럽게 연결할 수 있는 표현이 필요하다. '냄새가 나다'는 においがする라고 하므로, **3 がする (이/가 나다)**가 정답이다.

단어 おいしい 맛있다 | カレー 카레 | におい 냄새 | さっさと 얼른 | 座る(すわる) 앉다

9

절친(이라고 해서) 많은 돈을 빌려줄 수는 없다.

1 だからといって 이라고 해서
2 だけではなく 뿐만 아니라
3 だって 도
4 のために 을 위해서

해설 절친에게 돈을 빌려줄 수 없다고 말하는 상황이다. '절친'과 '빌려줄 수 없다'는 역접의 관계이므로 **1 だからといって(이라고 해서)**가 정답이다.

단어 親友(しんゆう) 절친, 친한 친구 | 貸す(かす) 빌려주다

10

어제부터 계속 감기 (기운)이기 때문에, 오늘은 쉬기로
했다.

1 機嫌 기분　　　　　2 気分 기분
3 気味 기운　　　　　4 気持ち 기분

해설 '감기'와 자연스럽게 연결할 수 있는 표현이 필요하다.
'감기'에 붙어 상태를 나타내는 **3 気味(기운)**가 정답
이다.

단어 ずっと 계속 | 風邪(かぜ) 감기

11

야마모토 「가방 열려 있어요. 지갑이 주머니에서 (떨어질
것 같습니다).」
사사키 「어머 정말입니까? 감사합니다!」

1 落ちそうです 떨어질 것 같습니다
2 落ちるそうです 떨어진다고 합니다
3 落としそうです 떨어뜨릴 것 같습니다
4 落とすそうです 떨어뜨린다고 합니다

해설 '주머니에서'와 자연스럽게 연결할 수 있는 표현이 필요
하다. 동사 ます형+そうだ는 ~할 것 같은 상황을 나타내
므로 **1 落ちそうです(떨어질 것 같습니다)**가 정답이다.

단어 かばん 가방 | 開く(あく) 열리다 | 財布(さいふ) 지갑 | ポ
ケット 주머니

12

오이는 몸에 좋지만, (너무 많이 먹는 것도 좋지 않다). 그
래서 매일 먹는 건 추천하지 않는다.

1 食べておくのがいい 먹어 두는 것이 좋다
2 食べなくてもいい 먹지 않아도 좋다
3 食べすぎるのもよくない 너무 많이 먹는 것도 좋지 않다
4 食べてしまうのもよくない 먹어 버리는 것도 좋지 않다

해설 오이가 몸에 좋지만 매일 먹는 것은 추천하지 않는 상황
이다. '몸에 좋지만'과 '추천하지 않는다'를 자연스럽게
연결할 수 있는 표현이 필요하므로 **3 食べすぎるのもよ
くない(너무 많이 먹는 것도 좋지 않다)**가 정답이다.

단어 キュウリ 오이 | 体(からだ) 몸 | それで 그래서 | おすす
め 추천

13

(직장에서)
A 「이 서류, 야마다 과장에게 건네 둬.」
B 「네.」
A 「그리고, 끝나면 복사도 (해 와 줄래?)」
B 「알겠습니다.」

1 とってきてくれない 해 와 줄래
2 とっていってくれない 해서 가 줄래?
3 とってきてもらわない ×
4 とっていってもらわない ×

해설 A가 B에게 부탁을 하는 상황이다. '복사도'와 자연스럽
게 연결할 수 있는 표현이 필요하므로 **1 とってきてく
れない(해 와 줄래)**가 정답이다.

단어 書類(しょるい) 서류 | 課長(かちょう) 과장 | 渡す(わた
す) 건네다 | 終わる(おわる) 끝나다 | コピー 복사

실전문제 ⑤　　　　　　　　　　　p.156

1 ②	2 ④	3 ③	4 ②	5 ②
6 ③	7 ③	8 ②	9 ②	10 ②
11 ③	12 ①	13 ③		

1

불을 켠 (채로) 외출해버려서, 엄마에게 혼났다.

1 とき 때　　　　　　2 まま 채로
3 ほど 정도　　　　　4 ので 때문에

해설 불을 켜고 외출해 혼난 상황이다. ～たままは 어떤 행위
를 한 채로 그냥 둔 것을 나타내므로 **2 まま(채로)**가 정
답이다.

단어 電気(でんき) 전기, 불 | つける 켜다 | 出かける(でかけ
る) 외출하다 | 怒る(おこる) 혼나다, 화내다

2

작가는 긴 세월(에 걸쳐) 소설을 썼다.

1 にかかわって 에 관해서
2 にかわって 을 대신해서
3 にかけて 에 걸쳐
4 にわたって 에 걸쳐

해설 '긴 세월'과 '소설을 썼다'를 자연스럽게 연결할 수 있는
표현이 필요하므로 시간, 장소, 범위에 걸쳐 계속됨을 나
타내는 **4 にわたって(에 걸쳐)**가 정답이다. ～にかけて
는 ～から～にかけて로 활용하여 정확한 범위가 존재해
야 하므로 정답이 될 수 없다.

단어 作家(さっか) 작가 | 長年(ながねん) 긴 세월 | 小説(しょ
うせつ) 소설

3

이 스마트폰은 기능은 좋은 (반면) 무겁다고 하는 결점이 있다.

1 とともに 와 함께　　2 にしたがって 에 따라서

3 半面 반면　　4 ほか 외

해설　스마트폰의 특징을 설명하는 상황이다. '좋은'과 '결점'은 역접의 관계이므로 **3 半面(반면)**이 정답이다.

단어　スマホ 스마트폰 | 機能(きのう) 기능 | 重い(おもい) 무겁다 | 欠点(けってん) 결점

4

호경기가 되어도, 취업률은 (계속) 떨어(지고 있다).

1 かねる 지기 어렵다　　2 つつある 계속 ~지고 있다

3 きる 다 ~질 수 있다　　4 かけだ 지다 말다

해설　호경기여도 취업률이 떨어지는 상황이다. '떨어'와 자연스럽게 연결할 수 있는 표현이 필요하므로 어떤 상황이나 현상이 진행되는 것을 나타내는 **2 つつある(계속 ~지고 있다)**가 정답이다.

단어　好景気(こうけいき) 호경기, 경기가 좋음 | 就職率(しゅうしょくりつ) 취업률 | 下がる(さがる) 떨어지다

5

그 배우의 영화라면, 재미있음(에 틀림없다).

1 にすぎない 에 지나지 않다

2 に決まっている 에 틀림없다

3 に対する 에 대하다

4 に基づく 에 의거하다

해설　'재미있음'과 자연스럽게 연결할 수 있는 표현이 필요하므로 확신이나 당연함을 말할 때 사용하는 **2 に決まっている(에 틀림없다)**가 정답이다.

단어　俳優(はいゆう) 배우 | 映画(えいが) 영화 | おもしろい 재미있다

6

A「있잖아, 주말에 이사를 도와주지 않을래?」

B「(물론) 좋아. 몇 시에 가면 돼?」

A「고마워! 아침 9시쯤에 와 주면 도움이 될 거 같아.」

1 あまり 그다지　　2 必ずしも 반드시, 꼭

3 もちろん 물론　　4 なんて 대단히, 참

해설　A의 부탁에 B가 응한 상황이다. 상대방의 부탁을 흔쾌히 수락할 때 자연스러운 표현이 필요하므로 **3 もちろん (물론)**이 정답이다.

단어　週末(しゅうまつ) 주말 | 引っ越し(ひっこし) 이사 | 手

7

라면을 만들었습니다만, 소금의 양을 잘못해서 맛이 (너무 진해져) 있습니다.

1 濃くしすぎて 너무 진하게 해

2 濃くしにくくなって 진하게 하기 어려워져

3 濃くなりすぎて 너무 진해져

4 濃くなりにくくなって 진해지기 어려워져

해설　소금의 양 조절을 잘못한 상황이다. '맛이'와 자연스럽게 연결할 수 있는 표현이 필요하므로 **3 濃くなりすぎて(너무 진해져)**가 정답이다. 濃い(진하다) → 濃くなる(진해지다) → 濃くなりすぎる(너무 진해지다)로 변형된 상태이다.

단어　ラーメン 라멘 | 作る(つくる) 만들다 | 塩(しお) 소금 | 量(りょう) 양 | 間違える(まちがえる) 잘못하다 | 味(あじ) 맛

8

(전화로)

A「결과를 (아는) 대로, 연락드리겠습니다.」

B「알겠습니다.」

1 わかる 알다　　2 わかり 아는

3 わかった 알았다　　4 わかって 알아서

해설　〜次第는 어떤 동작이 끝나는 대로 바로 다른 동작을 할 때 사용하는 문형으로, 동사 ます형에 접속한다. 따라서 **2 わかり(아는)**가 정답이다.

단어　結果(けっか) 결과 | 連絡(れんらく) 연락

9

자신의 방식을 바꿀 (생각)은 없습니다.

1 ほど 정도　　2 つもり 생각, 예정

3 よう 방법　　4 しか 밖에

해설　'바꿀'과 '없습니다'를 자연스럽게 연결할 수 있는 표현이 필요하므로 **2 つもり(생각, 예정)**가 정답이다.

단어　自分(じぶん) 자신 | やり方(やりかた) 방식 | 変える(かえる) 바꾸다

10

회의가 있기 때문에 사장님이 오지 않을 (리가 없다).

1 ものはない 것은 아니다

2 わけがない 리가 없다

3 がちだ 자주 ~기 쉽다

4 べきではない 해서는 안 된다

해설 회의가 있는 상황이다. '오지 않을'과 자연스럽게 연결할 수 있는 표현이 필요하므로 강한 부정을 나타내는 **2 わけがない(리가 없다)**가 정답이다.

단어 会議(かいぎ) 회의 | 社長(しゃちょう) 사장

11

그가 용기를 내서 진실을 (말했기 때문이야말로) 용서해 주는 것이다.

1 言ったからすると ×
2 言ったから見れば ×
3 言ったからこそ 말했기 때문이야말로
4 言って以来 말한 이후

해설 용서를 한 이유에 대해 말하는 상황이다. '진실을'과 '용서해 주는'을 자연스럽게 연결할 수 있는 표현이 필요하므로 **3 言ったからこそ(말했기 때문이야말로)**가 정답이다.

단어 勇気(ゆうき) 용기 | 出す(だす) 내다 | 許す(ゆるす) 용서하다

12

다나카 「이토 씨는 기무라 씨를 만나신 적이 있습니까?」
이토 「아니요, 야마다 씨(밖에) 뵌 적이 없기 때문에, 매우 긴장하고 있습니다.」

1 にしか (에게) 밖에   2 にだけ 에게만
3 でしか 에서 밖에   4 でだけ 에서만

해설 다나카 씨의 질문에 부정하는 상황이다. '야마다 씨'와 '뵌 적이 없기 때문에'를 자연스럽게 연결할 수 있는 표현이 필요하므로 **1 にしか(밖에)**가 정답이다.

단어 お会いする(おあいする) 만나다(존경어) | お目にかかる(おめにかかる) 뵙다 | 緊張(きんちょう) 긴장

13

(사내에서)
사토 「네. 경리과의 사토입니다.」
야마구치 「영업과 야마구치입니다만, 자료 건으로 잠깐 시간 괜찮으신가요?」
사토 「죄송합니다. 이제부터 외출할 참입니다.」
야마구치 「그렇군요. 그럼 나중에 다시 (찾아뵙겠습니다).」

1 もうします 말씀드리겠습니다
2 ごらんになります 보시겠습니다
3 うかがいます 찾아뵙겠습니다
4 いらっしゃいます 오시겠습니다

해설 야마구치가 사토와 만나지 못한 상황이다. 사내에서의 정중한 표현, 즉 겸양표현이 가장 자연스러우므로 **3 うか**

がいます(찾아뵙겠습니다)가 정답이다.

단어 経理課(けいりか) 경리과 | 営業課(えいぎょうか) 영업과 | 資料(しりょう) 자료 | 件(けん) 건 | 外出(がいしゅつ) 외출

문제 2 **문장 만들기**

실전문제 ①　　　　　　　　　p.160

14 ③	15 ③	16 ③	17 ④	18 ④

14

버스에서 첫눈에 반한 그녀에게 말을 걸려고 생각했지만, <u>2 긴장해</u> <u>4 버려서</u> <u>★3 이름조차</u> <u>1 묻지 못했고</u>, 고백 할 상황이 아니었다.

1 聞けなかったし 묻지 못했고
2 緊張して 긴장해
3 名前さえ 이름조차
4 しまって 버려서

해설 〜てしまっては '~해 버려서'라는 의미이며 동작의 완료나 아쉬움을 나타내는 표현으로, 먼저 2 緊張して 4 しまってを 연결할 수 있다. 긴장이 되어 이어질 수 있는 행동을 고려하여 남은 선택지를 문맥이 통하게 연결하면 2-4-3-1이 되므로 정답은 **3 名前さえ(이름조차)**이다.

단어 一目惚れ(ひとめぼれ) 첫눈에 반함 | 話しかける(はなしかける) 말을 걸다 | 告白(こくはく) 고백 | 聞く(きく) 묻다, 듣다 | 緊張する(きんちょうする) 긴장하다 | 名前(なまえ) 이름

15

시합이 중지되어, 매우 유감이었지만 <u>4 안전</u> <u>2 을 위해서는</u> <u>★3 방법이 없다</u> <u>1 고 생각하여</u> 다음 시합을 기대하고 있습니다.

1 と思い 고 생각하여
2 のためには 을 위해서는
3 仕方がない 방법이 없다
4 安全 안전

해설 목적이나 의지를 나타내는 〜ためには는 '~을/를 위해서는'라는 의미이며 명사+の에 접속하므로, 먼저 4 安全 2 のためには를 연결할 수 있다. 남은 선택지를 문맥이 통하게 연결하면 4-2-3-1이 되므로 정답은 **3 仕方がない(방법이 없다)**이다.

단어 試合(しあい) 시합 | 中止(ちゅうし) 중지 | 残念だ(ざんねんだ) 유감이다, 아쉽다 | 次(つぎ) 다음 | 楽しみにする

(たのしみにする) 기대하다 | 仕方がない(しかたがない) 방법이 없다 | 安全(あんぜん) 안전

16

> A「천재니까, 뭐든 전부 잘 할 수 있지요?」
> B「천재라고 해서, 전부 2 알고 있는 4 것은 아닙니다만 ★3 실패를 1 두려워하지 않고 계속 도전하는 것이 중요하다고 생각합니다.」
>
> 1 恐れずに 두려워하지 않고
> 2 知っている 알고 있는
> 3 失敗を 실패를
> 4 わけではありませんが 것은 아닙니다만

해설 반드시 그렇지는 않다는 것을 나타내는 ~わけではありません은 '반드시 ~인 것은 아닙니다'라는 의미이며 보통체에 접속하므로, 먼저 2 知っている 4 わけではありませんが를 연결할 수 있다. 남은 선택지를 문맥이 통하게 연결하면 2-4-3-1이 되므로 정답은 3 失敗を(실패를)이다.

단어 天才(てんさい) 천재 | 全部(ぜんぶ) 전부 | 挑戦(ちょうせん) 도전 | 大切だ(たいせつだ) 중요하다 | 恐れる(おそれる) 두려워하다 | 知る(しる) 알다 | 失敗(しっぱい) 실패

17

> 아마추어 3 인 ★4 내 입장에서 1 보면 2 그의 작품은 훌륭한 것이라고 생각하기 때문에, 더 많은 사람이 알아주었으면 좋겠습니다.
>
> 1 すれば 보면
> 2 彼の作品は 그의 작품은
> 3 である 인
> 4 私から 내 입장에서

해설 ~からすれば는 '~에서 보면'이라는 의미이며 어느 입장과 위치에서의 의견이나 관점을 말할 때 사용하는 표현으로, 먼저 4 私から 1 すれば를 연결할 수 있다. 또한 명사의 본질 혹은 명사에 대해 설명하는 ~である는 명사에 접속하므로, 밑줄 앞의 素人와 연결할 수 있다. 남은 선택지를 문맥이 통하게 연결하면 3-4-1-2가 되므로 정답은 4 私から(내 입장에서)이다.

단어 素人(しろうと) 아마추어, 비전문가 | 見事だ(みごとだ) 훌륭하다 | 知る(しる) 알다 | 作品(さくひん) 작품

18

> 콘서트에 갈 수 있다니 3 기뻐서 2 말하지 않고서는 ★4 있을 수 없었 1 지만 시험 전이기 때문에, 기뻐하고 있을 수도 없다.
>
> 1 けれど 지만
> 2 話さずには 말하지 않고서는
> 3 うれしくて 기뻐서
> 4 いられなかった 있을 수 없었

해설 ~ずにはいられない는 '~하지 않고서는 있을 수 없다'라는 의미이며 어떤 동작을 참을 수 없음을 나타내는 표현으로, 먼저 2 話さずには 4 いられなかった를 연결할 수 있다. 남은 선택지를 문맥이 통하게 연결하면 3-2-4-1이 되므로 정답은 4 いられなかった(있을 수 없었)이다.

단어 コンサート 콘서트 | 行ける(いける) 갈 수 있다 | テスト 시험 | 喜ぶ(よろこぶ) 기뻐하다 | 話す(はなす) 말하다 | うれしい 기쁘다

실전문제 ②　　　　　　　　p.162

14 ②	15 ④	16 ③	17 ④	18 ①

14

> 이 프로젝트는 8월의 3 중순까지 4 끝내는 것으로 ★2 되어 있기 1 때문에, 지금은 매일 조금씩 준비를 진행하고 있습니다.
>
> 1 ので 때문에
> 2 なっている 되어 있기
> 3 中旬までに 중순까지
> 4 終わらせることに 끝내는 것으로

해설 ~ことになっている는 '~하기로 되어 있다'라는 의미이며 정해진 사항을 나타낼 때 사용하는 표현으로, 먼저 4 終わらせることに 2 なっている를 연결할 수 있다. 밑줄 앞의 8월을 고려하여 남은 선택지를 문맥이 통하게 연결하면 3-4-2-1이 되므로 정답은 2 なっている(되어 있기)이다.

단어 プロジェクト 프로젝트 | 準備(じゅんび) 준비 | 進める(すすめる) 진행하다 | 中旬(ちゅうじゅん) 중순 | 終わらせる(おわらせる) 끝내다(終わる의 사역형)

15

> A「다음 주, 첫 면접이 있는데 무언가 주의하는 편이 좋은 것 있어?」
> B「응, 물론 있어. 면접에서는 2 말하는 방식은 ★4 물론 3 표정도 1 중요하고, 첫인상도 중요해.」
> A「과연.」
>
> 1 重要であるし 중요하고
> 2 話し方は 말하는 방식은
> 3 表情も 표정도
> 4 もちろん 물론

해설 명사1+はもちろん+명사2는 '명사1은 물론 명사2'라는 의미로 앞뒤로 명사가 온다는 것이 특징이다. 따라서 먼저 2 話し方は 4 もちろん 3 表情も를 연결할 수 있다. 남은 선택지를 문맥이 통하게 연결하면 2-4-3-1이 되므로 정답은 4 もちろん(물론)이다.

단어 来週(らいしゅう) 다음 주 | 初めて(はじめて) 첫, 처음 |
面接(めんせつ) 면접 | 何か(なにか) 무언가 | 気をつける
(きをつける) 주의하다, 조심하다 | 第一印象(だいいちい
んしょう) 첫인상 | 大切だ(たいせつだ) 중요하다 | なる
ほど 과연 | 重要だ(じゅうようだ) 중요하다 | 話し方(は
なしかた) 말하는 방식 | 表情(ひょうじょう) 표정

16

과학의 발달에 의해, 생활은 편리해지고 있고, 최근에는
일상생활에서 2 스마트폰이나 4 로봇 등도 ★3 사용되
1 도록 되어 왔다.

1 ようになって 도록 되어
2 スマートフォンや 스마트폰이나
3 使われる 사용되
4 ロボットなども 로봇 등도

해설 명사를 일부 열거하는 경우 조사 や를 사용한다. 다만,
비슷한 카테고리의 대상을 열거하는 것이 자연스러우므
로 먼저 2 スマートフォンや 4 ロボットなども를 연결
할 수 있다. 남은 선택지를 문맥이 통하게 연결하면 2-4-
3-1이 되므로 정답은 3 使われる(사용되)이다.

단어 科学(かがく) 과학 | 発達(はったつ) 발달 | 生活(せいか
つ) 생활 | 便利だ(べんりだ) 편리하다 | 最近(さいきん)
최근 | 日常生活(にちじょうせいかつ) 일상생활 | スマ
ートフォン 스마트폰 | 使う(つかう) 사용하다 | ロボット
로봇

17

더 자세한 설명을 3 듣고 나서 1 가 아니면 ★4 납득 2 할
수 없기 때문에 간단히는 찬성할 수 없습니다.

1 でないと 가 아니면
2 できないので 할 수 없기 때문에
3 聞いてから 듣고 나서
4 納得 납득

해설 ~てからでないと는 '~하고 나서가 아니면'이라는 의미
이며 선행 조건을 나타내는 표현으로, 먼저 3 聞いてから
1 でないと를 연결할 수 있다. 남은 선택지를 문맥이 통
하게 연결하면 3-1-4-2가 되므로 정답은 4 納得(납득)
이다.

단어 もっと 더, 더욱 | 詳しい(くわしい) 자세하다 | 説明(せつ
めい) 설명 | 簡単だ(かんたんだ) 간단하다 | 賛成(さんせ
い) 찬성 | 聞く(きく) 듣다, 묻다 | 納得(なっとく) 납득

18

A 「그와는 최근에 만났어?」
B 「아뇨, 2 그와는 4 3년 전 졸업식에서 ★1 만난 3 이후,
한 번도 만난 적이 없습니다.」
A 「그렇구나.」

1 会って 만난
2 彼とは 그와는
3 以来 이후
4 3年前の卒業式で 3년 전 졸업식에서

해설 ~て以来는 '~한 이후 (줄곧)', '~한 뒤 (지금까지 계속)'
라는 의미이며 어떤 시점을 기점으로 현재까지 상태나 상
황이 계속됨을 나타내는 표현으로, 먼저 1 会って 3 以来
를 연결할 수 있다. 만남의 대상인 2 彼とは를 앞에 배치
하고 남은 선택지를 문맥이 통하게 연결하면 2-4-1-3이
되므로 정답은 1 会って(만난)이다.

단어 最近(さいきん) 최근 | 会う(あう) 만나다 | 一度も(いち
ども) 한 번도 | 卒業式(そつぎょうしき) 졸업식

실전문제 ③ p.164

| 14 ① | 15 ① | 16 ④ | 17 ④ | 18 ① |

14

작년은 4 올해에 2 비해서 ★1 매출은 3 5퍼센트 내려갔
습니다만, 새로운 상품을 발매했기 때문에, 내년은 다시
늘어날 거라고 생각합니다.

1 売り上げは 매출은
2 比べて 비해서
3 5パーセント下がりましたが 5퍼센트 내려갔습니다만
4 今年に 올해에

해설 ~に比べて는 '~에 비해서'라는 의미이며 비교의 기준
을 나타내는 표현으로, 먼저 4 今年に 2 比べて를 연결
할 수 있다. 남은 선택지를 문맥이 통하게 연결하면 4-2-
1-3이 되므로 정답은 1 売り上げは(매출은)이다.

단어 去年(きょねん) 작년 | 新しい(あたらしい) 새롭다 | 商
品(しょうひん) 상품 | 発売(はつばい) 발매 | 来年(らい
ねん) 내년 | 伸びる(のびる) 늘어나다 | 売り上げ(うりあ
げ) 매출 | 下がる(さがる) 내려가다

A「새로운 휴대전화를 사고 싶은데, 어디서 사는 것이 좋을까?」

B「같은 2 서비스라면 3 가격이 저렴한 ★1 쪽이 좋은 4 것임에 틀림없지. 그러니까 몇 개의 가게를 잘 비교해 보는 편이 좋아.」

1 方がいい 쪽이 좋은
2 サービスなら 서비스라면
3 値段が安い 가격이 저렴한
4 に決まっている 것임에 틀림없지

해설 첫번째 밑줄에 올 수 있는 것은 품사와 의미를 고려하면 2 サービスなら이다. 이어서, 강한 추측을 나타내는 ～に決まっている는 '~임에 틀림없다'라는 의미이며 보통체에 접속하므로 문맥상 3 値段が安い 4 に決まっている를 연결할 수 있다. 남은 선택지를 문맥이 통하게 연결하면 2-3-1-4가 되므로 정답은 **1 方がいい(쪽이 좋은)**이다.

단어 新しい(あたらしい) 새롭다 | 携帯(けいたい) 휴대전화 | 同じ(おなじ) 같은 | だから 그러니까 | よく 잘, 자주 | 比べる(くらべる) 비교하다 | サービス 서비스 | 値段(ねだん) 가격 | 安い(やすい) 저렴하다

시골은 인구가 2 줄고 있는 것에 ★4 반해 3 도시는 1 인구가 늘고 있기 때문에 생활의 모습이 크게 바뀌어 오고 있습니다.

1 人口が 인구가
2 減っているのに 줄고 있는 것에
3 都会は 도시는
4 対して 반해

해설 ～に対しては '~에 반해'라는 의미이며 두 사물이나 상황을 비교하거나 대조적인 내용을 말하는 표현으로, 먼저 2 減っているのに 4 対して를 연결할 수 있다. 이어서 시골에 대비되는 도시의 내용을 전개하면 2-4-3-1이 되므로 정답은 **4 対して(반해)**이다.

단어 田舎(いなか) 시골 | 人口(じんこう) 인구 | 増える(ふえる) 늘다 | 生活(せいかつ) 생활 | 様子(ようす) 모습, 모양 | 変わる(かわる) 바뀌다 | 減る(へる) 줄다 | 都会(とかい) 도시

지금까지 1 분발한 시간은 ★4 쓸데없는 것이 아니라 3 그 경험은 2 장래의 도움이 된다고 생각하기 때문에, 포기하지 않고 계속하는 것이 중요하다고 느낍니다.

1 頑張った時間は 분발한 시간은
2 将来の 장래의
3 その経験は 그 경험은
4 無駄ではなく 쓸데없는 것이 아니라

해설 AではなくB는 'A가 아니라 B'라는 의미이며 두 가지를 대조하거나, 어떤 것이 아니고, 그 대신 다른 것임을 말하는 표현으로, 문맥상 4 無駄ではなく 3 その経験は 2 将来の 役に立つ를 연결할 수 있다. 남은 선택지를 문맥이 통하게 연결하면 1-4-3-2가 되므로 정답은 **4 無駄ではなく(쓸데없는 것이 아니라)**이다.

단어 役に立つ(やくにたつ) 도움이 되다 | あきらめる 포기하다 | 続ける(つづける) 계속하다 | 大切だ(たいせつだ) 중요하다, 소중하다 | 感じる(かんじる) 느끼다 | 頑張る(がんばる) 분발하다 | 将来(しょうらい) 장래 | 経験(けいけん) 경험 | 無駄だ(むだだ) 쓸데없다

A「이 아파트의 집세는 얼마입니까?」

B「집세는 2 한 달에 3 6만엔으로 ★1 조금 4 비쌉니다만, 역에서부터 가깝고 매우 편리한 장소에 있습니다.」

A「역에서부터 가까우면 통근이나 쇼핑하기에 편리할 거 같아서, 납득되네요.」

1 ちょっと 조금
2 1カ月につき 한 달에
3 6万円で 6만엔으로
4 高いですが 비쌉니다만

해설 비율과 단위를 나타내는 ～につき는 '~당', '~마다'이라는 의미이며, 먼저 2 1カ月につき 3 6万円で를 연결할 수 있다. 남은 선택지를 문맥이 통하게 연결하면 2-3-1-4가 되므로 정답은 **1 ちょっと(조금)**이다.

단어 アパート 아파트(한국의 빌라) | 家賃(やちん) 집세 | いくら 얼마 | 駅(えき) 역 | 近い(ちかい) 가깝다 | 便利だ(べんりだ) 편리하다 | 場所(ばしょ) 장소 | 通勤(つうきん) 통근 | 買い物(かいもの) 쇼핑 | 納得(なっとく) 납득

실전문제 ④　　　　　　　　　　p.166

14 ②　　15 ②　　16 ②　　17 ④　　18 ①

14

다나카씨는 일본어의 <u>1 발음에</u> <u>3 있어서는</u> ★<u>2 반에서 가</u>장 <u>4 능숙하다</u>고 말해지고 있어서, 선생님으로부터도 자주 칭찬받고 있습니다.

1 発音に 발음에
2 クラスで一番 반에서 가장
3 かけては 있어서는
4 上手だ 능숙하다

해설 ～にかけては는 '~에 있어서는', '~에 관한 한'이라는 의미이며 뒤에는 주로 긍정적인 평가(능력, 재능, 솜씨 등)가 온다. 따라서 먼저 1 発音に 3 かけては를 연결할 수 있다. 남은 선택지를 문맥이 통하게 연결하면 1-3-2-4가 되므로 정답은 **2 クラスで一番(반에서 가장)**이다.

단어 ほめる 칭찬하다ㅣ発音(はつおん) 발음ㅣクラス 반ㅣ一番(いちばん) 가장, 제일ㅣ上手だ(じょうずだ) 능숙하다, 잘하다

15

A 「특급(열차)을 타려면, 무엇이 필요합니까?」
B 「승차권 외에 특급권이 필요하다고 합니다.」
A 「그렇군요. <u>4 표를</u> ★<u>2 살 때</u> <u>1 주의하지 않으면</u> <u>3 안되겠네요.」</u>

1 気をつけないと 주의하지 않으면
2 買うときに 살 때
3 いけません 안 되겠
4 切符を 표를

해설 ～ないといけません은 '~하지 않으면 안 됩니다'라는 의미이며 의무와 필요성을 나타내는 표현으로, 먼저 1 気を付けないと 3 いけません을 연결할 수 있다. 남은 선택지를 문맥이 통하게 연결하면 4-2-1-3이 되므로 정답은 **2 買うときに(살 때)**이다.

단어 特急(とっきゅう) 특급ㅣ乗る(のる) 타다ㅣ必要だ(ひつようだ) 필요하다ㅣ乗車券(じょうしゃけん) 승차권ㅣ ほか 외ㅣ特急券(とっきゅうけん) 특급권ㅣ気をつける(きをつける) 주의하다ㅣ切符(きっぷ) 표

16

A 「저 이야기, 사실인가요? 조금 신경 쓰입니다.」
B 「<u>4 그것은</u> <u>3 그저</u> ★<u>2 농담 이야기에</u> <u>1 지나지 않기 때</u>문에, 그다지 깊게 생각하지 않는 편이 좋아요.」
A 「그렇군요. 그럼 가볍게 흘려 듣겠습니다.」

1 過ぎないから 지나지 않기 때문에
2 冗談話に 농담 이야기에
3 ただの 그저
4 それは 그것은

해설 ～に過ぎない는 '~에 지나지 않다', '단지 ~일 뿐이다'라는 의미이며 사실이나 상황을 과장하지 않는 역할을 하므로 먼저 2 冗談話に 1 過ぎないから를 연결할 수 있다. 농담을 수식해주는 3 ただの가 2-1의 앞에 오고 나머지 선택지를 문맥이 통하게 연결하면 4-3-2-1이 되므로 정답은 **2 冗談話に(농담 이야기에)**이다.

단어 気になる(きになる) 신경 쓰이다, 궁금하다ㅣあまり 그다지ㅣ深い(ふかい) 깊다ㅣ考える(かんがえる) 생각하다ㅣ軽い(かるい) 가볍다ㅣ聞き流す(ききながす) 흘려 듣다ㅣ冗談話(じょうだんばなし) 농담 이야기ㅣただの 그저

17

유학에 관한 일이 주위에서 소란이 될지도 모르니까, 지금은 <u>1 그다지</u> <u>3 말하지 않고</u> ★<u>4 당분간 가만히</u> <u>2 상태를 보는</u> 편이 좋다고 생각합니다.

1 あまり 그다지
2 様子を見た 상태를 보는
3 話さずに 말하지 않고
4 しばらく黙って 당분간 가만히

해설 あまり～ない는 '그다지 ~않다'라는 의미이며 정도가 낮음을 나타내는 표현으로, 먼저 1 あまり 3 話さずに를 연결할 수 있다. 이때, ず는 ない와 동일한 의미다. ～た方がいい는 '~하는 편이 좋다'라는 의미이며 상대방에게 무언가를 권유하거나 조언할 때 사용하는 표현으로, 2 様子を見た는 맨 마지막 밑줄에 온다. 남은 선택지를 문맥이 통하게 연결하면 1-3-4-2가 되므로 정답은 **4 しばらく黙って(당분간 가만히)**이다.

단어 留学(りゅうがく) 유학ㅣ周り(まわり) 주위, 주변ㅣ騒ぎ(さわぎ) 소란, 소동ㅣ様子(ようす) 상태, 모습ㅣ話す(はなす) 말하다, 이야기하다ㅣ しばらく 당분간ㅣだまる 가만히 있다

18

'5년이나 연습해도 숙달되지 않으니까, 이제 4 그림을 그리는 것 ★1 따위 2 그만두고 3 일을 찾는 게 어때?' 라고 계속 듣던 그녀는 30살이 넘어서 드디어 화가가 되었다.

1 なんて 따위
2 やめて 그만두고
3 仕事を 일을
4 絵を描く 그림을 그리는 것

해설 예시를 들거나 나열할 때 사용하는 ~なんて는 '~따위'라는 의미이며 주로 부정적인 뉘앙스를 갖는다. 보통체에 접속하므로, 먼저 4 絵を描く 1 なんて를 연결할 수 있다. 남은 선택지를 문맥이 통하게 연결하면 3-4-1-2가 되므로 정답은 **1 なんて(따위)**이다.

단어 練習(れんしゅう) 연습 | 上達(じょうたつ) 숙달 | 仕事(しごと) 일 | 探す(さがす) 찾다 | 彼女(かのじょ) 그녀, 여자친구 | 過ぎる(すぎる) 넘다, 지나다 | 画家(がか) 화가

실전문제 ⑤　　　　　　　　　　p.168

| 14 ① | 15 ④ | 16 ① | 17 ① | 18 ② |

14

지난 주, 친구와 함께 갔던 동물원에서 2 태어난 지 3 얼마 안 된 ★1 판다의 4 아기를 보는 것이 가능했습니다.

1 パンダの 판다의　　　　2 生まれた 태어난 지
3 ばかりの 얼마 안 된　　　4 赤ちゃんを 아기를

해설 ~たばかり는 '막 ~한', '막 끝낸'이라는 의미이며 동작이 최근에 끝났음을 강조할 때 사용하는 표현으로, 먼저 2 生まれた 3 ばかりの를 연결할 수 있다. 이어서 조사 の의 경우, 명사와 명사를 연결하는 역할을 하므로 1 パンダの 4 赤ちゃんを를 연결할 수 있다. 두 개의 묶음을 문맥이 통하게 연결하면 2-3-1-4가 되므로 정답은 **1 パンダの(판다의)**이다.

단어 先週(せんしゅう) 지난 주 | 動物園(どうぶつえん) 동물원 | パンダ 판다 | 生まれる(うまれる) 태어나다 | 赤ちゃん(あかちゃん) 아기

15

서둘러 집을 나온 탓에 지갑을 집에 잊고 와 버려서, 3 점심밥을 1 사기 ★4 위해서 2 친구에게 돈을 빌릴 수밖에 없었다.

1 買う 사기　　　　　　2 友だちに 친구에게
3 昼ご飯を 점심밥을　　 4 ために 위해서

해설 목적, 이유 등을 나타내는 ~ために는 '~위해서'라는 의

미이며 동사 원형에 접속하므로, 먼저 1 買う 4 ために를 연결할 수 있다. 남은 선택지를 문맥이 통하게 연결하면 3-1-4-2가 되므로 정답은 **4 ために(위해서)**이다.

단어 急ぐ(いそぐ) 서두르다 | 財布(さいふ) 지갑 | 忘れる(わすれる) 잊다 | 借りる(かりる) 빌리다 | 昼ご飯(ひるごはん) 점심 밥

16

A 「최근 '이웃집 개미'라고 하는 만화에 빠져 있어.」
B 「아~, 그거 아이들용 아니야?」
A 「그렇게 생각하지? 4 하지만 ★1 이 만화는 3 아이들 2 뿐만 아니라, 어른에게도 인기가 있어.」

1 この漫画は 이 만화는
2 ばかりでなく 뿐만 아니라
3 子ども 아이들
4 でも 하지만

해설 어떤 사실에 또 다른 요소가 추가됨을 강조하는 ~ばかりでなく는 '~뿐만 아니라'라는 의미이며 보통체에 접속하므로, 먼저 3 子ども 2 ばかりでなく를 연결할 수 있다. 나머지 선택지를 문맥이 통하게 연결하면 4-1-3-2가 되므로 정답은 **1 この漫画は(이 만화는)**이다.

단어 最近(さいきん) 최근 | 隣(となり) 이웃(집), 옆 | 漫画(まんが) 만화 | ハマる 빠지다, 열중하다 | ~向け(むけ) ~용 | 人気(にんき) 인기

17

인기인 저 영화는, 3 실제 이야기를 4 바탕으로 ★1 만들어져 있어서 2 많은 사람에게 감동을 주었을 뿐만 아니라, 그 메시지도 널리 전해지고 있다고 합니다.

1 作られていて 만들어져 있어서
2 多くの人に 많은 사람에게
3 実際の話を 실제 이야기를
4 もとに 바탕으로

해설 ~をもとに는 '~을 바탕으로', '~을 근거로 하여'라는 의미이며 어떤 자료, 경험, 사실 등을 기반으로 하여 판단, 창작, 행동 등을 나타내는 표현으로, 먼저 3 実際の話を 4 もとに를 연결할 수 있다. 수동태의 경우, 행위자+に+수동태로 활용하기 때문에 2 多くの人に 1 作られていて를 연결할 수 있다. 이 두 묶음을 문맥이 통하게 연결하면 3-4-1-2가 되므로 정답은 **1 作られていて(만들어져 있어서)**이다.

단어 人気(にんき) 인기 | 映画(えいが) 영화 | 感動(かんどう) 감동 | 与える(あたえる) 주다 | メッセージ 메시지 | 伝わる(つたわる) 전해지다 | 作る(つくる) 만들다 | 実際(じっさい) 실제 | 話(はなし) 이야기

A 「<u>3 이쪽의</u> <u>4 자리는</u> ★<u>2 비어 있기</u> <u>1 때문에</u>, 앉아 주세요. 주문이 결정되면, 언제든지 말해 주세요.」
B 「고맙습니다.」

1 ので 때문에 　　　　2 空いています 비어 있기
3 こちらの 이쪽의 　　4 席は 자리는

해설 の는 명사와 명사를 연결하는 역할을 하므로 3 こちら의 4 席は를 연결할 수 있다. ので는 원인과 이유를 나타내므로 2 空いています 1 ので를 연결할 수 있다. 두 묶음을 문맥이 통하게 연결하면 3-4-2-1가 되므로 정답은 **2 空いています(비어 있기)**이다.

단어 おかけください 앉아 주세요(座ってください의 존경 표현) | 注文(ちゅうもん) 주문 | 決まる(きまる) 결정되다 | 空く(あく) 비다 | 席(せき) 자리

문제 3 글의 문법

실전문제 ① p.172

19 ② 　**20** ③ 　**21** ③ 　**22** ① 　**23** ④

19~23

혈액형

　사람의 혈액형은 A형, B형, O형, AB형의 4개의 타입으로 나뉜다. 혈액형 에 따라서 사람의 성격이 다르다는 이야기를 자주 듣는다. 그것이 과학적으로 근거가 있는 지 어떤지 라는 것은 신경 쓰지 않고, 그 이야기를 믿고 있는 사람이 적지 않다.
　A형은 매사에 신중하게 생각하고 나서 행동을 하고, 그다지 본심을 말하지 않는다는 이미지가 있다. 그것과는 대조적으로 B형은 적극적이고 밝은 성격이지만, 가끔 무엇을 생각하고 있는지 모른다고 하는 인상을 주는 사람이 많다고 말해지고 있다. O형으로 말하자면, 동료 의식이 강하고 인간관계를 소중히 여기며, 리더십 있는 반면, 제멋대로인 성격의 사람이 많다고 여겨진다. 그리고 AB형은 무슨 일이 있어도 냉정하고 객관적으로 생각하지만, 사람과의 관계를 서툴러 하는 사람이 많다는 것 같다.
　물론 어떠한 근거도 없기 때문에, '믿지 않는다'라고 하는 사람도 있을지도 모르지만, 의외로 맞는 경우도 있기 때문에, 설득력이 있는 이야기라고 하는 의견도 있다. 믿고 있는 사람들 중에는 '교제를 시작하기 전에 자신과 궁합이 맞는 성격인지 어떤지를 우선 먼저 판단하고 싶다.'라고 한다.

(주) 근거 : 어떤 생각이나 의견을 옳다고 설명하기 위한 이유

단어 血液型(けつえきがた) 혈액형 | ～型(がた) ~형 | タイプ 타입 | 分ける(わける) 나누다 | 性格(せいかく) 성격 | 違う(ちがう) 다르다 | 話(はなし) 이야기 | 耳にする(みみにする) 듣다, 듣게 되다 | 科学的(かがくてき) 과학적 | 根拠(こんきょ) 근거 | 気にする(きにする) 신경 쓰다 | 信じる(しんじる) 믿다 | 何事(なにごと) 매사 | 慎重だ(しんちょうだ) 신중하다 | 考える(かんがえる) 생각하다 | 行動(こうどう) 행동 | 本音(ほんね) 본심 | 対照的(たいしょうてき) 대조적 | 積極的(せっきょくてき) 적극적 | 明るい(あかるい) 밝다 | 印象(いんしょう) 인상 | 与える(あたえる) 주다, 끼치다 | 仲間意識(なかまいしき) 동료 의식 | 人間関係(にんげんかんけい) 인간관계 | 大切にする(たいせつにする) 소중히 하다 | リーダーシップ 리더십 | 反面(はんめん) 반면 | わがままだ 제멋대로다 | 冷静だ(れいせいだ) 냉정하다 | 客観的(きゃっかんてき) 객관적 | 関わり(かかわり) 관계 | 苦手だ(にがてだ) 서툴다, 잘 못하다 | 意外(いがい) 의외 | 説得力(せっとくりょく) 설득력 | 意見(いけん) 의견 | 付き合う(つきあう) 교제하다, 사귀다 | 相性(あいしょう) 궁합 | 判断(はんだん) 판단

19

1 にくらべて 에 비해서
2 によって 에 따라서
3 について 에 대해서
4 にかんして 에 관해서

해설 지문에서 빈칸 앞의 **血液型**(혈액형)와 빈칸 뒤의 **人の性格が違う**という話をよく**耳にする**(사람의 성격이 다르다는 이야기를 자주 듣는다) 다음 단락의 혈액형 각각의 특징과 설명을 봤을 때 경우에 따른 차이를 나타내는 **2 によって(에 따라서)**가 정답이다.

20

1 ところ 곳 　　　　2 はず ~일
3 かどうか 지 어떤지 　4 ばかり 만, 뿐

해설 지문에서 빈칸 앞의 **根拠がある**(근거가 있는)와 빈칸 뒤의 **気にせずに**(신경 쓰지 않고)를 봤을 때, 대상이나 행위의 불확실을 나타내는 **3 かどうか(지 어떤지)**가 정답이다.

21

1 つまり 즉 　　　　2 あるいは 또는
3 それとは 그것과는 　4 すると 그러자

해설 지문의 빈칸 앞에서 A형에 대한 설명을 하고 있고, 빈칸 뒤의 **対照的にB型は**(대조적으로 B형은)를 봤을 때 그 흐름을 자연스럽게 연결하는 **3 それとは(그것과는)**가 정답이다.

1 らしい 는 것 같다	2 きりだ 채이다
3 だけだ 뿐이다	4 べきだ 해야 한다

해설 지문의 빈칸이 있는 단락에서 A형, B형, O형의 특징을 설명하고 있고, 빈칸 앞의 AB형인 사람에 대해 人との関わりを苦手とする人が多い(사람과의 관계를 서툴러 하는 사람이 많다)를 봤을 때 외부에서 들은 정보나 소문을 전할 때 사용하는 표현인 **1 らしい(는 것 같다)**가 정답이다.

23

1 今にも 금방이라도	2 しかし 그러나
3 けれども 하지만	4 まず 우선

해설 지문의 빈칸 앞에 付き合いを始める前に(교제를 시작하기 전에)라는 표현이 나와, 행동의 순서를 나타내고 있음을 알 수 있다. 또한 빈칸 뒤에는 先に判断したい(먼저 판단하고 싶다)라고 했으므로, 무엇보다 우선적으로 하고 싶다는 의미를 갖는 표현인 **4 まず(우선)**가 정답이다.

실전문제 ② p.174

19 ②	20 ①	21 ③	22 ②	23 ③

19~23

스미마셍 문화

일본에 유학한 지 얼마 안 되었을 무렵, 나는 일본과 한국의 다양한 문화의 차이를 깨닫게 되었다. 한국과 비교해서, 자판기의 종류가 많은 것이나, 버스가 완전히 정차하고 나서 승객이 일어나는 것 등이 있다. 일본과 한국은 그렇게 다르지 않을 거라고 생각하고 있었기 때문에, 양국의 차이를 알았을 때는 정말로 놀랐던 것이다. 그중에서, 가장 신경이 쓰였던 것이 있었다. 그것은 '스미마셍'이라는 말이다.

한국에서 일본어를 배웠을 때, '스미마셍'이라는 말은 사과할 때 사용하는 표현이라고 가르쳐 받았다. 하지만 실제로 일본에 와서 놀랐던 것은, 사과할 필요가 없는 때조차 '스미마셍'이라고 말하고 있는 것이다. 정말로 사과할 때는 물론 뭔가를 주문할 때나 다른 사람에게 선물을 받을 때 등, 언뜻 보기에는 아무 잘못도 하지 않았는데, 사과의 말인 '스미마셍'을 입에 올리는 일본인을 보면서, '너무 예의 바른 거 아닌가?'라고 생각했다.

나중에 일본인인 친구로부터 '스미마셍 문화'에 대해서 이야기를 들었다. '스미마셍'은 사과할 때의 말 뿐만 아니라, 감사의 의미 등도 포함되어 있다고 한다. 그래서 실제로 본인이 잘못을 하지 않더라도, 여러 장면에서 사용된다는 것이다. 그 이야기를 듣고 나서, 나도 여러 장면에서 이 '스미마셍'이라는 말을 사용하게 되었다. 그리고 주변 사람의 폐가 되지 않도록 더욱 조심하게 된 것이다.

(주) 사과 : 자신이 잘못했을 때 상대에게 '미안합니다'라는 마음을 전하는 것

단어 留学(りゅうがく) 유학 | 頃(ころ) 무렵, 때 | 文化(ぶんか) 문화 | 違い(ちがい) 차이 | 気づかされる(きづかされる) 깨닫게 되다 | 比べる(くらべる) 비교하다 | 自動販売機(じどうはんばいき) 자판기 | 種類(しゅるい) 종류 | 完全(かんぜん) 완전 | 停車(ていしゃ) 정차 | 乗客(じょうきゃく) 승객 | 両国(りょうこく) 양국, 두 나라 | 知る(しる) 알다 | 驚く(おどろく) 놀라다 | 一番(いちばん) 가장 | 気になる(きになる) 신경 쓰이다 | 言葉(ことば) 말 | 習う(ならう) 배우다 | 表現(ひょうげん) 표현 | 実際(じっさい) 실제 | 必要だ(ひつようだ) 필요하다 | 注文(ちゅうもん) 주문 | 受け取る(うけとる) 받다 | 一見(いっけん) 언뜻 보기에 | 謝罪(しゃざい) 사죄 | 礼儀正しい(れいぎただしい) 예의 바르다 | 友人(ゆうじん) 친구 | 感謝(かんしゃ) 감사 | 含む(ふくむ) 포함하다 | 場面(ばめん) 장면 | 様々だ(さまざまだ) 여러 가지다 | 迷惑(めいわく) 폐, 민폐 | 気をつける(きをつける) 조심하다

19

1 きり 은 채	2 はず 을 거
3 ほか 은 외에	4 しか 을 밖에

해설 지문에서 빈칸 뒤의 両国の違いを知った時は本当に驚いたものだ(양국의 차이를 알았을 때는 정말로 놀랐던 것이다)를 봤을 때 필자는 일본과 한국이 다르지 않을 거라고 생각했음을 알 수 있으므로 강한 확신을 나타내는 **2 はず(을 거)**가 정답이다.

20

1 その中で 그중에서	2 つまり 즉
3 あるいは 또는	4 それに 게다가

해설 지문에서 빈칸 앞의 驚いたものだ(놀랐던 것이다)와 빈칸 뒤의 一番気になったことがあった(가장 신경 쓰였던 것이 있었다)를 봤을 때, 전체 내용 중에서 일부를 나타내는 **1 その中で(그중에서)**가 정답이다.

21

1 教えてあげた 가르쳐 주었다
2 教えた 가르쳤다
3 教えてもらった 가르쳐 받았다
4 教えてやった 가르쳐 줬다

해설 지문에서 빈칸 앞의 韓国で日本語を習っていた時に(한국에서 일본어를 배웠을 때)를 봤을 때 필자는 다른 사람에게 '스미마셍'이라는 표현을 배웠음을 알 수 있으므로 **3 教えてもらった(가르쳐 받았다)**가 정답이다.

22

> 1 にくらべて 에 비해서
> 2 はもちろん 는 물론
> 3 ばかりで 뿐이고
> 4 をちゅうしんに 을 중심으로

해설 지문에서 빈칸 앞의 本当に謝る時(정말로 사과할 때)와 빈칸 뒤의 何かを注文する時や人からプレゼントを受け取る時など(뭔가를 주문할 때나 다른 사람에게 선물을 받을 때 등)를 봤을 때 '스미마셍'의 의미에 대해 말하고 있는 것을 알 수 있으므로 **2 はもちろん(는 물론)**이 정답이다.

23

> 1 にわたって 에 걸쳐서　　2 にかけて 에 걸쳐서
> 3 について 에 대해서　　4 にかわって 를 대신해서

해설 지문에서 빈칸 앞의 すみません文化(스미마셍 문화)와 빈칸 뒤의 話を聞いた(이야기를 들었다)를 봤을 때 화제나 주제를 나타내는 **3 について(에 대해서)**가 정답이다.

실전문제 ③　　　　　　　　p.176

19 ③　　**20** ②　　**21** ③　　**22** ④　　**23** ①

19~23

> 말하는 방식 — 명령문
>
> 아이를 키울 때 자주 입에 담는 말이 '~해라'일지도 모른다. 예를 들면, '텔레비전은 떨어져서 봐라.', '남기지 않도록 먹어라', '빨리 자라.' 등이다. '~해라'는 문법적인 의미로 보면 명령문으로, 사람에게 무언가를 명령할 때 쓰는 표현이다.
>
> 자신이 낳고, 사랑하며 키워야만하는 아이인데, 왜 금지 표현만 사용하는 것일까. 그리고 이렇게 말하는 사람은 정말로 명령하기 위해서, 이 문장을 사용하고 있는 것일까. 나는 그렇지 않다고 생각하고 있다. 자신의 아이를 더 훌륭하게 키우기 위한 것이며, 그리고 올바른지 어떤지를 생각하는 것이 아직 미숙한 아이에게 바른 것을 제대로 전달하기 위한 것이라고 생각한다. 금지 표현이라 해도, 아이에 대한 배려가 담겨 있음에 틀림없다.
>
> 그러나 듣는 입장의 아이는, 상대가 어떤 마음으로 이야기했는지는 생각하지 않고, 금지 표현만 들으면 반대로 반항하고 싶어질지도 모른다. 말하고 있는 사람의 말에는 마음이 그대로 드러나 있기 때문이다.
>
> 말하는 방식에 따라, 말하는 사람이나 듣는 사람의 마음이 바뀌는 때도 있다. 아이에게 좀 더 마음이 제대로 전해질 수 있도록, 듣고 있는 상대의 마음을 생각하면서 부드럽게 말할 필요도 있다고 생각한다.

(주) 미숙 : 아직 잘하지 못하거나 경험이 부족한 것

단어 話し方(はなしかた) 말하는 방식 | 命令文(めいれいぶん) 명령문 | 育てる(そだてる) 키우다 | 口にする(くちにする) 입에 담다 | 例えば(たとえば) 예를 들어 | 離れる(はなれる) 떨어지다 | 残す(のこす) 남기다 | 文法(ぶんぽう) 문법 | 意味(いみ) 의미 | 命じる(めいじる) 명령하다 | 表現(ひょうげん) 표현 | 自分(じぶん) 자신 | 産む(うむ) 낳다 | 愛する(あいする) 사랑하다 | 立派だ(りっぱだ) 훌륭하다 | 正しい(ただしい) 올바르다 | 未熟だ(みじゅくだ) 미숙하다 | しっかり 제대로 | 伝える(つたえる) 전달하다 | 思いやり(おもいやり) 배려 | 込める(こめる) 담다 | 反抗(はんこう) 반항 | 表れる(あらわれる) 드러나다 | 話し手(はなして) 말하는 사람 | 聞き手(ききて) 듣는 사람 | 気持ち(きもち) 마음, 기분 | 伝わる(つたわる) 전해지다 | 相手(あいて) 상대 | 必要だ(ひつようだ) 필요하다

19

> 1 だれか 누군가　　　　2 どこか 어딘가
> 3 なにか 무언가　　　　4 いつか 언젠가

해설 지문에서 빈칸 앞의 人に(사람에게)와 빈칸 뒤의 命じるときに使う表現である(명령할 때 쓰는 표현이다)를 봤을 때 **3 なにか(무언가)**가 정답이다.

20

> 1 だけ 뿐, 만　　　　　2 べき 만하는
> 3 まま 인 채　　　　　　4 だらけ 투성이

해설 지문에서 빈칸 앞의 自分が産み、愛し育てる(자신이 낳고, 사랑하며 키워야)와 빈칸 뒤의 子供であるのに(아이인데)를 봤을 때 마땅히 그래야 함을 나타내는 **2 べき(만하는)**가 정답이다.

21

> 1 わけではない 인 것은 아니다
> 2 ばかりでない 만은 아니다
> 3 に違いない 임에 틀림없다
> 4 しかない 밖에 없다

해설 지문에서 빈칸 앞의 自分の子供をもっと立派に育てるためであり、そして正しいかどうかを考えることがまだ未熟な子供に正しいことをしっかり伝えるためなのだと思う(자신의 아이를 더 훌륭하게 키우기 위한 것이며, 그리고 올바른지 어떤지를 생각하는 것이 아직 미숙한 아이에게 바른 것을 제대로 전달하기 위한 것이라고 생각한다)를 봤을 때 필자가 금지 표현을 아이에 대한 배려로 생각하는 것을 알 수 있다. 따라서 강한 확신을 나타내는 **3 に違いない(임에 틀림없다)**가 정답이다.

1 けれど 그렇지만	2 こうして 이렇게 해서
3 だが 그렇지만	4 逆に 반대로

해설 지문에서 빈칸이 포함된 문장이 역접의 접속사 しかし
(그러나)로 시작하므로 대조되는 내용을 말하는 문장임
을 알 수 있다. 빈칸 앞의 相手がどんな気持ちで話した
のかは考えもせず(상대가 어떤 마음으로 이야기했는지
는 생각하지 않고)와 빈칸 뒤의 反抗したくなるかもし
れない(반항하고 싶어질지도 모른다)를 봤을 때 반대되
는 결과나 상황을 나타내는 **4 逆に(반대로)**가 정답이다.

23

1 によって 에 따라
2 にとって 에 있어서
3 にしたがって 에 따라서
4 にたいして 에 대해서

해설 지문에서 빈칸 앞의 話し方(말하는 방식)와 빈칸 뒤의 話
し手や聞き手の気持ちが変わることもある(말하는 사
람이나 듣는 사람의 마음이 바뀌는 때도 있다)를 봤을 때
경우에 따른 차이를 나타내는 **1 によって(에 따라)**가 정
답이다.

실전문제 ④　　　　　　　　　p.178

19 ③　　**20** ③　　**21** ④　　**22** ①　　**23** ②

19~23

걷다

　차는 사람이 편리하게 이동하기 위해 만들어진 것이다.
나는 자동차 면허를 딴 이후로는 좀처럼 걷지 않게 되었
다. 가까운 곳도 그만 차를 타고 가 버리고, 약속 장소도
주차장이 있는지를 우선 먼저 확인해 버리게 된다. 물론,
일하러 갈 때는 시간 절약도 되는 데다가, 일찍 도착했을
때에는 다른 사람의 시선을 신경 쓰지 않고 차 안에서 쉬
는 것이 가능하다.

　그러나 자동차에만 의존해서 이동하는 것은, 현대인의
문제가 되고 있는 운동 부족이 되기 쉽다. 물론 운동도 열
심히 하면서 차를 이용하고 있는 거라면 괜찮지만, 한 발
자국도 걷지 않으려는 사람에게는 자신의 건강을 위해 시
간을 내서 걸을 필요가 있다.

　그래서 추천하는 방법이, 차를 타는 규칙을 스스로 정해
두는 것이다. 20분 이내의 거리는 걸어 간다든지, 약속 시
간까지 여유가 있을 때는 걷는다든지. 이런 식으로 규칙을
만들어 두면, 그저 단순히 '많이 걷도록 하자'고 생각하는
것보다 훨씬 걷게 된다고 생각한다.

　차뿐만 아니라 사람이 만든 물건에는, 그것을 만든 목
적이 반드시 있을 것이다. 그 목적을 제대로 이해한 후에,
이용해 주었으면 한다.

단어 歩く(あるく) 걷다 ｜ 便利だ(べんりだ) 편리하다 ｜ 移動
(いどう) 이동 ｜ 作る(つくる) 만들다 ｜ 免許(めんきょ) 면
허 ｜ 取る(とる) 따다 ｜ あまり 좀처럼 ｜ 乗る(のる) 타다 ｜
待ち合わせ(まちあわせ) 약속(만날 약속) ｜ 駐車場(ちゅう
しゃじょう) 주차장 ｜ まず 우선 ｜ 先に(さきに) 먼저 ｜ 確
認(かくにん) 확인 ｜ もちろん 물론 ｜ 時間(じかん) 시간
｜ 節約(せつやく) 절약 ｜ 早く(はやく) 일찍 ｜ 着く(つく)
도착하다 ｜ 他(ほか) 다른 ｜ 気にする(きにする) 신경 쓰다
｜ 頼る(たよる) 의존하다 ｜ 現代人(げんだいじん) 현대인
｜ 問題(もんだい) 문제 ｜ 運動不足(うんどうぶそく) 운
동 부족 ｜ 健康(けんこう) 건강 ｜ 必要だ(ひつようだ) 필요
하다 ｜ おすすめ 추천 ｜ 方法(ほうほう) 방법 ｜ ルール 규
칙 ｜ 決める(きめる) 결정하다 ｜ 以内(いない) 이내 ｜ 距離
(きょり) 거리 ｜ 余裕(よゆう) 여유 ｜ 単に(たんに) 단순히
｜ 思う(おもう) 생각하다 ｜ 目的(もくてき) 목적 ｜ 必ず
(かならず) 반드시 ｜ きちんと 제대로 ｜ 理解(りかい) 이해

19

1 いきなり 갑자기	2 なかなか 좀처럼
3 つい 그만, 무심코	4 いつか 언젠가

해설 지문에서 近いところも(가까운 곳도)와 車に乗っていっ
てしまい(차를 타고 가 버리고)를 봤을 때, 자신도 모르
게 행동해 버렸음을 알 수 있으므로 **3 つい(그만, 무심
코)**가 정답이다.

20

1 べきだ 해야 한다
2 わけだ 셈이다
3 ことができる 것이 가능하다
4 はずがない 일리가 없다

해설 지문의 빈칸이 포함된 문장의 仕事に行くときは時間の
節約にもなるうえに(일하러 갈 때는 시간 절약도 되는
데다가)를 봤을 때 차를 이용할 때의 장점을 말하고 있는
것을 알 수 있다. 쉬는 것 역시 차를 이용하는 장점에 해
당하므로 **3 ことができる(것이 가능하다)**가 정답이다.

21

1 なおす 다시 ~하다	2 すぎる 지나치게 ~하다
3 きれる 다 ~할 수 있다	4 がちだ 쉽다, 자주 ~하다

해설 지문의 앞 단락에서 좀처럼 걷지 않게 되었다고 하고, 빈
칸 앞의 運動不足になり(운동 부족이 되기)를 봤을 때 좋
지 않은 일이 자주 발생할 때 사용하는 **4 がちだ(쉽다,
자주 ~하다)**가 정답이다.

1 歩くようになる 걷게 된다
2 歩くわけがない 걸을 리가 없다
3 歩くところだ 걸으려는 참이다
4 歩くばかりだ 걷기만 한다

해설 지문에서 ルールを作っておけば、ただ単に「たくさん 歩くようにしよう」と思うよりも、ずっと(규칙을 만 들어두면 단순히 '많이 걷도록 하자'고 생각하는 것보다 훨씬)를 봤을 때 본인의 의도, 의지와 상관없이 변화될 수 있음을 알 수 있다. 따라서 1 歩くようになる(걷게 된 다)가 정답이다.

23

1 うえに 데다가　　　　2 うえで 후에
3 うえは 이상에는　　　4 うちに 동안에

해설 지문에서 理解した(이해한)와 利用してほしい(이용해주 었으면 한다)는 일의 순서, 조건 관계이다. 빈칸 앞의 일 이 선행된 후에 빈칸 뒤의 일이 진행되므로 2 うえで(후 에)가 정답이다.

실전문제 ⑤　　　　　　　　　　p.180

19 ③　　　**20** ②　　　**21** ④　　　**22** ②　　　**23** ④

19~23

취미

　'취미란 무엇인가'에 대해 생각해 본 적이 있습니까? 처 음 만난 사람에게 '취미는 무엇입니까'라는 질문을 하는 경우가 있습니다. 이제 막 알게 된 사람에 대한 정보가 없 기 때문이겠지요. 취미를 묻고, 그로부터 또 새로운 화제 를 만드는 것이 대화의 흐름이라고 생각합니다.
　그렇다면, 여러분은 그 질문을 받았을 때, 어떤 취미에 대해 이야기합니까? 독서나 음악, 운동 등 여러 가지가 있 다고 생각합니다. 그렇다면 취미란 어떤 것이라고 생각합 니까? 자신이 하고 싶다고 생각하는 것이나 자신이 할 수 있는 것, 자신이 즐기고 있는 것 등 물론 사람에 따라 다르 다고 생각합니다만, 결국은 좋아하는 것을 말한다고 생각 합니다. 흥미를 가지고 즐기지 않으면 계속할 수 없고, 취 미라고는 말할 수 없습니다.
　좋아하는 것이 있다는 건 매우 소중한 일이라고 생각합 니다. 사람은 매일 같은 일을 반복하며 살아갑니다. 아침 에 일어나 학교나 회사에 가고, 그곳에서 공부나 일을 하 고, 지쳐서 집에 돌아와 잔다. 1년 365일 같은 날들이 계 속되면, 사람은 싫증 나 버리기 쉽습니다. 그래서, 취미가 필요한 것입니다. 취미로 스트레스 발산이나 기분 전환을 할 수 있다면, 공부나 일의 능률도 오를 것입니다. 취미라

는 것은 단순히 즐기는 것뿐만 아니라, 인생을 풍요롭게 해주는 것이라고 생각합니다. 여러분도 자신이 좋아하는 무언가를 찾아내서 인생을 즐겼으면 좋겠습니다.

단어 趣味(しゅみ) 취미 | 初めて(はじめて) 처음 | 質問(しつ もん) 질문 | 知り合う(しりあう) 알게 되다 | 情報(じょ うほう) 정보 | 尋ねる(たずねる) 묻다 | 話題(わだい) 화 제 | 会話(かいわ) 대화 | 流れ(ながれ) 흐름 | 読書(どく しょ) 독서 | 音楽(おんがく) 음악 | 運動(うんどう) 운동 | 結局(けっきょく) 결국 | 興味(きょうみ) 흥미 | 持つ (もつ) 가지다 | 続ける(つづける) 계속하다 | 言う(いう) 말하다 | 大切だ(たいせつだ) 소중하다, 중요하다 | 繰り返 す(くりかえす) 반복하다 | 会社(かいしゃ) 회사 | 疲れる (つかれる) 지치다, 피곤하다 | 帰る(かえる) 돌아가(오)다 | 飽きる(あきる) 싫증나다 | 必要(ひつよう) 필요 | 発散(は っさん) 발산 | 気晴らし(きばらし) 기분 전환 | 能率(のう りつ) 능률 | 人生(じんせい) 인생 | 豊かだ(ゆたかだ) 풍 요롭다 | 見つける(みつける) 찾아내다

19

1 ほどがあります 정도가 있습니다
2 はずがあります ×
3 ことがあります 경우가 있습니다
4 ものがあります 것이 있습니다

해설 지문에서 빈칸 앞의 「趣味は何ですか」という質問を する('취미는 무엇입니까'라는 질문을 하는)와 빈칸 뒤의 知り合ったばかりの人についての情報がないから(이 제 막 알게 된 사람에 대한 정보가 없기 때문)를 봤을 때 3 ことがあります(경우가 있습니다)가 정답이다.

20

1 それなのに 그럼에도 불구하고
2 そこから 그로부터
3 そうしたら 그렇게 했더니
4 それにしては 그런 것 치고는

해설 지문에서 빈칸 뒤의 また新しい話題を作る(다시 새로운 화제를 만든다)를 보면, 취미를 묻는 질문이 대화의 시작 이 됨을 알 수 있다. 따라서 2 そこから(그로부터)가 정 답이다.

21

1 こんな 이런　　　　2 そんな 그런
3 あんな 저런　　　　4 どんな 어떤

해설 지문에서 빈칸 앞의 その質問をされた時(그 질문을 받 았을 때)와 빈칸 뒤의 趣味のことを話しますか(취미에 대해 이야기합니까)를 봤을 때 빈칸의 적절한 의문사는 4 どんな(어떤)이다.

1 しかし 그러나　　　　2 それで 그래서
3 つい 무심코　　　　4 ただし 다만

해설 지문에서 빈칸 앞에서는 취미가 없을 때의 단점을 이야기
하고 있고, 빈칸 뒤에서 **趣味が必要なのです**(취미가 필
요한 것입니다)라고 했으므로 이유를 나타내는 **2 それで
(그래서)**가 정답이다.

23

1 楽しむはずです 즐길 것입니다
2 楽しむらしいです 즐긴다는 것 같습니다
3 楽しむに違いないです 즐길 것임에 틀림없습니다
4 楽しんでほしいです 즐겼으면 좋겠습니다

해설 지문에서 빈칸 앞의 皆さんにも(여러분도)를 봤을 때 필
자가 독자에게 전하는 메시지임을 알 수 있다. 따라서
4 楽しんでほしいです(즐겼으면 좋겠습니다)가 정답
이다.

4 내용이해(단문)

공략문제   p.190

1 ④   2 ③   3 ①   4 ③

1. 내용 전체를 묻는 유형

1

우리 동네에는 작은 도서관이 있다. 아주 오래된 건물이지만, 조용하고 책도 많이 있어서 나는 자주 그곳에서 공부하거나 책을 읽거나 했다. 역에서는 조금 멀지만, 집에서 가까워 어릴 때부터 자주 다녔다.

하지만, 이 도서관은 다음 달로 문을 닫게 되었다. 새로운 도서관이 역 근처에 생기기 때문이다. **새로운 도서관은 크고 깨끗하며, 컴퓨터도 사용할 수 있다고 한다. 그렇지만 나는 어쩐지 조금 쓸쓸한 마음을 감출 수 없다.** 지금의 도서관에는 많은 추억이 있는 것이다.

도서관에 대해 필자의 생각에 맞는 것은 무엇인가?

1 지금의 도서관은 낡고 책이 적어서 어른이 되고 나서는 아쉽게 생각하고 있었다.
2 지금의 도서관은 작고 불편했기 때문에 새 도서관 쪽이 낫다고 생각하고 있다.
3 새 도서관은 집 근처에 있어서 기쁘게 생각하고 있다.
4 새 도서관은 편리해 보이지만 지금의 도서관이 없어지는 것은 쓸쓸하다.

해설   새로운 도서관은 크고 깨끗하며, 컴퓨터도 사용할 수 있으나, 지금의 도서관에 대해 쓸쓸한 마음을 감출 수 없다고 했으므로 4번이 정답이다.

2

1월 10일 아침, 사토 씨가 회사에 출근하자, 책상 위에 다나카 부장으로부터의 메모가 놓여 있었다.

사토 씨에게

어제 '업무 개선에 관한 설문조사'의 정리 감사합니다. 아주 보기 쉽고, 포인트도 정리되어 있어 도움이 되었습니다.

내일 부서 내 미팅에서 이 설문조사 결과를 바탕으로 논의를 할 예정입니다.

그때 사용하고 싶으니, **설문조사에 응답한 직원 수를 추가해서 내일 오전까지 메일로 보내주세요.**

저는 내일 오전에는 외부 미팅이 있어, 회사에 돌아오는 것은 점심 이후가 될 예정입니다. 잘 부탁합니다.

1월 9일(화) 18:00
다나카

이 메모를 읽고, 사토 씨가 해야 하는 것은 무엇인가?

1 설문조사의 내용을 새로 만들어, 미팅에서 발표한다.
2 부서 내 미팅 전에, 사원 전원에게 설문조사 결과를 나누어 준다.
3 설문조사에 관한 내용을 추가하여 메일로 보낸다.
4 부장 대신 오전 중의 외부 미팅에 참석한다.

해설   메모에서 '설문조사에 응답한 직원 수를 추가해서 내일 오전까지 메일로 보내주세요'라고 했으므로 3번이 정답이다.

3

초등학교에서 **아이들이 야채를 더 먹도록 하기 위해 학교 정원에서 야채를 기르기로 했다. 토마토나 피망, 가지 등 여러 가지 야채를 기르고 있다.** 선생님들은 아이들이 스스로 기른 야채라면 더 먹고 싶어질 것이라고 생각한 것이다.

처음에는 흙을 만지는 것을 싫어하던 아이들도 물을 주거나 잎 모양을 살펴보거나 하는 동안 점점 즐거워하는 모습이 되었다. 그리고 여름방학 전에, 모두가 만든 야채를 카레에 넣어 먹었다. 한 아이는 '피망은 싫어했지만, 직접 만든 것은 맛있다'고 말했다. 내년도에도 계속 야채 가꾸기를 이어가고 싶다고 생각하고 있다.

이 학교에서 하고 있는 것으로 맞는 것은 어느 것인가?

1 아이들에게 스스로 여러 가지 야채를 기르게 하고 있다.
2 아이들에게 야채를 많이 먹게 하고 있다.
3 매일 아이들에게 야채에 물주기를 하게 하고 있다.
4 매년 여름방학 전에 카레 만들기를 하게 하고 있다.

해설 아이들이 직접 토마토, 피망, 가지 등 여러 가지 야채를 기르고 있다고 했으므로 1번이 정답이다.

2. 밑줄이 가리키는 것을 묻는 유형

4

최근, 어떤 슈퍼에서 에코백을 사용하는 사람이 많아지고 있다. 에코백이란 몇 번이나 사용할 수 있는 장바구니로, 플라스틱 쓰레기를 줄이기 위해 사용되고 있다. 비닐봉지는 사용 후 바로 버리는 사람이 많아, 바다나 강을 오염시키는 원인도 되고 있다.

사실 이 슈퍼에서는 5년 전부터 돈을 내지 않으면 받을 수 없도록 한 결과, 비닐봉지를 사용하는 사람이 적어졌다. 그리고 지금은 장을 보러 오는 사람의 80퍼센트 이상이 자기 에코백을 가지고 오게 되었다고 한다. 최근에는 멋스러운 에코백도 늘어나고 있다고 한다.

어떤 슈퍼에서 에코백을 사용하는 사람이 많아진 것은 어째서인가?

1 에코백은 몇 번이나 사용할 수 있고, 환경에 좋기 때문에
2 비닐봉지를 쓰면 한 번밖에 사용할 수 없기 때문에
3 비닐봉지를 무료로 받을 수 없게 되었기 때문에
4 멋스러운 에코백을 사용하고 싶어하는 사람이 늘었기 때문에

해설 이 슈퍼에서는 5년 전부터 돈을 내지 않으면 비닐봉지를 받을 수 없도록 하자 비닐봉지를 사용하는 사람이 줄었다고 했으므로 3번이 정답이다.

실전문제 ① p.194

24 ④　　**25** ③　　**26** ③　　**27** ④

24

이것은 맨션 관리실에서 주민에게 도착한 메일이다.

수신처: renraku@abcmail.com
제목: 엘리베이터 검사에 관한 안내
송신 일시: 2025년 10월 11일(토)

해바라기 맨션 여러분께

당 맨션에서는 이번에 엘리베이터 검사를 실시하게 되었습니다. 다음 주 목요일 **오전 10시부터 1시간 30분 정도 검사를 실시할 예정입니다.** 아울러, 검사 중인 엘리베이터는 이용하실 수 없습니다. 검사는 1대씩 진행하기 때문에 작동하고 있는 엘리베이터를 이용해 주시기 바랍니다.

여러분께는 불편과 폐를 끼쳐 드립니다만, 이해와 협조 부탁드립니다.

맨션 관리실

이 메일에서 알 수 있는 것은 무엇인가?

1 다음 주 목요일 오전 10시부터 오후 1시 30분까지 엘리베이터 점검이 있다.
2 해바라기 맨션의 엘리베이터는 1대뿐이다.
3 검사 중 이동하고 싶을 때는 맨션 관리실에 연락하면 된다.
4 엘리베이터 검사는 1시간 반 정도 걸릴 예정이다.

해설 일치하는 것을 고르는 문제는 지문 전체를 잘 봐야 한다. 1번은 오후 1시 30분까지가 아니라, 1시간 반 동안 검사한다고 했으므로 오답이다. 2번은 검사를 1대씩 진행한다고 했을 뿐, 엘리베이터가 한 대뿐이라는 내용은 없으므로 오답이다. 3번은 언급되지 않은 내용이므로 오답이다. 4번은 오전 10시부터 1시간 30분 정도 검사를 실시할 예정이라는 지문의 내용과 일치하므로 정답이다.

단어 マンション 맨션 | 管理室(かんりしつ) 관리실 | 住民(じゅうみん) 주민 | 宛先(あてさき) 수신처 | 件名(けんめい) 제목 | エレベーター 엘리베이터 | 検査(けんさ) 검사 | 案内(あんない) 안내 | 送信日時(そうしんにちじ) 송신 일시 | 実施(じっし) 실시 | 利用(りよう) 이용 | 動く(うごく) 작동하다, 움직이다 | 不便(ふべん) 불편 | 迷惑(めいわく) 폐, 민폐 | 理解(りかい) 이해 | 協力(きょうりょく) 협력

'딸을 고등학교에 보내지 않고 있습니다.'라고 하면, 모두가 반드시 놀란다. '고등학교는 의무가 아닌가요?'라든가, '고등학교를 졸업하지 않으면 취직이 어렵지 않나요?'라든가, 다들 걱정하는 이야기밖에 하지 않는다. 물론 학교에서 배우는 것은 많고, 학교가 나쁘다고 생각해서 보내지 않는 것은 아니다.

딸이 고등학교 1학년 여름방학 때 장래에 무엇이 되고 싶은지 물었더니, '모르겠어. 뭐, 고등학교 성적에 따라 결정되니까.'라고 들었을 때 나는 충격이었다. 순간, 좋아하는 것도 특기도 없는 딸에게 화가 났다. 하지만 딸이 이렇게 말한 것은 가족이나 학교, 사회, 어디서나 성적을 기준으로 판단되는 경향이 있기 때문이라고 생각했다. 무언가에 흥미를 가질 수 있게 되는 기회가 없었기 때문이라고도 생각했다. 그래서 나는 학교 대신 딸이 여러 가지 체험을 할 수 있도록 서포트하고 있는 것이다.

(주) 화가 났다 : 매우 화났다

이렇게라고 하는 것은 무엇을 가리키고 있는가?

1 고등학교에 다니는 의미가 없어 학교를 그만둔다.
2 고등학교를 졸업하지 않으면 취직은 어렵다.
3 취미나 특기도 없고, 학교 성적으로 진로를 정한다.
4 흥미를 가질 수 있게 되는 기회가 없다.

해설 밑줄이 가리키는 '이렇게'는 지시어이므로, 바로 직전에 언급된 내용이 정답일 확률이 높다. 앞 문장에서 딸은 '모르겠어. 뭐, 고등학교 성적에 따라 결정되니까.'라고 했다. 1번은 언급되지 않은 내용이므로 오답이다. 2번은 학교에 보내지 않고 있다는 말을 들은 사람이 한 말이므로 오답이다. 3번은 진로가 성적에 따라 결정된다는 지문의 내용과 일치하므로 정답이다. 4번은 흥미를 가질 기회가 없었다는 것은 부모가 생각한 내용이므로 오답이다.

단어 娘(むすめ) 딸 | 決まって(きまって) 반드시, 꼭, 늘 | 驚く(おどろく) 놀라다 | 義務(ぎむ) 의무 | 就職(しゅうしょく) 취직 | 将来(しょうらい) 장래 | 成績(せいせき) 성적 | 基準(きじゅん) 기준 | 判断(はんだん) 판단 | 腹が立つ(はらがたつ) 화가 나다 | 興味(きょうみ) 흥미 | 機会(きかい) 기회 | 代わりに(かわりに) 대신에 | サポート 서포트

일본에 처음 여행 간 외국인 다수가 놀라는 것은 택시의 문이다. 해외라면 승객이 문을 열고 닫는 것이 당연하다. 그러나 일본에서는 운전사가 버튼을 누르는 것만으로 문이 자동으로 열리거나 닫히거나 하는 것이다.

일본에서 자동문이 보급된 것은, 1964년에 개최된 도쿄 올림픽이 계기였다고 한다. 당시 택시를 이용하는 승객은 일본인뿐 아니라 외국인 손님도 늘어났다. 그 때문에 택시 회사에서는 손님에 대한 서비스의 일환으로, **승객이 택시를 타고 내릴 때 운전사가 차에서 내려 문을 여닫았다고 한다.** 서비스라고는 해도, **그것은 큰 수고였음에 틀림없다.** 그래서 자동문이 개발되었다는 것이다.

자동문이 개발된 이유는 어째서인가?

1 1964년에 개최된 도쿄 올림픽 홍보로 자동문 서비스가 의무화되었기 때문에
2 도쿄 올림픽을 위해 방일한 외국인 손님으로부터 요구가 많았기 때문에
3 승객을 위해 운전사가 차에서 내려 문을 여닫는 것이 힘들었기 때문에
4 매번 차에서 내려 서비스를 하는 운전사가 자동문 개발을 요구했기 때문에

해설 자동문이 개발된 이유를 묻는 문제이므로 이유가 언급된 부분을 잘 봐야 한다. 1번은 올림픽 홍보로 택시 문을 여닫는 것이 시작되었다고 했으므로 오답이다. 2번은 언급되지 않은 내용이므로 오답이다. 3번은 승객이 택시를 타고 내릴 때 운전사가 차에서 내려 문을 여닫았다고 했고, 그것은 큰 수고였음에 틀림없다는 지문의 내용과 일치하므로 정답이다. 4번은 언급되지 않은 내용이므로 오답이다.

단어 旅行(りょこう) 여행 | 外国人(がいこくじん) 외국인 | 驚く(おどろく) 놀라다 | 海外(かいがい) 해외 | 乗客(じょうきゃく) 승객 | 当然(とうぜん) 당연(함) | 運転手(うんてんしゅ) 운전사 | ボタン 버튼 | おす 누르다 | 自動(じどう) 자동 | 開く(あく) 열리다 | 閉まる(しまる) 닫히다 | 普及(ふきゅう) 보급 | 行う(おこなう) 개최하다, 시행하다 | オリンピック 올림픽 | きっかけ 계기 | 当時(とうじ) 당시 | 利用(りよう) 이용 | 客(きゃく) 손님 | 増える(ふえる) 늘어나다 | 一環(いっかん) 일환 | ～際(さい) ~할 때 | 降りる(おりる) 내리다 | 行う(おこなう) 행하다 | 苦労(くろう) 수고, 고생 | ～に違いない(にちがいない) ~에 틀림없다 | 開発(かいはつ) 개발 | 要求(ようきゅう) 요구

이것은 기무라 씨로부터 야마다 씨에게 도착한 메시지
이다.

야마다 씨에게

　　드디어 내일은 3개월간 준비한 프로젝트의 발표일
이네요. 힘든 일도 있었지만, 야마다 씨와 함께 일할
수 있었던 것, 무엇보다 좋은 결과를 낼 수 있을 것 같
아 기쁩니다.
　　프레젠테이션 준비는 대강 끝났습니다만, 내일 사
용할 자료 건으로 연락 드렸습니다. 참가 인원수 50명
이라고 들었는데, **나눠 줄 자료가 모자라게 되면 곤
란하니, 여분으로 10장 정도 사전에 준비 부탁드립
니다.** 또한 음료는 이쪽에서 준비할 테니, 야마다 씨
에게는 자료 건만 부탁드리고자 합니다.
　　수고를 끼쳐 드립니다만, 아무쪼록 잘 부탁드립
니다.

기무라

이 메시지를 읽고, 야마다 씨가 해야 하는 것은 무엇인가?

1 3개월간의 프로젝트를 시작하기 위해 발표를 하는 것
2 3개월간 준비한 프로젝트 발표의 준비를 하는 것
3 프로젝트 발표 때 사용할 자료를 50부 준비하는 것
**4 프로젝트 발표 때 사용할 자료를, 참가 인원분보다
많이 준비하는 것**

해설 해야 할 일을 묻는 문제이므로, 메일 속 기무라의 부탁 부
분을 잘 봐야 한다. 1번은 내일이 3개월간 준비한 프로젝
트의 발표일이라고 했으므로 오답이다. 2번은 발표 준비
는 대강 끝났다고 했으므로 오답이다. 3번과 4번 중 나눠
줄 자료가 모자라게 되면 곤란하니, 여분으로 10장 정도
사전에 준비 부탁드린다고 했으므로 4번이 정답이다.

단어 準備(じゅんび) 준비 ｜ 発表(はっぴょう) 발표 ｜ 結果(け
っか) 결과 ｜ 嬉しい(うれしい) 기쁘다 ｜ プレゼンテーシ
ョン 프레젠테이션 ｜ 一通り(ひととおり) 대강, 일단 ｜ 資
料(しりょう) 자료 ｜ 連絡(れんらく) 연락 ｜ 参加人数(さ
んかにんずう) 참가 인원수 ｜ 配る(くばる) 나누어 주다 ｜
足りない(たりない) 부족하다 ｜ 余分(よぶん) 여분 ｜ 事前
(じぜん) 사전 ｜ 用意(ようい) 준비 ｜ 手数(てすう) 수고, 번
거로움

---

24 ③　　**25** ②　　**26** ④　　**27** ③

24

　'테루테루보즈'는 일본의 문화 중 하나이다. '테루테루
보즈'란, 흰 천이나 종이로 만든 인형이다. 내일은 맑게 개
기를 바라는 소원을 담아 창문에 걸어 둔다.
　물론, **이 인형을 만들어 걸어 둔다고 해서 맑아지는
것은 아니다.** 그러나 날씨 변화로 인한 피해가 많은 일본
에서는 이러한 문화가 많이 보인다. 자연 앞에서 인간은
무력하기 때문에, 이렇게 비가 내리지 않도록 기도하는 문
화가 생겼다고 생각한다. 나도 일본에 유학했을 때, '테루
테루보즈'를 만들어 걸어 둔 추억이 있다. 다음 날은 소풍
을 갈 예정이었는데, 비가 오면 소풍이 없어져 버리기 때
문이다. 그럴 리가 없다고 생각하면서도, 좋은 날씨를 바
라는 마음으로 만들어 버리는 것이 '테루테루보즈'라고 생
각한다.

그럴 리가 없다고 되어 있는데, 그것은 무엇을 말하는가?

1 '테루테루보즈'를 만들어 창문에 걸어 두면 비가 내리
　지 않는다는 것
2 날씨 변화로 인한 피해가 많은 일본에서 이런 문화가
　있을 리 없다는 것
**3 '테루테루보즈'를 만든다고 해서 반드시 맑아지는 것
　은 아니라는 것**
4 날씨 변화로 인한 피해가 많은 일본에서 이런 문화가
　많다는 것

해설 밑줄이 가리키는 '그럴 리가 없다'는 앞에서 언급된 내용
을 부정하는 말이므로, 앞 문장에 언급된 내용이 정답일
확률이 높다. 1번은 걸면 비가 오지 않는다는 믿음을 긍정
하므로 오답이다. 2번은 문화 자체가 존재하지 않는다는
뜻으로 해석되어 문맥과 맞지 않아 오답이다. 3번은 이
인형을 만들어 걸어 둔다고 해서 맑아지는 것은 아니라는
지문의 내용과 일치하므로 정답이다. 4번은 문화가 많다
는 사실을 말한 문장으로, '그럴 리 없다'의 대상이 아니
므로 오답이다.

단어 文化(ぶんか) 문화 ｜ 布(ぬの) 천 ｜ 紙(かみ) 종이 ｜ 人形
(にんぎょう) 인형 ｜ 願い(ねがい) 소원 ｜ 込める(こめる)
담다, 쏟다 ｜ 窓(まど) 창문 ｜ 変化(へんか) 변화 ｜ 被害(ひ
がい) 피해 ｜ 自然(しぜん) 자연 ｜ 無力(むりょく) 무력 ｜
お祈り(おいのり) 기도 ｜ 留学(りゅうがく) 유학 ｜ 思い
出(おもいで) 추억 ｜ 遠足(えんそく) 소풍 ｜ 予定(よてい)
예정 ｜ 願う(ねがう) 바라다

25

이것은 회사 총무부에서 직원들에게 보낸 메일이다.

보낸 사람 : soumu@tsurugaisha.co.jp

제목 : 정전에 의한 업무 변경 알림

송신일시: 2025년 9월 15일(월) 7:30

사원 여러분께

오늘 회사의 한 지역에서 아침부터 큰 정전이 일어나고 있습니다. 그 때문에, **오전 중의 출근은 보류해 주세요.**

전기가 고쳐진 뒤 안전을 확인하고 나서 오후 업무를 재개할 예정입니다. **상황에 대해서는, 11시까지 메일로 알려 드리므로 확인을 부탁합니다.**

덧붙여 오늘의 오전 중에 예정되어 있던 전체 미팅은 중지로 합니다.

주식회사 츠루가이사

총무부

(주) 보류하다 : 일시적으로 그만두다

이 메일에서 알 수 있는 것은 무엇인가?

1 오전 중에 회사에 가서 전체 미팅에 참가할 필요가 있다.

2 오전에는 출근하지 않고, 오후 업무에 대해서는 메일로 확인한다.

3 오후 업무는 중지이며, 오늘은 자택 대기이다.

4 11시까지 스스로 회사에 연락하여 정전 상황을 확인한다.

해설 일치하는 것을 고르는 문제는 지문 전체를 잘 봐야 한다. 1번은 오전 중의 전체 미팅은 중지라고 했으므로 오답이다. 2번은 오전 중의 출근은 보류이고 오후 업무는 메일로 알려드린다는 지문의 내용과 일치하므로 정답이다. 3번은 언급되지 않은 내용이므로 오답이다. 4번은 11시까지 회사가 사원에게 알려준다고 했으므로 오답이다.

단어 総務部(そうむぶ) 총무부 | 社員(しゃいん) 사원 | 差出人(さしだしにん) 보낸 사람 | 件名(けんめい) 제목 | 地域(ちいき) 지역 | 停電(ていでん) 정전 | 起きる(おきる) 일어나다 | 出社(しゅっしゃ) 출근 | 見合わせる(みあわせる) 보류하다 | 直る(なおる) 고쳐지다 | 安全(あんぜん) 안전 | 確認(かくにん) 확인 | 再開(さいかい) 재개 | 状況(じょうきょう) 상황 | 全体(ぜんたい) 전체 | ミーティング 미팅, 회의 | 中止(ちゅうし) 중지

26

에도 시대, 일본에는 '참근교대'라는 제도가 있었다. 이는 다이묘라고 불리는 지방의 리더들이 1년 걸러 에도와 자신의 나라를 오가야 한다는 규정이다.

이 제도에는 몇 가지 목적이 있었다. 하나는 다이묘가 제멋대로 힘을 키워 나라에 반항하지 않게 하는 것 또 하나는, **다이묘가 많은 돈을 쓰게 함으로써 싸우기 위한 힘을 지나치게 갖지 않도록 하는 것이었다.** 이와 같이, 참근교대는 나라를 안정시키기 위해 만들어진 것이다.

참근교대를 시행한 이유는 무엇인가?

1 다이묘에게 긴 여행을 즐기게 하기 위해서

2 에도의 도시를 경제적으로 안정시키기 위해서

3 다이묘가 돈을 너무 많이 쓰지 않도록 하기 위해서

4 다이묘의 힘이 지나치게 강해지지 않도록 하기 위해서

해설 참근교대를 하는 이유를 묻는 문제이므로 이유가 언급된 부분을 잘 봐야 한다. 1번과 2번은 언급되지 않은 내용이므로 오답이다. 3번은 많은 돈을 쓰게 한다고 했지 쓰지 않도록 하기 위한 것은 아니므로 오답이다. 4번은 다이묘가 많은 돈을 쓰게 함으로써 싸우기 위한 힘을 지나치게 갖지 않도록 하는 것이라는 지문의 내용과 일치하므로 정답이다.

단어 江戸時代(えどじだい) 에도 시대(*1603년부터 1868년까지의 시기) | 参勤交代(さんきんこうたい) 참근교대 | 仕組み(しくみ) 제도, 구조 | 大名(だいみょう) 다이묘(*지방 영주) | 地方(ちほう) 지방 | 行き来(いきき) 왕래 | きまり 규정, 규칙 | 目的(もくてき) 목적 | 勝手に(かってに) 제멋대로 | 力(ちから) 힘 | 反抗(はんこう) 반항 | 安定(あんてい) 안정

27

이것은 교수인 선생님으로부터 학생에게 도착한 메시지이다.

우치야마 씨에게

논문 발표회, 드디어 내일이네요. 졸업까지 한 걸음 한 걸음 전진하고 있는 것, 지도 교수로서도 기쁘게 생각합니다.

그런데, 발표회가 끝나면 연구실 모두와 함께 간단한 식사 모임을 하려고 합니다. **식사 모임 장소는 다나카 군에게 예약을 부탁해 두었으니, 나중에 연락이 갈 거라고 생각합니다. 답장을 해 주세요.** 그리고 연구실 선배들도 내일 발표회에 온다고 하니, 참고하시기 바랍니다.

> 　　마지막까지 긴장을 늦추지 말고, 착실히 준비해서
> 내일에 임합시다. 힘내세요.
>
> 　　　　　　　　　　　　　　　　　　　　　　기무라

이 메시지에서 선생님이 학생에게 부탁하고 있는 것은 무엇인가?

1 논문을 사전에 인쇄해 둘 것
2 식사 모임 장소를 예약할 것
3 다른 학생에게서 온 연락에 답장할 것
4 내일 발표회에 선배들을 초대할 것

해설 　해야 할 일을 묻는 문제이므로, 메시지 속 선생님의 부탁 부분을 잘 봐야 한다. 1번은 언급되지 않은 내용이므로 오답이다. 2번은 식사 장소 예약은 다나카 군에게 부탁했다고 했으므로 오답이다. 3번은 (다나카 군에게서) 나중에 연락이 갈 것이며, 답장을 해 달라는 지문의 내용과 일치하므로 정답이다. 4번은 선배들을 초대하라는 내용이 아니고, 이미 선배들이 온다고 했으므로 오답이다.

단어 　論文(ろんぶん) 논문 | 発表会(はっぴょうかい) 발표회 | 卒業(そつぎょう) 졸업 | 前進(ぜんしん) 전진 | 指導教員(しどうきょういん) 지도 교수 | 研究室(けんきゅうしつ) 연구실 | 食事会(しょくじかい) 식사 모임 | 予約(よやく) 예약 | 連絡(れんらく) 연락 | 返信(へんしん) 답장, 회신 | 先輩(せんぱい) 선배 | 参考(さんこう) 참고 | 気を抜く(きをぬく) 긴장을 늦추다, 방심하다 | 準備(じゅんび) 준비 | 臨む(のぞむ) 임하다 | がんばる 힘내다, 노력하다

실전문제 ③ p.202

24 ③　　**25** ③　　**26** ②　　**27** ③

24

　　일본에서는 예로부터 선물을 소중히 여기는 문화가 있다. 예를 들어, 신세를 진 사람에게 오추겐이나 오세이보로서 물건을 보내는 습관은 지금도 남아 있다.

　　이러한 것들은 예전만큼 많이는 보이지 않게 되었지만, 완전히 사라진 것은 아니다. 최근에는 디지털 선물이나 인터넷상의 선물 서비스가 인기를 얻고 있다. 스마트폰으로 간단히 보낼 수 있기 때문에, 젊은 사람들 사이에서도 사용되고 있다.

　　(주) 오추겐이나 오세이보 : 각각 여름과 연말에 감사의 마음을 전하는 선물

이 글을 읽고 알 수 있는 것은 무엇인가?

1 일본에서는 예전의 선물 습관이 모두 사라져 버렸다.
2 요즘 젊은 사람은 선물을 하지 않아서 습관이 조금씩 사라지고 있다.
3 선물하는 방식은 바뀌어도, 마음을 전하는 문화는 계속되고 있다.
4 디지털 선물은 편리하지만, 연장자에게는 사용되지 않는다.

해설 　일치하는 것을 고르는 문제는 지문 전체를 잘 봐야 한다. 1번은 습관이 지금도 남아있다고 했으므로 오답이다. 2번은 디지털 선물이나 인터넷상의 선물 서비스가 젊은 층 사이에서 사용되고 있다고 했으므로 오답이다. 3번은 오추겐이나 오세이보를 보내는 습관이 지금도 남아 있고, 최근에는 디지털 선물이나 인터넷상의 선물 서비스가 인기를 얻고 있다는 지문의 내용과 일치하므로 정답이다. 4번은 언급되지 않은 내용이므로 오답이다.

단어 　昔(むかし) 예전, 옛날 | おくりもの 선물 | 大切だ(たいせつだ) 소중하다 | 文化(ぶんか) 문화 | お世話になる(おせわになる) 신세를 지다 | お中元(おちゅうげん) 오추겐(여름 선물) | お歳暮(おせいぼ) 오세이보(연말 선물) | 品物(しなもの) 물건, 선물 | おくる 보내다 | 習慣(しゅうかん) 습관 | 残る(のこる) 남다 | 完全(かんぜん) 완전 | デジタルギフト 디지털 선물 | インターネット 인터넷 | 人気(にんき) 인기 | 若い人(わかいひと) 젊은 사람 | 感謝(かんしゃ) 감사 | 気持ち(きもち) 마음, 감정 | 伝える(つたえる) 전하다

25

　　저는 매일 아침 집에서 회사까지 전철로 다니고 있습니다. 전철 안에서는 많은 사람이 스마트폰을 보고 있지만, 책을 읽고 있는 사람은 적어졌다고 느낍니다. 저 자신도 이전에는 통근 중에 책을 읽는 것이 습관이었지만, 최근에는 스마트폰으로 뉴스나 동영상을 보는 일이 많아졌습니다.

　　그러나 스마트폰만 보고 있으면, 정보가 짧고 표면적인 것뿐이라 깊이 생각하는 시간이 줄어드는 듯합니다. 책을 읽으면 하나의 주제에 대해 차분히 생각할 수 있고, 자신의 생각을 넓히거나 깊게 할 수 있습니다. 그래서 저는 되도록 책을 읽는 시간을 되찾고 싶다고 생각하고 있습니다.

'나'가 말하고 싶은 것은 어느 것인가?

1 스마트폰은 편리하므로 앞으로도 계속 쓰고 싶다.
2 책을 읽는 사람이 많아진 것은 사회에 있어서 좋은 일이다.
3 스마트폰만으로는 깊게 생각하는 힘이 길러지기 어렵다.
4 책을 읽는 것은 즐겁지만, 그다지 도움이 되지는 않는다.

해설 필자의 생각을 묻는 문제이다. 필자의 주된 생각이나 주장은 글의 마지막 부분에 나올 가능성이 높다. 1번은 언급되지 않은 내용이므로 오답이다. 2번은 책을 읽고 있는 사람이 적어졌다고 느낀다고 했으므로 오답이다. 3번은 스마트폰만 보고 있으면 깊이 생각할 시간이 줄어든다는 지문의 내용과 일치하므로 정답이다. 4번은 언급되지 않은 내용이므로 오답이다.

단어 毎朝(まいあさ) 매일 아침 ┃ 電車(でんしゃ) 전철 ┃ 通う(かよう) 다니다 ┃ 多くの〜(おおくの〜) 많은~ ┃ スマートフォン 스마트폰 ┃ 感じる(かんじる) 느끼다 ┃ 以前(いぜん) 이전 ┃ 通勤(つうきん) 통근, 출퇴근 ┃ 習慣(しゅうかん) 습관 ┃ 最近(さいきん) 최근 ┃ 動画(どうが) 동영상 ┃ 情報(じょうほう) 정보 ┃ 表面的(ひょうめんてき) 표면적 ┃ 深い(ふかい) 깊다 ┃ 考える(かんがえる) 생각하다 ┃ じっくり 차분히, 충분히 ┃ 広げる(ひろげる) 넓히다 ┃ 深める(ふかめる) 깊게 하다 ┃ 取り戻す(とりもどす) 되찾다 ┃ 育つ(そだつ) 자라다, 성장하다 ┃ 役に立つ(やくにたつ) 도움이 되다

26

일본의 편의점은 외국인 여행자에게도 놀라운 장소다. 24시간 영업이고, 음식과 음료뿐 아니라 생활용품과 화장품도 팔고 있고, 공공요금 납부, 택배 접수 등 다양한 서비스를 이용할 수 있기 때문이다.
편의점이 이만큼 다기능이 된 배경에는 지역 주민의 생활을 더 편리하게 하려는 목적이 있다. 특히 바쁜 사람들에게 있어 짧은 시간에 필요한 물건이나 서비스를 얻을 수 있는 것이 큰 매력이다. 그 때문에 일본의 편의점은 '작은 생활 거점'으로서 없어서는 안 될 존재가 되고 있는 것이다.

일본 편의점이 다기능이 된 것은 어째서인가?

1 외국인 여행자를 위해 새로운 서비스를 도입했기 때문에
2 지역 주민의 생활을 편리하게 하기 위해 궁리했기 때문에
3 24시간 영업을 계속하기 위해 상품을 늘렸기 때문에
4 지역사회의 작은 생활 거점으로 지정되었기 때문에

해설 일본 편의점이 다기능이 된 이유를 묻는 문제이므로, 이 유가 언급된 부분을 잘 봐야 한다. 1번은 언급되지 않은 내용이므로 오답이다. 2번은 편의점이 이만큼 다기능이 된 배경에는 지역 주민의 생활을 더 편리하게 하려는 목적이 있다는 지문의 내용과 일치하므로 정답이다. 3번과 4번은 언급되지 않은 내용이므로 오답이다.

단어 外国人(がいこくじん) 외국인 ┃ 旅行者(りょこうしゃ) 여행자 ┃ 驚く(おどろく) 놀라다 ┃ 営業(えいぎょう) 영업 ┃ 日用品(にちようひん) 생활용품 ┃ 化粧品(けしょうひん) 화장품 ┃ 公共料金(こうきょうりょうきん) 공공요금 ┃ 支払い(しはらい) 납부, 지불 ┃ 宅配便(たくはいびん) 택배 ┃ 受付(うけつけ) 접수 ┃ 利用(りよう) 이용 ┃ 多機能(たきのう) 다기능 ┃ 背景(はいけい) 배경 ┃ 地域住民(ちいきじゅうみん) 지역 주민 ┃ 目的(もくてき) 목적 ┃ 忙しい(いそがしい) 바쁘다 ┃ 魅力(みりょく) 매력 ┃ 拠点(きょてん) 거점 ┃ 〜てはならない ~해서는 안 된다 ┃ 存在(そんざい) 존재 ┃ 導入(どうにゅう) 도입 ┃ 工夫する(くふうする) 궁리하다 ┃ 増やす(ふやす) 늘리다 ┃ 指定(してい) 지정

27

이것은 사토 과장이 스즈키 씨에게 남긴 메모이다.

스즈키 씨에게

다음 주 월요일에 예정되어 있는 거래처와의 회의에 대해 알려드립니다. 회의는 오후 2시부터 본사 회의실에서 진행합니다. 참가 인원수는 대략 20명 정도가 될 예상입니다.
회의에서 사용할 프로젝터와 마이크 준비는 제가 확인할 테니, **스즈키 씨에게는 회의 자료의 업데이트를 부탁드리고자 합니다.** 자료는 작년 데이터를 반영한 것을 메일로 보내 두었으니, **올해 데이터를 추가하여 마무리해 주세요.** 인쇄하여 배포하고 싶은데, 그건 인턴인 다나카 군에게 부탁해 주세요.
바쁘신 와중 죄송합니다만, 아무쪼록 잘 부탁드립니다.

사토

이 메모를 읽고, 스즈키 씨가 해야 하는 것은 무엇인가?

1 회의에서 사용할 프로젝터와 마이크를 준비하는 것
2 회의에서 배포할 자료를 사전에 인쇄해 두는 것
3 최신 데이터를 넣은 회의 자료를 완성시키는 것
4 인턴이 담당하고 있는 작업을 돕는 것

해설 해야 할 일을 묻는 문제이므로, 메모 속 사토의 부탁 부분을 잘 봐야 한다. 1번은 장비 준비는 본인(사토)이 담당한

다고 했으므로 오답이다. 2번은 자료 인쇄는 인턴에게 부탁하라고 했으므로 오답이다. 3번은 회의 자료의 업데이트와 올해 데이터를 추가하여 마무리해 달라는 지문의 내용과 일치하므로 정답이다. 4번은 언급되지 않은 내용이므로 오답이다.

단어 予定(よてい) 예정ㅣ取引先(とりひきさき) 거래처ㅣ会議(かいぎ) 회의ㅣお知らせ 알림, 안내ㅣ午後(ごご) 오후ㅣ本社(ほんしゃ) 본사ㅣ会議室(かいぎしつ) 회의실ㅣ参加人数(さんかにんずう) 참가 인원수ㅣ見込み(みこみ) 예상, 전망ㅣ使用(しよう) 사용ㅣ準備(じゅんび) 준비ㅣ確認(かくにん) 확인ㅣ資料(しりょう) 자료ㅣアップデート 업데이트ㅣ反映(はんえい) 반영ㅣ追加(ついか) 추가ㅣ仕上げる(しあげる) 마무리하다, 완성하다ㅣ印刷(いんさつ) 인쇄ㅣ配布(はいふ) 배포ㅣインターン 인턴ㅣ申し訳ない(もうしわけない) 죄송하다

문제 5 내용이해(중문)

공략문제 p.209

1 ①   2 ④   3 ②   4 ①   5 ③
6 ④

1. 내용 전체를 묻는 유형

1~2

시골과 도시의 생활은 꽤 다릅니다. [1번]시골은 자연이 많고, 조용한 곳입니다. 공기도 맑고 사람이 적어서 정신적으로도 여유롭게 지낼 수 있는 경우가 많습니다. 밤에는 별이 잘 보이고 계절의 변화도 피부로 느끼기도 쉽습니다. 한편 불편한 점도 있습니다. 가게가 제한되어 있거나 대중교통의 편수가 적거나 해서 쇼핑이나 이동이 조금 불편한 경우가 있습니다.

그에 비해 도시는 매우 편리합니다. 전철이나 버스가 많이 다니고 있어 어디든 쉽게 갈 수 있습니다. 쇼핑도 편리해서 슈퍼마켓이나 레스토랑이 많아 생활하는 데 불편한 일은 별로 없을 것입니다. 그러나 도시는 사람이 많고 시끄럽습니다. 공기도 별로 깨끗하지 않습니다. [2번]어느 쪽이 좋은지는 자신이 어떤 생활을 보내고 싶은지에 따라 다르다는 것이지요.

1

'시골에서의 생활'에 대한 설명으로 맞는 것은 어느 것인가?

1 자연이 풍부하고, 정신적으로도 여유를 가지고 지낼 수 있다.
2 밤에는 별을 볼 수 있으므로, 매일 관찰해야 한다.
3 최근 대중교통의 편수가 늘어나고 있어 어디든 쉽게 갈 수 있다.
4 쇼핑이나 이동할 때 불편하므로 살지 않는 편이 좋다.

해설 시골은 자연이 많고, 조용하며, 공기도 맑고 사람이 적어서 정신적으로도 여유롭게 지낼 수 있는 경우가 많다고 했으므로 1번이 정답이다.

2

시골과 도시의 생활에 대해, 필자는 어떻게 생각하고 있는가?

1 시골보다 도시에서 사는 편이 편리하게 생활할 수 있다.
2 어느 쪽이든 좋은 점이 있으므로, 잘 생각한 후 이사하는 편이 좋다.
3 도시는 공기가 깨끗하지 않으므로 시골로 이주하는 편이 좋다.
4 자신이 보내고 싶은 생활 스타일에 따라 좋은지 나쁜지가 바뀐다.

해설 어느 쪽이 좋은지는 자신이 어떤 생활을 보내고 싶은지에 따라 다르다고 했으므로 4번이 정답이다.

2. 특정 키워드의 내용에 대해 묻는 유형

3~4

공부나 일을 하고 있을 때, 어느 정도의 시간까지는 집중할 수 있는데 일정 시간을 지나면 집중력이 끊겨 버린 적은 없나요?

그럴 때는 포모도로·테크닉이라는 방법이 있습니다. 이것은 공부나 일을 효율 좋게 하기 위한 방법입니다. [3번]이 테크닉에서는 먼저 25분 동안 집중해서 공부합니다. 그 후에 5분 쉽니다. 이 25분과 5분을 1세트로 하여 4번 반복하면 조금 긴 휴식을 취합니다.

이 방법을 사용하면, 짧은 시간에도 제대로 집중할 수 있습니다. 또, 휴식 시간이 있기 때문에 너무 지치는 일도 없습니다. 저는 외국어를 공부할 때 이 방법을 사용하고 있습니다. 25분만이라고 생각하면, 열심히 하자는 마음이 생기는 것입니다. [4번]포모도로·테크닉은 집중력을 높이고 싶은 사람이나 금방 지쳐 버리는 사람에게 추천입니다.

포모도로·테크닉이라는 방법은 어떤 방법인가?

1 공부를 25분만 집중해서 하는 방법

2 집중하는 시간 25분과 휴식 시간 5분을 세트로 해서
   집중하는 방법

3 휴식 시간을 가능한 한 짧게 하기 위해 5분만 쉬는
   방법

4 집중 시간을 4번 반복한 뒤 5분간 쉬는 방법

해설 25분 동안 집중해서 공부하고 그 후에 5분 쉬는 것을 1세
   트로 하여 4번 반복한다고 했으므로 2번이 정답이다.

4

포모도로·테크닉이 맞는 사람은 어떤 사람인가?

1 집중력을 높이고 싶다고 생각하는 사람

2 장시간 집중하지 않아도 되는 사람

3 짧은 시간만 일하고 싶은 사람

4 평소에 피로가 쌓여 있는 사람

해설 포모도로·테크닉은 집중력을 높이고 싶은 사람이나 금방
   지쳐 버리는 사람에게 추천이라고 했으므로 1번이 정답
   이다.

3. 밑줄이 가리키는 것을 묻는 유형

5~6

일본의 신칸센은 매우 빠른 것으로 알려져 있습니다. 예
를 들어, 도쿄에서 오사카까지의 장거리를 약 2시간 30분
만에 갈 수 있습니다. [5번]자동차나 일반 전철보다 훨씬
빠르기 때문에 ①많은 사람들이 이용하고 있습니다.

그러나 신칸센의 좋은 점은 그것만이 아닙니다. 신칸센
은 운행하기 전에 꼼꼼히 체크되고 있고, 운행하는 동안에
도 안전하게 지켜 봐지고 있습니다. 그리고, 승객이 쾌적
하게 보낼 수 있도록 차내도 깨끗하게 청소되고 있습니다.
[6번]신칸센은 시간표대로 정확하게 달리는 것으로 유
명합니다. 출발이나 도착 시간이 거의 변하지 않습니다.
날씨가 나쁜 날에도 거의 시간대로 도착합니다. 이처럼,
[6번]일본의 신칸센은 속도뿐만 아니라, 시간표의 정확성
도 전세계에서 높이 평가되고 있습니다. ②이러한 이점
이 있기 때문에 여행이나 일로 시간을 소중히 하고 싶은
사람들에게는 매우 편리합니다.

5

①많은 사람들이 이용하는 것은 어째서인가?

1 자동차보다 저렴하게 갈 수 있기 때문에

2 일반 전철보다 혼잡하지 않기 때문에

3 다른 대중교통보다 빠르게 이동할 수 있기 때문에

4 다른 전철과 비교해 깨끗하기 때문에

해설 자동차나 일반 전철보다 훨씬 빠르기 때문에 많은 사람들
   이 이용한다고 했으므로 3번이 정답이다.

6

②이러한 이점이란 어떤 이점인가?

1 차내 청소가 하루에 여러 번 이루어지는 점

2 다른 대중교통보다 빠르게 도착할 수 있는 점

3 날씨가 안 좋은 날에도 쾌적하게 이동할 수 있는 점

4 시간표와 거의 같은 시간으로 운행되고 있는 점

해설 신칸센은 시간표대로 정확하게 달리는 것으로 유명하고
   일본의 신칸센은 속도 뿐만 아니라, 시간표의 정확성도
   전세계에서 높이 평가되고 있다고 했으므로 4번이 정답
   이다.

실전문제 ①   p.212

| 28 ④ | 29 ③ | 30 ② | 31 ④ | 32 ③ |
| 33 ③ |

28~30

'①만혼화'란 [28번]최초의 결혼 연령이 이전보다 높아
지는 경향으로, 고연령에서 결혼하는 것이다. 결혼하는
연령은 시대와 함께 전체적으로 늦어지고 있는 것이다. 결
혼이 이전보다 늦어지게 된 이유는 여러 가지가 있지만,
경제적인 문제나 사생활의 중시 등이 꼽힌다. 모두 자신의
인생을 위한 이유를 말하면서, 결혼을 늦추고 있는 것으로
보인다. 이것은 나라의 입장에서 보면 꽤 ②심각한 문제
이다. 만혼화가 되면, 당연히 [29번]아이를 낳는 인구가 줄
어들어 버린다. 왜냐하면 출산하려면 체력도 시간도 경제
적 여유도 필요하기 때문이다. 그 때문에 결혼은 해도 아
이를 갖지 않는다는 사람이 늘어나고 있는 것이 현재 상황
이다. [29번]저출산은 장래의 인력 부족으로 이어지기 때
문에, 나라는 국민의 결혼과 출산을 장려하고 있다.

그러나 현대의 젊은이들이 단순히 자신의 인생만을 중시해서 결혼이 늦어지고 있는 것은 아니다. 경제가 악화되고 있는 지금의 상황에서는 자기 자신의 생활에조차 불안을 느끼고 있는 젊은이가 늘고 있는 것이다. 고령화가 진행되고, 취업처가 정해지지 않은 젊은이는 경제 활동을 할 수 없으며, 돈을 모으기는커녕 버는 일조차 마음대로 되지 않는 것이 현실이다. 즉, 아이를 낳아 풍요롭게 기를 수 없다는 것이다. **[30번]나라는 다른 사회문제를 생각하는 것도 중요하지만, 더 국민 한 사람 한 사람의 입장을 생각해서 빨리 대책을 마련할 필요가 있다.**

단어 晩婚化(ばんこんか) 만혼화 ǀ 結婚(けっこん) 결혼 ǀ 年齢(ねんれい) 연령 ǀ 以前(いぜん) 이전 ǀ 傾向(けいこう) 경향 ǀ 高年齢(こうねんれい) 고연령 ǀ 時代(じだい) 시대 ǀ 全体的に(ぜんたいてきに) 전체적으로 ǀ 遅らせる(おくらせる) 늦추다 ǀ 理由(りゆう) 이유 ǀ さまざまだ 다양하다 ǀ 経済的(けいざいてき) 경제적 ǀ 問題(もんだい) 문제 ǀ 私生活(しせいかつ) 사생활 ǀ 重視(じゅうし) 중시 ǀ 人生(じんせい) 인생 ǀ 立場(たちば) 입장 ǀ 深刻(しんこく) 심각 ǀ 子供(こども) 아이 ǀ 産む(うむ) 낳다 ǀ 人口(じんこう) 인구 ǀ 減る(へる) 줄다 ǀ 出産(しゅっさん) 출산 ǀ 体力(たいりょく) 체력 ǀ 時間(じかん) 시간 ǀ 余裕(よゆう) 여유 ǀ 現状(げんじょう) 현상, 현재 상황 ǀ 少子化(しょうしか) 저출산 ǀ 将来(しょうらい) 장래 ǀ 人手不足(ひとでぶそく) 인력 부족 ǀ つながる 이어지다 ǀ 国民(こくみん) 국민 ǀ 勧める(すすめる) 장려하다, 권하다 ǀ 現代(げんだい) 현대 ǀ 若者(わかもの) 젊은이 ǀ 単に(たんに) 단순히 ǀ 悪化(あっか) 악화 ǀ 状況(じょうきょう) 상황 ǀ 不安(ふあん) 불안 ǀ 覚える(おぼえる) 기억하다, 느끼다 ǀ 高齢化(こうれいか) 고령화 ǀ 進む(すすむ) 진행하다 ǀ 就職先(しゅうしょくさき) 취업처 ǀ 決まる(きまる) 정해지다 ǀ 貯める(ためる) 모으다 ǀ 稼ぐ(かせぐ) 벌다 ǀ 思いどおりに(おもいどおりに) 마음대로 ǀ 豊かだ(ゆたかだ) 풍요롭다 ǀ 育てる(そだてる) 기르다, 키우다 ǀ 他の(ほかの) 다른 ǀ 対策(たいさく) 대책

28

①<u>만혼화</u>라고 있는데, 그것은 어떤 일인가?

1 고등학교를 졸업하고 나서 바로 결혼 준비를 해서 30대가 되기 전에 결혼하는 것

2 자신의 이상형이 있어서, 그 타입을 찾을 때까지 결혼하지 않는 것

3 돈을 많이 모아서, 풍요로운 생활을 할 수 있을 때 결혼하는 것

4 세상 일반적인 결혼 적령기를 지나서 늦게 결혼하는 것

해설 밑줄이 가리키는 '만혼화(晩婚化)'의 뜻을 묻는 문제이므로 뒷 문장에 언급된 내용이 정답일 확률이 높다. 1번은

일찍 결혼한다는 것이므로 오답이다. 2번과 3번은 언급되지 않은 내용이므로 오답이다. 4번은 최초의 결혼 연령이 이전보다 높아지는 경향으로, 고연령에서 결혼하는 것을 말한다는 지문의 내용과 일치하므로 정답이다.

29

②<u>심각한 문제</u>라고 되어 있는데, 그것은 어째서인가?

1 결혼이 늦어질수록 체력이 떨어져서 아이와 함께 놀 수 없게 되기 때문에

2 자신의 생활만을 중시하면, 더욱 결혼하고 싶지 않게 되기 때문에

3 결혼이 늦어짐으로써 저출산으로 이어지고, 장기적으로 봐서 인력 부족이 되기 때문에

4 일하지 않는 사람이 늘어나서, 일할 사람이 부족해지기 때문에

해설 밑줄이 가리키는 '심각한 문제'의 이유를 묻는 문제이므로 뒷 문장에 언급된 내용이 정답일 가능성이 높다. 1번은 체력이 떨어져서 아이를 낳을 수 없는 것이므로 오답이다. 2번은 개인의 가치관에 대한 내용으로, 국가적 문제와 관련이 없으므로 오답이다. 3번은 아이를 낳는 인구가 줄어들어 버리고, 장래의 인력 부족으로 이어진다는 지문의 내용과 일치하므로 정답이다. 4번은 언급되지 않은 내용이므로 오답이다.

30

이 문제에 대해 '나'는 어떻게 생각하고 있는가?

1 결혼하고 싶지 않아도, 아이를 위해 빨리 결혼해야 한다.

2 나라는 개인의 책임으로 생각하지 말고, 다양한 대책을 세워야 한다.

3 아이를 키우기 위해서는 체력이 있는 편이 좋으므로 운동을 해야 한다.

4 한 사람 한 사람이 돈을 모아서, 경제적으로 안정된 생활을 해야 한다.

해설 필자의 생각을 묻는 문제이다. 필자의 주된 생각이나 주장은 글의 마지막 부분에 나올 가능성이 높다. 1번은 언급되지 않은 내용이므로 오답이다. 2번은 나라가 더 국민 한 사람 한 사람의 입장을 생각해서 빨리 대책을 마련할 필요가 있다는 지문의 내용과 일치하므로 정답이다. 3번과 4번은 언급되지 않은 내용이므로 오답이다.

어제, 아들은 학교에서 돌아오자 인사도 하지 않고 바로 자기 방으로 들어가 버렸다. 무슨 일이 있었는지 물어보는 것을 싫어할지도 모른다고 생각해서, 아무것도 묻지 않고 가만히 있었다. 저녁 식사 시간이 되어 아들의 방에 갔지만, '안 먹어.'라는 짧은 대답만 돌아왔다.

가만히 둘까도 생각했지만, 역시 신경이 쓰여서 '좀 들어갈게.'라고 말하고 아들의 방에 들어갔다. [31번]**아들은 침대 위에서 이불을 뒤집어쓰고, 이쪽을 쳐다보지도 않았다. ①분명 무슨 일이 있었겠구나**라고 생각한 나는 아들에게 말을 걸었다. '학교에서 무슨 일 있었어? 엄마라도 괜찮으면 들을게.' 잠시 시간이 지나고, 아들이 얼굴을 보였다. [32번]**눈물로 엉망이 된 아들의 얼굴을 보자 ②가슴이 아팠다.** [33번]**'사실은 말이야. 야마다 군이 학교 친구들 앞에서 너는 키가 작다고 말했어.'라고 아들은 이야기해 주었다.** 어른의 입장에서 보면 별일 아닐 수도 있지만, 초등학생인 아들에게 있어서는 매우 창피한 생각이 들었을 것이다. 나는 잠시 생각하고 나서 아들에게 말했다. '분명 야마다 군은 켄지가 머리가 좋아서 부러워서 그런 말을 한 거야. 켄지는 아직 초등학생이니까, 앞으로 클 시간은 아직 많이 있어.'라고 말해 주었다. 그러자 켄지는 웃는 얼굴로 '맞아, 나 아직 클 수 있지.'라고 말하고, 드디어 기운을 되찾아 주었다.

단어 息子(むすこ) 아들 | 帰る(かえる) 돌아오다 | 挨拶(あいさつ) 인사 | 〜ずに ~하지 않고 | 自分(じぶん) 자기, 자신 | 部屋(へや) 방 | 引っ込む(ひっこむ) 들어가다, 틀어박히다 | 嫌がる(いやがる) 싫어하다 | 黙る(だまる) 가만히 있다 | 夕飯(ゆうはん) 저녁 식사 | 答え(こたえ) 대답 | 返る(かえる) 돌아오다 | そっとしておく 가만히 두다 | 気になる(きになる) 신경 쓰이다 | 声をかける(こえをかける) 말하다, 말을 걸다 | ベッド 침대 | 布団(ふとん) 이불 | 見向きもしない(みむきもしない) 쳐다보지도 않다 | きっと 분명 | 話しかける(はなしかける) 말을 걸다 | 少し(すこし) 조금 | 間(ま) 틈 | 見せる(みせる) 보이다 | 涙(なみだ) 눈물 | ボロボロ 엉망진창 | 胸が痛む(むねがいたむ) 가슴이 아프다 | 実は(じつは) 사실은 | 背(せ) 키 | 低い(ひくい) 작다 | 大人(おとな) 어른 | 立場(たちば) 입장 | 大したこと(たいしたこと) 별 일 | 小学生(しょうがくせい) 초등학생 | 恥ずかしい(はずかしい) 창피하다 | 思い(おもい) 생각, 마음 | うらやましい 부럽다 | 〜ちゃう ~해 버리다 | 大きくなる(おおきくなる) 크다, 성장하다 | 笑顔(えがお) 웃는 얼굴 | やっと 드디어, 겨우 | 元気(げんき) 기운 | 取り戻す(とりもどす) 되찾다

①분명 무슨 일이 있었겠구나라고 되어 있는데, 그것은 어째서인가?

1 평소보다 일찍 이불을 뒤집어쓰고 자고 있었기 때문에

2 엄마의 말을 들으려고도 하지 않았기 때문에

3 저녁을 먹는 동안 아무 말도 하지 않았기 때문에

4 학교에서 돌아오자 인사도 하지 않고 방으로 들어가 버렸기 때문에

해설 밑줄이 가리키는 '분명 무슨 일이 있었겠구나'는 아들의 행동을 본 엄마의 생각이므로 앞 문장에 언급된 내용이 정답일 확률이 높다. 1번은 언급되지 않은 내용이므로 오답이다. 2번은 엄마가 아들의 말을 들으려 한 것이므로 오답이다. 3번은 아들이 저녁을 안 먹었다고 했으므로 오답이다. 4번은 아들이 침대 위에서 이불을 뒤집어쓰고, 이쪽을 쳐다보지도 않아서 무슨 일이 있었겠구나라고 생각했다는 지문의 내용과 일치하므로 정답이다.

②가슴이 아팠다고 되어 있는데, 그것은 어째서인가?

1 하루 종일 아무것도 먹지 않은 아들이 저녁도 안 먹겠다고 말했기 때문에

2 학교 친구와 싸워서 얼굴에 상처를 입었기 때문에

3 무슨 일이 있었던 듯한 아들이 울면서 이불을 뒤집어쓰고 있었기 때문에

4 별일도 아닌데 아들이 저녁을 먹지 않겠다고 말했기 때문에

해설 밑줄이 가리키는 '가슴이 아팠다'는 아들의 행동을 본 엄마의 생각이므로 앞 문장에 언급된 내용이 정답일 확률이 높다. 1번과 2번은 언급되지 않은 내용이므로 오답이다. 3번은 눈물로 엉망이 된 아들의 얼굴을 보자 가슴이 아팠다는 지문의 내용과 일치하므로 정답이다. 4번은 언급되지 않은 내용이므로 오답이다.

본문 내용과 일치하는 것은 어느 것인가?

1 엄마는 아들이 걱정되어 아무 말도 하지 않고 아들의 방에 들어갔다.

2 아들은 평소에도 학교에서 돌아오면 인사도 하지 않고 방으로 들어간다.

3 아들은 학교 친구에게 키에 관한 말을 듣고 울고 있었다.

4 엄마는 아들의 고민을 듣고, 별일 아니라는 것을 가르쳐 주었다.

해설 일치하는 것을 고르는 문제는 지문 전체를 잘 봐야 한다. 1번은 아무 말도 하지 않은 것이 아니라 '좀 들어갈게'라

독해

고 말하고 들어갔다고 했으므로 오답이다. 2번은 언급되지 않은 내용이므로 오답이다. 3번은 아들이 운 이유가 '사실은 말이야, 야마다 군이 학교 친구들 앞에서 너는 키가 작다고 말했어.'라고 한 지문의 내용과 일치하므로 정답이다. 4번은 엄마가 '별일 아니다'라고 말한 것이 아니라 위로해 준 것이므로 오답이다.

실전문제 ②　　　　　　　　　p.216

28 ④　　**29** ②　　**30** ③　　**31** ③　　**32** ③
33 ②

28~30

　　사이가 좋은 친구이기 때문에 오히려 솔직하게 말할 수 없다는 사람이 있다. [28번]이유는 거북한 것을 말해서 인간관계를 나쁘게 만드는 것이 싫다는 것이다. 그러나 나의 생각은 다르다. 사이가 좋은 사람에게는 더욱 솔직해져서 말해야 한다고 생각한다. 반대로, 사이가 좋지 않은 사람에게 그 사람을 위해서를 생각해서 일부러 조언을 할 리가 없는 것이다. 물론, 상대의 기분이 나빠질 만한 것을 그대로 말하는 것은 아니다. 무언가를 말할 때는 내용도 물론 중요하다고 생각하지만, 말하는 방식도 중요하다고 생각한다.

　　친한 친구에게 솔직한 마음을 전하는 것에는 많은 장점이 있다. 먼저, [29번]자신의 생각이나 느낀 것을 솔직하게 말함으로써, 서로의 신뢰 관계가 더욱 강해진다. 상대는 '정말로 나를 생각해 주고 있다'라고 느끼고, 안심하고 마음을 열 수 있게 될 것이다. 또한 솔직한 의견을 전함으로써, 상대가 스스로는 깨닫지 못했던 것을 깨닫는 계기가 될 수도 있다.

　　예를 들어, 친구와 함께 쇼핑을 갔을 때, 친구가 별로 어울리지 않는 옷을 골랐다면, 친한 친구에게는 '○○는 얼굴이 하얗기 때문에, 이쪽 옷이 더 귀엽게 보일 거라고 생각해.'라고 [30번]부드럽게 말하도록 신경 쓰고 있다. 용기를 가지고 진심을 전함으로써, 친구 자신이 깨닫지 못했던 부분을 전달할 수 있는 것이다. 또한 말하는 방식에 신경을 쓰면, 상대와의 관계가 악화되는 일도 없고, 오히려 좋은 조언을 할 수 있을 것이다.

단어 　仲のいい(なかのいい) 사이가 좋은 | 正直だ(しょうじきだ) 솔직하다 | 話す(はなす) 말하다 | 気まずい(きまずい) 거북하다 | 人間関係(にんげんかんけい) 인간관계 | 悪い(わるい) 나쁘다 | 嫌だ(いやだ) 싫다 | 逆に(ぎゃくに) 반대로 | わざわざ 일부러 | アドバイス 조언 | 相手(あいて) 상대 | 内容(ないよう) 내용 | 話し方(はなしかた) 말하는 방식 | 大事だ(だいじだ) 중요하다 | 親しい(したしい) 친하다 | 友人(ゆうじん) 친구 | 気持ち(きもち) 마음, 감정 | 伝える(つたえる) 전하다 | 多くの(おおくの) 많은 | メリット 장점 | 自分(じぶん) 자신 | 感じる(かんじる) 느끼다

率直に(そっちょくに) 솔직하게 | お互い(おたがい) 서로 | 信頼関係(しんらいかんけい) 신뢰 관계 | 強い(つよい) 강하다 | 安心(あんしん) 안심 | 開く(ひらく) 열다 | 意見(いけん) 의견 | 気づく(きづく) 깨닫다 | きっかけ 계기 | 例えば(たとえば) 예를 들어 | ショッピング 쇼핑 | 似合う(にあう) 어울리다 | 柔らかい(やわらかい) 부드럽다 | 心がける(こころがける) 신경쓰다 | 勇気(ゆうき) 용기 | 本音(ほんね) 진심, 본심 | 悪化(あっか) 악화

28

솔직하게 말할 수 없다고 되어 있는데, 그것은 어째서인가?

1 솔직하게 말하면, 상대가 친하지 않은 관계라고 생각할지도 모르기 때문에
2 어릴 때부터 친구에게 솔직하게 말하는 것은 상대에게 실례되는 것이라고 배웠기 때문에
3 상대도 알고 있는데 굳이 말하는 것은 민폐이기 때문에
4 솔직하게 말하면, 오히려 사이가 나빠질지도 모른다고 생각하기 때문에

해설 　밑줄이 가리키는 '솔직하게 말할 수 없다'의 이유를 묻는 문제이므로 이유가 언급된 부분을 잘 봐야 한다. 1번은 언급되지 않은 내용이므로 오답이다. 2번은 어릴 때부터 배웠다는 내용은 언급되지 않았으므로 오답이다. 3번은 상대도 알고 있는데 굳이 말하는 것은 언급되지 않았으므로 오답이다. 4번은 거북한 것을 말해서 인간관계를 나쁘게 만드는 것이 싫다는 지문의 내용과 일치하므로 정답이다.

29

솔직하게 말하는 것의 장점은 무엇인가?

1 자신의 말하는 기술을 향상시킬 수 있다.
2 자신과 상대의 신뢰 관계를 깊게 할 수 있다.
3 자신이 마음을 열고 있다는 것을 상대에게 어필할 수 있다.
4 솔직하게 말함으로써, 자신의 단점을 깨달을 수 있다.

해설 　솔직하게 말하는 것의 장점을 묻는 문제이므로, 장점이 언급된 두 번째 단락에서 정답을 찾을 수 있다. 1번은 언급되지 않은 내용이므로 오답이다. 2번은 서로의 신뢰 관계가 더욱 강해진다는 지문의 내용과 일치하므로 정답이다. 3번은 언급되지 않은 내용이므로 오답이다. 4번은 자신이 아니라 상대방이 단점을 깨닫는 것이므로 오답이다.

사이가 좋은 사람에게 솔직하게 말하는 것에 대해, '나'는 어떻게 생각하고 있는가?

1 어떤 일이라도 상대에게 솔직하게 자신의 감정을 전하는 것이 좋다.

2 상대의 기분을 생각해서, 하고 싶은 말은 편지로 쓰는 것이 좋다.

3 상대에게는 솔직하게 말하되, 상대의 기분을 생각하면서 말하는 방식에 주의하는 것이 좋다.

4 솔직하게 말하면 상대의 기분이 나빠지므로, 사실이 아닌 것도 섞어서 말하는 것이 좋다.

해설 친한 사람에게 솔직하게 말하는 것에 대한 필자의 생각을 묻는 문제이므로, 주의점이 언급된 마지막 단락에서 정답을 찾을 수 있다. 1번과 2번은 언급되지 않은 내용이므로 오답이다. 3번은 부드럽게 말하도록 신경쓰고 있다는 지문의 내용과 일치하므로 정답이다. 4번은 언급되지 않은 내용이므로 오답이다.

나는 예전부터 여행을 좋아했다. 지금까지는 국내보다 해외여행을 하는 편이었다. 그런데 어느 날, 잡지에서 [31번]'할머니만 살고 있는 마을'이라는 기사를 읽은 적이 있었다. ①그 마을은 산속 깊은 곳에 있었고, 젊은이는 한 사람도 없으며, 할머니들만 모여 사는 마을이었다. 마을도 크지 않았고, 살고 있는 할머니도 30명 정도였다. [31번]도시에서의 교통편도 좋지 않아서, 관광객도 적은 곳이다.

그러나 3년 전에 어느 작가가 이 마을을 위해 '할머니들과의 시골 체험'이라는 것을 시작했다고 한다. 그 체험이란, 할머니의 집에서 1박을 하면서 농사일 체험과 수확한 농작물로 밥을 만들어 먹는 것이었다. 이것이 도시 생활에 지친 사람들에게 인기를 얻어, [32번]마을은 점점 관광객으로 활기를 띠게 되었다고 한다. 할머니들도, 아무도 찾아오지 않아 외로웠던 마을이 활기차게 변해서 ②기쁘다고 말했다.

나도 올해 여름방학에 이 마을에 가 보았다. 교통은 확실히 조금 불편했지만, [33번]아름다운 경치와 맛있고 신선한 음식으로 몸이 건강해지는 느낌이 들었다. 흥미를 가지지 않았다면 존재조차 몰랐을 마을에 흥미를 가지고, 마을의 활성화 계기를 만들어 준 그 작가에게 감사하게 되었다.

단어 昔(むかし) 예전 | 旅行(りょこう) 여행 | 国内(こくない) 국내 | 海外(かいがい) 해외 | 雑誌(ざっし) 잡지 | 記事(きじ) 기사, 글 | 村(むら) 마을 | 山奥(やまおく) 산속 깊은 곳 | 若者(わかもの) 젊은이 | 集まる(あつまる) 모이다 | 都会(とかい) 도시 | 交通の便(こうつうのべん) 교통편 | 観光客(かんこうきゃく) 관광객 | 作家(さっか) 작가 |

田舎(いなか) 시골 | 体験(たいけん) 체험 | 農作業(のうさぎょう) 농사일 | 収穫(しゅうかく) 수확 | 作物(さくもつ) 작물 | ご飯(ごはん) 밥 | 疲れる(つかれる) 지치다, 피곤하다 | 人気(にんき) 인기 | 次第に(しだいに) 점점 | にぎわう 활기를 띠다, 붐비다 | 寂しい(さびしい) 외롭다 | 嬉しい(うれしい) 기쁘다 | 語る(かたる) 말하다, 이야기하다 | 夏休み(なつやすみ) 여름방학, 여름휴가 | 不便だ(ふべんだ) 불편하다 | 景色(けしき) 경치 | 新鮮(しんせん) 신선 | 食べ物(たべもの) 음식 | 健康(けんこう) 건강 | 感じ(かんじ) 느낌 | 興味(きょうみ) 흥미 | 存在(そんざい) 존재 | 活性化(かっせいか) 활성화 | きっかけ 계기 | 感謝(かんしゃ) 감사

①그 마을이라고 되어 있는데, 어떤 마을인가?

1 도시에 있으며, 젊은이는 살지 않고 할머니만의 조용한 마을

2 조용한 도시에 있으며, 작가와 할머니가 살고 있는 마을

3 도시에서의 교통이 불편한 시골에 있으며 젊은이는 살지 않는 마을

4 도시에서의 교통은 불편하지 않지만, 젊은이가 살지 않는 마을

해설 밑줄이 가리키는 '그 마을'은 할머니만 살고 있는 마을이다. 1번은 도시가 아닌 산속 깊은 곳에 있었다고 했으므로 오답이다. 2번은 할머니만 살고 있는 마을이라고 했으므로 오답이다. 3번과 4번 중 할머니만 살고 있고, 도시에서의 교통편도 좋지 않다는 지문의 내용과 일치하는 3번이 정답이다.

②기쁘다고 되어 있는데, 그것은 어째서인가?

1 시골을 활성화하려는 정책 덕분에, 이 마을을 찾는 젊은이가 늘었기 때문에

2 어떤 작가 덕분에, 도시 체험을 할 수 있게 되었기 때문에

3 젊은 사람들이 오기 시작해서, 조용했던 마을이 활기를 띠게 되었기 때문에

4 농사일을 도와주기 위해, 많은 젊은이가 방문하기 때문에

해설 밑줄이 가리키는 '기쁘다'의 이유를 묻는 문제이므로 이유가 언급된 부분을 잘 봐야 한다. 1번은 정책에 관한 내용은 언급되지 않았으므로 오답이다. 2번은 언급되지 않은 내용이므로 오답이다. 3번은 관광객으로 외로웠던 마을이 활기차게 변해서 기쁘다는 지문의 내용과 일치하므로 정답이다. 4번은 농사일을 돕기 위해 방문한다는 내용은 언급되지 않았으므로 오답이다.

독해

이 글을 쓴 사람은 이 마을에 대해 어떻게 생각하고 있는가?

1 교통이 좋지 않으므로, 인구가 줄어드는 것은 어쩔 수 없는 일이다.

2 경치와 음식 덕분에, 몸도 건강해지는 것 같다.

3 관광객이 줄어들어서, 쓸쓸한 느낌이 든다.

4 마을의 활성화에 힘써 준 작가에게 감사하고 있다.

해설 필자의 생각을 묻는 문제이다. 필자의 주된 생각이나 주장은 글의 마지막 부분에 나올 가능성이 높다. 1번은 인구 감소를 당연하다고 본 내용은 언급되지 않았으므로 오답이다. 2번은 아름다운 경치와 맛있고 신선한 음식으로 몸이 건강해지는 느낌이 들었다는 지문의 내용과 일치하므로 정답이다. 3번은 언급되지 않은 내용이므로 오답이다. 4번은 지문에서 작가는 마을 활성화의 계기를 만들어 줬다고 설명되어 있으므로 오답이다.

실전문제 ③　　　　　　p.220

28 ②	29 ③	30 ③	31 ②	32 ③
33 ①				

28~30

　　우리 집 근처에 있는 역에는, 역 안에 도서관이 있다. 이 도서관은 무인 도서관으로, 책을 자유롭게 빌리거나 반납할 수 있다. 물론, 그것에는 ①규칙이 있다. 빌린 책은 1주일 이내에 반납할 것, [28번]모두 함께 보는 책이므로 낙서나 글씨를 써 넣는 것은 해서는 안 된다는 것이다. [30번]무료로 책을 읽을 수 있을 뿐만 아니라, 역 안에 있어서 일부러 도서관까지 갈 필요도 없다. 그래서 나도 평소에는 그 도서관을 자주 이용하고 있다.

　　그러나 어제 책을 빌리고 놀라움과 동시에 ②화가 났다. [29번]책을 읽는 중에 낙서를 발견한 것이다. 그 낙서의 내용은 책의 줄거리였다. 누군가 장난을 치고 싶어서, 책의 줄거리를 쓴 것 같았다. 이렇게 고마운 서비스를 이용하고 있음에도 불구하고 감사의 마음은 커녕 규칙을 어기고 장난을 치다니, 말도 안 되는 일이라고 생각했다.

　　모두에게 주어지고 있는 무료 서비스라고 해서 그것을 당연한 것으로 생각해서는 안 된다. 감사하는 마음을 잊지 않고, 물건은 소중히 해야 한다고 생각했다.

단어 近く(ちかく) 근처 | 駅(えき) 역 | 図書館(としょかん) 도서관 | 無人(むじん) 무인 | 自由に(じゆうに) 자유롭게 | 借りる(かりる) 빌리다 | 返す(かえす) 반납하다, 돌려주다 | ルール 규칙 | 以内(いない) 이내 | みんな 모두 | らくがき 낙서 | 書き込む(かきこむ) 써넣다, 적다 | ~てはい

けない ~해서는 안 된다 | 無料(むりょう) 무료 | わざわざ 일부러 | 必要(ひつよう) 필요 | 普段(ふだん) 평소 | 利用する(りようする) 이용하다 | びっくりする 놀라다 | 腹が立つ(はらがたつ) 화가 나다 | ~最中(さいちゅう) ~하는 중, 한창 ~할 때 | 発見する(はっけんする) 발견하다 | 内容(ないよう) 내용 | あらすじ 줄거리 | いたずら 장난 | ~にもかかわらず ~(임)에도 불구하고 | 感謝(かんしゃ) 감사 | 破る(やぶる) 어기다 | ありえない 말도 안 된다 | 与える(あたえる) 주다 | 当然(とうぜん) 당연 | 忘れる(わすれる) 잊다 | ~ずに ~하지 않고 | 物(もの) 물건 | 大事にする(だいじにする) 소중히 하다 | ~べきだ ~해야 한다

28

①규칙이라고 되어 있는데, 그것은 무엇인가?

1 빌린 책은 역 안에서만 읽을 수 있는 것

2 빌린 책에 밑줄을 그어서는 안 되는 것

3 빌린 책은 3일 이내에 반납하는 것

4 빌린 책은 근처 도서관에 반납하는 것

해설 밑줄이 가리키는 '규칙'의 내용을 묻는 문제이다. 규칙이 언급된 부분을 잘 봐야 한다. 1번은 역 안에서만 읽을 수 있다는 내용은 언급되지 않았으므로 오답이다. 2번은 모두 함께 보는 책이므로 낙서나 글씨를 써 넣는 것은 해서는 안 된다는 지문의 내용과 일치하므로 정답이다. 3번과 4번은 언급되지 않은 내용이므로 오답이다.

29

②화가 났다고 되어 있는데, 그것은 어째서인가?

1 도서관에 자신이 읽고 싶었던 책이 없었기 때문에

2 다른 사람이 반납 기한 내에 책을 돌려주지 않았기 때문에

3 자신이 빌려 읽고 있는 책에, 누군가가 일부러 줄거리를 써 놓았기 때문에

4 자신이 빌려 읽고 있는 책의 줄거리를, 친구가 말해 버렸기 때문에

해설 밑줄이 가리키는 '화가 났다'의 이유를 묻는 문제이다. 이유가 언급된 부분을 잘 봐야 한다. 1번과 2번은 언급되지 않은 내용이므로 오답이다. 3번은 책을 읽는 중에 낙서가 있었고, 그것은 책의 줄거리였다는 지문의 내용과 일치하므로 정답이다. 4번은 책의 줄거리가 책에 써 있었던 것이므로 오답이다.

30

무인 도서관 이용에 대해, '나'는 어떻게 생각하고 있는 가?

1 책을 빌릴 수 있는 기간이 짧다고 생각하고 있다.

2 역 안이 아니라, 집 근처의 도서관에 반납할 수 있으면 좋겠다고 생각하고 있다.

3 역 안에 있어서 편리할 뿐 아니라, 무료로 빌릴 수 있어서 좋다고 생각하고 있다.

4 다른 사람과 함께 읽는 것은 싫지만, 무료이기 때문에 어쩔 수 없다고 생각하고 있다.

해설 필자의 생각을 묻는 문제이므로, 무인 도서관 이용에 대한 평가 부분을 잘 봐야 한다. 1번과 2번은 언급되지 않은 내용이므로 오답이다. 3번은 무료로 책을 읽을 수 있을 뿐만 아니라, 역 안에 있어서 일부러 도서관까지 갈 필요도 없다는 지문의 내용과 일치하므로 정답이다. 4번은 다른 사람과 함께 보는 것이 싫다는 내용은 언급되지 않았으므로 오답이다.

31~33

최근 건강을 위해 운동을 시작하는 사람이 늘고 있지만, 내가 특히 추천하고 싶은 것은 아침 달리기입니다. 나도 어느덧 3년 정도 계속하고 있는 습관입니다.

아침 공기는 깨끗하고 기분이 좋으며, 달리는 것으로 마음도 몸도 기분전환할 수 있습니다. 아침 햇살을 쬐며 달리면, 비타민 D와 세로토닌이 체내에서 분비되어 [31번]**체내 시계가 조절되고, 하루의 시작을 원활하게 끊을 수 있습니다.**

또한 [33번]**아침 달리기는 생활 리듬을 정돈하는 효과도 있습니다.** 밤 늦게까지 깨어 있으면, 무심코 늦잠을 자 버리기 쉽습니다만, 달리기를 습관으로 가지면 자연스럽게 일찍 일어날 수 있게 됩니다. 그 결과, 공부나 일에도 집중하기 쉬워지고, 효율도 오릅니다. 아침에 몸을 움직이면 기분이 긍정적이 되고, 스트레스 줄이는 데에도 연결된다고 합니다.

게다가 달리는 것으로 피의 흐름이 좋아지고, 뇌로 가는 산소의 양이 증가하기 때문에, 머리가 맑아지고 생각이 정리되기 쉬워집니다. 물론, [32번]**무리하지 않고 자신의 컨디션에 맞춰서 계속하는 것이 중요합니다.** [33번]**짧은 거리라도 습관으로 함으로써 큰 건강 효과를 얻을 수 있을 것입니다.**

(주) 분비 : 몸 속에서 만들어진 것을 몸 밖과 안에 내는 것.

단어 最近(さいきん) 최근 ┃ 健康(けんこう) 건강 ┃ 運動(うんどう) 운동 ┃ 始める(はじめる) 시작하다 ┃ 増える(ふえる) 늘다 ┃ 特に(とくに) 특히 ┃ おすすめ 추천 ┃ 早朝(そ

うちょう) 아침 일찍 ┃ ランニング 달리기, 런닝 ┃ 続ける(つづける) 계속하다 ┃ 習慣(しゅうかん) 습관 ┃ 空気(くうき) 공기 ┃ 気持ち(きもち) 기분 ┃ 走る(はしる) 달리다 ┃ リフレッシュ 리프레시, 기분전환 ┃ 朝日(あさひ) 아침 햇살 ┃ 浴びる(あびる) 쬐다 ┃ ビタミンD 비타민 D ┃ セロトニン 세로토닌 ┃ 体内(たいない) 체내 ┃ 分泌(ぶんぴつ) 분비 ┃ 体内時計(たいないどけい) 체내 시계 ┃ 整う(ととのう) 조절되다, 정돈되다 ┃ スタート 시작 ┃ スムーズに 매끄럽게 ┃ 切る(きる) 끊다 ┃ 効果(こうか) 효과 ┃ 夜遅く(よるおそく) 밤 늦게 ┃ 朝寝坊(あさねぼう) 늦잠 ┃ 自然に(しぜんに) 자연스럽게 ┃ 早起き(はやおき) 일찍 일어남 ┃ 結果(けっか) 결과 ┃ 勉強(べんきょう) 공부 ┃ 仕事(しごと) 일 ┃ 集中(しゅうちゅう) 집중 ┃ 効率(こうりつ) 효율 ┃ 上がる(あがる) 오르다 ┃ 前向き(まえむき) 긍정적 ┃ ストレス 스트레스 ┃ へらす 줄이다 ┃ 血(ち) 피 ┃ 流れ(ながれ) 흐름 ┃ 脳(のう) 뇌 ┃ 酸素(さんそ) 산소 ┃ 量(りょう) 양 ┃ 増える(ふえる) 증가하다 ┃ すっきり 맑다 ┃ まとまる 정리되다 ┃ 無理(むり) 무리 ┃ 体調(たいちょう) 컨디션, 몸상태 ┃ 合わせる(あわせる) 맞추다 ┃ 続ける(つづける) 계속하다 ┃ 大切だ(たいせつだ) 중요하다 ┃ 距離(きょり) 거리 ┃ 得る(える) 얻다

31

'아침 달리기'의 효과로서, 맞는 것은 어느 것인가?

1 밤 늦게까지 깨어 있어도 아침에 늦잠을 자지 않게 된다.

2 달리면 체내 시계가 조절되어 하루의 시작이 좋아진다.

3 3년 정도 계속하면, 쉽게 일찍 일어날 수 있게 된다.

4 긴 거리를 달리지 않으면, 별로 효과가 없다.

해설 아침 달리기의 효과를 묻는 문제이므로 그 결과를 설명한 부분을 잘 봐야 한다. 1번은 언급되지 않은 내용이므로 오답이다. 2번은 달리면 체내 시계가 조절되고 하루의 시작을 원활하게 끊을 수 있다는 지문의 내용과 일치하므로 정답이다. 3번은 3년을 계속해야 일찍 일어난다는 내용은 언급되지 않았으므로 오답이다. 4번은 긴 거리를 달려야 효과가 있다는 내용은 언급되지 않았으므로 오답이다.

32

아침 달리기를 계속하기 위해 중요한 것은 무엇인가?

1 햇빛을 쬐기 위해 날씨가 좋은 날에 달리는 것

2 낮에는 일이나 공부에 집중하는 것

3 자신의 컨디션에 맞추어 무리하지 않고 계속하는 것

4 전날 밤을 샜더라도 달리는 것

해설 아침 달리기를 계속하기 위해 중요한 것을 묻는 문제이다. 1번은 날씨가 좋은 날만 달리라는 내용은 언급되지 않았으므로 오답이다. 2번은 낮에 집중하라는 내용은 언급

되지 않았으므로 오답이다. 3번은 무리하지 않고 자신의 컨디션에 맞춰서 계속하는 것이 중요하다는 지문의 내용과 일치하므로 정답이다. 4번은 전날 밤을 샜더라도 달리라는 내용은 언급되지 않았으므로 오답이다.

이 글 전체에서 '나'가 전하고 싶은 것은 무엇인가?

1 아침 달리기는 건강과 생활 리듬에 좋은 영향을 준다.
2 아침 달리기는 매일 일정한 거리를 달리지 않으면 의미가 없다.
3 밤늦게 달리는 것은 건강에 좋지 않으므로 피하는 것이 좋다.
4 아침 달리기를 하면 체내의 비타민이 많이 소비된다.

해설 필자가 전하고 싶은 것을 묻는 문제이다. 필자가 전하고 싶은 내용은 전체 내용의 요점을 잘 봐야 한다. 1번은 생활 리듬을 정돈하는 효과가 있고 큰 건강 효과를 얻을 수 있다는 지문의 내용과 일치하므로 정답이다. 2번은 일정 거리 이상 달려야 의미가 있다는 내용은 언급되지 않았으므로 오답이다. 3번은 밤에 달리는 것에 대한 언급은 없으므로 오답이다. 4번은 비타민이 소비되는 것이 아니라 분비되는 것이므로 오답이다.

                          p.227

1 ④   2 ②   3 ④

1. 내용 전체를 묻는 유형

　최근 일본에서는 지진이나 태풍 등의 자연재해가 자주 발생합니다. 그 때문에 **마을이나 시에서는 방재훈련이 실시되거나, 피난 장소와 피난 경로를 알기 쉽도록 지도가 배포되기도 합니다.** 방재훈련에는 지역 주민뿐만 아니라 소방서나 경찰 등의 관계 기관도 참가해, 실제 재해를 가정한 본격적인 훈련이 실시되는 경우도 있습니다. **학교나 회사에서도 재해가 발생했을 때를 위한 매뉴얼을 만들거나 피난 훈련을 하는 일이 늘고 있습니다.** 이러한 훈련과 준비를 통해 지역 사람들이 서로 협력하면서 방재에 대해 배우는 기회도 많아지고 있습니다.

　또한, 가정에서도 방재용품을 준비하는 사람들이 많아졌습니다. 예를 들어 물이나 음식, 손전등, 라디오, 건전지, 구급세트, 비상용 화장실 등을 배낭에 넣어 방재가방으로 바로 들고 나갈 수 있도록 하고 있는 가정이 늘고 있습니다. 특히 어린아이나 노인이 있는 가정에서는 필요한 약이나 건강용품 등도 잊지 않고 넣는 것이 중요합니다. 가족끼리 재해가 일어났을 때 어디에 모일 것인지 어떻게 연락을 취할 것인지를 사전에 이야기해 두는 사람들도 많습니다. 최근에는 스마트폰의 방재 앱을 사용하여 재해 정보나 피난 정보를 바로 알 수 있게 되었습니다.

　이처럼 **지역 전체에서 방재 의식이 높아짐으로써 만약의 경우에 모두가 안전하게 행동할 수 있게 됩니다.** 재해는 언제 일어날지 알 수 없기 때문에 한 사람 한 사람이 할 수 있는 일을 생각하고 철저히 준비하는 것이 중요합니다.

최근, 일본에서는 자연재해가 자주 일어나게 된 결과, 어떻게 되었는가?

1 학교나 회사에서는 방재 매뉴얼이 의무화되었다.
2 방재용품을 항상 가지고 다니게 되었다.
3 스마트폰을 사용한 훈련이 실시되게 되었다.
4 지진이나 태풍 등에 대비하는 방재 의식이 높아지게 되었다.

해설 다양한 훈련과 준비 등을 통해 지역 전체의 방재 의식이 높아지고 있다고 했으므로 4번이 정답이다.

2. 특정 키워드의 내용에 대해 묻는 유형

　SNS는 이제 많은 사람들이 사용하고 있는 편리한 도구입니다. SNS를 사용하면, 친구나 가족과 쉽게 연락을 하거나, 전 세계 사람들과 연결될 수 있습니다. 멀리 사는 친구의 사진이나 일기를 보거나, 자신의 생각이나 기분을 바로 발신할 수 있는 것은 아주 즐거운 일입니다. 또한, 뉴스나 여러 가지 정보를 바로 알 수 있는 것도 SNS의 좋은 점입니다. 자신의 흥미가 있는 주제나 그룹에 참가하거나, 공통의 취미를 가진 사람과 알게 되는 것도 가능합니다. 일이나 공부의 정보 교환에도 도움이 되며, SNS가 있음으로써 생활이 더욱 풍요로워졌다고 느끼는 사람도 많을 것입니다.

그러나 **SNS에는 문제점도 있습니다.** 예를 들어 거짓말이나 잘못된 정보가 금세 퍼져 버리는 경우가 있습니다. **또한 SNS에서 욕을 쓰거나 트러블이 되는 경우도 적지 않습니다.** 오랜 시간 SNS를 지나치게 사용해 공부나 일에 집중하지 못하는 사람도 있습니다. SNS의 사용법을 잘못하면 인간관계가 나빠지거나 자신이 상처를 입는 경우도 있습니다.

이처럼, SNS에는 좋은 점도 있으면 문제점도 있습니다. 편리하다고 해서 뭐든 믿거나 장시간 지나치게 사용하지 않도록 주의가 필요합니다. 자신이나 주위 사람들이 기분 좋게 사용할 수 있도록 규칙과 매너를 지켜 SNS를 이용하는 것이 중요하다고 생각합니다. 또 곤란할 때나 문제가 생겼을 때에는 혼자 고민하지 말고 가족이나 선생님, 신뢰할 수 있는 어른에게 상담하는 것도 잊지 않도록 합시다. SNS를 올바르게 사용하면 생활이 더욱 편리하고 즐거운 것이 될 것입니다.

필자가 말하는 SNS의 문제점은 무엇인가?
1 거짓말만 쓰여지는 것
2 욕을 써서 트러블이 생기는 경우가 있는 것
3 일하는 중에도 SNS만 하게 되는 것
4 곧바로 사람을 상처 입히는 것

해설 SNS에서 욕을 써 트러블이 되는 경우가 적지 않다고 했으므로 2번이 정답이다.

3. 밑줄이 가리키는 것을 묻는 유형

3

인간과 반려동물의 관계는 매우 긴 역사가 있습니다. 옛날에는 인간이 먹을 것을 찾기 위해 개나 고양이를 키우기 시작했습니다. 개는 인간의 사냥을 돕거나 집을 지키는 역할이 있었습니다. 고양이는 쥐를 잡기 위해 길러졌습니다. 이처럼, 반려동물은 인간의 생활을 도와주는 소중한 존재였습니다. 개나 고양이가 없으면 가축이나 작물을 지키는 것이 어려워지고, 안심하고 생활하는 것도 불가능했을 것입니다. 인간은 반려동물에게 도움을 받고, 함께 살아감으로써 사회를 발전시켜 온 것입니다.

최근에는 반려동물과 인간의 관계가 더욱 깊어지고 있습니다. 반려동물은 가족의 일원과 같이 되어 갔습니다. 지금은 개와 고양이뿐만 아니라, 토끼나 작은 새, 햄스터, 더 나아가 거북이나 도마뱀 등의 파충류까지 다양한 동물이 반려동물로 길러지고 있습니다. **반려동물은 단순한 동물이 아니라, 함께 놀거나, 말을 걸거나, 외로울 때 곁에 있어주는 친구 같은 존재입니다. 반려동물이 있음으로써 매일이 즐거워지고, 마음도 평온해집니다.**

그리고 반려동물용 먹이나 옷, 장난감 등 다양한 상품이 팔리고 있습니다. 개나 고양이를 위한 미용실이나 호텔 등의 서비스도 등장하고 있습니다. 또한 병에 걸렸을 때를 위해 반려동물 병원이나 보험도 늘어나고 있습니다. SNS에 자신의 반려동물 사진이나 영상을 투고하고, 많은 사람과 그 귀여움을 공유하는 사람도 늘고 있습니다. 인간과 반려동물은 앞으로도 서로 도우면서 사이좋게 살아갈 것입니다. 반려동물과 보내는 시간은 우리에게 있어 둘도 없는 것이 되어갈 것입니다.

최근의 반려동물과 인간의 관계는 구체적으로 어떻게 되어 왔는가?
1 인간의 먹을 것을 찾아다 주게 되어 왔다.
2 인간의 사냥을 돕거나 집을 지켜 주게 되어 왔다.
3 인간에게 방해가 되는 동물을 모두 잡아 주게 되어 왔다.
4 인간의 마음을 편안하게 해주게 되어 왔다.

해설 반려동물은 함께 놀거나, 말을 걸거나, 외로울 때 곁에 있어주는 친구 같은 존재로 반려동물이 있음으로써 매일이 즐거워지고, 마음도 평온해진다고 했으므로 4번이 정답이다.

실전문제 ①　　　　　　　　　　p.230

34 ③　　　**35** ②　　　**36** ①　　　**37** ③

34~37

시대가 변하면 직업도 다양해진다. 인기 있던 직업이 사라지거나, 생각지도 못했던 직업이 등장하기도 한다. 오늘은 드문 직업 중에서도 '①불평을 들어주는 일'에 대해 이야기해 보고자 한다. [34번]업무 내용은 그 이름 그대로이다. 최근에는 대신 불만을 말해주거나, 해결책을 제시하거나 하는 추가 서비스까지 등장하고 있다고 한다. 예전에는 이런 일이 생겨날 거라고는 상상도 하지 못했다. 불평을 듣는 방법은 여러 가지가 있다. 직접 만나서 이야기를 들어주는 경우도 있고, 지금은 인터넷 시대이므로, 채팅이나 보이스 토크를 통해 이야기를 들어주기도 한다. 확실히 현대 사회를 살아가는 사람들 가운데는 견디기 어려운 스트레스로 인해 정신적 질환을 겪는 사람도 있다. 누군가에게 들어주지 않으면 마음속에 쌓여 버리기 때문에, 이러한 서비스가 생겨났을 것이다.

[35번][37번]처음에는, 이야기를 들어주는 것만으로 돈을 받을 수 있다니 그런 이야기는 있을 수 없는 일이라고 생각한 사람이 많았다고 한다. 그러나 때때로, 너무 바빠서 자신의 마음에 여유가 없을 때는, 가족이나 친구의 불평을 들어주는 것이 힘든 일이다. 단지 듣고 있을 뿐인데, 듣는 동안 자신도 스트레스가 쌓인다고 하는 사람이 많다. 그래서 [37번]'이야기를 들어주는 것은 생각만큼 간단하지 않다'는 이유로, 오히려 육체 노동보다 정신적 노동으로 인정해야 한다고 여겨지기 시작했다고 한다. 실제로 이 서비스를 이용하는 사람은 '돈을 지불하더라도 누군가에게 이야기를 들어주길 원한다', '아는 사람에게는 말하고 싶지 않은 이야기지만, 모르는 사람에게는 전부 말할 수 있고 들어줬으면 한다' 등의 이유로 호평이다.

나는 자신의 일을 누군가에게 말하는 것이 서툰 사람이다. [36번]다른 사람에게 걱정을 끼치고 싶지 않은 마음이나, 세상에 스트레스를 받지 않는 사람은 없으니 참자고 하는 마음에서, 별로 내 일을 이야기하지 않게 되었다. 그러나, 이처럼 [36번]그냥 들어주기만 하는 서비스라면, 스트레스가 병의 원인이라는 것을 잘 알고 있으므로 ②이용해 보고 싶다고 생각했다.

단어 時代(じだい) 시대ㅣ変わる(かわる) 변하다ㅣ職業(しょくぎょう) 직업ㅣ様々だ(さまざまだ) 다양하다ㅣ消える(きえる) 사라지다ㅣ思いもしない(おもいもしない) 생각지도 못하다ㅣ珍しい(めずらしい) 드물다ㅣ文句(もんく) 불평, 불만ㅣ仕事内容(しごとないよう) 업무 내용ㅣ代わりに(かわりに) 대신ㅣ不満(ふまん) 불만ㅣ解決策(かいけつさく) 해결책ㅣ提示する(ていじする) 제시하다ㅣ追加(ついか) 추가ㅣ登場(とうじょう) 등장ㅣ昔(むかし) 예전ㅣ想像する(そうぞうする) 상상하다ㅣ直接(ちょくせつ) 직접ㅣチャット 채팅ㅣ〜を通じて(をつうじて) ~을 통해서ㅣ現代社会(げんだいしゃかい) 현대 사회ㅣ生きる(いきる) 살다ㅣ耐える(たえる) 견디다, 참다ㅣストレス 스트레스ㅣ精神的(せいしんてき) 정신적ㅣ病気(びょうき) 질환, 병ㅣたまる 쌓이다ㅣ初め(はじめ) 처음ㅣありえない 있을 수 없다ㅣ忙しい(いそがしい) 바쁘다ㅣ余裕(よゆう) 여유ㅣ肉体労働(にくたいろうどう) 육체 노동ㅣ精神的(せいしんてき) 정신적ㅣ認める(みとめる) 인정하다ㅣ実際に(じっさいに) 실제로ㅣ利用する(りようする) 이용하다ㅣ払う(はらう) 지불하다ㅣ知り合い(しりあい) 아는 사람, 지인ㅣ全て(すべて) 전부ㅣ好評(こうひょう) 호평ㅣ苦手だ(にがてだ) 서툴다, 잘 못하다ㅣ心配(しんぱい) 걱정ㅣ世の中(よのなか) 세상ㅣ我慢する(がまんする) 참다ㅣ病(やまい) 병ㅣ原因(げんいん) 원인

34

①불평을 들어주는 일이란 무엇인가?

1 손님이 싫어하는 상대에게 대신 불평을 말해 주는 일
2 손님의 이야기를 듣고 나서, 해결책을 함께 고민하는 일
3 손님의 고민이나 불평을 들어주는 일
4 손님의 스트레스 원인을 듣고, 정신적 질병을 예방하는 일

해설 밑줄이 가리키는 '불평을 들어주는 일'이 무엇인지 묻는 문제이므로 바로 뒤에 언급된 내용이 정답일 가능성이 높다. 1번은 대신 불평을 해 주는 일은 추가 서비스로 언급되었으므로 본래의 의미와 다르기 때문에 오답이다. 2번과 4번은 언급되지 않은 내용이므로 오답이다. 3번은 업무 내용은 그 이름 그대로라는 즉, 불평을 들어주는 일이므로 정답이다.

35

처음에 이 서비스가 시행되었을 때의 반응은 어땠는가?

1 사람들의 스트레스를 생각해 준 친절한 서비스다.
2 그냥 이야기를 듣는 것만으로 손님에게 돈을 받으려는 서비스다.
3 매우 저렴한 가격으로 들어주니 좋은 서비스다.
4 스스로 생각해 해결하는 시간이 없어지므로, 좋지 않은 서비스다.

해설 처음에 이 서비스가 시행되었을 때의 반응을 묻는 문제이다. 1번은 긍정적으로 평가한 내용은 언급되지 않았으므로 오답이다. 2번은 이야기를 들어주는 것만으로 돈을 받는 일은 있을 수 없다고 생각한 사람이 많았다는 지문의 내용과 일치하므로 정답이다. 3번과 4번은 언급되지 않은 내용이므로 오답이다.

36

②이용해 보고 싶다고 되어 있는데, 그것은 어째서인가?

1 상대에게 걱정을 끼치는지를 신경 쓰지 않고 스트레스를 해소할 수 있는 서비스라고 생각했기 때문에
2 스트레스가 쌓여 있어서, 누군가 해결책을 세워주기를 원한다고 생각했기 때문에
3 자기 대신 불평을 해 주다니, 정말 좋은 서비스라고 생각했기 때문에
4 평소부터 새로운 일을 찾고 있는데, 독특한 업무 내용이라고 생각했기 때문에

해설 밑줄이 가리키는 '이용해 보고 싶다'는 필자가 그 서비스를 사용하고 싶은 이유를 묻는 문제이므로 바로 앞 부분에 언급된 내용이 정답일 가능성이 높다. 1번은 다른 사람에게 걱정을 끼치지 않고 스트레스를 해소할 수 있는 서비스라면 이용해 보고 싶다는 지문의 내용과 일치하므로 정답이다. 2번, 3번, 4번은 언급되지 않은 내용이므로 오답이다.

본문의 내용과 맞는 것은 무엇인가?

1 예전부터 인기 있었던 서비스의 하나로, 지금도 인기
있는 서비스다.
2 새로 생긴 서비스이지만, 인기가 별로 없어 곧 사라질
것 같다.
**3 처음에는 평판이 좋지 않았지만, 지금은 일로서 인정
받고 있다.**
4 정신적 노동이라기보다 육체적 노동에 가까운 일이다.

해설 일치하는 것을 고르는 문제는 지문 전체를 잘 봐야 한다.
1번은 예전부터 인기 있었다는 내용은 언급되지 않았으
므로 오답이다. 2번은 호평, 즉 인기가 있다고 했으므로
오답이다. 3번은 처음에는 그냥 이야기를 들어주는 것만
으로 돈을 받는 서비스라고 생각했지만 최근에는 정신적
노동으로 인정해야 한다고 여겨지기 시작했다는 지문의
내용과 일치하므로 정답이다. 4번은 육체적 노동보다 정
신적 노동에 가깝다고 했으므로 오답이다.

실전문제 ②　　　　　　　　　　p.232

34 ②　　**35** ④　　**36** ①　　**37** ②

　　간사이를 중심으로 한 '타코야키'는 기본적인 재료는 같
더라도, 속에 넣는 것이 다양하여 여러 가지 맛의 베리에
이션이 있다. 최근에는 오징어나 김치, 치즈, 소시지와 같
은 다양한 속재료가 사용된다고 한다.

　　그런데 타코야키는 왜 '문어(타코)'일까? 효고현 아카
시시에 '아카시야키'라는 것이 있었다. 이 아카시야키는
타코야키와 매우 비슷하지만, 이쪽은 달걀을 많이 사용한
다. 또한 아카시에서는 문어가 많이 잡혔기 때문에, 아카
시야키에는 문어가 들어 있었다. 이것을 알게 된 오사카의
[34번][35번]어떤 가게가 '쵸보야키'라는, 지금의 오코노미
야키와 비슷한 음식에 들어가는 고기를 문어로 바꿔 보
았더니 ①대히트 했다고 한다. 이것이 지금의 타코야키
의 시작이라고 전해진다.

　　자, [36번]한 집에 한 대씩 타코야키 기계를 가지고 있
다는 소문이 있을 정도로 타코야키를 사랑하는 오사카
사람들은, 집에서도 물론 타코야키를 만든다. 우리 집
도 ②예외는 아니다. 집에서 타코야키를 굽는 것은 마음
껏 먹을 수 있다는 것 외에, 직접 굽는 즐거움이 있다. 나
도 꼬챙이를 써서 쓱쓱 돌려 가며 굽는 동작은 어릴 때부
터 해 보고 싶었던 것이었다.

　　우리 집의 타코야키는, 튀김 부스러기와 파, 문어를 넣
어 굽는 심플한 것이다. [37번]**집에 따라서는 좋아하는 식
재료를 잘게 썰어 문어 대신 넣기도 한다.**

　　수 년 전에 한국에서도 일본의 타코야키 포장마차가 생
겨 인기를 모았다는 것을 들은 적이 있다. 동아시아로 퍼
져 가는 타코야키. 한국 외에 중국과 대만에도 포장마차가
출현하고 있다고 하며, 2002년 4월에 일본인이 발견한 소
행성 6562호에도 'TAKOYAKI'라는 이름을 붙일 정도로,
타코야키는 사랑받는 일본 음식 중 하나다.

　　오사카에 올 때는, 꼭 오사카를 대표하는 본고장의 타코
야키를 먹어 보길 바란다.

단어 中心(ちゅうしん) 중심 | 基本(きほん) 기본 | 材料(ざい
りょう) 재료 | 同じだ(おなじだ) 같다 | 入れる(いれる)
넣다 | 様々(さまざま) 여러 가지 | 味(あじ) 맛 | バリエー
ション 베리에이션 | 最近(さいきん) 최근 | イカ 오징어 |
キムチ 김치 | チーズ 치즈 | ソーセージ 소시지 | 多様(た
よう) 다양 | 具材(ぐざい) 속재료 | 用いる(もちいる) 사
용하다 | 似る(にる) 비슷하다, 닮다 | 卵(たまご) 달걀 | と
れる 잡히다 | 肉(にく) 고기 | かえる 바꾸다 | 大ヒット
(だいヒット) 대히트 | 始まり(はじまり) 시작 | 一家(い
っか) 한 집 | 台(だい) 대(기계 단위) | うわさ 소문 | 愛す
る(あいする) 사랑하다 | もちろん 물론 | 例外(れいがい)
예외 | 焼く(やく) 굽다 | 好きなだけ(すきなだけ) 마음껏
| 楽しみ(たのしみ) 즐거움 | 串(くし) 꼬챙이 | 回す(ま
わす) 돌리다 | 動作(どうさ) 동작 | 頃(ころ) 때, 무렵 | 我
が家(わがや) 우리 집 | 天かす(てんかす) 튀김 부스러기 |
ねぎ 파 | シンプル 심플, 단순함 | 食材(しょくざい) 식재
료 | 代わり(かわり) 대신 | 数年前(すうねんまえ) 수년
전, 몇 년전 | 屋台(やたい) 포장마차 | 人気(にんき) 인기 |
集める(あつめる) 모으다 | 東アジア(ひがしアジア) 동아
시아 | 広がる(ひろがる) 퍼지다 | 台湾(たいわん) 대만 |
出現(しゅつげん) 출현 | 発見(はっけん) 발견 | 小惑星
(しょうわくせい) 소행성 | つける 붙이다 | 代表(だいひ
ょう) 대표 | 本場(ほんば) 본고장

'타코야키'의 설명으로 맞지 <u>않는</u> 것은 어느 것인가?

1 타코야키는 속에 들어가는 식재료에 따라 종류가 다양
하다.
**2 타코야키는 쵸보야키를 개발한 사람이 만든 음식
이다.**
3 타코야키라는 이름은 쵸보야키의 고기 대신 넣은 문어
에서 붙여졌다.
4 타코야키는 간사이를 중심으로 인기가 있는 음식이다.

해설 일치하지 않는 것을 고르는 문제는 지문 전체를 잘 봐야
한다. 1번은 타코야키의 속에 넣는 것이 다양하여 여러 맛

의 바리에이션이 있다고 했으므로 오답이다. 2번과 3번 중 타코야키는 초보야키에 들어가는 고기를 문어로 바꾼 음식이라고 했을 뿐, 초보야키를 개발한 사람이 만들었다는 내용은 언급되지 않았으므로 2번이 정답이다. 4번은 타코야키가 간사이를 중심으로 인기가 있다고 했으므로 오답이다.

35

①대히트라고 되어 있는데, 무엇이 대히트한 것인가?

1 오징어나 치즈 등을 넣어 만든 타코야키
2 달걀과 문어를 많이 사용한 아카시야키
3 고기와 문어를 함께 넣어 만든 쵸보야키
4 쵸보야키의 속재료를 문어로 바꾼 타코야키

해설 밑줄이 가리키는 '대히트' 가 무엇인지 묻는 문제이다. 1번, 2번, 3번은 언급되지 않은 내용이므로 오답이다. 4번은 어떤 가게가 쵸보야키에 들어가는 고기를 문어로 바꿔 보았더니 대히트했다는 지문의 내용과 일치하므로 정답이다.

36

②예외는 아니다라고 되어 있는데, 그것은 무엇인가?

1 집에서 타코야키 기계를 사용해, 스스로 타코야키를 구워 먹는 것
2 그날 기분에 따라 다른 재료를 넣어 타코야키를 굽는 것
3 집에 돌아오는 길에 타코야키 가게에 들러 타코야키를 사 오는 것
4 인기 있는 타코야키를 포장마차에서 파는 것

해설 밑줄이 가리키는 '예외는 아니다' 는 앞에서 언급된 내용이 맞다는 말이므로 앞 문장에 언급된 내용이 정답일 가능성이 높다. 1번은 타코야키 기계를 가지고 집에서도 타코야키를 만든다는 지문의 내용과 일치하므로 정답이다. 2번, 3번, 4번은 언급되지 않은 내용이므로 오답이다.

37

근년의 타코야키에 대해 '내'가 설명하고 있는 내용은 무엇인가?

1 오사카 사람은 타코야키를 가게에서는 사지 않고 스스로 만드는 문화가 있다.
2 타코야키는 자신의 취향에 맞추어 여러 식재료를 넣을 수 있다.
3 한국을 비롯한 동아시아 나라들에서 타코야키를 만드는 사람이 늘고 있다.
4 오사카 사람들처럼 쓱쓱 돌리며 굽는 것이 유행하고 있다.

해설 근년의 타코야키에 대한 필자의 설명을 묻는 문제이다.

1번은 오사카 사람은 가게에서 사지 않는다는 내용은 언급되지 않았으므로 오답이다. 2번은 집에 따라서는 좋아하는 식재료를 잘게 썰어 문어 대신 넣기도 한다는 지문의 내용과 일치하므로 정답이다. 3번은 한국을 비롯한 동아시아 나라들에서도 포장마차가 생겨났다고 했지만, 타코야키를 만드는 사람이 늘고 있다는 내용은 언급되지 않았으므로 오답이다. 4번은 쓱쓱 돌리며 굽는 것은 자신이 어릴 때부터 해보고 싶었던 행동으로, 유행이라는 내용은 언급되지 않았으므로 오답이다.

실전문제 ③   p.234

34 ③   **35 ④**   **36 ③**   **37 ②**

34~37

일본에서는 개와 고양이 반려동물의 수가 해마다 증가하고 있다. 반려동물을 가족으로서 선택하는 독신자가 늘고 있다. 펫푸드 공업회의 조사에 따르면, 인간의 아이(15세 미만) 인구보다 개와 고양이의 수가 많아졌다고 한다. 나도 그렇지만, 최근 반려견에 관해서는 예전의 개로서의 역할과는 달리 가족의 일원으로 생각하는 주인이 많다.

우리 집도 두 마리의 개를 키우고 있다. [34번]**매일 산책은 물론, 집 안에서 생활을 같이하고, 다치거나 몸 상태가 나빠지면 동물병원에 데려가고, 차에 태워 놀러가는 데 데려간다. 먹는 것만 다를 뿐, 그 밖의 거의 모든 일을 가족으로서 함께 행동하고 있는 것이다. 때로는 도그 카페에서 함께 식사도 하고, 여행에 까지도 데려간다.** 말 그대로 ①가족이 된 것이다. 이만큼 사람과 함께 행동하는 기회도 늘어나면, 주인의 매너는 물론, 개에 대한 교육과 책임이 중요해진다. 개의 생명과 건강을 지키기 위해 치료비와 같은 경제력은 물론, [37번]**타인에게 민폐를 끼치지 않는 것, 끝까지 돌보는 각오도 주인의 책임이라 할 수 있다.**

개는 외견의 귀여움뿐 아니라 마음도 개성도 지닌 생명체다. 사람 뜻대로 되지 않는 것이 당연하고, 매너와 규칙을 가르치는 데에도 시간이 걸린다. 주인이라면 그것을 기다려 주어야 한다. 또한, [37번]**다른 사람에게도 폐가 되지 않도록 할 필요가 있다.** [35번]**사람이 많이 모이는 곳에 데려갈 때에는 카트에 태우거나 가방에 넣는 등 해서, 동물을 어려워하는 사람에게도 배려한다.** 개도 들어갈 수 있는 가게에 데려갈 때에는, 들어가기 전에 배변을 시키고, 좌석에서는 주인의 발 밑에서 가만히 있도록 한다. ②개에게 옷을 입히는 것에 의문을 갖는 사람도 있을지 모르지만, [36번]**개의 털이 조금이라도 흩날리지 않도록 옷을 입히는 것도 매너의 하나**가 되고 있다. 가정 내 교육뿐만 아니라, 개가 인간 사회에 적응하기 위한 사회성을 몸에 익힘으로써, 세상으로부터 받아들여지는 존재가 되는 것이다.

단어 ペット 반려동물 | 年々(ねんねん) 해마다 | 増加(ぞうか) 증가 | 家族(かぞく) 가족 | 選ぶ(えらぶ) 선택하다 | 独身者(どくしんしゃ) 독신자 | 調査(ちょうさ) 조사 | 人間(にんげん) 인간 | 人口(じんこう) 인구 | 役割(やくわり) 역할 | 一員(いちいん) 일원 | 飼い主(かいぬし) 주인 | 我が家(わがや) 우리 집 | 頭(とう) (동물 수를 세는 단위) 마리 | 飼う(かう) 키우다, 기르다 | 散歩(さんぽ) 산책 | けがをする 다치다 | 具合(ぐあい) 몸 상태 | 動物病院(どうぶつびょういん) 동물병원 | 連れて行く(つれていく) 데리고 가다 | 異なる(ことなる) 다르다 | その他(そのほか) 그 밖, 기타 | 行動(こうどう) 행동 | 旅行(りょこう) 여행 | 機会(きかい) 기회 | マナー 매너 | 教育(きょういく) 교육 | 責任(せきにん) 책임 | 命(いのち) 생명 | 健康(けんこう) 건강 | 守る(まもる) 지키다 | 治療費(ちりょうひ) 치료비 | 経済力(けいざいりょく) 경제력 | 他人(たにん) 타인 | 迷惑(めいわく) 민폐 | 最後(さいご) 끝, 마지막 | 面倒を見る(めんどうをみる) 돌보다 | 覚悟(かくご) 각오 | 見た目(みため) 외견, 겉모습 | 個性(こせい) 개성 | 生き物(いきもの) 생명체 | 思いどおりに(おもいどおりに) 뜻대로 | 集まる(あつまる) 모이다 | 入れる(いれる) 넣다 | 配慮(はいりょ) 배려 | 足元(あしもと) 발 밑 | じっと 가만히 | 服(ふく) 옷 | 着せる(きせる) 입히다 | 疑問(ぎもん) 의문 | 毛(け) 털 | 散る(ちる) 흩날리다 | ～のみならず ~뿐만 아니라 | 適応(てきおう) 적응 | 社会性(しゃかいせい) 사회성 | 身につける(みにつける) 몸에 익히다 | 世間(せけん) 세상 | 受け入れる(うけいれる) 받아들이다 | 存在(そんざい) 존재

34

①가족이 된 것이다라고 되어 있는데, 그것은 구체적으로 어떤 의미인가?

1 매일 아침 건강 유지를 위해 주인과 함께 산책을 나가는 것

2 식사도 될 수 있으면 가족과 같은 재료를 쓴 것을 먹는 것

3 함께 여행을 가거나, 개의 상태가 나쁠 때는 병원에 데려가는 것

4 오랜 세월 행동을 같이 하면서, 주인과 개가 서로의 마음을 알게 되는 것

해설 밑줄이 가리키는 '가족이 된 것이다'의 의미를 묻는 문제이므로 의미를 언급한 부분을 잘 봐야 한다. 1번은 산책을 하기 위한 것은 맞지만 건강 유지에 대해서는 언급되지 않았으므로 오답이다. 2번은 식사 재료에 대한 내용은 언급되지 않았으므로 오답이다. 3번은 산책도 하고 집안에

서 생활도 하고 동물병원에도 데려가고 차에 태워 놀러가고 도그 카페에서 식사도 하고 여행까지 데려가는 등 거의 모든 일을 가족으로서 함께 행동하고 있다는 지문의 내용과 일치하므로 정답이다. 4번은 언급되지 않은 내용이므로 오답이다.

35

주인의 역할로서 '내'가 설명하고 있는 것은 무엇인가?

1 개를 싫어하는 사람도 배려하기 위해 개의 얼굴은 보이지 않게 하는 것

2 다른 사람에게 폐를 끼치지 않도록 길에서의 산책은 하지 않는 것

3 개도 들어갈 수 있는 가게가 있으면, 개를 위해 적극적으로 이용하도록 하는 것

4 사람이 많은 장소에서는 카트 등을 이용해 다른 사람에게 폐를 끼치지 않는 것

해설 주인의 역할을 묻는 문제이므로, 주인이 해야 할 행동을 잘 봐야 한다. 1번은 개의 얼굴을 보이지 않게 한다는 내용은 언급되지 않았으므로 오답이다. 2번은 산책을 하지 않는다는 내용은 언급되지 않았으므로 오답이다. 3번은 언급되지 않은 내용이므로 오답이다. 4번은 사람이 많이 모이는 곳에 데려갈 때에는 카트에 태우거나 가방에 넣는 등, 동물을 어려워하는 사람에게도 배려한다는 지문의 내용과 일치하므로 정답이다.

36

②개에게 옷을 입히는 것이라고 되어 있는데, 그것은 어째서인가?

1 가족인 개를 더 귀엽게 보이게 하기 위해서

2 산책할 때 다른 개와 착각해서 잊어버리지 않도록 하기 위해서

3 사람의 음식이나 음료에 개의 털이 들어가지 않도록 하기 위해서

4 아침과 밤의 기온 차가 있으므로, 감기 걸리지 않도록 하기 위해서

해설 밑줄이 가리키는 '개에게 옷을 입히는 것'에 대한 이유를 묻는 문제이므로 이유가 언급된 부분을 잘 봐야 한다. 1번과 2번은 언급되지 않은 내용이므로 오답이다. 3번은 개의 털이 조금이라도 흩어지지 않도록 옷을 입히는 것도 매너의 하나가 되고 있다는 지문의 내용과 일치하므로 정답이다. 4번은 언급되지 않은 내용이므로 오답이다.

독해

개를 반려동물로 키우는 것에 대해 '내'가 전하고 싶은 내용은 무엇인가?

1 개의 치료비 등을 낼 경제력이 없다면 개를 키워서는 안 된다.

2 자신은 개를 좋아하더라도, 개를 싫어하는 사람의 생각도 이해해야 한다.

3 개와 함께 뭔가를 할 때마다, 개의 의견을 물어야 한다.

4 개를 사람이 많은 장소에 여러 번 데려가 인간 사회에 적응시킬 필요가 있다.

해설 개를 반려동물로 키우는 것에 대한 필자의 생각을 묻는 문제이다. 1번은 경제력이 없으면 키우면 안 된다는 표현은 언급되지 않았으므로 오답이다. 2번은 타인에게 피해를 주지 않는 것, 다른 사람에게도 폐가 되지 않도록 할 필요가 있다는 지문의 내용과 일치하므로 정답이다. 3번은 개의 의견을 물어야 한다는 내용은 언급되지 않았으므로 오답이다. 4번은 사람 많은 곳에 여러 번 데려가야 한다는 내용은 언급되지 않았으므로 오답이다.

7 정보검색

공략문제 p.239

1 ② 2 ③ 3 ③

1. 요금 등의 합계를 묻는 유형

1

하시모토 씨에게는 7살 아들과 4살 딸이 있다. 아들은 간단한 영어 회화는 할 수 있게 되었기 때문에 조금 어려운 내용까지 학습시키고 싶다고 생각하고 있다. 딸은 아직 알파벳도 모르기 때문에 기초부터 천천히 배웠으면 한다고 생각하고 있다. 클래스를 각각 하나씩 수강시키는 경우, 레슨료는 얼마를 내게 되는가?

1 14,000엔
2 16,000엔
3 18,000엔
4 20,000엔

Tanoshi-영어회화 교실

이런 고민은 없으신가요?
· 아직 아이가 어려서 영어회화 학원에 다니게 할지 고민하고 있다.
· 역시 네이티브 선생님과 배웠으면 한다!

그런 분들께는 Tanoshi-영어회화 교실을 추천합니다. 처음이신 분도 체험 레슨부터 시작할 수 있으니 꼭 한 번 시험해 보세요.

【코스 내용 · 요금표】

코스명	가격	특징
비기너 코스	6,000엔	알파벳부터 확실히 익히게 하고 싶은 분께 추천하는 초급자 클래스.
베이직 코스	8,000엔	인사부터 간단한 회화까지 기본적인 표현을 익히게 하고 싶은 분께 추천하는 클래스.
챌린지 코스	10,000엔	기본적인 회화는 어느 정도 할 수 있게 된 자녀를 위한 응용 클래스.

* 레슨료에는 교재비는 포함되지 않습니다.
* 각 코스는 주 1회의 수업입니다. 시간표는 접수처 앞 게시판에서 확인해 주십시오.
* 각 코스 요일에 따른 수업 내용의 차이는 없습니다.
* 레슨을 쉰 경우에는 수업 내용과 숙제 안내를 메일로 보내드립니다.

해설 아들은 간단한 회화는 할 수 있으므로 기본적인 회화는 어느 정도 할 수 있게 된 자녀를 위한 응용 클래스인 '챌린지 코스(10,000엔)', 딸은 알파벳도 모른다고 했으므로 알파벳부터 확실히 익히게 하고 싶은 분께 추천하는 '비기너 코스(6,000엔)'가 적절하다. 따라서 합계는 16,000엔이므로 2번이 정답이다.

2. 질문의 조건에 모두 해당하는 것을 묻는 유형

2

다나카 씨는 여름방학에 가족과 함께 국내여행을 갈 생각이다. 여행은 3박 4일이며, 될 수 있으면 시원한 곳에 가고, 관광할 때는 패키지에 포함된 렌터카로 이동하고 싶다고 생각하고 있다. 다음 패키지 중에서 다나카 씨가 고르기에 가장 적절한 것은 어느 것인가?

1 A패키지

2 B패키지

3 C패키지

4 D패키지

─ 여름방학에 추천하는 국내 여행 패키지 ─

올여름은 JRC여행사의 알뜰 패키지로 국내여행을 떠나보지 않겠습니까?

패키지 명	가격 (1인당)	특징
A 패키지	8,000엔	여름에도 시원한 홋카이도를 여행하지 않으시겠습니까? 삿포로 시내 비즈니스 호텔 숙박. (※ 렌터카는 신청 필요)
B 패키지	12,000엔	바다를 만끽하자! 난키 시라하마 3박 4일 여행. 바다가 보이는 호텔에 숙박합니다. 전세 버스로 이동합니다.
C 패키지	20,000엔	여름은 역시 시원한 후지산이 있는 가루이자와. 렌터카 포함 알뜰 패키지♪
D 패키지	25,000엔	오사카에서 맛있는 미식을 만끽. 시내 고급 호텔을 준비했습니다. 전철과 버스로 관광합니다.

【주의사항】

· 신청은 여행사 창구, 전화, 이메일로 출발 희망일 2주 전까지 부탁드립니다.

· 요금 지불은 은행 또는 편의점의 경우 출발 1주일 전까지 부탁드립니다.

· 인터넷으로 지불하는 경우 출발 2일 전까지 부탁드립니다.

· 신청 취소에는 소정의 취소료가 발생합니다. 취소료를 제외하고 환불해 드립니다.

해설 다나카 씨는 시원한 곳에서 렌터카 포함 패키지를 원하고 있다. C패키지는 여름에도 시원한 후지산을 즐길 수 있으며, 렌터카가 포함된 알뜰 패키지이다. 따라서 조건에 가장 알맞으므로 3번이 정답이다.

3. 지문의 내용과 일치하는 것을 묻는 유형

3

야마시타 씨가 기념 이벤트에 신청하려면 어떻게 해야 하는가?

1 공식 홈페이지에서 이름과 전화번호, 주소를 입력하고 송신한다.

2 이벤트 당일에 접수처로 전화해 참가를 신청한다.

3 이벤트 당일, 접수처에 직접 가서 참가를 신청한다.

4 입장 예정인 반려동물도 포함해서, 공식 홈페이지에서 신청한다.

야마다 식물원 개원 10주년 기념 이벤트 안내

야마다 식물원은 올해로 개원 10주년을 맞이해 특별 이벤트를 개최합니다.

날짜: 3월 15일(토) 10:00~16:00

장소: 야마다 식물원

【일정】

시간	내용	장소
오전10시 ~11시	개회 기념 무대 (밴드 연주)	특설 무대
오전11시 ~12시	록 가든의 식물을 알아보자(원장 강연)	특설 무대
오후 1 시 ~ 4 시	봄의 식물원을 걸어보자 (1시간마다 출발)	광장 (집합)
종일	체험 코너(여러 꽃을 심을 수 있는 코너)	플라워관 입구 (접수)
종일	기념품 선물 (내원객 전원에게 선물)	매표소 앞

【신청 방법과 주의사항】

· 공식 홈페이지에서 신청 가능합니다. 이름과 참가 인원수를 입력해 신청해 주십시오.

· 전화 신청은 평일 오전 9시부터 오후 6시까지 가능합니다.

· 당일 참여는 접수처에서 선착순으로 입장 티켓을 배포합니다.

※야생 동식물 보호를 위해, 반려동물을 데리고 입장할 수 없습니다.

※주차장은 제한되어 있으므로, 가급적 대중교통을 이용해 주십시오.

※우천 시에는 본관 강당에서 오전 일정만 진행할 예정입니다. (약한 비는 예정대로 진행)

해설 【신청 방법과 주의사항】에 당일 참여는 접수처에서 선착

순으로 입장 티켓을 배포한다고 되어 있다. 따라서 야마시타 씨는 이벤트 당일에 접수처에 가서 참가를 신청하면 되므로 3번이 정답이다.

실전문제 ①　　　　　　　　　　p.242

38 ③　　　**39** ④

38

야마다 씨는 다른 친구 3명과 함께 단풍 투어에 참가하려고 한다. 야마다 씨와 친구들은 목요일이나 금요일이라면 참가할 수 있다. 또한, 세련된 가게에서 커피를 마시고 싶다고 생각하고 있다. 야마다 씨와 친구들은 어떤 투어를 선택하고, 요금은 네 사람 전원이 얼마를 지불해야 하는가?

1　③ · 12,000엔
2　③ · 14,000엔
3　④ · 14,000엔
4　④ · 16,000엔

해설　질문에서 알 수 있는 조건은 '야마다 씨와 친구 3명, 총 4명', '목요일이나 금요일 참가 가능', '세련된 가게에서 커피를 마시고 싶다'이다. 지문에서 '④ 카페' 코스는 매주 목요일·금요일·일요일 출발이며, '단풍을 즐긴 후 세련된 카페로 안내'한다고 되어 있다. 따라서 목요일 또는 금요일 참가가 가능하고 세련된 가게에서 커피를 마시고 싶은 야마다 씨 일행은 ④카페 코스에 참가해야 한다. 요금은 1인당 4,000엔이며, 4명 이상 신청 시 1인당 500엔 할인이 적용된다. 즉, 1인당 3,500엔 × 4명 = 14,000엔이다. 따라서 정답은 3번이다.

39

버스 투어의 신청 및 요금에 대해 맞는 것은 어느 것인가?

1 비가 오면, 투어는 자동적으로 취소된다.
2 신용카드로 투어 요금을 지불할 수 있다.
3 당일 투어를 인터넷으로 예약할 수 있다.
4 미식 코스나 카페 코스의 경우, 음식값이나 음료값이 별도로 필요하다.

해설　버스 투어의 신청 및 요금에 대해 맞는 것을 묻는 문제이다. 지문을 보면, 1번은 '비가 와도 실시하지만, 도착 시간이 늦어지는 경우가 있습니다'라고 되어 있어 비가 온다고 자동 취소되지는 않으므로 오답이다. 2번은 '요금 지불은 계좌이체뿐입니다'라고 되어 있어 신용카드 결제는 할 수 없으므로 오답이다. 3번은 '당일은 전화 접수뿐이며, 이메일과 인터넷 신청은 받지 않습니다'라고 되어 있어 당일 인터넷 예약은 불가능하므로 오답이다. 4번은 미식 코스와 카페 코스는 '음식/음료 요금은 별도 부가'라고 되어 있으므로 정답이다.

단풍 버스 투어

기간	2025년 10월 11일(토) ~ 11월 19일(일)
정원	20명 (최소 인원 2명부터　*매일 가이드가 동행합니다.)
시간	9시 15분 접수 9시 30분 출발 15시 00분 도착 예정 *도착 시간은 날씨에 따라 바뀔 수 있습니다.

코스	출발일	내용	요금
① 미식	매주 금요일·일요일	지역의 맛있는 것을 먹으며 단풍을 즐기실 수 있습니다.	4,000엔 [39번]※ 음식 요금은 별도 부가됩니다.
② 사진	매주 화요일·토요일	사진 찍기를 좋아하시는 분 대상으로 절호의 촬영 장소를 소개합니다.	4,500엔
③ 등산	매주 수요일·금요일	산 위에서 내려다보는 단풍 즐기실 수 있습니다.	3,500엔
④ 카페	[38번]매주 목요일·금요일·일요일	[38번]단풍을 즐긴 후 세련된 카페로 안내해 드립니다.	[38번]4,000엔 [39번]※ 음료비는 요금에 포함되어 있지 않습니다.

*당일은 전화 접수뿐이며, 이메일과 인터넷 신청은 받지 않습니다.
*요금 지불은 계좌뿐입니다, 전날까지 지불 부탁드립니다.
*단체 여행(10명 이상)에 대해서는 여행사로 문의 바랍니다.
*비가 와도 실시하지만, 도착 시간이 늦어지는 경우가 있습니다.
*[38번]4명 이상인 경우에는 1인당 500엔 할인됩니다.

신청·문의
아오조라 여행사 타나카 겐지
전화 03-1234-5678 E-mail tanaka@aozora.ac.jp

단어　紅葉(こうよう) 단풍 ｜ ツアー 투어, 여행 ｜ 参加(さんか) 참가 ｜ おしゃれ 세련됨 ｜ コーヒー 커피 ｜ 料金(りょうきん) 요금 ｜ 払う(はらう) 지불하다 ｜ 期間(きかん) 기간 ｜

定員(ていいん) 정원 | 最少人数(さいしょうにんずう) 최소 인원 | 同行(どうこう) 동행 | 受付(うけつけ) 접수 | 出発(しゅっぱつ) 출발 | 到着(とうちゃく) 도착 | 天候(てんこう) 날씨 | 変わる(かわる) 바뀌다 | 内容(ないよう) 내용 | 地域(ちいき) 지역 | 楽しむ(たのしむ) 즐기다 | 飲食代金(いんしょくだいきん) 음식 요금 | 別途(べっと) 별도 | かかる 부과하다, 들다 | 写真(しゃしん) 사진 | 撮る(とる) 찍다 | ～向け(むけ) ~대상 | 絶好(ぜっこう) 절호 | 撮影(さつえい) 촬영 | 場所(ばしょ) 장소 | 山登り(やまのぼり) 등산 | 眺める(ながめる) 내려다보다 | カフェ 카페 | 案内(あんない) 안내 | 含む(ふくむ) 포함하다 | 当日(とうじつ) 당일 | 電話(でんわ) 전화 | 申し込み(もうしこみ) 신청 | 口座(こうざ) 계좌 | 前日(ぜんじつ) 전날 | 団体(だんたい) 단체 | 問い合わせる(といあわせる) 문의하다 | 雨天(うてん) 비가 오다, 우천 | 実施(じっし) 실시 | 遅れる(おくれる) 늦다, 늦어지다 | ～当たり(あたり) ~당 | 割引(わりびき) 할인

실전문제 ②
p.244

38 ②　　**39** ①

38

시내에 있는 야마다 고등학교 2학년 3반 학생 전원이 11월 3일에 아사히 동물원에 갈 예정이다. 반의 인원 수는 20명이다. 전부 해서 얼마를 지불해야 하는가?

1 8,000엔
2 10,000엔
3 14,000엔
4 16,000엔

해설　질문에서 알 수 있는 조건은 '시내에 있는 고등학교', '2학년 3반 학생 전원(20명)', '11월 3일'이다. 지문에 따르면 시내의 고등학교에 다니는 학생은 학생증 제시로 시민 특별요금이 적용된다고 되어 있으므로 이 학생들은 고등학생 이상 시민 특별요금인 500엔을 내야 한다. 참고로, 단체 요금은 25명 이상일 때 적용된다고 되어 있으므로 20명은 단체 요금이 적용되지 않는다. 따라서 1인당 500엔 × 20명 = 10,000엔이므로 정답은 2번이다.

39

켄지는 주말에 가족과 함께 동물원에 갈 예정이다. 켄지의 가족은 부모님과 초등학생 여동생과 중학생인 켄지의 4인 가족이다. 켄지는 시내가 아닌, 옆에 있는 시에 살고 있다. 켄지가 주의해야 할 것은 어느 것인가?

1 주말에 휴원하는 경우도 있어 사전에 휴원일을 확인해야 한다.
2 연간 패스포트를 만들어도, 11월부터 3월 사이에는 자유롭게 입장할 수 없다.
3 옆에 있는 시에 살고 있는 경우, 입장 시 신분증을 제시해야 한다.
4 학생증을 제시하면 특별 요금으로 들어갈 수 있으므로 지참해야 한다.

해설　질문에서 알 수 있는 조건은 '주말', '부모님 2명', '초등학생 여동생 1명', '중학생 켄지', '옆에 있는 시 거주'이다. 지문을 보면, 1번은 휴원일이 '4월 8일(화)~4월 20일(일), 11월 5일(수)~11월 18일(화), 12월 31일(수)~2026년 1월 3일(토)'라고 되어 있어 주말에도 휴원하는 경우가 있으므로 정답이다. 2번은 연간패스는 '첫 입장일부터 1년간 유효'라고 되어 있어 11월부터 3월 사이에도 입장할 수 있으므로 오답이다. 3번은 언급되지 않은 내용이므로 오답이다. 4번은 켄지가 옆에 있는 시에 살아 해당 없으므로 오답이다.

38~39

아사히 동물원 이용 안내

- 이용 시간 -

구분	기간	시간
봄·여름기	4월 ~ 10월	오전 9시 반 ~ 오후 5시
가을·겨울기	11월 ~ 3월	오전 10시 반 ~ 오후 3시

[39번] ※휴원일: 4월 8일(화)~4월 20일(일), 11월 5일(수)~11월 18일(화), 12월 31일(수)~2026년 1월 3일(토)

※휴원일을 제외하고 정기 휴일은 없습니다.

- 입장료·매표소에 대하여 -

구분	일반 요금	시민 특별 요금
[38번]어른 (고등학생 이상)	800엔	[38번]500엔
어린이 (중학생 이하)	무료	무료
단체	700엔	400엔
연간 패스포트 ※입장 횟수에 관계없이 기간 중 이용할 수 있다.※	1,050엔	1,050엔

독해

※ 단체 요금은 25명 이상인 경우에 적용됩니다.

※ 연간 패스포트는 첫 입장일부터 1년간 유효합니다.

※ 단체 요금 및 시민 특별요금은 입장권을 살 때 동물원 매표소의 창구에서 신청해 주세요.

※ 시내 거주하는 분은 특별요금이 되므로, 입장권을 구입할 때는 운전면허증이나 건강보험증 등의 주소와 연령을 증명할 수 있는 것을 지참해 주세요.

※ [38번] 시내에 있는 고등학교에 통학하는 학생은 학생증을 제시하는 것으로 시민 특별요금으로 입장할 수 있습니다.

단어 市内(しない) 시내 | 高校(こうこう) 고등학교 | 組(くみ) 반 | 生徒(せいと) 학생 | 全員(ぜんいん) 전원 | 予定(よてい) 예정 | ～名(めい) ~명 | 払う(はらう) 지불하다 | 週末(しゅうまつ) 주말 | 家族(かぞく) 가족 | 両親(りょうしん) 부모님 | 小学生(しょうがくせい) 초등학생 | 中学生(ちゅうがくせい) 중학생 | 隣(となり) 옆 | 住む(すむ) 살다 | 注意する(ちゅういする) 주의하다 | 休園(きゅうえん) 휴원 | 事前(じぜん) 사전 | 確認(かくにん) 확인 | 年間パスポート(ねんかんパスポート) 연간 패스포트 | 自由(じゆう) 자유 | 入場(にゅうじょう) 입장 | 身分証(みぶんしょう) 신분증 | 提示する(ていじする) 제시하다 | 学生証(がくせいしょう) 학생증 | 特別料金(とくべつりょうきん) 특별요금 | 持参する(じさんする) 지참하다 | 利用案内(りようあんない) 이용 안내 | 区分(くぶん) 구분 | 期間(きかん) 기간 | 除く(のぞく) 제외하다 | 定休日(ていきゅうび) 정기 휴일 | 券売所(けんばいじょ) 매표소 | 通常(つうじょう) 일반, 통상 | 市民(しみん) 시민 | 特別(とくべつ) 특별 | 大人(おとな) 어른 | 小人(しょうにん) 어린이 | 回数(かいすう) 횟수 | 関係ない(かんけいない) 관계없다 | 有効(ゆうこう) 유효 | 窓口(まどぐち) 창구 | 申し出る(もうしでる) 신청하다 | 在住(ざいじゅう) 거주 | 適用(てきよう) 적용 | 購入(こうにゅう) 구입 | 運転免許証(うんてんめんきょしょう) 운전면허증 | 健康保険証(けんこうほけんしょう) 건강보험증 | 住所(じゅうしょ) 주소 | 年齢(ねんれい) 연령, 나이 | 証明(しょうめい) 증명 | 通学(つうがく) 통학

38

하나코는 학교가 끝나고 나서 엄마와 함께 영화를 볼 예정이다. 학교는 오후 1시에 끝난다. 오후 6시까지는 집에 돌아가고 싶다. 3D 영화를 보면 머리가 아프기 때문에 3D가 아닌 영화를 보고 싶다. 하나코와 엄마가 볼 수 있는 영화는 무엇인가?

1 ①
2 ②
3 ①과 ③
4 ②와 ④

해설 질문에서 알 수 있는 조건은 '엄마와 함께', '학교는 오후 1시에 끝남', '오후 6시까지 귀가 희망', '3D 영화는 제외'이다. 지문에서 '② 크리스의 캔디 공장'은 15:10, 20:30에 상영해 오후 1시 이후에 볼 수 있고, 상영 시간은 120분이므로 15:10 시작 → 17:10 종료되어 오후 6시까지 귀가할 수 있다. 또한 3D가 아니므로 정답은 2번이다.

35

다나카 씨와 기무라 씨는 여자 대학교의 학생이다. 두 사람은 수요일 수업이 끝난 뒤 '크리스의 캔디 공장'을 보러 갈 예정이다. 두 사람이 합쳐서 얼마를 지불해야 하는가?

1 2,400엔
2 3,000엔
3 3,600엔
4 3,800엔

해설 질문에서 알 수 있는 조건은 '다나카 씨와 기무라 씨는 여자 대학생', '수요일', '크리스의 캔디 공장 관람'이다. 지문에서 '대학생 1,500엔'이지만, '레이디스데이(매주 수요일·여성 고객) 1,200엔'이므로 인당 1,200엔만 내면 된다. 따라서 1,200엔 × 2명 = 2,400엔이 되므로 정답은 1번이다.

시기 시네맥스

상영 스케줄		
영화명	시간대	상영 시간
① 엄마와 딸의 일주일	11:00 / 17:00 / 21:00	90분
[38번] ② 크리스의 캔디 공장	9:50 / [38번]15:10 / 20:30	[38번]120분
③ 8월의 졸업식	12:00 / 17:50	135분
④ 우주여행 (3D)	9:50 / 12:30 / 15:10 / 17:50 / 20:30	150분

· 오후 11시부터 다음날 오전 4시까지의 심야는 18세 미만의 입장은 거절하고 있습니다. 신분증을 제시해 주셔야 할 수도 있으니 미리 양해 바랍니다.

일반 요금	
일반 요금	시민 특별 요금
어른	1,800엔
대학생	1,500엔
고등학생·중학생·초등학생·유아(3~6세)	1,000엔
시니어(60세 이상)	1,200엔
3D 추가 요금	
3D 상영 작품	일반 요금 + 400엔
할인 요금	
레이트쇼(20시 이후의 작품)	1,400엔
[38번]레이디스 데이(매주 수요일·여성 고객)	[38번]1,200엔
퍼스트데이(12월을 제외한 매월 1일)	1,200엔

· 할인은 한 번만 적용됩니다.
· 유아(3세 미만의 어린이)의 입장은 거절하고 있습니다.
· 요금은 모두 세금 포함입니다.

단어 終わる(おわる) 끝나다 | 母(はは) 엄마 | 一緒に(いっしょに) 함께 | 映画(えいが) 영화 | 痛い(いたい) 아프다 | 女子大(じょしだい) 여자 대학교 | 授業(じゅぎょう) 수업 | 工場(こうじょう) 공장 | 払う(はらう) 지불하다 | 上映(じょうえい) 상영 | スケジュール 스케줄, 일정 | 時間帯(じかんたい) 시간대 | 翌日(よくじつ) 다음 날 | 深夜(しんや) 심야, 새벽 | 入場(にゅうじょう) 입장 | 断る(ことわる) 거절하다 | 身分証明書(みぶんしょうめいしょ) 신분증 | 提示する(ていじする) 제시하다 | あらかじめ 미리 | 了承(りょうしょう) 양해 | 通常(つうじょう) 일반, 통상 | 料金(りょうきん) 요금 | 大人(おとな) 어른 | 大学生

(だいがくせい) 대학생 | 高校生(こうこうせい) 고등학생 | 中学生(ちゅうがくせい) 중학생 | 小学生(しょうがくせい) 초등학생 | 幼児(ようじ) 유아 | シニア 시니어 | 追加(ついか) 추가 | 作品(さくひん) 작품 | 割引(わりびき) 할인 | 以降(いこう) 이후 | レディースデー 레이디스 데이 | 女性(じょせい) 여성 | お客様(おきゃくさま) 고객 | 適用(てきよう) 적용 | 税込み(ぜいこみ) 세금 포함

독해

1 과제이해

공략문제　　　　　　　　　　p.256

1 ③　　**2** ③　　**3** ④　　**4** ③

1. 앞으로 무엇을 할 것인지를 묻는 유형

1

[음성]

女の上司と男の部下が話しています。部下はこれから何をしますか。

F：山田さん、会議の資料、もうコピーしてくれた？

M：すみません、それがまだなんです。印刷途中にプリンターの用紙が切れてしまって…。

F：そう。じゃあ、用紙を買ってきて、続きをお願いできるかな。

M：はい、すぐ近くのコンビニで買ってきます。

F：ありがとう。**あ、コンビニよりもホームセンターにあるコピー用紙の方が安いと思うから、そっちで買ってきてもらえるかな。**スーパーの隣にあるから。買う時に領収書も一緒にもらってください。

M：わかりました。他に何か必要なものはありますか。

F：そうねえ。会議の時に一緒に飲むお茶も要るかしら。あ、でも、一人で行くならやっぱりいいわ。それは田中さんに頼むね。

M：かしこまりました。それでは、行ってきます。

部下はこれから何をしますか。

[문제집]

1　会議の資料をコピーする

2　コンビニにコピー用紙を買いに行く

3　ホームセンターにコピー用紙を買いに行く

4　スーパーにコピー用紙とお茶を買いに行く

[음성]

여자 상사와 남자 부하가 이야기하고 있습니다. 부하는 이제부터 무엇을 합니까?

F : 야마다 씨, 회의 자료, 벌써 복사해 줬어?

M : 죄송합니다, 그게 아직입니다. 인쇄 도중에 프린터 용지가 다 떨어져 버려서….

F : 그래? 그러면 용지를 사 와서 이어서 부탁할 수 있을까?

M : 네, 바로 근처 편의점에서 사 오겠습니다.

F : 고마워. **아, 편의점보다 홈센터에 있는 복사 용지가 더 저렴한 것 같으니까, 거기서 사 와 줄래?** 슈퍼 옆에 있으니까. 살 때 영수증도 같이 받아 주세요.

M : 알겠습니다. 그 밖에 필요한 건 없습니까?

F : 글쎄. 회의 때 같이 마실 차도 필요할까? 아, 그래도 혼자 간다면 역시 괜찮아. 그건 다나카 씨한테 부탁할게.

M : 알겠습니다. 그러면 다녀오겠습니다.

부하는 이제부터 무엇을 합니까?

[문제집]

1 회의 자료를 복사한다

2 편의점에 복사 용지를 사러 간다

3 홈센터에 복사 용지를 사러 간다

4 슈퍼에 복사 용지와 차를 사러 간다

해설　여자가 편의점보다 홈센터에서 복사 용지를 사 오라고 하고, 차는 다나카 씨에게 부탁한다고 했으므로 3번이 정답이다.

2

[음성]

大学のサークルで、男の先輩と女の後輩が話しています。女の後輩はこのあとまず何をしますか。

M：鈴木さん、図書館の本、もう返してくれた？

F：すみません、まだ返していません。昨日返そうと思ったんですが、家に忘れてきてしまって…。

M：そっか。今日中に返さないと追加料金がかかっちゃうから、できるだけ早く返しておいてね。

F：はい、わかりました。今日は持ってきたので、授業が終わったら、すぐに図書館に行って返してきます。

M：ありがとう。あ、図書館に行くついでに、サークル室の前にある新入生募集のポスターも新しいものに貼り替えてもらえる？

F：はい、やっておきます。図書館に行く前に、そっちから先にしましょうか。

M：急ぎじゃないから、行ってきてからで構わないよ。よろしく。

F：わかりました。

女の後輩はこのあとまず何をしますか。

[問題集]
1 家に行ってくる
2 追加料金を払う
3 図書館へ行く
4 ポスターを貼り替える

[음성]
대학 동아리에서 남자 선배와 여자 후배가 이야기하고 있습니다. 여자 후배는 이후 먼저 무엇을 합니까?

M : 스즈키 씨, 도서관 책, 벌써 반납해 줬어?

F : 죄송합니다, 아직 반납하지 않았습니다. 어제 반납하려고 했는데 집에 두고 와 버려서….

M : 그렇구나. 오늘 중으로 반납하지 않으면 추가 요금이 붙어 버리니까 가능한 한 빨리 반납해 둬.

F : 네, 알겠습니다. 오늘은 가지고 왔으니까 수업이 끝나면 바로 도서관에 가서 반납하겠습니다.

M : 고마워. 아, 도서관에 가는 김에 동아리 방 앞에 있는 신입생 모집 포스터도 새로운 것으로 갈아붙여 줄래?

F : 네, 해 두겠습니다. 도서관에 가기 전에 그것부터 먼저 할까요?

M : 급한 건 아니니까 갔다 와서 해도 괜찮아. 부탁해.

F : 알겠습니다.

여자 후배는 이후 먼저 무엇을 합니까?

[문제집]
1 집에 갔다 온다
2 추가 요금을 낸다
3 도서관에 간다
4 포스터를 갈아붙인다

해설　여자가 수업이 끝나면 바로 도서관에 가서 책을 반납하겠다고 하고, 포스터는 남자 선배가 도서관에 갔다 와서 해도 괜찮다고 했으므로 3번이 정답이다.

2. 대화 속 과제에 대해 묻는 유형

3

[음성]
病院で女の人と受付の人が話しています。女の人はいつ病院に来ますか。

F：すみません、次の診察の予約をお願いしたいんですが。

M：はい、今週は金曜日だけ空いていますが、その日のご都合はいかがですか。

F：金曜日は仕事があるので、別の日がいいです。来週はどうですか。

M：そうですか。来週の月曜日から水曜日でしたら、午前中に予約できます。

F：月曜日はちょっと難しいので、火曜日の午前中でお願いします。

M：かしこまりました。火曜日の午前11時からはいかがでしょうか。

F：あ、すみません。その日はやっぱり用事があって…。その次の日の同じ時間帯にしてもらえませんか。

M：分かりました。その日程で予約しておきます。

女の人はいつ病院に来ますか。

[문제집]

1 今週の金曜日
2 来週の月曜日
3 来週の火曜日
4 来週の水曜日

[음성]

병원에서 여자와 접수 직원이 이야기하고 있습니다. 여자는 언제 병원에 옵니까?

F : 저기요, 다음 진료 예약을 부탁하고 싶은데요.
M : 네, 이번 주는 금요일만 비어 있는데, 그날 일정은 어떠십니까?
F : 금요일은 일이 있어서 다른 날이 좋습니다. 다음 주는 어떻습니까?
M : 그렇습니까? 다음 주 월요일부터 수요일이라면 오전 중에 예약할 수 있습니다.
F : 월요일은 조금 어려우니 화요일 오전 중으로 부탁드립니다.
M : 알겠습니다. 화요일 오전 11시부터는 어떠십니까?
F : 아, 죄송합니다. 그날은 역시 일이 있어서…. 그 다음 날 같은 시간대로 해 주실 수 있나요?
M : 알겠습니다. 그 일정으로 예약해 두겠습니다.

여자는 언제 병원에 옵니까?

[문제집]

1 이번 주 금요일
2 다음 주 월요일
3 다음 주 화요일
4 다음 주 수요일

해설 여자가 다음 주 화요일 오전은 역시 일이 있다고 했고, 그 다음 날(=수요일) 같은 시간으로 예약해 달라고 했으므로 4번이 정답이다.

4

[음성]

カフェで女の人と店員が話しています。女の人は全部でいくら払いますか。

M：いらっしゃいませ。ご注文はお決まりですか。
F：はい。アイスコーヒーとケーキをお願いします。

M：かしこまりました。ケーキはこちらのセットメニューの中から選ぶと100円割引になりますが、いかがでしょうか。
F：あら、そうなの。じゃあ、このチョコケーキにします。
M：はい、セットメニューの100円引きで、お会計は750円です。
F：あ、このカフェラテに変えてもらえますか。アイスで。
M：それでは、お会計が100円増えますが、よろしいでしょうか。
F：はい、お願いします。

女の人は全部でいくら払いますか。

[문제집]

1 650円
2 750円
3 850円
4 950円

[음성]

카페에서 여자와 점원이 이야기하고 있습니다. 여자는 전부해서 얼마를 냅니까?

M : 어서 오십시오. 주문은 정하셨습니까?
F : 네. 아이스 커피와 케이크 부탁합니다.
M : 알겠습니다. 케이크는 이 세트 메뉴 중에서 고르시면 100엔 할인이 되는데, 어떠세요?
F : 아, 그렇군요. 그럼 이 초코 케이크로 할게요.
M : 네, 세트 메뉴 100엔 할인으로 금액은 750엔입니다.
F : 아, 이 카페 라테로 바꿔 줄 수 있나요? 아이스로요.
M : 그러면 금액이 100엔 늘어나는데 괜찮으십니까?
F : 네, 부탁합니다.

여자는 전부해서 얼마를 냅니까?

[문제집]

1 650엔
2 750엔
3 850엔
4 950엔

해설 여자가 세트로 주문해 750엔이었으나 카페 라테로 바꿔서 100엔이 늘어난다고 했으므로 3번이 정답이다.

1 ④　　**2** ④　　**3** ③　　**4** ②　　**5** ④

6 ③

예

[음성]

会社で男の人と女の人が話しています。男の人は明日何時までに会社を出発しますか。

F：明日、田中さんもミーティングに行きますよね？時間はもともと2時からでしたっけ？

M：はい、そうです。もともと1時半からだったんですが、部長が1時過ぎに会社に戻ってくるそうで。

F：わかりました。あ、ミーティングの場所まではどれくらいかかるでしょうか。

M：道が混まなければ、早く着くと思いますが、10分くらいかかるかなあ。

F：じゃあ、会議の15分前には出発しましょうか。

M：はい、そうしましょう。

男の人は明日何時までに会社を出発しますか。

[문제집]

1　1時15分

2　1時30分

3　1時45分

4　2時

[음성]

회사에서 남자와 여자가 이야기하고 있습니다. 남자는 내일 몇 시까지 회사를 출발합니까?

F : 내일 다나카 씨도 미팅에 가죠? 시간은 원래 2시였던 가요?

M : 네, 맞습니다. 원래 1시 반부터였습니다만, 부장님이 1시 넘어서 회사로 돌아오신다고 해서.

F : 알겠습니다. 아, 미팅 장소까지는 얼마나 걸릴까요?

M : 길이 막히지 않으면 빨리 도착할 거라고 생각합니다만, 10분 정도 걸리려나.

F : 그럼, 회의 15분 전에는 출발할까요?

M : 네, 그렇게 합시다.

남자는 내일 몇 시까지 회사를 출발합니까?

[문제집]

1　1시 15분

2　1시 30분

3　1시 45분

4　2시

1

[음성]

美容室で、お客さんと男の美容師が話しています。女のお客さんはどんなヘアスタイルにしますか？

F：今日の午後に予約をしていた鈴木です。

M：ああ、こちらへどうぞ。今日はパーマのご予約でしたよね？どのようなスタイルがいいとかありますか。

F：はい、そうなんですけど、どうしようか少し迷ってて…。実はちょっとイメージチェンジしたい気持ちもあるんですよ。もうすぐ夏なので。

M：そうですか。だとすると…、今までのパーマヘアではなくて、短いボブスタイルはどうですか。もし短いスタイルが不安でしたら、最初は肩につかない程度に切ってみるのはいかがですか？

F：それでも、髪の毛はかなり切っちゃいますよね？

M：はい、でも、きっとお似合いですよ。

F：じゃあ、挑戦してみます。それでお願いします。

女のお客さんはどんなヘアスタイルにしますか？

[문제집]

1　　　2　

3 	4 

[음성]

미용실에서 손님과 남자 미용사가 이야기하고 있습니다. 여자 손님은 어떤 헤어스타일로 합니까?

F : 오늘 오후에 예약했던 스즈키입니다.

M : 아, 이쪽으로 오세요. 오늘은 파마 예약이셨죠? 어떤 스타일이 좋다던가 있어요?

F : 네, 그렇긴 한데, 어떻게 할지 조금 고민하고 있어서…. 사실은 좀 이미지 체인지를 하고 싶은 마음도 있어요. 곧 여름이라서.

M : 그런가요? 그렇다면…, 지금까지의 파마 머리가 아니라, 짧은 보브 스타일은 어떠세요? 혹시 짧은 스타일이 불안하시다면, 처음에는 **어깨에 닿지 않을 정도로 잘라 보는 건 어떠세요?**

F : 그래도, 머리카락은 꽤 잘라버리게 되죠?

M : 네, 하지만 분명 잘 어울리실 거예요.

F : **그럼 도전해 볼게요.** 그렇게 부탁드려요.

여자 손님은 어떤 헤어스타일로 합니까?

해설 여자 손님이 어떤 헤어스타일을 하는지 묻는 문제이다. 미용사가 어깨에 닿지 않을 정도로 잘라 보는 건 어떠냐고 제안했고, 여자가 도전해 보겠다고 했으므로 정답은 4번이다.

단어 美容室(びようしつ) 미용실 | お客さん(おきゃくさん) 손님 | 美容師(びようし) 미용사 | ヘアスタイル 헤어스타일 | 予約(よやく) 예약 | パーマ 파마 | スタイル 스타일 | 迷う(まよう) 고민하다, 망설이다 | 実は(じつは) 사실은 | イメージチェンジ 이미지 체인지 | もうすぐ 곧 | 夏(なつ) 여름 | 短い(みじかい) 짧다 | ボブ 보브 | 不安(ふあん) 불안 | 肩(かた) 어깨 | つく 닿다, 붙다 | 程度(ていど) 정도 | 切る(きる) 자르다 | かなり 꽤, 상당히 | きっと 분명, 반드시 | 似合う(にあう) 어울리다 | 挑戦する(ちょうせんする) 도전하다

2

[음성]

家で妻と夫が話しています。夫は、明日何をしますか?

F：あなた、明日のユリの運動会、忘れてないよね?

M：もちろん。何ヶ月も前から見に行くの楽しみにしてたんだから。

F：見に行くだけじゃだめだよ。

M：えっ? 何かやらなきゃいけないことが別にあるの?

F：それはそうよ。運動会当日は忙しいんだから。

M：何を手伝えばいいかな?ユリを起こして、ご飯を食べさせるとかすればいい?

F：私は朝早くからお弁当の用意もあって忙しいけど、ユリのことは私がやるから。**あなたは運動場に着いたら見る場所をとってね。それから、親が参加するゲームがあるから、それも頼むね。** 今年は運動会に来られる父親の数が少ないらしいから、あなた頼んだわよ。

M：ああ、そういうことか。分かった。僕に任せて。

夫は、明日何をしますか?

[문제집]

1 ユリを起こして、ご飯を食べさせる
2 家族のお弁当の用意をする
3 運動会の朝、娘の世話をする
4 **見る場所をとって、ゲームに参加する**

[음성]

집에서 아내와 남편이 이야기하고 있습니다. 남편은 내일 무엇을 합니까?

F : 당신, 내일 유리의 운동회, 잊지 않았지?

M : 물론이지. 몇 달 전부터 보러 가는 걸 기대하고 있었으니까.

F : 보러 가는 것만으로는 안 돼.

M : 엥? 뭔가 해야 하는 일이 따로 있어?

F : 그럼 그렇지. 운동회 당일은 바쁘니까.

M : 무엇을 도우면 될까? 유리를 깨우고 밥을 먹이는 거라도 하면 될까?

F : 나는 아침 일찍부터 도시락 준비도 있어서 바쁘지만, 유리 일은 내가 할 테니까. **당신은 운동장에 도착하면 볼 자리를 잡아 줘. 그리고, 부모가 참가하는 게임이 있으니까 그것도 부탁할게.** 올해는 운동회에 올 수 있는 아버지 수가 적다고 하니까, 당신에게 부탁할게.

M : 아, 그런 거였구나. 알겠어. 나한테 맡겨.

남편은 내일 무엇을 합니까?

[문제집]

1 유리를 깨워서 밥을 먹인다
2 가족의 도시락 준비를 한다
3 운동회 아침, 딸의 돌봄을 한다
4 볼 자리를 잡고 게임에 참가한다

해설 남편이 내일 무엇을 해야 하는지 묻는 문제이다. 1번, 2번, 3번은 아내가 하겠다고 했으므로 남편이 할 일이 아니어서 오답이다. 4번은 아내가 남편에게 운동장에 도착하면 볼 자리를 잡고 부모가 참가하는 게임도 부탁한다고 했으므로 정답이다.

단어 運動会(うんどうかい) 운동회 | 忘れる(わすれる) 잊다, 깜빡하다 | 楽しみ(たのしみ) 기대, 즐거움 | 別に(べつに) 따로, 별도로 | 当日(とうじつ) 당일 | 忙しい(いそがしい) 바쁘다 | 起こす(おこす) 깨우다, 일으키다 | 世話(せわ) 돌봄 | 弁当(べんとう) 도시락 | 用意(ようい) 준비 | 運動場(うんどうじょう) 운동장 | 場所をとる(ばしょをとる) 자리를 잡다 | 参加する(さんかする) 참가하다 | 父親(ちちおや) 아버지 | 頼む(たのむ) 부탁하다 | 任せる(まかせる) 맡기다

3

[음성]

電話(でんわ)で、女(おんな)の人(ひと)と店員(てんいん)が話(はな)しています。当日(とうじつ)、全員(ぜんいん)でいくら払(はら)うことになりますか?

F : もしもし、来週(らいしゅう)の金曜(きんよう)の夜(よる)にそちらで歓迎会(かんげいかい)をしたいんですけど、予約(よやく)できますか?

M : はい、大丈夫(だいじょうぶ)です。お料理(りょうり)やお飲(の)み物(もの)はどうなさいますか?

F : おすすめのコースと、お酒(さけ)の飲(の)み放題(ほうだい)があればうれしいんですけど。

M : はい、ございます。歓迎会(かんげいかい)コースにお飲(の)み物(もの)もついて、お一人様(ひとりさま)3,500円(えん)と5,000円(えん)の2種類(しゅるい)がございます。消費税込(しょうひぜいこ)みの料金(りょうきん)となっておりますので、ご安心(あんしん)ください。

F : じゃあ、5,000円(えん)の方(ほう)でお願(ねが)いします。人数(にんずう)は10人(にん)です。

M : 10名様(めいさま)より団体(だんたい)となりますので、おひとり1,000円(えん)ずつお安(やす)くなります。

F : そうなんですか。じゃあ、それで予約(よやく)をお願(ねが)いします。

当日(とうじつ)、全員(ぜんいん)でいくら払(はら)うことになりますか?

[문제집]

1 25,000円(えん)
2 35,000円(えん)
3 40,000円(えん)
4 50,000円(えん)

[음성]

전화로 여자와 점원이 이야기하고 있습니다. 당일 전원이 얼마를 내게 됩니까?

F : 여보세요, 다음 주 금요일 밤에 그쪽에서 환영회를 하고 싶은데, 예약할 수 있나요?

M : 네, 괜찮습니다. 요리나 음료는 어떻게 하시겠습니까?

F : 추천 코스랑 술 무제한이 있으면 좋겠는데요.

M : 네, 있습니다. 환영회 코스에 음료도 포함되어, 1인당 3,500엔과 5,000엔의 두 종류가 있습니다. 소비세 포함 가격이니 안심하세요.

F : 그럼 5,000엔 쪽으로 부탁드립니다. 인원수는 10명입니다.

M : 10명부터 단체가 되므로, 한 분당 1,000엔씩 저렴해집니다.

F : 그런가요? 그럼 그것으로 예약 부탁드려요.

당일, 전원이 얼마를 내게 됩니까?

[문제집]

1 25,000엔
2 35,000엔
3 40,000엔
4 50,000엔

해설 당일 전원이 얼마를 내는지 묻는 문제이다. 여자가 5,000엔 코스로 10명을 요청했고, 점원이 10명 이상이면 1인당 1,000엔씩 싸진다고 했으므로 1인 4,000엔이 된다. 따라서 4,000엔 × 10명 = 40,000엔이므로 정답은 3번이다.

단어 歓迎会(かんげいかい) 환영회｜予約(よやく) 예약｜料理(りょうり) 요리｜飲み物(のみもの) 음료｜おすすめ 추천｜コース 코스｜飲み放題(のみほうだい) 음료 무제한｜種類(しゅるい) 종류｜消費税込み(しょうひぜいこみ) 소비세(세금) 포함｜人数(にんずう) 인원수｜〜名様(めいさま) ~분, ~명｜団体(だんたい) 단체｜安い(やすい) 저렴하다, 싸다

4

[음성]
宅配便の営業所で男の人と店員が話しています。男の人はまず何をしますか。

M：すみません。この荷物、今日中に届けたいんですが。
F：はい、どちらに送られますか。
M：大阪までです。なんとか今日中に間に合ってほしいんですが、大丈夫そうでしょうか。
F：それなら速達になります。追加料金が必要です。必要な書類はもう準備されましたか。
M：あ、まだです。ペンも持ってないんですが…。
F：こちらにペンがありますので、お使いください。
M：ありがとうございます。ちなみに、重さによって料金はどれぐらい変わりますか。
F：はい、重さと大きさで決まります。サイズを今、はかりましょうか。
M：お願いします。その間に書類を書いておきます。
F：では、こちらにどうぞ。

男の人はまず何をしますか。

[문제집]
1 速達料金を払う
2 書類を作成する
3 ペンを持ってくる
4 荷物のサイズをはかる

[음성]
택배 영업소에서 남자와 점원이 이야기하고 있습니다. 남자는 먼저 무엇을 합니까?

M : 저기요. 이 짐, 오늘 중으로 보내고 싶은데요.
F : 네, 어디로 보내시겠습니까?
M : 오사카까지입니다. 어떻게든 오늘 중에 맞췄으면 하는데, 괜찮을까요?
F : 그렇다면 속달이 됩니다. 추가 요금이 필요합니다. 필요한 서류는 이미 준비하셨나요?
M : 아, 아직입니다. 펜도 가지고 있지 않은데요….
F : 여기 펜이 있으니, 사용하세요.
M : 감사합니다. 그런데, 무게에 따라 요금이 얼마나 달라지나요?
F : 네, 무게와 크기로 결정됩니다. **사이즈를 지금 재 볼까요?**
M : **부탁드립니다. 그동안 서류를 작성해 두겠습니다.**
F : 그럼, 이쪽으로 오십시오.

남자는 먼저 무엇을 합니까?

[문제집]
1 속달 요금을 낸다
2 서류를 작성한다
3 펜을 가져온다
4 짐의 사이즈를 잰다

해설 남자가 가장 먼저 무엇을 해야 하는지 묻는 문제이다. 1번은 속달 요금을 내는 것은 서류 작성과 사이즈 측정 후에 할 일이므로 오답이다. 2번과 4번 중 점원이 사이즈를 재 보겠다고 하자 남자가 그동안 서류를 작성해 두겠다고 했으므로 2번이 가장 먼저 해야 하는 일에 해당하여 정답이다. 3번은 점원이 펜을 건네주었으므로 오답이다.

단어 宅配便(たくはいびん) 택배｜営業所(えいぎょうしょ) 영업소｜荷物(にもつ) 짐｜今日中(きょうじゅう) 오늘 중｜届ける(とどける) 배달하다, 보내다｜送る(おくる) 보내다｜なんとか 어떻게든｜間に合う(まにあう) 제시간에 맞추다｜速達(そくたつ) 속달｜追加料金(ついかりょうきん) 추가 요금｜必要だ(ひつようだ) 필요하다｜書類(しょるい) 서류｜準備(じゅんび) 준비｜ペン 펜｜重さ(おもさ) 무게｜大きさ(おおきさ) 크기｜決まる(きまる) 결정되다, 정해지다｜サイズ 사이즈｜はかる 재다

5

[음성]
会社の男の後輩と女の先輩が話しています。男の後輩はこれから何をしますか。

M：先輩、僕現金がないので、銀行に行ってお金をおろしてきます。

F：あれ？ 最近はペイのアプリがあれば使えるお店も多いし、クレジットカードも使えるんじゃないの？

M：クレジットカードは持ってるんですが、大きな買い物をする時だけに使っていて、普段は現金を使ってるんですよ。ペイは使い方がよくわからなくて、まだ使ったことがありません。

F：わざわざ銀行に毎回行って、お金をおろすなんて、不便じゃない？前にあるコンビニでもお金をおろせるよ。それに、ペイのアプリを使うと、ポイントも還元されてお得だよ。

M：へえ、そうなんですか？それなら僕もダウンロードしてみようかな。

F：うん、そんなに難しくないし、そっちの方が便利だからね。

男の後輩はこれから何をしますか。

[문제집]

1 銀行へ行く

2 クレジットカードを使用する

3 コンビニへ行く

4 ペイのアプリをダウンロードする

[음성]

회사의 남자 후배와 여자 선배가 이야기하고 있습니다. 남자 후배는 이제부터 무엇을 합니까?

M : 선배님, 저 현금이 없어서 은행에 가서 돈을 인출해 올게요.

F : 어? 요즘은 페이 앱이 있으면 쓸 수 있는 가게도 많고, 신용카드도 쓸 수 있지 않아?

M : 신용카드는 가지고 있지만, 큰 쇼핑을 할 때만 쓰고 평소에는 현금을 써요. 페이는 사용법을 잘 몰라서 아직 써 본 적이 없습니다.

F : 일부러 은행에 매번 가서 돈을 찾는 건 불편하지 않아? 앞에 있는 편의점에서도 돈을 찾을 수 있어. 게다가 페이 앱을 쓰면 포인트도 적립돼서 이득이야.

M : 헤에, 그런가요? 그렇다면 나도 다운로드해 볼까?

F : 응, 그렇게 어렵지 않고 그쪽이 편리하니까.

남자 후배는 이제부터 무엇을 합니까?

[문제집]

1 은행에 간다

2 신용카드를 사용한다

3 편의점에 간다

4 페이 앱을 다운로드한다

 남자 후배가 이제부터 무엇을 하는지 묻는 문제이다. 여자가 페이 앱을 쓰면 포인트도 적립돼서 이득이라고 하자 남자가 앱을 다운로드해 보겠다고 했으므로 정답은 4번이다.

 現金(げんきん) 현금 | 銀行(ぎんこう) 은행 | お金をおろす(おかねをおろす) 돈을 인출하다 | ペイ 페이, 간편결제 | アプリ 앱 | 多い(おおい) 많다 | クレジットカード 신용카드 | 使い方(つかいかた) 사용법 | わざわざ 일부러 | 不便だ(ふべんだ) 불편하다 | コンビニ 편의점 | ポイント 포인트 | 還元(かんげん) 환원, (포인트) 적립 | ダウンロード 다운로드

6

[음성]

会社で、男の人と女の人が話しています。女の人はこのあとまず何をしますか。

M：佐藤さん、8月の韓国出張の件ですが、もう航空機のチケットを取られましたか。

F：いいえ、それがまだなんです。取ろうとしたんですけど、出張の詳しい予定がはっきりしていなかったので。

M：そうですか。実は、別の支社から行く営業チームもいるのですが、出張のスケジュールの詳細を調整した後で一緒の便にしたほうがいいと思います。

F：なるほど。じゃあ、先にそのチームと出発時間を確認したほうがいいですね。

M：ええ、私のほうで聞いておきましょうか。

F：それなら私、この後直接営業チームの田村さんに電話する用があるので、ついでに聞いてみます。確認できたらすぐにチケットを取りますね。

M：はい、お願いします。混んでる時期ですか
　　ら、できるだけ早く予約したほうがいいです
　　よ。私はホテルを探しておきますね。

F：わかりました。

女の人はこのあとまず何をしますか。

[문제집]
1 航空機のチケットを購入する
2 出張の詳しいスケジュールを決める
3 営業チームの田村さんに電話する
4 宿泊するホテルをさがす

[음성]
회사에서 남자와 여자가 이야기하고 있습니다. 여자는 이후 먼저 무엇을 합니까?

M：사토 씨, 8월 한국 출장 건 말인데, 항공기 표를 이미 잡았나요?
F：아니요, 그게 아직입니다. 잡으려고 했는데, 출장의 자세한 예정이 확실하지 않아서요.
M：그래요? 실은, 다른 지사에서 가는 영업팀도 있는데, 출장 일정의 세부 사항을 조정한 뒤에 같은 편으로 하는 게 좋을 것 같아요.
F：그렇군요. 그럼 우선 그 팀과 출발 시간을 확인하는 편이 좋겠네요.
M：네, 제 쪽에서 물어볼까요?
F：그렇다면 저, 이따가 직접 영업팀의 다무라 씨에게 전화할 일이 있어서, 하는 김에 물어보겠습니다. 확인되면 바로 표를 잡을게요.
M：네, 부탁드립니다. 붐비는 시기니까, 가능한 한 빨리 예약하는 게 좋아요. 저는 호텔을 찾아 둘게요.
F：알겠습니다.

여자는 이후 먼저 무엇을 합니까?

[문제집]
1 항공기의 표를 구입한다
2 출장의 세부 일정을 정한다
3 영업팀의 다무라 씨에게 전화한다
4 숙박할 호텔을 찾는다

해설 여자가 가장 먼저 무엇을 해야 하는지 묻는 문제이다. 1번은 출장의 세부 일정을 정한 다음에 해야 할 일이므로 오답이다. 2번과 3번 중 출장 일정의 세부 사항을 조정해야 하는데 여자가 영업팀의 다무라 씨에게 전화할 일이 있어서 물어보겠다고 했으므로 3번이 가장 먼저 해야 하는

일에 해당하여 정답이다. 4번은 남자 직원이 할 일이므로 오답이다.

단어 出張(しゅっちょう) 출장 ｜ 航空機(こうくうき) 항공기 ｜ チケット 표 ｜ 詳しい(くわしい) 자세하다 ｜ 予定(よてい) 예정, 일정 ｜ はっきり 확실히, 분명히 ｜ 実は(じつは) 실은 ｜ 支社(ししゃ) 지사 ｜ 営業チーム(えいぎょうチーム) 영업팀 ｜ 調整(ちょうせい) 조정, 조율 ｜ 便(びん) (항공)편 ｜ 出発時間(しゅっぱつじかん) 출발 시간 ｜ 確認(かくにん) 확인 ｜ 電話する(でんわする) 전화하다 ｜ 用(よう) 일, 용무 ｜ ついでに (하는) 김에 ｜ すぐに 바로 ｜ 混む(こむ) 붐비다 ｜ 予約(よやく) 예약 ｜ 探す(さがす) 찾다

실전문제 ②

p.262

1 ②　　　**2** ①　　　**3** ③　　　**4** ②　　　**5** ②
6 ④

1

[음성]
売店で店員と男のお客さんが話しています。男のお客さんはどの商品を買いますか。

F：いらっしゃいませ。温めますか。
M：すみません、このおにぎり、温めてもらえますか。
F：はい、大丈夫です。他に何かご注文はございますか。
M：ええと、レジの前にあるコロッケとアイスコーヒーもお願いします。
F：コロッケはそのままでよろしいですか。温めることもできますが。
M：ええ、それはそのままで大丈夫です。それから、領収書も一緒にお願いします。
F：かしこまりました。領収書もお作りいたしますね。全部で850円でございます。
M：あ、すみません、やっぱりコーヒーはいいです。

男のお客さんはどの商品を買いますか。

1 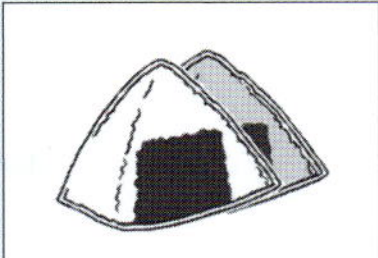
2 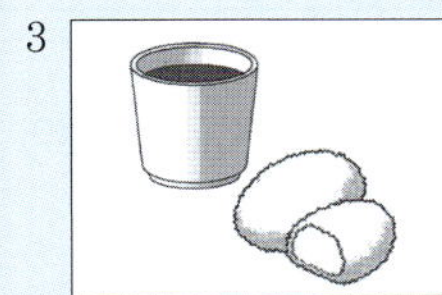
3
4 

[음성]
매점에서 점원과 남자 손님이 이야기하고 있습니다. 남자 손님은 어떤 상품을 삽니까?

F : 어서 오세요. 데워 드릴까요?

M : 죄송한데, **이 삼각김밥, 데워 주시겠어요?**

F : 네, 괜찮습니다. 그 밖에 다른 주문은 없으신가요?

M : 음, 계산대 앞에 있는 **고로케랑 아이스 커피도 부탁 드립니다.**

F : 고로케는 그대로 괜찮으신가요? 데워 드릴 수도 있습니다만.

M : 네, 그건 그대로 괜찮습니다. 그리고 영수증도 같이 부탁드립니다.

F : 알겠습니다. 영수증도 만들어 드리겠습니다. 전부 해서 850엔입니다.

M : 아, 죄송합니다. **역시 커피는 괜찮습니다.**

남자 손님은 어느 상품을 삽니까?

해설　남자 손님이 어떤 상품을 사는지 묻는 문제이다. 남자는 삼각김밥을 데워 달라고 했고, 고로케와 아이스 커피도 주문했지만 마지막에 '역시 커피는 괜찮습니다'라고 하며 커피를 취소했다. 따라서 삼각김밥과 고로케만 구매하므로 정답은 2번이다.

단어　売店(ばいてん) 매점 | 店員(てんいん) 점원 | 商品(しょうひん) 상품 | 温める(あたためる) 데우다 | おにぎり 삼각김밥, 주먹밥 | 他に(ほかに) 그 밖에, 이 외에 | 注文(ちゅうもん) 주문 | レジ 계산대 | コロッケ 고로케 | アイスコーヒー 아이스 커피 | そのまま 그대로 | それから 그리고 | 領収書(りょうしゅうしょ) 영수증 | 全部(ぜんぶ) 전부 | やっぱり 역시

[음성]
家でお母さんと息子が話しています。息子はこのあとまず何をしますか。

F : 宿題はもう終わったの？

M : ううん、まだ。先にテレビを見てもいい？

F : だめよ。夕飯の前に宿題を終わらせなさい。今日は宿題たくさんあるって言ってたじゃない。

M : はーい。じゃあ、今からリビングでやるね。今日の夕ごはん、何？

F : 今日のおかずはからあげよ。

M : やったー。早く食べたい。

F : そういえば、学校からもらったお知らせのプリントは？お母さんのサイン必要じゃないの？

M : それならさっきテーブルの上に置いといたよ。遠足のお知らせなんだけど、保護者のサインをもらって明日までに提出だって。

息子はこのあとまず何をしますか。

[문제집]
1 宿題をする
2 テレビを見る
3 夕ごはんを食べる
4 プリントをわたす

[음성]
집에서 어머니와 아들이 이야기하고 있습니다. 아들은 이후 먼저 무엇을 합니까?

F : 숙제는 벌써 끝냈니?

M : 아니, 아직. 먼저 텔레비전 봐도 돼?

F : 안 돼. 저녁밥 전에 숙제를 끝내렴. 오늘은 숙제가 많이 있다고 했잖아.

M : 네에. **그럼 지금부터 거실에서 할게.** 오늘 저녁밥은 뭐야?

F : 오늘 반찬은 닭튀김이야.

M : 야호! 빨리 먹고 싶다.

F : 그러고 보니, 학교에서 받은 알림 프린트는? 엄마 서명 필요하지 않니?

M : 그건 아까 테이블 위에 뒀어. 소풍 알림인데, 보호자의 서명을 받아서 내일까지 제출하래.

아들은 이후 먼저 무엇을 합니까?

[문제집]

1 숙제를 한다
2 텔레비전을 본다
3 저녁밥을 먹는다
4 프린트를 건넨다

해설 아들이 가장 먼저 무엇을 해야 하는지 묻는 문제이다. 1번은 어머니가 저녁밥 전에 숙제를 끝내라고 하고 아들이 바로 거실에서 하겠다고 했으므로 정답이다. 2번과 3번은 숙제를 다 한 다음에 할 일이므로 오답이다. 4번은 프린트는 이미 테이블 위에 두었다고 했으므로 오답이다.

단어 宿題(しゅくだい) 숙제 | もう 벌써, 이미 | 終わる(おわる) 끝내다 | 先に(さきに) 먼저 | 夕飯(ゆうはん) 저녁밥 | たくさん 많이 | リビング 거실 | おかず 반찬 | からあげ 닭튀김(가라아게) | そういえば 그러고 보니 | お知らせ(おしらせ) 알림 | プリント 프린트 | サイン 서명 | さっき 아까 | 置く(おく) 두다, 놓다 | 遠足(えんそく) 소풍 | 保護者(ほごしゃ) 보호자 | 提出(ていしゅつ) 제출

3

[음성]

駅で係員がアナウンスをしています。今、特急券がない人はどうすればいいですか。

F：本日もJRC鉄道をご利用くださいまして、誠にありがとうございます。次の電車は1番ホームに参ります10時15分発の普通電車です。10時30分発の特急にご乗車のお客様は、2番ホームへお越しください。特急券をお持ちでないお客様は、出発30分前ですので改札横の窓口でお買い求めいただけます。出発30分前まではスマートフォンのアプリでもお買い求めできますのでぜひお試しください。

今、特急券がない人はどうすればいいですか。

[문제집]

1 1番ホームに行く
2 2番ホームに行く
3 改札のとなりにある窓口に行く
4 アプリを使って購入する

[음성]

역에서 직원이 안내방송을 하고 있습니다. 지금 특급권이 없는 사람은 어떻게 해야 합니까?

F : 오늘도 JRC 철도를 이용해 주셔서 진심으로 감사합니다. 다음 열차는 1번 승강장에 도착하는 10시 15분 출발의 보통 열차입니다. 10시 30분 출발의 특급열차에 승차하시는 손님은 2번 승강장으로 오십시오. 특급권을 가지고 계시지 않은 손님은 출발 30분 전이므로 개찰구 옆 창구에서 구매하실 수 있습니다. 출발 30분 전까지는 스마트폰 앱에서도 구입하실 수 있으니 꼭 시도해 보시기 바랍니다.

지금 특급권이 없는 사람은 어떻게 해야 합니까?

[문제집]

1 1번 승강장으로 간다
2 2번 승강장으로 간다
3 개찰구 옆에 있는 창구로 간다
4 앱을 사용해 구입한다

해설 지금 특급권이 없는 사람은 어떻게 해야 하는지 묻는 문제이다. 안내 방송에서 출발 30분 전이라고 했고, 개찰구 옆 창구에서 구매할 수 있다고 했으므로 3번이 정답이다. 앱은 출발 30분 전까지 이용할 수 있으므로 4번은 오답이다.

단어 駅(えき) 역 | 係員(かかりいん) 직원 | アナウンス 안내방송 | 本日(ほんじつ) 오늘, 금일 | 利用(りよう) 이용 | 次(つぎ) 다음 | ホーム 승강장 | 参る(まいる) 도착하다, 오다 | 普通電車(ふつうでんしゃ) 보통 열차, 일반 열차 | 特急(とっきゅう) 특급 | 乗車(じょうしゃ) 승차 | お越しください(おこしください) 오십시오 (존경어) | 特急券(とっきゅうけん) 특급권 | 改札(かいさつ) 개찰구 | 窓口(まどぐち) 창구 | 買い求める(かいもとめる) 구매하다 | 出発(しゅっぱつ) 출발 | スマートフォン 스마트폰 | アプリ 앱 | 試す(ためす) 시도하다

4

[음성]

会社で、男の部下と女の上司が話しています。
男の部下はこのあとまず何をしますか。

M：課長、少し相談がありまして。実は明日の会
　　議の資料がまだ作り切れていないんです。
F：えっ、まだなの？それはちょっと困ったな
　　あ。明日の午前中には必要だから、急いで
　　作ってちょうだい。
M：はい。ただ、会議室の予約もまだしていなく
　　て…。
F：会議室は私が確認して予約しておくから、
　　あなたは資料作りを優先して。印刷は明日
　　の朝で間に合う？
M：はい、大丈夫です。今から内容をまとめ
　　て、今晩中には仕上げます。
F：資料に必要な内容は全部揃っているの？調
　　査内容とか参考にするデータとか。
M：はい、それは大方大丈夫です。昨日までに
　　やっておきましたので。
F：じゃあ、なんとかお願いします。

男の部下はこのあとまず何をしますか。

[문제집]
1 課長に相談する
2 会議の資料を作る
3 会議室を予約する
4 資料を印刷する

[음성]

회사에서 남자 부하와 여자 상사가 이야기하고 있습니다.
남자 부하는 이후 먼저 무엇을 합니까?

M : 과장님, 조금 상담이 있어서요. 실은 내일 회의 자료
　　가 아직 다 완성되지 않았습니다.
F : 어, 아직이야? 그건 좀 곤란하네. 내일 오전 중에는
　　필요하니까, 서둘러 만들어 줘.
M : 네. 다만 회의실 예약도 아직 하지 않아서요….
F : 회의실은 내가 확인해서 예약해 둘 테니까, 당신은
　　자료 만들기를 우선으로 해. 인쇄는 내일 아침에 해
　　도 늦지 않아?
M : 네, 괜찮습니다. 지금부터 내용을 정리해서 오늘 밤
　　안으로 완성하겠습니다.
F : 자료에 필요한 내용은 다 갖추어졌나? 조사 내용이라
　　든가 참고할 데이터 같은 거.
M : 네, 그건 거의 됐습니다. 어제까지 해 두었습니다.
F : 그럼 어떻게든 부탁해요.

남자 부하는 이후 먼저 무엇을 합니까?

[문제집]
1 과장에게 상담한다
2 회의 자료를 만든다
3 회의실을 예약한다
4 자료를 인쇄한다

해설　남자 부하가 가장 먼저 무엇을 해야 하는지 묻는 문제이
다. 1번은 이미 하고 있는 일이므로 오답이다. 2번은 상사
가 자료 만드는 것을 우선으로 하라고 지시했고, 남자가
내용을 정리해서 오늘 밤 안으로 완성하겠다고 했으므로
정답이다. 3번은 회의실 예약은 상사가 대신 해 주겠다고
했으므로 오답이다. 4번은 자료 인쇄는 내일 아침에 해도
된다고 했으므로 오답이다.

단어　課長(かちょう) 과장(님) | 相談(そうだん) 상담 | 実は(じ
つは) 실은 | 会議(かいぎ) 회의 | 資料(しりょう) 자료 |
まだ 아직 | ~切る(きる) 다 ~하다, 끝까지 ~하다 | 困る(こ
まる) 곤란하다 | 午前中(ごぜんちゅう) 오전 중 | 必要(ひ
つよう) 필요 | 急ぐ(いそぐ) 서두르다 | ただ 다만 | 予約
(よやく) 예약 | 優先する(ゆうせんする) 우선하다 | 印刷
(いんさつ) 인쇄 | 内容(ないよう) 내용 | まとめる 정리하
다 | 仕上げる(しあげる) 완성하다, 마무리하다 | 揃う(そろ
う) 갖추어지다, 모이다 | 調査(ちょうさ) 조사 | 参考にす
る(さんこうにする) 참고하다 | データ 데이터 | なんとか
어떻게든

5

[음성]

男の人が図書館の利用について話しています。
「雑誌の貸し出し」を利用したい人はどうすれ
ばいいですか。

M：市立図書館では、本だけでなく雑誌の貸し出しも行っています。ただし、雑誌は最新号を除いて2週間まで借りることができます。借りるには会員証が必要です。まだ会員証をお持ちでない方は、1階のカウンターで申込書を記入してください。免許証や学生証など身分証明書の提示もお願いします。会員登録が終われば、その日からすぐに雑誌を借りることができます。詳しくはカウンターの係員までお尋ねください。

「雑誌の貸し出し」を利用したい人はどうすればいいですか。

[문제집]

1　2週間待つ
2　会員証を作る
3　身分証明書を提示する
4　係員に尋ねる

[음성]

남자가 도서관 이용에 대해 이야기하고 있습니다. '잡지 대출'을 이용하고 싶은 사람은 어떻게 해야 합니까?

M : 시립도서관에서는 책뿐만 아니라 잡지의 대출도 하고 있습니다. 단, 잡지는 최신호를 제외하고 2주일 동안 빌릴 수 있습니다. 빌리려면 회원증이 필요합니다. 아직 회원증을 가지고 있지 않은 분은 1층 카운터에서 신청서를 기입해 주십시오. 운전면허증이나 학생증 등 신분증 제시도 부탁드립니다. 회원 등록이 끝나면, 그날부터 바로 잡지를 빌릴 수 있습니다. 자세한 것은 카운터의 직원에게 물어봐 주십시오.

'잡지 대출'을 이용하고 싶은 사람은 어떻게 해야 합니까?

[문제집]

1　2주일 기다린다
2　회원증을 만든다
3　신분증을 제시한다
4　직원에게 문의한다

해설　'잡지 대출'을 이용하기 위해 무엇이 필요한지 묻는 문제이다. '빌리려면 회원증이 필요합니다'라고 했으므로 2번이 정답이다.

단어　図書館(としょかん) 도서관 | 雑誌(ざっし) 잡지 | 貸し出し(かしだし) 대출 | 最新号(さいしんごう) 최신호 | 除く(のぞく) 제외하다 | 借りる(かりる) 빌리다 | 会員証(かいいんしょう) 회원증 | 申込書(もうしこみしょ) 신청서 | 記入(きにゅう) 기입 | 免許証(めんきょしょう) 면허증, 운전면허증 | 学生証(がくせいしょう) 학생증 | 身分証明書(みぶんしょうめいしょ) 신분증 | 提示(ていじ) 제시 | 会員登録(かいいんとうろく) 회원 등록 | 係員(かかりいん) 직원 | 尋ねる(たずねる) 물어보다

6

[음성]

学校で、女の先輩と男の後輩が話しています。男の後輩はこのあとまず何をしますか。

F：山田君、今週中にこのレポートを仕上げないといけないんだけど、もう取りかかってる？

M：えっ、まだです。来週までだと思ってました。今日中にデータをまとめる予定でしたが、午後からバイトが入ってしまって…。

F：そう。じゃあ午前中にできるだけ進めておいたほうがいいわね。午後のバイトは何時からなの。

M：それが、1時からなんです。

F：わかった。じゃあ午前中にレポートに集中しなきゃいけないわね。データまとめるのは私が手伝ってあげるから。残りは明日の午前中に仕上げられそうかな？

M：はい、なんとか間に合うと思います。ありがとうございます。すぐレポートに取りかかります。

男の後輩はこのあとまず何をしますか。

[문제집]

1　データを整理する
2　バイトに行く
3　先輩を手伝う
4　レポートを書く

[음성]

학교에서 여자 선배와 남자 후배가 이야기하고 있습니다.
남자 후배는 이후 먼저 무엇을 합니까?

F : 야마다 군, 이번 주 안에 이 리포트를 완성해야 하는
　　데, 이미 착수했어?

M : 어, 아직입니다. 다음 주까지라고 생각했었어요. 오늘
　　중으로 데이터를 정리할 예정이었는데, 오후에 아르
　　바이트가 잡혀서요….

F : 그래. 그럼 오전 중에 가능한 한 진행해 두는 게 좋겠
　　네. 오후 알바는 몇 시부터야?

M : 그게 1시부터예요.

F : 알겠어. 그럼 오전 중에는 리포트에 집중해야겠네. 데
　　이터 정리는 내가 도와줄게. 남은 부분은 내일 오전
　　중에 완성할 수 있을까?

M : 네, 어떻게든 맞추겠습니다. 감사합니다. **바로 리포
　　트에 착수하겠습니다.**

남자 후배는 이후 먼저 무엇을 합니까?

[문제집]

1 데이터를 정리한다

2 아르바이트 하러 간다

3 선배를 돕는다

4 리포트를 쓴다

해설　남자 후배가 가장 먼저 무엇을 해야 하는지 묻는 문제이
　　　다. 1번은 데이터 정리는 선배가 대신 도와준다고 했으므
　　　로 오답이다. 2번은 아르바이트는 오후 1시부터라 지금
　　　당장 할 일이 아니므로 오답이다. 3번은 언급되지 않은
　　　내용이므로 오답이다. 4번은 남학생이 원래 하려던 데이
　　　터 정리 대신 '바로 리포트에 착수하겠습니다'라고 했으
　　　므로 정답이다.

단어　レポート 리포트, 보고서 | 仕上げる(しあげる) 완성하다,
　　　마무리하다 | 取りかかる(とりかかる) 착수하다 | 予定(よ
　　　てい) 예정 | バイト 아르바이트 | 午前中(ごぜんちゅう)
　　　오전 중 | できるだけ 가능한 한, 되도록 | 進める(すすめ
　　　る) 진행하다 | 集中する(しゅうちゅうする) 집중하다 |
　　　データ 데이터 | 手伝う(てつだう) 돕다 | 残り(のこり) 남
　　　은 부분 | なんとか 어떻게든 | 間に合う(まにあう) 제시간
　　　에 맞추다

실전문제 ③　　　　　　　　　　　　　　p.266

1 ④　　　2 ④　　　3 ②　　　4 ④　　　5 ③

6 ④

[음성]

会社で、男の人と女の人が話しています。男の
人はこれからどうしますか。

M：昨日、暑かったせいか、急に気分が悪くな
　　って頭も痛かったし。

F：木村君、それ熱中症かも。

M：熱中症ってなんですか。

F：真夏に暑すぎて木村君みたいな症状が出る
　　病気だよ。

M：じゃあ、どうすればいいでしょうか。

F：熱中症だと思ったら、まずは涼しい場所
　　に行くといいわ。それから汗をたくさんか
　　いて、水分不足になってるかもしれないか
　　ら、まずは水をちゃんと飲まなきゃいけない
　　ね。

M：そうなんですか。

F：あとは、普段から睡眠もしっかりとっておく
　　ことが大事だから、気をつけるといいわ。

M：はい。わかりました。

男の人はこれからどうしますか。

[문제집]

1 病院に行く

2 涼しい場所に移動する

3 水をたくさん飲む

4 睡眠をしっかり取る

[음성]

회사에서 남자와 여자가 이야기하고 있습니다. 남자는 이
제부터 어떻게 합니까?

M : 어제 더웠던 탓인지, 갑자기 속이 안 좋아지고 머리도
　　아팠고.

F : 기무라 군, 그거 열사병일지도.

M : 열사병이 뭐예요?

F : 한여름에 너무 더워서 기무라 군 같은 증상이 나타나
　　는 병이야.

M : 그럼 어떻게 하면 좋을까요?

F : 열사병이라고 생각되면 우선은 시원한 장소로 가면 좋아. 그리고 땀을 많이 흘려서 수분 부족이 되었을 수도 있으니까, 우선은 물을 제대로 마셔야 해.

M : 그렇군요.

F : **그 다음은 평소부터 수면도 제대로 취하는 것이 중요하니까 주의하면 좋아.**

M : 네, 알겠습니다.

남자는 이제부터 어떻게 합니까?

[문제집]

1 병원에 간다

2 시원한 장소로 이동한다

3 물을 많이 마신다

4 수면을 제대로 취한다

해설 남자가 이제부터 어떻게 하는지 묻는 문제이다. 1번은 언급되지 않은 내용이므로 오답이다. 2번과 3번은 열사병에 걸린 직후에 해야 하는 행동이므로 오답이다. 4번은 여자가 남자에게 평소부터 잠도 충분히 자 두는 것이 중요하니까 주의하면 좋다고 말했으므로 정답이다.

단어 暑い(あつい) 덥다 | ～せいか ~탓인지 | 急に(きゅうに) 갑자기 | 気分が悪い(きぶんがわるい) 기분이 나쁘다, 속이 안 좋다 | 頭(あたま) 머리 | 痛い(いたい) 아프다 | 熱中症(ねっちゅうしょう) 열사병 | 真夏(まなつ) 한여름 | 症状(しょうじょう) 증상 | 病気(びょうき) 병 | まず 우선, 일단 | 涼しい(すずしい) 시원하다 | 汗をかく(あせをかく) 땀을 흘리다 | ちゃんと 제대로, 확실히 | 普段(ふだん) 평소 | 睡眠をとる(すいみんをとる) 수면을 취하다 | しっかり 제대로, 충분히 | 大事だ(だいじだ) 중요하다 | 気をつける(きをつける) 주의하다, 조심하다

2

[음성]

スーパーで、女の人と店員が話しています。女の人はこれからどうしますか。

F : あの、すみません。今確認したら、買ってもいないみかん1箱がレシートに載ってるんですが。

M : ちょっと見せていただけますか？確かにみかんはお買いになっていないということですね。

F : もちろんです。今日買ったものはこれが全部です。

M : 大変申し訳ございません。レジの方で何か間違いがあったようです。すぐに取り消しをさせていただきますので、少々お時間をいただけますでしょうか？

F : クレジットカードで払いましたが、カードも必要ですか。

M : いいえ、お客様がお買いになっていない**みかん1箱分の代金を現金でお返しすることになりますが**、それでもよろしいでしょうか？

F : 分かりました。

女の人はこれからどうしますか。

[문제집]

1 レシートを見せてもらう

2 レジでもう一度会計をする

3 クレジットカードでみかんの分だけ取り消ししてもらう

4 現金でみかん1箱分を返してもらう

[음성]

슈퍼에서 여자와 점원이 이야기하고 있습니다. 여자는 이제부터 어떻게 합니까?

F : 저기, 죄송합니다. 지금 확인해 보니까, 사지도 않은 귤 한 상자가 영수증에 찍혀 있는데요.

M : 잠깐 보여 주시겠습니까? 확실히 귤은 구입하지 않으신 거군요.

F : 물론이죠. 오늘 산 건 이게 전부예요.

M : 대단히 죄송합니다. 계산대 쪽에서 뭔가 실수가 있었던 것 같습니다. 곧바로 취소를 해 드릴 테니, 잠시만 기다려 주시겠습니까?

F : 신용카드로 지불했는데, 카드도 필요할까요?

M : 아니요. 고객님이 사지 않으신 **귤 한 상자분의 대금을 현금으로 돌려드리게 됩니다만**, 그래도 괜찮으시겠습니까?

F : 알겠습니다.

여자는 이제부터 어떻게 합니까?

[문제집]

1 영수증을 보여달라고 한다

2 계산대에서 다시 결제를 한다

3 신용카드로 귤 몫만 취소받는다

4 현금으로 귤 한 상자분을 돌려받는다

 여자가 이제부터 어떻게 해야 하는지 묻는 문제이다. 1번은 영수증은 점원이 보여 달라고 한 것이므로 오답이다. 2번은 다시 결제하는 것이 아니라 결제 실수를 취소하는 상황이므로 오답이다. 3번과 4번 중 점원이 귤 한 상자분의 금액을 현금으로 돌려드린다고 했고, 여자가 알겠다고 했으므로 4번이 정답이다.

단어 　確認する(かくにんする) 확인하다 | 買う(かう) 사다 | みかん 귤 | 箱(はこ) 상자 | レシート 영수증 | 載る(のる) 실리다, 기재되다 | 見せる(みせる) 보이다, 보여주다 | 確かに(たしかに) 확실히 | 間違い(まちがい) 실수 | 取り消す(とりけす) 취소하다 | クレジットカード 신용카드 | 払う(はらう) 지불하다 | 代金(だいきん) 대금, 값 | 現金(げんきん) 현금 | 返す(かえす) 돌려주다

3

[음성]

同じマンションに住む女の人と男の人が話しています。男の人はこのあとまず何をしますか。

F：木村さん！１階に貼ってあった「断水のお知らせ」見た？

M：ええっ、水使えなくなるんですか？いつからですか？

F：今日のお昼だけど、知らなかったの？

M：見てませんでした。どうしよう…。

F：午前中に洗い物や洗濯をして、お風呂に水をためておいた方がよさそうよ。トイレだって流せないから困るでしょ？

M：そうですね。今からならまだ間に合いそうですね。ありがとうございます。助かりました。

F：どういたしまして。他の人にも教えてあげなきゃ。

男の人はこのあとまず何をしますか。

[문제집]

1 「断水のお知らせ」を確認しに行く
2 断水が始まる前までに水をためておく
3 午前中に洗濯をしてから、お風呂に入る
4 他の人にも断水のことを知らせてあげる

[음성]

같은 맨션에 사는 여자와 남자가 이야기하고 있습니다. 남자는 이후 먼저 무엇을 합니까?

F : 기무라 씨! 1층에 붙어 있던 '단수 안내' 봤어?

M : 에? 물을 못 쓰게 되나요? 언제부터예요?

F : 오늘 점심인데, 몰랐어?

M : 못 봤어요. 어떡하지….

F : 오전 중에 설거지랑 빨래를 하고, **욕조에 물을 받아 두는 게 좋을 것 같아.** 화장실도 못 내리니까 곤란하잖아?

M : 그렇네요. **지금부터라면 아직 시간에 맞출 수 있을 것 같네요.** 감사합니다. 도움이 됐어요.

F : 별말씀을. 다른 사람들에게도 알려 줘야겠네.

남자는 이후 먼저 무엇을 합니까?

[문제집]

1 '단수 안내'를 확인하러 간다
2 단수가 시작되기 전까지 물을 받아 둔다
3 오전 중에 빨래를 하고 나서 목욕을 한다
4 다른 사람에게도 단수를 알려준다

해설 남자가 가장 먼저 무엇을 해야 하는지 묻는 문제이다. 1번은 '단수 안내'를 이미 여자가 설명해 주었으므로 오답이다. 2번은 여자가 욕조에 물을 받아 두는 게 좋겠다고 말했고, 남자도 지금이라면 아직 시간에 맞출 수 있을 것 같다고 하며 바로 행동할 의사를 보였으므로 정답이다. 3번은 언급되지 않은 내용이므로 오답이다. 4번은 다른 사람에게 알리는 것은 여자가 할 일이므로 오답이다.

단어 　貼る(はる) 붙이다 | 断水(だんすい) 단수(물 공급 중단) | 午前中(ごぜんちゅう) 오전 중 | 洗い物(あらいもの) 설거지 | 洗濯(せんたく) 빨래 | お風呂(おふろ) 욕조, 욕실 | ためる 모으다, 쌓다 | 流す(ながす) 흘리다, (물을) 내리다 | 困る(こまる) 곤란하다 | 間に合う(まにあう) 시간에 맞추다 | 助かる(たすかる) 도움되다 | どういたしまして 별말씀을요, 천만에요 | 知らせる(しらせる) 알리다

4

[음성]

銀行で、銀行員と男の人が話しています。男の人はこのあとまず何をしますか。

F：おはようございます。今日はどのようなご用件でしょうか。

M：新しくキャッシュカードを作りたいと思いま
　　して。
F：では、マイナンバーカードや免許証といった
　　身分を証明できるものと、この書類にお名
　　前とご住所のご記入をお願いできますか。
M：身分を証明できるものですか？
F：はい、身分の確認ができるものです。マイナ
　　ンバーカードとか、免許証とか。パスポート
　　でもいいですよ。
M：困ったなあ。今は持ってないんです。実は
　　財布を失くしてしまって…。
F：ああ、それでは、銀行の前にある区役所で
　　住民票をとれますので、それでお願いいたし
　　ます。
M：あ、それでいいですか。分かりました。

男の人はこのあとまず何をしますか。

[문제집]
1 身分証明書を見せる
2 書類を作成する
3 家に財布を取りに行く
4 区役所に行く

[음성]
은행에서 은행원과 남자가 이야기하고 있습니다. 남자는
이후 먼저 무엇을 합니까?

F：안녕하세요. 오늘은 어떤 용무이신가요?
M：새로 캐시카드를 만들고 싶습니다.
F：그럼, 마이넘버 카드나 운전면허증 같은 신분을 증명
　　할 수 있는 것과, 이 서류에 이름과 주소를 기입해 주
　　시겠습니까?
M：신분을 증명할 수 있는 거요?
F：네, 신분 확인이 가능한 것입니다. 마이넘버 카드라든
　　가, 운전면허증이라든가. 여권도 괜찮습니다.
M：곤란하네요. 지금은 가지고 있지 않습니다. 사실 지갑
　　을 잃어버려서요.
F：아, 그렇다면 은행 앞에 있는 구청에서 주민표를 발
　　급받을 수 있으니까, 그걸로 부탁드립니다.
M：아, 그걸로 괜찮습니까? 알겠습니다.

남자는 이후 먼저 무엇을 합니까?

[문제집]
1 신분증을 제시한다
2 서류를 작성한다
3 집에 지갑을 가지러 간다
4 구청에 간다

해설　남자가 이후 가장 먼저 무엇을 해야 하는지 묻는 문제이
다. 1번은 신분증을 지금 가지고 있지 않다고 했으므로 오
답이다. 2번과 3번은 언급되지 않은 내용이므로 오답이
다. 4번은 은행원이 구청에서 주민표를 발급받을 수 있으
니까, 그걸로 부탁한다고 말하고 남자가 알겠다고 했으므
로 정답이다.

단어　キャッシュカード 캐시카드, 현금 인출 카드 | マイナンバ
ーカード 마이넘버 카드(*일본의 주민등록증) | 免許証(めん
きょしょう) 면허증, 운전면허증 | 身分(みぶん) 신분 | 証
明する(しょうめいする) 증명하다 | 住所(じゅうしょ) 주
소 | 記入(きにゅう) 기입 | パスポート 여권 | 困る(こま
る) 곤란하다 | 財布(さいふ) 지갑 | 失くす(なくす) 잃어버
리다 | 区役所(くやくしょ) 구청 | 住民票(じゅうみんひ
ょう) 주민표

5

[음성]
電話で、女の人と男の人が話しています。男の
人はこれからまず何をしますか。

F：もしもし、田中です。今、会社に戻る途中
　　ですが、事故で道がすごく混んでるんです。
　　でも、会議にはぎりぎり間に合うと思うの
　　で、先に準備だけお願いしたいんですけど。
M：はい、もちろんです。会議室は5階のBルー
　　ムですよね。
F：はい、そうです。資料は私の机の上に置い
　　てあります。それを会議の前までにテーブル
　　に出しておいてください。
M：会議の前までに配っておいた方がいいんじ
　　ゃないですか？
F：そうしてくださったら助かります。あとは、
　　飲み物が1階の倉庫にあります。一人では
　　重いので誰かと一緒に会議室まで運んでく
　　ださい。

M：それだけでいいですか。

F：あっ！そうだ。ノートパソコンもお願いします。資料とノートパソコンは飲み物を運んだ後でいいです。

男の人はこれからまず何をしますか。

[문제집]
1 会社に戻る
2 資料を配りに行く
3 1階の倉庫に行く
4 ノートパソコンをとりに行く

[음성]
전화로 여자와 남자가 이야기하고 있습니다. 남자는 이제부터 먼저 무엇을 합니까?

F : 여보세요, 다나카입니다. 지금 회사로 돌아가는 중인데, 사고 때문에 길이 많이 막혀요. 하지만 회의에는 아슬아슬하게 맞출 수 있을 것 같으니까, 먼저 준비만 부탁드리고 싶은데요.

M : 네, 물론입니다. 회의실은 5층 B룸이죠?

F : 네, 맞아요. 자료는 제 책상 위에 있습니다. 그걸 회의 전까지 테이블 위에 내놔 주세요.

M : 회의 전까지 미리 배부해 두는 게 좋지 않을까요?

F : 그렇게 해 주시면 도움이 됩니다. 그리고 음료수가 1층 창고에 있습니다. 혼자서는 무거우니까 누군가와 함께 회의실까지 옮겨 주세요.

M : 그것만 하면 되나요?

F : 아, 맞다. 노트북도 부탁드릴게요. 자료랑 노트북은 음료를 옮긴 다음에 해도 됩니다.

남자는 이제부터 먼저 무엇을 합니까?

[문제집]
1 회사로 돌아간다
2 자료를 나누어 주러 간다
3 1층 창고로 간다
4 노트북을 가지러 간다

해설 남자가 이제부터 가장 먼저 무엇을 해야 하는지 묻는 문제이다. 1번은 회사로 돌아가고 있는 것은 여자이므로 오답이다. 2번, 3번, 4번 중 여자가 1층 창고에서 음료를 옮겨 달라고 부탁했는데, 자료랑 노트북은 음료를 옮긴 다음에 해도 된다고 했으므로 3번이 정답이다.

단어 戻る(もどる) 돌아가다 | 途中(とちゅう) 도중 | 事故(じ

こ) 사고 | 混む(こむ) 붐비다, (길이) 막히다 | ぎりぎり 아슬아슬하게 | 間に合う(まにあう) 제시간에 맞추다 | 会議室(かいぎしつ) 회의실 | 資料(しりょう) 자료 | 机(つくえ) 책상 | 配る(くばる) 배부하다, 나누어주다 | 倉庫(そうこ) 창고 | 運ぶ(はこぶ) 옮기다, 운반하다 | ノートパソコン 노트북

6

[음성]
学校で、女の学生と男の学生が話しています。女の学生はこれからまず何をしますか。

F：伊藤君、来週のレポート終わった？

M：うん。ずっと書けなかったけど、先輩が教えてくれた本を読んでみたら何とか書けたんだ。

F：え？何の本なの？私も貸してほしい。実は、体調が悪くてレポートまだ書けてなくて…。時間もないし、焦ってるの。

M：そうだったんだ。その本まだ持ってるから、貸してあげる。でも、あさってまでに返さないといけないから、図書館には木村さんが返してくれる？

F：うん！いいよ。ありがとう。助かった。図書館って何時までだったっけ。

M：確か5時までだったと思うけど。

F：じゃ、それまでに絶対に返すから心配しないで。

M：分かった。3時に授業が終わったら、ここでまた会おうね。本を持ってくるから。

F：オーケー。

女の学生はこれからまず何をしますか。

[문제집]
1 レポートを書く
2 病院に行く
3 図書館に本を返す
4 本を借りる

[음성]

학교에서 여학생과 남학생이 이야기하고 있습니다. 여학생은 이제부터 먼저 무엇을 합니까?

F : 이토 군, 다음 주 리포트 끝냈어?

M : 응. 계속 못 쓰고 있었는데, 선배가 알려준 책을 읽어 봤더니 어떻게든 쓸 수 있었어.

F : 어? 무슨 책이야? 나도 빌려줘. 사실 몸이 안 좋아서 아직 리포트를 못 썼거든…. 시간도 없고 초조해하고 있어.

M : 그랬구나. **그 책 아직 가지고 있으니까 빌려 줄게.** 하지만 모레까지 반납해야 해서, 도서관에는 기무라 씨가 반납해 줄래?

F : 응! 좋아. 고마워. 큰 도움이 됐어. 도서관이 몇 시까지였지?

M : 분명 5시까지였다고 생각하는데.

F : 그럼 그때까지는 꼭 반납할 테니까 걱정하지 마.

M : 알았어. **3시에 수업 끝나면 여기서 다시 만나자. 책 가져올게.**

F : **오케이.**

여학생은 이제부터 먼저 무엇을 합니까?

[문제집]

1 리포트를 쓴다
2 병원에 간다
3 도서관에 책을 반납한다
4 책을 빌린다

해설　여학생이 이후 가장 먼저 무엇을 해야 하는지 묻는 문제이다. 1번은 리포트를 쓰는 것은 책을 빌린 다음에 해야 할 일이므로 오답이다. 2번은 언급되지 않은 내용이므로 오답이다. 3번은 책을 반납하는 것은 리포트를 다 쓴 후이므로 오답이다. 4번은 남학생이 책을 빌려주기 위해 3시에 다시 만나자고 했고, 여자가 알겠다고 했으므로 정답이다.

단어　レポート 리포트, 보고서 | ずっと 계속 | 書く(かく) 쓰다 | 貸す(かす) 빌려주다 | 体調が悪い(たいちょうがわるい) 몸이 안 좋다 | 焦る(あせる) 초조해하다 | 返す(かえす) 돌려주다, 반납하다 | 図書館(としょかん) 도서관 | 確か(たしか) 분명, 확실히 | 絶対に(ぜったいに) 꼭, 반드시 | 終わる(おわる) 끝나다 | 持ってくる(もってくる) 가져오다

포인트이해

공략문제　　　　　　　　　　　　p.272

1 ②　　**2** ③　　**3** ③　　**4** ③

1. どうして(어째서)・なぜ(왜)를 사용해 이유나 원인을 묻는 유형

1

[음성]

男（おとこ）の上司（じょうし）と女（おんな）の部下（ぶか）が話（はな）しています。部下（ぶか）はどうして昨日残業（きのうざんぎょう）をしませんでしたか。

M：山本（やまもと）さん、昨日（きのう）の資料（しりょう）、もうできてる？

F：すみません、まだ全部（ぜんぶ）はできてないんです。急（いそ）いで仕上（しあ）げます。

M：あれ？昨日残（きのうのこ）って仕上（しあ）げるって言（い）ってたと思（おも）うんだけど、どうしたの？

F：実（じつ）は、家族（かぞく）が急（きゅう）に体調（たいちょう）を崩（くず）して、早（はや）く帰（かえ）ってきてほしいと連絡（れんらく）があったんです。それで、昨日（きのう）は残業（ざんぎょう）せずに帰（かえ）ったんです。

M：そうだったんだね。ご家族（かぞく）はもう大丈夫（だいじょうぶ）？

F：はい、おかげさまで今（いま）はもう元気（げんき）になりました。

M：もし量（りょう）が多（おお）くて今日中（きょうじゅう）に仕上（しあ）げるのが難（むずか）しければ、スケジュールを調整（ちょうせい）するので、無理（むり）せずに言（い）ってください。

F：かしこまりました。配慮（はいりょ）していただき、ありがとうございます。

部下（ぶか）はどうして昨日残業（きのうざんぎょう）をしませんでしたか。

[문제집]

1 前（まえ）の日（ひ）に残（のこ）って仕上（しあ）げたから
2 家族（かぞく）の体調（たいちょう）が悪（わる）くなったから
3 無理（むり）なスケジュールだったから
4 上司（じょうし）の配慮（はいりょ）が足（た）りなかったから

[음성]

남자 상사와 여자 부하 직원이 이야기하고 있습니다. 부하는 어째서 어제 야근을 하지 않았습니까?

M : 야마모토 씨, 어제의 자료 벌써 끝냈어?

F : 죄송합니다, 아직 전부는 다 못 했습니다. 서둘러 마무리하겠습니다.

M : 어라? 어제 남아서 마무리한다고 했던 것 같은데, 무슨 일이 있었어?

F : **사실 가족이 갑자기 몸이 안 좋아져서 빨리 돌아오면 좋겠다고 연락이 있었어요. 그래서 어제는 야근하지 않고 돌아갔습니다.**

M : 그랬구나. 가족은 이제 괜찮아?

F : 네, 덕분에 지금은 건강해졌습니다.

M : 만약 양이 많아서 오늘 중으로 마무리하기 어렵다면, 스케줄을 조정할 테니 무리하지 말고 말해 줘요.

F : 알겠습니다. 배려해 주셔서 감사합니다.

부하는 어째서 어제 야근을 하지 않았습니까?

[문제집]

1 전날 남아서 마무리했기 때문에
2 가족의 건강 상태가 나빠졌기 때문에
3 무리한 스케줄이었기 때문에
4 상사의 배려가 부족했기 때문에

해설 여자가 가족이 갑자기 몸이 안 좋아져서 빨리 돌아와 달라는 연락이 있었다고 했으므로 2번이 정답이다.

2

[음성]

スーパーで男の店員とお客さんが話しています。お客さんがポイントカードを作らなかったのはなぜですか。

M : お客様、ポイントカードはお持ちでしょうか。

F : いいえ、まだ作っていないんです。

M : よろしければ、今日お作りしますか。今なら入会金も無料です。

F : ありがとうございます。でも、時間がかかって、手続きも複雑じゃないですか。

M : そんなことないですよ。お名前とお電話番号だけでお作りいたしますので。

F : なら、お願いしようかな。

M : はい、こちらにお書きください。あ、本人確認のためにマイナンバーカードや免許証を見せていただけますか。

F : あ、今は財布に入っていないんですけど。やっぱり今度持ってきた時にしてもいいですか。

M : かしこまりました。

お客さんがポイントカードを作らなかったのはなぜですか。

[문제집]

1 時間がなかったから
2 作り方が難しかったから
3 身分証明書がなかったから
4 財布を家に置いてきたから

[음성]

슈퍼에서 남자 점원과 손님이 이야기하고 있습니다. 손님이 포인트 카드를 만들지 않은 것은 왜입니까?

M : 손님, 포인트 카드 가지고 계십니까?

F : 아니요, 아직 만들지 않았습니다.

M : 괜찮으시다면 오늘 만들어 드릴까요? 지금이라면 입회금도 무료입니다.

F : 감사합니다. 그런데 시간이 걸리고 절차도 복잡하지 않습니까?

M : 그런 건 아닙니다. 이름과 전화번호만으로 만들어 드리니까요.

F : 그렇다면 부탁드릴까요.

M : 네, 여기에 적어 주세요. **아, 본인 확인을 위해 마이 넘버 카드나 면허증을 보여 주시겠습니까?**

F : **아, 지금은 지갑에 없는데요. 역시 다음에 가지고 왔을 때 해도 될까요?**

M : 알겠습니다.

손님이 포인트 카드를 만들지 않은 것은 왜입니까?

[문제집]

1 시간이 없었기 때문에
2 만드는 방법이 어려웠기 때문에
3 신분증이 없었기 때문에
4 지갑을 집에 두고 왔기 때문에

해설 여자가 본인 확인을 위해 필요한 마이 넘버 카드나 면허증, 즉 신분증이 지갑에 없다고 했으므로 3번이 정답이다.

3

[음성]

会社で男の人と外国人の女の人が話しています。男の人はこれからどんな方法で外国語を勉強することにしましたか。

M：リュウさん、来月中国へ出張に行くことになったんだけど、少し中国語を勉強したくて。

F：いいですね。今まで勉強したことはありますか？

M：実は、スマホのアプリで少しやってみたんですけど、発音が難しくてうまくできなかったんです。

F：それなら、語学学校に行ってみたらどうですか？

M：調べてみたけど、夜遅くまでやっている学校が近くになくて…。仕事が終わるのが遅いから、通えそうにないかなと…。

F：じゃあ、私の知り合いの中国人の先生を紹介しましょうか？オンラインでマンツーマンのレッスンもできますよ。

M：それはいいですね！ぜひお願いしたいです。

F：わかりました。あとで連絡してみますね。

男の人はこれからどんな方法で外国語を勉強することにしましたか。

[문제집]

1 スマホのアプリで勉強する
2 会社帰りに語学学校に通う
3 オンラインで先生に個人レッスンを受ける
4 同僚に直接教えてもらう

[음성]

회사에서 남자와 외국인 여자가 이야기하고 있습니다. 남자는 이제부터 어떤 방법으로 외국어를 공부하기로 했습니까?

M : 류 씨, 다음 달 중국에 출장 가게 되었는데, 조금 중국어를 공부하고 싶어서.

F : 좋네요. 지금까지 공부한 적은 있어요?

M : 사실 스마트폰 앱으로 조금 해봤는데, 발음이 어려워서 잘 안 됐습니다.

F : 그렇다면 어학원에 가 보는 게 어때요?

M : 알아봤는데, 밤 늦게까지 하는 학교가 근처에 없어서…. 일이 끝나는 게 늦어서 못 다니지 않을까….

F : 그러면 제 지인인 중국인 선생님을 소개해 드릴까요? 온라인으로 1대1 레슨도 할 수 있어요.

M : 그거 좋네요! 꼭 부탁드리고 싶습니다.

F : 알겠습니다. 나중에 연락해 볼게요.

남자는 이제부터 어떤 방법으로 외국어를 공부하기로 했습니까?

[문제집]

1 스마트폰 앱으로 공부한다
2 회사 퇴근 후 어학원에 다닌다
3 온라인으로 선생님에게 개인 레슨을 받는다
4 동료에게 직접 배운다

해설 여자가 지인인 중국인 선생님을 소개해 준다고 하고, 온라인으로 1대1 레슨도 할 수 있다고 하자 남자가 꼭 부탁드리고 싶다고 했으므로 3번이 정답이다.

4

[음성]

女の人と男の人が話しています。女の人は日曜日どこに行くことにしましたか。

F：田中くん、今度の日曜日、家族でお母さんの誕生日をお祝いしようと思うんだけど、場所をまだ決めていないんだ。どこかおすすめの場所はないかなあ。

M：前はどこでやったの？

F：前回は駅の近くのレストランで。でも、あそこはちょっとうるさいから、今度は静かなところがいいかなと思って。

M：それなら、公園の中にあるレストランはどう？ゆっくり話せると思うよ。

F：いいね。でも雨が降ったらどうしよう…。あそこ、野外のテラスは雨が降ると濡れちゃいそうで。

M：じゃあ、駅前のホテルにあるレストランなら、天気も気にしなくていいんじゃない？

F：確かに。田中くんも行ったことあるの？

M：うん、それか隣町に新しくできたレストランもいいって聞いたけど。そこはまだ行ったことないんだ。

F：うーん、それなら1回でも行って、確実な場所の方がいいかな。ありがとう！

女の人は日曜日どこに行くことにしましたか。

[문제집]
1 駅の近くのレストラン
2 公園の中のレストラン
3 駅前のホテル内のレストラン
4 隣町の新しいレストラン

[음성]
여자와 남자가 이야기하고 있습니다. 여자는 일요일에 어디에 가기로 했습니까?

F : 다나카 군, 이번 일요일, 가족과 어머니 생일을 축하하려고 하는데, 장소를 아직 정하지 못했어. 어디 추천할 장소 없을까?

M : 전에는 어디서 했어?

F : 전에는 역 근처 레스토랑에서. 그런데 거긴 좀 시끄러워서 이번엔 조용한 곳이 좋을 것 같아서.

M : 그렇다면 공원 안에 있는 레스토랑은 어때? 천천히 이야기할 수 있을 거라고 생각해.

F : 좋네. 그런데 비가 오면 어떡하지…? 거기 야외 테라스는 비 오면 젖을 것 같아서.

M : 그럼 역 앞 호텔 안에 있는 레스토랑이라면 날씨도 신경 안 써도 되잖아?

F : 맞아. 다나카 군도 가 본 적 있어?

M : 응, 아니면 옆 마을에 새로 생긴 레스토랑도 괜찮다고 들었는데. 거기는 아직 가 본 적 없어.

F : 음, 그렇다면 한 번이라도 가 본 확실한 장소인 편이 좋겠네. 고마워!

여자는 일요일에 어디에 가기로 했습니까?

[문제집]
1 역 근처 레스토랑
2 공원 안 레스토랑
3 역 앞 호텔 안 레스토랑
4 옆 동네의 새 레스토랑

해설 여자가 남자에게 역 앞 호텔 안에 있는 레스토랑에 가 본 적이 있냐고 묻자, 남자는 가 본 적이 있다고 하고, 옆 마을에 새로 생긴 레스토랑은 가 본적이 없다고 하자, 여자가 한 번이라도 가 본 확실한 장소인 편이 좋겠다고 했으므로 3번이 정답이다.

실전문제 ①　　　　　p.274

1 ③　　**2** ④　　**3** ③　　**4** ①　　**5** ③
6 ④

예

[음성]
男の人と女の人が話しています。女の人はどうしてジムに行かないのですか。

F：あら、今日もジムに行ってきたの？

M：うん、忙しくても、できるだけ毎日通おうと思うんだ。

F：へえ、すごいなあ。私は絶対できないよ。

M：そう？僕が行ってるところ、安いし、いいよ。よかったら一緒にどう？

F：本当？うれしい。でもね、それよりも他の理由があるんだ。

M：どんな理由？

F：実は昔から運動神経があまりよくなくてさ。

M：なんだ。それなら僕が教えてあげるよ？

F：ううん、いいの。ありがとう。

女の人はどうしてジムに行かないのですか。

[문제집]

1 さいきん いそがしいから
2 いっしょに 行く人が いないから
3 うんどうが にがてだから
4 ねだんが 高いから

[음성]

남자와 여자가 이야기하고 있습니다. 여자는 어째서 체육관에 가지 않습니까?

F : 어라? 오늘도 체육관에 갔다 왔어?
M : 응, 바빠도 가능한 매일 다니려고 생각해.
F : 와, 대단하네. 나는 절대 못 해.
M : 그래? 내가 다니고 있는 곳, 싸고, 좋아. 괜찮으면 같이 어때?
F : 정말? 기뻐. 하지만, 그것보다도 다른 이유가 있어.
M : 어떤 이유?
F : 실은 옛날부터 운동신경이 별로 없어서 말야.
M : 뭐야. 그거라면 내가 가르쳐 줄게?
F : 아니, 괜찮아. 고마워.

여자는 어째서 체육관에 가지 않습니까?

[문제집]

1 최근 바빠서
2 같이 갈 사람이 없어서
3 운동을 잘 못해서
4 가격이 비싸서

1

[음성]

電話で、店員と女の客がネットショッピングで買った商品について話しています。女の客は、どうして返品をすることにしましたか?

M：お待たせしました。返品・交換サービス担当の森下と申します。
F：あ、もしもし、おととい注文したワンピースがさっき届いたんですけど、試着してみたら少しきつくて…。
M：はい、商品の交換ということでよろしいでしょうか?ただ今お調べいたしますので、商品番号を教えていただけますか?

（時間が経過）

お客様、申し訳ございません。こちらの商品は大変人気でして、すでに売り切れになっております。
F：えっ?どうしよう…。今度の日曜日の結婚式に着て行こうと思ってたのに…。
M：誠に申し訳ありませんが、他の商品と交換していただくか、返品のお手続きをさせていただくかのどちらかになります。
F：仕方ないですね。他に気に入ったものもなかったし…。じゃあ、返品でお願いできますか?
M：はい、かしこまりました。

女の客は、どうして返品をすることにしましたか?

[문제집]

1 注文した商品が送られてこなかったから
2 家で試着してみたら、気に入らなかったから
3 もっと大きいサイズがなかったから
4 結婚式が中止になったから

[음성]

전화로 점원과 여자 손님이 인터넷 쇼핑으로 산 상품에 대해 이야기하고 있습니다. 여자 손님은 왜 반품하기로 했습니까?

M : 오래 기다리셨습니다. 반품·교환 서비스 담당 모리시타라고 합니다.
F : 아, 여보세요. 그저께 주문한 원피스가 방금 도착했는데요, 입어 보니까 조금 껴서….
M : 네, 상품 교환으로 괜찮으실까요? 지금 바로 알아보겠으니 상품 번호를 알려 주시겠습니까?
(시간 경과)
고객님, 죄송합니다. 이 상품은 매우 인기가 있어서 이미 품절되었습니다.
F : 에? 어떡하죠…. 이번 일요일 결혼식에 입고 가려고 생각하고 있었는데….
M : 대단히 죄송하지만, 다른 상품으로 교환하시거나 반품 절차를 진행하시거나 하게 됩니다.
F : 어쩔 수 없네요. 다른 마음에 드는 것도 없었고…. 그럼 반품으로 부탁드려도 될까요?
M : 네, 알겠습니다.

여자 손님은 왜 반품하기로 했습니까?

[문제집]

1 주문한 상품을 보내오지 않았기 때문에
2 집에서 입어보니 마음에 들지 않았기 때문에
3 더 큰 사이즈가 없었기 때문에
4 결혼식이 중지되었기 때문에

해설 여자가 왜 반품하기로 했는지 묻는 문제이다. 따라서 여자의 말에 귀 기울여야 한다. 1번은 원피스가 방금 도착했다고 말했으므로 오답이다. 2번은 언급되지 않은 내용이므로 오답이다. 3번은 입어 보니까 껴서 더 큰 상품으로 교환하려고 했지만 품절되어 반품하기로 했으므로 정답이다. 4번은 언급되지 않은 내용이므로 오답이다.

단어 返品(へんぴん) 반품 | 交換(こうかん) 교환 | 担当(たんとう) 담당 | おととい 그저께 | 注文(ちゅうもん) 주문 | 届く(とどく) 도착하다, 닿다 | 試着(しちゃく) 시착, 입어 봄 | きつい (옷 등이) 끼다, 꽉 조이다 | 調べる(しらべる) 알아보다, 조사하다 | 商品番号(しょうひんばんごう) 상품 번호 | 経過(けいか) 경과 | 売り切れ(うりきれ) 품절, 매진 | 誠に(まことに) 진심으로, 대단히 | 手続き(てつづき) 절차, 수속 | 仕方ない(しかたない) 어쩔 수 없다 | 気に入る(きにいる) 마음에 들다

2

[음성]

女の人の家の前で、警察官と女の人が話しています。女の人は、どうして怪しい人を覚えていますか。

M：お忙しいところ、すみません。昨日、隣の家に空き巣が入ったんですよ。怪しい人を見かけませんでしたか。

F：ええっ？知らなかった…。それ何時ごろの話ですか？

M：夕方の５時ぐらいですね。犬の散歩に出たわずかな間に入られたようなんです。

F：帰宅時間だから、知らない人が通っても別に不思議に思いませんね。あ、そう言えば、あの公園の角に知らない黒い車が止まってましたよ。

M：いつですか？

F：確かお昼頃でしたね。若い男性が二人乗っていました。私の方を見たからよく覚えてます。

M：車のナンバーは覚えていらっしゃらないですか？

F：そこまでは、ちょっと…。

女の人は、どうして怪しい人を覚えていますか。

[문제집]

1 犬の散歩をしていたから
2 車が印象的だったから
3 若い男性だったから
4 自分が見られたから

[음성]

여자의 집 앞에서 경찰관과 여자가 이야기하고 있습니다. 여자는 왜 수상한 사람을 기억하고 있습니까?

M : 바쁘신데 죄송합니다. 어제 이웃집에 빈집털이가 들었습니다. 수상한 사람을 보지 못하셨나요?
F : 에? 몰랐어요…. 그게 몇 시쯤 일이에요?
M : 저녁 5시쯤입니다. 개 산책을 나간 잠깐 사이에 들어온 것 같습니다.
F : 귀가 시간이라 모르는 사람이 지나가도 별로 이상하다고 생각 안 하죠. 아, 그러고 보니, 저 공원 모퉁이에 모르는 검은색 차가 서 있었어요.
M : 언제였습니까?
F : 분명, 점심쯤이었어요. 젊은 남자가 두 명 타고 있었어요. 제 쪽을 봤기 때문에 잘 기억하고 있어요.
M : 차 번호는 기억나시지 않나요?
F : 그거까진 좀….

여자는 왜 수상한 사람을 기억하고 있습니까?

[문제집]

1 개를 산책시키고 있었기 때문에
2 차가 인상적이었기 때문에
3 젊은 남자였기 때문에
4 자신을 봤기 때문에

해설 여자가 왜 수상한 사람을 기억하고 있는지 묻는 문제이다. 따라서 여자의 말에 귀 기울여야 한다. 1번과 2번은 언급되지 않은 내용이므로 오답이다. 3번은 젊은 남자였다는 사실은 말했지만 기억한 이유로 언급되지 않았으므로 오답이다. 4번은 여자가 '제 쪽을 봤기 때문에 잘 기억하고 있어요'라고 말했으므로 정답이다.

단어 **警察官(けいさつかん)** 경찰관 ❙ **怪しい(あやしい)** 수상하다 ❙ **覚える(おぼえる)** 기억하다 ❙ **隣(となり)** 이웃, 옆 ❙ **空き巣(あきす)** 빈집털이 ❙ **見かける(みかける)** (우연히) 보다, 눈에 띄다 ❙ **夕方(ゆうがた)** 저녁, 해질녘 ❙ **散歩(さんぽ)** 산책 ❙ **わずか** 잠깐, 조금, 불과 ❙ **間(あいだ)** 사이, 동안 ❙ **帰宅(きたく)** 귀가, 귀택 ❙ **不思議だ(ふしぎだ)** 이상하다, 불가사의하다 ❙ **角(かど)** 모퉁이 ❙ **確か(たしか)** 분명, 확실히 ❙ **ナンバー** 번호, 번호판

3

[음성]

電話で、女の人と電車の「お忘れ物センター」の職員が話しています。女の人の傘はどれですか？

F：もしもし、お忘れ物センターですか？

M：はい、そうですが、電車内や駅構内で何かお忘れになりましたか？

F：ええ。昨日、夕方に乗った渋谷行の急行電車の中で傘を忘れて降りちゃったみたいなんです。

M：ちょっとお待ちくださいね。昨日、届けられた傘は、黄色い子供用の傘とストライプの傘、ビニール傘が３本、それから花の絵が入っている傘もありますね。

F：あ、最後におっしゃった花の絵が入っている傘って、ひまわり模様の傘でしょうか。私のものかもしれませんので、今からうかがってもいいですか。

M：はい、どうぞ。お気をつけて。

女の人の傘はどれですか？

[문제집]

1 黄色い傘

2 ビニール傘

3 花の絵が入っている傘

4 ストライプの傘

[음성]

전화로 여자와 열차 '분실물 센터' 직원이 이야기하고 있습니다. 여자의 우산은 어느 것입니까?

F：여보세요, 분실물 센터인가요?

M：네, 그렇습니다. 열차 안이나 역 구내에서 무언가 두고 내리셨나요?

F：네. 어제 저녁에 탔던 시부야행 급행열차 안에서 우산을 두고 내린 것 같아요.

M：잠시만 기다려 주세요. 어제 신고된 우산은, 노란색 아동용 우산과 줄무늬 우산, 비닐 우산 3개, 그리고 꽃 그림이 들어간 우산도 있네요.

F：아, 마지막에 말씀하신 꽃 그림이 들어간 우산이요, 해바라기 모양 우산인가요? 제 것일지도 몰라서요, 지금 찾아뵈어도 괜찮을까요?

M：네, 괜찮습니다. 조심해서 오세요.

여자의 우산은 어느 것입니까?

[문제집]

1 노란색 우산

2 비닐 우산

3 꽃 그림이 들어간 우산

4 줄무늬 우산

해설 여자의 우산이 무엇인지 묻는 문제이다. 따라서 여자의 말에 귀 기울여야 한다. 여자가 '꽃 그림이 들어간 우산이요, 해바라기 모양 우산인가요? 제 것일지도 몰라서요'라고 말했으므로 3번이 정답이다.

단어 **忘れ物(わすれもの)** 분실물 ❙ **職員(しょくいん)** 직원 ❙ **駅構内(えきこうない)** 역 구내 ❙ **急行(きゅうこう)** 급행 ❙ **降りる(おりる)** 내리다 ❙ **届ける(とどける)** 전해주다, 신고하다 ❙ **子供用(こどもよう)** 아동용 ❙ **絵(え)** 그림 ❙ **模様(もよう)** 모양, 무늬 ❙ **伺う(うかがう)** 찾아뵙다, 방문하다(겸양어)

4

[음성]

電車の車内アナウンスです。この電車が運行を再開するのは、いつからですか？

F：ただ今15時30分、列車とお客様がぶつかる事故が発生したため、列車の運転を一時停止することにしました。お客様にはご不便とご迷惑をおかけし、申し訳ありません。なお、運転再開につきましては、経過が分かり次第、お知らせいたします。お急ぎのお客様は歩いて10分の距離にバス停がありますので、そちらをご利用お願いいたしま

す。また、歩いて30分の距離には別の地下
鉄駅がございますので、そちらの振替輸送
も合わせてご利用をお願いいたします。

この電車が運行を再開するのは、いつからですか？

[문제집]

1 時間は分からない

2 15時30分

3 10分後

4 30分後

[음성]

열차의 차내 안내 방송입니다. 이 열차가 운행을 재개하는 것은 언제부터입니까?

F：현재 15시 30분, 열차와 승객이 부딪치는 사고가 발생했기 때문에, 열차 운행을 일시 정지하기로 했습니다. 승객 여러분께 불편과 폐를 끼쳐 드려 죄송합니다. 아울러, **운행 재개에 관해서는 경과를 아는 대로 알려 드리겠습니다.** 급하신 승객께서는 걸어서 10분 거리에 버스 정류장이 있으니 그쪽을 이용해 주시기 바랍니다. 또한, 걸어서 30분 거리에는 다른 지하철 역이 있으니, 그쪽의 대체 수송도 함께 이용해 주시기 바랍니다.

이 열차가 운행을 재개하는 것은 언제부터입니까?

[문제집]

1 시간은 알 수 없다

2 15시 30분

3 10분 후

4 30분 후

해설 열차가 언제 운행을 재개하는지 묻는 문제이다. 따라서 안내 방송의 내용에 귀 기울여야 한다. 1번은 '운행 재개에 관해서는 경과를 아는 대로 알려 드리겠습니다'라고 했으므로 정답이다. 2번은 단순히 현재 시각을 말한 것이므로 오답이다. 3번과 4번은 언급되지 않은 내용이므로 오답이다.

단어 車内(しゃない) 차내 ｜ アナウンス 안내 방송 ｜ 運行(うんこう) 운행 ｜ 再開(さいかい) 재개 ｜ ぶつかる 부딪치다 ｜ 発生(はっせい) 발생 ｜ 一時停止(いちじていし) 일시 정지 ｜ 不便(ふべん) 불편 ｜ 迷惑(めいわく) 폐, 민폐 ｜ 経過(けいか) 경과 ｜ ～次第(しだい) ~하는 대로, ~하는 즉시 ｜ 距離(きょり) 거리 ｜ バス停(バスてい) 버스 정류장 ｜ 振替輸送(ふりかえゆそう) 대체 수송

[음성]

病院で、男の人と女の医者が話しています。男の人は、どうしてストレスを感じていますか？

M：最近、食欲もないし、頭痛もひどくて眠れません。病気ではないかと心配になって来ました。

F：ストレスがあってもこのような症状が出ますよ。仕事はお忙しいんですか？

M：はい、会社で新しく担当した業務が大変ですし、ミスも多くなりイライラします。ストレスは以前よりひどいと感じています。

F：ストレスがこのまま続くと、大きな病気になることもあります。ストレスを解消するために十分な休息をとることも考えてください。気分転換も大事ですよ。

M：なかなかリフレッシュする時間が取れなくて…。

F：もっと大きな病気になって苦労すると困りますから、何か小さなことでもいいですから気分転換を心がけてください。コップ1杯の水を飲んで、深呼吸してみることから始めてみましょう。

M：はい、わかりました。

男の人は、どうしてストレスを感じていますか？

[문제집]

1 以前より食欲がないから

2 頭痛がひどくて眠れないから

3 今やっている仕事が大変で、失敗も多いから

4 最近気分転換する時間がないから

[음성]

병원에서 남자와 여자 의사가 이야기하고 있습니다. 남자는 왜 스트레스를 느끼고 있습니까？

M：최근, 식욕도 없고, 두통도 심해서 잠을 잘 못 자요. 병이 아닐까 걱정돼서 왔습니다.

F : 스트레스가 있어도 이런 증상이 나타납니다. 일이 바쁘신가요?

M : 네, **회사에서 새로 담당한 업무가 힘들고, 실수도 많아져서 짜증이 납니다.** 스트레스는 이전보다 심하다고 느끼고 있습니다.

F : 스트레스가 이대로 계속되면 큰 병이 될 수도 있습니다. 스트레스를 해소하기 위해 충분한 휴식을 취하는 것도 생각해 보세요. 기분 전환도 중요합니다.

M : 좀처럼 리프레시할 시간이 없어서….

F : 더 큰 병이 돼서 고생하면 곤란하니까, 뭔가 작은 일이라도 좋으니 기분 전환에 유의해 주세요. 컵 한 잔의 물을 마시고, 심호흡을 해 보는 것에서부터 시작해 봅시다.

M : 네, 알겠습니다.

남자는 왜 스트레스를 느끼고 있습니까?

[문제집]

1 이전보다 식욕이 없기 때문에

2 두통이 심해서 잠을 못 자기 때문에

3 지금 하고 있는 일이 힘들고, 실수도 많기 때문에

4 요즘 기분 전환할 시간이 없기 때문에

해설 남자가 왜 스트레스를 느끼는지 묻는 문제이다. 따라서 남자의 말에 귀 기울여야 한다. 1번은 식욕이 없는 것은 증상일 뿐 스트레스의 이유가 아니므로 오답이다. 2번은 두통과 수면 문제도 증상일 뿐 이유가 아니므로 오답이다. 3번은 '새로 담당한 업무가 힘들고 실수도 많아져서 짜증이 난다'고 말했으므로 정답이다. 4번은 언급되지 않은 내용이므로 오답이다.

단어 食欲(しょくよく) 식욕 | 頭痛(ずつう) 두통 | 症状(しょうじょう) 증상 | 業務(ぎょうむ) 업무 | イライラ 짜증남, 안절부절못함 | 解消(かいしょう) 해소 | 休息(きゅうそく) 휴식 | 気分転換(きぶんてんかん) 기분 전환 | 苦労(くろう) 고생 | 心がける(こころがける) 유의하다, 명심하다 | 深呼吸(しんこきゅう) 심호흡

6

[음성]

うちで妻と夫が話しています。妻はどうして怒っていますか。

F : あなた、ゴミ捨てまた忘れちゃったの？週に1回だけなんだから、絶対忘れないようにって頼んだのに。

M : あっ、悪い。昨日飲みすぎて、今朝起きられなくて。来週はちゃんとするよ。

F : じゃ、このまま家に置いておくとゴミの匂いするから、袋に入れといて。

M : うん。わかった。このドラマ見てからにするよ。

F : あのね。どうしていつも後回しにするわけ？家事は一緒にするって約束したでしょ。

M : わかった。ごめんごめん。

F : そうやっていつも謝ればいいって思ってるんでしょ？

M : わかったから怒らないでよ。

妻はどうして怒っていますか。

[문제집]

1 ゴミ捨てをしてないから

2 お酒を飲みすぎたから

3 一人でテレビを見ているから

4 やるべきことを後回しにしているから

[음성]

집에서 아내와 남편이 이야기하고 있습니다. 아내는 왜 화를 내고 있습니까?

F : 당신, 쓰레기 버리는 거 또 잊었어? 주 1회뿐이니까 절대 잊지 말라고 부탁했는데.

M : 아, 미안. 어제 술을 너무 마셔서 오늘 아침에 못 일어났어. 다음 주엔 제대로 할게.

F : 그럼 이대로 집에 두면 쓰레기 냄새 나니까, 봉지에 넣어 둬.

M : 응, 알았어. 이 드라마 보고 나서 할게.

F : 있잖아. **왜 항상 나중으로 미루는 거야?** 집안일은 같이 하기로 약속했잖아.

M : 알았어. 미안 미안.

F : 그렇게 맨날 사과만 하면 된다고 생각하는 거지?

M : 알았으니까 화내지 말아 줘.

아내는 왜 화를 내고 있습니까?

[문제집]

1 쓰레기를 버리지 않았기 때문에

2 술을 너무 마셨기 때문에

3 혼자서 TV를 보고 있기 때문에

4 해야 할 일을 미루고 있기 때문에

해설 아내가 왜 화를 내는지 묻는 문제이다. 따라서 아내의 말에 귀 기울여야 한다. 1번, 2번은 화가 난 본질적인 이유가 아니므로 오답이다. 3번은 언급되지 않은 내용이므로 오답이다. 4번은 '왜 항상 나중으로 미루는 거야?'라고 아내가 직접 화낸 이유를 말했으므로 정답이다.

단어 ゴミ捨て(ゴミすて) 쓰레기 버리기 | 頼む(たのむ) 부탁하다 | 匂い(におい) 냄새 | 袋(ふくろ) 봉투, 자루 | 後回し(あとまわし) 나중으로 미룸 | 家事(かじ) 가사, 집안일 | 約束(やくそく) 약속 | 謝る(あやまる) 사과하다

실전문제 ② p.278

1 ③ 2 ④ 3 ③ 4 ② 5 ②
6 ①

1

[음성]
男の人と女の人が話しています。女の人がバイトをやめた理由は何ですか。

M：佐藤さん、前にコンビニでバイトしてたよね。

F：うん、でも、もうやめちゃった。

M：え、どうして？夜のシフトが大変だった？

F：時間はそんなに問題じゃないんだけど…。

M：じゃあ、時給が低かったの？

F：いや、給料は普通。でも、店長と合わなくてさ。注意されるたびに気分が悪くなっちゃって。

M：そうか…。お客さんの対応が大変だったとかじゃないの？

F：それは慣れれば大丈夫だったよ。問題は人間関係だったの。

M：なるほどね。

女の人がバイトをやめた理由は何ですか。

[문제집]
1 夜働くのがつらかったから
2 給料が低かったから
3 店長とうまくいかなかったから
4 接客が大変だったから

[음성]
남자와 여자가 이야기하고 있습니다. 여자가 아르바이트를 그만둔 이유는 무엇입니까?

M：사토 씨, 전에 편의점에서 아르바이트했었지?

F：응, 하지만 이제 그만뒀어.

M：에, 왜? 밤 교대 근무가 힘들었어?

F：시간은 그렇게 문제가 아닌데….

M：그럼 시급이 낮았어?

F：아니, 급여는 보통. 그런데 점장이랑 잘 안 맞아서 말야. 주의를 받을 때마다 기분이 나빠져서.

M：그렇구나…. 손님 대응이 힘들었다든가 아니야?

F：그건 익숙해지면 괜찮았어. 문제는 인간관계였어.

M：그렇구나.

여자가 아르바이트를 그만둔 이유는 무엇입니까?

[문제집]
1 밤에 일하는 것이 힘들었기 때문에
2 급여가 낮았기 때문에
3 점장과 잘 안 됐기 때문에
4 접객이 힘들었기 때문에

해설 여자가 아르바이트를 그만둔 이유를 묻는 문제이다. 따라서 여자의 말에 귀 기울여야 한다. 1번은 시간은 문제가 아니라고 했으므로 오답이다. 2번은 급여는 보통이었다고 했으므로 오답이다. 3번은 점장과 잘 안 맞았고 문제는 인간관계였다고 말했으므로 정답이다. 4번은 손님 응대는 익숙해지면 괜찮았다고 했으므로 오답이다.

단어 バイト 아르바이트 | シフト 시프트(shift), 교대 근무 | 時給(じきゅう) 시급 | 給料(きゅうりょう) 급여, 월급 | 店長(てんちょう) 점장 | 合う(あう) 맞다, 어울리다 | 注意(ちゅうい) 주의 | 気分(きぶん) 기분 | 対応(たいおう) 대응 | 慣れる(なれる) 익숙해지다 | 人間関係(にんげんかんけい) 인간관계 | 接客(せっきゃく) 접객, 손님 접대

2

[음성]
電話で、レストランの店員と女の人が話しています。女の人が予約した席はどの席ですか。

M：はい、フレンチレストラン「ラ・ルミエール」でございます。

F：あの、明日の夜7時に2名で予約をしている田中ですけど。すみません、窓際の室内席がよかったんですけど、喫煙席と近いって聞いたので、やっぱりテラスの席にしていただけませんか。

M：そうですね。そちらはあいにく満席になっております。

F：そうですか…。じゃあ、ピアノの近くの席はどうですか。そこも確か禁煙席でしたよね？

M：はい、禁煙になっております。ちょうどおひとつご用意できますが、いかがなさいますか。

F：わかりました。ありがとうございます。それでお願いします。

女の人が予約した席はどの席ですか。

[問題集]
1 窓側の席
2 喫煙席
3 テラス席
4 ピアノ付近の席

[음성]
전화로 레스토랑 점원과 여자가 이야기하고 있습니다. 여자가 예약한 자리는 어느 자리입니까?

M : 네, 프렌치 레스토랑 '라·뤼미에르'입니다.
F : 저, 내일 저녁 7시에 2명으로 예약한 다나카인데요. 죄송한데, 창가 쪽 실내석이 좋았는데 흡연석이랑 가깝다고 들어서, 역시 테라스 자리로 해 주실 수 있을까요?
M : 그렇군요, 그쪽은 공교롭게도 만석이 되었습니다.
F : 그런가요…. 그럼 피아노 근처 자리는 어떤가요? 거기도 분명 금연석이었죠?
M : 네, 금연입니다. 마침 한 자리 준비해 드릴 수 있는데, 어떻게 하시겠습니까?
F : 알겠습니다. 감사합니다. 그걸로 부탁드립니다.

여자가 예약한 자리는 어느 자리입니까?

[문제집]
1 창가 자리
2 흡연석
3 테라스 자리
4 피아노 부근 자리

해설 여자가 예약한 자리가 어디인지 묻는 문제이다. 따라서

여자의 말에 귀 기울여야 한다. 여자가 피아노 근처 자리는 어떤지 물었고, 직원이 한 자리 준비할 수 있다고 하자 여자가 그걸로 부탁한다고 했으므로 4번이 정답이다.

단어 窓際(まどぎわ) 창가 | 室内(しつない) 실내 | 喫煙席(きつえんせき) 흡연석 | あいにく 공교롭게도, 마침(안 좋게) | 満席(まんせき) 만석 | 禁煙席(きんえんせき) 금연석 | 用意(ようい) 준비, 마련 | 付近(ふきん) 부근

3

[음성]
スーパーで、店員と男の人が話しています。男の人は、どうして会計に時間がかかりましたか。

F：お客様、カード払いをご希望ですよね。カードがうまく反応しないので、もう一度試してもらえますか。

M：あれ、やっぱりエラーが出ますね。いつもこのカードを使ってるんですが…。

F：レジの機械の方には問題がないようですので、カードが一部傷ついているのかもしれませんね。もしよろしければ、別のカードをお持ちではないでしょうか。

M：今は別のカードを持っていなくて…。現金で払います。いくらでしたっけ。

F：全部で1,300円でございます。

M：はい、わかりました。

男の人は、どうして会計に時間がかかりましたか。

[問題集]
1 店員の操作が遅かったから
2 レジの機械が故障していたから
3 男の人のカードに傷があったから
4 男の人のお金が足りなかったから

[음성]
슈퍼에서 점원과 남자가 이야기하고 있습니다. 남자는 왜 계산에 시간이 걸렸습니까?

F : 손님, 카드 결제를 희망하시는 거죠. 카드가 잘 반응을 안 하기 때문에, 다시 한 번 시도해 보시겠어요?
M : 어라, 역시 에러가 뜨네요. 항상 이 카드를 쓰고 있는데….

F : 계산대 기계 쪽에는 문제가 없는 것 같아서, **카드가
일부 손상되었을지도 모르겠습니다.** 혹시 가능하시
면 다른 카드를 가지고 계시지 않을까요?
M : 지금은 다른 카드를 가지고 있지 않아서… 현금으로
낼게요. 얼마였죠?
F : 전부 해서 1,300엔입니다.
M : 네, 알겠습니다.

남자는 왜 계산에 시간이 걸렸습니까?

[문제집]
1 점원의 조작이 느렸기 때문에
2 계산대 기계가 고장 나 있었기 때문에
3 남자의 카드에 흠집이 있었기 때문에
4 남자의 돈이 부족했기 때문에

해설　남자가 왜 계산에 시간이 걸렸는지 묻는 문제이다. 따라
서 점원과 남자의 말에 귀 기울여야 한다. 1번은 언급되지
않은 내용이므로 오답이다. 2번은 계산대 기계는 문제가
없다고 했으므로 오답이다. 3번은 카드가 일부 손상되었
을지도 모르겠다고 점원이 말했으므로 정답이다. 4번은
남자의 돈이 부족하다는 언급은 없으므로 오답이다.

단어　会計(かいけい) 계산 ｜ ~払い(ばらい) ~결제 ｜ 反応(はん
のう) 반응 ｜ 試す(ためす) 시도하다 ｜ 一部(いちぶ) 일부
｜ 傷つく(きずつく) 손상되다, 상처 입다 ｜ 現金(げんきん)
현금 ｜ 操作(そうさ) 조작 ｜ 故障(こしょう) 고장 ｜ 損傷
(そんしょう) 손상

4

[음성]
ショッピングモールの電化製品店の店員と女の
お客さんが話しています。女の人は、どうして交
換ではなく修理を依頼しましたか。

M : いらっしゃいませ。お客様、どうかなさいま
　　したか。
F : あの、先週こちらで買った掃除機なんです
　　が、使い始めたら急に止まって動かなくな
　　っちゃったんです。
M : それはご不便をおかけしました。すぐに交換
　　もできますが、**同じ型の商品は今、在庫切
　　れでして…**。最後の1つが今日売れてしまっ
　　たんですよ。
F : そうなんですか。同じような性能で別の型
　　ならありますか?

M : はい、ございます。ただし値段が少し高くな
　　ります。
F : うーん…。できれば**同じ型を使いたいの
　　で、修理をお願いできますか**。

女の人は、どうして交換ではなく修理を依頼しま
したか。

[문제집]
1 交換には時間がかかるから
2 同じ型の商品が店にないから
3 別の型は気に入らなかったから
4 料金が高くなってしまうから

[음성]
쇼핑몰의 전자제품 가게의 점원과 여자 손님이 이야기하고
있습니다. 여자는 왜 교환이 아니라 수리를 의뢰했습니까?

M : 어서 오세요. 손님, 무슨 일이세요?
F : 저, 지난주에 여기서 산 청소기인데요, 쓰기 시작했더
　　니 갑자기 멈춰서 안 움직이게 됐어요.
M : 그건 불편을 끼쳐 드렸습니다. 바로 교환도 할 수 있
　　습니다만, **같은 모델 상품은 지금 재고가 없어서
　　요…**. 마지막 하나가 오늘 팔려 버렸습니다.
F : 그런가요. 비슷한 성능으로 다른 모델은 있나요?
M : 네, 있습니다. 다만 가격이 조금 더 비싸집니다.
F : 음…. **가능하면 같은 모델을 쓰고 싶으니까, 수리로
　　부탁드릴 수 있을까요?**

여자는 왜 교환이 아니라 수리를 의뢰했습니까?

[문제집]
1 교환에는 시간이 걸리기 때문에
2 같은 모델 상품이 가게에 없기 때문에
3 다른 모델이 마음에 들지 않았기 때문에
4 가격이 더 비싸지기 때문에

해설　여자가 교환이 아니라 수리를 선택한 이유를 묻는 문제이
다. 따라서 여자의 말에 귀 기울여야 한다. 1번은 교환 시
간이 오래 걸린다는 언급은 없으므로 오답이다. 2번은 같
은 모델이 재고가 없어서 교환이 불가능해 수리를 요청
했으므로 정답이다. 3번은 다른 모델이 마음에 들지 않는
다는 언급은 없으므로 오답이다. 4번은 점원이 다른 모델
이 더 비싸다고 했지만 이것이 수리를 선택한 이유라고
말하지 않았으므로 오답이다.

단어　電化製品(でんかせいひん) 전자제품 ｜ 掃除機(そうじき)

청소기 | 動く(うごく) 움직이다, 작동하다 | 型(かた) 형, 모델, 타입 | 在庫切れ(ざいこぎれ) 재고 없음, 품절 | 性能(せいのう) 성능 | 値段(ねだん) 가격 | 修理(しゅうり) 수리 | 依頼(いらい) 의뢰, 부탁

5

[음성]

駅で、女の人と駅員が話しています。女の人は、どうして切符を買えませんでしたか。

F：すみません、あそこの自動券売機で切符を買おうとしたんですが、お金を入れても反応しなくて…。

M：そうでしたか。どの機械でお試しになりましたか。

F：階段の横にある券売機です。何度か1,000円札を入れたり、500円玉を入れたりしてみたんですけど、戻ってきちゃって。

M：ああ、あの機械ですね。実は今朝から故障していて、修理を依頼しているところなんです。

F：あ、そうなんですか。すぐ近くに駅員さんもいないし、おつりがなくなったのかなと思って、ずっと試してしまいました。

M：ご不便をおかけしました。すぐ隣の券売機でしたら問題なくご利用いただけますので、そちらでお買い求めください。

F：あ、そうなんですか。すぐ近くに駅員さんもいないし、おつりがなくなったのかなと思って、ずっと試してしまいました。

M：ご不便をおかけしました。すぐ隣の券売機でしたら問題なくご利用いただけますので、そちらでお買い求めください。

F：はい、ありがとうございます。

女の人は、どうして切符を買えませんでしたか。

[문제집]

1 お金を間違えて入れていたから

2 券売機がこわれていたから

3 駅員がいなかったから

4 おつりが切れていたから

[음성]

역에서 여자와 역무원이 이야기하고 있습니다. 여자는 왜 표를 살 수 없었습니까?

F：죄송합니다, 저기 자동 발매기에서 표를 사려고 했는데, 돈을 넣어도 반응이 없어서….

M：그러셨나요? 어떤 기계에서 시도하셨나요?

F：계단 옆에 있는 발매기요. 몇 번이나 1,000엔짜리 지폐를 넣거나, 500엔짜리 동전을 넣어 봤는데 되돌아와서.

M：아, 그 기계군요. 사실 오늘 아침부터 고장 나 있어서, 지금 수리를 의뢰해 둔 상태입니다.

F：아, 그런가요. 바로 근처에 역무원도 안 계시고, 거스름돈이 떨어졌나 보다 하고 계속 시도하고 있었어요.

M：불편을 끼쳐 드렸습니다. 바로 옆의 발매기라면 문제 없이 이용하실 수 있으니, 그쪽에서 구입해 주세요.

F：네, 감사합니다.

여자는 왜 표를 살 수 없었습니까?

[문제집]

1 돈을 잘못 넣고 있었기 때문에

2 발매기가 고장 나 있었기 때문에

3 역무원이 없었기 때문에

4 잔돈이 떨어져 있었기 때문에

해설 여자가 왜 표를 살 수 없었는지 묻는 문제이다. 따라서 역무원의 말에 귀 기울여야 한다. 1번은 언급되지 않은 내용이므로 오답이다. 2번은 발매기가 고장 나 있었다고 역무원이 말했으므로 정답이다. 3번은 언급되지 않은 내용이므로 오답이다. 4번은 잔돈이 떨어졌다는 것은 여자의 추측이므로 오답이다.

단어 駅員(えきいん) 역무원 | 切符(きっぷ) 표 | 自動券売機(じどうけんばいき) 자동 발매기 | 反応(はんのう) 반응 | 階段(かいだん) 계단 | 札(さつ) 지폐 | 玉(だま) 동전, 구슬 | 戻る(もどる) 되돌아오다 | おつり 거스름돈 | 試す(ためす) 시도하다, 시험하다 | 買い求める(かいもとめる) 구입하다

6

[음성]

会社で、女の先輩と男の後輩が話しています。男の後輩は、どうして残業をすることになりましたか。

F：田中君、頼んでた会議の資料、もうできた？

M：すみません、まだなんです。午後のお客様との打ち合わせが予定より長くて…。終わったのがついさっきなんです。

F：そうだったのね。でも明日の朝一番の会議に必要だから、今日中には仕上げてもらわないと困るわ。

M：はい、わかっています。急いでやります。ただ、少し内容を追加した方がいいかもしれないので、時間がかかると思います。調査ももう少ししないといけなそうなので…。

F：じゃあ、残業になっちゃうんじゃないの？大丈夫？

M：はい、大丈夫です。今からすぐ取りかかります。

F：ありがとう。よろしくね。

男の後輩は、どうして残業をすることになりましたか。

[문제집]

1 打ち合わせが長引いたから
2 朝から会議があったから
3 資料の内容が消えてしまったから
4 資料の調査が難しかったから

[음성]

회사에서 여자 선배와 남자 후배가 이야기하고 있습니다. 남자 후배는 왜 야근을 하게 되었습니까?

F：다나카 군, 부탁했던 회의 자료, 벌써 됐어?

M：죄송합니다, 아직입니다. **오후의 손님과의 미팅이 예정보다 길어져서요**…. 끝난 게 바로 아까였습니다.

F：그랬구나. 그래도 내일 아침 첫 번째 회의에 필요하니까, 오늘 중에는 끝내 주지 않으면 곤란해.

M：네, 알고 있습니다. 서둘러 하겠습니다. 다만 내용을 조금 추가하는 게 좋을 것 같아서 시간이 걸릴 것 같습니다. 조사도 조금 더 하지 않으면 안 될 것 같아서….

F：그럼 야근하게 되는 거 아니야? 괜찮아?

M：네, 괜찮습니다. 지금부터 바로 시작하겠습니다.

F：고마워. 잘 부탁해.

남자 후배는 왜 야근을 하게 되었습니까?

[문제집]

1 미팅이 길어졌기 때문에
2 아침부터 회의가 있었기 때문에
3 자료 내용이 없어져 버렸기 때문에
4 자료 조사가 어려웠기 때문에

해설　남자 후배가 왜 야근하게 되었는지 묻는 문제이다. 따라서 남자의 말에 귀 기울여야 한다. 1번은 오후의 손님과의 미팅이 예정보다 길어져 자료를 제때 만들지 못했다고 했으므로 정답이다. 2번, 3번은 언급되지 않은 내용이므로 오답이다. 4번은 조사가 더 필요하다고 했지만 어렵다는 것은 아니므로 오답이다.

단어　後輩(こうはい) 후배 | 残業(ざんぎょう) 잔업, 야근 | 打ち合わせ(うちあわせ) 회의, 협의 | ついさっき 아까, 방금 전 | 一番(いちばん) 첫 번째 | 今日中(きょうじゅう) 오늘 중 | 仕上げる(しあげる) (일을) 끝내다, 마무리하다 | 追加(ついか) 추가 | 調査(ちょうさ) 조사 | 取りかかる(とりかかる) 시작하다, 착수하다 | 長引く(ながびく) 길어지다, 질질 끌다

실전문제 ③　　　　　　　　　p.282

1 ③　　2 ②　　3 ④　　4 ③　　5 ②

6 ②

1

[음성]

マンションで、女の学生と管理室の男の人が話しています。女の学生はどうして男の人に話しかけましたか。

F：あのう、昨日引っ越してきました501号室の野口といいます。よろしくお願いいたします。

M：こちらこそ、よろしくお願いします。どうかしましたか。

F：あ、はい…。ちょっとお聞きしたいことがあるんですけど…。

M：何ですか。

F：ゴミを出す日が分からなくて。

M：明日がちょうど燃えるゴミの日なんです。生ごみや紙なんかのごみは週2回、火曜と金曜の朝です。瓶や缶、ペットボトルの資源ごみは週1回、土曜に出してください。新聞や段ボールといった古い紙は月1回で第3日曜日です。

F：そうですか。お聞きしてなかったらペットボトルを普通のゴミに出すところでした。ありがとうございます。

女の学生はどうして男の人に話しかけましたか。

[문제집]

1 引っ越しのあいさつがしたかったから

2 ゴミの分別方法がわからなかったから

3 ゴミを捨てる日を教えてほしかったから

4 ゴミを捨てる日を教えてあげたかったから

[음성]

맨션에서 여학생과 관리실의 남자가 이야기하고 있습니다. 여학생은 왜 남자에게 말을 걸었습니까?

F : 저, 어제 이사 온 501호실의 노구치라고 합니다. 잘 부탁드립니다.

M : 저야말로 잘 부탁드립니다. 무슨 일이 있으신가요?

F : 아, 네…. 조금 여쭙고 싶은 게 있는데요….

M : 무엇입니까?

F : 쓰레기를 버리는 날을 잘 몰라서요.

M : 내일이 마침 타는 쓰레기를 버리는 날이에요. 음식물 쓰레기나 종이 같은 쓰레기는 주 2회, 화요일과 금요일 아침입니다. 병이나 캔, 페트병 같은 자원 쓰레기는 주 1회, 토요일에 버려 주세요. 신문이나 박스 같은 오래된 종이는 월 1회, 셋째 주 일요일입니다.

F : 그렇군요. 여쭤보지 않았으면 페트병을 일반 쓰레기로 버릴 뻔했네요. 감사합니다.

여학생은 왜 남자에게 말을 걸었습니까?

[문제집]

1 이사 인사를 하고 싶었기 때문에

2 분리수거 방법을 몰랐기 때문에

3 쓰레기를 버리는 날을 알고 싶었기 때문에

4 쓰레기 버리는 날을 알려 주고 싶었기 때문에

해설　여학생이 왜 남자에게 말을 걸었는지 묻는 문제이다. 따라서 여학생의 말에 귀 기울여야 한다. 1번은 초반에 언급되었으나 주요 목적이 아니므로 오답이다. 2번은 언급되지 않은 내용이므로 오답이다. 3번은 여학생이 '쓰레기를 버리는 날을 잘 몰라서요'라고 말했으므로 정답이다. 4번은 알려주고 싶었던 것이 아니므로 오답이다.

단어　マンション 맨션(아파트) | 管理室(かんりしつ) 관리실 | 話しかける(はなしかける) 말을 걸다 | 引っ越す(ひっこす) 이사하다 | ~号室(ごうしつ) ~호실 | 燃えるゴミ(もえるごみ) 타는 쓰레기 | 生ごみ(なまごみ) 음식물 쓰레기 | 瓶(びん) 병 | 缶(かん) 캔 | 資源(しげん) 자원 | 段ボール(だんボール) 박스 | 第(だい) 제~ | 分別(ぶんべつ) 분별

2

[음성]

会社で、男の人と女の人が話しています。男の人はコーヒーをどうして飲みませんか。

M：またコーヒー飲んでるの？しかも、苦いブラックコーヒー。山田さん、飲みすぎだよ。

F：お昼はやっぱり眠くなるんです。でもコーヒーを飲むと午後からも仕事に集中できるんですよ。

M：カフェインの効果だね。僕には効果がありすぎてダメだ。昼に飲んでも夜眠れなくなるんだから。

F：そうだったんですか。私なんか疲れて帰るとすぐ眠たくなるのに。

M：普通はそうだよな。

F：コーヒーを飲むと、夜中に何度もトイレに行きたくなるっていう人もいますよね。逆に全くコーヒーの効果がないっていう人もいるし。人によって効果が違うみたいですから気をつけたほうがいいですね。

男の人はコーヒーをどうして飲みませんか。

[문제집]

1 コーヒーの味が苦手だから

2 よく寝られなくなるから

3 何度もトイレに行きたくなるから

4 飲んでも効果がないから

[음성]

회사에서 남자와 여자가 이야기하고 있습니다. 남자는 커피를 왜 마시지 않습니까?

M : 또 커피 마시고 있는 거야? 게다가 쓴 블랙커피. 야마다 씨, 너무 많이 마셔.

F : 점심엔 역시 졸려요. 하지만 커피를 마시면 오후부터도 일에 집중할 수 있거든요.

M : 카페인의 효과지. **나한테는 효과가 너무 강해서 안돼. 점심에 마셔도 밤에 잠들지 못하니까.**

F : 그랬어요? 저는 피곤해서 돌아가면 바로 졸린데요.

M : 보통은 그렇지.

F : 커피를 마시면 밤중에 몇 번이나 화장실에 가고 싶어진다는 사람도 있잖아요. 반대로 아예 커피의 효과가 없다는 사람도 있고요. 사람마다 효과가 다른 것 같으니까 조심하는 게 좋겠네요.

남자는 커피를 왜 마시지 않습니까?

[문제집]

1 커피 맛이 싫기 때문에

2 **잠이 잘 안 오게 되기 때문에**

3 몇 번이나 화장실에 가고 싶어지기 때문에

4 마셔도 효과가 없기 때문에

해설 남자가 왜 커피를 마시지 않는지 묻는 문제이다. 따라서 남자의 말에 귀 기울여야 한다. 1번은 커피 맛에 대한 언급은 없으므로 오답이다. 2번은 남자가 '나한테는 효과가 너무 강해서 점심에 마셔도 밤에 잠이 안 온다'고 말했으므로 정답이다. 3번은 여자가 말한 내용이므로 오답이다. 4번은 남자가 효과가 너무 강하다고 했으므로 오답이다.

단어 また 또 | しかも 게다가, 그 위에 | 苦い(にがい) 쓰다 | やっぱり 역시 | 集中(しゅうちゅう) 집중 | カフェイン 카페인 | 効果(こうか) 효과 | 眠る(ねむる) 잠들다 | 眠たい(ねむたい) 졸리다 | 夜中(よなか) 밤중, 한밤중 | 逆に(ぎゃくに) 반대로, 거꾸로 | 違う(ちがう) 다르다 | 気をつける(きをつける) 조심하다, 주의하다 | 苦手だ(にがてだ) 싫어하다, 서투르다

[음성]

電話で、宅配業者と女の人が話しています。女の人はいつ小包を受け取れますか。

F : もしもし、先ほど留守をしていて、小包を受けとれませんでした。

M : はい、お客様のご都合のよろしい日を教えてください。

F : 今日はもう配達できませんか?

M : 誠に申し訳ありませんが、本日の配達は終了いたしました。

F : そうですか。じゃあ、明日でお願いします。午後3時ごろなら家にいます。

M : かしこまりました。**では明日の午後2時から4時の間にうかがいます。**

F : あ、すみません。明日のその時間に娘を迎えに行くことになっています。うっかりしちゃって。**それ以降の時間でも大丈夫ですか?**

M : はい、**かしこまりました。**

女の人はいつ小包を受け取れますか。

[문제집]

1 今日

2 明日の午後2時から4時の間

3 明日の午後3時

4 **明日の午後4時以降**

[음성]

전화로 택배 업체 직원과 여자가 이야기하고 있습니다. 여자는 언제 소포를 받을 수 있습니까?

F : 여보세요, 아까 부재중이라서 소포를 받지 못했어요.

M : 네, 고객님의 사정이 괜찮으신 날짜를 알려 주세요.

F : 오늘은 더 이상 배달이 안 되나요?

M : 대단히 죄송하지만, 오늘 배달은 종료되었습니다.

F : 그렇군요. 그럼 내일로 부탁드릴게요. 오후 3시쯤이면 집에 있습니다.

M : 알겠습니다. **그럼 내일 오후 2시에서 4시 사이에 찾아 뵙겠습니다.**

F：아, 죄송합니다. 내일 그 시간에 딸을 마중 가야 해요. 깜빡했네요. **그 이후 시간도 괜찮을까요?**

M：네, **알겠습니다.**

여자는 언제 소포를 받을 수 있습니까?

[문제집]
1 오늘
2 내일 오후 2시에서 4시 사이
3 내일 오후 3시
4 내일 오후 4시 이후

해설 여자가 소포를 언제 받을 수 있는지 묻는 문제이다. 따라서 여자와 택배 업체 직원의 말에 귀 기울여야 한다. 1번은 오늘 배달은 종료되었다고 했으므로 오답이다. 2번과 3번은 그 시간대는 딸을 데리러 가야 해서 불가능하다고 했으므로 오답이다. 4번은 직원이 오후 2시에서 4시 사이에 찾아 뵙겠다고 하자 여자가 '그 이후 시간도 괜찮을까요?'라고 물었고, 직원이 알겠다고 했으므로 정답이다.

단어 宅配業者(たくはいぎょうしゃ) 택배 업체 직원 | 小包(こづつみ) 소포 | 受け取る(うけとる) 받다, 수취하다 | 留守(るす) 부재중, 집을 비움 | 都合(つごう) 사정, 형편 | よろしい 좋다, 괜찮다(いい의 정중한 표현) | 配達(はいたつ) 배달 | 誠に(まことに) 대단히, 진심으로 | 申し訳ない(もうしわけない) 죄송하다, 면목 없다 | 終了(しゅうりょう) 종료 | 伺う(うかがう) 찾아뵙다, 방문하다(겸양어) | 娘(むすめ) 딸 | 迎える(むかえる) 마중 가다, 맞이하다 | うっかり 깜빡, 무심코 | 以降(いこう) 이후 | 大丈夫だ(だいじょうぶだ) 괜찮다

4

[음성]
学校で、男の学生と女の学生が話しています。女の学生はどうしてレポートを出せなかったのですか。

M：おはよう。どうした？顔色悪いね。

F：あ、おはよう。実は、1週間前に手首の手術をしたんだけど、まだ痛くて。夜ちゃんと眠れないんだ。

M：手首の手術したのか。手術は無事に終わったんだね。僕に何かできることがあったら何でも言ってよ。

F：ありがとう。あ！そうだ。上村先生今どこにいらっしゃるか知ってる？

M：今の時間なら事務室にいると思うよ。何か用でもあるの？

F：**先週までのレポートのことでね。**

M：ああ、手首が痛くて書けなかったんだ。

F：そうじゃなくて、「テストの代わりですよ」って言われていたから書くには書いたんだけど、**それを持ってくるのを忘れちゃってね。** 提出を明日まで延ばしてもらおうと思ってて。

M：そうなんだ。

女の学生はどうしてレポートを出せなかったのですか。

[문제집]
1 体調が良くなかったから
2 手首の手術をして書けなかったから
3 **家に置いてきてしまったから**
4 提出期限をかん違いしていたから

[음성]
학교에서 남학생과 여학생이 이야기하고 있습니다. 여학생은 왜 리포트를 제출하지 못했습니까?

M：좋은 아침. 왜 그래? 안색이 안 좋은데.

F：아, 안녕. 실은 일주일 전에 손목 수술을 했는데, 아직 아파서. 밤에 제대로 잠도 못 자는 거야.

M：손목 수술을 했구나. 수술은 무사히 끝났지? 내가 뭔가 할 수 있는 것이 있으면 뭐든지 말해.

F：고마워. 아! 맞다. 우에무라 선생님 지금 어디 계신지 알아?

M：지금 시간이면 사무실에 계실 것 같은데. 무슨 용건이라도 있어?

F：**지난주까지인 리포트 말이야.**

M：아, 손목이 아파서 못 썼구나.

F：그게 아니라, '시험 대신이에요'라고 하셔서 쓰긴 썼는데, **그걸 가져오는 걸 잊어서.** 제출을 내일까지 미뤄 달라고 하려고.

M：그렇구나.

여학생은 왜 리포트를 제출하지 못했습니까?

[문제집]

1 몸 상태가 좋지 않았기 때문에
2 손목 수술을 해서 쓸 수 없었기 때문에
3 집에 두고 와 버렸기 때문에
4 제출 기한을 착각했기 때문에

해설 여학생이 왜 리포트를 제출하지 못했는지 묻는 문제이다. 따라서 여학생의 말에 귀 기울여야 한다. 1번은 몸 상태가 안 좋은 것은 맞지만 직접적인 이유가 아니므로 오답이다. 2번은 '쓰긴 썼다'라고 했으므로 오답이다. 3번은 여학생이 '그걸 가져오는 걸 잊었다'고 말했으므로 정답이다. 4번은 언급되지 않았으므로 오답이다.

단어 顔色(かおいろ) 안색 | 悪い(わるい) 안 좋다, 나쁘다 | 実は(じつは) 실은, 사실은 | 手首(てくび) 손목 | 手術(しゅじゅつ) 수술 | 痛い(いたい) 아프다 | 眠る(ねむる) 자다 | 無事に(ぶじに) 무사히 | 終わる(おわる) 끝나다 | いらっしゃる 계시다(いる의 존경어) | 事務室(じむしつ) 사무실 | 用(よう) 용건, 볼일 | 代わり(かわり) 대신 | 持ってくる(もってくる) 가져오다 | 忘れる(わすれる) 잊다, 잊어버리다 | 提出(ていしゅつ) 제출 | 延ばす(のばす) 연기하다, 늦추다 | 期限(きげん) 기한 | かん違い(かんちがい) 착각, 오해

5

[음성]

レストランで、女の人と男の店員が話しています。女の人は、どうして料理を注文し直すことにしましたか。

F：すみません、さっき注文した魚料理なんですが、あのサーモンの…。
M：はい、何か問題がございましたか。
F：実は、私はエビのアレルギーがあるんですが、メニューをよく見たら料理にエビのソースが使われていると書いてあって…。
M：ああ、そうでしたか。それは失礼いたしました。すぐに別のお料理に変更なさいますか？
F：はい、同じくらいの値段で、お肉料理にできますか。
M：かしこまりました。では、チキンのグリルをご用意いたします。

F：お願いします。

女の人は、どうして料理を注文し直すことにしましたか。

[문제집]

1 サーモンが食べられないから
2 アレルギーがある食材が入っていたから
3 料理の値段が高かったから
4 肉料理のほうが食べたかったから

[음성]

레스토랑에서 여자와 남자 점원이 이야기하고 있습니다. 여자는 왜 요리를 다시 주문하기로 했습니까?

F：죄송합니다, 아까 주문한 생선 요리 말인데요, 그 연어인….
M：네, 무슨 문제가 있으신가요?
F：실은 저는 새우 알레르기가 있는데요, 메뉴를 잘 보니 요리에 새우 소스가 쓰여 있다고 적혀 있어서….
M：아, 그러셨군요. 실례했습니다. 바로 다른 요리로 변경하시겠습니까?
F：네, 비슷한 가격으로, 고기 요리로 가능할까요?
M：알겠습니다. 그러면 치킨 그릴로 준비해 드리겠습니다.
F：부탁 드릴게요.

여자는 왜 요리를 다시 주문하기로 했습니까?

[문제집]

1 연어를 먹지 못하기 때문에
2 알레르기가 있는 식재료가 들어 있었기 때문에
3 요리 가격이 비쌌기 때문에
4 고기 요리가 먹고 싶었기 때문에

해설 여자가 왜 요리를 다시 주문했는지 묻는 문제이다. 따라서 여자의 말에 귀 기울여야 한다. 1번은 연어를 못 먹는다는 언급은 없으므로 오답이다. 2번은 '새우 알레르기가 있는데 새우 소스가 쓰여 있었다'라고 말했으므로 정답이다. 3번과 4번은 언급되지 않은 내용이므로 오답이다.

단어 注文(ちゅうもん) 주문 | ～直す(なおす) 다시 ~하다 | さっき 아까, 방금 | 魚料理(さかなりょうり) 생선 요리 | サーモン 연어 | 問題(もんだい) 문제 | 実は(じつは) 실은, 사실은 | アレルギー 알레르기 | メニュー 메뉴 | ソース 소스 | 使う(つかう) 쓰다, 사용하다 | 失礼いたしました(しつれいいたしました) 실례했습니다 | 別(べつ) 다른 | 変更(へんこう) 변경 | お肉(にく) 고기 | チキン 치킨 |

グリル 그릴, 석쇠 구이 | 用意(ようい) 준비, 마련 | 食材(しょくざい) 식재료

6

[음성]

旅行会社（りょこうがいしゃ）で、男（おとこ）の人（ひと）と女（おんな）の店員（てんいん）が話（はな）しています。男（おとこ）の人（ひと）は、どうして予約（よやく）をキャンセルしましたか。

M：すみません、先週（せんしゅう）予約（よやく）した北海道旅行（ほっかいどうりょこう）の件（けん）でお電話（でんわ）しました。田中（たなか）と申（もう）します。

F：はい、ありがとうございます。田中様（たなかさま）ですね。ご予約（よやく）は来月（らいげつ）10日（か）からの3泊（ぱく）4日（か）ですね。

M：はい、そうなんですが、急（きゅう）に仕事（しごと）の出張（しゅっちょう）が重（かさ）なってしまって…。

F：それは大変（たいへん）ですね。日程（にってい）を変更（へんこう）することも可能（かのう）ですが、どうなさいますか。

M：うーん、しばらく予定（よてい）が分（わ）からないので、とりあえず今回（こんかい）はキャンセルでお願（ねが）いします。あ、家族（かぞく）の分（ぶん）はそのままで。私（わたし）の分（ぶん）だけキャンセルしてください。

F：かしこまりました。また機会（きかい）がございましたらぜひご利用（りよう）くださいませ。

男（おとこ）の人（ひと）は、どうして予約（よやく）をキャンセルしましたか。

[문제집]

1 予約（よやく）を間違（まちが）えてしてしまったから
2 仕事（しごと）のスケジュールが入（はい）ってしまったから
3 予定（よてい）がどうなるかわからなくなったから
4 家族（かぞく）の予定（よてい）が合（あ）わなかったから

[음성]

여행사에서 남자와 여자 점원이 이야기하고 있습니다. 남자는 왜 예약을 취소했습니까?

M : 죄송합니다, 지난주 예약한 홋카이도 여행 건으로 전화했습니다. 다나카라고 합니다.

F : 네, 감사합니다. 다나카 님이시군요. 예약은 다음 달 10일부터 3박 4일이시죠.

M : 네, 그런데 **갑자기 업무 출장이 겹쳐서**….

F : 그거 큰일이군요. 일정을 변경하는 것도 가능합니다만, 어떻게 하시겠습니까?

M : 음, 당분간 예정을 알 수 없어서. 일단 **이번은 취소로 부탁 드릴게요**. 아, 가족 것은 그대로. 제 것만 취소해 주세요.

F : 알겠습니다. 다음에 기회가 되시면 꼭 이용해 주세요.

남자는 왜 예약을 취소했습니까?

[문제집]

1 예약을 잘못했기 때문에
2 업무 일정이 들어왔기 때문에
3 예정이 어떻게 될지 모르기 때문에
4 가족의 일정이 맞지 않았기 때문에

해설 남자가 왜 예약을 취소했는지 묻는 문제이다. 따라서 남자의 말에 귀 기울여야 한다. 1번은 언급되지 않은 내용이므로 오답이다. 2번은 남자가 '갑자기 업무 출장이 겹쳐서'라고 말했으므로 정답이다. 3번은 일정이 불확실하다고 했지만 취소의 직접적 이유는 출장이므로 오답이다. 4번은 가족의 일정은 문제없다고 했으므로 오답이다.

단어 旅行会社(りょこうがいしゃ) 여행사 | ～件(けん) ~건, 용건 | 申す(もうす) 말하다(겸양어), ~라고 하다 | 来月(らいげつ) 다음 달 | ～泊(はく)～日(にち) ~박 ~일 | 急に(きゅうに) 갑자기 | 出張(しゅっちょう) 출장 | 重なる(かさなる) 겹치다, 포개지다 | 大変だ(たいへんだ) 큰일이다, 힘들다 | 日程(にってい) 일정 | 可能(かのう) 가능 | しばらく 당분간, 잠시 | とりあえず 일단, 우선 | キャンセル 취소 | 家族(かぞく) 가족 | そのまま 그대로 | 機会(きかい) 기회 | 利用(りよう) 이용

문제 **3** 개요이해

공략문제   p.288

1 ③   2 ②   3 ②   4 ③

1. 주로 무엇에 대해 이야기하고 있는지 묻는 유형

1

[음성]

ラジオで医者（いしゃ）が話（はな）しています。

F：最近、スマートフォンやパソコンを使う人が
　　増えています。とても便利ですが、長い時
　　間同じ姿勢でいると、肩や首が痛くなるこ
　　とが多いです。スマートフォンやパソコンを
　　完全に使わないようにすることは難しいで
　　すが、時々立ち上がってストレッチをした
　　り、画面から目を離して遠くを見たりする
　　といいですよ。私は患者さんによくそのよ
　　うなアドバイスをしています。体を大切にし
　　て、健康的にデジタル機器を使ってほしい
　　ものですね。

医者は主に何について話していますか。

1　スマートフォンの便利な使い方
2　長時間同じ姿勢でいることの問題点
3　健康的にデジタル機器を使う方法
4　患者さんの病気の治し方

[음성]

라디오에서 의사가 이야기하고 있습니다.

F：최근 스마트폰이나 컴퓨터를 사용하는 사람이 늘고
　　있습니다. 아주 편리하지만, 오랫동안 같은 자세로 있
　　으면 어깨나 목이 아파지는 경우가 많습니다. 스마트
　　폰이나 컴퓨터를 완전히 사용하지 않는 것은 어렵지
　　만, 가끔 일어나서 스트레칭을 하거나 화면에서 눈
　　을 떼고 멀리 보는 것이 좋습니다. 저는 환자들에게
　　자주 그런 조언을 하고 있습니다. 몸을 소중히 하고
　　건강하게 디지털 기기를 사용했으면 합니다.

의사는 주로 무엇에 대해 이야기하고 있습니까?

1　스마트폰의 편리한 사용법
2　오랫동안 같은 자세로 있는 것의 문제점
3　건강하게 디지털 기기를 사용하는 방법
4　환자의 병을 치료하는 방법

해설　의사가 스마트폰이나 컴퓨터를 할 때 가끔 일어나서 스트
　　레칭을 하거나 화면에서 눈을 떼고 멀리 보는 것이 좋다
　　고 하고, 건강하게 디지털 기기를 사용했으면 한다고 했
　　으므로 3번이 정답이다.

2

[음성]

テレビで動物園のスタッフが話しています。

M：最近、動物園ではさまざまなイベントを行
　　っていますが、一番人気があるのは、動
　　物たちのエサやり体験です。子どもたちも
　　大人も、実際に動物たちにエサをあげるこ
　　とで、動物について楽しく学ぶことができ
　　ます。また、エサやり体験だけでなく、イベン
　　トのときには、スタッフが動物の生活や特
　　徴について詳しく説明しますので、より理解
　　が深まると思います。ぜひ一度体験してみて
　　ください。

動物園のスタッフは主に何について話していま
すか。

1　動物園に来る人の特徴について
2　動物園で行っているイベントについて
3　動物のエサやりの注意点について
4　動物の生活や特徴について

[음성]

텔레비전에서 동물원의 직원이 이야기하고 있습니다.

M：최근 동물원에서는 다양한 이벤트를 하고 있는데,
　　가장 인기가 있는 것은 동물들에게 먹이 주기 체험
　　입니다. 아이들도 어른들도 실제로 동물들에게 먹이
　　를 주는 것으로 동물에 대해 즐겁게 배울 수 있습니
　　다. 또한 먹이주기 체험뿐만 아니라, 이벤트 때에는
　　직원이 동물의 생활이나 특징에 대해 자세히 설명
　　하기 때문에 더 이해가 깊어질 것이라 생각합니다.
　　꼭 한 번 체험해 보세요.

동물원의 직원은 주로 무엇에 대해 이야기하고 있습니까?

1　동물원에 오는 사람들의 특징에 대해
2　동물원에서 하고 있는 이벤트에 대해
3　동물 먹이주기의 주의점에 대해
4　동물의 생활이나 특징에 대해

해설　동물원 직원이 동물원에서 먹이주기 체험과 동물의 생활
　　이나 특징에 대해 설명하는 등의 이벤트를 하고 있다고
　　했으므로 2번이 정답이다.

2. 가장 전하고 싶은 것이 무엇인지 묻는 유형

3

[음성]

テレビで料理研究家が話しています。

M：私は昔からいろいろな国の料理を作るのが好きです。ですが、一番大切にしているのは、家族と一緒に食事を楽しむことです。最近は忙しい人が多くて、家族みんなで食事をする時間が少なくなっています。でも、短い時間でもいいので、みんなでテーブルを囲むことが、毎日の元気にもつながると思うんです。それから、大切な人と一緒に食べると、その料理のおいしさも一層感じられるはずです。ぜひ家族と食事をする時間を大切にしてみてください。

この料理研究家が伝えたいことは何ですか。

1 いろいろな国の料理のレシピ
2 家族と食事を楽しむことの大切さ
3 家族と一緒に食べるとおいしい料理
4 家族と食事をするといい時間帯

[음성]

텔레비전에서 요리 연구가가 이야기하고 있습니다.

M : 저는 예전부터 여러 나라의 요리를 만드는 것을 좋아합니다. 하지만, 가장 중요하게 생각하고 있는 것은 가족과 함께 식사를 즐기는 것입니다. 최근에는 바쁜 사람이 많아 가족 모두가 함께 식사하는 시간이 적어지고 있습니다. 그러나 짧은 시간이라도 좋으니 모두가 식탁에 둘러앉는 것이 매일의 활력으로 이어진다고 생각합니다. 그리고 소중한 사람과 함께 먹으면 그 요리의 맛도 한층 더 느껴질 것입니다. 꼭 가족과 식사하는 시간을 소중히 해 보세요.

이 요리 연구가가 전하고 싶은 것은 무엇입니까?

1 여러 나라의 요리 레시피
2 가족과 식사를 즐기는 것의 소중함
3 가족과 함께 먹으면 맛있는 요리
4 가족과 식사하면 좋은 시간대

해설 요리 연구가가 가족과 함께 식사를 하면 매일의 활력으로

이어지고, 요리의 맛도 한층 더 느껴질 것이라고 했으므로 2번이 정답이다.

4

[음성]

ラジオで花屋の店主が話しています。

F：最近は、花を買う人が少なくなっているように感じます。みんな忙しくて、余裕がないのかもしれませんね。でも、花は部屋にあるだけで気分が明るくなりますし、たとえ小さな花でも大切な人にプレゼントすると、とても喜ばれます。毎日の生活に、ぜひ花を取り入れてみてください。きっと気持ちが前向きになって、花の存在だけであなたの人生まで明るくなると思いますよ。

この花屋の店主が一番伝えたいことは何ですか。

1 最近の人たちの花の買い方
2 部屋で花を育てる楽しさ
3 花を生活に取り入れることの大切さ
4 明るい色の花の存在感

[음성]

라디오에서 꽃집 점주가 이야기하고 있습니다.

F : 최근에는 꽃을 사는 사람이 적어진 것 같다고 느낍니다. 모두 바빠서 여유가 없는지도 모르겠네요. 하지만 꽃은 방에 있기만 해도 기분이 밝아지고, 비록 작은 꽃이라도 소중한 사람에게 선물하면 아주 기뻐합니다. 매일의 생활에 꼭 꽃을 더해 보세요. 분명히 마음이 긍정적이 되고, 꽃의 존재만으로도 당신의 인생까지 밝아질 것이라고 생각합니다.

이 꽃집 점주가 가장 전하고 싶은 것은 무엇입니까?

1 요즘 사람들의 꽃 구매 방식
2 방에서 꽃을 기르는 즐거움
3 꽃을 생활에 더하는 것의 중요함
4 밝은 색 꽃의 존재감

해설 꽃집 점주가 꽃이 방에 있기만 해도 기분이 밝아지고 생활에 꽃을 더하면 마음이 긍정적으로 바뀌고, 꽃의 존재만으로도 인생까지 밝아질 것이라고 했으므로 3번이 정답이다.

1 ③　　**2** ④　　**3** ②

예

[음성]

ラジオである会社の社長が話しています。

M：みなさん、経営で大事なことは何だと思いますか。社員の育成、効率がいい業務プロセスの開発、それとも投資をたくさんしてもらうことでしょうか。私は何よりも人を大切にすることだと思います。育成も大事なことですが、それよりも今一緒に働いている人を大切にする。それは、社内にいる人ももちろんですが、取引先やお客さんも同じです。目の前にいる人を大切にすることで、信頼関係が生まれ、それが仕事にもいい形で返ってくる。これが理想的な経営だと思います。

この社長が伝えたいことは何ですか。

1 投資をたくさん受ける方法
2 仕事ができる社員の育て方
3 経営において大切なこと
4 効率がいい経営の方法

[음성]

라디오에서 어떤 회사의 사장이 이야기하고 있습니다.

M：여러분, 경영에서 중요한 것은 뭐라고 생각하십니까? 사원의 육성, 효율이 좋은 업무 프로세스의 개발, 또는 투자를 많이 받는 것일까요. 저는 무엇보다도 사람을 소중히 대하는 것이라고 생각합니다. 육성도 중요한 일입니다만, 그것보다도 지금 같이 일하고 있는 사람을 소중히 대한다. 그것은, 사내에 있는 사람도 물론이지만, 거래처나 손님도 같습니다. 눈앞에 있는 사람을 소중히 대하는 것으로 신뢰 관계가 생기고, 그것이 일에도 좋은 형태로 돌아온다. 이것이 이상적인 경영이라고 생각합니다.

이 사장이 전하고 싶은 것은 무엇입니까?

1 투자를 많이 받는 방법
2 일을 잘하는 사원의 육성 방법
3 경영에 있어서 중요한 것
4 효율이 좋은 경영의 방법

1

[음성]

ラジオで、女の人が話しています。

F：皆さんは故郷といえばどんなことを思い出しますか。人にとって故郷は特別な場所です。そこは生まれた所だからというだけではないでしょう。故郷は愛する家族とともに過ごした場所であり、幼い頃からの思い出が詰まった場所だからです。故郷を離れて、故郷の姿が変わってしまったとしても、故郷が与えてくれるあたたかさは変わらないと思います。そしてそのあたたかさは、つらく苦しい状況の中で生きる勇気と力を与えてくれるのではないでしょうか。

女の人は主に何について話していますか。

1 故郷の人たち
2 故郷の変化
3 故郷の意味
4 故郷の発展

[음성]

라디오에서 여자가 이야기하고 있습니다.

F：여러분은 고향이라고 하면 어떤 것을 떠올리시나요? 사람에게 있어서 고향은 특별한 장소입니다. 그곳은 태어난 곳이기 때문만은 아닐 것입니다. 고향은 사랑하는 가족과 함께 지낸 장소이며, 어린 시절부터의 추억이 가득 찬 장소이기 때문입니다. 고향을 떠나서, 고향의 모습이 변해 버렸다고 해도, 고향이 주는 따뜻함은 변하지 않는다고 생각합니다. 그리고 그 따뜻함은, 괴롭고 힘든 상황 속에서도 살아가는 용기와 힘을 주는 것이 아닐까요?

청해

여자는 주로 무엇에 대해 이야기하고 있습니까?

1 고향의 사람들
2 고향의 변화
3 **고향의 의미**
4 고향의 발전

해설 여자가 주로 무엇에 대해 이야기하고 있는지를 묻는 문제이다. 1번은 고향의 '사람들'에 대한 내용이 없으므로 오답이다. 2번은 고향의 모습이 변했다는 언급은 있으나 그것이 핵심이 아니므로 오답이다. 3번은 고향이 특별한 이유와 고향이 주는 따뜻함, 그 의미를 중심으로 말하고 있으므로 정답이다. 4번은 언급되지 않은 내용이므로 오답이다.

단어 故郷(こきょう) 고향 ┃ 思い出す(おもいだす) 떠올리다, 생각나다 ┃ 特別(とくべつ) 특별 ┃ 場所(ばしょ) 장소 ┃ 共に(ともに) 함께, 같이 ┃ 過ごす(すごす) 지내다, 보내다 ┃ 幼い(おさない) 어리다 ┃ 詰まる(つまる) 가득 차다, 막히다 ┃ 離れる(はなれる) 떠나다, 멀어지다 ┃ 姿(すがた) 모습 ┃ 与える(あたえる) 주다, 부여하다 ┃ 状況(じょうきょう) 상황 ┃ 勇気(ゆうき) 용기 ┃ 発展(はってん) 발전

2

[음성]

動物園で、係員が案内放送をしています。

F：本日は幸せ動物園にお越しいただきありがとうございます。お客様にご案内申し上げます。本日、午後3時より中央広場で、人気漫画のキャラクター「ボンちゃんと仲間たち」のショーを行います。親子で楽しめるショーで、ご入場は無料となっております。ただし、お飲み物は安全のため、あらかじめお断りしております。なおショーの最後には、お子様たちとの写真撮影もございますので、ぜひお子様を連れて見にきていただきますようお願いいたします。

係員は主に何について話していますか。

1 中央広場の位置の案内
2 安全に楽しんでほしいという案内
3 人気漫画がみられるという案内
4 **キャラクターショーがあるという案内**

[음성]

동물원에서 직원이 안내 방송을 하고 있습니다.

F：오늘 행복 동물원에 와 주셔서 감사합니다. 고객 여러분께 안내 말씀드립니다. **오늘 오후 3시부터 중앙 광장에서 인기 만화 캐릭터 「봉짱과 친구들」 쇼를 실시합니다.** 부모와 아이가 함께 즐길 수 있는 쇼이며, **입장은 무료입니다.** 단, 음료수는 안전을 위해 미리 금지하고 있습니다. 또한 **쇼의 마지막에는 아이들과의 사진 촬영도 있으니,** 꼭 자녀분들을 데리고 보러 와 주시기 바랍니다.

직원은 주로 무엇에 대해 이야기하고 있습니까?

1 중앙 광장의 위치 안내
2 안전하게 즐겨 달라는 안내
3 인기 만화를 볼 수 있다는 안내
4 **캐릭터 쇼가 있다는 안내**

해설 직원이 주로 무엇을 안내하고 있는지를 묻는 문제이다. 1번은 중앙 광장의 위치 안내가 아니므로 오답이다. 2번은 음료 반입 금지라는 안전 관련 내용이 잠깐 나오지만 이것이 중심 내용은 아니므로 오답이다. 3번은 인기 만화를 볼 수 있다는 것이 아니라 해당 캐릭터가 등장하는 '쇼'에 대한 안내이므로 오답이다. 4번은 '봉짱과 친구들' 캐릭터 쇼의 실시 시간과 내용 등을 안내하고 있으므로 정답이다.

단어 係員(かかりいん) 직원, 담당자 ┃ 案内放送(あんないほうそう) 안내 방송 ┃ お越し(おこし) 오심(존경어) ┃ 広場(ひろば) 광장 ┃ 仲間(なかま) 친구, 동료 ┃ 親子(おやこ) 부모와 아이 ┃ 無料(むりょう) 무료 ┃ ただし 단, 다만 ┃ あらかじめ 미리, 사전에 ┃ お断り(おことわり) 거절, 금지 ┃ 撮影(さつえい) 촬영 ┃ 連れる(つれる) 데리고 오(가)다

3

[음성]

学校で、先生と男の留学生が話しています。

F：明日もこの時間に授業がありますが、台風が近づいてますね。
M：先生、台風の時も授業がありますか？

F：状況によりますけど、今回の台風はかなり強いものなので、交通機関が止まってしまうかもしれません。授業に出席できても帰りに電車が止まってしまって帰れなくなるという可能性がありますし、風や雨が強いので危ないことになるかもしれません。明日はお休みにした方がいいですね。でもお休みだからといって、遊びに出ないでくださいね。

先生が伝えたいことは何ですか。

1 日本の台風は怖いということ
2 明日は台風のため休校にすること
3 明日の台風で電車は止まる予定であるということ
4 台風の時でも学校は休校にはならないということ

[음성]
학교에서 선생님과 남자 유학생이 이야기하고 있습니다.

F : 내일도 이 시간에 수업이 있습니다만, 태풍이 접근하고 있네요.

M : 선생님, 태풍 때도 수업이 있나요?

F : 상황에 따릅니다만, 이번 태풍은 꽤 강한 것이라서 교통수단이 멈출지도 몰라요. 수업에는 출석할 수 있어도 돌아가는 길에 열차가 멈춰 버려서 돌아가지 못하게 된다는 가능성이 있고, 바람이나 비가 강해서 위험해질 수도 있습니다. 내일은 쉬는 게 좋겠네요. 하지만 쉰다고 해서 놀러 나가면 안 됩니다.

선생님이 전하고 싶은 것은 무엇입니까?

1 일본의 태풍은 무섭다는 것
2 내일은 태풍 때문에 휴교한다는 것
3 내일 태풍으로 열차가 멈출 예정이라는 것
4 태풍 때도 학교는 휴교하지 않는다는 것

해설 선생님이 전하고 싶은 내용을 묻는 문제이다. 1번은 언급되지 않은 내용이므로 오답이다. 2번은 내일 수업을 쉰다고 말했으므로 정답이다. 3번은 열차가 멈출 예정이라고 확정한 내용이 아니므로 오답이다. 4번은 언급되지 않은 내용이므로 오답이다.

단어 留学生(りゅうがくせい) 유학생 ｜ 近づく(ちかづく) 접근하다, 가까이오다 ｜ ～による ~에 따르다, ~에 의하다 ｜ かなり 꽤, 상당히 ｜ 交通機関(こうつうきかん) 교통수단(기관)

|出席(しゅっせき) 출석 ｜ 可能性(かのうせい) 가능성 ｜ 危ない(あぶない) 위험하다 ｜ 遊びに出る(あそびにでる) 놀러 나가다 ｜ 休校(きゅうこう) 휴교

실전문제 ②　　　　　　　　　　p.290

1 ②　　　　2 ②　　　　3 ②

1

[음성]
女の人が会社の同僚に話しています。

F：先月から犬を飼い始めたんですよ。最初はしつけが大変で、部屋の中を走り回ったり、夜中に吠えたりして困ったんですけど、最近は家の中の環境にも慣れてきてくれたのか、少しずつ落ち着いてきました。毎日散歩に連れて行くのは大変だけど、そのおかげで私も運動不足が解消されて、体調も良くなってきました。家族も犬に癒やされていて、本当にうちに来てくれてよかったと思っていますよ。今ではなくてはならない存在です。

女の人は何について話していますか。

1 犬をしつけるのが大変だということ
2 犬を飼い始めて良かったこと
3 散歩がとてもつらいということ
4 運動不足を解消したいということ

[음성]
여자가 회사 동료에게 이야기하고 있습니다.

F : 지난달부터 개를 키우기 시작했어요. 처음에는 훈련이 힘들어서, 방 안을 뛰어다니거나, 한밤중에 짖거나 해서 곤란했는데, 최근에는 집 안의 환경에도 익숙해진 건지 조금씩 차분해졌어요. 매일 산책을 데리고 나가는 건 힘들지만, 그 덕분에 저도 운동 부족이 해소되고 건강도 좋아졌어요. 가족도 개에게 위로 받고 있어서, 정말 우리 집에 와 줘서 다행이라고 생각하고 있어요. 지금은 없어서는 안 될 존재예요.

여자는 무엇에 대해 이야기하고 있습니까?

1 개를 훈련시키는 게 힘들다는 것
2 개를 키우기 시작해서 좋았다는 것
3 산책이 매우 힘들다는 것
4 운동 부족을 해소하고 싶다는 것

해설 여자가 무엇에 대해 이야기하고 있는지를 묻는 문제이다. 1번은 처음의 어려움으로 언급되었지만 지금 이야기의 중심은 아니므로 오답이다. 2번은 개를 키우며 자기도 운동 부족이 해결되고 가족도 위로 받고 있는 등 변화를 느꼈다는 내용이 중심이므로 정답이다. 3번은 산책이 힘들다고는 했지만 전체 내용의 핵심은 아니므로 오답이다. 4번은 언급되지 않은 내용이므로 오답이다.

단어 同僚(どうりょう) 동료 ｜ 飼う(かう) (동물을) 키우다, 기르다 ｜ しつけ (동물) 훈련 ｜ 走り回る(はしりまわる) 뛰어다니다 ｜ 吠える(ほえる) 짖다 ｜ 環境(かんきょう) 환경 ｜ 慣れる(なれる) 익숙해지다 ｜ 落ち着く(おちつく) 차분해지다, 진정하다 ｜ 運動不足(うんどうぶそく) 운동 부족 ｜ 解消(かいしょう) 해소 ｜ 癒やす(いやす) 치유하다, 위로 받다 ｜ 存在(そんざい) 존재

2

[음성]

女の人がラジオで話しています。

F：リスナーのみなさん、私は週末になるとよく近くの山へハイキングに行きます。山道を歩いていると、普段の仕事の疲れやストレスが自然と消えていくんです。空気もきれいで、季節ごとの景色を楽しめるのが魅力ですね。春は花が咲き、秋には紅葉が美しくて、本当に癒やされます。運動にもなるし、心と体の健康にもいいので、これからもぜひ続けていきたいと思っています。

女の人は何について話していますか。

1 四季の景色がきれいだということ
2 今後も山登りをしていきたいということ
3 仕事の疲れやストレスが多いということ
4 健康への心配を感じているということ

[음성]

여자가 라디오에서 이야기하고 있습니다.

F : 청취자 여러분, 저는 주말이 되면 자주 근처 산에 하이킹을 갑니다. 산길을 걷고 있으면 평소의 일의 피로나 스트레스가 자연스럽게 사라져 갑니다. 공기도 맑고, 계절마다의 풍경을 즐길 수 있는 게 매력이죠. 봄에는 꽃이 피고, 가을에는 단풍이 아름다워서 정말 힐링이 됩니다. 운동도 되고, 마음과 몸의 건강에도 좋기 때문에 앞으로도 계속 이어가고 싶다고 생각합니다.

여자는 무엇에 대해 이야기하고 있습니까?

1 사계절의 풍경이 아름답다는 것
2 앞으로도 산행을 계속하고 싶다는 것
3 일의 피로와 스트레스가 많다는 것
4 건강에 대한 걱정을 느끼고 있다는 것

해설 여자가 무엇에 대해 이야기하고 있는지를 묻는 문제이다. 1번은 사계절의 풍경을 즐길 수 있다고 언급되었지만 중심 내용은 아니므로 오답이다. 2번은 산에 대해 이야기하고 앞으로도 산에 하이킹을 가는 것을 계속 이어가고 싶다고 말했으므로 정답이다. 3번은 피로나 스트레스가 사라진다고 했으므로 오답이다. 4번은 언급되지 않은 내용이므로 오답이다.

단어 週末(しゅうまつ) 주말 ｜ 山道(やまみち) 산길 ｜ 普段(ふだん) 평소 ｜ 自然と(しぜんと) 자연스럽게, 저절로 ｜ 消える(きえる) 사라지다 ｜ 季節(きせつ) 계절 ｜ 景色(けしき) 풍경 ｜ 魅力(みりょく) 매력 ｜ 紅葉(もみじ) 단풍 ｜ 山登り(やまのぼり) 등산 ｜ 続ける(つづける) 계속하다

3

[음성]

大学の先生が学生たちに話しています。

M：みなさん、来週の授業ではグループごとにプレゼンテーションをしてもらいます。テーマは「身近な環境問題」についてです。発表時間は一人あたり3分から5分程度、グループ全体で15分以内にしてください。パワーポイントなどの資料は自由ですが、内容を分かりやすくまとめることを意識してください。プレゼンの順番は今日中に掲示板に貼っておきますので、必ず確認してください。準備をしっかりして、当日に臨んでくださいね。

先生は学生たちに何について話していますか。

1 授業時間の変更について
2 来週の授業で行う発表について
3 環境問題に関するレポートについて
4 パワーポイントの作り方について

[음성]
대학교에서 선생님이 학생들에게 이야기하고 있습니다.

M : 여러분, **다음 주 수업에서는 그룹별로 프레젠테이션을 합니다. 주제는 '가까운 환경문제'에 대해서입니다. 발표 시간은 한 사람당 3분에서 5분 정도, 그룹 전체로 15분 이내로 해 주세요.** 파워포인트 등의 자료는 자유지만, 내용을 알기 쉽게 정리하는 것을 의식해 주세요. 프레젠테이션의 순서는 오늘 중으로 게시판에 붙여 둘 테니 반드시 확인해 주세요. 준비를 잘 해서 당일에 임해 주세요.

선생님은 학생들에게 무엇에 대해 이야기하고 있습니까?

1 수업 시간의 변경에 대해
2 다음 주 수업에서 할 발표에 대해
3 환경문제에 관한 리포트에 대해
4 파워포인트를 만드는 방법에 대해

해설 선생님이 학생들에게 무엇에 대해 이야기하고 있는지를 묻는 문제이다. 1번은 언급되지 않은 내용이므로 오답이다. 2번은 다음 주 수업에서 진행될 발표의 주제, 방식, 시간 등을 자세히 설명하고 있으므로 정답이다. 3번은 리포트가 아닌 발표를 말하고 있으므로 오답이다. 4번은 언급되지 않은 내용이므로 오답이다.

단어 身近だ(みぢかだ) 가깝다, 친숙하다 | 環境問題(かんきょうもんだい) 환경문제 | ～あたり ~당 | 程度(ていど) 정도 | 全体(ぜんたい) 전체 | 以内(いない) 이내 | 意識(いしき) 의식 | 順番(じゅんばん) 순서 | 掲示板(けいじばん) 게시판 | 貼る(はる) 붙이다 | 当日(とうじつ) 당일 | 臨む(のぞむ) 임하다, 참석하다 | 変更(へんこう) 변경

실전문제 ③　　　　　　　　　　p.291

1 ③　　　2 ②　　　3 ③

[음성]
ラジオで、アナウンサーが話しています。

F : 私たちは子供の時からたくさん笑ってくださいと言われます。笑顔でいると気分もよくなるからでしょう。また、笑うことが健康にいいということも今や多くの人に知られています。では、泣くことはどうでしょうか。泣いてくださいと言われたことはあまりないはずですが、泣くことも笑うことと同じくらい健康にいいということを皆さんはご存じでしたか。まず涙は目を守ってくれますし、目の中にあるほこりも流してくれます。泣きたい時に泣くと頭がすっきりしてストレスの解消にもなります。笑うことだけではなく泣くことも大事なことなので、泣きたい時には我慢しないで思いっきり泣いてみてください。

アナウンサーは主に何について話していますか。

1 たくさん笑うことが大切だ
2 笑えば健康になる
3 泣くことも大切だ
4 泣くとストレスがたまる

[음성]
라디오에서 아나운서가 이야기하고 있습니다.

F : 우리는 어릴 때부터 많이 웃으라고 듣습니다. 웃는 얼굴로 있으면 기분도 좋아지기 때문이겠죠. 또, 웃는 것이 건강에 좋다는 것도 지금은 많은 사람들에게 알려져 있습니다. 그럼, 우는 것은 어떨까요? 울라고 들은 적은 거의 없을 것이지만, **우는 것도 웃는 것과 같은 정도로 건강에 좋다는 것을 여러분은 알고 계셨나요? 먼저 눈물은 눈을 보호해 주고, 눈 안에 있는 먼지도 흘려보내 줍니다. 울고 싶을 때 울면 머리가 상쾌해지고 스트레스 해소도 됩니다. 웃는 것뿐 아니라 우는 것도 중요한 일이니, 울고 싶을 때는 참지 말고 마음껏 울어 보세요.**

아나운서는 주로 무엇에 대해 이야기하고 있습니까?

1 많이 웃는 것이 중요하다
2 웃으면 건강해진다
3 우는 것도 중요하다
4 울면 스트레스가 쌓인다

해설 아나운서가 주로 무엇에 대해 이야기하고 있는지를 묻는
문제이다. 1번은 웃는 것에 대한 내용도 있지만 중심 내
용이 아니므로 오답이다. 2번은 웃는 것이 건강에 좋다는
말은 있으나 핵심은 아니므로 오답이다. 3번은 우는 것도
웃는 것만큼 건강에 좋고 중요한 행동이라고 강조하고 있
으므로 정답이다. 4번은 울면 스트레스가 쌓인다는 내용
은 없으므로 오답이다.

단어 笑顔(えがお) 웃는 얼굴, 미소 | 今や(いまや) 지금은, 이제는
| 泣く(なく) 울다 | ご存じ(ごぞんじ) 알고 계심(존경어)
| 涙(なみだ) 눈물 | 守る(まもる) 보호하다, 지키다 | ほこ
り 먼지 | 流す(ながす) 흘려 보내다, 씻어 내다 | すっきり
상쾌함, 후련함 | 解消(かいしょう) 해소 | 我慢(がまん) 참
음, 인내 | 思いっきり(おもいっきり) 마음껏, 힘껏 | 大事
だ(だいじだ) 중요하다

2

[음성]
デパートでの案内放送(あんないほうそう)です。

M：本日(ほんじつ)は丸山(まるやま)デパートへご来店(らいてん)いただき、誠(まこと)
にありがとうございます。ただ今(いま)、迷子(まいご)のお
子様(こさま)をお預(あず)かりしております。3階(がい)おもちゃ
売(う)り場(ば)にて、赤(あか)いズボンに黄色(きいろ)い帽子(ぼうし)をか
ぶった4歳(さい)ぐらいの男(おとこ)の子(こ)です。お名前(なまえ)は
松田(まつだ)ユウスケ君(くん)です。今(いま)から30分(ぷん)ほど前(まえ)の
11時半頃(じはんころ)、2階(かい)のイベントホールでご両親(りょうしん)と
離(はな)れたようです。ユウスケ君(くん)のご両親(りょうしん)や知(し)り
合(あ)いの方(かた)は案内所(あんないじょ)までお越(こ)しください。

何(なん)の放送(ほうそう)ですか？

1 おもちゃ売(う)り場(ば)の案内放送(あんないほうそう)
2 迷子(まいご)の放送(ほうそう)
3 おもちゃ売(う)り場(ば)でのイベントの案内放送(あんないほうそう)
4 セールの案内放送(あんないほうそう)

[음성]
백화점의 안내 방송입니다.

M：오늘 마루야마 백화점에 내점해 주셔서 진심으로 감
사합니다. 현재, 미아를 맡고 있습니다. 3층 장난감
매장에서, 빨간 바지에 노란 모자를 쓴 4살 정도의
남자아이입니다. 이름은 마쓰다 유스케 군입니다.
지금으로부터 30분 정도 전인 11시 반쯤, 2층 이벤트
홀에서 부모님과 떨어진 것 같습니다. 유스케 군의
부모님이나 지인분은 안내소로 와 주시기 바랍니
다.

무슨 방송입니까?

1 장난감 매장의 안내 방송
2 미아 방송
3 장난감 매장에서의 이벤트 안내 방송
4 세일 안내 방송

해설 방송이 무엇에 관한 것인지 묻는 문제이다. 1번은 장난감
매장 안내가 아니라 장소 정보일 뿐이므로 오답이다. 2번
은 미아를 맡고 있으며 부모를 찾는 내용이므로 정답이
다. 3번과 4번은 언급되지 않은 내용이므로 오답이다.

단어 ご来店(ごらいてん) 내점, 가게에 옴 | 迷子(まいご) 미아,
길 잃은 아이 | 預かる(あずかる) 맡다, 보관하다 | 売り場
(うりば) 매장 | 帽子(ぼうし) 모자 | かぶる (모자 등을) 쓰
다 | 〜頃(ころ) ~경, ~정도 | 離れる(はなれる) 떨어지다,
헤어지다 | 知り合い(しりあい) 지인, 아는 사람 | 案内所
(あんないじょ) 안내소 | お越し(おこし) 오심(존경어)

3

[음성]
学校(がっこう)で、女(おんな)の学生(がくせい)と男(おとこ)の学生(がくせい)が話(はな)しています。

F：週末(しゅうまつ)、みんなで遊(あそ)びに行(い)こうっていう話(はなし)が
あるんだけど、山田君(やまだくん)も一緒(いっしょ)に行(い)こうよ。
M：どこに行(い)くの？
F：海(うみ)。1泊(ぱく)することになるんだけど、どう？一(いっ)
緒(しょ)に行(い)かない？
M：週末(しゅうまつ)だよね？僕(ぼく)、バイトがあるから土曜(どよう)はダ
メなんだ。
F：終(お)わってからは無理(むり)？日曜(にちよう)の午後(ごご)に帰(かえ)るか
ら、土曜(どよう)の夜遅(よるおそ)く来(き)ても次(つぎ)の日朝(ひあさ)から泳(およ)げ
るよ。

M：来週の月曜にテストもあるし、今回はやめ
ておく。また、今度誘ってくれないかな？

男の学生は週末旅行に行くことについてどう思
っていますか。

1　楽しそうだから行くつもりだ
2　興味がないから行かない
3　楽しそうだが行かない
4　興味はないが行くつもりだ

[음성]
학교에서 여학생과 남학생이 이야기하고 있습니다.

Ｆ：주말에 다 같이 놀러 가자는 이야기가 있는데, 야마다
　　군도 같이 가자.
Ｍ：어디로 가는데?
Ｆ：바다. 1박하게 될 텐데, 어때? 같이 안 갈래?
Ｍ：주말이지? 나 아르바이트가 있어서 토요일은 안 돼.
Ｆ：끝나고 나서는 무리? 일요일 오후에 돌아오니까, 토
　　요일 밤늦게 와도 다음 날 아침부터 수영할 수 있어.
Ｍ：다음 주 월요일에 시험도 있어서, 이번에는 그만둘게.
　　다음에 또 초대해 주지 않을래?

남학생은 주말 여행에 대해 어떻게 생각하고 있습니까?

1　재미있을 것 같아서 갈 생각이다
2　흥미가 없어서 가지 않는다
3　**재미있어 보이지만 가지 않는다**
4　흥미는 없지만 갈 생각이다

해설　남학생이 주말 여행에 대해 어떻게 생각하고 있는지를 묻
　　는 문제이다. 1번과 4번은 갈 생각이 없다고 했으므로 오
　　답이다. 2번은 관심이 없어서가 아니라 시험과 아르바이
　　트 때문에 못 가는 것이므로 오답이다. 3번은 '다음에 또
　　초대해 달라'고 했으므로 가고 싶은 마음은 있지만 이번
　　에는 패스한다고 했으므로 정답이다.

단어　〜泊(はく) ~박 | 無理(むり) 무리 | 泳ぐ(およぐ) 수영하
　　다, 헤엄치다 | 今回(こんかい) 이번 | やめる 그만두다, 안
　　하다 | 誘う(さそう) 초대하다, 꾀다 | 興味(きょうみ) 흥미
　　| 〜つもり ~할 셈, ~할 생각

문제 4　발화표현

공략문제　　　　　　　　　　　　　　　p.294

1 ①　　　　2 ②

1. 주어진 상황에 적절한 말이 무엇인지 묻는 유형

1

[음성]
患者さんが診察室に入ってきました。何と言い
ますか。

M：1 今日はどうなさいましたか。
　　2 今日はどうさせていただきましたか。
　　3 今日はどういたしましたか。

[문제집]

[음성]
환자가 진료실에 들어왔습니다. 뭐라고 말합니까?

M：1 **오늘은 어떻게 오셨습니까?**
　　2 오늘은 어떻게 하게 해 드렸습니까?
　　3 오늘은 어떻게 했습니까?

해설　존경어「なさる」를 사용해 환자에게 증상을 묻는 1번이
　　정답이다.

2

[음성]
間違って届いた宅配物を受け取りました。何と
言いますか。

Ｆ：1 これ、間違えて届きそうなんですけど。
　　2 **これ、間違えて届いたみたいなんですけど。**
　　3 これ、間違えて届いたらしいんですけど。

[음성]
잘못 배달된 택배를 받았습니다. 뭐라고 말합니까?

F : 1 이것, 잘못 배달될 것 같은데요.

2 이것, 잘못 배달된 것 같은데요.

3 이것, 잘못 배달되었다고 하던데요.

해설 잘못 배달되었다는 것을 말하고 있는 2번이 정답이다.

실전문제 ①   p.295

1 ②   **2** ①   **3** ②   **4** ③

예

[음성]
パソコンの使い方を教えています。学生に何と言いますか。

M : 1 これを知ってもいいですか。

2 これを教えてください。

3 これを押してみましょう。

[문제집]

[음성]
컴퓨터 사용법을 가르쳐 주고 있습니다. 학생에게 뭐라고 말합니까?

M : 1 이것을 알아도 괜찮아요?

2 이것을 가르쳐 주세요.

3 이것을 눌러 봅시다.

1

[음성]
ホテルの予約をしないで来ました。何と言いますか。

F : 1 空いてる部屋がいいですね。

2 空いてる部屋はありますか。

3 空いてる部屋を予約したいです。

[문제집]

[음성]
호텔 예약을 하지 않고 왔습니다. 뭐라고 말합니까?

F : 1 빈 방이 좋네요.

2 빈 방이 있습니까?

3 빈 방을 예약하고 싶습니다.

해설 호텔에 예약 없이 방문해 방이 있는지 묻는 상황이다. 빈 방이 있는지를 정중하게 확인하는 2번이 정답이다. 1번은 원하는 방을 고를 때 사용하는 표현이다. 3번은 예약을 하고 싶을 때 사용하는 표현이다.

단어 予約(よやく) 예약 | 空く(あく) 비다, 방이 있다 | 部屋(へや) 방

2

[음성]
落とし物を警察に届けました。何と言いますか。

F : 1 これが落ちていました。

2 これを落としました。

3 これに落ちたんです。

[문제집]

[음성]
분실물을 경찰에 전달했습니다. 뭐라고 말합니까?

F : **1 이것이 떨어져 있었습니다.**
　 2 이것을 떨어뜨렸습니다.
　 3 이것에 떨어졌습니다.

해설　분실물을 경찰에 전달하는 상황이다. 떨어져 있던 물건임을 알리는 1번이 정답이다. 2번은 내가 떨어뜨렸다는 표현이다.

단어　落とし物(おとしもの) 분실물, 습득물 | 警察(けいさつ) 경찰 | 届ける(とどける) 신고하다, 전해주다, 닿게 하다 | 落ちる(おちる) 떨어지다 | 落とす(おとす) 떨어뜨리다

3

[음성]
友達の家に電話をかけました。何と言いますか。

M : 1 もしもし、誰もいませんね。
　 2 もしもし、田中と申します。
　 3 もしもし、田中は家にいません。

[문제집]

[음성]
친구의 집에 전화를 걸었습니다. 뭐라고 말합니까?

M : 1 여보세요, 아무도 없네요.
　 2 여보세요, 다나카라고 합니다.
　 3 여보세요, 다나카는 집에 없습니다.

해설　친구의 집에 전화를 거는 상황이다. 申す는 言う의 겸양어로, 자신의 신분을 밝히는 표현이므로 2번이 정답이다.

1번은 전화를 건 사람이 할 말이 아니다. 3번은 전화를 받는 사람이 하는 표현이다.

단어　電話をかける(でんわをかける) 전화를 걸다 | 申す(もうす) 말하다, ~라고 하다(겸양어) | 誰も(だれも) 아무도

4

[음성]
相手にサインしてほしい時、何と言いますか。

M : 1 ここでサインをもらってください。
　 2 ここにサインさせていただきます。
　 3 ここにサインをお願いします。

[문제집]

[음성]
상대방에게 서명을 받고 싶을 때, 뭐라고 말합니까?

M : 1 여기서 사인을 받아 주세요.
　 2 여기에 사인을 하겠습니다.
　 3 여기에 사인 부탁드립니다.

해설　상대에게 서명을 부탁하는 상황이다. お願いします는 부탁할 때 공손하게 요청하는 표현이므로 3번이 정답이다. 2번의 사역형＋ていただく는 겸양표현으로, 내가 서명하겠다는 뜻이다.

단어　相手(あいて) 상대방 | いただく 받다(겸양어)

실전문제 ②　　　　　　　　　　p.298

1 ①　　　**2** ③　　　**3** ①　　　**4** ②

1

[음성]
バスで席を譲ってもらいました。何と言いますか。

F : **1 どうも。助かりました。**
　 2 とてもご苦労さまです。
　 3 本当にお疲れさまです。

[음성]
버스에서 자리를 양보받았습니다. 뭐라고 말합니까?

F : 1 정말 고맙습니다. 도움이 됐어요.
　　2 수고가 많으십니다.
　　3 정말 고생 많으셨습니다.

해설　버스에서 자리를 양보받은 상황이다. 감사 인사를 하는
　　　1번이 정답이다. 2번은 상대의 노고를 위로하는 표현이
　　　다. 3번은 상대가 고생했다는 의미이다.

단어　席(せき) 좌석, 자리 | 譲る(ゆずる) 양보하다 | 助かる(た
　　　すかる) 도움이 되다, 살다 | 苦労(くろう) 수고, 고생

2

[음성]
友達の家に遊びに行って、玄関で靴を脱いでい
ます。何と言いますか。

F : 1 いらっしゃいませ。
　　2 ごめんください。
　　3 お邪魔します。

[문제집]

[음성]
친구의 집에 놀러 가서, 현관에서 신발을 벗고 있습니다.
뭐라고 말합니까?

F : 1 어서 오세요.
　　2 계세요?
　　3 실례하겠습니다.

해설　친구의 집에 놀러 간 상황이다. お邪魔します는 남의 집
　　　에 들어갈 때의 인사말이므로 3번이 정답이다. 1번은 집

주인이 손님을 맞이할 때 사용하는 표현이다. 2번은 집
안에 사람이 있는지 확인할 때 쓰는 표현이다.

단어　玄関(げんかん) 현관 | 靴(くつ) 신발 | 脱ぐ(ぬぐ) (옷, 신
　　　발 등을) 벗다 | いらっしゃいませ 어서 오세요 | ごめんく
　　　ださい 계십니까, 실례합니다 | お邪魔します(おじゃまし
　　　ます) 실례하겠습니다

3

[음성]
店員がお客さんに商品を手渡します。何と言い
ますか。

M : 1 こちらでお間違いないでしょうか。
　　2 こちら、いただきますね。
　　3 それ、もらってもいいですか。

[문제집]

[음성]
점원이 손님에게 상품을 건네 줍니다. 뭐라고 말합니까?

M : 1 이것이 맞으세요?
　　2 이거, 받겠습니다.
　　3 그거, 받아도 될까요?

해설　점원이 손님에게 상품을 건네는 상황이다. 정중하게 확인
　　　하는 표현인 1번이 정답이다. 2번은 물건을 받을 때 쓰는
　　　표현이다. 3번은 받아도 되는지 묻는 표현이다.

단어　手渡す(てわたす) 건네주다 | 間違い(まちがい) 틀림, 실수,
　　　잘못 | いただく 받다(겸양어)

4

[음성]
道を歩いていて知らない人に写真を撮ってほし
いと頼みたいです。何と言いますか。

M : 1 ちょっと、写真を撮らせてもらいますね。
　　2 すみません、写真を撮っていただけますか。
　　3 あなた、これで私たちの写真を撮りなさい。

[문제집]

[음성]

길을 걷다가 모르는 사람에게 사진을 찍어 달라고 부탁하고 싶습니다. 뭐라고 말합니까?

M : 1 잠깐, 사진 좀 찍겠습니다.
    2 죄송하지만, 사진을 찍어 주시겠습니까?
    3 당신, 이걸로 우리 사진을 찍으세요.

해설   길에서 모르는 사람에게 사진을 찍어 달라고 부탁하는 상황이다. 동사 て형＋ていただけますか는 정중하게 요청하는 표현이므로 2번이 정답이다. 1번은 사역형＋てもらう로 스스로 찍겠다는 표현이다. 3번의 동사의 ます형＋なさい는 명령할 때 쓰는 표현이다.

단어   歩く(あるく) 걷다 ｜ 知らない人(しらないひと) 모르는 사람 ｜ 撮る(とる) (사진을) 찍다 ｜ 頼む(たのむ) 부탁하다 ｜ ～なさい ~하세요(명령형)

실전문제 ③   p.301

1 ②   **2** ①   **3** ③   **4** ②

1

[음성]

先輩が忙しそうなので、手伝ってあげたいです。何と言いますか。

M : 1 あのう、手伝ってほしいんですか。
    2 あのう、私に何かできることはありませんか。
    3 あのう、役に立つと思いますか。

[문제집]

[음성]

선배가 바쁜 것 같아서, 도와주고 싶습니다. 뭐라고 말합니까?

M : 1 저기, 도와주길 원하나요?
    2 저기, 제가 뭔가 할 수 있는 것이 없을까요?
    3 저기, 도움이 된다고 생각합니까?

해설   선배에게 도움이 필요한지 묻는 상황이다. 필요한 것이 있는지 공손하게 묻는 2번이 정답이다. 1번은 도움이 필요한지 확인하는 경우 어색한 표현이다. 3번은 자신이 도움이 되는지 묻는 표현이다.

단어   先輩(せんぱい) 선배 ｜ 忙しい(いそがしい) 바쁘다 ｜ 手伝う(てつだう) 돕다 ｜ 役に立つ(やくにたつ) 도움이 되다, 쓸모가 있다

2

[음성]

会社に知らない人から電話がかかってきました。相手の名前を聞きたいです。何と言いますか。

F : 1 失礼ですが、お名前をお伺いしてもよろしいでしょうか。
    2 失礼ですが、先に名前を言わせていただきます。
    3 失礼ですが、誰なのか申してもらえますでしょうか。

[문제집]

[음성]

회사에 모르는 사람으로부터 전화가 걸려 왔습니다. 상대방의 이름을 묻고 싶습니다. 뭐라고 말합니까?

F : 1 실례지만, 성함을 여쭤봐도 괜찮을까요?
    2 실례지만, 먼저 제 이름을 말씀드리겠습니다.
    3 실례지만, 누구신지 말씀드려 주시겠습니까?

해설   회사에서 모르는 사람에게 전화가 왔을 때 상대방의 이름을 묻는 상황이다. 伺う는 聞く, 尋ねる의 겸양어로, 정중하게 성함을 여쭙는 표현이므로 1번이 정답이다. 3번은

申す가 言う의 겸양어로 상대방에게 이름을 묻는 경우에
사용할 수 없는 표현이다.

단어 知らない人(しらないひと) 모르는 사람 | 相手(あいて) 상
대방 | 失礼(しつれい) 실례 | 伺う(うかがう) 여쭙다(겸양
어) | よろしい 좋다, 괜찮다(いい의 정중한 표현) | 申す(も
うす) 말하다(겸양어)

3

[음성]
試験に合格したので、先生にお礼のあいさつを
したいです。何と言いますか。

M：1 今回合格なさいました。
　　2 今回はおめでとうございます。
　　3 おかげさまで、受かりました。

[문제집]

[음성]
시험에 합격해서, 선생님께 감사 인사를 하고 싶습니다.
뭐라고 말합니까?

M：1 이번에 합격하셨습니다.
　　2 이번에는 축하드립니다.
　　3 덕분에 합격했습니다.

해설 합격 후 선생님께 감사 인사를 하는 상황이다. 감사의 뜻
　　을 전하는 3번이 정답이다. 1번은 상대방이 합격한 것을
　　높여 말하는 표현이다. 2번은 축하를 전하는 표현이다.

단어 試験(しけん) 시험 | 合格(ごうかく) 합격 | お礼(おれい)
　　감사 인사 | あいさつ 인사 | 受かる(うかる) 합격하다, 붙다
　　| おかげさまで 덕분에

4

[음성]
目上の人に相談をしました。そのあと何と言い
ますか？

F：1 お忙しいところ、話を聞かれました。
　　2 お忙しい中、お時間をいただき、ありがと
　　　うございました。
　　3 お忙しいのに、召し上がってくださって
　　　ありがとうございました。

[문제집]

[음성]
윗사람에게 상담을 했습니다. 그 후 뭐라고 말합니까?

F：1 바쁘신 와중에, 이야기를 들으셨습니다.
　　2 바쁘신 중에 시간을 내주셔서 감사합니다.
　　3 바쁘신데도 드셔 주셔서 감사합니다.

해설 상담 후 감사 인사를 드리는 상황이다. 시간을 내준 것에
　　대한 감사 표현이므로 정답은 2번이다. 1번은 상대가 이
　　야기를 들으셨다고 단순히 높여 말하는 표현이다. 3번은
　　召し上がる는 食べる, 飲む의 존경어 표현이다.

단어 目上の人(めうえのひと) 윗사람 | 相談(そうだん) 상담 |
　　お忙しいところ(おいそがしいところ) 바쁘신 와중에 | い
　　ただく 받다, (시간을) 내주시다(겸양어) | 召し上がる(めし
　　あがる) 드시다(존경어)

문제 5 즉시응답

공략문제　　　　　　　　　　　　　　　p.306

1 ①　　　2 ②　　　3 ①　　　4 ③　　　5 ②
6 ③

1. 상대방의 발언에 대해 적절한 대답이 무엇인지 묻는 유형

1

[음성]
F：今、少々お時間よろしいでしょうか。

[음성]

M：1 はい、どうしたんですか。

2 えっと、今9時半ですね。

3 時計ならあっちにありますよ。

[음성]

F：지금 잠시 시간 괜찮으실까요?

M：1 네, 무슨 일이에요?

2 저기, 지금 9시 반이네요.

3 시계라면 저쪽에 있어요.

해설 상대가 시간이 괜찮은지 물었으므로, 긍정과 함께 용건이 무엇인지 묻는 1번이 정답이다.

2

[음성]

M：悪いんだけど、この資料のコピーをお願いできるかな？

F：1 本当にそれはよくないですね。

2 はい、すぐにしますね。

3 この資料、面白いですね。

[음성]

M：미안한데, 이 자료 복사 좀 부탁할 수 있을까?

F：1 정말 그건 좋지 않네요.

2 네, 바로 하겠습니다.

3 이 자료, 재미있네요.

해설 자료 복사를 부탁받았으므로 부탁을 수락하는 2번이 정답이다.

2. 올바른 경어표현, 인사표현이 무엇인지 묻는 유형

3

[음성]

F：ごめんください。

M：1 はい、少しお待ちください。

2 いえいえ、とんでもございません。

3 こちらこそ。どういたしまして。

[음성]

F：실례합니다.

M：1 네, 잠시만 기다려 주세요.

2 아닙니다, 터무니없습니다.

3 저야말로요. 천만에요.

해설 여자의 방문에 잠시 기다려 달라고 하는 1번이 정답이다.

4

[음성]

F：おかげさまで無事退院できました。

M：1 はい、ありがとうございました。

2 私のお見舞いのおかげですよね。

3 いえいえ。退院できてよかったですね。

[음성]

F：덕분에 무사히 퇴원할 수 있었습니다.

M：1 네, 감사합니다.

2 제 병문안 덕분이죠?

3 아닙니다. 퇴원할 수 있어서 다행이네요.

해설 퇴원했다는 소식에 퇴원을 기뻐하는 3번이 정답이다.

3. 혼동을 주는 발음이나 동음이의어의 함정이 있는 유형

5

[음성]

M：さっき美容院に行ってきたんだ。

F：1 えっ？病院はなんで？

2 髪切ったんだね。似合ってると思う。

3 これから予約するの？何時に？

[음성]

M：아까 미용실에 다녀왔어.

F：1 뭐? 병원은 왜?

2 머리 잘랐구나. 잘 어울린다고 생각해.

3 지금 예약하려는 거야? 몇 시에?

해설 미용실에 다녀왔다는 말에 머리 잘랐냐고 묻는 2번이 정답이다. 미용실(びょういん)을 병원(びょういん)으로 잘못 들을 수 있으니 주의하자.

[음성]

F：私、価値観が似てる人と結婚したいんだ。

M：1 へえ、勝ち負けが大事なんだね。
　　2 そうなの？結婚おめでとう。
　　3 うんうん。僕も同じ考えだよ。

[음성]

F：나, 가치관이 비슷한 사람이랑 결혼하고 싶어.

M：1 헤에, 승부가 중요하다는 거네.
　　2 그래? 결혼 축하해.
　　3 응응. 나도 같은 생각이야.

해설　가치관이 비슷한 사람과 결혼하고 싶다는 말에 동의하는 3번이 정답이다.

실전문제 ①　　　　　　　　　　　p.307

| **1** ② | **2** ① | **3** ② | **4** ① | **5** ② |
| **6** ② | **7** ③ | **8** ① | **9** ③ | |

예

[음성]

F：すみません、今、少しよろしいでしょうか。

M：1 それがまだだめなんですよ。
　　2 あ、それはあとでですよ。
　　3 ええ、どうしたんですか。

[음성]

F：실례합니다, 지금 잠시 괜찮으세요?

M：1 그게 아직 안 돼요.
　　2 아, 그것은 나중에예요.
　　3 네, 무슨 일이세요?

1

[음성]

F：申し訳ありませんが、美術館内での撮影は
　　お断りしております。

M：1 あ、どうも。
　　2 あ、すみません。
　　3 あ、どういうことですか。

[음성]

F：죄송하지만, 미술관 안에서는 촬영을 삼가 주시기 바랍니다.

M：1 아, 감사합니다.
　　2 아, 죄송합니다.
　　3 아, 무슨 일이십니까?

해설　촬영을 삼가 달라는 말에 대한 대답을 고르는 문제이다. 주의를 듣고 사과하는 표현인 2번이 정답이다. 1번은 감사 인사 등으로 주로 사용되는 표현이다.

단어　申し訳ない(もうしわけない) 죄송하다, 미안하다 ㅣ 美術館(びじゅつかん) 미술관 ㅣ 撮影(さつえい) 촬영 ㅣ 断る(ことわる) 거절하다

2

[음성]

M：どのようなご用件でしょうか。

F：1 面接に参りました山下と申します。
　　2 先生にご覧になりたいのですが。
　　3 こちらから伺いたいと思います。

[음성]

M：어떤 용건이신가요?

F：1 면접을 보러 온 야마시타라고 합니다.
　　2 선생님을 보시고 싶은데요.
　　3 이쪽에서 찾아뵙고자 합니다.

해설　용건을 묻는 말에 대한 대답을 고르는 문제이다. 行く・来る의 겸양어 参る를 사용해 자신의 용무를 밝히는 1번이 정답이다. 2번은 見る의 존경어 ご覧になる가 사용된 표현이다.

단어　用件(ようけん) 용건 ㅣ 面接(めんせつ) 면접 ㅣ 参る(まいる) 가다, 오다(겸양어) ㅣ 申す(もうす) 말하다(겸양어) ㅣ ご覧になる(ごらんになる) 보시다(존경어) ㅣ 伺う(うかがう) 듣다, 여쭙다, 찾아뵙다(겸양어)

[음성]

M：すみませんが、残った料理を包んでもらえますか。

F：1 はい、ここで包んでください。
2 はい、少々お待ちください。
3 はい、包んでいただけましたよ。

[음성]

M : 죄송하지만, 남은 음식을 싸 주실 수 있을까요?

F : 1 네, 여기서 싸 주세요.
2 네, 잠시만 기다려 주세요.
3 네, 싸 주셨어요.

해설 남은 음식을 싸 달라는 요청에 대한 대답을 고르는 문제이다. 잠시만 기다려 달라고 말하는 2번이 정답이다. 3번은 もらう의 겸양어 いただく가 사용되었으며 상대방이 싸 주었다는 뜻이 된다.

단어 残る(のこる) 남다 | 包む(つつむ) 싸다, 포장하다 | 少々(しょうしょう) 잠시, 조금 | 待つ(まつ) 기다리다

4

[음성]

F：先生、ここがよく分からないんですけど。

M：1 どれどれ、これは難しいな。
2 どれを教えてくれるのかな。
3 どれも説明してくれなかったな。

[음성]

F : 선생님, 여기를 잘 모르겠는데요.

M :1 **어디 보자, 이건 어렵네.**
2 어느 걸 가르쳐 주려나?
3 어느 것도 설명해 주지 않았네.

해설 학생이 모르는 부분을 질문했을 때의 대답을 고르는 문제이다. '어디 보자…'라고 도와주기 위해 내용을 확인하려는 1번이 정답이다. 2번과 3번의 てくれる는 상대방이 뭔가를 해줄 때 사용하는 표현이다.

단어 分かる(わかる) 알다, 이해하다 | どれどれ 어디 보자 | 難しい(むずかしい) 어렵다 | 説明(せつめい) 설명

[음성]

M：今日はいい天気ですね。どこかにおでかけですか。

F：1 ええ、天気がいいのでお洗濯をしようと思ってます。
2 ええ、子供を連れて公園までお散歩なんです。
3 ええ、きっと明日もいいお天気でしょうね。

[음성]

M : 오늘은 날씨가 좋네요. 어디 외출하시나요?

F :1 네, 날씨가 좋아서 빨래를 하려고 생각합니다.
2 네, 아이를 데리고 공원까지 산책이요.
3 네, 분명 내일도 좋은 날씨겠죠.

해설 어디 외출하느냐는 질문에 대한 대답을 고르는 문제이다. 실제 외출 목적을 말하는 2번이 정답이다.

단어 出かける(でかける) 외출하다, 나가다 | 洗濯(せんたく) 세탁, 빨래 | 連れる(つれる) 데리고 가(오)다 | 散歩(さんぽ) 산책

[음성]

F：友達に卒業のプレゼントしたいんだけど、どんなものをあげたらいいと思う？

M：1 うん、それにしよう。
2 気持ちが伝われば、何でもいいんじゃない？
3 私もあげたことがあるよ。

[음성]

F : 친구한테 졸업 선물을 하고 싶은데, 어떤 것을 주면 좋겠다고 생각해?

M : 1 응, 그걸로 하자.
2 마음이 전해진다면 뭐든 괜찮지 않을까?
3 나도 준 적 있어.

해설 졸업 선물로 어떤 것이 좋을지 묻는 질문에 대한 대답을 고르는 문제이다. 졸업 선물에 대한 조언을 하는 2번이 정답이다.

단어 卒業(そつぎょう) 졸업 | あげる 주다 | 気持ち(きもち) 마음, 기분 | 伝わる(つたわる) 전해지다

7

[음성]

F：お母さんはお元気でいらっしゃいますか。

M：1 こちらこそ、お世話になっております。
　　2 今、こちらに向かっているそうです。
　　3 はい、おかげさまで。

[음성]

F：어머님은 잘 지내고 계신가요?

M：1 저야말로 신세 지고 있습니다.
　　2 지금 이쪽으로 향하고 있다고 합니다.
　　3 네, 덕분입니다.

해설 가족의 안부를 묻는 질문에 대한 대답을 고르는 문제이다. おかげさまで는 상대방이 안부를 물을 때의 인사말이므로 3번이 정답이다. 1번은 상대방에게 신세 지고 있을 때 쓰는 인사이다.

단어 いらっしゃる 계시다, 오시다, 가시다(존경어) | お世話になる(おせわになる) 신세 지다 | 向かう(むかう) 향하다 | おかげさまで 덕분에

8

[음성]

M：ご予約ありがとうございます。何名様でしょうか。

F：1 ４人です。
　　2 ２人いらっしゃいます。
　　3 ５人以上は無理です。

[음성]

M：예약해 주셔서 감사합니다. 몇 분이십니까?

F：**1 4명입니다.**
　　2 2분 계십니다.
　　3 5명 이상은 무리입니다.

해설 몇 명인지 묻는 질문에 대한 대답을 고르는 문제이다. 정확하게 인원수를 말하는 1번이 정답이다. 2번은 있다의 존경어 いらっしゃる를 사용해 다른 사람이 몇 명 계시다고 할 때 쓰는 표현이다.

단어 予約(よやく) 예약 | ～名様(めいさま) ~분(인원수 존칭) | 以上(いじょう) 이상 | 無理(むり) 무리

9

[음성]

F：全部で58,000円になります。

M：1 私もそれくらい稼げますよ。
　　2 全部払ってくれるんですか。
　　3 クレジットカードは使えますか。

[음성]

F：전부 합해서 58,000엔입니다.

M：1 저도 그 정도는 벌 수 있어요.
　　2 전부 지불해 주시는 건가요?
　　3 신용카드 사용 가능합니까?

해설 계산 금액을 들었을 때의 대답을 고르는 문제이다. 결제 방법을 묻는 3번이 정답이다.

단어 全部(ぜんぶ) 전부 | 稼ぐ(かせぐ) (돈을) 벌다 | 払う(はらう) 지불하다, 내다 | クレジットカード 신용카드

실전문제 ②　　　　　　　　　　p.308

| 1 ① | 2 ① | 3 ③ | 4 ① | 5 ① |
| 6 ③ | 7 ② | 8 ② | 9 ① | |

1

[음성]

F：明日の飲み会、田中さんも来るのかな。

M：1 うん、参加するって言ってたよ。
　　2 さあ、行けたらいいけどね。
　　3 いや、来なかったらしいよ。

[음성]

F：내일 회식, 다나카 씨도 올까?

M：**1 응, 참가한다고 말했어.**
　　2 글쎄, 갈 수 있으면 좋겠는데.
　　3 아니, 안 왔던 것 같아.

해설 회식에 다나카 씨가 오는지 묻는 질문에 대한 대답을 고르는 문제이다. 참가한다고 알려주는 1번이 정답이다. 2번은 갈 수 있으면 좋겠다는 표현이고, 3번은 이미 지나간 일처럼 말해 상황에 맞지 않는다.

단어 飲み会(のみかい) 회식, 술자리 | 参加(さんか) 참가 | 言う(いう) 말하다 | 行く(いく) 가다

2

[음성]

F：昨日のサッカーの試合、見た？

M：1 うん、最後までドキドキしたね。
　　2 いや、出られなくてずっとベンチにいたんだ。
　　3 そっか、サッカーが特技だったんだね。

[음성]

F : 어제 축구 경기 봤어?

M : 1 응, 마지막까지 두근두근했지.
　　2 아니, 출전 못 하고 계속 벤치에 있었어.
　　3 그렇구나, 축구가 특기였구나.

해설 축구 경기를 봤는지 묻는 질문에 대한 대답을 고르는 문제이다. 시청한 소감을 말하는 1번이 정답이다. 2번은 선수가 경기 출전에 대해 말하는 표현이라 상황에 맞지 않는다.

단어 試合(しあい) 시합, 경기 ┃ ドキドキ 두근두근 ┃ 出る(でる) 나가다, (경기에) 출전하다 ┃ ベンチ 벤치 ┃ 特技(とくぎ) 특기

3

[음성]

F：すみません、この席、空いてますか。

M：1 今日はもう開店したみたいですね。
　　2 いいえ、まだ相手は来てないんです。
　　3 ええ、どうぞお座りください。

[음성]

F : 실례합니다, 이 자리, 비어 있나요?

M : 1 오늘은 벌써 개점한 것 같네요.
　　2 아니요, 아직 상대가 안 왔어요.
　　3 네, 앉으세요.

해설 자리가 비었는지 묻는 질문에 대한 대답을 고르는 문제이다. 자리를 안내하는 3번이 정답이다. 2번은 '상대가 안 왔다'라고 하여 자리가 비었다는 의미가 아니다.

단어 席(せき) 자리, 좌석 ┃ 空く(あく) 비다 ┃ 開店(かいてん) 개점 ┃ 相手(あいて) 상대 ┃ どうぞ 부디, 어서 ┃ 座る(すわる) 앉다

4

[음성]

F：このレポート、今日中に出さないといけないんだ。

M：1 それは大変だね。頑張って。
　　2 期限にまだ余裕があるんだね。
　　3 さすがだね。もう終わったの？

[음성]

F : 이 리포트, 오늘 중으로 내야 해.

M : 1 그거 큰일이네. 힘내.
　　2 기한까지 아직 여유가 있구나.
　　3 역시네. 벌써 끝냈어?

해설 리포트를 오늘 제출해야 한다는 말에 대한 대답을 고르는 문제이다. 격려하는 1번이 정답이다. 3번은 이미 끝냈다고 전제하는 말이므로 상황에 맞지 않는다.

단어 今日中(きょうじゅう) 오늘 중 ┃ 出す(だす) 내다, 제출하다 ┃ 期限(きげん) 기한 ┃ 余裕(よゆう) 여유 ┃ さすが 역시 ┃ 終わる(おわる) 끝내다

5

[음성]

F：あの人、どこかで会ったことある気がするんだけど…。

M：1 先週のパーティーに来てたんじゃない。
　　2 どこで会うことにしたの。
　　3 場所を早く教えてあげたほうがいいよ。

[음성]

F : 저 사람, 어디선가 본 적 있는 기분이 드는데….

M : 1 지난주 파티에 왔던 거 아니야?
　　2 어디서 만나기로 했어?
　　3 장소를 빨리 알려주는 게 좋아.

해설 누군가를 본 적 있는 것 같다는 말에 대한 대답을 고르는 문제이다. 지난주 파티에서 본 사람이 아닌지 하고 이유를 알려주는 1번이 정답이다.

단어 気がする(きがする) 기분이 들다, 느낌이 나다 ┃ 場所(ばしょ) 장소 ┃ 教える(おしえる) 알려주다, 가르치다

6

[음성]

F：あれ、傘を忘れちゃったみたい。

M：1 じゃあ、警察に聞いてみようか。
　　2 じゃあ、そんなことはすぐに忘れて。
　　3 じゃあ、私のを一緒に使おう。

[음성]

F：어, 우산을 잊고 온 것 같아.

M：1 그럼, 경찰에 물어볼까?
　　2 그럼, 그런 건 바로 잊어버려.
　　3 그럼, 내 거 같이 쓰자.

해설 우산을 두고 왔다는 말에 대한 대답을 고르는 문제이다. 함께 사용할 것을 제안하는 3번이 정답이다. 忘れる는 '잊다, 깜빡하다' 외에도 '두고 오다'라는 뜻도 있으므로 주의하자. 1번은 분실 신고 상황일 때 사용한다. 2번의 忘れる는 '잊다, 깜빡하다'라는 뜻으로 쓰인 표현이다.

단어 忘れる(わすれる) 잊다, 깜빡하다 | 警察(けいさつ) 경찰 | 聞く(きく) 묻다, 듣다 | 一緒に(いっしょに) 같이, 함께 | 使う(つかう) 쓰다, 사용하다

7

[음성]

F：新しいアルバイト、もう慣れた？

M：1 うん、ずっとやりたかったカフェで始めたんだ。
　　2 うん、少しずつ仕事が分かってきたよ。
　　3 うん、まだ学生だから正社員は無理だよ。

[음성]

F：새 아르바이트, 이제 익숙해졌어?

M：1 응, 예전부터 하고 싶었던 카페에서 시작했어.
　　2 응, 조금씩 일을 알게 됐어.
　　3 응, 아직 학생이라 정사원은 무리야.

해설 새 아르바이트에 익숙해졌는지 묻는 질문에 대한 대답을 고르는 문제이다. 조금씩 일을 이해하게 되었다고 소감을 말하는 2번이 정답이다.

단어 慣れる(なれる) 익숙해지다 | 始める(はじめる) 시작하다 | 分かる(わかる) 알다, 이해하다 | 正社員(せいしゃいん) 정사원 | 無理(むり) 무리

8

[음성]

F：ごめん、待たせちゃった？

M：1 こっちこそ待たれてごめん。
　　2 ううん、僕も今来たところだよ。
　　3 本当にだいぶ待たされたんじゃない？

[음성]

F：미안, 기다리게 했어?

M：1 나야말로 기다리게 해서 미안.
　　2 아니야, 나도 방금 왔어.
　　3 정말 꽤 오래 기다린 거 아니야?

해설 기다리게 해서 사과하는 말에 대한 대답을 고르는 문제이다. 나도 방금 왔다고 배려하는 2번이 정답이다. 1번은 수동형, 3번은 사역수동형을 사용한 어색한 표현이다.

단어 待つ(まつ) 기다리다 | だいぶ 꽤, 상당히

9

[음성]

F：昨日のプレゼン、どうだった？

M：**1 緊張したけど、うまくいったよ。**
　　2 緊張した割には、ちょっと惜しかったよ。
　　3 緊張のあまり、結構話せたと思う。

[음성]

F：어제 프레젠테이션, 어땠어？

M：**1 긴장했지만 잘됐어.**
　　2 긴장한 것 치고는 좀 아쉬웠어.
　　3 너무 긴장한 나머지, 꽤 말했다고 생각해.

해설 발표가 어땠는지 묻는 질문에 대한 대답을 고르는 문제이다. 긍정적인 결과를 말하는 1번이 정답이다. 2번의 割には(~치고는)라는 표현은 기대를 밑도는 경우에 사용하는 표현이다. 3번은 あまり라는 표현이 '~한 나머지'라는 뜻을 나타내기 때문에 문맥에 맞지 않는다.

단어 緊張(きんちょう) 긴장 | うまくいく 잘 되다, 순조롭다 | 惜しい(おしい) 아깝다 | ～あまり ~한 나머지 | 結構(けっこう) 꽤, 제법

실전문제 ③

p.309

1 ②	**2** ③	**3** ①	**4** ②	**5** ③
6 ③	**7** ①	**8** ③	**9** ②	

1

[음성]

F：さっきの迷子の女の子、お母さん見つかったかな？

M：1 多分さっき見たんじゃない。
2 本当。心配だよね。
3 見つけるの大変だったって。

[음성]

F：아까의 미아 여자아이, 엄마를 찾았을까?

M：1 아마 아까 본 거 아니야?
2 정말. 걱정이네.
3 찾는 거 힘들었대.

해설 길 잃은 아이가 엄마를 찾았는지 궁금해하는 말에 대한 대답을 고르는 문제이다. 걱정된다고 공감하는 2번이 정답이다.

단어 迷子(まいご) 미아 | 見つかる(みつかる) 찾게 되다, 발견되다 | 多分(たぶん) 아마 | 心配(しんぱい) 걱정 | 見つける(みつける) 찾다, 발견하다

2

[음성]

F：先輩、ちょっとここが分からないんですけど。

M：1 誰に聞いても、無駄だからね。
2 誰に聞いたか教えてくれ。
3 悪いけど、後にしてもらえるかな。

[음성]

F：선배, 여기를 좀 모르겠는데요.

M：1 누구한테 물어봐도 소용없으니까.
2 누구한테 물어봤는지 알려 줘.
3 미안하지만, 나중에 해도 될까?

해설 모르는 부분을 질문 받았을 때의 대답을 고르는 문제이다. 미안하지만 나중에 해도 되는지 정중하게 거절하는 3번이 정답이다. 2번의 ～てくれ는 손아랫사람에게 뭔가를 해달라고 하는 표현이다.

단어 聞く(きく) 묻다, 듣다 | 無駄だ(むだだ) 소용없다, 헛되다 | 後(あと) 나중

3

[음성]

F：木村さん、昨日送ってくれた資料、頑張ったかいがあったわね。

M：1 それもこれも先輩のおかげです。
2 そんなこと聞いたことありません。
3 がんばってくださり、ありがとうございます。

[음성]

F：기무라 씨, 어제 보내 준 자료, 노력한 보람이 있었네.

M：**1 이 모든 게 선배님 덕분입니다.**
2 그런 말은 들어 본 적이 없습니다.
3 노력해 주셔서 감사합니다.

해설 자료를 칭찬받았을 때의 대답을 고르는 문제이다. 감사와 겸손함을 나타내는 1번이 정답이다. 3번은 くれる의 존경어 くださる가 사용되어, 상대가 애쓴 것에 대해 감사하는 표현이다.

단어 送る(おくる) 보내다 | 資料(しりょう) 자료 | 甲斐(かい) 보람, 효과

4

[음성]

F：このケーキおいしすぎてやめられないわ。

M：1 そんなにまずいの？
2 えっ？俺も食べてみたい。
3 とても上手だね。

[음성]

F：이 케이크 너무 맛있어서 그만둘 수가 없어.

M：1 그렇게 맛없었어？
2 어? 나도 먹어보고 싶다.
3 정말 잘 만들었네.

해설 케이크가 너무 맛있다는 말에 대한 대답을 고르는 문제이다. 나도 먹어보고 싶다고 말하는 2번이 정답이다.

단어 やめる 그만두다, 끊다 | まずい 맛없다 | 食べる(たべる) 먹다 | 上手だ(じょうずだ) 잘하다, 능숙하다

[음성]

F：そろそろ失礼します。

M：1 もうお帰りしますか。

2 もうお帰りになりましたか。

3 もうお帰りになるんですか。

[음성]

F：이만 실례하겠습니다.

M：1 이제 돌아가시나요?

2 이미 돌아가셨나요?

3 이제 돌아가시나요?

해설 이만 가 보겠다는 인사에 대한 대답을 고르는 문제이다. 존경표현인 「お〜なる」를 사용해 '이제 돌아가시나요?'라고 확인하는 3번이 정답이다. 1번은 겸양표현인 「お〜する」를 사용한 표현이다.

단어 そろそろ 슬슬, 이제 ｜ 失礼する(しつれいする) 실례하다, 물러나다 ｜ 帰る(かえる) 돌아가다

6

[음성]

F：木村さんの息子さんはとても賢いですね。

M：1 そうですね。子供ですから仕方ありませんね。

2 とてもいたずらが好きだそうです。

3 そうですね。それにおとなしいです。

[음성]

F：기무라 씨 아드님은 정말 똑똑하네요.

M：1 그렇네요. 아이니까 어쩔 수 없죠.

2 정말 장난을 좋아한대요.

3 그렇네요. 게다가 얌전해요.

해설 기무라의 아들을 칭찬하는 말에 대한 대답을 고르는 문제이다. 긍정하면서 추가 정보를 자연스럽게 말하는 3번이 정답이다.

단어 賢い(かしこい) 똑똑하다, 현명하다 ｜ 仕方ない(しかたない) 어쩔 수 없다 ｜ いたずら 장난 ｜ おとなしい 얌전하다

[음성]

F：田中課長はいらっしゃいますか?

M：1 ただいま田中は席を外しておりまして、戻り次第連絡をさせますので。

2 はい、山本と申します。よろしくお願いいたします。

3 かしこまりました。田中には私から伝えておきます。

[음성]

F：다나카 과장님 계신가요?

M：1 지금 다나카는 자리를 비우고 있어서, 돌아오는 대로 연락드리겠습니다.

2 네, 야마모토라고 합니다. 잘 부탁드립니다.

3 알겠습니다. 다나카에게는 제가 전해 두겠습니다.

해설 다나카 과장이 있는지 묻는 질문에 대한 대답을 고르는 문제이다. 부재중임을 알리고 처리 방안을 말하는 1번이 정답이다. 일본어에서는 사내 사람을 가리킬 경우 상대방이 손윗사람이더라도 존경어를 사용하지 않는 점에 주의하자. 3번은 메시지를 전달하겠다는 말이지만, 먼저 부재 여부를 알려야 하므로 자연스럽지 않다.

단어 課長(かちょう) 과장 ｜ 席を外す(せきをはずす) 자리를 비우다 ｜ ～次第(しだい) ~하는 대로 ｜ 連絡(れんらく) 연락 ｜ 伝える(つたえる) 전하다

[음성]

F：上田さん、明日の旅行は9時出発ですよ。遅れないでくださいね。

M：1 気に入りました。

2 気づきました。

3 気をつけます。

[음성]

F：우에다 씨, 내일 여행은 9시 출발이에요. 늦지 말아 주세요.

M：1 마음에 들었습니다.

2 눈치챘습니다.

3 조심하겠습니다.

 늦지 말라는 주의를 들었을 때의 대답을 고르는 문제이
다. 조심하겠다고 약속하는 3번이 정답이다.

단어 出発(しゅっぱつ) 출발 ㅣ 遅れる(おくれる) 늦다 ㅣ 気に
入る(きにいる) 마음에 들다 ㅣ 気づく(きづく) 눈치채다, 깨
닫다 ㅣ 気をつける(きをつける) 조심하다, 주의하다

9

[음성]

M：最近、お忙しいんですか？

F：1 ええ、週に5日はお休みがあるんです。
　　2 ええ、子供が入院しまして。
　　3 ええ、好きな時に買い物したり旅行にも
　　　行けます。

[음성]

M：요즘 바쁘신가요？

F：1 네, 일주일에 5일은 휴일이 있어요.
　　2 네, 아이가 입원해서요.
　　3 네, 원할 때 쇼핑도 하거나 여행도 갈 수 있어요.

해설 바쁘냐는 질문에 대한 대답을 고르는 문제이다. 아이 입
원으로 바쁘다며 자연스럽게 이유를 말하는 2번이 정답
이다.

단어 休み(やすみ) 휴일, 쉬는 날 ㅣ 入院(にゅういん) 입원 ㅣ 買
い物(かいもの) 쇼핑, 장보기

모의고사 1회

문자·어휘

문제 1	1 ③	2 ②	3 ②	4 ①	5 ④
	6 ③	7 ①	8 ②		
문제 2	9 ③	10 ①	11 ④	12 ①	13 ③
	14 ④				
문제 3	15 ①	16 ②	17 ②	18 ③	19 ②
	20 ③	21 ①	22 ③	23 ①	24 ④
	25 ②				
문제 4	26 ④	27 ①	28 ③	29 ②	30 ②
문제 5	31 ③	32 ①	33 ③	34 ②	35 ②

문법·독해

문제 1	1 ②	2 ③	3 ③	4 ②	5 ③
	6 ②	7 ④	8 ③	9 ④	10 ④
	11 ②	12 ③	13 ②		
문제 2	14 ②	15 ②	16 ④	17 ④	18 ②
문제 3	19 ②	20 ②	21 ④	22 ①	23 ④
문제 4	24 ④	25 ②	26 ④	27 ③	
문제 5	28 ④	29 ③	30 ①	31 ④	32 ③
	33 ③				
문제 6	34 ③	35 ②	36 ③	37 ③	
문제 7	38 ④	39 ④			

청해

문제 1	1 ①	2 ④	3 ③	4 ④	5 ③
	6 ④				
문제 2	1 ④	2 ②	3 ③	4 ③	5 ④
	6 ②				
문제 3	1 ③	2 ④	3 ④		
문제 4	1 ②	2 ②	3 ③	4 ③	
문제 5	1 ③	2 ②	3 ②	4 ②	5 ②
	6 ③	7 ①	8 ③	9 ③	

문자·어휘

1

영국의 수도는 런던입니다.

해설 首都는 음독으로 읽으며, 발음은 3 しゅと이다. 두 한자 모두 단음으로 발음된다.

단어 イギリス 영국 | ロンドン 런던

2

언제 일어날지 모르는 지진에 대비해서 음식을 대량으로 샀습니다.

해설 大量는 음독으로 읽으며, 발음은 2 たいりょう이다. 量는 장음으로 발음되는 것에 주의하자.

단어 起こる(おこる) 일어나다, 발생하다 | 地震(じしん) 지진 | 備える(そなえる) 준비하다, 대비하다 | 食べ物(たべもの) 음식

3

회사의 신용카드로 무언가를 샀을 때에는 반드시 영수증을 받아주세요.

해설 領収証는 세 한자 모두 음독으로 읽으며, 발음은 2 りょうしゅうしょう이다.

단어 会社(かいしゃ) 회사 | クレジットカード 신용카드 | 必ず(かならず) 반드시, 꼭 | もらう 받다

4

1년 동안 신세를 진 하숙집 아주머니께 인사를 하고 본가로 돌아갔습니다.

해설 世話는 음독으로 읽으며, 발음은 1 せわ이다. 話의 발음을 は로 혼동하기 쉬우니 주의하자.

단어 下宿(げしゅく) 하숙 | 挨拶(あいさつ) 인사 | 実家(じっか) 본가 | 帰る(かえる) 돌아가(오)다

5

그는 그녀의 이야기를 굳게 믿고 있었습니다.

해설 堅く는 堅い(딱딱하다, 굳다)의 부사형으로 훈독으로 읽으며, 발음은 4 かたく이다.

단어 話(はなし) 이야기 | 信じる(しんじる) 믿다

6

터무니 없는 일을 부탁받아서 곤란해하고 있습니다.

해설 困って는 困る(곤란하다)의 て형으로 훈독으로 읽으며, 발음은 3 こまって이다.

단어 とんでもない 터무니없다 | 頼む(たのむ) 부탁하다

7

프로젝트 팀의 연구는 완성에 가깝습니다.

해설 完成는 음독으로 읽으며, 발음은 **1 かんせい**이다.

단어 プロジェクト 프로젝트 | チーム 팀 | 研究(けんきゅう) 연구

8

대학교로부터 입학 허가 통지가 도착했다.

해설 通知는 음독으로 읽으며, 발음은 **2 つうち**이다. 通는 장음, 知는 단음이다. ち에 탁음이 붙지 않는 것에 주의하자.

단어 大学(だいがく) 대학교 | 入学(にゅうがく) 입학 | 許可(きょか) 허가 | 届く(とどく) 도착하다, 이르다

9

밖은 춥기 때문에 스웨터 위에 카디건을 겹쳐 입었다.

해설 かさねて의 올바른 표기는 **3 重ねて**이다.

단어 外(そと) 밖 | 寒い(さむい) 춥다 | セーター 스웨터 | カーディガン 카디건

10

플라스틱 용기는 환경을 위해서 그만둡시다.

해설 ようき의 올바른 표기는 **1 容器**이다. 3번과 4번의 谷와 모양을 헷갈리지 않도록 주의하자.

단어 プラスチック 플라스틱 | 環境(かんきょう) 환경 | やめる 그만두다

11

지난 주는 잔업으로 3일이나 돌아가지 못했었습니다.

해설 ざんぎょう의 올바른 표기는 **4 残業**이다. 1번 夜勤(やきん, 야간 근무), 2번 産業(さんぎょう, 산업), 3번 漁業(ぎょぎょう, 어업)이므로 오답이다.

단어 先週(せんしゅう) 지난 주 | 帰る(かえる) 돌아가(오)다

12

스트레칭을 했더니 어깨가 가벼워졌습니다.

해설 かた의 올바른 표기는 **1 肩**이다. 2번 腰(こし, 허리), 3번 胸(むね, 가슴), 4번 額(ひたい, 이마)로, 모두 신체 부위를 가리킨다.

단어 ストレッチ 스트레칭 | 軽い(かるい) 가볍다

13

세탁물을 확실히 말리지 않으면 이상한 냄새가 납니다.

해설 ほさない의 올바른 표기는 **3 干さない**이다.

단어 洗濯物(せんたくもの) 세탁물 | 変だ(へんだ) 이상하다 | 匂い(におい) 냄새

14

아이가 던진 공이 옆집 창문을 깨 버렸다.

해설 なげた의 올바른 표기는 **4 投げた**이다.

단어 子供(こども) 아이 | 隣(となり) 옆(집) | 割る(わる) 깨다

15

많은 사람이 줄을 서서 (차례)를 기다리고 있습니다.

1 차례　　　　　　　　　　2 집중
3 번역　　　　　　　　　　4 모임

해설 문장에서 힌트는 並ぶ(줄을 서다)와 待つ(기다리다)이다. 줄을 서서 기다리는 것은 **1 順番(차례, 순번)**이다.

단어 多く(おおく) 많음 | 並ぶ(ならぶ) 줄을 서다 | 集中(しゅうちゅう) 집중 | 翻訳(ほんやく) 번역 | お集まり(おあつまり) 모임

16

나의 소중한 인형을 남동생이 어딘가에 (숨겨) 버렸다.

1 찾아　　　　　　　　　　2 숨겨
3 찾아　　　　　　　　　　4 살려

해설 문장에서 힌트는 どこかに(어딘가에)이다. どこかに와 가장 잘 어울리는 말은 **2 隠し(숨겨)**이다.

단어 大切(たいせつ) 소중하다 | 人形(にんぎょう) 인형 | 探す(さがす) 찾다 | 捜す(さがす) 찾다 | 生かす(いかす) 살리다

17

둘은 쌍둥이이기 때문에 (꼭 닮았)습니다.

1 우연히, 때마침　　　　　2 꼭 닮음
3 깊이 잠든 모양, 푹　　　4 아슬아슬

해설 문장에서 힌트는 双子(쌍둥이)이다. 쌍둥이는 외모가 비슷하므로, **2 そっくり(꼭 닮음)**가 적절하다.

단어 たまたま 우연히, 때마침 | ぐっすり 깊이 잠든 모양, 푹 | ぎりぎり 아슬아슬

18

그의 일에 대한 (적극적)인 부분을 모두 칭찬하고 있습니다.

1 일반적　　　　　　　　　2 부분적
3 적극적　　　　　　　　　4 효과적

해설 문장에서 힌트는 仕事に対する(일에 대한)와 褒めて(칭

찬하고)이다. 일에 대해 칭찬받을 행동은 **3 積極的(적극적)**이다.

단어 褒める(ほめる) 칭찬하다 | 一般的(いっぱんてき) 일반적 | 部分的(ぶぶんてき) 부분적 | 効果的(こうかてき) 효과적

19

단것을 좋아해서 초콜릿 같은 것을 보면 (가만)히 있을 수 없습니다.

1 만족	2 가만
3 휴식	4 궁리

해설 문장에서 힌트는 甘いもの(단 것), 好きで(좋아해서), チョコレート(초콜릿)이다. 좋아하는 것을 보면 **2 我慢(가만)**이 적절하다.

단어 甘い(あまい) 달다 | チョコレート 초콜릿 | 満足(まんぞく) 만족 | 休憩(きゅうけい) 휴식, 휴게 | 工夫(くふう) 궁리

20

Wi-Fi의 1일 사용(료)는 얼마입니까?

1 금	2 대
3 료	4 임

해설 문장에서 힌트는 使用(사용)와 いくら(얼마)이다. 使用(사용)과 결합되어 얼마인지 요금을 나타내는 것은 **3 料(-료, 요금)**이다.

단어 Wi-Fi(ワイファイ) 와이파이 | 使用(しよう) 사용

21

침대를 바꾸려고 생각해서 돌아가는 길에 가구 (팸플릿)을 가지고 왔습니다.

1 팸플릿	2 메시지
3 같음	4 이미지

해설 문장에서 힌트는 ベッド(침대), 替えよう(바꾸려고), とってきました(가지고 왔습니다)이다. 침대를 바꾸기 위해서 가져올 수 있는 것은 **1 パンフレット(팸플릿)**이다.

단어 ベッド 침대 | 替える(かえる) 바꾸다, 교환하다 | 帰り(かえり) 돌아가(오)는 길 | 家具(かぐ) 가구 | メッセージ 메시지 | イコール 같음 | イメージ 이미지

22

전 남자친구가 나의 고등학교 동창과 결혼한다고 하는 (소문)을 들었습니다.

1 문제	2 불평
3 소문	4 뒤, 뒷면

해설 문장에서 힌트는 〜という(〜라고 하는)와 聞く(듣다)이다. 〜という는 간접적인 정보에 해당하며 들을 수 있는

것은 **3 うわさ(소문)**이다.

단어 元カレ(もとかれ) 전 남자친구 | 高校(こうこう) 고등학교 | 同級生(どうきゅうせい) 동창, 동급생 | 結婚(けっこん) 결혼 | 問題(もんだい) 문제 | 文句(もんく) 불평 | 裏(うら) 뒤, 뒷면

23

혼자서 유학을 갔기 때문에 몇 개월은 아는 사람이 없어서 (지루)했었다.

1 지루	2 퇴원
3 조퇴	4 퇴직

해설 문장에서 힌트는 知り合いがいなくて(아는 사람이 없어서)이다. 아는 사람이 없기 때문에 느낄 수 있는 감정으로 **1 退屈(지루)**이 적절하다.

단어 留学(りゅうがく) 유학 | 知り合い(しりあい) 아는 사람 | 退院(たいいん) 퇴원 | 早退(そうたい) 조퇴 | 退職(たいしょく) 퇴직

24

눈을 (감고) 하늘을 날고 있는 것을 상상해 봐주세요.

1 멈추고	2 녹고
3 잡고	4 감고

해설 문장에서 힌트는 目(눈)이다. 눈의 행동으로 관련 있는 것은 **4 とじて(감고)**이다.

단어 想像(そうぞう) 상상 | 止まる(とまる) 멈추다 | 溶ける(とける) 녹다 | 取る(とる) 잡다, 쥐다

25

자신의 이불은 스스로 (개켜) 주세요.

1 유지해	2 개켜
3 서	4 더해

해설 문장에서 힌트는 布団(이불)이다. 이불과 가장 어울리는 말은 **2 たたんで(개켜)**이다.

단어 自分(じぶん) 자신, 나 | 布団(ふとん) 이불 | 保つ(たもつ) 유지하다 | 立つ(たつ) 서다 | 足す(たす) 더하다

26

그녀가 화낸 <u>이유</u>를 모르겠어서 편지라도 써볼까 생각하고 있습니다.

1 의식	2 이해
3 의사	4 이유

해설 わけ(이유)와 가장 비슷한 의미는 **4 理由(이유)**이다.

단어 怒る(おこる) 화내다 | 手紙(てがみ) 편지 | 意識(いしき) 의식 | 理解(りかい) 이해 | 意思(いし) 의사

저 영화를 본 사람들은 모두 <u>두려운</u> 얼굴을 하고 영화관을 나왔다.

1 무서운
2 재미있는
3 귀찮은
4 싱싱한

해설 おそろしい(두려운)와 가장 비슷한 의미는 **1 こわい(무서운)**이다.

단어 映画(えいが) 영화 | 映画館(えいがかん) 영화관 | おもしろい 재미있다 | わずらわしい 귀찮다, 번거롭다 | みずみずしい 싱싱하다

28

내일까지인 리포트의 내용이 마음이 들지 않아서 <u>다시 했다</u>.

1 버렸다
2 보내 받았다(누군가가 나에게 보내 주었다)
3 한 번 더 했다
4 연기했다

해설 やりなおした(다시 했다)는 동사 ます형+なおす가 결합된 표현으로 '다시~하다'로 해석한다. 이와 가장 비슷한 의미는 **3 もう一度やった(한 번 더 했다)**이다.

단어 レポート 리포트 | 内容(ないよう) 내용 | 気に入る(きにいる) 마음에 들다 | 捨てる(すてる) 버리다 | 送る(おくる) 보내다 | もう一度(もういちど) 한 번 더 | 延期(えんき) 연기

매일 붐비는 <u>통근</u>전철에서는 짜증이 나 버립니다.

1 사람이 많은
2 일하러 가는
3 앉을 자리가 없는
4 다른 티켓을 산

해설 通勤(통근)과 가장 비슷한 의미는 **2 仕事に行く(일하러 가는)**이다.

단어 混む(こむ) 붐비다 | 電車(でんしゃ) 전철 | イライラする 짜증이 나다 | 座る(すわる) 앉다 | 別(べつ) 다른 | チケット 티켓

건강을 생각하면 운동을 시작하는 것이 <u>가장 좋다</u>고 의사에게 들었습니다.

1 프로라
2 최고라
3 유행이라
4 아이디어라

해설 最もいい(가장 좋다)와 가장 비슷한 의미는 **2 ベストだ(최고다)**이다.

단어 健康(けんこう) 건강 | 考える(かんがえる) 생각하다 | 運

動(うんどう) 운동 | 始める(はじめる) 시작하다 | 医者(いしゃ) 의사 | プロ 프로 | ブーム 유행 | アイデア 아이디어

31

見送る 전송하다, 보류하다, 배웅하다

1 마음에 드는 치마를 <u>배웅해</u> 보았다.
2 이름을 불린 사람은, 옆방으로 <u>배웅해</u> 주세요.
3 그녀는 역까지 아버지를 <u>배웅하러</u> 갔습니다.
4 보고 싶었던 영화가 공개되어 바로 <u>배웅하러</u> 갔다.

해설 見送る는 '전송하다, 보류하다, 배웅하다'라는 뜻이므로, 駅(역), 父親(아버지)와 함께 쓰인 **3 彼女は駅まで父親を見送りに行きました(그녀는 역까지 아버지를 배웅하러 갔습니다)**가 가장 적절하다. 1번의 적절한 단어는 履いて(입어), 2번의 적절한 단어는 移動して(이동해), 4번의 적절한 단어는 観(に)(보러))이다.

단어 気に入る(きにいる) 마음에 들다 | スカート 치마 | 名前(なまえ) 이름 | 呼ぶ(よぶ) 부르다 | 隣(となり) 옆 | 部屋(へや) 방 | 駅(えき) 역 | 父親(ちちおや) 아버지 | 公開(こうかい) 공개

32

植える 심다

1 어머니는 정원에 해바라기나 장미 같은 예쁜 꽃을 <u>심고</u> 있습니다.
2 사이가 좋은 두 사람은 싸워도 바로 <u>심는다</u>.
3 그에게 줄 선물을 무엇으로 할지 <u>심고</u> 있습니다.
4 컵이 <u>심어져서</u> 다쳤습니다.

해설 植える는 '심다'라는 뜻이므로, ひまわり(해바라기), バラ(장미)와 함께 쓰인 **1 母親は庭にひまわりやバラなどきれいな花を植えています(어머니는 정원에 해바라기나 장미 같은 예쁜 꽃을 심고 있습니다)**가 가장 적절하다. 2번의 적절한 단어는 仲直りする(화해하다), 3번의 적절한 단어는 悩んで(고민하고), 4번의 적절한 단어는 割れて(깨져서)이다.

단어 母親(ははおや) 어머니 | 庭(にわ) 정원 | ひまわり 해바라기 | バラ 장미 | 仲のいい(なかのいい) 사이가 좋다 | プレゼント 선물 | コップ 컵 | けがをする 다치다

33

だるい 나른하다, 지루하다

1 이번 시험은 너무 <u>나른해서</u> 합격하지 못할지도 모른다.
2 저 가게의 우동은 매우 <u>나른해서</u> 항상 손님으로 북적인다.
3 열 때문인지 어제부터 몸이 <u>나른합니다</u>.
4 내일 새 스마트폰을 <u>나른해서</u> 기대하고 있다.

해설 だるい는 '나른하다, 지루하다'라는 뜻이므로, 体(몸)와
함께 쓰인 **3 熱のせいか昨日から体がだるいです(열
때문인지 어제부터 몸이 나른합니다)**가 가장 적절하다.
1번의 적절한 단어는 難しくて(어려워서), 2번의 적절한
단어는 おいしくて(맛있어서), 4번의 적절한 단어는 買
って(사서)이다.

단어 今回(こんかい) 이번 | 合格(ごうかく) 합격 | できる 할
수 있다 | 客(きゃく) 손님 | にぎやかだ 북적이다 | 熱(ね
つ) 열 | 体(からだ) 몸 | スマホ 스마트폰 | 楽しみ(たの
しみ) 기대

34

> ユーモア 유머
>
> 落ち着く 침착하다, 안정되다, 자리 잡다
>
> 1 지갑이 구멍에 침착했다.
> 2 화재 시 침착하게 행동하는 것이 중요하다.
> 3 전철이 역에 침착하면 연락해 주세요.
> 4 이 디자인은 팔리지 않아서, 선반에 계속 침착해 있다.

해설 落ち着く는 '침착하다, 안정되다, 자리 잡다'라는 뜻이므
로, 行動(행동)와 함께 쓰인 **2 火事の時落ち着いて行
動するのが重要だ(화재 시 침착하게 행동하는 것이
중요하다)**가 가장 적절하다. 1번의 적절한 단어는 落ち
た(떨어졌다), 3번의 적절한 단어는 着いたら(도착하면),
4번의 적절한 단어는 残って(남아)이다.

단어 財布(さいふ) 지갑 | 穴(あな) 구멍 | 火事(かじ) 화재 | 行
動(こうどう) 행동 | 重要だ(じゅうようだ) 중요하다 | 電
車(でんしゃ) 전철 | 連絡(れんらく) 연락 | デザイン 디자
인 | 売れる(うれる) (잘) 팔리다 | 棚(たな) 선반

35

> ユーモア 유머
>
> 1 아직 어린아이라서 차에는 반드시 어린이용 유머가 필
> 요합니다.
> 2 내 이상형은 유머가 있는 사람입니다.
> 3 손님의 유머에 의해, 새로운 상품을 개발합니다.
> 4 선생님과 유머를 한 후, 대학을 결정했습니다.

해설 ユーモア는 '유머'라는 뜻이므로, 理想のタイプ(이상형),
人(사람)와 함께 쓰인 **2 私の理想のタイプはユーモア
のある人です(내 이상형은 유머가 있는 사람입니다)**
가 가장 적절하다. 1번의 적절한 단어는 チャイルドシー
ト(카시트), 3번의 적절한 단어는 意見(의견), 4번의 적
절한 단어는 相談(상담)이다.

단어 必ず(かならず) 반드시 | 子供用(こどもよう) 어린이용 |
理想のタイプ(りそうのタイプ) 이상형 | お客さん(おき
ゃくさん) 손님 | 新しい(あたらしい) 새롭다 | 商品(しょ
うひん) 상품 | 開発(かいはつ) 개발 | 大学(だいがく) 대
학 | 決める(きめる) 결정하다

1

> 새로 생긴 서점에는 책 (외에도) CD나 DVD 등도 팔고
> 있다.
>
> 1 のくせに 인 주제에
> 2 のほかに 외에도
> 3 に対して 에 대해서, 에 반해
> 4 につれて 에 따라

해설 서점에서 파는 것을 말하는 상황이다. '책'과 'CD나 DVD
등도'를 자연스럽게 연결할 수 있는 표현이 필요하므로
다른 내용을 더해서 설명하는 표현인 **2 のほかに(외에
도)**가 정답이다.

단어 新しい(あたらしい) 새롭다 | 売る(うる) 팔다

2

> 부모가 되고 나서야, 아이를 키우는 것이 얼마나 (힘든지)
> 알게 되었다.
>
> 1 大変なのが 힘든 것이
> 2 大変が ×
> 3 大変か 힘든지
> 4 大変かどうか 힘든지 어떤지

해설 '얼마나'와 '알게 되었다'를 자연스럽게 연결할 수 있는
표현이 필요하다. どれだけ 〜か는 '얼마나 〜인지'라는
뜻이므로, **3 大変か(힘든지)**가 정답이다. かどうか는 원
칙적으로 의문사(どれだけ, いつ, なに 등)와는 함께 쓰
이지 않으므로 정답이 될 수 없다.

단어 親(おや) 부모 | 育てる(そだてる) 키우다, 기르다

3

> (전화로)
> A 「여보세요? 지금 역에 도착했는데, 어디 있어?」
> B 「('스미레'라는) 드러그 스토어, 알아?」
> A 「아! 여기서 보여!」
> B 「응~ 거기야.」
>
> 1 「スミレ」など '스미레' 등
> 2 「スミレ」とか '스미레'라든가
> 3 「スミレ」って '스미레'라는
> 4 「スミレ」と '스미레'라고

해설 현재 자신의 위치를 알려주는 상황으로, '드러그 스토어'
와 자연스럽게 연결할 수 있는 표현이 필요하다. って는
구어체이며 '~라고 하는', '~라는'이라는 의미이며, 상대
방에게 정보를 전달하거나 확인할 때 사용하므로 **3 「ス
ミレ」って('스미레'라는)**가 정답이다.

단어 駅(えき) 역 | 着く(つく) 도착하다 | ドラッグストア 드러
그 스토어 | 見える(みえる) 보이다

4

선생님에게 '내일까지 숙제는 (잊지 않도록).'이라고 들었
기 때문에, 할 수밖에 없다.

1 忘れないことに 잊지 않는 것으로
2 忘れないように 잊지 않도록
3 忘れないだけに 잊지 않는 만큼
4 忘れないものに 잊지 않는 것에

해설 선생님이 숙제에 대해 주의를 주는 상황으로, '내일까지
숙제는'과 자연스럽게 연결할 수 있는 표현이 필요하다.
〜ように는 '~하도록', '~하지 않도록'이라는 의미이며,
주의, 목적, 기대, 명령 등의 표현에서 자주 사용되므로
2 忘れないように(잊지 않도록)가 정답이다.

단어 宿題(しゅくだい) 숙제 | 忘れる(わすれる) 잊다

5

원하는 물건을 많이 사 버려서, 지갑에는 300엔 (정도밖
에) 남아 있지 않다.

1 までに 까지   2 ころ 쯤, 무렵
3 ぐらいしか 정도밖에   4 では 에서는

해설 지갑에 300엔만 남은 상황이다. '300엔'과 '남아 있지 않
다'를 자연스럽게 연결할 수 있는 표현이 필요하므로 한
정을 나타내는 **3 ぐらいしか(정도밖에)**가 정답이다.

단어 欲しい(ほしい) 원하다, 갖고 싶다 | 財布(さいふ) 지갑 | 残
る(のこる) 남다

6

이 스마트폰의 조작은 매우 간단하기 때문에, (누구든지)
사용할 수 있다.

1 誰かにでも 누군가에게라도
2 誰にでも 누구든지
3 誰かも 누군가도
4 誰からも 누구로부터도

해설 스마트폰 조작이 매우 간단한 것을 말하는 상황이다. '사
용할 수 있다'와 자연스럽게 연결할 수 있는 표현이 필요
하므로 **2 誰にでも(누구든지)**가 정답이다. 조사 に는 동
작의 대상이나 방향을 나타내며, でも는 '~라도'라는 의
미로, 불특정 다수를 포괄하는 역할을 한다.

단어 スマホ 스마트폰 | 操作(そうさ) 조작 | 簡単だ(かんたん
だ) 간단하다 | 使う(つかう) 사용하다

7

내일은 중요한 발표가 있기 때문에, (준비를 하지 않으면
안 된다)고 생각한다.

1 準備をしなくてもいけない ×
2 準備をしなくてはいい ×
3 準備をしなければいい 준비를 하지 않으면 된다
4 準備をしなければいけない 준비를 하지 않으면 안 된다

해설 '내일은 중요한 발표가 있기 때문에'와 자연스럽게 연결
할 수 있는 표현이 필요하다. 〜なければいけない는 '~
하지 않으면 안 된다'라는 의미이며 의무나 필요성을 나
타내는 표현이므로 **4 準備をしなければいけない(준비
를 하지 않으면 안 된다)**가 정답이다.

단어 重要だ(じゅうようだ) 중요하다 | 発表(はっぴょう) 발표
| 準備(じゅんび) 준비

8

A 「와! 깜짝 놀랐지!」
B 「에이 진짜. (놀라게 하지 말아 주세요).」

1 驚かないでください 놀라지 말아 주세요
2 驚いてください 놀라 주세요
3 驚かせないでください 놀라게 하지 말아 주세요
4 驚かしてください 놀라게 해 주세요

해설 A가 B를 놀라게 한 상황이다. 驚く(놀라다)의 사역형인
驚かせる(놀라게 하다)에 정중한 부정 명령 표현 〜ない
でください(~하지 말아 주세요)가 붙은 **3 驚かせない
でください(놀라게 하지 말아 주세요)**가 정답이다.

단어 びっくり 깜짝 놀람

9

유학한지 1년이 지나자, 어느 정도 일본어를 말 (할 수 있
게 되어서), 생활하기 쉬워졌습니다.

1 ことにして 하기로 해서
2 ことになって 하게 되어서
3 ようにして 하려고 해서
4 ようになって 할 수 있게 되어서

해설 일본어를 말할 수 있게 되었다는 변화를 나타내는 표현이
필요하므로, **4 ようになって(할 수 있게 되어서)**가 정
답이다.

단어 留学(りゅうがく) 유학 | 経つ(たつ) 지나다, 경과하다 | 程
度(ていど) 정도 | 話す(はなす) 말하다 | 生活(せいかつ)
생활하다

모의고사

10

선생님은 급한 볼일이 생기신 듯해서, 벌써 (돌아가셨습니다).

1 お帰りしました ×
2 帰りになりました ×
3 お帰りにしました ×
4 お帰りになりました 돌아가셨습니다

해설 선생님이 벌써 무언가를 한 상황으로, '벌써'와 자연스럽게 연결할 수 있는 표현이 필요하다. 선생님은 윗사람이므로 존경어를 사용해야 하며, 존경어의 기본 구조는 お(ご)+동사 ます형(한자어)+になる이므로 **4 お帰りになりました(돌아가셨습니다)**가 정답이다.

단어 急用(きゅうよう) 급한 볼일

11

나의 꿈은 (언젠가) 내 레스토랑을 여는 것입니다.

1 いつでも 언제라도   2 いつか 언젠가
3 いつのまにか 어느새   4 いつ 언제

해설 '꿈은'과 '내 레스토랑을 여는 것'을 자연스럽게 연결할 수 있는 표현이 필요하므로 **2 いつか(언젠가)**가 정답이다. いつか는 꿈, 희망, 목표와 함께 자주 사용된다.

단어 夢(ゆめ) 꿈 | 自分(じぶん) 자기, 나 | レストラン 레스토랑 | 開く(ひらく) 열다

12

남편 「뭔가 하늘, 굉장히 어두워졌네.」
아내 「응. 오늘 밤부터 (비래).」

1 雨のそうだよ ×   2 雨ようだよ ×
3 雨だそうだよ 비래   4 雨そうだよ ×

해설 하늘이 어두워진 상황이다. '오늘 밤부터'와 자연스럽게 연결할 수 있는 표현이 필요하므로 **3 雨だそうだよ(비래)**가 정답이다. 1번, 2번은 접속형태가 잘못되었고, 4번은 そうだ가 양태의 역할을 하는 경우 명사에 접속할 수 없기 때문에 정답이 될 수 없다.

단어 空(そら) 하늘 | すごく 굉장히, 몹시 | 暗い(くらい) 어둡다 | 今夜(こんや) 오늘 밤

13

환자 「계단에서 (넘어져 버리고 말았습니다).」
의사 「X레이를 찍지 않으면 안 되겠네요.」

1 転んではいけませんね 넘어지면 안 되겠네요
2 転んでしまったんです 넘어져 버리고 말았습니다
3 転ぶようになりました 넘어지도록 되었습니다
4 転んでも仕方ないです 넘어져도 어쩔 수 없습니다

해설 의사에게 상황을 설명하는 상황으로, '계단에서'와 자연스럽게 이어질 수 있는 표현이 필요하다. 〜てしまう는 '~해 버리다'라는 의미이며 예상치 못한 실수나 후회, 이미 완료된 동작을 나타내므로 **2 転んでしまったんです(넘어져 버리고 말았습니다)**가 정답이다.

단어 階段(かいだん) 계단 | レントゲン X레이 | 撮る(とる) 찍다

14

요리를 만드는 3 것을 ★2 그다지 잘하지 않는 4 나라도 1 덮밥만큼은 자랑할 수 있다.

1 どんぶりだけは 덮밥만큼은
2 あまり得意ではない 그다지 잘하지 않는
3 のが 것을/것이
4 私でも 나라도

해설 〜のが는 동사나 형용사와 함께 명사절을 만드는 표현으로, 먼저 作る 3 のが를 연결할 수 있다. 得意だ는 조사 が와 함께 자주 쓰이는 형용사이므로 作る 3 のが 2 あまり得意ではない로 연결할 수 있다. 남은 선택지를 문맥이 통하게 연결하면 3-2-4-1이 되므로 정답은 **2 あまり得意ではない(그다지 잘하지 않는)**이다.

단어 料理(りょうり) 요리 | 作る(つくる) 만들다 | 自慢(じまん) 자랑 | どんぶり 덮밥 | 得意だ(とくいだ) 잘하다

15

저 레스토랑은 4 주인이 3 농사를 하고 있는 ★2 만큼 1 채소가 신선하다는 평판이다.

1 野菜が新鮮だ 채소가 신선하다
2 だけあって ~인 만큼
3 農作業をしている 농사를 하고 있는
4 主人が 주인이

해설 이유나 근거를 나타내는 〜だけあって는 '~인 만큼', '~답게'라는 의미이며, 먼저 3 農作業をしている 2 だけあって를 연결할 수 있다. 남은 선택지를 문맥이 통하게 연결하면 4-3-2-1이 되므로 정답은 **2 だけあって(만큼)**이다.

단어 レストラン 레스토랑 | 評判(ひょうばん) 평판 | 野菜(やさい) 채소 | 新鮮だ(しんせんだ) 신선하다 | 農作業(のうさぎょう) 농사

16

일본어 교실에는 다양한 코스가 있습니다. 초심자 코스는 3 간단한 회화가 가능 1 하게 되기 위한 ★4 수업으로 2 처음 배우는 분께 추천합니다.

1 ようになるための 하게 되기 위한
2 初めて習う方に 처음 배우는 분께
3 簡単な会話ができる 간단한 회화가 가능
4 授業で 수업으로

해설 변화를 나타내는 ～ようになる는 '～하게 되다'라는 의미이며 동사 원형 혹은 가능형과 접속하므로, 먼저 3 簡単な会話ができる 1 ようになるための를 연결할 수 있다. 남은 선택지를 문맥이 통하게 연결하면 3-1-4-2가 되므로 정답은 **4 授業で(수업으로)**이다.

단어 日本語(にほんご) 일본어 | 教室(きょうしつ) 교실 | さまざまだ 다양하다 | コース 코스 | 初心者(しょしんしゃ) 초심자, 초보자 | 初めて(はじめて) 처음 | 習う(ならう) 배우다 | 方(かた) 분 | 簡単だ(かんたんだ) 간단하다 | 会話(かいわ) 회화 | 授業(じゅぎょう) 수업

17

(회사에서)
부장 「미안하네. 내가 2 실수를 한 ★4 탓에 3 자네까지 1 잔업을 하게 되어서.」
사원 「아닙니다. 괜찮습니다.」

1 残業してもらう 잔업을 하게
2 ミスをした 실수를 한
3 君にまで 자네까지
4 ばかりに ~탓에

해설 어떤 결과나 결정된 사항을 나타내는 ～ことになっては '～하게 되다'라는 의미이며 동사 원형 또는 ない형과 접속하므로, 먼저 1 残業してもらう ことになって를 연결할 수 있다. 부정적인 의미를 나타내는 ～ばかりには '～한 탓에'라는 의미이며 보통체와 접속하므로, 2 ミスをした 4 ばかりに를 연결할 수 있다. 남은 선택지를 문맥이 통하게 연결하면 2-4-3-1이 되므로 정답은 **4 ばかりに(탓에)**이다.

단어 残業(ざんぎょう) 잔업 | ミス 실수, 미스 | 大丈夫だ(だいじょうぶだ) 괜찮다

18

일본인 1 친구와 만날 3 기회가 늘어서 ★2 말하면 말할수록 4 일본 문화에 흥미를 갖게 되었습니다.

1 友だちと会う 친구와 만날
2 話せば話すほど 말하면 말할수록
3 機会が増えて 기회가 늘어서
4 日本の文化に 일본 문화에

해설 밑줄 뒤에 있는 興味を持つ는 조사 に를 수반하므로, 먼저 4 日本の文化に 興味を持つ를 연결할 수 있다. 밑줄 앞에 있는 日本人の는 명사와 연결할 수 있고, 남은 선택지를 문맥이 통하게 연결하면 1-3-2-4가 되므로 정답은 **2 話せば話すほど(말하면 말할수록)**이다.

단어 興味(きょうみ) 흥미 | 持つ(もつ) 갖다, 들다 | 機会(きかい) 기회 | 増える(ふえる) 늘다 | 文化(ぶんか) 문화

19~23

쓰레기 망

일본에 유학했을 때 깜짝 놀란 것이 몇 가지 인가 있다. 택시의 자동문이나 뒤에서 타는 버스, 셀 수 없을 종류의 자동판매기, 그중에 '쓰레기 망'이 있다. 일본에 와서 잠시 동안은 기숙사 생활을 했기 때문에 쓰레기를 버리는 것은 기숙사의 관리인이 해 주었었다. 기숙사 안에 있는 쓰레기 함에 제대로 분리해서 버리기만 하면 되는 것으로 실제로는 어디에 어떻게 버려지는지는 몰랐다.

기숙사 생활이 끝나고 나서 맨션에서 혼자 살게 되었다. 기숙사와는 다르게 스스로 쓰레기를 버리지 않으면 안 되었다. 맨션의 관리인에게 쓰레기의 분리 등 여러 가지에 대해서 가르쳐 받았지만, 이상했던 것은 쓰레기장의 망이었다. 나는 '왜 망이 있는 거지? 쓰레기를 누가 훔쳐 가는 것도 아닌데'라고 생각했다.

궁금했던 나는 관리인에게 '왜 망을 걸쳐 놓는 겁니까?' 하고 물었다. 그러자 '이유는 여러 가지 있지만, 가장 큰 이유는 까마귀지요. 망이 없으면 까마귀가 쓰레기봉투를 찢어버립니다. 그러니 김 씨도 협력 부탁드리겠습니다.'라고 관리인이 이야기했다. 한국보다 까마귀가 많은 일본에서는 망으로 쓰레기를 지키고 있는 것이다. 까마귀에게 나쁜 일을 하지 않고, 까마귀도 환경도 지키고 있는 일본인의 아이디어에 감동했다.

(주) 까마귀 : 검고 머리가 좋은 새

단어 留学(りゅうがく) 유학 | びっくり 깜짝 놀람 | タクシー 택시 | 自動(じどう) 자동 | ドア 문 | 後ろ(うしろ) 뒤, 뒤쪽 | 数える(かぞえる) 세다 | 種類(しゅるい) 종류 | 自動販売機(じどうはんばいき) 자동판매기 | ゴミネット 쓰레기 망 | しばらく 잠시 동안 | 寮(りょう) 기숙사 | 生活(せいかつ) 생활 | ゴミ捨て(ごみすて) 쓰레기 버리는 일(것) | 管理人(かんりにん) 관리인 | ゴミ箱(ごみばこ) 쓰레기 통 | 分ける(わける) 분리하다, 나누다 | 捨てる(すてる) 버리다 | おしまい 끝 | マンション 맨션 | 一人暮らし(ひとりぐらし) 자취 | 不思議だ(ふしぎだ) 이상하다 | いろいろだ 여러 가지다 | 分別(ぶんべつ) 분리, 분별 | 網(あみ) 망, 그물 | 盗む(ぬすむ) 훔치다 | かける 걸쳐 놓다 | 理由(りゆう) 이유 | カラス 까마귀 | 環境(かんきょう) 환경 | 守る(まもる) 지키다 | アイデア 아이디어 | 感動(かんどう) 감동

| 1 どこか 어딘가 | 2 いくつか 몇 가지인가 |
| 3 どれか 어느 것인가 | 4 いくらか 얼마인가 |

해설 지문에서 빈칸 앞의 びっくりしたことが(놀란 것이)와 빈칸 뒤 문장에 언급된 다양한 사례들을 봤을 때, 불확실한 수량을 말하는 **2 いくつか(몇 가지인가)**가 정답이다.

20

1 さしあげた 드렸다
2 もらっていた 해 주었었다
3 あげた (내가 다른 사람에게) 주었다
4 くれた (다른 사람이 나에게) 주었다

해설 지문에서 빈칸 앞의 ゴミ捨て(쓰레기 버리는 것)와 管理人(관리인)을 봤을 때 관리인이 대신 쓰레기를 버려 주었다는 의미의 **2 もらっていた(해 주었었다)**가 정답이다.

21

1 終わるかどうか 끝날지 어떨지
2 終わることにたいして 끝나는 것에 대해서
3 終わることについて 끝나는 것에 대해서
4 終わってから 끝나고 나서

해설 지문에서 빈칸 앞의 寮生活(기숙사 생활)와 빈칸 뒤의 一人暮らしをすることになった(혼자 살게 되었다)를 봤을 때 시간의 흐름을 나타내는 **4 終わってから(끝나고 나서)**가 정답이다.

22

| 1 すると 그러자 | 2 そのうえ 게다가 |
| 3 つまり 즉 | 4 けれども 하지만 |

해설 지문의 빈칸 앞에서 どうして網をかけておくんですか?(왜 망을 걸쳐 놓는 겁니까?)라고 질문하고, 빈칸 뒤에서 관리인이 理由はいろいろありますが、一番の理由はカラスですね。網がないとカラスがゴミ袋を破ってしまいます(이유는 여러 가지 있지만, 가장 큰 이유는 까마귀지요. 망이 없으면 까마귀가 쓰레기봉투를 찢어버립니다)라고 대답하고 있는 것을 봤을 때 그 흐름을 자연스럽게 연결하는 **1 すると(그러자)**가 정답이다.

23

1 守ってしまう 지켜 버린다
2 守るはずがない 지킬 리가 없다
3 守ってはいけない 지켜서는 안 된다
4 守っているのだ 지키고 있는 것이다

해설 지문의 빈칸 앞에서 網がないとカラスがゴミ袋を破っ

てしまいます(망이 없으면 까마귀가 쓰레기봉투를 찢어버립니다)라고 했으므로 **4 守っているのだ(지키고 있는 것이다)**가 정답이다.

24

이것은, 쿠로다 선생님 수업의 학생에게 도착한 메일이다.

수신처 : 2008siraishi@heiwa.ac.jp
제목 : 뮤지컬 견학에 대하여
송신 일시 : 2026년 12월 3일 11:00

뮤지컬 견학에 대하여 자세한 사항이 정해졌기에 알려 드립니다.
12월 7일(목)까지 참가할지 어떻게 할지를 회신해 주세요.

일시: 12월 18일(월) 오후 7시 ~ 9시
장소: 아오토리 홀
티켓 요금: 5,000엔
버스 요금: **500엔** (학교에 집합 후, 버스를 타고 갑니다. 사전에 버스는 예약하기 때문에, **참가하지 않는 사람도 지불해야 합니다.**)

티켓 요금과 버스 요금은 공연 회장에서 모으겠습니다.
참가할 수 없는 사람은, 버스 요금만 12월 15일까지 지불해 주세요.

쿠로다

이 메일을 보고, 참가하지 않는 사람은 어떻게 해야 하는가?
1 회신할 필요는 없지만, 12월 18일에 버스 요금을 낸다.
2 회신할 필요는 없지만, 12월 15일까지 버스 요금을 낸다.
3 12월 7일까지 회신을 하고, 12월 18일에 버스 요금을 낸다.
4 12월 7일까지 회신을 하고, 12월 15일까지 버스 요금을 낸다.

해설 일치하는 것을 고르는 문제는 지문 전체를 잘 봐야 한다. 1번과 2번은 참석 여부를 12월 7일까지 회신해야 한다고 했으므로 오답이다. 3번의 12월 18일은 견학 날짜이므로 오답이다. 4번은 지문에 참석 여부를 12월 7일까지 회신해야 하고, 참여하지 않는 사람도 버스 요금을 내야 하며, 그 지불 기한은 12월 15일까지라는 지문의 내용과 일치하므로 정답이다.

단어 届く(とどく) 도착하다 | メール 메일 | あて先(あてさき)

수신처 | 件名(けんめい) 제목 | 見学(けんがく) 견학 | 詳しい(くわしい) 자세한 | 返信(へんしん) 회신 | 午後(ごご) 오후 | バス代(バスだい) 버스 요금 | 集合(しゅうごう) 집합 | 事前(じぜん) 사전 | 予約(よやく) 예약 | 支払う(しはらう) 지불하다 | 公演(こうえん) 공연

25

손톱이 우리의 손끝을 보호하고 있다는 것은 잘 알려져 있다. 그러나 손톱의 역할은 <u>그 외에도 있다</u>.

우선, 물건을 잡을 때 떨어뜨리지 않도록 손톱이 단단히 잡고 있다. 물론 손가락만으로도 집기도 하지만, **가느다란 것이나 작은 것을 집을 때에는 손톱이 필요하다.** 또한, 손끝이 무언가를 느꼈을 때 더욱 분명하게 알아차릴 수 있도록 해 준다. 보통은 피부만으로 무언가를 느끼고 있다고 생각하지만, 두께나 얇기, 뜨겁다, 차갑다 등을 느끼는 데에는 손톱의 역할이 중요한 것이다. 왜냐하면 손톱이 없으면 손가락의 피부가 두꺼워져서 감지할 수 없기 때문이다.

그 외에도 있다고 되어 있는데, 그것은 어떤 것인가?

1 손끝을 다치지 않도록 하는 것
2 실과 같은 것을 집을 때 필요하다는 것
3 손톱이 있으면 차가운 것도 쉽게 집을 수 있는 것
4 책과 같은 두꺼운 것을 가볍게 들 수 있는 것

해설 밑줄이 가리키는 '그 외에도 있다'는 앞에서 이미 언급된 손톱의 역할 외에 새로운 역할이 있다는 의미이므로 뒷문장에 언급된 내용이 정답일 확률이 높다. 1번은 지문 앞에서 언급된 내용이므로 오답이다. 2번은 가느다란 것이나 작은 것을 집을 때에는 손톱이 필요하다고 했으며, 선택지의 '실'은 가느다란 것에 해당하므로 정답이다. 3번과 4번은 지문에서 언급되지 않은 내용이므로 오답이다.

단어 守る(まもる) 보호하다, 지키다 | 役割(やくわり) 역할 | 物(もの) 물건 | 必要(ひつよう) 필요 | 感じる(かんじる) 느끼다 | 普通(ふつう) 보통 | 厚さ(あつさ) 두께 | 薄さ(うすさ) 얇기 | 重要(じゅうよう) 중요

26

나의 어머니는 호텔에서 모든 일을 관리하는 일을 하고 있다. 호텔은 1년 내내 쉬지 않고 일을 해야 한다. 어머니는 10년 이상 같은 호텔에서 일하고 있지만, 지금까지 한 번도 여행을 간 적이 없다. 물론 휴가는 낼 수 있지만, 그렇게 하면 다른 사람에게 폐가 된다고 말하며 지금까지 간 적이 없는 것이다. 돈을 위해 일하고 있는 것일 텐데, 왜 그렇게까지 하는지 여러 번 의문스럽게 생각한 적이 있다.

그래서 어머니에게 '왜 쉬지 않는 거야? 쉬어도 괜찮은 거 아니야?'라고 물어보았다. 그러자 어머니는 '호텔에 머무는 손님들에게는 좋은 추억을 남겨 주고 싶어. **내가 호**

텔의 모든 것을 관리하고 있으니까, 내가 없는 동안 무슨 일이 생기면 곤란하잖니.'라고 말씀하셨다. 어머니의 이야기를 듣고, 일에 대한 책임감에 대해 다시 생각하게 되었다.

여행을 간 적이 없다고 되어 있는데, 그것은 어째서인가?

1 어머니는 호텔에 머무는 것을 그다지 좋아하지 않기 때문에
2 어머니가 일하고 있는 호텔은 1년 내내 쉬는 날이 없어서, 일하지 않으면 안 되기 때문에
3 어머니는 호텔의 모든 것을 관리하는 입장이기 때문에, 어머니가 없으면 호텔 영업이 불가능하기 때문에
4 어머니는 호텔의 모든 것을 관리하는 입장이기 때문에, 어머니가 없을 때 무슨 일이 일어나서는 안 된다고 생각하고 있기 때문에

해설 밑줄의 '여행을 간 적이 없다'라고 말한 이유를 묻는 문제이므로 이유가 언급된 부분을 잘 봐야 한다. 1번은 지문에서 언급되지 않은 내용이므로 오답이다. 2번은 호텔은 연중무휴이지만 어머니가 휴가를 못 내는 것은 아니기 때문에 마찬가지로 오답이다. 3번은 영업에 대해서는 언급되지 않았으므로 오답이다. 4번은 어머니가 내가 호텔의 모든 것을 관리하고 있으니까, 없는 동안 무슨 일이 생기면 곤란하다고 한 지문의 내용과 일치하므로 정답이다.

단어 管理(かんり) 관리 | 仕事(しごと) 일, 업무 | 休む(やすむ) 쉬다 | 働く(はたらく) 일하다 | 旅行(りょこう) 여행 | 休暇(きゅうか) 휴가 | 迷惑(めいわく) 폐, 민폐 | 疑問(ぎもん) 의문 | 思う(おもう) 생각하다 | 客(きゃく) 손님 | 残す(のこす) 남기다 | 困る(こまる) 곤란하다 | 責任感(せきにんかん) 책임감 | 改めて(あらためて) 다시, 새삼스럽게 | 考える(かんがえる) 생각하다

27

아래 메일은 우에무라 씨가 이토 씨에게 보낸 것이다.

미라이사
영업부 이토 님

항상 신세를 지고 있습니다.
얼마 전 보내 주신 '강아지용 침대' 카탈로그를 잘 보았습니다.
꼭 한 번 뵙고 이야기를 듣고 싶은데, 사정이 괜찮으신 날짜를 알려 주시겠습니까?
그럼 연락 기다리겠습니다.
잘 부탁드립니다.

우에무라

우에무라가 이토 씨에게 이 메일을 보낸 목적은 무엇인가?

1 '강아지용 침대' 카탈로그를 받고 싶기 때문에
2 '강아지용 침대' 카탈로그에 있는 침대를 사고 싶기 때문에
3 직접 이토 씨를 만나서 일에 관한 이야기를 하고 싶기 때문에
4 직접 만나기보다 메일로 이야기하고 싶기 때문에

해설 메일의 목적을 묻는 문제이므로, 메일을 보낸 이유를 잘 봐야 한다. 메일의 경우, 전달하려는 메시지가 보통 중간 부분에 나오며, 특히 요청하는 상황이라면 부탁하는 문장을 주의 깊게 살펴야 한다. 1번은 이미 카탈로그를 받아서 잘 봤다고 했으므로 오답이다. 2번은 지문에서 언급되지 않은 내용이므로 오답이다. 3번은 꼭 한 번 뵙고 이야기를 듣고 싶다는 지문의 내용과 일치하므로 정답이다. 4번은 직접 만나고 싶다는 지문 내용과 반대이므로 오답이다.

단어 営業部(えいぎょうぶ) 영업부 | ～様(さま) ~님(존경어) | お世話(おせわ)になっております 신세 지고 있습니다 | 先日(せんじつ) 얼마 전 | 送る(おくる) 보내다 | 拝見する(はいけんする) 보다(겸양어) | ぜひ 꼭, 반드시 | 一度(いちど) 한 번 | 目にかかる(めにかかる) 뵙다(겸양어) | 伺う(うかがう) 듣다, 묻다, 찾아 뵙다(겸양어) | 都合(つごう) 사정, 형편 | 知らせる(しらせる) 알리다 | 連絡(れんらく) 연락 | 待つ(まつ) 기다리다

　　여러분은 '①미용 체중'이라는 말을 들어본 적이 있습니까? '미용 체중'이란 키와 몸무게의 균형이 좋은 '평균 체중'과는 달리 말 그대로 예뻐 보이는, 즉 미용상의 체중을 말합니다. 미용 체중은 평균 체중보다 약 8kg 적습니다. [28번]예쁘게 보이기 위해서는 의학상의 건강하다고 판단되는 체중보다 약 8kg나 줄이지 않으면 안 되는 것입니다. 이에 대해 여러분은 어떻게 생각하십니까?
　　저도 지금까지 셀 수 없을 만큼 ②여러 가지 방법의 다이어트를 경험했습니다. [29번]1주일간 한 종류의 과일만 먹는 다이어트, 하루에 한 끼만 먹는 다이어트, 다이어트 약에 의지하여 생활하는 등 주로 먹지 않는 다이어트를 해왔습니다. 물론 성공해서 살이 빠진 적도 있고, 전혀 효과가 없어서 반대로 스트레스가 쌓인 적도 있습니다. 하지만 [29번]어느 쪽이든 운동을 하지 않는 방법이었기 때문에 몸에는 나쁜 영향밖에 없었다고 생각합니다. 다이어트하는 동안에는 어지러울 때도 있었고, 자주 짜증도 났습니다. 물론 예쁘게 보이기 위해서라면 이 정도는 참아야지 하고 생각하며 계속했지만, 지금 생각해 보면 누구를 위해 그렇게 했는지 하며 생각합니다. [30번]예쁘게 보이기 위

해 노력하는 것은 좋은 일이라고 생각하지만, 그 기준이 '체중'에 있다는 것은 다시 한번 생각할 필요가 있다고 생각합니다.

단어 美容(びよう) 미용 | 体重(たいじゅう) 체중 | 言葉(ことば) 말, 단어 | 身長(しんちょう) 키, 신장 | 平均(へいきん) 평균 | 医学(いがく) 의학 | 健康(けんこう) 건강 | 判断(はんだん) 판단 | 約(やく) 약, 대략 | 減らす(へらす) 줄이다 | 数えきれない(かぞえきれない) 셀 수 없다 | 方法(ほうほう) 방법 | 経験(けいけん) 경험 | 一週間(いっしゅうかん) 일주일 간 | 種類(しゅるい) 종류 | 一日(いちにち) 하루, 일일 | 一食(いっしょく) 한 끼 | 生活(せいかつ) 생활 | 主に(おもに) 주로 | 成功(せいこう) 성공 | 効果(こうか) 효과 | 逆に(ぎゃくに) 반대로 | 影響(えいきょう) 영향 | ～最中(さいちゅう) ~하는 중, 한창 | 我慢(がまん) 참음, 인내 | 基準(きじゅん) 기준 | 見直す(みなおす) 다시 생각하다, 재검토하다 | 必要だ(ひつようだ) 필요하다

①미용 체중이라고 하는데, 어떠한 것인가?

1 의사가 인정한 예쁘게 보이는 체중
2 평균 체중보다 약 8kg 정도 더 많이 나가는 체중
3 외모에 신경 쓰지 않고, 몸의 균형이 좋은 체중
4 예쁘게 보이기 위한, 평균 체중보다 적은 체중

해설 밑줄이 가리키는 '미용 체중'의 의미를 묻는 문제이므로, 뒷 문장에 언급된 내용이 정답일 확률이 높다. 1번, 2번, 3번은 모두 지문에서 미용 체중은 예쁘게 보이기 위해 의학상의 건강하다고 판단되는 체중보다 약 8kg 적은 체중이라고 했으므로 오답이다. 따라서 4번이 정답이다.

②여러 가지 방법의 다이어트라고 하는데, 그것과 다른 것은 어느 것인가?

1 1주일 동안 다른 음식은 먹지 않고 바나나만 먹는 다이어트
2 하루에 한 번만 식사하는 다이어트
3 먹는 양보다 더 많이 운동하는 다이어트
4 다이어트에 도움이 되는 약에 의지하는 다이어트

해설 밑줄이 가리키는 '여러 가지 다이어트'와 일치하지 않는 것을 묻는 문제이므로 여러 가지 다이어트가 언급된 부분을 잘 봐야 한다. 1번은 '1주일간 한 종류의 과일만 먹는 다이어트'에 해당하므로 오답이다. 2번은 '하루에 한 끼만 먹는 다이어트'에 해당하므로 오답이다. 3번은 지문에서 언급되지 않은 내용이므로 정답이다. 4번은 '다이어트 약에 의지하여 생활'에 해당하여 오답이다.

다이어트에 대해 '나'는 어떻게 생각하고 있는가?

1 예쁘다고 생각하는 기준이 '체중'이라는 것을 다시 한번 생각해 줬으면 한다.

2 의사의 말에 따라 평균 체중이 되었으면 한다.

3 건강한 생활도 중요하지만, 예쁘게 보이는 기준이 '체중'이기 때문에 노력해 줬으면 한다.

4 건강한 생활을 위해서 미용 체중이 되었으면 한다.

해설 '다이어트'에 대한 필자의 생각을 묻는 문제이다. 필자의 주된 생각이나 주장은 글의 마지막 부분에 나올 가능성이 높다. 1번은 마지막 문단에서 예쁘게 보이기 위해 노력하는 것은 좋은 일이라고 생각하지만, 그 기준이 '체중'에 있다는 것은 다시 한번 생각할 필요가 있다고 생각한다는 지문의 내용과 일치하므로 정답이다. 2번, 3번, 4번은 지문에서 언급되지 않은 내용이므로 오답이다.

31~33

인사

나는 어린 시절부터 부모님에게 인사의 중요함을 배웠었다. 특히 윗사람에게는 반드시 자신이 먼저 인사를 해야 한다고 들었던 것이다. 같은 맨션에 사는 사람이 [31번]**내가 모르는 사람이더라도, 엘리베이터나 집 앞에서 만나면 인사를 하고, 그것으로 아는 사람이 되는 일도 있었다.** 하지만 최근에는 ①이것을 하지 말자는 목소리가 높아지고 있다. 어른이나 중학생 이상처럼 판단력이 있는 사람이라면 문제없지만, 초등학생처럼 미숙한 아이들에게는 아는 사람 이외의 사람에게는 인사하지 않도록 하자는 것이다. 그렇다면, 왜 인사를 금지하고 있는 것일까?

[32번]**요즘은 아이가 피해자가 되는 사건이 많다. 판단력이 없는 아이에게 접근해 인사를 하고, 대화하면서 어느새 유괴한다고 한다. 주변에서 보기에는 아이가 평범하게 인사를 하고 이야기를 하고 있기 때문에, 그 아이의 지인이라고 생각해 착각해 버린다.** 이런 이유에서 아이에게는 아는 사람 이외의 사람에게 인사를 하지 말라고 주의시키고 있는 것 같다. 처음에는 인사를 하지 않다니 차가운 세상이라고 느꼈지만, 이유를 듣고 보니 ②납득했다. 그 반면, 외로운 느낌도 들었다. 내가 생각하는 인사는 마을의 따뜻함을 만드는 것이다. 그러나 세상이 변하고, 인사의 의미도 변해 간다. 점점 더 위험해지는 세상에서 따뜻함을 지키는 것은 정말 무리일까? [33번]**인사를 하지 않게 하는 것이 정말 아이를 지키는 방법이 되는지, 진지하게 생각하게 되었다.**

(주1) 미숙한 : 경험 등이 부족한 상태

(주2) 유괴 : 타인을 속여서 데리고 사라지는 것

단어 挨拶(あいさつ) 인사 | 子供(こども) 어린이, 아이 | 頃(こ

ろ) 시절, 무렵 | 親(おや) 부모님 | 大切だ(たいせつだ) 중요하다 | 特に(とくに) 특히 | 目上の人(めうえのひと) 윗사람 | 必ず(かならず) 반드시 | 住む(すむ) 살다 | 知り合い(しりあい) 아는 사람, 지인 | 最近(さいきん) 최근 | 声(こえ) 목소리 | 上がる(あがる) 높아지다, 올라가다 | 判断力(はんだんりょく) 판단력 | 未熟(みじゅく) 미숙 | 被害者(ひがいしゃ) 피해자 | 事件(じけん) 사건 | 近づく(ちかづく) 접근하다 | 誘拐(ゆうかい) 유괴 | 普通(ふつう) 보통 | 勘違い(かんちがい) 착각 | 理由(りゆう) 이유 | 注意(ちゅうい) 주의 | 世界(せかい) 세상, 세계 | 納得する(なっとくする) 납득하다 | 反面(はんめん) 반면 | 寂しい(さびしい) 외롭다, 쓸쓸하다 | 町(まち) 마을 | 暖かさ(あたたかさ) 따뜻함 | 世の中(よのなか) 세상 | 変わる(かわる) 바뀌다 | 意味(いみ) 의미 | 危険(きけん) 위험 | 守る(まもる) 지키다 | 本当に(ほんとうに) 정말 | 方法(ほうほう) 방법 | 真剣に(しんけんに) 진지하게 | 考える(かんがえる) 생각하다

31

①이것이라고 하는데, 그것은 무엇인가?

1 고등학생에게 같은 맨션에 살고 있는 사람에게 인사하지 않도록 하는 것

2 어른이 같은 또래인 사람에게만 인사하지 않는 것

3 초등학생에게 아는 사람 이외에게는 인사하지 않도록 주의하는 것

4 초등학생이 아는 사람이 아닌 사람을 만나도 인사하는 것

해설 밑줄이 가리키는 '이것'은 지시어이므로 바로 직전에 언급된 내용이 정답일 확률이 높다. 1번, 2번, 3번은 지문에서 언급되지 않은 내용이므로 오답이다. 4번은 밑줄 앞 문단에서 자신이 모르는 사람에게도 인사하는 것이 좋은 일로 묘사되어 있으며, 바로 이어지는 문장에서 초등학생처럼 판단력이 부족한 아이들에게는 아는 사람이 아닌 사람에게 인사를 하지 않도록 하자고 이야기하고 있으므로 정답이다.

32

②납득했다라고 하는데, 그것은 어째서인가?

1 집에 돌아가 쉬고 싶은 사람에게 인사를 하며 말을 거는 것은 민폐이기 때문에

2 상대방은 인사를 하고 싶지 않을 수도 있기 때문에

3 상대가 어떤 사람인지 판단할 수 없는 아이에게 위험한 일이 일어날지도 모르기 때문에

4 아이라고 해도 자신이 인사를 할지 말지 판단할 수 있기 때문에

해설 밑줄이 가리키는 '납득했다'는 인사를 하지 말자는 이유를 듣고 난 필자의 생각이므로 앞 문장에 언급된 내용이

정답일 확률이 높다. 1번, 2번은 지문에서 언급되지 않은 내용이므로 오답이다. 3번은 요즘은 아이가 피해자가 되는 사건이 많은데, 판단력이 없는 아이에게 접근해 인사를 하고, 대화하면서 어느새 유괴한다는 지문의 내용과 일치하므로 정답이다. 4번 역시 지문에서 언급되지 않은 내용이므로 오답이다.

33

인사를 시키지 않는 것에 대해 '나'는 어떻게 생각하고 있는가?

1 세상이 위험해지더라도 인사는 시키는 편이 좋다.
2 세상이 위험해지더라도 인사는 시키지 않는 편이 좋다.
3 인사를 시키지 않는 방법 외에 아이를 지킬 수 있는 방법은 없는지 생각하는 것이 좋다.
4 인사를 시키지 않는 방법 외에 아이를 지킬 수 있는 방법은 없으므로 인사는 시키지 않는 편이 좋다.

해설 인사를 시키지 않는 것에 대한 필자의 생각을 묻는 문제이다. 필자의 주된 생각이나 주장은 글의 마지막 부분에 나올 가능성이 높다. 1번과 2번은 필자는 인사를 시키는 편이 좋다고 생각하고 있지만 '세상이 위험'해지는 것과의 연관성은 없으므로 오답이다. 3번은 인사를 하지 않는 것이 아이를 지키는 방법이라고 볼 수 있는지, 생각하게 되었다는 지문의 내용과 일치하므로 정답이다. 4번은 지문에서 언급되지 않은 내용이므로 오답이다.

34~37

다양한 이유로 해외 이주를 꿈꾸는 사람이 늘고 있다. 이주하는 사람은 단순히 외국에 살아 보고 싶다는 이유가 아니라, 더 진지한 이유로 해외로 발걸음을 옮기는 것 같다. 가족이나 친구가 있는 태어나 자란 나라를 떠나서라도 이주를 희망하는 사람은 지금보다 좋은 생활을 할 수 있다고 확신하고 있음에 틀림없다. 하지만 실제로 해외에서 생활하게 되더라도 자신이 그린 꿈같은 나날은 아닐 것이다. 그렇다면 왜 말도 통하지 않는 해외에서 살려고 하는 것일까. 거기에는 몇 가지 이유가 있다.

우선 취직 문제를 들 수 있다. 모국이 아닌 해외에서는 외국인으로서 취직하게 된다. 그 나라의 말 이외에도 모국어를 할 수 있어, 2개 국어를 사용할 수 있는 셈이다. 글로벌 세계인 현재, 더 많은 외국어를 할 수 있다면, 모국어밖에 할 수 없는 사람보다 취직에 유리하다고 한다. 또, [34번] **나라에 따라 같은 일을 해도 조건이나 급여가 다르기 때문에, 더 조건이 좋은 곳이나 높은 급여를 받을 수 있는 나라로 이주하는 것이다.** 옛날에는 국내에서만 일을 찾아 구했던 데 비해, 지금은 여러 가지를 비교하면서 자신에게 적합한 나라의 일을 선택하고 있다.

다음은 [35번]**아이 교육**이다. 외국어가 중요해지고 있는 현재 사회에서는 원어민 수준의 발음이나 회화 능력을 필요로 한다. 물론 자국에 살면서도 외국어를 습득할 수 있을 것이지만, 실제로 그 나라에 살면 [35번]**문화도 자연스럽게 익혀지고, 24시간 외국어를 사용하기 때문에 필요에 의해 언어 실력이 향상된다는 것이다.** 외국에서의 생활과 경험이 입시나 취직에 영향을 미친다는 것은 사실이다. 그런 이유로, 설령 단기간이라 하더라도 젊을 때 해외에서 살아보고 싶다고 생각하는 것이다.

예전에는 자신이 태어난 나라를 떠나는 일은 거의 없었고, 이주하려고 생각하는 사람도 적었다. 그러나 지금은 세상이 변하고, [37번]**자신이 살기 좋은 나라와 조건을 찾아 이주하는 것은 놀랄 일이 아니게 되었다.** 나는, 자신의 장래를 위해 좋은 조건의 나라로 이주하는 것에는 찬성이지만, 해외에 가기만 하면 무엇이든 자신의 바람이 이루어진다고 생각하는 것은 위험한 것이라고 생각한다. [36번] **결국, 조건이나 장소보다 자신의 의지가 중요한 것이다.**

단어 理由(りゆう) 이유 | 海外(かいがい) 해외 | 移住(いじゅう) 이주, 이민 | 夢見る(ゆめみる) 꿈꾸다 | 単に(たんに) 단순히, 단지 | 真剣だ(しんけんだ) 진지하다 | 家族(かぞく) 가족 | 友達(ともだち) 친구 | 生まれ育つ(うまれそだつ) 태어나 자라다 | 国(くに) 나라 | 離れる(はなれる) 떠나다, 떨어지다 | 希望(きぼう) 희망 | 良い(よい) 좋은 | 生活(せいかつ) 생활 | 思い込む(おもいこむ) 확신하다, 굳게 믿다 | 違いない(ちがいない) 틀림없다 | 実際(じっさい) 실제 | 描く(えがく) 그리다, 묘사하다 | 夢(ゆめ) 꿈 | 毎日(まいにち) 매일 | 言葉(ことば) 말 | 通じる(つうじる) 통하다 | 暮らす(くらす) 살다 | 就職(しゅうしょく) 취직 | 母国(ぼこく) 모국 | 外国人(がいこくじん) 외국인 | 語(ご) 말, 언어 | 二か国語(にかこくご) 2개 국어 | 現在(げんざい) 현재 | 多く(おおく) 많음 | 有利(ゆうり) 유리 | 条件(じょうけん) 조건 | 給料(きゅうりょう) 급여, 월급 | 昔(むかし) 옛날 | 国内(こくない) 국내 | 探す(さがす) 찾다 | 求める(もとめる) 구하다, 요구하다 | 比べる(くらべる) 비교하다 | 向く(むく) 적합하다, 향하다 | 子供(こども) 아이 | 教育(きょういく) 교육 | 重要(じゅうよう) 중요 | 社会(しゃかい) 사회 | ネイティブ 원어민, 네이티브 | レベル 수준, 레벨 | 発音(はつおん) 발음 | 会話力(かいわりょく) 회화 능력 | 必要(ひつよう) 필요 | 習得(しゅうとく) 습득 | 文化(ぶんか) 문화 | 自然(しぜん) 자연 | 身につく(みにつく) 익히다, 습득하다 | 受験(じゅけん) 입시, 수험 | 影響(えいきょう) 영향 | 及ぼす(およぼす) 미치다 | 事実(じじつ) 사실 | 短期間(たんきかん) 단기간 | 若い(わかい) 젊다 | 生まれる(うまれる) 태어나다 | 考える(かんがえる) 생각하다 | 賛成(さんせい) 찬성 | 願い(ねがい) 바람, 소원 | 叶う(かなう) 이루어지다 | 危険(きけん) 위험 | 結局(けっきょく) 결국 | 意志(いし) 의지

34

취직을 위해 해외 이주를 하는 사람의 이유로 맞지 않는 것은 무엇인가?

1 외국인의 입장에 있게 되면, 2개 국어를 말할 수 있어서 보다 취직에 더 유리하기 때문에
2 모국에서만 일을 찾는 것과 비교해, 전 세계의 일을 비교해서 자신에게 맞는 나라를 선택할 수 있기 때문에
3 모국보다 급여가 높지 않더라도, 보람을 느낄 수 있기 때문에
4 같은 일을 해도, 나라에 따라 급여가 달라서 더 높은 급여를 받고 싶기 때문에

해설 취직을 위해 해외 이주를 하는 이유를 묻는 문제이므로, 이유가 언급된 두 번째 단락에서 정답을 찾을 수 있다. 1번은 외국인으로서 2개 국어를 구사하는 점이 유리하다고 했으므로 오답이다. 2번은 다양한 국가의 조건을 비교해 자신에게 맞는 나라를 선택한다고 했으므로 오답이다. 3번은 '보람을 느끼기 때문에'라는 이유가 지문에서 언급되지 않았으므로 정답이다. 4번은 나라에 따라 같은 일을 해도 조건이나 급여가 다르기 때문에, 더 조건이 좋은 곳이나 높은 급여를 받을 수 있는 나라로 이주한다는 지문의 내용과 일치하므로 오답이다.

35

아이 교육을 위해 해외 이주를 하는 사람의 이유로 맞는 것은 무엇인가?

1 외국에서의 생활은 모국과는 달리 여유가 있기 때문에
2 그 나라에서 언어를 습득하면, 언어뿐만 아니라 문화도 몸에 배기 때문에
3 다른 나라의 친구들과 사귀어 보지 않으면 성장할 수 없기 때문에
4 해외에서의 경험이 없으면 취직할 수 없기 때문에

해설 아이의 교육을 위해 해외 이주를 하는 이유를 묻는 문제이므로, 이유가 언급된 세 번째 단락에서 정답을 찾을 수 있다. 1번은 지문에서 언급되지 않은 내용이므로 오답이다. 2번은 그 나라에 살면 문화도 자연스럽게 익혀지고, 24시간 외국어를 사용하기 때문에 필요에 의해 언어 실력이 향상된다는 지문의 내용과 일치하므로 정답이다. 3번, 4번 역시 지문에서 언급되지 않은 내용이므로 오답이다.

36

해외 이주에 대해 '나'는 어떻게 생각하고 있는가?

1 자신의 장래이기 때문에, 많은 돈을 내서라도 간다
2 해외 이주만 하면, 입시도 취직도 잘 될 테니 간다
3 해외에서의 경험도 중요하지만, 결국은 자신의 의지가 가장 중요하다
4 해외에서의 경험이 가장 중요하므로, 가고 싶지 않아도 이주한다

해설 '해외 이주'에 대한 필자의 생각을 묻는 문제이다. 필자의 주된 생각이나 주장은 글의 마지막 부분에 나올 가능성이 높다. 1번은 자신의 장래를 위해 가는 것은 찬성하지만, 많은 돈을 내서라도 간다는 내용은 없으므로 오답이다. 2번은 해외에 나가면 무조건 해결된다고 생각한다는 것은 위험하다고 했으므로 오답이다. 3번은 결국, 조건이나 장소보다 자신의 의지가 중요한 것이라는 지문의 내용과 일치하므로 정답이다. 4번은 지문에서 언급되지 않은 내용이므로 오답이다.

37

본문의 내용과 일치하는 것은 무엇인가?

1 예전보다 해외 이주를 희망하는 사람은 적어지고 있다.
2 경제가 나빠지면, 해외 이주를 희망하는 사람이 늘어난다.
3 아이 교육을 위해 해외 이주를 결심하는 사람도 적지 않다.
4 모국보다 좋은 조건의 나라가 있어도, 가족이 있어서 실제로 이주하는 사람은 없다.

해설 일치하는 것을 고르는 문제는 지문 전체를 잘 봐야 한다. 1번은 과거에는 적었지만 지금은 늘었다고 했으므로 오답이다. 2번과 4번은 지문에서 언급되지 않은 내용이므로 오답이다. 3번은 자신이 살기 쉬운 나라와 조건을 찾아 이주하는 것은 놀랄 일이 아니게 되었다는 지문의 내용과 일치하므로 정답이다.

기무라 씨는 이번 토요일에 8살 아들 한 명과 3살 딸 한 명을 데리고 외출한다. 무제한 승차 티켓을 이용하고 싶은데, 가장 저렴하게 이용하기 위해서는 어떤 티켓을 몇 장 사야 하는가?

1 어른 요금의 「1일 순회 티켓」 1장과, 어린이 요금의 「1일 순회 티켓」 1장
2 어른 요금의 「1일 순회 티켓」 1장과, 어린이 요금의 「1일 순회 티켓」 2장
3 「부모와 자식 티켓」 1장과, 어린이 요금의 「1일 순회 티켓」 1장
4 「부모와 자식 티켓」 1장만

모의고사

해설 질문에서 알 수 있는 조건은 '토요일', '8살 아들 한 명', '3살 딸 한 명', '무제한 승차 티켓', '가장 저렴하게'이다. 지문에서 '親子チケット(부모와 자식 티켓)'은 어른 1명과 어린이 1명의 요금이 포함된 주말용 티켓임을 알 수 있다. 하단의 주의 사항에 따르면 5세 이하 아동은 어른과 함께일 경우 2명까지 무료이다. 질문에서 '3살 딸 한 명'은 해당 조건에 부합하므로 따로 요금을 낼 필요가 없다. 따라서 기무라 씨와 '8살 아들 한 명'의 '親子チケット(부모와 자식 티켓)' 1장만 구매하면 가장 저렴하게 이용할 수 있으므로 정답은 4번이다.

39

교사 이토 씨는 지도하는 클럽의 고등학생 10명과 고등학교 야구 클럽의 시합에 간다. 가장 저렴하게 이용하고 싶은데, 어떤 티켓을 사고, 전원이 얼마를 내야 하는가?

1 어른 요금의 「1일 순회 티켓」을 11장, 8,800엔
2 「부모와 자식 티켓」 1장과 어린이 요금의 「1일 순회 티켓」 9장, 5,050엔
3 어른 요금의 「1일 순회 티켓」 1장과 「학생 티켓」 10장, 7,800엔
4 「학생 티켓」을 11장, 7,700엔

해설 질문에서 알 수 있는 조건은 '교사', '고등학생 10명', '고등학교 야구 클럽'이다. 지문에서 '学生チケット(학생 티켓)'은 초·중·고·대학생이 학교 활동으로 10명 이상 함께 탈 경우 사용할 수 있으며, 교사(인솔자)도 함께 이용 가능한 것을 알 수 있다. 이 문제는 고등학생 10명과 교사 1명이 시합이라는 학교 행사로 이동하는 상황이므로, 모두 학생 티켓 사용이 가능하다. 고등학생은 성인 요금을 적용받아 1장당 700엔이므로 교사 포함 총 11명 × 700엔 = 총 7,700엔이 되어 가장 저렴하다. 따라서 정답은 4번이다.

38~39

아오야마 버스 무제한 승차 티켓 안내
* 아오야마 버스의 무제한 승차 티켓을 사용하면, 출발인 「미즈하라」에서 종점인 「나카무라 동물원 앞」까지의 모든 버스 정류장에서, 하루에 몇 번이든 승하차할 수 있습니다.
* 아오야마 버스에서는, 아래의 3종류의 무제한 승차 티켓을 준비하고 있습니다.

	1일 순회 티켓	부모와 자식 티켓	학생 티켓
내용	누구나 사용할 수 있는 무제한 승차 티켓입니다.	[38번]어른 한 명과 아이 한 명의 요금이 세트로 된 티켓입니다.	[39번]초등학생·중학생·고등학생·대학생 * ①이 학교에 관련된 활동 * ②을 위해 10명 이상 승차하는 경우에 이용하실 수 있습니다.
이용 가능 요일	주말만	주말만	매일
어른 요금 (12세 이상)	800엔	1,000엔 (어른 1명과 아이 1명)	700엔
아이 요금 (6세~11세)	450엔		350엔
구입에 대해서	이용 당일, 티켓 판매소에서 구입할 수 있습니다.	이용 당일, 티켓 판매소에서 구입할 수 있습니다.	전날까지 티켓 판매소에 신청서를 제출하고, 티켓을 구입해 주십시오.

* ① [39번]학생과 함께인 경우에는, 인솔하시는 분도 이용하실 수 있습니다.
* ② 학교 활동이나 소풍 등에도 이용하실 수 있습니다. 단, 통학에는 이용하실 수 없습니다.
* ③ [38번]5세 이하의 어린이는, 어른과 함께인 경우에 한해, 2명까지 무료가 됩니다. 3명째부터는 아이 요금이 필요합니다.

아오야마 버스 회사
문의처: 03-2309-5948

단어 青山(あおやま) 아오야마(지명) | 乗り放題(のりほうだい) 무제한 승차 | 始発(しはつ) 출발 | 終点(しゅうてん) 종점 | 動物園(どうぶつえん) 동물원 | バス停(バスてい) 버스 정류장 | 一日(いちにち) 하루 | 回(かい) 회 (횟수) | 乗り降り(のりおり) 승하차 | 種類(しゅるい) 종류 | ご用意(ごようい) 준비(존경어) | 巡り(めぐり) 순회, 돌아다님 | 親子(おやこ) 부모와 자식 | 小学生(しょうがくせい) 초등학생 | 中学生(ちゅうがくせい) 중학생 | 高校生(こうこうせい) 고등학생 | 大学生(だいがくせい) 대학생 | 学校(がっこう) 학교 | 活動(かつどう) 활동 | 利用(りよう) 이용 | 可能(かのう) 가능 | 曜日(ようび) 요일 | 料金(りょ

うきん) 요금 ┃ 購入(こうにゅう) 구입 ┃ 売り場(うりば) 판매소 ┃ 申込書(もうしこみしょ) 신청서 ┃ 引率(いんそつ) 인솔 ┃ 遠足(えんそく) 소풍 ┃ 通学(つうがく) 통학 ┃ お問い合わせ先(おといあわせさき) 문의처

청해

問題1では、まず質問を聞いてください。それから話を聞いて、問題用紙の1から4の中から最もよいものを一つえらんでください。

문제1에서는 먼저 질문을 들어 주세요. 그리고 나서 이야기를 듣고, 문제용지의 1부터 4 중에서 가장 올바른 것을 하나 골라 주세요.

예

[음성]
会社で男の人と女の人が話しています。男の人は明日何時までに会社を出発しますか。

F：明日、田中さんもミーティングに行きますよね？時間はもともと2時からでしたっけ？
M：はい、そうです。もともと1時半からだったんですが、部長が1時過ぎに会社に戻ってくるそうで。
F：わかりました。あ、ミーティングの場所まではどれくらいかかるでしょうか。
M：道が混まなければ、早く着くと思いますが、10分くらいかかるかなあ。
F：じゃあ、会議の15分前には出発しましょうか。
M：はい、そうしましょう。

男の人は明日何時までに会社を出発しますか。

[문제집]
1　1時15分
2　1時30分
3　1時45分
4　1時30分

[음성]
회사에서 남자와 여자가 이야기하고 있습니다. 남자는 내일 몇 시까지 회사를 출발합니까?

F：내일 다나카 씨도 미팅에 가죠? 시간은 원래 2시였던 가요?
M：네, 맞습니다. 원래 1시 반부터였습니다만, 부장님이 1시 넘어서 회사로 돌아오신다고 해서.
F：알겠습니다. 아, 미팅 장소까지는 얼마나 걸릴까요?
M：길이 막히지 않으면 빨리 도착할 거라고 생각합니다만, 10분 정도 걸리려나.
F：그럼, 회의 15분 전에는 출발할까요?
M：네, 그렇게 합시다.
남자는 내일 몇 시까지 회사를 출발합니까?

[문제집]
1　1시 15분
2　1시 30분
3　1시 45분
4　2시

1

[음성]
電話で男の学生と女の学生が話しています。女の学生は明日何時までに家を出ますか。

M：もしもし、僕、山田なんだけど、明日の遠足の集合場所に一緒に行かない？
F：うん！いいよ。確か動物園前駅に10時までに集合だったよね。
M：うちの駅から30分ぐらいかかるみたいなんだ。
F：じゃあ、9時30分に行けばいい？私は家から駅までなら15分で行けるよ。
M：でも、あそこ行ったことないから10分早めに着く方がいいんじゃない？
F：そうだね。じゃ、そうしよう！

女の学生は明日何時までに家を出ますか。

[문제집]
1　9時5分
2　9時10分
3　9時15分
4　9時20分

[음성]

전화로 남학생과 여학생이 이야기하고 있습니다. 여학생은 내일 몇 시까지 집을 나섭니까?

M : 여보세요, 나 야마다인데, 내일 소풍 모이는 장소에 같이 가지 않을래?

F : 응! 좋아. 분명 **동물원 앞 역에 10시까지** 집합이었지?

M : **우리 집 역에서 30분 정도** 걸리는 것 같아.

F : 그럼, 9시 30분에 가면 돼? **나는 집에서 역까지는 15분**이면 갈 수 있어.

M : 그런데, 거기 가 본 적 없으니까 **10분 일찍 도착하는 게** 더 낫지 않을까?

F : 그러네. 그럼, 그렇게 하자!

여학생은 내일 몇 시까지 집을 나섭니까?

[문제집]

1 **9시 5분**
2 9시 10분
3 9시 15분
4 9시 20분

해설 여학생이 내일 몇 시에 집을 나서는지 묻는 문제이다. 동물원 앞 역의 집합 시간은 오전 10시이다. 남학생과 여학생이 사는 역에서 집합 장소까지는 약 30분이 걸린다. 여학생은 집에서 역까지 15분이 걸리므로, 원래는 9시 15분에 출발할 생각이었다. 하지만 남학생이 처음 가는 곳이니 10분 일찍 도착하자고 제안했고, 여학생도 이에 동의하여 10분 더 일찍 출발하게 되었다. 따라서 9시 5분에 출발해야 하며, 정답은 1번이다.

단어 遠足(えんそく) 소풍 | 集合(しゅうごう) 집합 | 場所(ばしょ) 장소 | 確か(たしか) 분명 | 動物園前駅(どうぶつえんまええき) 동물원 앞 역 | 駅(えき) 역 | 早め(はやめ) 일찍 | 着く(つく) 도착하다

2

[음성]

会社で男の人と女の人が話しています。女の人はこの後まず何をしますか。

M：来週のプレゼンテーションは木村の発表ということで進めているよね。

F：えーと。それが、木村が今回のプレゼンテーションから外れることになりまして、代わりに山田が担当いたします。

M：あ、確かに例の件で外れることになったよね。じゃ、資料のまとめはちゃんとできたのかな？

F：はい、発表の準備と資料はしっかり終わらせてあります。

M：資料だけ発表の前に見せてもらえるかな。

F：はい、わかりました。今、部長のメールへお送りいたします。

M：ありがとう。あと、来客へのメールは送ってあるの？

F：それは今井が担当しているはずですが、資料を送ってから確認してみます。

女の人はこの後まず何をしますか。

[문제집]

1 部長にメールを送ったのか今井に連絡する
2 お客さんにメールを送ったのか今井に連絡する
3 お客さんに資料をメールで送る
4 部長に資料をメールで送る

[음성]

회사에서 남자와 여자가 이야기하고 있습니다. 여자는 이 다음에 가장 먼저 무엇을 합니까?

M : 다음 주 프레젠테이션은 기무라의 발표인 걸로 진행하고 있지?

F : 저기, 그게요, 기무라가 이번 프레젠테이션에서 빠지게 되어서, 대신 야마다가 담당합니다.

M : 아, 분명 일전의 일로 빠지게 되었지. 그럼 자료 정리는 제대로 되었을까?

F : 네, 발표 준비와 자료는 확실히 마쳐 두었습니다.

M : 자료만 발표 전에 보여줄 수 있을까?

F : 네, 알겠습니다. **지금 부장님의 메일로 보내 드리겠습니다.**

M : 고마워. 그리고, 방문객에게는 메일을 보냈어?

F : 그건 이마이가 담당하고 있을 텐데, **자료를 보내고 나서 확인해 보겠습니다.**

여자는 이 다음에 가장 먼저 무엇을 합니까?

[문제집]

1 부장에게 메일을 보냈는지 이마이에게 연락한다
2 손님에게 메일을 보냈는지 이마이에게 연락한다
3 손님에게 자료를 메일로 보낸다
4 부장에게 자료를 메일로 보낸다

해설 여자가 가장 먼저 무엇을 해야 하는지 묻는 문제이다. 1번은 부장님에게 메일을 보내는 것은 여자가 할 일이므로 오답이다. 2번은 '자료를 보내고 나서 확인해 보겠습니다'라는 말을 통해 부장님에게 메일을 보내고 나서 해야 할 일이므로 오답이다. 3번은 이마이가 해야 할 일이므로 오답이다. 4번은 자료를 지금 부장님의 메일로 보내드리겠다고 하고, 이마이에게는 자료를 보내고 나서 확인해 보겠다고 했으므로 정답이다.

단어 プレゼンテーション 프레젠테이션, 발표 | 発表(はっぴょう) 발표 | 進める(すすめる) 진행하다 | 今回(こんかい) 이번 | 代わり(かわり) 대신 | 担当(たんとう) 담당 | 確かに(たしかに) 확실히 | 例の(れいの) 일전의 | 件(けん) 일, 사건 | 資料(しりょう) 자료 | まとめ 정리 | 準備(じゅんび) 준비 | 終わらせる(おわらせる) 마치다 | 見せる(みせる) 보여주다 | 部長(ぶちょう) 부장 | メール 메일 | 送る(おくる) 보내다 | 来客(らいきゃく) 방문객 | 確認(かくにん) 확인

3

[음성]

デパートで女の人と店員が話しています。女の人はワンピースをいつ取りに来ますか。

M：いらっしゃいませ。何かお探しでしょうか。
F：あの、面接の時に着るワンピースを探してるんです。地味でスカートの長さが短すぎないものがいいんですけど。
M：こちらの商品はいかがですか。今年に新しく出たワンピースで大変人気があります。お色もブラウンですので地味すぎることもなく、黒よりは暖かい印象を与えてくれます。試着もできますので、こちらへどうぞ。
F：あ、でもちょっと長さが気になります。同じデザインでもうちょっと長さの長いものはありませんか。
M：あいにく長いワンピースはただ今品切れでして、注文することになれば三日ほどお時間をちょうだいいたしますが。

F：かまいません。注文ということでお願いします。木曜日に取りに来たらいいですか。
M：申し訳ございません。その日はあいにく定休日となっておりますので、その次の日にお越しいただけますか。

女の人はワンピースをいつ取りに来ますか。

[문제집]

1 水曜日
2 木曜日
3 金曜日
4 土曜日

[음성]

백화점에서 여자와 점원이 이야기하고 있습니다. 여자는 원피스를 언제 가지러 옵니까?

M : 어서 오세요. 뭔가 찾고 계세요?
F : 저기, 면접 때 입을 원피스를 찾고 있습니다. 수수하고 치마 길이가 너무 짧지 않은 게 좋은데요.
M : 이 상품은 어떠십니까? 올해 새로 나온 원피스로 아주 인기가 있습니다. 색도 갈색이라 너무 수수하지 않고, 검은색보다는 따뜻한 인상을 줍니다. 입어 보실 수도 있으니 이쪽으로 오세요.
F : 아, 그런데 길이가 좀 신경 쓰입니다. 같은 디자인으로 좀 더 길이가 긴 건 없을까요?
M : 공교롭게 긴 원피스는 현재 품절이라, 주문하시게 되면 3일 정도 시간이 걸립니다만.
F : 괜찮아요. 주문으로 부탁드릴게요. **목요일에 가지러 오면 될까요?**
M : 죄송합니다. 그날은 하필 정기 휴일이라서, **그 다음 날에 와 주실 수 있을까요?**

여자는 원피스를 언제 가지러 옵니까?

[문제집]

1 수요일
2 목요일
3 금요일
4 토요일

해설 여자가 원피스를 언제 가지러 오는지 묻는 문제이다. 이 경우 점원이 손님에게 방문 날짜를 안내하므로, 남자의 말과 날짜가 나오는 부분에 집중해야 한다. 앞에서 원피스에 대한 여러 내용이 나오지만 중요한 부분은 아니다.

원피스는 주문하게 되면 3일 정도 시간이 걸리고, 여자 손님이 목요일에 가지러 오면 될지 묻자 점원은 정기 휴일이니 그 다음 날에 와 달라고 했으므로 정답은 3번이다.

 いらっしゃいませ 어서 오세요 | 探す(さがす) 찾다 | 面接(めんせつ) 면접 | 地味(じみ) 수수함, 차분함 | 長さ(ながさ) 길이 | 商品(しょうひん) 상품 | 新しい(あたらしい) 새롭다 | 人気(にんき) 인기 | 印象(いんしょう) 인상 | 試着(しちゃく) 입어 봄 | 気になる(きになる) 신경 쓰이다 | デザイン 디자인 | 品切れ(しなぎれ) 품절 | 注文(ちゅうもん) 주문 | 申し訳(もうしわけ)ございません 죄송합니다 | 定休日(ていきゅうび) 정기 휴일 | お越し(おこし)いただく 오시다(존경어)

4

[음성]

妻と夫が話しています。夫は帰りにどんなケーキを買ってきますか。

F：今日、ミカの誕生日だよ。知ってるでしょ？
M：もちろん、今年で6歳だよね。
F：違うよ！それは来年！帰りにケーキ買ってきてよ。
M：分かった。どんなケーキがいいかな。生クリーム？チョコレート？ミカの年と同じ数のろうそくでいいよね。
F：ケーキはチョコレートがいいかも。
M：了解。ミカ、イチゴ大好きだからイチゴがのってるのを買ってくるね。

夫は帰りにどんなケーキを買ってきますか。

[문제집]

1

2

3

4

[음성]

아내와 남편이 이야기하고 있습니다. 남편은 돌아오는 길에 어떤 케이크를 사 가지고 옵니까?

F：오늘 미카 생일이야. 알고 있지?
M：물론이지. 올해로 여섯 살이잖아?
F：아니야! 그건 내년! 돌아오는 길에 케이크 사 와.
M：알았어. 어떤 케이크가 좋을까? 생크림? 초콜릿? 미카 나이랑 같은 수의 초로 되지?
F：케이크는 초콜릿이 좋을 것 같아.
M：알겠어. 미카는 딸기를 아주 좋아하니까 딸기 올라간 걸로 사 올게.

남편은 돌아오는 길에 어떤 케이크를 사 가지고 옵니까?

 남편이 어떤 케이크를 사 오는지를 묻는 문제이다. 미카가 여섯 살이 되는 것은 내년이므로 올해 나이는 다섯 살이다. 여자가 케이크는 초콜릿이 좋을 것 같다고 하고, 남자가 딸기 올라간 것으로 사 온다고 했으므로 정답은 4번이다.

 誕生日(たんじょうび) 생일 | もちろん 물론 | 帰り(かえり) 돌아가(오)는 길 | 買う(かう) 사다 | 分かる(わかる) 알다, 이해하다 | 生クリーム(なまクリーム) 생크림 | チョコレート 초콜릿 | 年(とし) 나이, 해 | 数(かず) 수, 개수 | ろうそく 초 | いちご 딸기 | 載る(のる) (위에) 올라가다, 얹히다

5

[음성]

音楽の授業で先生が話しています。ピアノの演奏会に参加する学生は何をしなければなりませんか。

F：みなさん、ピアノの演奏会のことでお知らせがありますので、席についてください。再来週の金曜日にピアノの演奏会があります。参加するかどうかは自由ですが、演奏会の感想文を書いて提出すれば期末テストを受けたことにします。参加する人は来週の水曜日までに申込書を出してください。参加費の振り込みについては来週の金曜日にお知らせします。参加しない人は申込書を出さなくても結構です。締め切りを過ぎると申し込みはできなくなるので、気をつけてください。

ピアノの演奏会に参加する学生は何をしなければなりませんか。

[문제집]

1 全部水曜日までに出す
2 全部金曜日までに出す
3 申込書だけ水曜日までに出す
4 申込書だけ金曜日までに出す

[음성]

음악 수업에서 선생님이 이야기하고 있습니다. 피아노 연주회에 참가할 학생은 무엇을 하지 않으면 안 됩니까?

F : 여러분, 피아노 연주회에 대한 공지가 있으니 자리에 앉아 주세요. 다다음 주 금요일에 피아노 연주회가 있습니다. 참가할지 어쩔지는 자유지만, 연주회 감상문을 써서 제출하면 기말시험을 본 것으로 하겠습니다. 참가할 사람은 다음 주 수요일까지 신청서를 제출해 주세요. 참가비 이체에 대해서는 다음 주 금요일에 알려 드리겠습니다. 참가하지 않을 사람은 신청서를 제출하지 않아도 괜찮습니다. 마감일이 지나면 신청이 불가능해지니 주의하세요.

피아노 연주회에 참가할 학생은 무엇을 하지 않으면 안됩니까?

[문제집]

1 전부 수요일까지 낸다
2 전부 금요일까지 낸다
3 신청서만 수요일까지 낸다
4 신청서만 금요일까지 낸다

해설 피아노 연주회에 참가할 학생이 무엇을 해야 하는지 묻는 문제이다. 참가할 사람은 다음 주 수요일까지 신청서를 제출하라고 했으므로 정답은 3번이다.

단어 演奏会(えんそうかい) 연주회 | 再来週(さらいしゅう) 다다음 주 | 感想文(かんそうぶん) 감상문 | 提出(ていしゅつ) 제출 | 期末テスト(きまつテスト) 기말시험 | 申込書(もうしこみしょ) 신청서 | 参加費(さんかひ) 참가비 | 振り込み(ふりこみ) 이체, 송금 | 締め切り(しめきり) 마감일 | 申し込み(もうしこみ) 신청

6

[음성]

病院で男の人と医者が話しています。男の人はこの後何をしますか。

F : 今日はどうなさいましたか。

M : 最近、頭がひどく痛くて、残業のせいかなと思って二日間ほど休んだんですが、まだ良くなりません。

F : どんなお仕事をされていますか。長時間パソコンを使うと頭痛になることがありますよ。

M : 確かに一日中パソコンを使って仕事をしていますが、だからといって仕事をやめるわけにはいかないので…、頭痛を和らげる方法はありますか。

F : 長時間画面を見ると目が疲れて、それが頭痛につながることがあります。痛み止めを出しますね。それから、目が疲れにくくなる眼鏡をかけるといいですよ。よかったら、試してみてください。

M : わかりました。かけてみます。

男の人はこの後何をしますか。

[문제집]

1 仕事を辞める
2 長時間働く必要のない仕事をする
3 視力のために眼鏡をかける
4 目を守る眼鏡をかける

[음성]

병원에서 남자와 의사가 이야기하고 있습니다. 남자는 이 다음에 무엇을 합니까?

F : 오늘은 어쩐 일이신가요?

M : 최근 머리가 많이 아파서, 야근 때문인가 싶어 이틀 정도 쉬었는데, 아직 좋아지지 않습니다.

F : 어떤 일을 하시나요? 장시간 컴퓨터를 사용하면 두통이 생기는 경우도 있어요.

M : 확실히 하루 종일 컴퓨터를 사용해서 일하긴 하지만, 그렇다고 일을 그만둘 수는 없으니까…, 두통을 완화할 수 있는 방법이 있습니까?

F : 장시간 화면을 보면 눈이 지치고, 그것이 두통으로 이어지는 경우가 있습니다. 진통제를 처방해 드릴게요. 그리고, 눈이 덜 피로해지는 안경을 쓰면 좋습니다. 괜찮으시다면 시도해 보세요.

M：알겠습니다. 써 보겠습니다.

남자는 이 다음에 무엇을 합니까?

[문제집]

1 일을 그만둔다
2 오래 일할 필요가 없는 일을 한다
3 시력을 위해 안경을 쓴다
4 눈을 보호하는 안경을 쓴다

해설 남자가 이 다음에 무엇을 해야 하는지 묻는 문제이다. 1번은 일을 그만둘 수 없다고 했으므로 오답이다. 2번은 언급되지 않은 내용이므로 오답이다. 3번은 시력 보호가 아닌 눈이 덜 피로해지기 위한 안경이므로 오답이다. 4번은 의사가 눈이 덜 피로해지는 안경을 쓰면 좋다고 권하였고, 남자가 써 보겠다고 했으므로 정답이다.

단어 最近(さいきん) 최근 ｜ 頭(あたま) 머리 ｜ 痛い(いたい) 아프다 ｜ 残業(ざんぎょう) 야근 ｜ 仕事(しごと) 일, 직업 ｜ 長時間(ちょうじかん) 장시간 ｜ 頭痛(ずつう) 두통 ｜ 和らげる(やわらげる) 완화하다 ｜ 方法(ほうほう) 방법 ｜ 画面(がめん) 화면 ｜ 目(め) 눈 ｜ 疲れる(つかれる) 지치다 ｜ 痛み止め(いたみどめ) 진통제 ｜ 眼鏡(めがね) 안경 ｜ 試す(ためす) 시도하다, 시험하다

問題2では、まず質問を聞いてください。そのあと、問題用紙を見てください。読む時間があります。それから話を聞いて、問題用紙の1から4の中から、最もよいものを一つえらんでください。

문제2에서는, 우선 질문을 들어 주세요. 그 후, 문제용지를 봐 주세요. 읽는 시간이 있습니다. 그리고 나서 이야기를 듣고, 문제용지의 1부터 4 중에서 가장 올바른 것을 하나 골라 주세요.

예

[음성]

男の人と女の人が話しています。女の人はどうしてジムに行かないのですか。

F：あら、今日もジムに行ってきたの？
M：うん、忙しくても、できるだけ毎日通おうと思うんだ。
F：へえ、すごいなあ。私は絶対できないよ。
M：そう？僕が行ってるところ、安いし、いいよ。よかったら一緒にどう？

F：本当？うれしい。でもね、それよりも他の理由があるんだ。
M：どんな理由？
F：実は昔から運動神経があまりよくなくてさ。
M：なんだ。それなら僕が教えてあげるよ？
F：ううん、いいの。ありがとう。

女の人はどうしてジムに行かないのですか。

[문제집]

1 さいきん いそがしいから
2 いっしょに 行く 人が いないから
3 うんどうが にがてだから
4 ねだんが 高いから

[음성]

남자와 여자가 이야기하고 있습니다. 여자는 어째서 체육관에 가지 않습니까?

F：어라? 오늘도 체육관에 갔다 왔어?
M：응, 바빠도 가능한 매일 다니려고 생각해.
F：와, 대단하네. 나는 절대 못 해.
M：그래? 내가 다니고 있는 곳, 싸고, 좋아. 괜찮으면 같이 어때?
F：정말? 기뻐. 하지만, 그것보다도 다른 이유가 있어.
M：어떤 이유?
F：실은 옛날부터 운동신경이 별로 없어서 말야.
M：뭐야. 그거라면 내가 가르쳐 줄게?
F：아니, 괜찮아. 고마워.

여자는 어째서 체육관에 가지 않습니까?

[문제집]

1 최근 바빠서
2 같이 갈 사람이 없어서
3 운동을 잘 못해서
4 가격이 비싸서

1

[음성]

女の人と男の人がカフェで話しています。男の人はどうしてコーヒーを飲みませんか。

F：何にする？やっぱりコーヒーだよね。

M：ううん、僕はオレンジジュースにする。

F：え？どうしたの？いつもコーヒー派だったのに。

M：病院で言われたんだ。最近よく眠れなくて診てもらったら、カフェインをやめた方がいいって。仕方ないから1カ月ぐらいはやめようと思ってる。

F：そうなんだ。よく眠れないときは、寝る前に足のマッサージとかストレッチをするといいわよ。やっぱり睡眠不足だと、仕事にも集中できないしね。

M：ありがとう。今夜から試してみるね。

男の人はどうしてコーヒーを飲みませんか。

[문제집]

1 仕事に集中できないから

2 オレンジジュースを勧められたから

3 オレンジジュースが好きになったから

4 カフェインをやめるようにといわれたから

[음성]

여자와 남자가 카페에서 이야기하고 있습니다. 남자는 왜 커피를 마시지 않습니까?

F : 뭘로 할래? 역시 커피지?

M : 아니, 난 오렌지 주스로 할게.

F : 엥? 왜 그래? 항상 커피파였잖아.

M : 병원에서 들었거든. 최근 잠들지 못해서 진찰받았더니, 카페인을 끊는 게 좋다고 하더라고. 어쩔 수 없으니까 한 달 정도는 끊으려고 해.

F : 그렇구나. 잠을 잘 못 잘 때는, 자기 전에 발 마사지를 하거나 스트레칭을 하면 좋아. 역시 수면 부족이면 일에도 집중할 수 없고.

M : 고마워. 오늘 밤부터 시도해 볼게.

남자는 왜 커피를 마시지 않습니까?

[문제집]

1 일에 집중할 수 없기 때문에

2 오렌지 주스를 추천받았기 때문에

3 오렌지 주스를 좋아하게 되었기 때문에

4 카페인을 끊으라고 들었기 때문에

해설 남자가 커피를 마시지 않는 이유를 묻는 문제이다. 따라서 남자의 말에 귀를 기울여야 한다. 1번은 수면 부족 시 나타나는 현상이므로 오답이다. 2번과 3번은 언급되지 않은 내용이므로 오답이다. 4번은 병원에서 카페인을 끊는 게 좋다고 들었다고 했으므로 정답이다.

단어 病院(びょういん) 병원 ｜ 最近(さいきん) 최근 ｜ 眠る(ねむる) 잠들다 ｜ 診る(みる) 진찰하다 ｜ 仕方ない(しかたない) 어쩔 수 없다 ｜ 睡眠不足(すいみんぶそく) 수면 부족 ｜ 仕事(しごと) 일 ｜ 集中(しゅうちゅう) 집중 ｜ 今夜(こんや) 오늘 밤 ｜ 試す(ためす) 시도하다, 해보다

2

[음성]

電話で男の人と女の人が話しています。女の人はどうして帰国しますか。

F：もしもし、木村君？お久しぶり、私、山田。

M：お！山田、元気？どうしたの急に。

F：私ね、来週1週間だけ帰国することになって、時間あったらコーヒーでも一緒にどうかなと思って。

M：いいよ！なんか用でもあって帰国するの？確か大学の4年間は帰ってこないって言ってたよね。

F：うん、そうだったんだけど、一番仲のいい友達が結婚することになったから、式には絶対出席したいと思ってね。友達にも会いたいし。海外での一人暮らしって結構寂しいのよ。

M：そっか。じゃあ、山田の都合に合わせるよ。

F：ありがとう！

女の人はどうして帰国しますか。

[문제집]

1 男の人が結婚するから

2 友達が結婚するから

3 海外での一人暮らしが寂しいから

4 久しぶりに友達に会いたいから

모의고사

[음성]

전화로 남자와 여자가 이야기하고 있습니다. 여자는 왜 귀국합니까?

F : 여보세요, 기무라 군? 오랜만이야, 나 야마다야.

M : 오! 야마다, 잘 지냈어? 무슨 일이야 갑자기?

F : 나 말이야, 다음 주에 일주일 동안만 귀국하게 됐는데, 시간 되면 커피라도 같이 마실까 해서.

M : 좋지! 뭔가 볼일이라도 있어서 귀국하는 거야? 분명히 대학 4년 동안은 안 돌아온다고 했잖아.

F : 응, 그랬는데, **가장 친한 친구가 결혼하게 돼서, 식에는 꼭 참석하고 싶어서 말이야.** 친구들도 만나고 싶고. 해외에서 혼자 사는 건 꽤 외롭거든.

M : 그렇구나. 그럼 야마다 사정에 맞출게.

F : 고마워!

여자는 왜 귀국합니까?

[문제집]

1 남자가 결혼하기 때문에

2 친구가 결혼하기 때문에

3 해외에서의 혼자 생활이 외롭기 때문에

4 오랜만에 친구를 만나고 싶기 때문에

해설 여자가 귀국하는 이유를 묻는 문제이다. 따라서 여자의 말에 귀를 기울여야 한다. 1번은 남자가 아닌 여자의 친구가 결혼하므로 오답이다. 2번은 여자의 친구가 결혼하여 귀국한다고 했으므로 정답이다. 3번과 4번은 언급된 내용이지만 여자가 귀국하는 주된 이유는 아니므로 오답이다.

단어 帰国(きこく) 귀국 | 来週(らいしゅう) 다음 주 | 一週間(いっしゅうかん) 일주일 동안 | 時間(じかん) 시간 | 一緒に(いっしょに) 같이, 함께 | 大学(だいがく) 대학 | 結婚(けっこん) 결혼 | 式(しき) 식 | 絶対(ぜったい) 꼭, 절대 | 出席(しゅっせき) 참석, 출석 | 海外(かいがい) 해외 | 一人暮らし(ひとりぐらし) 혼자 삶, 독신생활 | 都合(つごう) 사정, 형편

3

[음성]

学校で男の人と女の人が話しています。男の人はどうして歓迎会に来られませんか。

F：明日の歓迎会、一緒に行こうよ。

M：ごめん、俺は行けない。

F：え？来週のテストの勉強するの？確か今度のテストって難しいって言ってたよね。

M：ううん。テストはあとで勉強すればいいんだけど、実はバイトがあってさ。今までは親からもらったお金で生活してたんだけど、来年からは自分の力でやってみるって、親に言っちゃったんだよね。

F：偉いじゃん。それでバイト始めたんだ。何のバイト？

M：学校の前のカフェ！バイト終わってから行けたら行くよ。

F：うん！わかった。じゃあ、一応バイト終わったら連絡してね。

男の人はどうして歓迎会に来られませんか。

[문제집]

1 来週テストがあるから

2 両親のためにバイトをするから

3 生活のためにバイトをするから

4 歓迎会に行くお金がないから

[음성]

학교에서 남자와 여자가 이야기하고 있습니다. 남자는 왜 환영회에 올 수 없습니까?

F : 내일 환영회, 같이 가자.

M : 미안, 난 못 가.

F : 엉? 다음 주 시험 공부하려고? 분명 이번 시험 어렵다고 했지.

M : 아니야. 시험은 나중에 공부하면 되는데, **사실은 아르바이트가 있어서. 지금까지는 부모님한테 받은 돈으로 생활했는데, 내년부터는 스스로의 힘으로 해보겠다고 부모님께 말해 버려서.**

F : 대단한데? 그래서 아르바이트를 시작한 거구나. 무슨 아르바이트야?

M : 학교 앞 카페! 아르바이트 끝나고 갈 수 있으면 갈게.

F : 응! 알겠어. 그럼, 일단 아르바이트 끝나면 연락해.

남자는 왜 환영회에 올 수 없습니까?

[문제집]

1 다음 주에 시험이 있기 때문에

2 부모님을 위해 아르바이트를 하기 때문에

3 생활을 위해 아르바이트를 하기 때문에

4 환영회에 갈 돈이 없기 때문에

해설 남자가 환영회에 오지 못하는 이유를 묻는 문제이다. 따라서 남자의 말에 귀를 기울여야 한다. 1번은 여자의 추측으로, 남자가 아니라고 했으므로 오답이다. 2번은 언급된 내용이 아니므로 오답이다. 3번은 환영회에 못 가는 이유는 사실 아르바이트가 있어서이고, 지금까지는 부모님한테 받은 돈으로 생활했는데 내년부터는 자신의 힘으로 하겠다고 말했기 때문이라고 했으므로 정답이다. 4번은 언급된 내용이 아니므로 오답이다.

단어 歓迎会(かんげいかい) 환영회 | 一緒に(いっしょに) 같이, 함께 | 来週(らいしゅう) 다음 주 | 勉強(べんきょう) 공부 | 確か(たしか) 분명, 아마, 틀림없이 | 難しい(むずかしい) 어렵다 | 実は(じつは) 사실은 | 生活(せいかつ) 생활 | 来年(らいねん) 내년 | 自分(じぶん) 스스로 | 力(ちから) 힘 | 始める(はじめる) 시작하다 | 学校(がっこう) 학교 | 連絡(れんらく) 연락

4

[음성]
インタビューで男(おとこ)の人(ひと)と記者(きしゃ)が話(はな)しています。男(おとこ)の人(ひと)はどうして満員電車(まんいんでんしゃ)が一番大変(いちばんたいへん)でしたか。

F：日本(にほん)に来(き)て今年(ことし)で5年目(ねんめ)になるそうですが、日本(にほん)での暮(く)らしで何(なに)が一番大変(いちばんたいへん)でしたか？

M：そうですね。今(いま)はだいぶ慣(な)れましたが、一番大変(いちばんたいへん)だったのは満員電車(まんいんでんしゃ)ですね。

F：満員電車(まんいんでんしゃ)ですか？

M：そうです。私(わたし)の国(くに)には電車(でんしゃ)がありませんから、みんな車(くるま)かバスで移動(いどう)しています。初(はじ)めて日本(にほん)で電車(でんしゃ)に乗(の)った時(とき)に、もうすでに満員(まんいん)だと思(おも)っていたのに次(つぎ)の駅(えき)でもまだ人(ひと)が乗(の)ってくるのでびっくりしました。次(つぎ)の電車(でんしゃ)に乗(の)ればいいものをわざわざ満員電車(まんいんでんしゃ)に乗(の)ってくるのを見(み)て理解(りかい)できなかったんです。しかも、みんながそれを我慢(がまん)しているので、どうして我慢(がまん)できるんだろうと不思議(ふしぎ)に思(おも)っていました。でも、日本(にほん)で生活(せいかつ)しているうちに、朝(あさ)はみんな忙(いそが)しいし、電車(でんしゃ)の時間(じかん)も決(き)まっているので仕方(しかた)がないことなんだと思(おも)うようになりました。

男(おとこ)の人(ひと)はどうして満員電車(まんいんでんしゃ)が一番大変(いちばんたいへん)でしたか。

[문제집]
1 電車(でんしゃ)の時間(じかん)に合(あ)わせるのが大変(たいへん)だから
2 ほかの人(ひと)と話(はな)したかったから
3 満員(まんいん)なのに人(ひと)が乗(の)ってくるから
4 満員(まんいん)だと乗(の)れないように注意(ちゅうい)されるから

[음성]
인터뷰에서 남자와 기자가 이야기하고 있습니다. 남자는 왜 만원 전철이 가장 힘들었습니까?

F：일본에 오신 지 올해로 5년째가 된다고 들었는데, 일본 생활에서 무엇이 가장 힘들었습니까?
M：글쎄요. 지금은 꽤 익숙해졌지만, 가장 힘들었던 건 만원 전철이었어요.
F：만원 전철이요?
M：네. 우리나라에는 전철이 없어서, 모두 자동차나 버스로 이동하고 있습니다. 처음 일본에서 전철을 탔을 때, 이미 만원이라고 생각했는데도 다음 역에서 또 사람이 타서 깜짝 놀랐습니다. 다음 전철을 타면 될 텐데, 굳이 만원 전철에 타려는 걸 보고 이해할 수 없었습니다. 게다가 모두가 그것을 참고 있어서, 어떻게 참을 수 있을까 하고 이상하게 생각했습니다. 하지만 일본에서 생활하는 동안, 아침에는 모두 바쁘고 전철 시간도 정해져 있으니 어쩔 수 없는 일이구나, 라고 생각하게 되었습니다.

남자는 왜 만원 전철이 가장 힘들었습니까?

[문제집]
1 전철 시간에 맞추는 것이 힘들었기 때문에
2 다른 사람과 이야기하고 싶었기 때문에
3 만원인데도 사람이 계속 타기 때문에
4 만원이면 탈 수 없다고 주의받기 때문에

해설 남자가 만원 전철이 힘들었던 이유를 묻는 문제이다. 따라서 남자의 말에 귀를 기울여야 한다. 1번은 전철 시간이 정해져 있다고 했으므로 오답이다. 2번은 언급되지 않은 내용이므로 오답이다. 3번은 이미 만원이라고 생각했는데 다음 역에서 또 사람이 타서 놀랐다고 했으므로 정답이다. 4번은 언급되지 않은 내용이므로 오답이다.

단어 日本(にほん) 일본 | 今年(ことし) 올해 | 暮らし(くらし) 생활 | 一番(いちばん) 가장, 제일 | 大変だ(たいへんだ) 힘들다, 고생스럽다 | 満員電車(まんいんでんしゃ) 만원 전철 | 車(くるま) 자동차 | 移動(いどう) 이동 | 初めて(はじめて) 처음 | 駅(えき) 역 | 理解(りかい) 이해 | 我慢(がまん) 참음, 인내 | 不思議だ(ふしぎだ) 이상하다, 신기하다 | 生活(せいかつ) 생활 | 時間(じかん) 시간 | 仕方がない(しかたがない) 어쩔 수 없다

[음성]

会社で男の人と女の人が話しています。男の人はどうして明日の会議に参加できませんか。

F：山田部長、明日の会議の資料はメールで送ってあります。

M：あ、悪いけど、明日の会議は僕の代わりに木村が出席することになったんだ。だから、木村にも会議の資料を渡してもらえるかな。

F：分かりました。人事部の木村部長ですよね？

M：うん、また営業部の社員も出席したいと言ってるようだから、そっちにも資料送っておいてくれる？

F：木村部長と営業部の方々に送っておきます。あの、山田部長はどうして来られないんですか。

M：社長が、アメリカから大事なお客さんがいらっしゃるからそっちの方へ行くことになったんだ。それで僕が社長の代わりに仕事を済ませなければならないんだ。じゃ、後はよろしく頼んだよ。

男の人はどうして明日の会議に参加できませんか。

[문제집]

1 木村が代わりに出席するから
2 営業部と会議するから
3 大事なお客さんが来るから
4 社長の代わりに働くから

[음성]

회사에서 남자와 여자가 이야기하고 있습니다. 남자는 왜 내일 회의에 참석할 수 없습니까?

F : 야마다 부장님, 내일 회의 자료는 메일로 보내 두었습니다.

M : 아, 미안한데, 내일 회의는 나 대신 기무라가 참석하기로 됐어. 그러니까, 기무라한테도 회의 자료를 전달해 줄 수 있나?

F : 알겠습니다. 인사부의 기무라 부장이죠?

M : 응. 그리고 영업부 사원들도 참석하고 싶다고 하는 것 같아서, 거기에도 자료 보내 줄래?

F : 기무라 부장님과 영업부 분들에게 보내 놓겠습니다. 저기, 야마다 부장님은 왜 참석 못 하시는 건가요?

M : 사장님이, 미국에서 중요한 손님이 오신다고 해서 그쪽에 가게 됐거든. 그래서 내가 사장님 대신 일을 끝내야 해. 그럼, 나머지는 잘 부탁할게.

남자는 왜 내일 회의에 참석할 수 없습니까?

[문제집]

1 기무라가 대신 참석하기 때문에
2 영업부와 회의하기 때문에
3 중요한 손님이 오기 때문에
4 사장을 대신해 일해야 하기 때문에

해설 남자가 회의에 참석하지 못하는 이유를 묻는 문제이다. 따라서 남자의 말에 귀를 기울여야 한다. 1번은 남자가 회의에 참석하지 못해서 기무라가 대신 가는 것이기 때문에 오답이다. 2번은 언급되지 않은 내용이므로 오답이다. 3번은 중요한 손님은 사장이 맞이하는 것이므로 오답이다. 4번은 중요한 손님을 맞이하러 간 사장님 대신 일을 끝내야 하기 때문이라고 했으므로 정답이다.

단어 部長(ぶちょう) 부장 | 明日(あした) 내일 | 会議(かいぎ) 회의 | 資料(しりょう) 자료 | 送る(おくる) 보내다 | 代わり(かわり) 대신 | 出席(しゅっせき) 참석, 출석 | 人事部(じんじぶ) 인사부 | 営業部(えいぎょうぶ) 영업부 | 社員(しゃいん) 사원 | 社長(しゃちょう) 사장 | 大事だ(だいじだ) 중요하다 | お客さん(おきゃくさん) 손님 | 済ませる(すませる) 끝내다, 처리하다 | 頼む(たのむ) 부탁하다

[음성]

女の人と男の人が会議の発表で使う資料について話しています。二人はどうして資料を作り直しますか。

F：明日の発表で使う資料はちゃんとできているよね。最後に確認をしてから、コピーを頼もう。

M：何この名前？漢字が違うじゃん。

F：え？合ってるんじゃない？名刺にあった漢字を確認して書いたけど。

M：それっていつもらった名刺なんだよ？木村
花子さん先月結婚して山田花子さんになっ
たから名刺は作り直したんだ。

F：先月？確かその前にもらった名刺だわ。じ
ゃあ、ここだけ直せばいいってことよね。お
かげで助かったわ。名前を間違えたら失礼
よね。

M：そりゃ、そうだよ。早く直そう。

二人はどうして資料を作り直しますか。

[문제집]
1 男の人が名前を間違えて書いたから
2 女の人が名前を間違えて書いたから
3 花子さんが名刺に名前を間違えて書いたから
4 男の人が名刺に名前を間違えて書いたから

[음성]
여자와 남자가 회의 발표에서 사용할 자료에 대해 이야기
하고 있습니다. 두 사람은 왜 자료를 다시 만듭니까?

F : 내일 발표에서 쓸 자료는 잘 준비돼 있지? 마지막으
로 확인한 다음에 복사 맡기자.

M : 뭐야 이 이름? 한자가 틀리잖아.

F : 엉? 맞는 거 아닐까? 명함에 있던 한자를 확인하고
썼는데.

M : 그거 언제 받은 명함인데? 기무라 하나코 씨, 지난달
에 결혼해서 야마다 하나코가 되어서 명함은 다시
만들었어.

F : 지난달? 확실히 그전에 받은 명함이네. 그럼 여기만
고치면 되는 거네. 덕분에 살았다. 이름을 틀리면 실
례니까.

M : 당연하지. 빨리 고치자.

두 사람은 왜 자료를 다시 만듭니까?

[문제집]
1 남자가 이름을 잘못 썼기 때문에
2 여자가 이름을 잘못 썼기 때문에
3 하나코 씨가 명함에 이름을 잘못 썼기 때문에
4 남자가 명함에 이름을 잘못 썼기 때문에

해설 두 사람이 자료를 다시 만드는 이유를 묻는 문제이다. 1번
과 2번 중 남자가 이름이 잘못되어 있는 것을 발견했고,
여자가 하나코 씨의 성이 바뀐 것을 모르고 오래된 명함
에 있던 이름을 쓴 것이므로 2번이 정답이다. 3번은 하나

코 씨의 성이 바뀌어 명함도 새로 만들었다고 했으므로
오답이다. 4번은 언급되지 않은 내용이므로 오답이다.

단어 明日(あした) 내일 | 発表(はっぴょう) 발표 | 資料(しり
ょう) 자료 | 確認(かくにん) 확인 | 頼む(たのむ) 맡기다,
부탁하다 | 名前(なまえ) 이름 | 漢字(かんじ) 한자 | 合う
(あう) 맞다, 일치하다 | 名刺(めいし) 명함 | 結婚(けっこ
ん) 결혼 | 作り直す(つくりなおす) 다시 만들다 | 助かる
(たすかる) 도움이 되다, 구해지다 | 間違える(まちがえる)
틀리다, 실수하다 | 失礼(しつれい) 실례

問題3では、問題用紙に何もいんさつされてい
ません。この問題は、ぜんたいとしてどんないない
ようかを聞く問題です。話の前に質問はありま
せん。まず話を聞いてください。それから、質問
とせんたくしを聞いて、1から4の中から、最も
よいものを一つえらんでください。

문제3에서는, 문제용지에 아무것도 인쇄되어 있지 않습니
다. 이 문제는, 전체적으로 어떤 내용인지를 묻는 문제입
니다. 이야기 전에 질문은 없습니다. 우선 이야기를 들어
주세요. 그리고 나서 질문과 선택지를 듣고, 1부터 4 중에
서 가장 올바른 것을 하나 골라 주세요.

예

[음성]
ラジオである会社の社長が話しています。

M：みなさん、経営で大事なことは何だと思い
ますか。社員の育成、効率がいい業務プ
ロセスの開発、それとも投資をたくさんして
もらうことでしょうか。私は何よりも人を大
切にすることだと思います。育成も大事な
ことですが、それよりも今一緒に働いてい
る人を大切にする。それは、社内にいる人
ももちろんですが、取引先やお客さんも同
じです。目の前にいる人を大切にすること
で、信頼関係が生まれ、それが仕事にもい
い形で返ってくる。これが理想的な経営だ
と思います。

この社長が伝えたいことは何ですか。

1 投資をたくさん受ける方法
2 仕事ができる社員の育て方
3 経営において大切なこと
4 効率がいい経営の方法

[음성]
라디오에서 어떤 회사의 사장이 이야기하고 있습니다.

M : 여러분, 경영에서 중요한 것은 뭐라고 생각하십니까? 사원의 육성, 효율이 좋은 업무 프로세스의 개발, 또는 투자를 많이 받는 것일까요. 저는 무엇보다도 사람을 소중히 대하는 것이라고 생각합니다. 육성도 중요한 일입니다만, 그것보다도 지금 같이 일하고 있는 사람을 소중히 대한다. 그것은, 사내에 있는 사람도 물론이지만, 거래처나 손님도 같습니다. 눈앞에 있는 사람을 소중히 대하는 것으로 신뢰 관계가 생기고, 그것이 일에도 좋은 형태로 돌아온다. 이것이 이상적인 경영이라고 생각합니다.

이 사장이 전하고 싶은 것은 무엇입니까?

1 투자를 많이 받는 방법
2 일을 잘하는 사원의 육성 방법
3 경영에 있어서 중요한 것
4 효율이 좋은 경영의 방법

1

[음성]
テレビでアナウンサーが話しています。

M : 皆さん、私は今病院の前にいます。でも、病院というには何だか雰囲気が違いませんか。ここは人ではなく、人形を直してくれる人形の病院なんです。大切にしていた人形が壊れてしまって悲しくなったり、泣いたりした経験はありませんか。この病院では、もう動かなくなったロボットや古くなった人形も元の形に戻してくれるそうです。もちろん買ったばかりの人形に戻るわけではありませんが、見た目や動きに問題のないよう直してくれます。人形やロボットが好きな子供だけではなく、意外と大人にも人気があるんですよ。昔大切にしていた人形を直してもらって、子供の頃に戻れたような懐かし

い感じがするということでした。

アナウンサーは主に何について話していますか。

1 人形やロボットがあって子供に人気の病院
2 人形やロボットで子供を安心させる病院
3 人形やロボットを直してくれる病院
4 人形も人間も治してくれる病院

[음성]
텔레비전에서 아나운서가 이야기하고 있습니다.

M : 여러분, 저는 지금 병원 앞에 있습니다. 하지만 병원이라고 하기에는 어딘가 분위기가 다르지 않나요? 여기는 사람이 아니라, 인형을 고쳐 주는 인형 병원입니다. 소중히 여기던 인형이 망가져서 슬프거나 울거나 했던 경험은 없으신가요? 이 병원에서는 이미 움직이지 않게 된 로봇이나 낡아진 인형도 원래 형태로 되돌려준다고 합니다. 물론 막 산 인형으로 되돌아가는 건 아니지만, 겉모습이나 움직임에 문제가 없도록 고쳐 줍니다. 인형이나 로봇을 좋아하는 아이들뿐만 아니라, 의외로 어른들에게도 인기가 있습니다. 옛날에 소중히 여기던 인형을 고쳐 받아 어린 시절로 돌아간 듯한 그리운 느낌이 든다고 합니다.

아나운서는 주로 무엇에 대해 이야기하고 있습니까?

1 인형이나 로봇이 있어서 아이들에게 인기 있는 병원
2 인형이나 로봇으로 아이를 안심시키는 병원
3 인형이나 로봇을 고쳐 주는 병원
4 인형도 사람도 치료해 주는 병원

해설 아나운서가 주로 무엇에 대해 이야기하고 있는지 묻는 문제이다. 1번은 인형이나 로봇을 고쳐 주기 때문에 인기가 있는 것이므로 오답이다. 2번은 언급된 내용이 아니므로 오답이다. 3번은 아나운서가 사람이 아니라 인형을 고쳐 주는 인형 병원이라고 소개하고 있으므로 정답이다. 4번은 인형만 고쳐 주는 병원이므로 오답이다.

단어 病院(びょういん) 병원 | 雰囲気(ふんいき) 분위기 | 人形(にんぎょう) 인형 | 大切だ(たいせつだ) 소중하다 | 壊れる(こわれる) 망가지다 | 経験(けいけん) 경험 | 動く(うごく) 움직이다 | 古い(ふるい) 낡다, 오래되다 | 元(もと) 원래 | 形(かたち) 형태, 모양 | 問題(もんだい) 문제 | 直す(なおす) 고치다 | 意外(いがい) 의외로 | 人気(にんき) 인기 | 昔(むかし) 옛날 | 懐かしい(なつかしい) 그립다, 정겹다

[음성]

ラジオで女優が話しています。

Ｆ：この度はABCで受賞できたことをとても嬉しく思っております。実は今回の作品を演じながら自分はまだまだだと思い、演じるということについて真剣に自分の中で向き合うようになりました。母親の役を演じながらも、結婚もしてない自分にできるものなのかといつも悩んでおりました。でも、監督をはじめ俳優の皆さまが一緒に悩んでくださったおかげで、自分でもいい演技ができたと思っております。私にとっては新しい挑戦でしたので、怖くて自分でも大変でしたが、こんな素晴らしい賞をいただけたことに心から感謝しております。これからも皆さんの心に響く演技ができる女優になれるよう頑張っていきたいと思います。ありがとうございました。

この女優が伝えたいことは何ですか。

1 初めての役でとても難しかったこと
2 受賞を願っていること
3 受賞できなかったが感謝していること
4 受賞できて感謝していること

[음성]

라디오에서 여배우가 이야기하고 있습니다.

Ｆ：이번에 ABC에서 **수상할 수 있었던 것을 정말 기쁘게 생각하고 있습니다.** 사실은 이번 작품을 연기하면서 나는 아직 부족하다고 생각하고, 연기한다는 것에 대해 진지하게 제 안에서 마주하게 되었습니다. 엄마 역할을 연기하면서도, 결혼도 하지 않은 내가 할 수 있는 역할인가 하고 늘 고민하고 있었습니다. 하지만 감독을 비롯해 배우 여러분께서 함께 고민해 주신 덕분에, 저도 좋은 연기를 할 수 있었다고 생각하고 있습니다. 저에게 있어서 새로운 도전이었기 때문에 무섭고 스스로도 힘들었지만, **이렇게 멋진 상을 받을 수 있었던 것에 진심으로 감사하고 있습니다.** 앞으로도 여러분의 마음을 울리는 연기를 할 수 있는 여배

우가 될 수 있도록 노력하고 싶습니다. 감사합니다.

이 여배우가 전하고 싶은 것은 무엇입니까?

1 첫 역할이어서 매우 어려웠다는 것
2 수상을 바라고 있는 것
3 수상은 하지 못했지만 감사하고 있다는 것
4 수상하게 되어 감사하고 있다는 것

해설 여배우가 전하고 싶은 것이 무엇인지를 묻는 문제이다. 1번은 처음 맡은 경험은 맞지만 어려웠다는 내용은 없으므로 오답이다. 2번은 이미 수상을 한 것이므로 오답이다. 3번 역시 이미 수상을 한 것이 전제되고 있으므로 오답이다. 4번은 처음과 끝에 수상할 수 있었던 것, 멋진 상을 받을 수 있었던 것에 감사하고 있다고 했으므로 정답이다.

단어 この度(このたび) 이번, 이번 기회 | 受賞(じゅしょう) 수상 | 嬉しい(うれしい) 기쁘다 | 実は(じつは) 사실은 | 作品(さくひん) 작품 | 演じる(えんじる) 연기하다 | 真剣(しんけん) 진지함 | 向き合う(むきあう) 마주하다, 직면하다 | 母親(ははおや) 엄마 | 役(やく) 역할 | 結婚(けっこん) 결혼 | 悩む(なやむ) 고민하다 | 監督(かんとく) 감독 | 俳優(はいゆう) 배우 | 皆さま(みなさま) 여러분, 모두 | おかげで 덕분에 | 演技(えんぎ) 연기 | 新しい(あたらしい) 새롭다 | 挑戦(ちょうせん) 도전 | 怖い(こわい) 무섭다 | 大変(たいへん) 힘들다, 어렵다 | 素晴らしい(すばらしい) 훌륭하다 | 心(こころ) 마음 | 響く(ひびく) 울리다, 감동시키다 | 女優(じょゆう) 여배우 | 頑張る(がんばる) 노력하다, 열심히 하다

[음성]

授業で教授が話しています。

Ｆ：前期は中間テストと期末テストを50%ずつ反映して成績をつけました。後期はテストの代わりにレポートの提出にしたいと思います。レポートの締め切りは後期が終わるまでとします。レポートの課題は「科学技術が人間生活に及ぼす影響」です。新聞や本に載っている内容ではなく、できるだけ自分の考えや意見を書いてください。何か分からないことがあれば、メールで質問してください。

教授は何について話していますか。

1 前期のテストの結果
2 前期のテストの代わりにすること
3 後期のテストの予定
4 後期のテストの代わりにすること

[음성]

수업에서 교수가 이야기하고 있습니다.

F : 전기에는 중간시험과 기말시험을 50%씩 반영하여 성적을 매겼습니다. **후기에는 시험 대신 리포트를 제출하는 것으로 하고자 합니다. 리포트 제출 마감일**은 후기가 끝날 때까지로 하겠습니다. **리포트 과제**는 '과학기술이 인간 생활에 미치는 영향'입니다. 신문이나 책에 실려 있는 내용이 아니라, **가능한 한 자신의 생각이나 의견을 써 주세요.** 무언가 궁금한 점이 있으면 메일로 질문해 주세요.

교수는 무엇에 대해 이야기하고 있습니까?

1 전기 시험의 결과
2 전기 시험 대신에 할 것
3 후기 시험 예정
4 후기 시험 대신에 할 것

해설 교수가 무엇에 대해서 이야기하고 있는지를 묻는 문제이다. 1번과 2번은 전기 시험에 대한 내용은 언급되지 않았으므로 오답이다. 3번은 시험 예정에 대한 내용은 언급되지 않았으므로 오답이다. 4번은 후기 시험 대신 리포트를 제출한다고 하고, 마감일, 주제, 주의 사항을 알려 주고 있으므로 정답이다.

단어 前期(ぜんき) 전기(1학기) | 中間テスト(ちゅうかんテスト) 중간시험 | 期末テスト(きまつテスト) 기말시험 | 反映(はんえい) 반영 | 成績(せいせき) 성적 | 後期(こうき) 후기(2학기) | 代わり(かわり) 대신 | 提出(ていしゅつ) 제출 | 締め切り(しめきり) 마감일 | 課題(かだい) 과제 | 科学技術(かがくぎじゅつ) 과학기술 | 人間生活(にんげんせいかつ) 인간생활 | 及ぼす(およぼす) 미치다 | 影響(えいきょう) 영향 | 新聞(しんぶん) 신문 | 本(ほん) 책 | 考え(かんがえ) 생각 | 内容(ないよう) 내용 | 意見(いけん) 의견 | 分かる(わかる) 알다 | 質問(しつもん) 질문

問題4では、えを見ながら質問を聞いてください。やじるし（➡）の人は何と言いますか。1から3の中から、最もよいものを一つえらんでください。

문제4에서는, 그림을 보면서 질문을 들어주세요. 화살표(➡)의 사람은 뭐라고 말합니까? 1부터 3 중에서 가장 올바른 것을 하나 골라 주세요.

예

[음성]
パソコンの使い方を教えています。学生に何と言いますか。

M : 1 これを知ってもいいですか。
　　2 これを教えてください。
　　3 これを押してみましょう。

[문제집]

[음성]
컴퓨터 사용법을 가르쳐 주고 있습니다. 학생에게 뭐라고 말합니까?

M : 1 이것을 알아도 괜찮아요?
　　2 이것을 가르쳐 주세요.
　　3 이것을 눌러 봅시다.

1

[음성]
お客様に部屋のキーを渡します。何と言いますか。

M : 1 ちょうどお預かりいたします。
　　2 こちらがお部屋のキーでございます。
　　3 こちらで部屋を利用できますか？

[문제집]

[음성]

손님에게 방 열쇠를 건넵니다. 뭐라고 말합니까?

M : 1 마침 맡아 드리겠습니다.

  2 이쪽이 방의 열쇠입니다.

  3 이걸로 방을 이용할 수 있습니까?

해설 호텔 직원이 손님에게 키를 건네는 상황이다. ~でござ
います는 です(입니다)의 정중어로, 손님에게 방 열쇠임
을 가리키는 표현이므로 2번이 정답이다. 1번은 상대방의
물건을 맡을 때 사용하는 표현이다. 3번은 이용 가능 여
부를 물어볼 때 사용하는 표현이다.

단어 お客様(おきゃくさま) 손님, 고객 ┃ 部屋(へや) 방 ┃ キー
열쇠 ┃ 渡す(わたす) 건네다, 넘기다 ┃ 預かる(あずかる) 맡
다, 보관하다 ┃ 利用(りよう) 이용, 사용

2

[음성]

ご飯を食べ終わりました。何と言いますか。

M : 1 いつもお世話になっております。

  2 ごちそうさまでした。

  3 ご無沙汰しております。

[문제집]

[음성]

밥을 다 먹었습니다. 뭐라고 말합니까?

M : 1 항상 신세 지고 있습니다.

  2 잘 먹었습니다.

  3 오랜만입니다.

해설 식사 후에 인사를 하는 상황이다. ごちそう는 '만찬'이라
는 뜻으로, 먹은 음식이 만찬이었다는 표현이 식사 후의
인사 표현이므로 2번이 정답이다. 1번은 알고 지내던 지
인, 업무상 알고 있는 사람에게 하는 인사이다. 3번은 오
랜만에 만난 사람에게 건네는 인사이다.

단어 ご飯(ごはん) 밥 ┃ 食べ終わる(たべおわる) 다 먹다 ┃ お
世話になる(おせわになる) 신세를 지다 ┃ ごちそうさま
でした 잘 먹었습니다 ┃ ご無沙汰(ごぶさた) 오랜만에 인사
함

3

[음성]

会議の資料を渡してもらえませんでした。何と
言いますか。

M : 1 まず、資料を渡します。

  2 資料をまとめました。

  3 資料をいただけますか。

[문제집]

[음성]

회의 자료를 건네 받지 못했습니다. 뭐라고 말합니까?

M : 1 우선, 자료를 건네겠습니다.

  2 자료를 정리했습니다.

  3 자료를 받을 수 있을까요?

해설 자료를 건네받지 못한 상황이다. 따라서 자료를 요청하
는 표현이 적절하다. いただく는 もらう(받다)의 겸양어
로 いただけますか는 '받을 수 있습니까?'라고 해석하여
정중하게 요청하는 표현이 되므로 3번이 정답이다. 1번은
まず(우선)가 들어갔기 때문에, 미리 어떤 행동을 할 때
사용하는 표현이다. 2번은 자료 정리가 끝났음을 나타내
는 표현이다.

단어 会議(かいぎ) 회의 ┃ 資料(しりょう) 자료 ┃ 渡す(わたす)
건네다, 넘기다 ┃ まとめる 정리하다 ┃ いただく 받다(겸양
어)

4

[음성]

隣の家にお土産を渡します。何と言いますか。

F : 1 これ、もらってもいいですか。

  2 お大事に。

  3 これつまらないものですが、どうぞ。

[음성]
이웃집에 선물을 건넵니다. 뭐라고 말합니까?

F：1 이거 받아도 될까요?
　　2 몸조리 잘 하세요.
　　3 별건 아니지만, 받아 주세요.

해설　선물을 건네는 상황이다. 이 경우 정해진 문구처럼 사용
　　　하는 '별건 아니지만, 받아주세요'라는 표현인 3번이 정
　　　답이다. 1번은 선물 받는 사람이 하기에 적절한 표현이다.
　　　2번은 상대방의 건강을 바라는 표현이다.

단어　隣(となり) 이웃, 옆 | 家(いえ) 집 | お土産(おみやげ) 선
　　　물, 기념품 | 渡す(わたす) 건네다, 넘기다 | お大事に(おだ
　　　いじに) 몸조리 잘 하세요 | つまらない 별것 아닌, 시시한 |
　　　どうぞ 부디, 제발, 여기 있습니다

問題5では、問題用紙に何もいんさつされてい
ません。まず文を聞いてください。それから、そ
のへんじを聞いて、1から3の中から、最もよい
ものを一つえらんでください。

문제5에서는, 문제용지에 아무것도 인쇄되어 있지 않습니
다. 우선 문장을 들어 들어주세요. 그리고 나서, 그 대답을
듣고, 1부터 3 중에서 가장 올바른 것을 하나 골라 주세요.

예

[음성]
F：すみません、今、少しよろしいでしょうか。

M：1 それがまだだめなんですよ。
　　2 あ、それはあとでですよ。
　　3 ええ、どうしたんですか。

[음성]
F：실례합니다, 지금 잠시 괜찮으세요?

M：1 그게 아직 안 돼요.
　　2 아, 그것은 나중에예요.
　　3 네, 무슨 일이세요?

1

[음성]
M：どなたかいらっしゃいますか。

F：1 失礼しました。
　　2 どうぞ、失礼してください。
　　3 どうぞ、おあがりください。

[음성]
M：누구 계십니까?

F：1 실례했습니다.
　　2 어서, 실례해 주세요.
　　3 어서 들어오세요.

해설　다른 사람의 집을 방문하거나, 가게에 들어갈 때의 인사
　　　표현에 대한 대답을 고르는 문제이다. 누군가가 방문했을
　　　때의 인사인 3번이 정답이다. 1번은 방문을 마치고 돌아
　　　갈 때 쓰는 표현이다.

단어　どなた 누구(존경어) | 失礼(しつれい) 실례, 실례함 | あが
　　　る 들어가다, 올라가다

2

[음성]
M：発表会、いよいよ明日ですね。

F：1 ありがとうございます。よかったです。
　　2 わかりました。すぐに行きます。
　　3 今までお疲れ様でした。

[음성]
M：발표회, 드디어 내일이네요.

F：1 감사합니다. 다행이에요.
　　2 알겠습니다. 곧 갈게요.
　　3 지금까지 수고하셨습니다.

해설　발표가 내일이라고 하는 말에 대한 대답을 고르는 문제
　　　이다. 발표하기 전까지의 일들에 대해 고생했다고 말하는
　　　3번이 정답이다. 1번은 안도를 나타내는 표현이다.

단어　**発表会(はっぴょうかい)** 발표회 | いよいよ 드디어, 마침내
　　　| 明日(あした) 내일 | よかった 다행이다 | わかる 알다
　　　| すぐに 곧, 바로 | 行く(いく) 가다 | 今まで(いままで)
　　　지금까지 | お疲れ様でした(おつかれさまでした) 수고하
　　　셨습니다

う(おもう) 생각하다 | 昨日(きのう) 어제 | 返す(かえす) 반납하다, 돌려주다

3

[음성]

F：山田君って今どこにいるか知ってる？

M：1 ごめん、今行くよ。

　　2 もう帰ったんじゃない？

　　3 1時間ぐらいかかる。

[음성]

F：야마다 군 지금 어디에 있는지 알아?

M：1 미안, 지금 가.

　　2 벌써 돌아간 거 아냐?

　　3 한 시간쯤 걸려.

해설 야마다 군이 어디 있는지를 묻는 질문에 대한 대답을 고르는 문제이다. 이미 돌아간 것이 아닌지 묻는 2번이 정답이다. 1번은 약속 시간에 늦은 사람이 하기에 적절한 표현이다.

단어 知る(しる) 알다 | 行く(いく) 가다 | 帰る(かえる) 돌아가다, 집에 가다 | 時間(じかん) 시간 | ぐらい 쯤, 정도

4

[음성]

M：ねえ、先週図書館で借りた本、読み終わってたら貸してくれない？

F：1 明日借りようと思う。

　　2 昨日もう返しちゃったよ。

　　3 え？もう終わったの？

[음성]

M：저기, 지난주 도서관에서 빌린 책 다 읽었으면 빌려줄래?

F：1 내일 빌리려고 생각해.

　　2 어제 벌써 반납해 버렸어.

　　3 응? 벌써 끝났어?

해설 책을 빌려 달라는 말에 대한 대답을 고르는 문제이다. 본래 갖고 있던 책이 아닌, 도서관에서 빌린 책이기 때문에 이미 반납했다고 하는 2번이 정답이다. 1번은 이제 빌리려고 하는 사람이 하기에 적절한 표현이다.

단어 先週(せんしゅう) 지난주 | 図書館(としょかん) 도서관 | 借りる(かりる) 빌리다 | 読む(よむ) 읽다 | 終わる(おわる) 끝나다 | 貸す(かす) 빌려주다 | 明日(あした) 내일 | 思

5

[음성]

M：仕事終わってからお見舞いに行くけど、何がいいかなあ。

F：1 パーティーに行くんだ。

　　2 誰か入院したの？

　　3 どんなタイプが好き？

[음성]

M：일 끝나고 병문안 갈 건데, 뭐가 좋을까?

F：1 파티에 가는구나.

　　2 누가 입원했어?

　　3 어떤 타입을 좋아해?

해설 병문안을 가는 사람이 갖고 가기에 적절한 것이 무엇인지 묻는 질문에 대한 대답을 고르는 문제이다. 병문안의 대상이 누구인지를 묻는 2번이 정답이다.

단어 仕事(しごと) 일 | 終わる(おわる) 끝나다 | お見舞い(おみまい) 병문안, 문병 | 行く(いく) 가다 | パーティー 파티 | 誰(だれ) 누구 | 入院(にゅういん) 입원 | タイプ 타입, 종류

6

[음성]

F：会社から空港までどのぐらいかかりますか。

M：1 バスが一番速いと思います。

　　2 日本旅行は初めてなので、楽しみです。

　　3 3時間もかかります。

[음성]

F：회사에서 공항까지 얼마나 걸려요？

M：1 버스가 제일 빠르다고 생각해요.

　　2 일본 여행은 처음이라 기대돼요.

　　3 3시간이나 걸려요.

해설 회사에서 공항까지의 소요 시간을 묻는 질문에 대한 대답을 고르는 문제이다. 소요 시간을 알려주는 3번이 정답이다.

단어 会社(かいしゃ) 회사 | 空港(くうこう) 공항 | 速い(はやい) 빠르다 | 思う(おもう) 생각하다 | 日本旅行(にほんり

ょこう) 일본 여행 | 初めて(はじめて) 처음 | 楽しみ(たの
しみ) 기대됨, 즐거움 | 時間(じかん) 시간 | かかる 걸리다

7

[음성]

F : 暗いね。雨降るかもしれないから傘持って
きてね。

M : 1 そろそろ梅雨か。

2 つゆはいれないでほしい。

3 傘いらないの？

[음성]

F : 어둡네. 비 내릴지도 모르니까 우산 가져와.

M : 1 슬슬 장마인가?

2 국물은 넣지 말아 줘.

3 우산 필요 없어?

해설 비가 내릴지도 모르니 우산을 가져오라는 말에 대한 대
답을 고르는 문제이다. 비와 관련된 표현인 '장마'를 사용
한 1번이 정답이다. 2번은 음식을 덜어 먹는 장면에서, 국
물은 필요 없다고 말하는 표현이다. つゆ(간장)을 생각하
여, 혼동될 수 있으므로 주의하자.

단어 暗い(くらい) 어둡다 | 雨(あめ) 비 | 降る(ふる) 내리다 |
傘(かさ) 우산 | 持つ(もつ) 갖다 | そろそろ 슬슬, 조만간
| 梅雨(つゆ) 장마, 우기 | 入れる(いれる) 넣다 | 欲しい
(ほしい) 원하다 | いる 필요하다

8

[음성]

M : 伊藤さんはどちらのご出身ですか。

F : 1 大阪にある会社に勤めています。

2 東京に住んでみたいです。

3 生まれも育ちも東京です。

[음성]

M : 이토 씨는 어디 출신이에요?

F : 1 오사카에 있는 회사에 근무하고 있어요.

2 도쿄에 살아 보고 싶어요.

3 태어난 것도 자란 것도 도쿄예요.

해설 출신을 묻는 질문에 대한 대답을 고르는 문제이다. 태어
나고 자란 곳을 알려주는 3번이 정답이다.

단어 出身(しゅっしん) 출신 | 大阪(おおさか) 오사카 | 会社

(かいしゃ) 회사 | 勤める(つとめる) 근무하다, 다니다 | 東
京(とうきょう) 도쿄 | 住む(すむ) 살다 | 生まれる(うま
れる) 태어나다 | 育つ(そだつ) 자라다

9

[음성]

F : 来週、アメリカから友達が来るんだけど、ど
こを案内すればいいかな。

M : 1 私もアメリカには行ったことがない。

2 友達と一緒なら楽しいよね。

3 私のおすすめは東京タワーだな。

[음성]

F : 다음 주 미국에서 친구가 오는데 어디를 안내하면 좋
을까?

M : 1 나도 미국은 가 본 적 없어.

2 친구랑 함께라면 즐겁지.

3 내 추천은 도쿄 타워야.

해설 어디를 안내하면 좋을지 묻는 질문에 대한 대답을 고르는
문제이다. おすすめ는 '추천'의 의미로 관광지, 메뉴 등
폭넓게 사용한다. 이를 활용하여 도쿄 타워를 추천해 주
는 3번이 정답이다.

단어 来週(らいしゅう) 다음 주 | 友達(ともだち) 친구 | 案内
(あんない) 안내 | 一緒(いっしょ) 함께, 같이 | 楽しい(た
のしい) 즐겁다, 재미있다 | おすすめ 추천

모의고사 2회

문자·어휘

문제 1	1 ①	2 ②	3 ④	4 ③	5 ②
	6 ①	7 ④	8 ④		
문제 2	9 ①	10 ④	11 ③	12 ③	13 ②
	14 ④				
문제 3	15 ②	16 ②	17 ①	18 ③	19 ④
	20 ①	21 ④	22 ②	23 ④	24 ①
	25 ②				
문제 4	26 ④	27 ①	28 ③	29 ①	30 ③
문제 5	31 ④	32 ②	33 ②	34 ③	35 ②

문법·독해

문제 1	1 ④	2 ④	3 ③	4 ①	5 ③
	6 ①	7 ④	8 ②	9 ③	10 ③
	11 ②	12 ③	13 ③		
문제 2	14 ②	15 ④	16 ③	17 ①	18 ④
문제 3	19 ①	20 ③	21 ②	22 ②	23 ③
문제 4	24 ④	25 ②	26 ③	27 ③	
문제 5	28 ②	29 ②	30 ③	31 ③	32 ④
	33 ③				
문제 6	34 ③	35 ④	36 ③	37 ①	
문제 7	38 ②	39 ②			

청해

문제 1	1 ③	2 ③	3 ③	4 ④	5 ③
	6 ④				
문제 2	1 ③	2 ④	3 ④	4 ①	5 ④
	6 ④				
문제 3	1 ②	2 ①	3 ④		
문제 4	1 ③	2 ②	3 ③	4 ③	
문제 5	1 ③	2 ③	3 ③	4 ②	5 ③
	6 ③	7 ②	8 ②	9 ①	

문자·어휘

1

나는 영어보다 프랑스어 쪽을 잘합니다.

해설 得意는 음독으로 읽으며, 발음은 **1 とくい**이다.

단어 英語(えいご) 영어 | フランス語(フランスご) 프랑스어 | 方(ほう) 쪽, 방향

2

저 산은 큰 바위가 있는 것으로 매우 유명합니다.

해설 岩는 훈독으로 읽으며, 발음은 **2 いわ**이다. 모양이 비슷한 石(いし)와 혼동하기 쉬우므로 주의하자.

단어 山(やま) 산 | 大きい(おおきい) 크다 | 有名だ(ゆうめいだ) 유명하다

3

이대로 노력을 계속하면, 밝은 미래가 기다리고 있을 거라고 생각합니다.

해설 未来는 음독으로 읽으며, 발음은 **4 みらい**이다.

단어 努力(どりょく) 노력 | 続ける(つづける) 계속하다 | 明るい(あかるい) 밝다 | 思う(おもう) 생각하다

4

신발 끈을 느슨하게 묶으면 넘어집니다.

해설 緩く는 緩い(느슨하다, 헐겁다)의 부사형으로 훈독으로 읽으며, 발음은 **3 ゆるく**이다.

단어 靴(くつ) 신발 | ひも 끈 | 結ぶ(むすぶ) 묶다 | 転ぶ(ころぶ) 넘어지다

5

만일의 경우를 위해, 여행 보험을 들어 두었습니다.

해설 保険은 음독으로 읽으며, 발음은 **2 ほけん**이다.

단어 万が一(まんがいち) 만일의 경우 | 旅行(りょこう) 여행 | 入る(はいる) 들다, 들어가다

6

나에게 있어서 가족은 무엇보다 소중한 존재이다.

해설 大切는 음독으로 읽으며, 발음은 **1 たいせつ**이다. 비슷한 의미인 '소중하다', '중요하다'라는 뜻의 단어 大事だ(だいじだ)와 혼동하기 쉬우므로 주의하자.

단어 家族(かぞく) 가족 | 何より(なにより) 무엇보다 | 存在(そんざい) 존재

7

일기예보에 따르면 오늘부터 장마 시작이라고 합니다.

해설 予報는 음독으로 읽으며, 발음은 **4 よほう**이다.

단어 天気予報(てんきよほう) 일기예보 | 梅雨入り(つゆいり) 장마 시작

8

명함에 쓰여 있는 전화번호로 연락해 주세요.

해설 名刺는 음독으로 읽으며, 발음은 4 めいし이다.

단어 名刺(めいし) 명함 | 書く(かく) 쓰다 | 電話番号(でんわばんごう) 전화번호 | 連絡(れんらく) 연락

9

나이를 먹으면 단것을 잘 못 먹게 됩니다.

해설 あまい의 올바른 표기는 1 甘い이다.

단어 年を取る(としをとる) 나이를 먹다 | 苦手だ(にがてだ) 잘 못하다, 서툴다

10

형제가 재산을 둘러싸고 다투고 있습니다.

해설 あらそって는 争う(다투다, 싸우다)의 て형으로, 올바른 표기는 4 争って이다.

단어 兄弟(きょうだい) 형제 | 財産(ざいさん) 재산

11

어릴 적부터 이는 제대로 닦지 않으면 안 됩니다.

해설 は의 올바른 표기는 3 歯이다.

단어 小さい頃(ちいさいころ) 어릴 적 | きちんと 제대로, 바르게 | 磨く(みがく) 닦다

12

옷은 수수한 것보다 화려한 것이 좋습니다.

해설 じみ의 올바른 표기는 3 地味이다.

단어 服(ふく) 옷 | 派手だ(はでだ) 화려하다 | 好きだ(すきだ) 좋다

13

가끔은 흐름을 따라가는 것도 좋다고 생각합니다.

해설 おって는 追う(따르다, 쫓다)의 て형으로, 올바른 표기는 2 追って이다.

단어 たまには 가끔은 | 流れ(ながれ) 흐름

14

영어를 잘 못해서 통역을 부탁할 수밖에 없었습니다.

해설 つうやく의 올바른 표기는 4 通訳이다.

단어 英語(えいご) 영어 | 下手だ(へただ) 잘 못하다, 서투르다

15

그의 예상이 (맞아서), 저 팀이 전국 대회에서 우승했다.

1 이겨서　　　　　　　2 맞아서, 적중해서
3 넣어서　　　　　　　4 만나서

해설 문장에서 힌트는 予想(예상)이다. 予想(예상)와 가장 잘 어울리는 말은 2 当たって(맞아서)이다.

단어 予想(よそう) 예상 | 全国(ぜんこく) 전국 | 大会(たいかい) 대회 | 優勝(ゆうしょう) 우승

16

좋은 꿈을 꾸고 있었는데, 갑자기 (깨어) 버려서 아쉬웠다.

1 기억해　　　　　　　2 깨어
3 보여줘　　　　　　　4 보여

해설 문장에서 힌트는 夢(꿈)와 急に(갑자기)이다. 꿈을 꾸다가 갑자기 일어나는 행동은 2 覚めて(깨어)이다.

단어 夢(ゆめ) 꿈 | 残念だ(ざんねんだ) 아쉽다

17

주문하신 테이블은 (즉시) 배달해 드리겠습니다.

1 즉시, 바로　　　　　　2 실망(한 모양)
3 깜빡, 무심코　　　　　4 듬뿍, 넉넉히

해설 문장에서 힌트는 お届けいたします(배달해 드리겠습니다)이다. 배달은 신속하게 한다는 표현이 자연스러우므로 1 さっそく(즉시)가 적절하다.

단어 注文(ちゅうもん) 주문 | 届ける(とどける) 배달하다, 보내다

18

시합에서 1점 (차이)로 이기다니, 정말 기뻐서 눈물이 날 뻔했다.

1 ×　　　　　　　　　　2 수, 숫자
3 차이　　　　　　　　　4 ×

해설 문장에서 힌트는 試合(시합)와 1点(1점)이다. 시합에서는 점수 차이로 이기고 지기 때문에 1点(1점)과 결합되어 차이를 나타내는 것은 3 差(차이)이다.

단어 試合(しあい) 시합 | 涙(なみだ) 눈물

19

요즘 늦잠만 자고 있었기 때문에 알람 시계를 (설정)해 두고 자기로 했다.

1 안테나　　　　　　　2 에어컨
3 세탁, 클리닝　　　　4 설정

해설 문장에서 힌트는 目覚まし時計(알람 시계)이다. 알람 시

계로 할 수 있는 것은 **4 セット(설정)**이다.

단어 朝寝坊(あさねぼう) 늦잠 | 目覚まし時計(めざましどけ
い) 알람 시계

20

급한 일이 생겨서 (약속하여 만나기로 한) 시간을 바꿨습
니다.

1 약속하여 만나기로 함   2 극복

3 형성, 구성   4 떠올림

해설 문장에서 힌트는 時間(시간)과 変える(바꾸다)이다. 다
른 사람에게 시간을 바꾸어 받을 수 있는 것은 **1 待ち合
わせ(약속하여 만나기로 함)**이다.

단어 急用(きゅうよう) 급한 일 | 変える(かえる) 바꾸다

21

신문을 포개서 끈으로 (묶어서) 버려 주세요.

1 주워서   2 나누어 줘서

3 발라서   4 묶어서

해설 문장에서 힌트는 ひも(끈)이다. 끈으로 할 수 있는 것은
4 縛って(묶어서)이다.

단어 新聞(しんぶん) 신문 | 重ねる(かさねる) 포개다, 겹치다

22

이 반의 남학생과 여학생의 (비율)은 같습니다.

1 할인   2 비율

3 집합   4 합계

해설 문장에서 힌트는 男子生徒(남학생)와 女子生徒(여학생),
同じ(같음)이다. 남학생과 여학생이 같은 것은 **2 割合
(비율)**이다.

단어 男子生徒(だんしせいと) 남학생 | 女子生徒(じょしせい
と) 여학생

23

날씨가 좋아서 마을을 걸으며 (구경)했다.

1 감각   2 견해

3 물가   4 구경

해설 문장에서 힌트는 町(마을)와 歩いて(걸어서)이다. 마을
을 걸으며 하는 것은 **4 見物(구경)**이다.

단어 天気(てんき) 날씨 | 町(まち) 마을 | 歩く(あるく) 걷다

24

이 달고 새빨간 사과는 일본(산)입니다.

1 ~산, 생산된 곳   2 ~용, 용도

3 ~지, 땅, 지역   4 ~제, 제조된 곳

해설 문장에서 힌트는 りんご(사과)와 日本(일본)이다. 日本
(일본)과 결합되어 사과의 생산지를 나타내는 것은 **1 産
(~산)**이다.

단어 甘い(あまい) 달다 | 真っ赤だ(まっかだ) 새빨갛다

25

이 안에 뭔가 들어 있는지 (덜그럭)하고 소리가 난다.

1 오싹오싹   2 덜그럭

3 어슬렁어슬렁   4 반짝반짝

해설 문장에서 힌트는 音がする(소리가 난다)이다. 소리를 나
타내는 표현은 **2 からから(덜그럭)**이다.

단어 音(おと) 소리

26

여행을 갈 나라의 매너를 알아 둘 필요가 있다.

1 지리   2 교통

3 심리   4 예의, 예절

해설 マナー(매너)와 가장 비슷한 의미는 **4 礼儀(예의, 예절)**
이다.

단어 旅行(りょこう) 여행 | 行く(いく) 가다 | 国(くに) 나라 |
知る(しる) 알다 | 必要(ひつよう) 필요

27

그의 병이 점점 좋아져서 안심했습니다.

1 점점   2 몰래

3 대단히, 매우   4 조금도

해설 次第に(점점, 차츰차츰)와 가장 비슷한 의미는 **1 だんだ
ん(점점)**이다.

단어 彼(かれ) 그 | 病気(びょうき) 병 | 良くなる(よくなる)
좋아지다 | 安心(あんしん) 안심

28

그와 사귀는 것은 비밀로 해 주세요.

1 사이가 좋은 사람에게만 말해

2 편지로 보내

3 누구에게도 말하지 말아

4 대신 말해

해설 ないしょにして(비밀로 해)는 ないしょにする(비밀로
하다)의 て형으로, 가장 비슷한 의미는 **3 誰にも話さな
いで(누구에게도 말하지 말아)**이다.

단어 付き合う(つきあう) 사귀다 | こと 것, 일

모의고사

29

마음에 들었던 가방을 생일 선물로 사 받았습니다.

1 갖고 싶었던　　　　　2 누구나 알고 있던
3 가격이 비쌌던　　　　4 유행하고 있던

해설　気に入っていた(마음에 들었던)는 気に入る(마음에 들다)의 과거 진행형으로, 가장 비슷한 의미는 **1 欲しかった(갖고 싶었던)**이다.

단어　誕生日(たんじょうび) 생일 | プレゼント 선물 | 買ってもらう(かってもらう) 사 받다(다른 사람이 사 주다)

30

이 스포츠의 룰은 단순해서 초보자도 즐길 수 있습니다.

1 어디서든 할 수 있어서　　2 참가비가 저렴해서
3 금방 배울 수 있어서　　　4 준비할 것이 없어서

해설　単純で(단순해서)는 単純だ(단순하다)의 연결형으로, 가장 비슷한 의미는 **3 すぐ習えるので(금방 배울 수 있어서)**이다.

단어　スポーツ 스포츠 | ルール 룰, 규칙 | 単純だ(たんじゅんだ) 단순하다 | 初心者(しょしんしゃ) 초보자 | 楽しむ(たのしむ) 즐기다

31

通り過ぎる 지나가다, 통과하다

1 그와는 몇 년 전에 지나갔을 뿐입니다.
2 더 넓은 곳으로 이사하기 위해 지나가고 있습니다.
3 내일부터 저기에서 지나가게 되었습니다.
4 걱정하고 있던 대형 태풍이 지나갔다.

해설　通り過ぎる는 '지나가다, 통과하다'라는 뜻으로, 台風(태풍)와 함께 쓰인 **4 心配していた大型の台風が通り過ぎた(걱정하고 있던 대형 태풍이 지나갔다)**가 가장 적절하다. 1번의 적절한 단어는 すれ違った(스쳐 지나갔을), 2번의 적절한 단어는 準備して(준비하고), 3번의 적절한 단어는 働く(일하게)이다.

단어　広い(ひろい) 넓다 | 引っ越し(ひっこし) 이사 | 心配(しんぱい) 걱정 | 大型(おおがた) 대형 | 台風(たいふう) 태풍

32

預ける 맡기다

1 중요한 이야기는 먼저 맡겨 주세요.
2 일찍 도착할 것 같으니 호텔에 짐만 맡깁시다.
3 여러 번 맡겨 봤지만, 잡지는 어디에도 없었습니다.
4 고민이 있을 때는 선생님께 맡겨 보는 게 좋아요.

해설　預ける는 '맡기다'라는 뜻이므로, 荷物(짐)와 함께 쓰인 **2 早く着きそうなので、ホテルに荷物だけ預けまし**

ょう(일찍 도착할 것 같으니 호텔에 짐만 맡깁시다)가 가장 적절하다. 1번의 적절한 단어는 話して(말해), 3번의 적절한 단어는 探して(찾아), 4번의 적절한 단어는 相談して(상담해)이다.

단어　重要だ(じゅうようだ) 중요하다 | 先に(さきに) 먼저 | 着く(つく) 도착하다 | ホテル 호텔 | 荷物(にもつ) 짐 | 雑誌(ざっし) 잡지 | 悩み(なやみ) 고민, 걱정

33

発生 발생

1 아기는 10개월이 지나면 발생합니다.
2 오키나와 동쪽 해상에서 지진이 발생했습니다.
3 저 과학자는 여러 가지를 발생했습니다.
4 그는 항상 좋은 아이디어를 발생합니다.

해설　発生는 '발생'이라는 뜻이므로, 地震(지진)과 함께 쓰인 **2 沖縄の東の海上で地震が発生しました(오키나와 동쪽 해상에서 지진이 발생했습니다)**가 가장 적절하다. 1번의 적절한 단어는 誕生(탄생), 3번의 적절한 단어는 発明(발명), 4번의 적절한 단어는 提案(제안)이다.

단어　赤ちゃん(あかちゃん) 아기 | 経つ(たつ) (시간이) 지나다, 경과하다 | 沖縄(おきなわ) 오키나와 | 東(ひがし) 동쪽 | 海上(かいじょう) 해상 | 地震(じしん) 지진 | 科学者(かがくしゃ) 과학자 | いろいろ 여러 가지 | アイデア 아이디어

34

渡す 건네주다, 전달하다

1 언젠가 저 무대에서 건네 보는 것이 제 꿈입니다.
2 일주일에 건네서 완성한 작품입니다.
3 제 대신 그녀에게 서류를 건네주시겠어요?
4 그는 환자를 건네는 일을 하고 있습니다.

해설　渡す는 '건네주다, 전달하다'라는 뜻이므로, 書類(서류)와 함께 쓰인 **3 私の代わりに彼女に書類を渡してくれませんか(제 대신 그녀에게 서류를 건네주시겠어요?)**가 가장 적절하다. 1번의 적절한 단어는 立って(서), 2번의 적절한 단어는 わたって(걸쳐서), 4번의 적절한 단어는 世話をする(돌보는)이다.

단어　舞台(ぶたい) 무대 | 夢(ゆめ) 꿈 | 一週間(いっしゅうかん) 일주일 | 出来上がる(できあがる) 완성하다 | 作品(さくひん) 작품 | 書類(しょるい) 서류 | 患者(かんじゃ) 환자 | 仕事(しごと) 일

カバー 커버

1 컴퓨터가 바이러스에 <u>커버</u>되어 작동하지 않게 되었다.
2 상처가 생기지 않도록 <u>커버</u>를 씌워 주세요.
3 이 길은 <u>커버</u>가 많으니, 운전에 주의하세요.
4 중요한 회의가 있어서 밤늦게까지 <u>커버</u>하고 있습니다.

해설 カバー는 '커버, 덮개'라는 뜻이므로, かけて(씌워)와 함께 쓰인 **2 きずができないようにカバーをかけてください(상처가 생기지 않도록 커버를 씌워 주세요)**가 가장 적절하다. 1번의 적절한 단어는 感染(감염), 3번의 적절한 단어는 カーブ(커브), 4번의 적절한 단어는 準備(준비)이다.

단어 パソコン 컴퓨터 | ウイルス 바이러스 | 動く(うごく) 작동하다, 움직이다 | きず 상처, 흠집 | 道(みち) 길 | 運転(うんてん) 운전 | 気をつける(きをつける) 주의하다 | 重要だ(じゅうようだ) 중요하다 | 会議(かいぎ) 회의 | 夜遅く(よるおそく) 밤늦게

문법·독해

1

일이 끝나고 나서 역 앞에서 친구와 (만나기로) 되어 있기 때문에, 슬슬 나갑니다.

1 会おう 만나자
2 会えて 만날 수 있어서
3 会える 만날 수 있다
4 会う 만나기로

해설 〜ことになっている는 예정이나 약속을 나타낼 때 사용하는 문형으로, 동사 원형 혹은 ない형에 접속한다. 따라서 **4 会う(만나기로)**가 정답이다.

단어 仕事(しごと) 일 | 終わる(おわる) 끝나다 | 駅前(えきまえ) 역 앞 | 友達(ともだち) 친구 | そろそろ 슬슬, 곧 | 出る(でる) 나가다

2

A 「다나카 씨는 오늘도 잔업이려나요.」
B 「오늘은 없다(고) 말했습니다.」

1 だ 이다
2 のを 것을
3 のに 인데
4 って (라)고

해설 A의 질문에 답하는 상황이다. '없다'와 '말했습니다'를 자연스럽게 연결할 수 있는 표현이 필요하다. って는 구어체로 '~(라)고'라는 의미이며 전언의 역할을 하므로 **4 って(고)**가 정답이다.

단어 今日(きょう) 오늘 | 残業(ざんぎょう) 잔업, 야근 | 言う(いう) 말하다

3

주말에는 늦잠을 자지만, 밤에 (자지 못하면) 곤란하므로, 점심까지는 일어난다.

1 寝なくて 자지 않아서
2 寝ないで 자지 않고
3 寝られないと 자지 않으면
4 寝るかどうか 잘지 어떨지

해설 주말에 늦잠을 자더라도 점심까지는 일어나는 상황이다. '밤에'와 '곤란하므로'를 자연스럽게 연결할 수 있는 표현이 필요하다. 〜と는 '~하면'이라는 의미로 조건을 나타내는 표현이므로 **3 寝られないと(자지 않으면)**가 정답이다.

단어 週末(しゅうまつ) 주말 | 朝寝坊(あさねぼう) 늦잠 | 夜(よる) 밤 | 困る(こまる) 곤란하다 | 昼(ひる) 점심, 낮 | 起きる(おきる) 일어나다

4

콘서트는 3시간(에 걸쳐서) 진행되었다.

1 にわたって ~에 걸쳐서
2 にしたがって ~에 따라서
3 につれて ~에 따라서
4 について ~에 대해서

해설 '3시간'과 '진행되었다'를 자연스럽게 연결할 수 있는 표현이 필요하다. 〜にわたって는 '~에 걸쳐서'라는 의미이며 어떤 시간이나 공간 범위 전체에 걸쳐서 어떤 일이 일어나는 것을 나타내므로 **1 にわたって(에 걸쳐서)**가 정답이다.

단어 コンサート 콘서트 | 時間(じかん) 시간 | 行われる(おこなわれる) 진행되다

5

(모처럼) 도쿄까지 왔으니 스카이트리라도 보고 가자.

1 そろそろ 슬슬
2 必ず 반드시
3 せっかく 모처럼
4 どうにか 어떻게든

해설 스카이트리라도 보고 가자고 제안하는 상황이다. 기대나 아쉬움을 담은 부사 **3 せっかく(모처럼)**가 정답이다.

단어 東京(とうきょう) 도쿄 | 来る(くる) 오다 | スカイツリー 스카이트리

6

옛날에 기무라 집에서 자주 놀았던 (것이다).

1 ものだ 것이다
2 ことだ 것이다
3 ところだ 참이다
4 ためだ 위해서다

해설 과거의 습관이나 추억을 회상하며 '자주 놀았던'과 자연

스럽게 연결할 수 있는 표현이 필요하므로, **1 ものだ(것 이다)**가 정답이다. 2 ことだ는 조언, 충고할 때 주로 사용하므로 정답이 될 수 없다.

단어 昔(むかし) 옛날 | 遊ぶ(あそぶ) 놀다

7

야마다「여보세요. 저, 야마다라고(합니다)만, 시라이시 씨 부탁드립니다.」

기무라「죄송합니다. 시라이시는 지금 자리를 비웠습니다.」

1 いらっしゃいます 계십니다
2 まいります 옵니다
3 おっしゃいます 말씀하십니다
4 申します 말합니다

해설 야마다가 자신을 소개하는 상황으로, 자신을 낮춰 소개할 수 있는 표현, 즉 겸양어가 필요하다. 申す는 言う(말하다)의 겸양 표현이므로 **4 申します(말합니다)**가 정답이다.

단어 私(わたし) 저, 나 | お願いします(おねがいします) 부탁드립니다 | 席を外す(せきをはずす) 자리를 비우다

8

남편「벌써 30분이나 기다리고 있는데, (전혀) 오지 않네.」
아내「정말이네. 연락도 없고, 무슨 일 있었나?」
남편「잠깐 전화해 보자.」

1 ようやく 겨우　　　　2 ちっとも 전혀, 조금도
3 すっかり 완전히　　　4 やっと 겨우

해설 기다리는 연락이 오지 않는 상황으로 '오지 않네'와 자연스럽게 연결할 수 있는 표현이 필요하다. ちっとも는 뒤에 부정 표현을 수반하여, '전혀 ~하지 않다'라는 의미이므로 **2 ちっとも(전혀, 조금도)**가 정답이다.

단어 待つ(まつ) 기다리다 | 連絡(れんらく) 연락 | 何か(なに か) 무슨 일

9

어제 회식에서 (과음해 버려서) 숙취로 고통스럽습니다.

1 飲みすぎなくて 과음하지 않아서
2 飲みにくくなって 마시기 어려워져서
3 飲みすぎてしまって 과음해 버려서
4 飲みやすくなったことで 마시기 쉬워진 것으로

해설 '회식에서', '숙취'와 자연스럽게 연결할 수 있는 표현이 필요하다. ～すぎる는 '지나치게 ~하다'라는 의미이며 행위를 지나치게 해 버린 것에 대한 후회나 실수, 완료를 나타내는 표현이므로 **3 飲み過ぎてしまって(과음해**

버려서)가 정답이다.

단어 昨日(きのう) 어제 | 飲み会(のみかい) 회식 | 二日酔い(ふつかよい) 숙취 | つらい 괴롭다

10

어떤 학교에서는 교복뿐 아니라 양말까지 학교 마크가 들어간 것을 (사게 되어 있다).

1 買えるばかりになっている ×
2 買うばかりになっている ×
3 買うことになっている 사게 되어 있다
4 買えるところになっている ×

해설 학교의 규칙을 설명하는 상황이다. '학교 마크가 들어간 것을'과 자연스럽게 연결할 수 있는 표현이 필요하다. ～ことになる는 '~하게 되다'라는 의미이며 정해진 사항을 말할 때 사용하는 표현이므로 **3 買うことになっている(사게 되어 있다)**가 정답이다.

단어 制服(せいふく) 교복 | 靴下(くつした) 양말 | 学校(がっ こう) 학교 | マーク 마크 | 入る(はいる) 들어가다

11

선생님(에 대해서) 그런 말투를 쓰면 안 된다.

1 に比べて 에 비교하여　　2 に対して 에 대해서
3 にとって 에게 있어서　　4 によって 에 따라서

해설 '선생님'과 '그런 말투를 쓰면 안 됩니다'를 자연스럽게 연결할 수 있는 표현이 필요하므로 **2 に対して(에 대해서)**가 정답이다.

단어 言い方(いいかた) 말투

12

프로(조차) 못 하는 것을 아마추어인 사람이 할 수 있다니.

1 として 로서　　　　　2 だけあって 인 만큼
3 でさえ 조차　　　　　4 だけに 인 만큼

해설 '프로'와 '못 하는 것'을 자연스럽게 연결할 수 있는 표현이 필요하므로 **3 でさえ(조차)**가 정답이다.

단어 プロ 프로 | アマチュア 아마추어 | できる 해내다, 할 수 있다

13

지금부터 발표를 (하겠습니다). 잘 부탁드립니다.

1 させてくれます 시켜 줍니다
2 してあげます (내가) 해 줍니다
3 させていただきます 하겠습니다
4 してくださいます 해 주시겠습니까?

해설 '발표'와 '잘 부탁드립니다'를 자연스럽게 연결할 수 있는 표현이 필요하다. 사역형＋もらう 혹은 いただく는 상대

방의 허락을 받아 내가 어떠한 행위를 하게 된다는 표현
으로 실제 상대방의 허락을 요하지 않더라도 정중하게 어
떠한 행동을 할 것임을 나타내는 겸양 표현으로, '~하겠
습니다'로 해석되므로 **3 させていただきます(하겠습
니다)**가 정답이다.

단어　発表(はっぴょう) 발표

14

아침에 외출할 때 맑았기 때문에, 비가 3 내릴 거 ★2 라
고는 4 전혀 1 생각하지 못했다.

1 思わ 생각하지　　　　2 とは 라고는
3 降る 내릴 거　　　　4 まったく 전혀

해설　어떤 내용을 인용하거나 강조할 때 사용하는 ～とは는
'~라고는'이라는 의미이며, 보통체에 접속하므로 먼저
3 降る 2 とは를 연결할 수 있다. 남은 선택지를 문맥이
통하게 연결하면 3-2-4-1이 되므로 정답은 **2 とは(라고
는)**이다.

단어　朝(あさ) 아침 ｜ 出かける(でかける) 외출하다 ｜ 晴れる
(はれる) 맑다 ｜ 雨(あめ) 비 ｜ 思う(おもう) 생각하다

15

일본에 온 지 1 얼마 안 되었을 무렵에는 2 일본어로 인사
하는 ★4 것도 3 못해서 힘들었다.

1 ばかりの頃は 얼마 안 되었을 무렵에는
2 日本語で挨拶する 일본어로 인사하는
3 できなくて 못해서
4 ことも 것도

해설　어떤 동작이 끝난 지 얼마 안 되었음을 나타내는 ～ばか
りは는 '막 ~한', '막 끝낸'이라는 의미이며 동사 た형에
접속하므로, 먼저 来た 1 ばかりの頃は를 연결할 수 있
다. 남은 선택지를 문맥이 통하게 연결하면 1-2-4-3이
되므로 정답은 **4 ことも(것도)**이다.

단어　来る(くる) 오다 ｜ 頃(ころ) 무렵, 경 ｜ 大変だ(たいへん
だ) 힘들다

16

에어컨이 고장 났기 2 때문에 4 (때문에) ★3 며칠간 1 친
구 집에 묵기로 했습니다.

1 友達の家に 친구 집에　　2 もの 때문에
3 数日間 며칠간　　　　　4 だから (때문에)

해설　～ものだから는 '~때문에'라는 의미이며 원인과 결과를
나타내는 표현으로, 먼저 2 もの 4 だから를 연결할 수
있다. 남은 선택지를 원인과 결과의 의미를 고려하여 문
맥이 통하게 연결하면 2-4-3-1이 되므로 정답은 **3 数日
間(며칠간)**이다.

단어　クーラー 에어컨 ｜ 壊れる(こわれる) 고장 나다 ｜ 泊まる
(とまる) 묵다 ｜ 数日間(すうじつかん) 며칠간

17

데이트를 하는 것도 즐겁지만 데이트 2 때에 ★1 무엇을
할지 3 생각하는 4 시간도 즐겁다.

1 何をするか 무엇을 할지
2 時に 때에
3 考える 생각하는
4 時間も 시간도

해설　의문사절 뒤에는 思う, 考える, 悩む와 같은 동사를 수반
하므로 먼저 1 何をするか 3 考える를 연결할 수 있다.
또한 시점을 나타내는 ～時には는 '~때'라는 의미이며 명
사+の 혹은 동사에 접속하므로 의미상 デートの 2 時に
를 연결할 수 있다. 남은 선택지를 문맥이 통하게 연결하
면 2-1-3-4가 되므로 정답은 **1 何をするか(무엇을 할
지)**이다.

단어　デート 데이트 ｜ 楽しい(たのしい) 즐겁다 ｜ 考える(かん
がえる) 생각하다 ｜ 時間(じかん) 시간

18

제니 「이 '딸기'라고 하는 말은 어떤 의미입니까?」
하나코 「과일의 1 하나로 2 영어 ★4 로 하면 3 스트로베
　　　리 네요.」

1 ひとつで 하나로
2 英語 영어
3 ストロベリー 스트로베리
4 にすると 로 하면

해설　선택을 나타내는 ～にする는 '~로 하다'라는 의미이며
명사에 접속하므로, 문맥상 2 英語 4 にすると를 연결
할 수 있다. 남은 선택지를 문맥이 통하게 연결하면 1-2-
4-3이 되므로 정답은 **4 にすると(로 하면)**이다.

단어　言葉(ことば) 말, 언어 ｜ 意味(いみ) 의미 ｜ 果物(くだもの)
과일 ｜ 英語(えいご) 영어

19~23

야키소바

　내가 가장 좋아하는 일본 요리는 '야키소바'이다. 야키
소바는 자장면과 같은 검은 소스를 섞어서 만드는 단맛
의 면 요리로, 그 맛은 정말로 최고였다. 짠맛과 단맛을 좋
아하는 나에게는 야키소바만큼 입맛에 맞는 음식은 없었
다. 무심코, 학교의 쉬는 시간에는 항상 야키소바나 야키
소바빵을 사서 먹었다. 때때로 한국의 본가로 소포를 보낼
때가 있었는데, 그때도 가족에게 이 맛을 맛보게 하고 싶
다고 생각해서 보내곤 했다. 물론, 가족도 맛있다고 말해
주었다.

그래서, 스스로 만들어 보기로 했다. 야키소바 소스를 만드는 것은 역시 생각만큼 간단하지는 않았다. 일본 특유의 맛을 내 나라에 있는 재료로 만들기에는 무리가 있었던 것이다. 가능한 한 비슷한 재료로 만들어 보았다. 겉모습은 야키소바처럼 완성되었지만, 먹은 순간 전혀 다른 맛이 났다. 하지만, 왠지 즐거워졌다. 내가 만든 것은 전혀 다른 맛이었지만, 유학하던 시절이 떠올라서 그리웠던 것이다. 야키소바를 먹으며 친구와 수다를 떨었던 일이나, 배가 고프면 늘 가던 편의점에 들러 사서 먹었던 일 등 일본에서 생활했던 시절이 떠올랐다. 자신이 좋아하는 음식이라는 것은 단지 맛 뿐만 아니라, 음식과 관련된 이야기들도 포함되어 있는 것이 아닐까 하고 생각했다. 내가 기대했던 맛은 아니었지만, 옛날 일을 떠올렸던 시간은 그립고 즐거웠다.

단어 焼きそば(やきそば) 야키소바 | 黒い(くろい) 검다, 까맣다 | 混ぜる(まぜる) 섞다 | 甘い(あまい) 달다 | 味(あじ) 맛 | 最高(さいこう) 최고 | 塩辛い(しおからい) 짜다 | 口に合う(くちにあう) 입맛에 맞다 | 休み時間(やすみじかん) 쉬는 시간 | 小包(こづつみ) 소포 | 送る(おくる) 보내다 | 実家(じっか) 본가 | もちろん 물론 | 簡単だ(かんたんだ) 간단하다 | 材料(ざいりょう) 재료 | 無理(むり) 무리 | できるだけ 가능한 한 | 似る(にる) 비슷하다, 닮다 | 見た目(みため) 겉모습, 외관 | 出来上がる(できあがる) 완성되다 | 全く(まったく) 전혀 | 思い出す(おもいだす) 떠올리다 | 懐かしい(なつかしい) 그립다 | 生活(せいかつ) 생활 | かかわる 관련되다 | ストーリー 이야기, 스토리 | 含む(ふくむ) 포함되다 | 期待(きたい) 기대 | 昔(むかし) 옛날

19

1 ジャージャーメンのような 자장면 같은
2 ジャージャーメンのほかに 자장면 외에
3 ジャージャーメンのことで 자장면 때문에
4 ジャージャーメンばかりに 자장면만

해설 지문에서 빈칸 뒤를 봤을 때 앞에서 언급한 야키소바가 무엇인지 설명하는 문장임을 알 수 있으므로 黒いソースを混ぜて作る(검은 소스를 섞어서 만드는)의 동일한 특징을 갖고 있는 자장면을 예로 드는 표현인 **1 ジャージャーメンのような(자장면 같은)**가 정답이다.

20

1 しかし 그러나   2 それで 그래서
3 つい 무심코   4 ところで 그런데

해설 지문에서 빈칸 앞의 焼きそばほど口に合う食べ物はなかった(야키소바만큼 입맛에 맞는 음식은 없었다)와 빈칸 뒤의 いつも焼きそばや焼きそばパンを買って食べた(항상 야키소바나 야키소바빵을 사서 먹었다)를 봤을

때 무의식적인 행동의 흐름을 나타내는 **3 つい(무심코)**가 정답이다.

21

1 おいしいはずがなかった 맛있을 리가 없었다
2 おいしいと言ってくれた (다른 사람이 나에게) 맛있다고 말해 주었다
3 おいしいと言ってあげた (내가 다른사람에게) 맛있다고 말해 주었다
4 おいしそうもない 맛있을 거 같지도 않다

해설 지문의 빈칸 앞에서 家族にこの味を味わわせてみたいと思って送っていた(가족에게 이 맛을 맛보게 하고 싶다고 생각해서 보내곤 했다)라고 했으므로 나에게 어떤 동작을 할 때 사용하는 ~てくれる를 활용한 **2 おいしいと言ってくれた(맛있다고 말해 주었다)**가 정답이다.

22

1 食べたころ 먹었을 무렵
2 食べた瞬間 먹은 순간
3 食べたとしても 먹었다고 하더라도
4 食べる通り 먹는 대로

해설 지문에서 빈칸 앞의 見た目は焼きそばみたいに出来上がったのだが(겉모습은 야키소바처럼 완성되었지만)와 빈칸 뒤의 全く違う味がした(전혀 다른 맛이 났다)를 봤을 때 그 흐름을 자연스럽게 연결하는 **2 食べた瞬間(먹은 순간)**이 정답이다.

23

1 最中に 한창 ~중에
2 の間に 사이에
3 だけではなく 뿐만 아니라
4 に比べて 에 비해

해설 지문에서 自分で作ったものは全く違う味がしたが、留学した頃を思い出して懐かしかったのだ(내가 만든 것은 전혀 다른 맛이었지만, 유학하던 시절이 떠올라서 그리웠던 것이다)를 봤을 때 좋아하는 음식은 맛과 더불어 그에 얽힌 이야기까지 포함된다는 것을 알 수 있으므로 언급한 모든 것을 포함하는 **3 だけではなく(뿐만 아니라)**가 정답이다.

24

이것은 하라다 씨가 인사부 사원들에게 보낸 메일이다.

2026년 3월 3일(월)

인사부 여러분

항상 신세 지고 있습니다.

알고 계신 분도 있으실 거라고 생각합니다만, 기무라 씨가 다음 주에 그만두십니다. 이에, 기무라 씨께 꽃다발과 기념품을 드리고 싶다고 생각하고 있습니다.

그런고로 기무라 씨의 취향을 알고 계신 분이 있으시면 알려 주시면 감사하겠습니다. 번거로우시겠지만, 내일 오후 6시까지 연락을 받을 수 있을까요?

아무쪼록 잘 부탁드립니다.

하라다

이 메일의 내용으로서 맞는 것은 무엇인가?

1 하라다 씨가 회사를 그만두게 되어, 송별회를 하려고 생각한다.

2 하라다 씨는 신입사원인 기무라 씨를 위해 꽃다발을 선물하려고 생각한다.

3 기무라 씨가 회사를 그만두게 되어, 모두에게 기념품을 선물했다.

4 기무라 씨가 좋아하는 것을 알고 있는 사람은 3월 4일까지 하라다 씨에게 메일을 보내면 된다.

해설 일치하는 것을 고르는 문제는 지문 전체를 잘 봐야 한다. 1번은 회사를 그만두는 사람은 하라다가 아닌 기무라이므로 오답이다. 2번은 기무라가 신입사원이 아니므로 오답이다. 3번은 기무라가 모두에게 기념품을 선물한 내용은 없으므로 오답이다. 4번은 메일을 보낸 날짜가 2026년 3월 3일이며 기무라의 취향을 알고 계신 분은 내일 오후 6시까지 연락을 달라고 했고, 여기서의 '내일'은 3월 4일이므로 정답이다.

단어 人事部(じんじぶ) 인사부 | 皆様(みなさま) 여러분 | ご存じ(ごぞんじ) 알고 계심 | 来週(らいしゅう) 다음 주 | 辞める(やめる) 그만두다 | 花束(はなたば) 꽃다발 | 記念品(きねんひん) 기념품 | 差し上げる(さしあげる) 드리다(겸양어) | 考える(かんがえる) 생각하다 | 好み(このみ) 취향 | 教える(おしえる) 알려주다 | ありがたい 감사하다, 고맙다

25

여러분은 'LCC'라는 말을 들어 본 적이 있습니까? LCC란 Low-cost carrier의 약자로 효율화에 의해 낮은 운항 비용을 실현하고, 저가격과 서비스의 간소화를 실현한 항공 운송 서비스를 제공하는 항공 회사를 말합니다. LCC가 아직 없던 시절에는 가까운 해외여행이라도 항공 운임이 높았기 때문에 좀처럼 갈 수 없었습니다. 가족과 해외여행을 한다고 하면, 비행기 요금만으로 상당한 금액이 되곤 했습니다.

하지만 여행 산업이 발달하고 항공 회사들도 가격 경쟁을 시작했습니다. 가격을 억제하면 억제할수록 서비스의 질은 이전보다 나빠졌지만, 많은 여행자의 목적은 비행기를 타는 것이 아니라 여행지에서 즐기는 것이기 때문에, 같은 돈을 쓰는 것이라면 비싼 티켓을 고르기보다 여행지에서 그만큼 돈을 쓰는 편이 낫다고 생각하는 사람이 늘어났습니다.

(주) 간소화 : 본질적인 부분만을 남기고 알기 쉽게 하는 것

본문의 내용에 맞는 것은 무엇인가?

1 가족 여행으로 해외에 가는 승객에게는 비행기 요금을 싸게 해 준다.

2 정해진 가격보다 적은 돈을 내면 서비스를 제공할 수 없다.

3 이전보다 서비스의 질은 떨어졌지만, 그만큼 교통비는 싸졌다.

4 여행지에서 즐길 수 있는 돈을 받을 수 있다.

해설 일치하는 것을 고르는 문제는 지문 전체를 잘 봐야 한다. 1번, 2번, 4번은 지문에서 언급되지 않은 내용이므로 오답이다. 3번은 가격을 억제하면 억제할수록 서비스의 질은 이전보다 나빠졌다는 지문의 내용과 일치하므로 정답이다.

단어 言葉(ことば) 말 | 略字(りゃくじ) 약자 | 効率化(こうりつか) 효율화 | 運航費用(うんこうひよう) 운항 비용 | 実現(じつげん) 실현 | 低価格(ていかかく) 저가격 | 簡素化(かんそか) 간소화 | 航空輸送(こうくうゆそう) 항공 운송 | 提供(ていきょう) 제공 | 航空会社(こうくうがいしゃ) 항공 회사 | 航空運賃(こうくううんちん) 항공 운임 | 金額(きんがく) 금액 | 旅行産業(りょこうさんぎょう) 여행 산업 | 発達(はったつ) 발달 | 価格競争(かかくきょうそう) 가격 경쟁 | 抑える(おさえる) 억제하다 | 質(しつ) 질 | 以前(いぜん) 이전 | 旅行者(りょこうしゃ) 여행자 | 目的(もくてき) 목적 | 選ぶ(えらぶ) 고르다 | 旅行先(りょこうさき) 여행지

26

인터넷이 발달하고 보급됨에 따라 여러 가지 문제가 생기고 있다. 그 가운데 가장 심각하다고 여겨지는 문제는 '익명성에 의한 댓글'이다. 물론 익명으로 댓글을 쓴다고 해서 나쁜 이야기만 있는 것은 아니다. 자신이 말하고 싶은 것을 자유롭게 말할 수 있기 때문에 익명성에 찬성하는 사람이 많은 것도 사실이다.

하지만, **자신이 누구인지 숨기고 댓글을 쓰기 때문에** 평소에는 말할 수 없는 악질적인 댓글을 쓰기 쉬워진다는 의견도 있다. 인터넷 기사에 실리는 연예인이나 정치가 등은 만난 적도 없는 누군지도 모르는 사람으로부터 말에 의한 공격을 받아, 마음의 병을 앓게 되는 일조차 있다. 익명으로 인터넷을 이용하고 있는 모든 사람이, 이러한 일을 하는 것은 아니지만, 분명히 심한 댓글 등은 그만하게 할 필요가 있다고 생각한다.

(주) 익명 : 본인의 이름이나 정보를 숨기는 것

이러한 일이라고 하는데, 그것은 무엇인가?

1 더 자유롭게 자신의 의견을 말할 수 있으므로, 익명성에 찬성하는 것
2 자신이 누구인지 숨기지 않고, 나쁜 댓글을 쓰는 것
3 **자신이 누구인지 숨기고, 나쁜 댓글을 쓰는 것**
4 심한 댓글로 인해 마음의 병을 앓게 되는 것

해설 밑줄이 가리키는 '이러한'은 지시어이므로 앞 문장에 언급된 내용이 정답일 확률이 높다. 1번은 글의 앞부분에 언급된 내용으로 '이러한 일'이 가리키는 것은 아니므로 오답이다. 2번과 3번 중 지문에서 자신이 누구인지 숨기고 댓글을 쓴다고 했으므로 3번이 정답이다. 4번은 '이러한 일'의 결과에 해당하므로 오답이다.

단어 発達(はったつ) 발달 | 普及(ふきゅう) 보급 | 問題(もんだい) 문제 | 生じる(しょうじる) 생기다 | 深刻だ(しんこくだ) 심각하다 | 匿名性(とくめいせい) 익명성 | コメント 댓글, 코멘트 | 自由(じゆう) 자유 | 賛成(さんせい) 찬성 | 事実(じじつ) 사실 | 隠す(かくす) 숨기다 | 普段(ふだん) 평소 | 悪質だ(あくしつだ) 악질이다 | 意見(いけん) 의견 | 記事(きじ) 기사 | 載せる(のせる) 싣다 | 芸能人(げいのうじん) 연예인 | 政治家(せいじか) 정치가 | 攻撃(こうげき) 공격 | 利用(りよう) 이용 | 明らかだ(あきらかだ) 분명하다 | 必要(ひつよう) 필요

27

요즘 '무인점포'인 가게가 늘고 있다. '무인점포'란 가게 안에 파는 사람이 없고 상품만이 진열되어 있는 가게로, 손님이 자유롭게 상품을 보고 계산도 스스로 마치는 시스템이다. 얼핏 보기에 불편할 것 같지만, 이것이 의외로 인기가 있어서, 여러 분야에 퍼지고 있다. 인기의 주요한 이유는, 점원의 시선을 신경 쓰지 않고 자유롭게 상품을 둘러볼 수 있다는 것이다. 물건을 살 때 천천히 본 뒤 사고 싶어 하는 손님에 대한 서비스의 일환으로, **'무엇인가 필요하신 것은 없으신가요?', '이건 어떠세요?' 같은 말을 점원이 계속해서 걸어오면, 오히려 시끄럽다고 느끼게 되어 손님은 구매 의욕을 잃는다고 한다.**

그 반면, 문제도 있다. 상품의 지불도 손님의 양심에 맡기고 있지만, 여러 개의 물건을 샀을 때, 그중 몇 개의 값을 일부러 지불하지 않는 손님이 있다고 한다. 물론 도난에 대해서도 방범 카메라를 설치해서 대처할 수는 있지만, 손님은 '내가 고의로 그런 게 아니다'라고 주장하고, 오히려 '이 가게는 손님을 범인 취급하는 가게다'라고 말한다. 서비스 향상과 함께, 이용하는 손님의 매너 의식도 높일 필요가 있다고 생각한다.

(주) 고의로 : 일부러

점원의 서비스가 손님의 구매 의욕을 잃게 한다고 하는데, 그것은 어째서인가?

1 손님은 스스로 지불하는 시스템을 더 좋아하기 때문에
2 손님이 도둑질하지 않을지 가게 사람이 감시하고 있는 느낌이 들기 때문에
3 **손님은 혼자서 천천히 보고 싶은데, 점원의 말 걸기가 시끄럽기 때문에**
4 손님이 질문하고 싶은데, 점원이 없어서 불편하기 때문에

해설 점원의 서비스가 손님의 구매 의욕을 잃게 만드는 이유를 묻는 문제이므로 이유가 언급된 부분을 잘 봐야 한다. 1번, 2번, 4번은 지문에서 언급되지 않았으므로 오답이다. 3번은 첫 번째 단락 마지막 부분에서 점원이 계속해서 말을 걸어오면 오히려 시끄럽다고 느껴 구매 의욕을 잃는다는 지문의 내용과 일치하므로 정답이다.

단어 近頃(ちかごろ) 요즘 | 無人(むじん) 무인 | 店舗(てんぽ) 점포 | 商品(しょうひん) 상품 | 客(きゃく) 손님 | 自由(じゆう) 자유 | 会計(かいけい) 계산, 회계 | 一見(いっけん) 언뜻 보기에 | 不便だ(ふべんだ) 불편하다 | 意外(いがい) 의외 | 人気(にんき) 인기 | 分野(ぶんや) 분야 | 主な(おもな) 주요한 | 理由(りゆう) 이유 | 気にする(きにする) 신경 쓰다 | 一環(いっかん) 일환 | 必要だ(ひつようだ) 필요하다 | 代金(だいきん) 값, 대금 | 支払う(しはらう) 지불하다 | 盗難(とうなん) 도난 | 防犯(ぼうはん) 방범 | 対処(たいしょ) 대처 | 故意(こい) 고의 | 主張(しゅちょう) 주장 | 犯人(はんにん) 범인 | 扱い(あつかい) 취급 | 向上(こうじょう) 향상 | 利用(りよう) 이용 | 意識(いしき) 의식

28~30

방문할 때 들고 가는 간단한 선물
[28번]**방문할 때 들고 가는 간단한 선물이란, 방문할 때 들고 가는 간단한 물건으로, 인사 대신의 간단한 선물을 말한다.** 간단한 선물은 받는 사람 입장에서는 고마운 것이지만, 건네는 방법이나 장소, 타이밍을 틀리면 오히려

폐가 되거나 실례가 되어 버린다. 그렇다면 상대에게 폐나 실례라고 여겨지지 않기 위해서는, 어떤 타이밍이 좋은지에 대해 이야기해 보고 싶다고 생각한다.

　간단한 선물을 건넬 때의 적절한 타이밍으로서, 우선 '어디서 건네는가'이다. 예를 들어, 업무로 기업을 방문했을 때, 갑자기 간단한 선물을 건네는 것은 바람직하지 않다. [29번]응접실이나 회의실 등에서 한마디라도 말을 덧붙인 다음 건네는 것이 좋다. 또한, [29번]일상생활에서는 상대의 현관 앞에서 인사를 한 뒤에 건네는 것이 좋다. 다음은, '언제 건네는가'이다. 조금 전에 소개한 것처럼 기업을 방문했을 때에는 [30번]명함을 교환한 후에 간단한 선물을 건네는 것이 좋다. 명함을 교환함으로써, 상대에게 당신이 누구인지 알려 줄 수 있다. 그때 간단한 선물을 건네면 상대는 위화감 없이 받아들일 수 있다. 또한 복수의 사람이 있을 경우에는 '누구에게 건네는가' 하고 고민할 수도 있지만, 명함에 적혀 있는 '부장'이나 '과장' 등을 보고, 그중에서 제일 상사인 사람에게 건넨다. 실수로 상사보다 아래인 분에게 건네 버리면, 그 상사를 무시했다고 생각되어 버리기 때문에 주의해야 한다. 그렇다면 복수의 사람이고 많은 사람이 있는 곳을 방문했을 때 '누가 건네는가'를 생각하면, 마찬가지로 그중에서 제일 위인 상사인 사람이 복수의 사람을 대표해서 건네게 된다.

　상대와의 양호한 관계를 쌓기 위해 가지고 가는 간단한 선물이므로, 적절한 타이밍과 건네는 방법을 알고 나서 행동하면 더 좋은 인상을 줄 수 있다고 생각한다.

단어　手土産(てみやげ) 방문할 때 들고 가는 간단한 선물 | 訪問(ほうもん) 방문 | 品物(しなもの) 물건 | 挨拶代わり(あいさつがわり) 인사 대신 | 簡単だ(かんたんだ) 간단하다 | 受け取る(うけとる) 받다 | 渡し方(わたしかた) 건네는 방법 | 場所(ばしょ) 장소 | タイミング 타이밍, 시기 | 迷惑(めいわく) 폐, 민폐 | 失礼(しつれい) 실례 | 適切だ(てきせつだ) 적절하다 | 企業(きぎょう) 기업 | ～際(さい) ~ 때 | いきなり 갑자기 | 応接室(おうせつしつ) 응접실 | 会議室(かいぎしつ) 회의실 | 言葉を添える(ことばをそえる) 말을 덧붙이다 | 日常生活(にちじょうせいかつ) 일상생활 | 玄関先(げんかんさき) 현관 앞 | 名刺(めいし) 명함 | 交換(こうかん) 교환 | 何者(なにもの) 누구, 무슨 사람 | 違和感(いわかん) 위화감 | 複数(ふくすう) 복수 | 部長(ぶちょう) 부장 | 課長(かちょう) 과장 | 上司(じょうし) 상사 | 無視(むし) 무시 | 大勢(おおぜい) 많은 사람 | 代表(だいひょう) 대표 | 良好だ(りょうこうだ) 양호하다 | 関係(かんけい) 관계 | 築く(きずく) 쌓다, 구축하다 | 印象(いんしょう) 인상

28

방문할 때 들고 가는 간단한 선물이란, 무엇인가?

1 자신의 회사가 있는 지역의 유명한 음식
2 개인 집이나 상대 기업을 방문할 때 건네는 선물
3 방문한 기업이 있는 지역에서는 팔지 않는 음식
4 자신이 사기에는 비싸서 좀처럼 살 수 없는 물건

해설　手土産의 의미를 묻는 문제이다. 1번은 지문에서 언급되지 않은 내용이므로 오답이다. 2번은 지문에서의 ～とは는 앞에 언급한 대상에 대해 설명하는 역할을 하며, 이것이 포함된 문장에서 방문할 때 들고 가는 간단한 선물이란, 방문할 때 들고 가는 간단한 물건으로, 인사 대신의 간단한 선물을 말한다는 지문의 내용과 일치하므로 정답이다. 3번, 4번은 지문에서 언급되지 않은 내용이므로 오답이다.

29

간단한 선물의 건네는 방법으로 맞지 않는 것은, 무엇인가?

1 업무로 간단한 선물을 건넬 때는 응접실이나 회의실에서 건네는 편이 좋다.
2 자신의 회사에서 지위가 낮은 사람이 상대 회사의 지위가 높은 사람에게 건네는 편이 좋다.
3 일상생활에서는 현관에서 인사를 한 후에 간단한 선물을 건네는 편이 좋다.
4 아무 말 없이 간단한 선물을 건네는 것보다 한마디라도 말을 덧붙여서 건네는 편이 좋다.

해설　간단한 선물의 건네는 방법으로 맞지 않는 것을 고르는 문제이므로 간단한 선물을 건네는 적절한 타이밍을 설명하고 있는 두 번째 단락에서 정답을 찾을 수 있다. 1번은 업무상 방문했을 때는 응접실이나 회의실에서 건넨다고 했으므로 지문과 일치하여 오답이다. 2번은 지위가 높은 사람에게 건네는 것은 맞지만 지위가 낮은 사람이 아닌 지위가 높은 사람이 건네는 것이 좋으므로 지문과 일치하지 않아 정답이다. 3번은 일상생활에서는 현관 앞에서 건네는 것이 좋다고 했으므로 지문과 일치하여 오답이다. 4번은 말을 덧붙여 건네는 것이 좋다고 했으므로 지문과 일치하여 오답이다.

모의고사

30

명함을 교환한 뒤 간단한 선물을 건넨다고 하는데, 그것은
어째서인가?

1 간단한 선물은 비싼 것이기 때문에, 자신이 건넸다는
   것을 상대가 잊지 않도록 하기 위해서
2 일본인의 이름 한자는 읽기 어려우므로, 읽는 방법을
   확인한 뒤에 건네기 위해서
3 누가 방문해서 가져온 것인지 알게 한 뒤에, 상대에
   게 안심하고 받아들이게 하기 위해서
4 자신이 간단한 선물을 건네면 상대도 선물을 주기 때문
   에, 자신의 주소를 알려주기 위해서

해설 명함을 교환한 뒤 간단한 선물을 건네는 이유를 묻는 문
제이므로 이유가 언급된 부분을 잘 봐야 한다. 1번, 2번은
지문에서 언급되지 않은 내용이므로 오답이다. 3번은 명
함을 교환함으로써, 본인이 누구인지 알려 줄 수 있다는
지문의 내용과 일치하므로 정답이다. 4번은 지문에서 언
급되지 않은 내용이므로 오답이다.

31~33

[31번]일본인의 예의 바름은 해외에서도 유명하다. 사
람에 대해 상냥하고 친절한 것이 일본인이라고 생각하
고 있었기 때문에 의문스럽게 생각한 것이 있었다. 그것은
'자리를 양보하지 않는다'라는 것이다. 우리나라에서는 지
하철이나 버스에 노인이 타면 당연하다는 듯이 자리를 양
보한다. 어릴 적부터 가르쳐 받았거나, 주변 사람이 당연
하다는 듯 그렇게 하는 것을 보았거나 했었기 때문에 어느
새 자신도 자리를 양보하고 있다.

내가 일본에 유학하고 있었을 때, 지하철을 탈 때마다
'왜 이렇게 매너에 엄격한 일본인이 전철에서 노인에게 자
리를 양보하지 않을까?'라고 이상하게 생각했다. 우리나
라를 비롯한 아시아에서는 전철 안에서 노인에게 자리를
양보하는 것은 놀랄 일이 아니다. 그러나 일본에서 외국인
의 입장인 나는 자리를 양보하지 않는 일본인을 보고, 예
의 바르고 친절한 일본인의 이미지가 무너진 것이다.

그것이 신경 쓰였던 나는 일본인에게 그 이유를 물어
보았다. 그러자 '고령자 중에는 당신의 그 친절을 싫어하
는 사람도 있고, 고령화가 급속히 진행되는 일본에서 자신
이 노인 취급을 받고 싶지 않은 사람도 있으며, 다른 사람
에게 폐가 되기 싫다고 생각하는 사람도 많다. [32번]그래서
다른 사람이 자리를 양보한다고 하면 노인 취급을 받고
있다고 생각해 오히려 기분이 나빠질지도 모르기 때문
에.'라고 말해 주었다. 친구의 이야기를 들은 나는 일본인
은 다른 사람이 눈치채지 못하는 부분까지 배려하고 있다
고 생각했다. 그리고 외국인인 [33번]나의 생각이나 가치관
만으로 좋지 않다고 판단했던 자신을 반성하게 되었다.

단어 礼儀正しさ(れいぎただしさ) 예의 바름 | 海外(かいがい)

해외 | 有名だ(ゆうめいだ) 유명하다 | 優しい(やさしい)
상냥하다 | 親切だ(しんせつだ) 친절하다 | 疑問(ぎもん)
의문 | 席(せき) 자리 | 譲る(ゆずる) 양보하다 | 地下鉄(ち
かてつ) 지하철 | 当たり前だ(あたりまえだ) 당연하다 |
教える(おしえる) 가르치다 | 周り(まわり) 주변 | 留学
(りゅうがく) 유학 | 乗る(のる) 타다 | 厳しい(きびしい)
엄격하다 | 不思議だ(ふしぎだ) 이상하다, 신기하다 | アジ
ア 아시아 | 立場(たちば) 입장 | 崩れる(くずれる) 무너지
다 | 理由(りゆう) 이유 | 尋ねる(たずねる) 묻다 | 高齢者
(こうれいしゃ) 고령자 | 嫌がる(いやがる) 싫어하다 | 高
齢化(こうれいか) 고령화 | 急速(きゅうそく) 급속 | 進む
(すすむ) 진행되다 | お年寄り(おとしより) 노인 | 扱い(あ
つかい) 취급 | 他人(たにん) 타인 | 迷惑(めいわく) 폐, 민
폐, 성가심 | 逆に(ぎゃくに) 오히려 | 気分(きぶん) 기분 |
悪くする(わるくする) 기분이 나빠지다 | 話(はなし) 이야
기 | 聞く(きく) 듣다, 묻다 | 気を配る(きをくばる) 배려하
다, 신경 쓰다 | 外国人(がいこくじん) 외국인 | 価値観(か
ちかん) 가치관 | 判断(はんだん) 판단 | 反省(はんせい)
반성

31

외국인이 생각하는 일본에 오기 전 일본인의 이미지는 무
엇인가?

1 일본인은 예의 바르지 않지만, 전철이나 버스 등 차내
   에서의 매너는 매우 좋다.
2 일본인은 다른 나라에 비해 전철이나 버스 등 차내에서
   노인에게 자리를 양보하지 않는다.
3 일본인은 다른 나라보다 예의 바르고 상냥하며 친절
   한 사람이 많다.
4 일본인은 예의 바르지 않고, 전철이나 버스 등 차내에
   서 노인에게 자리를 양보하지 않는다.

해설 외국인이 일본에 오기 전 생각했던 일본인의 이미지와 일
치하는 것을 고르는 문제로 해외에서의 인식이 담겨있
는 첫 번째 단락에서 정답을 찾을 수 있다. 1번은 일본인
의 예의 바름은 해외에서도 유명하다고 했고, 교통수단
에서의 매너는 지문에서 언급되지 않았으므로 오답이다.
2번은 실제 일본에 오고 나서의 느낀 점이므로 오답이다.
3번은 일본인의 예의 바름은 해외에서도 유명하며 사람
에 대해 상냥하고 친절한 것이 일본인이라고 생각한다는
지문의 내용과 일치하므로 정답이다. 4번은 어떤 내용도
지문에 언급되지 않았으므로 오답이다.

32

일본인이 자리를 양보하지 않는 이유로 맞는 것은 무엇인가?

1 아직 젊고 건강한데 자리를 양보받음으로써 그것을 부정당하고 있다고 생각할지도 모르기 때문에
2 자신은 노인이 아니라고 생각하는데 자리를 양보받음으로써 자신이 폐를 끼치고 있다고 생각할지도 모르기 때문에
3 일본에서는 자리를 양보하는 것이 매너가 아니기 때문에
4 **일본에서는 주로 노인에게 자리를 양보하기 때문에, 양보받은 상대가 노인 취급을 받고 있다고 생각할지도 모르기 때문에**

해설 일본인이 자리를 양보하지 않는 이유를 묻는 문제이므로 이유가 언급된 세 번째 단락에서 정답을 찾을 수 있다. 1번은 지문에서 언급되지 않은 내용이므로 오답이다. 2번은 자신이 폐를 끼친다는 내용은 일치하지만, 노인이 아니라고 생각한다는 내용은 없으므로 오답이다. 3번은 지문에 언급되지 않은 내용이므로 오답이다. 4번은 다른 사람이 자리를 양보한다고 하면 노인 취급을 받고 있다고 생각해 오히려 기분이 나빠질지도 모르기 때문이라는 지문의 내용과 일치하므로 정답이다.

33

일본인이 자리를 양보하지 않는 이유를 듣고 '나'는 어떻게 생각하게 되었는가?

1 어떤 이유로든 자리를 양보하지 않는 것은 매너가 아니라고 생각했다.
2 일본인은 예의 바르다고 생각했던 자신이 잘못되었다고 생각했다.
3 **이유도 듣지 않고 자신의 판단으로 좋지 않은 일이라고 생각했던 자신을 반성하려고 생각했다.**
4 노인에게 자리를 양보하는 것은 당연한 일이므로 일본인도 양보했으면 좋겠다고 생각했다.

해설 자리를 양보하지 않는 이유에 대한 필자의 생각을 묻는 문제이다. 필자의 주된 생각이나 주장은 글의 마지막 부분에 나올 가능성이 높다. 1번은 지문에서 언급된 내용이 아니므로 오답이다. 2번은 일본에 온 직후의 감상에 해당하므로 오답이다. 3번은 마지막 부분에서 나의 생각이나 가치관만으로 좋지 않다고 판단했던 자신을 반성하게 되었다는 지문의 내용과 일치하므로 정답이다. 4번은 지문에서 언급되지 않은 내용이므로 오답이다.

34~37

냄새는 과거의 경험을 그때의 마음과 함께 떠오르게 해 준다. 음식을 먹거나 옷을 입거나 했을 때도 비슷한 일이 있지만, 냄새 쪽이 더 강하다. 냄새에는 무슨 냄새였는지를 생각하기 전에, [34번]**몸이나 마음이 먼저 움직여 버리는 이상한 힘이 있는 것 같다.**

①이러한 냄새의 특징을 잘 이용하고 있는 것은 여러 장소에서 볼 수 있다. 예를 들어, 공부에 집중할 수 있도록 하거나 잘 잘 수 있도록 할 때는, 마음을 차분하게 하는 효과가 있는 라벤더 향을 맡게 하는 것이다. 지금까지는 개인의 취향이나 자기만족을 위해서만 냄새를 이용하는 일이 많았다. 그러나 [35번]**최근에는 훨씬 더 폭넓게 사용되게 된 것이다.** 예를 들어, [36번]**어떤 슈퍼의 매장에서 인공적으로 만들어낸 맛있는 음식 냄새를 나게 했더니, 그 음식의 재료가 평소보다 많이 팔렸다고 한다.** 냄새가 그 맛이나 먹었을 때의 만족감을 떠오르게 해 주기 때문에, 다시 먹고 싶다는 식욕으로 이어진 셈이다. 또한, [35번]**옷을 파는 가게의 경우, 일부러 꽃향기를 풍기게 해 놓은 가게도 있다고 한다.** 옷과 꽃은 관련이 없지만, 그 냄새로 인해 상품의 이미지가 바뀌는 경우도 있기 때문에 꽃향기를 나게 하고 있는 것이다.

이러한 이야기를 듣고, 냄새에 ②그런 사용 방법이 있나 하고 놀랐다. 판매 목적을 위해 만들어진 냄새는, 실재하는 물건의 원래 냄새보다 효과적이라고 한다. 인공적으로 만들어진 바나나 냄새가 자연의 바나나 냄새보다 사람의 감각을 자극한다는 것이다. 물론, [37번]**이익을 낼 목적으로 인공적인 냄새를 이용하는 것은 좋지만, 그 한편으로 만들어진 냄새에 익숙해져서 본래의 냄새를 잊어버리는 것은 아닐까 걱정된다.**

단어 匂い(におい) 냄새 | 過去(かこ) 과거 | 経験(けいけん) 경험 | 気持ち(きもち) 마음 | 思い出す(おもいだす) 떠올리다 | 食べ物(たべもの) 음식 | 服(ふく) 옷 | 同じ(おなじ) 같은 | 強い(つよい) 강하다 | 考える(かんがえる) 생각하다 | 体(からだ) 몸 | 心(こころ) 마음 | 先に(さきに) 먼저 | 動く(うごく) 움직이다 | 不思議だ(ふしぎだ) 이상하다 | 力(ちから) 힘 | 特徴(とくちょう) 특징 | 利用(りよう) 이용 | 場所(ばしょ) 장소 | 集中(しゅうちゅう) 집중 | 眠る(ねむる) 잠들다 | 落ち着く(おちつく) 차분해지다, 진정하다 | 効果(こうか) 효과 | ある〜 어느, 한~ | 個人(こじん) 개인 | 好み(このみ) 취향 | 自己満足(じこまんぞく) 자기만족 | 最近(さいきん) 최근 | 幅広く(はばひろく) 폭넓게 | 売り場(うりば) 매장 | 人工的(じんこうてき) 인공적 | 材料(ざいりょう) 재료 | いつもより(いつもより) 평소보다 | 多く(おおく) 많이 | 売れる(うれる) 팔리다 | 味(あじ) 맛 | 満足感(まんぞくかん) 만족감 | 食欲(しょくよく) 식욕 | つながる 이어지다 | 洋服(ようふく) 옷, 양

복 | わざと 일부러 | 香り(かおり) 향기 | 関連(かんれん)
관련 | 変わる(かわる) 바뀌다 | 話(はなし) 이야기 | 驚く
(おどろく) 놀라다 | 販売(はんばい) 판매 | 目的(もくて
き) 목적 | 実在(じつざい) 실재 | 本来(ほんらい) 본래 |
刺激(しげき) 자극 | 感覚(かんかく) 감각 | 自然(しぜん)
자연 | もちろん 물론 | 利益(りえき) 이익 | 一方(いっぽ
う) 한편 | 慣れる(なれる) 익숙해지다 | 忘れる(わすれる)
잊다 | 心配(しんぱい) 걱정

34

①이러한 냄새의 특징이라고 되어 있는데 그것은 무엇인가?

1 무슨 냄새인지 궁금하게 만드는 것
2 사고 싶다는 욕구가 생기게 하는 것
3 다른 감각보다 강하게 반응하는 것
4 인공적인 것인지 원래의 것인지 생각하게 하는 것

해설 밑줄이 가리키는 '이러한'은 지시어이므로 앞 문장에 언
급된 내용이 정답일 확률이 높다. 1번은 지문에서 언급되
지 않은 내용이므로 오답이다. 2번은 특징이 아닌 효과에
해당하므로 오답이다. 3번은 몸이나 마음이 먼저 움직여
버리는 이상한 힘이 있는 것 같다는 지문의 내용과 일치
하므로 정답이다. 4번은 지문에 언급되지 않은 내용이므
로 오답이다.

35

예전에 비하면, 최근 냄새의 어떤 이용 방식이 늘고 있는
가?

1 옛 추억을 떠올리게 하기 위해 이용한다.
2 무언가에 집중할 수 있도록 이용한다.
3 몸과 마음이 쉬도록 이용한다.
4 상품을 팔기 위해 이용한다.

해설 최근의 냄새 이용 방식을 묻는 문제이므로, 근래의 이용
방식을 설명한 부분을 살펴봐야 한다. 1번은 냄새를 맡으
면 떠오른다고 하였지 일부러 떠오르게 하는 것은 아니므
로 오답이다. 2번, 3번은 최근이 아닌 기존의 역할이므로
오답이다. 4번은 지문에서 최근 폭넓게 사용된 예로 슈퍼
의 매장에서 인공적으로 만들어낸 맛있는 음식 냄새를 나
게 하고, 옷을 파는 가게의 경우, 일부러 꽃향기를 풍기게
해 놓는다는 지문의 내용과 일치하므로 정답이다.

36

②그런 사용 방법이라고 되어 있는데, 그것은, 예를 들면
어떤 방법인가?

1 옷을 파는 가게에 꽃 사진이나 진짜 꽃을 장식한다.
2 옷에서 꽃향기가 나도록 옷을 만든다.
3 식품 매장에서 인공적인 피자 냄새를 퍼뜨린다.
4 식품 매장에서 실제로 맛있어 보이는 피자를 만든다.

해설 밑줄이 가리키는 '그런'은 지시어이므로 앞 문장에 언급
된 내용이 정답일 확률이 높다. 1번은 옷을 파는 가게에
서는 꽃향기가 나도록 한다고 했으므로 오답이다. 2번은
옷을 만든다는 내용은 없으므로 오답이다. 3번은 사용 방
법으로 언급된 ① 식품 매장에서 음식 냄새를 나게 하는
것, ② 옷가게에 꽃향기를 나게 하는 것에 해당하므로 정
답이다. 4번 또한 피자를 만든다는 내용은 없으므로 오답
이다.

37

냄새에 대해, '나'는 어떻게 생각하고 있는가?

**1 인공적인 냄새를 이용하는 것도 좋지만, 원래의 냄새
도 소중히 해야 한다.**
2 인공적인 냄새는 몸에 별로 좋지 않으니 주의하는 것이
좋다.
3 냄새에 의해 상품이 많이 팔릴 수도 있으니 앞으로도
많이 이용하는 것이 좋다.
4 인공적인 냄새는 가능한 한 사용하지 않고, 원래의 냄
새에 익숙해지는 것이 좋다.

해설 냄새에 대한 필자의 생각을 묻는 문제이다. 필자의 주된
생각이나 주장은 글의 마지막 부분에 나올 가능성이 높
다. 1번은 이익을 낼 목적으로 인공적인 냄새를 이용하는
것은 좋지만, 그 한편으로 만들어진 냄새에 익숙해져서
본래의 냄새를 잊어버리는 것은 아닐까 걱정된다는 지문
의 내용과 일치하므로 정답이다. 2번, 3번, 4번은 언급되
지 않은 내용이므로 오답이다.

38

야마다 씨는 스키를 타고 싶다고 생각하고 있다. 스키 도
구를 가지고 있지 않아서, 돈이 들더라도 도구를 빌릴 수
있는 여행이 좋다. 또한, 신칸센을 탄 적이 없기 때문에,
신칸센을 타 보고 싶다고 생각한다. 야마다 씨의 희망에
맞는 여행은 어느 것인가?

1 ①   **2 ②**
3 ③   4 ④

해설 질문에서 알 수 있는 조건은 '스키', '스키 도구 필요(돈이
들어도 괜찮음)', '신칸센'이다. 스키 여행과 해외여행 두
가지 선택지 중 스키 여행에서 내용을 찾을 수 있다. 스키
도구는 돈이 들어도 상관없다고 했으므로, ④를 제외한
나머지 선택지가 모두 가능하다. 이때, 신칸센을 이용한
다는 필수 조건이 붙으므로, 이에 해당하는 것은 ②뿐이
다. 따라서 정답은 2번이다.

유리코 씨는 '한국 여행 5일간' 2월 5일 출발 여행에 참가한다. 여행 대금을 은행에서 지불할 경우, 언제까지 내야 하는가? 단, 1월은 31일까지 있다.

1 1월 26일
2 1월 29일
3 1월 31일
4 2월 2일

해설 질문에서 알 수 있는 조건은 '한국 여행 5일간', '2월 5일 출발', '은행 지불'이다. 이때 우선적으로 확인할 것은 지불 방식인데, 은행 지불의 경우에는 출발일 1주일 전까지라고 했으므로 납부 기한은 1월 29일이다. 따라서 정답은 2번이다.

38~39

아카링고 여행사 1월의 여행 (도쿄출발) 안내

[38번] **스키여행**

	여행명	출발일	요금(엔)	내용
①	삿포로 스키 여행 4일간	8일·18일·28일	53,000엔	* 비행기를 이용합니다. * 스키 도구 대여는 유료입니다.
②	오카야마 스키 여행 3일간	5일·15일·28일	31,000엔	* [38번]신칸센을 이용합니다. * 숙박은 온천 여관입니다. * [38번]스키 도구를 무료로 대여합니다.
③	하나마루 스키 여행 3일간	2일·6일·18일	28,000엔	* 버스를 이용합니다. * 숙박은 호텔·여관 중에서 자유롭게 선택할 수 있습니다. * 스키 도구 대여는 유료입니다.
④	노조리 호수 관광 당일치기	15일·25일·28일	11,000엔	* 버스를 이용합니다. * 당일치기 여행으로 밤 8시에 출발지로 돌아옵니다.

[39번] **해외여행**

	여행명	출발일	요금(엔)	내용
①	한국 여행 5일간	[39번]5일·20일	72,000엔	* 비행기를 이용합니다. * 숙소는 명동에 있는 호텔입니다. * 서울을 중심으로 관광합니다.
②	중국 여행 5일간	10일	69,000엔	* 비행기를 이용합니다. * 숙소는 전통 료칸입니다. * 베이징을 중심으로 관광합니다.
③	대만 여행 5일간	18일	68,000엔	* 비행기를 이용합니다. * 숙소는 비즈니스 호텔입니다. * 타이베이를 중심으로 관광합니다.

* 신청은 여행사 창구·전화·이메일로 출발일 10일 전까지 해 주세요.
* 여행 대금은 [39번]은행 또는 편의점에서 지불할 경우, [39번]출발일 1주일 전까지 부탁드립니다. 여행사 창구에서 직접 지불하실 경우, 출발일 5일 전까지 부탁드립니다.
* 신청 취소 시에는 취소 수수료가 발생합니다.

단어 旅行社(りょこうしゃ) 여행사 | 案内(あんない) 안내 | 出発(しゅっぱつ) 출발 | 旅行名(りょこうめい) 여행명 | 料金(りょうきん) 요금 | 内容(ないよう) 내용 | 利用(りよう) 이용 | 道具(どうぐ) 도구 | 貸出し(かしだし) 대여 | 有料(ゆうりょう) 유료 | 宿泊(しゅくはく) 숙박 | 温泉旅館(おんせんりょかん) 온천 여관 | 無料(むりょう) 무료 | 選ぶ(えらぶ) 선택하다, 고르다 | 観光(かんこう) 관광 | 日帰り(ひがえり) 당일치기 | 戻る(もどる) 돌아오다 | 海外(かいがい) 해외 | 明洞(みょんどん) 명동 | 中心(ちゅうしん) 중심 | 伝統(でんとう) 전통 | 旅館(りょかん) 여관 | 申し込み(もうしこみ) 신청 | 窓口(まどぐち) 창구 | 電話(でんわ) 전화 | 出発日(しゅっぱつび) 출발일 | 旅行代金(りょこうだいきん) 여행 대금 | 銀行(ぎんこう) 은행 | 支払う(しはらう) 지불하다 | 場合(ばあい) 경우 | 直接(ちょくせつ) 직접 | キャンセル料(キャンセルりょう) 취소 수수료

問題1では、まず質問を聞いてください。それから話を聞いて、問題用紙の1から4の中から最もよいものを一つえらんでください。

문제1에서는, 먼저 질문을 들어주세요. 그리고 나서 이야기를 듣고, 문제용지의 1부터 4 중에서 가장 올바른 것을 하나 골라 주세요.

예

[음성]

会社で男の人と女の人が話しています。男の人は明日何時までに会社を出発しますか。

F：明日、田中さんもミーティングに行きますよね？時間はもともと2時からでしたっけ？

M：はい、そうです。もともと1時半からだったんですが、部長が1時過ぎに会社に戻ってくるそうで。

F：わかりました。あ、ミーティングの場所まではどれくらいかかるでしょうか。

M：道が混まなければ、早く着くと思いますが、10分くらいかかるかなあ。

F：じゃあ、会議の15分前には出発しましょうか。

M：はい、そうしましょう。

男の人は明日何時までに会社を出発しますか。

[문제집]

1　1時15分
2　1時30分
3　1時45分
4　2時

[음성]

회사에서 남자와 여자가 이야기하고 있습니다. 남자는 내일 몇 시까지 회사를 출발합니까?

F : 내일 다나카 씨도 미팅에 가죠? 시간은 원래 2시였던가요?

M : 네, 맞습니다. 원래 1시 반부터였습니다만, 부장님이 1시 넘어서 회사로 돌아오신다고 해서.

F : 알겠습니다. 아, 미팅 장소까지는 얼마나 걸릴까요?

M : 길이 막히지 않으면 빨리 도착할 거라고 생각합니다만, 10분 정도 걸리려나.

F : 그럼, 회의 15분 전에는 출발할까요?

M : 네, 그렇게 합시다.

남자는 내일 몇 시까지 회사를 출발합니까?

[문제집]

1　1시 15분
2　1시 30분
3　1시 45분
4　2시

1

[음성]

レストランで女の店長とアルバイトの人が話しています。アルバイトの人はこの後まず何をしますか。

F：こんにちは。木村さんは今日からなので、テーブルの順番を覚えることからお願いします。

M：はい、わかりました。

F：来月からは注文を取ることもやってもらうので、まずメニューを覚えてください。ランチの時間が終わったらお客さんが少ないので、その時にメニューを見ておいてくださいね。早速ですが、今日からよろしくお願いしますね。

M：はい。

F：それから、他の仕事に慣れてきたら、レジのやり方を教えますので。

M：はい。よろしくお願いいたします。

アルバイトの人はこの後まず何をしますか。

[문제집]

1　レジで会計をすることを覚える
2　注文の取り方を覚える
3　メニューを覚える
4　ランチを作る

레스토랑에서 여자 점장과 아르바이트생이 이야기하고 있습니다. 아르바이트생은 이 다음에 우선 무엇을 합니까?

F : 안녕하세요. 기무라 씨는 오늘부터니까, 테이블 순서를 외우는 것부터 부탁드리겠습니다.

M : 네, 알겠습니다.

F : 다음 달부터는 주문받는 것도 해 주셔야 하니까, 먼저 메뉴를 외워 주세요. 런치 시간이 끝나면 손님이 적으니까, 그때 메뉴를 봐 두세요. 바로 시작이지만, 오늘부터 잘 부탁드릴게요.

M : 네.

F : 그리고, 다른 일에 익숙해지면 계산대 사용법도 가르쳐 드릴게요.

M : 네. 잘 부탁드립니다.

아르바이트생은 이 다음에 우선 무엇을 합니까?

[문제집]
1 계산대에서 계산하는 법을 외운다
2 주문받는 방법을 외운다
3 메뉴를 외운다
4 런치를 만든다

해설 아르바이트생이 가장 먼저 무엇을 해야 하는지 묻는 문제이다. 1번은 다른 일에 익숙해지면 하는 것이므로 오답이다. 2번은 다음 달에 해야 할 일이므로 오답이다. 3번은 주문을 받는 것은 다음 달부터지만, 그전에 메뉴를 먼저 외워 달라고 했으므로 정답이다. 4번은 언급되지 않은 내용이므로 오답이다.

단어 テーブル 테이블 | 順番(じゅんばん) 순서 | 覚える(おぼえる) 외우다 | 来月(らいげつ) 다음 달 | 注文(ちゅうもん) 주문 | 取る(とる) 받다 | メニュー 메뉴 | ランチ 런치 | 時間(じかん) 시간 | 終わる(おわる) 끝나다 | お客さん(おきゃくさん) 손님 | 少ない(すくない) 적다 | その時(そのとき) 그때 | 早速(さっそく) 바로, 즉시 | 他(ほか) 다른 | 仕事(しごと) 일 | レジ 계산대 | やり方(やりかた) 방법 | 教える(おしえる) 가르치다

2

[음성]
美術館で先生が学生に話しています。学生はこの後まず何をしますか。

F：はい、皆さん。これからライオン作家の作品を見学します。この美術館の1階では、ライオン作家の子供の頃についての説明を聞くことができます。2階では、ライオン作家の最初の作品を見ることができます。3階では、一番有名な作品ですね。「新しい世界」が展示されています。この作品を見てからレポートを出してください。この作品は予約をしないと見られないので先生が先に予約をしておきました。もう5分しかないので、3階に急ぎましょう。

学生はこの後まず何をしますか。

[문제집]
1 ライオン作家の子供の頃を見に行く
2 ライオン作家の最初の作品を見に行く
3 ライオン作家の一番有名な作品を見に行く
4 ライオン作家の最後の作品を見に行く

[음성]
미술관에서 선생님이 학생에게 이야기하고 있습니다. 학생은 이 다음에 우선 무엇을 합니까?

F : 자, 여러분. 이제부터 라이온 작가의 작품을 견학하겠습니다. 이 미술관의 1층에서는 라이온 작가의 어린 시절에 대한 설명을 들을 수 있습니다. 2층에서는 라이온 작가의 최초의 작품을 볼 수 있습니다. 3층에서는 가장 유명한 작품이죠. '새로운 세계'가 전시되어 있습니다. 이 작품을 보고 나서 리포트를 제출해 주세요. 이 작품은 예약하지 않으면 볼 수 없기 때문에, 선생님이 미리 예약해 두었습니다. 이제 5분밖에 없으니, 3층으로 서두릅시다.

학생은 이 다음에 우선 무엇을 합니까?

[문제집]
1 라이온 작가의 어린 시절을 보러 간다
2 라이온 작가의 첫 작품을 보러 간다
3 라이온 작가의 가장 유명한 작품을 보러 간다
4 라이온 작가의 마지막 작품을 보러 간다

해설 학생들이 가장 먼저 무엇을 해야 하는지 묻는 문제이다. 각 층별로 볼 수 있는 것을 설명해 주고 있기 때문에 선택지 옆에, 해당 작품을 볼 수 있는 층수를 적어 두는 것이

모의고사

좋다. 맨 마지막에 '3층으로 서두릅시다'라고 했으므로 3층에서 관람할 수 있는 내용을 찾아야 한다. 1번은 1층에서 볼 수 있으므로 오답이다. 2번은 2층에서 볼 수 있으므로 오답이다. 3번은 3층에서 볼 수 있으므로 정답이다. 4번은 언급되지 않았으므로 오답이다.

단어　見学(けんがく) 견학 ｜ 美術館(びじゅつかん) 미술관 ｜ 〜階(かい) ~층 ｜ 説明(せつめい) 설명 ｜ 聞く(きく) 듣다 ｜ 最初(さいしょ) 최초, 처음 ｜ 作品(さくひん) 작품 ｜ 有名だ(ゆうめいだ) 유명하다 ｜ 展示(てんじ) 전시 ｜ レポート 리포트, 보고서 ｜ 出す(だす) 제출하다, 내다 ｜ 予約(よやく) 예약 ｜ 急ぐ(いそぐ) 서두르다

3

[음성]

学校で、男の人と女の留学生が話しています。女の留学生は来週の月曜日、何をしなければなりませんか。

M：ユリちゃん。来週の月曜日に新入生の歓迎会があるんだけど、よかったら、ちょっと手伝ってもらえるかな。

F：歓迎会？いいよ！でも、私まだ日本語下手だし、大丈夫かなぁ。

M：大丈夫だよ。ユリちゃんは料理は得意？たこ焼き作れる？もちろん、たこ焼き器はあるよ。

F：たこ焼き器があっても作ったことがないから、できるか分からないよ。自信ないな。ラーメンぐらいなら作れるけど。

M：ラーメンか。えーと、キッチンが狭いからラーメンは無理かもね。じゃ、注文を取るのはできそう？

F：それなら、いいよ。

M：じゃあ、それでお願い！

女の留学生は来週の月曜日、何をしなければなりませんか。

[문제집]

1 たこ焼きを作る
2 ラーメンを作る
3 注文を取る
4 何もしない

[음성]

학교에서 남학생과 여자 유학생이 이야기하고 있습니다. 여자 유학생은 다음 주 월요일, 무엇을 해야 합니까?

M : 유리짱. 다음 주 월요일에 신입생 환영회가 있는데, 괜찮으면 좀 도와줄 수 있을까?

F : 환영회? 좋아! 근데 나 아직 일본어 서툴러서, 괜찮을까?

M : 괜찮아. 유리짱은 요리 잘해? 타코야키 만들 수 있어? 물론 타코야키 기계는 있어.

F : 타코야키 기계가 있어도 만들어 본 적이 없어서, 할 수 있을지 모르겠어. 자신 없는걸. 라멘 정도라면 만들 수 있는데.

M : 라멘이라. 음, 주방이 좁아서 라멘은 무리일지도 몰라. 그럼 주문받는 건 할 수 있을 것 같아?

F : 그거라면 괜찮아.

M : 그럼, 그걸로 부탁할게!

여자 유학생은 다음 주 월요일 무엇을 해야 합니까?

[문제집]

1 타코야키를 만든다
2 라멘을 만든다
3 주문을 받는다
4 아무것도 하지 않는다

해설　여자 유학생이 다음 주 월요일에 무엇을 해야 하는지 묻는 문제이다. 1번은 타코야키를 만들어 본 적이 없어서 자신이 없다고 했으므로 오답이다. 2번은 주방이 좁아서 힘들다고 했으므로 오답이다. 3번은 남자가 주문을 받는 것은 할 수 있는지 여자에게 물어봤고, 그거라면 괜찮다고 했으므로 정답이다. 4번은 지문에서 언급된 내용이 아니므로 오답이다.

단어　歓迎会(かんげいかい) 환영회 ｜ 手伝う(てつだう) 돕다 ｜ 大丈夫だ(だいじょうぶだ) 괜찮다 ｜ 料理(りょうり) 요리 ｜ 得意だ(とくいだ) 잘하다 ｜ 作る(つくる) 만들다 ｜ 〜器(き) ~기계, 도구 ｜ 自信(じしん) 자신 ｜ 注文(ちゅうもん) 주문 ｜ お願い(おねがい) 부탁

[음성]

大学で男の先生と女の学生が話しています。女の学生は、まず何をしなければなりませんか。

M：もうレポートのテーマは決まりましたか。確かロボット産業についてでしたね。

F：はい、私は高校生の時からロボットに興味があって今回はいろいろな国のロボットを比較してみたいと思います。

M：それはいいですね。国によってロボットの作り方も違いますからね。資料や論文を参考にするのもいいですが、それだけではなく、その分野の人に直接話を聞いてみるのもいいと思います。

F：あっ、そうですね。先輩にその分野の仕事をしている人がいると聞いたので、すぐに連絡をとってみます。

M：でも、連絡を取る前に資料や自分の考えをまとめておくことも大事ですね。

F：はい！そうします。ありがとうございました。

女の学生は、まず何をしなければなりませんか。

[문제집]

1 レポートを書く
2 先輩に連絡をする
3 先輩に質問をする
4 資料や自分の意見をまとめる

[음성]

대학교에서 남자 선생님과 여학생이 이야기하고 있습니다. 여학생은 우선 무엇을 해야 합니까?

M : 이미 리포트 주제는 정해졌습니까? 분명 로봇 산업에 대해서였죠?

F : 네, 저는 고등학생 때부터 로봇에 관심이 있어서 이번에는 여러 나라의 로봇을 비교해 보고 싶다고 생각합니다.

M : 그거 좋네요. 나라마다 로봇의 제작 방식도 다르니까요. 자료나 논문을 참고하는 것도 좋지만, 그것뿐만 아니라, 그 분야 사람에게 직접 이야기를 들어보는 것도 좋다고 생각합니다.

F : 아, 그러네요. 선배 중에 그 분야에서 일하고 있는 사람이 있다고 들었기 때문에, 바로 연락해 보겠습니다.

M : 하지만, 연락을 하기 전에 자료나 자신의 생각을 정리해 두는 것도 중요하죠.

F : 네! 그렇게 하겠습니다. 감사합니다.

여학생은 우선 무엇을 해야 합니까?

[문제집]

1 리포트를 쓴다
2 선배에게 연락한다
3 선배에게 질문한다
4 자료나 자신의 의견을 정리한다

해설 여학생이 우선 무엇을 해야 하는지 묻는 문제이다. 1번은 리포트를 쓰는 것은 자료나 자기의 생각을 정리하고 선배의 이야기를 들은 후에 하는 맨 마지막 단계이므로 오답이다. 2번, 3번, 4번 중 교수가 선배에게 연락을 하기 전에 자료나 자신의 생각을 정리해 두라고 했으므로 정답은 4번이다.

단어 レポート 리포트, 보고서 | テーマ 주제 | 決まる(きまる) 정해지다 | 確か(たしか) 아마, 분명 | 産業(さんぎょう) 산업 | 興味(きょうみ) 관심 | 比較(ひかく) 비교 | 国(くに) 나라 | 資料(しりょう) 자료 | 論文(ろんぶん) 논문 | 参考(さんこう) 참고 | 分野(ぶんや) 분야 | 直接(ちょくせつ) 직접 | 先輩(せんぱい) 선배 | 仕事(しごと) 일, 직업 | 連絡(れんらく) 연락 | 取る(とる) (연락을) 하다, 취하다 | 自分(じぶん) 자신 | 考え(かんがえ) 생각 | まとめる 정리하다 | 大事だ(だいじだ) 중요하다

[음성]

病院で、女の医者と男の人が話しています。男の人は病気を治すためどうしますか。

M：先生、昨日から頭痛がひどくて、体が重い感じがします。

F：熱はないようですが、のどが少し腫れていますね。最近、お仕事でストレスを感じることがありましたか？

M：はい、会議が多くて、気を使うことが多かったです。それが原因でしょうか。

F：そうかもしれませんね。体が疲れていると、こういう症状が出ることがあります。温かいお茶を飲んで、のどを温かくするのがいいですよ。

M：のどを温かくするなら、マフラーを巻いたほうがいいですか?

F：はい、それもいいですし、あまり話さないようにするのも大切です。

M：はい、わかりました。ありがとうございます。

男の人は病気を治すためどうしますか。

[문제집]

1 ストレスに気を付ける
2 会議を減らす
3 のどを温めるようにする
4 一日何も話さないようにする

[음성]

병원에서 여자 의사와 남자가 이야기하고 있습니다. 남자는 병이 낫기 위해 어떻게 합니까?

M : 선생님, 어제부터 두통이 심하고, 몸이 무거운 느낌이 듭니다.

F : 열은 없는 것 같지만, 목이 약간 부어 있네요. 최근 일 때문에 스트레스를 받은 일이 있었습니까?

M : 네, 회의가 많고, 신경 쓸 일이 많았습니다. 그게 원인일까요?

F : 그럴 수도 있겠네요. 몸이 피곤하면 이런 증상이 나타날 수 있습니다. **따뜻한 차를 마시고 목을 따뜻하게 하는 게 좋아요.**

M : 목을 따뜻하게 하려면, 머플러를 두르는 게 좋습니까?

F : 네, 그것도 좋고, 말을 너무 많이 하지 않는 것도 중요합니다.

M : 네, 알겠습니다. 감사합니다.

남자는 병이 낫기 위해 어떻게 합니까?

[문제집]
1 스트레스를 조심한다
2 회의를 줄인다
3 목을 따뜻하게 한다
4 하루 종일 아무 말도 하지 않는다

해설　남자가 병이 낫기 위해 어떻게 해야 하는지 묻는 문제이다. 병원에서의 대화의 경우, 의사가 환자에게 조언을 하는 것이 일반적이므로 의사의 말에 귀를 기울인다. 1번과 2번은 두통의 원인이고 의사가 제시한 해결책이 아니므로 오답이다. 3번은 의사가 따뜻한 차를 마시고 목을 따뜻하게 하는 게 좋다고 조언했으므로 정답이다. 4번은 아무 말도 하지 않는 것이 아니라, 말을 줄이는 것이므로 오답이다.

단어　頭痛(ずつう) 두통 | 感じ(かんじ) 느낌 | 熱(ねつ) 열 | 腫れる(はれる) 붓다 | 最近(さいきん) 최근 | 仕事(しごと) 일 | ストレス 스트레스 | 会議(かいぎ) 회의 | 気を使う(きをつかう) 신경 쓰다 | 原因(げんいん) 원인 | 体(からだ) 몸 | 疲れる(つかれる) 피곤하다 | 症状(しょうじょう) 증상 | 温かい(あたたかい) 따뜻한 | お茶(おちゃ) 차 | 飲む(のむ) 마시다 | マフラー 목도리 | 巻く(まく) 두르다, 감다 | 大切だ(たいせつだ) 중요하다

6

[음성]

会社で男の人と女の人が話しています。男の人はどうやってドアを開けますか。

F：初めまして。本日、新人教育を担当いたします伊藤です。

M：初めまして。木村と申します。よろしくお願いいたします。

F：まず、会議室の開け方を説明いたします。会議室の出入り口は安全のため、常に鍵がかかっています。関係者以外は入れないようになっています。

M：はい。

F：このキーボードで自分の社員番号と暗証番号を入力するとドアが開きます。あっ、忘れてた。新入社員の場合はまだ社員番号がありませんので、とりあえずこちらのカードをお使いください。このカードを機械に差し込むと、音が鳴ってドアが開きますので。

M：はい、分かりました。

男の人はどうやってドアを開けますか。

[문제집]

1 キーボードで社員番号を入力して入る
2 キーボードで暗証番号を入力して入る
3 機械に社員番号と暗証番号を入力して入る
4 機械にカードを入れて入る

[음성]

회사에서 남자와 여자가 이야기하고 있습니다. 남자는 어떻게 문을 엽니까?

F : 처음 뵙겠습니다. 오늘 신입사원 교육을 담당할 이토입니다.

M : 처음 뵙겠습니다. 기무라라고 합니다. 잘 부탁드립니다.

F : 먼저, 회의실 문 여는 방법을 설명해 드리겠습니다. 회의실 출입문은 안전을 위해 항상 열쇠가 걸려 있습니다. 관계자 외에는 들어갈 수 없게 되어 있습니다.

M : 네.

F : 이 키보드에 자신의 사원 번호와 비밀번호를 입력하면 문이 열립니다. 아, 깜빡했네요. 신입사원의 경우는 아직 사원 번호가 없으니, 우선 이 카드를 사용해 주세요. 이 카드를 기계에 꽂으면 소리가 나고 문이 열리니까요.

M : 네, 알겠습니다.

남자는 어떻게 문을 엽니까?

[문제집]

1 키보드에 사원 번호를 입력해서 들어간다
2 키보드에 비밀번호를 입력해서 들어간다
3 기계에 사원 번호와 비밀번호를 입력해서 들어간다
4 기계에 카드를 넣어서 들어간다

해설 남자가 문을 열기 위해 어떻게 해야 하는지 묻는 문제이다. 1번은 사원 번호가 아직 없으므로 오답이다. 2번은 사원번호가 없어서 비밀번호를 입력하는 방식으로 들어갈 수 없으므로 오답이다. 3번은 사원 번호가 없으므로 오답이다. 4번은 사원 번호가 없으니 카드를 사용하라고 했고, 그 카드는 기계에 삽입하는 방식으로 사용한다고 했으므로 정답이다.

단어 本日(ほんじつ) 오늘 | 新人(しんじん) 신입사원 | 教育(きょういく) 교육 | 担当(たんとう) 담당 | 説明(せつめい) 설명 | 会議室(かいぎしつ) 회의실 | 開け方(あけかた) 여는 방법 | 出入り口(でいりぐち) 출입문, 출입구 | 安全(あんぜん) 안전 | 常に(つねに) 항상 | 鍵(かぎ) 열쇠 | 関係者(かんけいしゃ) 관계자 | 以外(いがい) 이외 | 入る(はいる) 들어가다 | 社員番号(しゃいんばんごう) 사원 번

호 | 暗証番号(あんしょうばんごう) 비밀번호 | 入力(にゅうりょく) 입력 | 忘れる(わすれる) 잊다 | 場合(ばあい) 경우 | とりあえず 우선 | カード 카드 | 機械(きかい) 기계 | 差し込む(さしこむ) 꽂다, 넣다 | 音(おと) 소리 | 鳴る(なる) (소리가) 나다, 울리다 | 分かる(わかる) 알다

問題2では、まず質問を聞いてください。そのあと、問題用紙を見てください。読む時間があります。それから話を聞いて、問題用紙の1から4の中から、最もよいものを一つえらんでください。

문제2에서는, 우선 질문을 들어주세요. 그 후, 문제용지를 봐 주세요 읽는 시간이 있습니다. 그리고 나서 이야기를 듣고, 문제용지의 1부터 4 중에서 가장 올바른 것을 하나 골라 주세요.

예

[음성]

男の人と女の人が話しています。女の人はどうしてジムに行かないのですか。

F : あら、今日もジムに行ってきたの?
M : うん、忙しくても、できるだけ毎日通おうと思うんだ。
F : へえ、すごいなあ。私は絶対できないよ。
M : そう?僕が行ってるところ、安いし、いいよ。よかったら一緒にどう?
F : 本当?うれしい。でもね、それよりも他の理由があるんだ。
M : どんな理由?
F : 実は昔から運動神経があまりよくなくてさ。
M : なんだ。それなら僕が教えてあげるよ?
F : ううん、いいの。ありがとう。

女の人はどうしてジムに行かないのですか。

[문제집]

1 さいきん いそがしいから
2 いっしょに 行く人が いないから
3 うんどうが にがてだから
4 ねだんが 高いから

[음성]

남자와 여자가 이야기하고 있습니다. 여자는 어째서 체육관에 가지 않습니까?

F : 어라? 오늘도 체육관에 갔다 왔어?

M : 응, 바빠도 가능한 매일 다니려고 생각해.

F : 와, 대단하네. 나는 절대 못 해.

M : 그래? 내가 다니고 있는 곳, 싸고, 좋아. 괜찮으면 같이 어때?

F : 정말? 기뻐. 하지만, 그것보다도 다른 이유가 있어.

M : 어떤 이유?

F : 실은 옛날부터 운동신경이 별로 없어서 말야.

M : 뭐야. 그거라면 내가 가르쳐 줄게?

F : 아니, 괜찮아. 고마워.

여자는 어째서 체육관에 가지 않습니까?

[문제집]

1 최근 바빠서
2 같이 갈 사람이 없어서
3 운동을 잘 못해서
4 가격이 비싸서

1

[음성]

カフェで、女の人二人が話しています。女の人がスカートを選んだ一番の理由は何ですか。

F1：山田さん、今日はなんだかいつもと雰囲気が違うね。スカートなんて珍しい！

F2：昨日、久しぶりにデパートに行ったんだけど、このスカートの色がすごくきれいで、試着してみたらサイズもちょうどよかったから、思い切って買っちゃったの。気晴らしにもなったから、たまにはこういうのもいいなぁと思ったよ。

F1：とっても似合ってるよ。そのデザイン、今年のトレンドだよね。

F2：えっ、ほんと？どうしてそんなに詳しいの？

F1：私の友だちがファッションにすごく敏感で、いつも雑誌とかSNSで最新のスタイルを教えてくれるの。

F2：それは心強いね。そういう友だちがいるとおしゃれがもっと楽しくなりそう。

女の人がスカートを買った一番の理由は何ですか。

[문제집]

1 今年人気のデザインだから
2 久しぶりにぴったりのサイズがあったから
3 色が気に入ったから
4 気晴らしに買い物したかったから

[음성]

카페에서 여자 두 사람이 이야기하고 있습니다. 여자가 스커트를 고른 가장 큰 이유는 무엇입니까?

F1 : 야마다 씨, 오늘은 뭔가 평소랑 분위기가 다르네. 스커트라니, 드문 일이야!

F2 : 어제 오랜만에 백화점에 갔는데, **이 스커트 색이 정말 예뻐서, 입어 보니까 사이즈도 딱 좋았기 때문에, 과감히 사버렸어.** 기분 전환도 되었으니까, 가끔은 이런 것도 좋다고 생각했어.

F1 : 정말 잘 어울려. 그 디자인, 올해 트렌드잖아.

F2 : 뭐? 정말? 어떻게 그렇게 잘 알아?

F1 : 내 친구가 패션에 아주 민감해서, 항상 잡지나 SNS로 최신 스타일을 알려 줘.

F2 : 그건 든든하겠다. 그런 친구가 있으면 멋내는 게 더 재밌어질 것 같아.

여자가 스커트를 고른 가장 큰 이유는 무엇입니까?

[문제집]

1 올해 인기 있는 디자인이기 때문에
2 오랜만에 딱 맞는 사이즈가 있었기 때문에
3 색이 마음에 들었기 때문에
4 기분 전환을 위해 쇼핑하고 싶었기 때문에

해설 여자가 스커트를 고른 가장 큰 이유를 묻는 문제이다. 따라서, 스커트를 구매한 여자의 말에 귀를 기울여야 한다. 1번은 구매한 여자가 아닌 다른 여자가 알려 준 정보이므로 오답이다. 2번은 사이즈가 맞았다고는 했지만, 오랜만에 맞았다는 내용은 언급되지 않았으므로 오답이다. 3번은 색이 예쁘고 사이즈도 딱 좋아서 샀다고 했으므로 정답이다. 4번은 옷을 사서 기분 전환이 된 것은 맞지만, 그것이 쇼핑의 목적은 아니기 때문에 오답이다.

단어 雰囲気(ふんいき) 분위기 | 珍しい(めずらしい) 드물다 | 久しぶり(ひさしぶり) 오랜만 | デパート 백화점 | 色(いろ) 색 | 試着(しちゃく) 입어 봄 | サイズ 사이즈 | ちょう

ど 딱, 마침 | 思い切って(おもいきって) 과감히 | 買う(か
う) 사다 | 気晴らし(きばらし) 기분 전환 | たまに 가끔 |
似合う(にあう) 어울리다 | デザイン 디자인 | 今年(こと
し) 올해 | ～に詳しい(～にくわしい) ~에 대해 잘 알다 |
敏感だ(びんかんだ) 민감하다 | 雑誌(ざっし) 잡지 | 最新
(さいしん) 최신 | スタイル 스타일 | 心強い(こころづよ
い) 든든하다 | おしゃれ 멋을 냄 | 楽しい(たのしい) 재미
있다, 즐겁다

2

[음성]

ラジオで、男(おとこ)の人(ひと)が話(はな)しています。ピアノ演奏会(えんそうかい)
のチケットはどのように申(もう)し込(こ)みますか。

M：次(つぎ)はピアノ演奏会(えんそうかい)のお知(し)らせです。来月(らいげつ)18
日午後(にちごご)6時(じ)から、家族(かぞく)みんなで楽(たの)しむピア
ノ演奏会(えんそうかい)が開(ひら)かれます。会場(かいじょう)はひまわりホ
ールです。チケットをご希望(きぼう)の方(かた)はインター
ネットでピアノ演奏会(えんそうかい)のホームページからお
申込(もうしこ)みください。お電話(でんわ)でも受(う)け付(つ)けてお
ります。チケットは郵便(ゆうびん)または当日会場(とうじつかいじょう)の
窓口(まどぐち)での受(う)け取(と)りになります。お申(もう)し込(こ)み
の時(とき)にお選(えら)びください。大人(おとな)3,600円(えん)、子(こ)
供(ども)1,800円(えん)です。

ピアノ演奏会(えんそうかい)のチケットはどのように申(もう)し込(こ)みま
すか。

[문제집]

1 インターネットでしか申(もう)し込(こ)みができない
2 電話(でんわ)でしか申(もう)し込(こ)みができない
3 当日(とうじつ)の窓口(まどぐち)でも申(もう)し込(こ)みができる
4 インターネットと電話(でんわ)で申(もう)し込(こ)みができる

[음성]

라디오에서 남자가 이야기하고 있습니다. 피아노 연주회
의 티켓은 어떻게 신청합니까?

M : 다음은 피아노 연주회 알림입니다. 다음 달 18일 오후
6시부터, 가족 모두가 즐기는 피아노 연주회가 열립
니다. 회장은 히마와리 홀입니다. 티켓을 희망하시는
분은 인터넷에서 피아노 연주회의 홈페이지에서 신
청해 주세요. 전화로도 접수 받고 있습니다. 티켓은

우편 또는 당일 현장 창구에서 수령하게 됩니다. 신청
할 때 선택해 주세요. 어른 3,600엔, 아이 1,800엔입
니다.

피아노 연주회의 티켓은 어떻게 신청합니까?

[문제집]

1 인터넷으로밖에 신청할 수 없다
2 전화로밖에 신청할 수 없다
3 당일 현장 창구에서도 신청할 수 있다
4 인터넷과 전화로 신청할 수 있다

해설 피아노 연주회의 티켓 신청 방법에 대해서 묻는 문제이
다. 1번, 2번은 어느 한쪽으로만 신청이 가능하다고 했으
므로 오답이다. 3번은 당일 현장 창구에서 가능한 것은
티켓 수령이므로 오답이다. 4번은 티켓을 희망하시는 분,
즉 구매하고 싶은 분은 인터넷 홈페이지에서 신청해 주시
고 전화로도 접수받고 있다고 했으므로 정답이다.

단어 次(つぎ) 다음 | 演奏会(えんそうかい) 연주회 | 来月(ら
いげつ) 다음 달 | 午後(ごご) 오후 | 家族(かぞく) 가족 |
開く(ひらく) 열리다 | 会場(かいじょう) 회장, 장소 | 希
望(きぼう) 희망 | 申し込み(もうしこみ) 신청 | 電話(で
んわ) 전화 | 受付(うけつけ) 접수 | 郵便(ゆうびん) 우편
| 当日(とうじつ) 당일 | 窓口(まどぐち) 창구 | 受け取
り(うけとり) 수령 | 選ぶ(えらぶ) 선택하다 | 大人(おと
な) 어른, 성인 | 子供(こども) 아이, 어린이

3

[음성]

学校(がっこう)で、女(おんな)の学生(がくせい)と男(おとこ)の学生(がくせい)が話(はな)しています。
男(おとこ)の学生(がくせい)は子供(こども)の頃(ころ)、何(なに)になりたかったと言(い)っ
ていますか。

F：あ～、もう試験(しけん)まで2週間(しゅうかん)しかないね。
M：あれっ、何(なん)の勉強(べんきょう)してるの？
F：先生(せんせい)になる試験(しけん)の勉強(べんきょう)、もう時間(じかん)がなくて
焦(あせ)ってるの。山田君(やまだくん)は卒業(そつぎょう)したら、どうする
つもり？
M：僕(ぼく)はまだ決(き)めてないよ。自分(じぶん)にできることっ
て何(なに)があるのかなと考(かんが)えてて。子供(こども)の頃(ころ)は
夢(ゆめ)があったんだけどなぁ。
F：何(なん)になりたかったの？山田君(やまだくん)は、医者(いしゃ)とか
弁護士(べんごし)みたいな職業(しょくぎょう)を目指(めざ)してたのかな？

M：確かに親は医者だけど、医者の仕事って人の命を左右するから僕には怖くてできないよ。僕は、小さい頃から本を読むのが好きだったから、いつか自分で本を書いてみたいと思ってたんだ。みんなに読んでもらえるような本が書けたらいいなぁって、高校の時までは真剣に考えてたよ。

F：じゃ、今からでもチャレンジしてみたらどう？

M：今はもう無理だよ。

男の学生は子供の頃、何になりたかったと言っていますか。

[문제집]
1 先生
2 医者
3 弁護士
4 作家

[음성]
학교에서, 여학생과 남학생이 이야기하고 있습니다. 남학생은 어릴 때, 무엇이 되고 싶었다고 말하고 있습니까?

F：아~ 벌써 시험까지 2주밖에 안 남았네.

M：어라, 무슨 공부하고 있는 거야?

F：선생님이 되는 시험 공부야. 이제 시간이 없어서 조급해하고 있어. 야마다 군은 졸업하면 어떻게 할 생각이야?

M：나는 아직 정하지 않았어. 내가 할 수 있는 게 뭐가 있을까 하고 생각하고 있어서. 어릴 때는 꿈이 있었는데 말이지.

F：뭐가 되고 싶었어? 야마다 군은, 의사나 변호사 같은 직업을 목표로 했던 거야?

M：확실히 부모님은 의사지만, 의사의 일은 사람의 목숨을 좌우하니까 나한테는 무서워서 못 하겠어. 나는 어릴 때부터 책 읽는 걸 좋아했기 때문에 언젠가 내가 책을 써 보고 싶다고 생각했어. 모두가 읽어 주는 책을 쓸 수 있으면 좋겠다고, 고등학교 때까지는 진지하게 생각했었어.

F：그럼 지금부터라도 도전해 보면 어때?

M：지금은 이제 무리야.

남학생은 어릴 때, 무엇이 되고 싶었다고 말하고 있습니까?

[문제집]
1 선생님
2 의사
3 변호사
4 작가

해설 남학생이 어릴 때 무엇이 되고 싶었는지 묻는 문제이다. 따라서 남학생의 말에 귀를 기울여야 한다. 1번은 남자가 현재 공부하는 시험에 해당하므로 오답이다. 2번, 3번은 여자가 예상한 남자의 어릴 적 꿈이며, 남자는 아니라고 했으므로 오답이다. 4번은 어릴 때부터 책 읽는 것을 좋아해서 언젠가 책을 써 보고 싶다고 했으므로 정답이다.

단어 試験(しけん) 시험 | 時間(じかん) 시간 | 焦る(あせる) 조급해하다, 초조해하다 | 卒業(そつぎょう) 졸업 | 自分(じぶん) 나, 자신 | 子供(こども) 아이, 어린이 | 頃(ころ) 때, 무렵 | 夢(ゆめ) 꿈 | 医者(いしゃ) 의사 | 弁護士(べんごし) 변호사 | 職業(しょくぎょう) 직업 | 目指す(めざす) 목표로 하다 | 確かに(たしかに) 확실히 | 親(おや) 부모 | 仕事(しごと) 직업, 일 | 命(いのち) 목숨 | 左右する(さゆうする) 좌우하다 | 怖い(こわい) 무섭다 | 本(ほん) 책 | 読む(よむ) 읽다 | 時(とき) 때 | 真剣だ(しんけんだ) 진지하다 | 無理 (むり) 무리

4

[음성]
カフェで、女の人と男の人が話しています。女の人は今勤めている会社のどんなところがいいと言っていますか。

F：久しぶり～全然変わってないね。元気だった？

M：伊藤さんも相変わらずだね。転職した会社はどう？

F：今の会社は残業がなくて、毎日同じ時間に帰れるんだよ。前の会社は大手企業で給料もよかったけど、何ていうか自分の時間が全然なくて。

M：うわっ、羨ましい。僕は毎日残業で、家は寝に帰るだけなんだ。

F：それは、大変でしょ。いつか体を壊すよ。健康のことも考えなきゃ。

M：分かってるんだけどさ、仕方ないよ。転職
　　しようにも準備期間が必要なのに、今はそ
　　んな時間もないからね。

女の人は今勤めている会社のどんなところがい
いと言っていますか。

[문제집]
1 毎日同じ時間に帰れること
2 大手企業で給料が高いこと
3 毎年健康診断を受けること
4 転職が自由なこと

[음성]
카페에서, 여자와 남자가 이야기하고 있습니다. 여자는 지금 일하고 있는 회사의 어떤 점이 좋다고 말하고 있습니까?

F : 오랜만이야~ 전혀 안 변했네. 잘 지냈어?
M : 이토 씨도 여전하네. 이직한 회사는 어때?
F : **지금 회사는 야근이 없고, 매일 같은 시간에 돌아갈 수 있어.** 이전에 다녔던 회사는 대기업이라 급여도 좋았지만, 뭐랄까 자기 시간이 전혀 없어서.
M : 와, 부럽다. 난 매일 야근이라 집에는 자러 돌아갈 뿐이거든.
F : 그건 힘들겠다. 언젠가 몸을 망가뜨릴 거야. 건강도 생각해야지.
M : 알고는 있는데 말이지, 어쩔 수 없어. 이직하려고 해도 준비 기간이 필요한데, 지금은 그런 시간조차 없거든.

여자는 지금 일하고 있는 회사의 어떤 점이 좋다고 말하고 있습니까?

[문제집]
1 매일 같은 시간에 돌아갈 수 있는 것
2 대기업이라 급여가 높은 것
3 매해 건강검진을 받는 것
4 이직이 자유로운 것

해설　여자가 지금 일하는 회사의 좋은 점을 묻는 문제이다. 따라서 여자의 말에 귀를 기울여야 한다. 1번은 야근이 없고, 매일 같은 시간에 퇴근할 수 있다고 했으므로 정답이다. 2번은 이전 회사의 좋은 점이므로 오답이다. 3번, 4번은 언급되지 않은 내용이므로 오답이다.

단어　全然(ぜんぜん) 전혀 | 変わる(かわる) 변하다, 바뀌다 | 元気だ(げんきだ) 잘 지내다 | 相変わらず(あいかわらず) 여

전히 | 転職(てんしょく) 이직 | 残業(ざんぎょう) 야근, 잔업 | 時間(じかん) 시간 | 帰る(かえる) 돌아가다 | 前(まえ) 이전, 전 | 大手企業(おおてきぎょう) 대기업 | 給料(きゅうりょう) 급여 | 自分(じぶん) 자기, 자신 | 羨ましい(うらやましい) 부럽다 | 大変だ(たいへんだ) 힘들다, 큰일이다 | 体(からだ) 몸 | 壊す(こわす) 망가뜨리다, 해치다 | 健康(けんこう) 건강 | 仕方ない(しかたない) 어쩔 수 없다 | 準備(じゅんび) 준비 | 期間(きかん) 기간 | 必要だ(ひつようだ) 필요하다

5

[음성]
レストランで、女の人と男の人が話しています。女の人は海外旅行で何が大変だと言っていますか。

M：松本さん、冬休みにどこか行くの？
F：久しぶりに長い休みが取れたから海外へ行くことにしたの。
M：へぇ〜いいね。どこ行くの？確か、去年はイギリスだったよね。
F：うん。今回はフランスに行くつもりなんだ。計画は立てずに、着いてから、いろいろ決めようかと思って。
M：僕は観光地に行くより、知らない人と出会っていろんな話をするのが好きなんだ。
F：木村君は英語ができるからね。私はできないから、いつも手や体を使ったジェスチャーでやるしかないわ。
M：でも、僕はいつも道に迷っちゃって苦労してるよ。
F：そうなんだ。私は地図に頼るから迷ったことはないよ。でも、その前に荷物の準備が大変よ。必要なものだけにしようと思ってても、つい増えちゃって。旅行に行く前から疲れてる感じ。

女の人は海外旅行で何が大変だと言っていますか。

物(にもつ) 짐 | 準備(じゅんび) 준비 | 必要だ(ひつよう
だ) 필요하다 | 旅行(りょこう) 여행 | 感じ(かんじ) 느낌

[음성]

大学で、女の留学生が受付の人にホームステイ
について聞いています。女の留学生はどうして、
ホームステイに参加できませんか。

F：あの、すみません。このホームステイに参加
　　したいんですが。まだ申し込めますよね。

M：はい。参加は初めてですか。

F：いいえ、去年も参加したんですけど、2 回
　　目でも大丈夫ですか。

M：はい、かまいません。えーと、日本に来てど
　　のぐらいになりますか。

F：1 年半ぐらい過ぎました。でも、来月帰国
　　する予定なんです。

M：そうですか。実は、このホームステイは来日
　　してから1 年以内の留学生しか参加できな
　　いことになっているんです。

F：え？そうなんですか。仕方ありませんね。わ
　　かりました。

女の留学生はどうして、ホームステイに参加でき
ませんか。

[문제집]

1 去年参加したから
2 来月帰国するから
3 日本に来て1 年経っていないから
4 日本に来て1 年が経ったから

[음성]

대학에서, 여자 유학생이 접수처의 사람에게 홈스테이에
대해서 묻고 있습니다. 여자 유학생은 왜 홈스테이에 참가
할 수 없습니까?

F：저기, 실례합니다. 이 홈스테이에 참가하고 싶은데요.
　　아직 신청할 수 있죠?

M：네. 참가가 처음이신가요?

[문제집]

1 知らない人と付き合うこと
2 外国語ができないこと
3 道に迷いやすいこと
4 旅行の荷物を準備すること

[음성]

레스토랑에서 여자와 남자가 이야기하고 있습니다. 여자
는 해외여행에서 무엇이 힘들다고 말하고 있습니까?

M : 마쓰모토 씨, 겨울방학에 어딘가 가?
F : 오랜만에 긴 휴가를 낼 수 있어서 해외에 가기로
　　했어.
M : 와~ 좋겠다. 어디 가는데? 분명 작년엔 영국이었지?
F : 응. 이번에는 프랑스에 갈 생각이야. 계획은 세우지
　　않고, 도착한 다음에 이것저것 정해 볼까 해.
M : 나는 관광지에 가는 것보다 모르는 사람과 만나서 여
　　러 이야기를 하는 걸 좋아해.
F : 기무라 군은 영어를 할 수 있으니까. 나는 못 해서 항
　　상 손이나 몸을 이용한 제스처로 할 수밖에 없어.
M : 그래도 나는 항상 길을 헤매서 고생하고 있어.
F : 그렇구나. 나는 지도를 의지하니까 길을 잃은 적은 없
　　어. 하지만, 그전에 짐 준비가 힘들어. 필요한 것만
　　챙기려고 해도 자꾸 늘어나거든. 여행 가기 전부터
　　피곤한 느낌이야.

여자는 해외여행에서 무엇이 힘들다고 말하고 있습니까?

[문제집]

1 모르는 사람과 사귀는 것
2 외국어를 못하는 것
3 길을 헤매기 쉬운 것
4 여행 짐을 준비하는 것

해설　여자가 해외여행에서 힘든 점이 무엇인지 묻는 문제이다.
　　　따라서 여자의 말에 귀를 기울여야 한다. 1번은 언급되지
　　　않은 내용이므로 오답이다. 2번은 못한다고는 했지만, 힘
　　　들다고 한 적은 없으므로 오답이다. 3번은 길을 잃은 적
　　　은 없다고 했으므로 오답이다. 4번은 마지막에 짐 준비가
　　　힘들어서 여행 가기 전부터 피곤한 느낌이라고 했으므로
　　　정답이다.

단어　冬休み(ふゆやすみ) 겨울방학 | 海外(かいがい) 해외 | 計
　　　画(けいかく) 계획 | 着く(つく) 도착하다 | 観光地(かん
　　　こうち) 관광지 | 出会う(であう) (우연히) 만나다 | 英語
　　　(えいご) 영어 | 体(からだ) 몸 | 使う(つかう) 이용하다, 사
　　　용하다 | 道(みち) 길 | 迷う(まよう) 헤매다 | 苦労(くろ
　　　う) 고생 | 地図(ちず) 지도 | 頼る(たよる) 의지하다 | 荷

F : 아니요, 작년에도 참가했는데요, 두 번째라도 괜찮을
까요?

M : 네, 상관없습니다. 음… 일본에 온 지 얼마나 되셨나
요?

F : 1년 반 정도 지났습니다. 그런데 다음 달 귀국할 예
정이에요.

M : 그러셨군요. 실은 이 홈스테이는 일본에 온 지 1년
이내의 유학생밖에 참가할 수 없게 되어 있습니다.

F : 네? 그런가요? 어쩔 수 없네요. 알겠습니다.

여자 유학생은 왜 홈스테이에 참가할 수 없습니까?

[문제집]

1 작년에 참가했기 때문에

2 다음 달 귀국하기 때문에

3 일본에 온 지 1년이 지나지 않았기 때문에

4 일본에 온 지 1년이 지났기 때문에

해설 여자 유학생이 홈스테이에 참가할 수 없는 이유를 묻는
문제이다. 따라서 접수처 사람의 말에 귀를 기울여야 한
다. 1번, 2번은 여자 유학생에게 해당되는 내용이지만, 홈
스테이 참가 제한 사유가 아니므로 오답이다. 3번과 4번
중 접수처 사람이 이 홈스테이는 일본에 온 지 1년 이내의
유학생밖에 참가할 수 없다고 했으므로 4번이 정답이다.

단어 参加(さんか) 참가 | 申し込み(もうしこみ) 신청 | 大丈
夫だ(だいじょうぶだ) 괜찮다 | かまわない 상관없다 | 過
ぎる(すぎる) 지나다 | 予定(よてい) 예정 | 実は(じつは)
사실은 | 来日(らいにち) 일본에 옴 | 以内(いない) 이내 |
留学生(りゅうがくせい) 유학생 | 仕方ない(しかたない)
어쩔 수 없다 | 分かる(わかる) 알다

問題３では、問題用紙に何もいんさつされてい
ません。この問題は、ぜんたいとしてどんなない
ようかを聞く問題です。話の前に質問はありま
せん。まず話を聞いてください。それから、質問
とせんたくしを聞いて、１から４の中から、最も
よいものを一つえらんでください。

문제3에서는, 문제용지에 아무것도 인쇄되어 있지 않습니
다. 이 문제는, 전체적으로 어떤 내용인지를 묻는 문제입
니다. 이야기 전에 질문은 없습니다. 우선 이야기를 들어
주세요. 그리고 나서 질문과 선택지를 듣고, 1부터 4 중에
서 가장 올바른 것을 하나 골라 주세요.

[음성]

ラジオである会社の社長が話しています。

M : みなさん、経営で大事なことは何だと思い
ますか。社員の育成、効率がいい業務プ
ロセスの開発、それとも投資をたくさんして
もらうことでしょうか。私は何よりも人を大
切にすることだと思います。育成も大事な
ことですが、それよりも今一緒に働いてい
る人を大切にする。それは、社内にいる人
ももちろんですが、取引先やお客さんも同
じです。目の前にいる人を大切にすること
で、信頼関係が生まれ、それが仕事にもい
い形で返ってくる。これが理想的な経営だ
と思います。

この社長が伝えたいことは何ですか。

1 投資をたくさん受ける方法

2 仕事ができる社員の育て方

3 経営において大切なこと

4 効率がいい経営の方法

[음성]

라디오에서 어떤 회사의 사장이 이야기하고 있습니다.

M : 여러분, 경영에서 중요한 것은 뭐라고 생각하십니까?
사원의 육성, 효율이 좋은 업무 프로세스의 개발, 또
는 투자를 많이 받는 것일까요. 저는 무엇보다도 사람
을 소중히 대하는 것이라고 생각합니다. 육성도 중요
한 일입니다만, 그것보다도 지금 같이 일하고 있는 사
람을 소중히 대한다. 그것은, 사내에 있는 사람도 물
론이지만, 거래처나 손님도 같습니다. 눈앞에 있는 사
람을 소중히 대하는 것으로 신뢰 관계가 생기고, 그것
이 일에도 좋은 형태로 돌아온다. 이것이 이상적인 경
영이라고 생각합니다.

이 사장이 전하고 싶은 것은 무엇입니까?

1 투자를 많이 받는 방법

2 일을 잘하는 사원의 육성 방법

3 경영에 있어서 중요한 것

4 효율이 좋은 경영의 방법

모의고사

[음성]

会社で、男の人と女の人が話しています。

M：すみません。今、少しだけお時間よろしいでしょうか。来週の会議のことでご相談があります。

F：どの会議のことかしら？ 来週の会議は3つもあるから。

M：20代向けの新商品発売の会議です。

F：ああ、あれね。確か来週の水曜日だったわね。

M：はい、そうです。それで、会議の前に資料を確認しておいていただけますか。

F：いいわよ。明日までなら余裕だし。メールで送っておいて。

M：ありがとうございます。

2人は何について話していますか。

1 会議を開く場所
2 会議の資料の確認
3 会議の資料の間違い
4 会議で話す内容

[음성]

회사에서, 남자와 여자가 이야기하고 있습니다.

M : 실례합니다. 지금 잠깐 시간 괜찮으십니까? **다음 주 회의에 대해 상담드릴 게 있습니다.**

F : 어떤 회의 말하는 거지? 다음 주 회의가 세 개나 있어서.

M : 20대 대상의 신제품 발매 회의입니다.

F : 아, 그거 말이군. 분명 다음 주 수요일이었지.

M : 네, 맞습니다. 그래서 **회의 전에 자료를 확인해 주실 수 있을까요?**

F : **좋아.** 내일까지라면 여유도 있고. 메일로 보내 놔.

M : 감사합니다.

두 사람은 무엇에 대해서 이야기하고 있습니까?

1 회의를 여는 장소
2 회의 자료의 확인
3 회의 자료의 실수
4 회의에서 이야기할 내용

해설 두 사람이 무엇에 대해 이야기하고 있는지 묻는 문제이다. 1번은 장소에 대한 언급은 없었으므로 오답이다. 2번은 회의 전에 자료를 확인해 주실 수 있는지 남자가 여자에게 부탁하고 있으므로 정답이다. 3번은 실수에 대한 내용은 없으므로 오답이다. 4번은 언급되지 않은 내용이므로 오답이다.

단어 少し(すこし) 잠깐, 조금 ㅣ 時間(じかん) 시간 ㅣ 会議(かいぎ) 회의 ㅣ 相談(そうだん) 상담 ㅣ ～向け(むけ) ~대상 ㅣ 新商品(しんしょうひん) 신상품 ㅣ 発売(はつばい) 발매 ㅣ 確か(たしか) 분명 ㅣ 資料(しりょう) 자료 ㅣ 確認(かくにん) 확인 ㅣ 余裕(よゆう) 여유 ㅣ メール 메일 ㅣ 送る(おくる) 보내다

[음성]

ラジオで女の人がホテルについて話しています。

F：ホテルはもともと宿泊のためにある場所ですが、最近はそれ以外の理由でホテルを訪れる利用客も多いです。まず、食事ですね。ホテルにはルームサービスだけではなく高級レストランがあり、ホテルには宿泊せずにこの料理を食べるためだけに来る利用客も数多くいます。また演奏会やパーティーといった特別なイベントも開かれるので、それを楽しむという理由でもホテルを訪れるそうです。以前とは違い、ホテル側もいろいろなところに力を入れていますね。

女の人は主に何について話していますか。

1 ホテルのいろいろな利用の仕方
2 ホテルにレストランがある理由
3 ホテルで行っているイベントの案内
4 ホテルでの仕事の説明

라디오에서 여자가 호텔에 대해서 이야기하고 있습니다.

F : 호텔은 원래 숙박을 위해서 있는 장소이지만, **최근에 는 그것 이외의 이유로 호텔을 방문하는 이용객도 많습니다.** 우선, 식사입니다. **호텔에는 룸서비스뿐 만 아니라 고급 레스토랑이 있어서, 호텔에 숙박하 지 않고 이 요리를 먹기 위해서만 오는 이용객도 수 많이 있습니다. 또한, 연주회나 파티와 같은 특별한 이벤트도 열리기 때문에, 그것을 즐기기 위한 이유 로 호텔을 방문한다고도 합니다.** 이전과는 달리, 호 텔 측도 여러 방면에 힘을 쏟고 있네요.

여자는 주로 무엇에 대해서 이야기하고 있습니까?

1 호텔의 여러 가지 이용 방법

2 호텔에 레스토랑이 있는 이유

3 호텔에서 시행하고 있는 이벤트의 안내

4 호텔에서의 업무 설명

해설 여자가 주로 무엇에 대해서 이야기를 하고 있는지 묻는
문제이다. 1번은 호텔을 숙박뿐만 아니라, 식사, 이벤트
에 참가하는 등의 이유로 이용한다고 했으므로 정답이다.
2번과 3번은 레스토랑과 이벤트에 대한 언급은 있었지만
자세한 설명은 없었으므로 오답이다. 4번은 언급되지 않
은 내용이므로 오답이다.

단어 もともと 원래 ｜ 宿泊(しゅくはく) 숙박 ｜ 場所(ばしょ) 장
소 ｜ 最近(さいきん) 최근 ｜ 理由(りゆう) 이유 ｜ 訪れる
(おとずれる) 방문하다 ｜ 利用客(りようきゃく) 이용객 ｜
食事(しょくじ) 식사 ｜ 高級(こうきゅう) 고급 ｜ 料理(り
ょうり) 요리 ｜ 数多い(かずおおい) 수 많다 ｜ 演奏会(え
んそうかい) 연주회 ｜ 特別だ(とくべつだ) 특별하다 ｜ イ
ベント 이벤트 ｜ 開く(ひらく) 열다, 개최하다 ｜ 楽しむ(た
のしむ) 즐기다 ｜ 以前(いぜん) 이전 ｜ 違う(ちがう) 다르
다 ｜ ～側(がわ) ~측 ｜ 力を入れる(ちからをいれる) 힘을
쏟다

3

カフェで、男の人が女の人に旅行の感想を聞い
ています。

M : 週末、紅葉を見に行ってたんでしょ。

F : うん、久しぶりに親と一緒に旅行をしたく
なって。ちょうど紅葉の季節だし、温泉にも
あまり行ってなかったから。

M : 偉いね。ご両親も喜んだだろう。

F : うん。でも、向こうはもう寒くなって紅葉も
ほとんど終わってたし、休日だったから渋
滞がすごくて。

M : そっか。

F : ずっと私が運転したから疲れちゃって。温
泉に入ると疲れがとれると思ったんだけ
ど。

M : そりゃあ、疲れるにきまってるさ。

F : うん、本当に疲れたし、色々うまくいかな
かったけど…、**両親が楽しかったと言ってく
れたから、よかったと思う。**

M : それが一番だよ。

F : そうよね。でも、しばらくは旅行はやめてお
きたいな。

女の人は旅行についてどう思っていますか。

1 紅葉がきれいでとてもよかった

2 温泉で疲れが取れてよかった

3 両親が運転をしてくれてよかった

4 両親が満足してよかった

카페에서, 남자가 여자에게 여행의 감상을 묻고 있습니다.

M : 주말에 단풍 보러 갔었지.

F : 응, 오랜만에 부모님과 함께 여행하고 싶어져서. 마침
단풍의 계절이고, 온천에도 별로 안 갔으니까.

M : 훌륭하네. 부모님도 기뻐하셨지.

F : 응. 그런데, 저쪽은 벌써 추워져서 단풍도 거의 끝났
고, 휴일이어서 교통 체증도 심했어.

M : 그랬구나.

F : 내내 내가 운전했더니 피곤해서. 온천에 들어가면 피
로가 풀릴 줄 알았는데.

M : 그야 피곤한 게 당연하지.

F : 응, 정말 피곤했고, 여러 가지로 잘 안 됐지만… **부모
님이 즐거웠다고 말해 주셔서, 잘한 것 같아.**

M : 그게 제일이지.

F : 그렇지. 그래도 당분간 여행은 좀 쉬고 싶네.

여자는 여행에 대해서 어떻게 생각하고 있습니까?

1 단풍이 예뻐서 매우 좋았다
2 온천에서 피로가 풀려서 좋았다
3 부모님이 운전을 해 주어서 좋았다
4 **부모님이 만족해서 좋았다**

해설 여자가 여행에 대해서 어떻게 생각하고 있는지 묻는 문제이다. 1번은 여행지에 갔을 때에는 이미 단풍이 끝났다고 했으므로 오답이다. 2번은 피곤이 풀릴 줄 알았는데 하며 말을 줄였으나, 思ったんだけど는 그렇게 생각했는데 현실은 아니었다는 의미를 내포하므로 오답이다. 3번은 여자가 운전을 했다고 했으므로 오답이다. 4번은 마지막에 부모님이 즐거웠다고 말해 주셔서 잘한 것 같다고 했으므로 정답이다.

단어 週末(しゅうまつ) 주말 | 紅葉(こうよう) 단풍 | 親(おや) 부모님 | 一緒(いっしょ) 함께 | 旅行(りょこう) 여행 | 季節(きせつ) 계절 | 温泉(おんせん) 온천 | 偉い(えらい) 훌륭하다 | 両親(りょうしん) 부모님 | 喜ぶ(よろこぶ) 기뻐하다 | 向こう(むこう) 저쪽, 그곳 | 寒い(さむい) 춥다 | ほとんど 거의 | 休日(きゅうじつ) 휴일 | 渋滞(じゅうたい) 교통 체증 | 運転(うんてん) 운전 | 疲れる(つかれる) 피곤하다 | 入る(はいる) 들어가다 | 取れる(とれる) 풀리다, 떨어지다 | 本当(ほんとう) 정말 | 色々(いろいろ) 여러 가지, 다양함 | 上手くいく(うまくいく) 잘되다 | 楽しい(たのしい) 즐겁다 | 言う(いう) 말하다 | 一番(いちばん) 제일 | しばらく 당분간

問題４では、えを見ながら質問を聞いてください。やじるし（➡）の人は何と言いますか。１から３の中から、最もよいものを一つえらんでください。

문제4에서는 그림을 보면서 질문을 들어주세요. 화살표(➡)의 사람은 뭐라고 말합니까? 1부터 3 중에서 가장 올바른 것을 하나 골라 주세요.

예

[음성]

パソコンの使い方を教えています。学生に何と言いますか。

M：1 これを知ってもいいですか。
　　2 これを教えてください。
　　3 これを押してみましょう。

[문제집]

[음성]

컴퓨터 사용법을 가르쳐 주고 있습니다. 학생에게 뭐라고 말합니까?

M：1 이것을 알아도 괜찮아요?
　　2 이것을 가르쳐 주세요.
　　3 이것을 눌러 봅시다.

1

[음성]

友達が本を読んでいます。何の本か知りたいです。何といいますか。

F：1 この本おもしろいよ。読んでみたらどう？
　　2 何か面白い本とかある？
　　3 何読んでいるの？

[문제집]

[음성]

친구가 책을 읽고 있습니다. 무슨 책인지 알고 싶습니다. 뭐라고 말합니까?

F：1 이 책 재미있어. 읽어 보는 게 어때?
　　2 뭔가 재미있는 책 같은 거 있어?
　　3 뭐 읽고 있어?

해설 책을 읽고 있는 친구에게 무슨 책인지 묻는 상황이다. 따라서 읽고 있는 책이 무엇인지 물어보는 3번이 정답이다. 1번은 내가 읽고 있는 책을 상대방에게 추천할 때 사용하는 표현이다. 2번은 상대방에게 책을 추천받고 싶을 때 사용하는 표현이다.

단어 面白い(おもしろい) 재미있다

2

[음성]

先輩の家でトイレに行きたいです。何といいま
すか。

M：1 トイレはあそこですよ。
　　2 トイレ借りてもいいですか?
　　3 トイレ貸してもいいですか?

[문제집]

[음성]

선배의 집에서 화장실에 가고 싶습니다. 뭐라고 말합니
까?

M：1 화장실은 저쪽이에요.
　　2 화장실을 빌려도 됩니까?
　　3 화장실을 빌려줘도 됩니까?

해설 다른 사람의 집에서 화장실에 가고 싶은 상황이다. 상대
　　방의 물건이나 공간을 빌리는 상황에서 사용하는 표현인
　　借りてもいいですか가 자연스러우므로 2번이 정답이다.
　　1번은 화장실의 위치를 안내할 때 사용하는 표현이다.

단어 先輩(せんぱい) 선배 ┃ 借りる(かりる) 빌리다 ┃ 貸す(か
　　す) 빌려주다

3

[음성]

写真を撮ってもらいたいです。何といいますか。

M：1 写真を撮って差し上げますか。
　　2 写真を撮らせていただけますか。
　　3 写真を撮っていただけますか。

[문제집]

[음성]

사진을 찍어 받고 싶습니다. 뭐라고 말합니까?

M：1 사진을 찍어 드릴까요?
　　2 사진을 찍게 해 주시겠습니까?
　　3 사진을 찍어 주시겠습니까?

해설 사진 촬영을 부탁하는 상황이다. もらう의 겸양 표현인
　　いただく를 활용한 ～ていただけますか는 상대방에게
　　정중하게 부탁하는 표현이므로 3번이 정답이다. 2번은
　　내가 찍겠다는 의미의 정중한 표현이다.

단어 写真(しゃしん) 사진 ┃ 撮る(とる) 찍다 ┃ 差し上げる(さし
　　あげる) 드리다(겸양어) ┃ いただく(いただく) 받다(겸양어)

4

[음성]

後輩が先に帰ります。後輩に何といいますか。

M：1 お先に失礼いたします。
　　2 お上がりください。
　　3 お疲れ様。

[문제집]

[음성]

후배가 먼저 돌아갑니다. 후배에게 뭐라고 말합니까?

M：1 먼저 실례하겠습니다.
　　2 들어오세요.
　　3 수고했어.

해설 아랫사람이 먼저 귀가할 때, 선배가 후배에게 인사하는
　　상황이다. お疲れ様는 윗사람이 아랫사람에게 수고했다
　　는 의미로 건네는 인사이므로 3번이 정답이다. 1번은 퇴
　　근하거나 먼저 자리를 일어서는 사람이 하기에 적절한 말
　　로, 아랫사람이 윗사람에게 건네는 표현이다. 2번은 실내
　　로 들어오도록 안내할 때 쓰는 표현이다.

단어 先(さき) 먼저 ┃ 失礼(しつれい) 실례 ┃ いたす(いたす) 하
　　다(겸양어) ┃ 上がる(あがる) 올라가다, 들어가다

問題5では、問題用紙に何もいんさつされていません。まず文を聞いてください。それから、そのへんじを聞いて、1から3の中から、最もよいものを一つえらんでください。

문제5에서는, 문제용지에 아무것도 인쇄되어 있지 않습니다. 우선 문장을 들어 들어주세요. 그리고 나서 그 대답을 듣고, 1부터 3 중에서 가장 올바른 것을 하나 골라 주세요.

예

[음성]

F：すみません、今、少しよろしいでしょうか。

M：1 それがまだだめなんですよ。

　　2 あ、それはあとでですよ。

　　3 ええ、どうしたんですか。

[음성]

F：실례합니다, 지금 잠시 괜찮으세요?

M：1 그게 아직 안 돼요.

　　2 아, 그것은 나중에예요.

　　3 네, 무슨 일이세요?

1

[음성]

F：あの、すみませんが、この動物園ではゴミを持ち帰っていただくことになっています。

M：1 じゃあ、持って行ってください。

　　2 いいえ、大丈夫です。

　　3 あっ、すみません。

[음성]

F：저기, 죄송합니다만, 이 동물원에서는 쓰레기를 가지고 돌아가게 되어 있습니다.

M：1 그럼, 가지고 가 주세요.

　　2 아뇨, 괜찮습니다.

　　3 아, 죄송합니다.

해설　쓰레기를 가지고 돌아가 달라는 말에 대한 대답을 고르는 문제이다. 쓰레기를 버린 것에 대해 사과하는 3번이 정답이다. 1번은 갖고 가 달라고 할 때 사용하는 표현이다.

단어　動物園(どうぶつえん) 동물원 ｜ 持ち帰る(もちかえる) 가

지고 돌아가다 ｜ いただく 받다·해 주시다(겸양어)

2

[음성]

M：一緒に行くって約束した展覧会、急用ができて行けそうにないんだ。

F：1 え？展覧会、もう終わったの？

　　2 嬉しい。一緒に行ってくれて。

　　3 え〜楽しみにしてたのに。

[음성]

M：같이 가기로 약속했던 전람회, 급한 일이 생겨서 못 갈 것 같아.

F：1 어머? 전람회, 벌써 끝났어?

　　2 기쁘다. 같이 가 줘서.

　　3 에이~ 기대했는데.

해설　급한 일이 생겨 못 갈 것 같다는 말에 대한 대답을 고르는 문제이다. 기대하고 있었으나 못 가게 된 아쉬움을 나타내는 3번이 정답이다. 1번은 예상보다 전시회가 더 일찍 끝났을 때의 표현이다. 2번은 상대방이 같이 가 준다고 한 경우에 대한 적절한 표현이다.

단어　一緒に(いっしょに) 같이, 함께 ｜ 約束(やくそく) 약속 ｜ 展覧会(てんらんかい) 전람회 ｜ 急用(きゅうよう) 급한 일 ｜ 嬉しい(うれしい) 기쁘다 ｜ 楽しみにする(たのしみにする) 기대하다

3

[음성]

M：飲み物はジュースしかありませんが、大丈夫ですか。

F：1 ジュースじゃなくても大丈夫です。

　　2 あ、ジュースはありませんね。

　　3 はい、もちろんです。

[음성]

M：음료는 주스밖에 없습니다만, 괜찮습니까?

F：1 주스가 아니어도 괜찮습니다.

　　2 아, 주스는 없네요.

　　3 네, 물론입니다.

해설　음료는 주스밖에 없는데 괜찮은지 묻는 질문에 대한 대답을 고르는 문제이다. もちろん은 흔쾌히 승낙하거나 긍

정하는 경우에도 사용하므로 3번이 정답이다. 1번은 주스
가 없다고 했을 때 적절한 표현이다.

단어 飲み物(のみもの) 음료 | 大丈夫だ(だいじょうぶだ) 괜찮
다 | もちろん 물론

4

[음성]

F：明日 5 時にお伺いしてもよろしいでしょうか。

M：1 わかりました。伺います。

   2 もう少し早く来られますか。

   3 お会いできてうれしかったです。

[음성]

F：내일 5시에 찾아뵈어도 괜찮습니까?

M：1 알겠습니다. 찾아뵙겠습니다.

   2 조금 빨리 오실 수 있습니까?

   3 만날 수 있어서 기뻤습니다.

해설 상대방의 정중한 방문 시간 제안에 대한 대답을 고르는
문제이다. 약속 혹은 예정 시간보다 빨리 만날 수 있는지
묻는 2번이 정답이다. 1번은 찾아뵙는 사람이 사용하는
표현이다. 3번은 만난 후에 건네는 인사 표현이다.

단어 伺う(うかがう) 찾아뵙다, 묻다(겸양어) | よろしい 괜찮다,
좋다 | 分かる(わかる) 알다 | 来る(くる) 오다 | 会う(あ
う) 만나다 | 嬉しい(うれしい) 기쁘다

5

[음성]

M：この仕事、ぜひ私にやらせていただけませんか。

F：1 やらせていただきます。

   2 こちらこそ、頑張ります。

   3 では、よろしくお願いします。

[음성]

M：이 일, 부디 제가 하게 해 주시지 않겠습니까?

F：1 하겠습니다.

   2 이쪽이야말로 열심히 하겠습니다.

   3 그럼 잘 부탁드립니다.

해설 일을 하게 해 달라는 부탁에 대한 대답을 고르는 문제이
다. 상대방에게 일을 부탁한다는 의미의 3번이 정답이다.
1번은 겸양 표현인 사역형+ていただく의 형태로 본인이
하겠다는 의사를 나타내는 표현이다.

단어 仕事(しごと) 일 | 是非(ぜひ) 부디, 꼭 | やる 하다 | 〜て
いただく ~해 주시다(겸양어) | こちら 이쪽 | 頑張る(がん
ばる) 열심히 하다

6

[음성]

F：けがはどう？大丈夫？

M：1 お元気ですか。

   2 お大事に。

   3 もういいよ。

[음성]

F：상처는 어때? 괜찮아?

M：1 잘 지냅니까?

   2 몸조리 잘하세요.

   3 이제 괜찮아.

해설 다친 곳은 괜찮은지 묻는 질문에 대한 대답을 고르는 문
제이다. 현재 상태를 나타내는 3번이 정답이다. 1번은 안
부를 묻는 표현이다. 2번은 아픈 사람에게 건네는 헤어질
때의 인사 표현이다.

단어 怪我(けが) 상처, 부상 | 大丈夫だ(だいじょうぶだ) 괜찮다
| 元気だ(げんきだ) 잘 지내다, 기운차다

7

[음성]

M：いつ日本にいらっしゃいましたか。

F：1 来年の春に戻ります。

   2 来たばかりなんです。

   3 3 年ぐらいかかります。

[음성]

M：언제 일본에 오셨습니까?

F：1 내년 봄에 돌아갑니다.

   2 온 지 얼마 안 되었습니다.

   3 3년 정도 걸립니다.

해설 일본에 온 시점을 묻는 질문에 대한 대답을 고르는 문제
이다. 얼마 안 된 시간의 경과를 나타내는 2번이 정답이
다. 1번은 귀국 시기를 이야기하는 표현이다. 3번은 소요
시간을 나타내는 표현이다.

단어 いらっしゃる 오시다, 계시다(존경어) | 来る(くる) 오다 |
春(はる) 봄 | 戻る(もどる) 돌아가다 | かかる (시간, 비용
등) 걸리다

8

[음성]

F：この資料、社員のみんなに配っておいても
　らえますか。

M：1 はい、今解いてみます。

　　2 はい、やっておきます。

　　3 はい、配ってくれましたね。

[음성]

F：이 자료, 사원 모두에게 나누어 주시겠습니까?

M：1 네, 지금 풀어 보겠습니다.

　　2 네, 해 두겠습니다.

　　3 네, (다른 사람이 나에게) 나누어 주었습니다.

해설 　자료를 나누어 달라는 부탁에 대한 대답을 고르는 문제이
　　다. 상대방의 지시에 응하는 2번이 정답이다. 3번은 다른
　　사람이 나에게 준 경우에 사용하는 표현이다.

단어 　資料(しりょう) 자료 ǀ 社員(しゃいん) 사원 ǀ 配る(くば
　　る) 나누다

9

[음성]

F：タクシー、なかなか来ないね。

M：1 今の時間だと、道込んでるんじゃないで
　　　すか。

　　2 やっぱりタクシーだと間に合いますね。

　　3 タクシーで来なくてよかったんですね。

[음성]

F：택시, 좀처럼 오지 않네.

M：1 지금 시간이라면 길이 붐비지 않습니까?

　　2 역시 택시라면 제시간에 맞겠네요.

　　3 택시로 오지 않아서 다행이네요.

해설 　택시가 좀처럼 오지 않는다는 말에 대한 대답을 고르는
　　문제이다. 택시가 늦는 원인에 대해서 말하는 1번이 정답
　　이다.

단어 　時間(じかん) 시간 ǀ 道(みち) 길 ǀ 込む(こむ) 붐비다 ǀ 間
　　に合う(まにあう) 제시간에 맞다 ǀ 来る(くる) 오다

맛있는 books